湛庐CHEERS

与最聪明的人共同进化

HERE COMES EVERYBODY

CHEERS
湛庐

SURFACES AND ESSENCES

ANALOGY AS THE FUEL AND FIRE OF THINKING

表象与本质

类比，思考之源和思维之火

[美] 侯世达　[法] 桑德尔◎著　　刘健　胡海　陈祺◎译

DOUGLAS HOFSTADTER & EMMANUEL SANDER

浙江科学技术出版社 · 杭州

测一测

你了解类比思维吗？

扫码激活这本书
获取你的专属福利

扫码获取全部测试题及答案，
一起了解人类思维的本质

- 我们生活的世界，万事万物的分类都是固定的，这是对的吗？

  A. 对

  B. 错

- 只有科学家才会用到类比分析，我们普通人不会涉及，这是对的吗？

  A. 对

  B. 错

- 当我们思考时，大脑每秒都会发生数百次类比推理，这是真的吗？

  A. 真

  B. 假

扫描左侧二维码查看本书更多测试题

类比思维一直被公认为东方思维的优势能力，侯世达对类比思维的缜密研究与高度赞赏，让我们对注重从事物之间相互关系来找寻规律的东方思维方式更有信心！如果类比思维能够与深入、严谨的逻辑思维有机融合的话，我们人类的创造思维也许会有极大的提升！

彭凯平

清华大学社会科学学院院长

“类比”是人类思维创造性的体现。本书结合大量日常生活与科学研究中的事例，阐释类比在人类认知中的重要作用，生动有趣而不失严谨。更难得的是，中译本不是机械地翻译原文，而是与中国文化有一定的结合，相信中国读者在阅读本书的过程中会有会心一笑的体验。

周晓林

教育部高等学校心理学教学指导委员会主任委员

华东师范大学心理与认知科学学院院长

本书力图从类比及范畴化的视角揭示人类形成认知心理现象的本质。作者以深邃的洞察力、广博的国际视野和精彩纷呈的语言，不仅为理论工作者，而且为大中小学教师、学生、家长，甚至政府公务员们，打开了一扇理解思维、创意和创新的门窗，这是一本值得静心阅读与思考的杰作！

傅小兰

中国科学院心理研究所所长

侯世达教授强调了类比这一人类重要能力的价值，通过类比，我们将更深刻地透过表象理解事物的本质，也能够将传统的理论发展成一个新的理论。中国的象形文字有效地表达了表象与本质的关系。虽然中国文字在表述科学理性方面略有不足，但在抒发领导者的整体观和系统思考方面极具优势。因此，基于中国传统文化来创建新的理论就有了新的机遇。

陈劲

清华大学技术创新研究中心主任、清华大学经济管理学院教授

数十年来，侯世达一直都在思考类比的本质。我和许多认知科学家一样，相信类比是解释人类智能的关键。侯世达和桑德尔联手打造的这部鸿篇巨制，充满了洞见和新思想，是探索人类思维奥秘进程中的一个里程碑。

史蒂芬·平克

认知心理学家、哈佛大学心理学教授、畅销书《理性》《当下的启蒙》作者

这本书既有趣又严谨。阅读这本书的每一页，都让你感到十分愉悦。你也许会深陷其中，也许会感到困惑，也许会深表赞同，也许会提出质疑，但最终，你将会深刻地思考并获益良多。

芭芭拉·特沃斯基

哥伦比亚教育学院教授、斯坦福大学心理学系荣誉退休教授、《行为改造大脑》作者

侯世达和桑德尔的书对类比在认知中的作用进行了精彩而深刻的阐述。这本书里有很多有趣的例子和逸事，会让你以一种全新的方式理解自己的思维过程。

梅拉妮·米歇尔

圣塔菲研究所教授、《AI 3.0》作者、侯世达得意门生

献给 Francesco Bianchini

献给 Michaël、Tom 和 Talia

跨越“表象”的人类思维“本质”

莫大伟（David Moser）
《哥德尔、艾舍尔、巴赫：集异璧之大成》译者
著名汉学家

侯世达和桑德尔合著的《表象与本质》一书中文译著的出版，令我欣喜无比。我和侯世达的深厚友谊始于 40 多年前，一路走来，我有幸见证了他是如何充实并发展本书中许多开创性想法的。侯世达和桑德尔为理解范畴和类比思维构建了具有很大应用前景的新框架。我相信，中国的研究学者们既能在本书中享受挑战的乐趣，又能收获颇丰。

长久以来，我一直在潜心研习中国文化和哲学理论，因此本书译著的出版令我欣喜还有另外一个原因：我相信，本书内容中蕴含的东西方文化共鸣会让中国读者感到有趣且迷人，书中许多重要问题正是中国思想家们和艺术家们竭尽千年上下求索的内容。

类比思维是中国传统思想的核心功能，儒家学者在辩论“人性”时，就会大量地使用类比映射。孔子主张通过“正名”对自然界和社会等级进行分类，而赋予每一种社会身份相对应的名分对于维持儒家社会系统的运转至关重要。

但是，孔子并未对“正名”的标准进行严格的定义和哲学化的阐释，而是以个人榜样为例，展示其在各种情形下对道德原则以身作则的行为；甚至是对“仁”和“义”的道德分类，也同侯世达和桑德尔书中的诸多例证一样，对于语境具有高度依赖性，且可变性强。尽管儒家学者们从未试图分析过类比本身的功能原理，也就是说他们关注“人际”问题多于“认知”问题，但他们对类比在分门别类时所担任的角色心知肚明。

《表象与本质》一书的风格与中国文化产生共鸣的一个具体表现就是本书会针对某种特定现象，通过提供许多启发性的例子引出论点。侯世达和桑德尔认为，某一类别的“本质”通常只能通过多种变化或排列揭示出来，只有这样，该类别的全部可能性才会逐渐浮出水面。本书引言中就有能够很好体现这一解释框架的例子：侯世达和桑德尔为读者排列出了字母 A 在各种字体中的不同形态。对此，中国读者肯定不会感到陌生，因为几千年以来，中国书法家们一直都对每个汉字在不同朝代和流派中的众多形态演变乐此不疲。这张“福”字图就形象地解释了汉字书写风格的多样性。

书法中所蕴含的乐趣之一就是对汉字难以捉摸的“本质”进行探究，甚至经常达到挑战其可辨识性的程度，尤其是在草书的“极端”情形下。似乎在几个世纪之前，中国书法家们就意识到了现代认知科学所研究的内容，也就是对范畴的感知是一种流动的、互动的认知过程，要求感知者在不断变化的语境中积极参与。《表象与本质》一书也许能够帮助具有中国式审美的学者们以一种全新的视角审视这一传统。

整体而言，中国艺术似乎非常重视表达的精练，也就是借助最少量的“表象”信息传达“本质”,也因而绕开了侯世达和桑德尔在书中所提到的许多微妙命题。“写实”和“写意”之间的对比经常被用来举例，通过暗示性的线索描摹，刻画逼真明确的形态，因此便需要感知者在脑海中补齐缺失信息。齐白石便是这种审美流派的典型代表，其画作中的艺术挑战是：要唤醒一只虾、一只鸟或一棵树的灵动本质，至少需要多少笔画?

当然，这本书能引起中国读者共鸣的最主要原因在于，侯世达和桑德尔所分析的认知现象深深根植于人类感知和思辨的普遍文化之中。我个人认为，他们的理论富含深刻见解，充满智慧且令人信服。然而，西方学者经常发现，独立发展了五千多年的、未受西方文化影响的中国文化，有时会对西方正统文化和社会学框架构成挑战。而我认为本书的作用正好相反，它只会进一步证实人类思维的共通本质，超越“表象”层面的差异。

阅读本书时，读者不难注意到书中的大量语言学例子，其中包含言语失误、习语、谚语，以及隐喻等。作者和译者们对于如何呈现这些例子倾注了大量心血，它们就是本书的点睛之笔。这些例子具有引人入胜的揭示性，通常以幽默的笔触展现人类思维的复杂与精妙。虽然书中许多自然语言的例子仍保留英文，但其分析的每一个语言学现象在中文中几乎都有相应的例子存在，这些例子同样能够揭示表象之下相同的认知机制。

侯世达在前言中提到,《表象与本质》的原文实际上是英文版和法文版本的融合之作，二者互为译文，不可分割。同理，本书的中文版与英文版一样，也不可视作通常意义上的译本，本书更恢宏的意义是“本质”在特定文化语境中的呈现。

我希望在本书出版发行后，这本优秀的译作能够将《表象与本质》的原始“本质”进一步丰富和拓展开来。

这本书是如何翻译成中文的

侯世达

从 2005 年到 2013 年，我和桑德尔都在写这本书，但其实我们是在同时写两本书：一本是英文版的 *Surfaces and Essences: Analogy as the Fuel and Fire of Thinking*，一本是法文版的 *Surfaces et profondeurs: L'analogie, moteur et essence de la pensée*。两本书说不上谁先谁后，也不能说一本是“原著”，一本是“译本”，因为两本书其实都是原著，也可以说两本书都是译本。

书的英文和法文名字（表象与本质）是希望表达这样一个观点，那就是每当遇到新情境时，我们总能迅速地剥离无关紧要的部分，透过事件的**表象**，直击背后的**本质**。这是人类无法抑制的心理条件反射，只要人在思考就会发生，不论思考的事情是惊天动地，还是微不足道。正是为了阐明这一中心思想，我和桑德尔才写下这本书，或者说这两本书。

那么副书名呢？英文副书名（类比，思考之源和思维之火）用一个生动的比喻展现了我们的观点，即类比占据人类思维的中心地位。这个副书名虽然不错，却不及桑德尔想出的法文副书名，因为里面有一个优美的词“moteur”。

在法文中，moteur 和 essence 都有两个意思。moteur 的一个意思是“马达”，另一个意思则是“原动力”。你可能会猜到，essence 的一个意思是“本质”，但它的另一个意思则是“汽油”。所以，法文的副书名可以理解为“类比是思维的**动力和本质**”，或者“类比是思维的**马达和汽油**”。这是个多么有趣又有力的双关语啊，既吸引人，也容易记。但非常遗憾的是，法文版的出版商在最后时刻决定完全不用这个副书名，甚至连书的主书名也换了，最后取了一个没什么新意且平淡无奇的书名，大意就是“类比，思维的中心”。太可惜了！

我和桑德尔写的这两本书自然算得上同根同源了，但它们绝不是长相一模一样的双胞胎。其原因就是英文版里有数不胜数的例子是从英文世界（主要是美国文化）来的，而法文版中类似的例子则来自法文世界，并且同样数不胜数！这个有趣的现象使两本书在许多地方大不相同，如果哪位非常热心的读者不怕麻烦，可以一页一页、一行一行地对比一下这两本书。不过，倘若从一个更深的层面来比较的话，两本书所表达的观点在任何地方都是完全一致的。

说到把这（两）本书翻译成其他语言，我和桑德尔希望而且坚持译者应该用译入语文化中的例子来表达书中的观点，就像我们在写这（两）本原著时一样。也就是说，意大利文的译本应当“意大利化”，西班牙文译本则要“西班牙化”。那么中文译本理应把本书“汉化”。这可是个很高的要求啊！

什么样的译者才能完成这样的任务呢？哪个译者如此“大胆”，竟敢改动原著的内容？作者可以这么做，但是普普通通的译者怎么敢这么翻译？事实上，几乎从来没有人这样激进地要求译者“侵入”作者的领地，但这恰好是我和桑德尔所期待的。因此，本书的西班牙文和意大利文译者是我们亲自挑选的，他们都是我的好友，而且最终都翻译得非常成功。

那么中文译者怎么办呢？这就要说到美国印第安纳州布鲁明顿这座小小的大学城了。我和妻子林葆芬就住在布鲁明顿，我们的不少中国朋友也住在这里。其中一位——刘健，是印第安纳大学图书馆的管理员，他是我的书的忠实读者。我可以非常骄傲地说，他非常喜爱和推崇我的书。当他知道我和桑德尔的新书即将出版时，就在想能否有一天由他把这本书翻译成中文。他已经翻译过好几本英文书，所以有了不少翻译经验。

一天，刘健把他的想法告诉我了。我非常激动，一来是因为我对他的翻译向来十分钦佩，二来则是因为我的好友将把我的书翻译成中文。我很兴奋地把我和桑德尔的“移译”（transculturation）理念告诉了他，这也是我们对本书期待的翻译方式。我本以为刘健会立马赞同这个思路，但其实刚开始他对我们的想法有点措手不及，因为他从未想过这种激进的翻译理念。改动原书的内容？这怎么能是译者的任务呢？刚开始时刘健有点将信将疑。但当他仔细思考后，便觉得这个想法很有道理，也越来越喜欢这样的翻译思路，越来越想接手本书的翻译任务了。不过现在这个任务就变得比他当初设想的困难得多了。

正好我的老友莫大伟知道《表象与本质》在中国的版权归属。他在北京已经生活多年，并且在 20 世纪 80 年代参与了《哥德尔、艾舍尔、巴赫——集异璧之大成》的中文翻译工作。他告诉我们，书的版权在北京湛庐文化传播有限公司手里，并且牵线让刘健与该公司取得了联系。但是，湛庐文化刚开始却没有预想到这种“不正统”的翻译方式对译者来讲是多大的挑战；为了让中文译本早日出版，他们希望刘健在六个月内就把全书译完！这根本不可能做到，所以刘健谢绝了他们的提议。这当然让人很失望，那时我们都不知道此书最终能否被翻译成中文出版。

大约同时，两位年轻的中国学生进入了我的“视野”。第一位是陈祺。他从北京给我发来电子邮件，希望加入我在印第安纳大学的课题组——“流动类比研究小组”（FARG），并且希望在我的指导下攻读认知科学博士学位。在邮件交流之后，我认为陈祺是一名很有潜力的博士生，于是我邀请他加入了 FARG。在 2016 年的某个夏日，他越过太平洋，成为课题组最新的成员。

与此同时，我在旁听印第安纳大学的一门中文课时，遇到了另一位中国学生胡海。这里应该解释一下，我是在加利福尼亚州长大的，小时候每次父母带我去旧金山的中国城时，我都会被满街的汉字深深吸引住。这种兴趣渐渐变成了对中文的迷恋。在旁听印第安纳大学这门课之前，我已经深入学习中文十年了，但仍然觉得它太难。这门课不是为了帮助美国人学习中文，而是帮助未来的中文教师更好地思考中文以及中国文化中的难点和复杂之处，这样就能更好地理解学习中文的外国人所面临的挑战。我旁听了这门课，学生胡海跟我很谈得来。他在成都长大，中文普通话说得很好，并且说话时能够细心考虑到正在学习中文的学生听力的困难。另外，他还富有幽默感。这些对我来讲都很有吸引力。所以在一天课后闲谈时，我们决定找时间坐在一起用中文聊天，让我能够和一个中文母语者交流。

胡海的提议非常慷慨，但我们并没有立刻开始练习中文，那还得等到几个月之后。但从开始之后，每次见面都令人愉快。我们每周在布鲁明顿著名的比萨店 Mother Bear's Pizzeria 见一次或者两次面，并且给它取了一个中文名字：熊妈妈比萨店。我们一边享受可口的比萨，一边用中文谈天说地，想到哪儿就聊到哪儿。结果就是我在笔记本上记录了几百页聊天中遇到的生词和短语，这其中当然还包括了几十个成语！

当陈祺和胡海成为我的好朋友时，刘健仍然想着要把本书翻译成中文。但是他越想越觉得此书难译，有时候他又觉得一个人翻译有些力不从心。其实，有段时间刘健都已经打算放弃这个翻译工作了，因为工程看上去太浩大。但是这个想法让刘健自己和我都感到惋惜，所以他也没有完全放弃。

一天，我正在思考这个翻译项目如何继续下去时，突然灵光一现：也许组成一个翻译小组比让一个人完成所有翻译更好。当我把这个想法告诉刘健时，他高兴地跳了起来，如果能找到这样的翻译小组，他最早的翻译愿望就有望实现了。不用说，我早就想好找谁了，就是陈祺和胡海。我介绍他们三人互相认识之后，他们很快成了好朋友。

非常幸运的是，刘健把这个小组翻译的想法告诉湛庐文化之后，他们对时间的要求比之前更宽松了。2017 年 4 月，刘健代表三人翻译小组和湛庐文化签订了翻译合同，约好在一年后将译本发给湛庐文化。就这样，我对中文翻译小组的念想变成了现实。

翻译任务很快被分成了三个长短差不多的部分。胡海翻译本书的前三分之一（引言和第 1、2、3 章），陈祺翻译中间三分之一（第 4、5、6 章），刘健翻译最后三分之一（第 7、8 章和结语）。在之后的一年里，他们三人和我时常在刘健那个位于印第安纳大学地质系三层的办公室见面。我们四人常常围绕翻译中的各种问题展开热烈的讨论。

在我的记忆中，关于“轭式搭配”这个修辞学经典概念的讨论最有意思了，本书引言中就着重介绍了这个概念。我们在刘健的办公室思考中文里的轭式搭配是否像英文里那样常见而且自然。在英文中，许多轭式搭配是为了幽默而说的，比如“He changed his clothes and his mind”（他把衣服和想法都给换了）；但是还有许多更微妙、一词两义的例子，如“She brushed her teeth and her hair”（她把牙和头发都“刷”了）。第二类句子在英文中再平常不过了，没有任何幽默的成分，但是在其他语言中听上去也许就非常别扭，因为牙和头发需要搭配不同的动词。在中文里就是“刷”牙、“梳”头发。像这样的轭式搭配是理解词语和概念间关系的绝好素材，研究时也不会感到枯燥。虽然我们最终并没有讨论出中文里轭式搭配的出现频率到底是多少，但还是一起列出了许多有趣的中文轭式搭配，有些是为了幽默，有些则不是，你可以在中文译本的引言中找到其中的一部分。

我们讨论的另一个重要问题就是口误在本书中扮演的关键角色。具体来说，法文版中所分析的口误都来自说法文的人；在英文版中，这些口误则都来自说英文的人。通过类比，我们可以知道中文版的口误都应该是讲中文的人说的。幸运的是，莫大伟在中国生活多年，积累了各式各样数量众多的中文口误，这些语料为中文版的口误章节打下了扎实的基础。

我们还谈到严复的翻译哲学。许多中国译者以他的理论为座右铭，这使他们的翻译风格都太保守了，这与我和桑德尔的要求完全相反！严复最重要的想法之一就是“信”，但是这个“忠于原著”的理论有时会显得过于狭隘，似乎表明译者就应该完全“屈从”于原作者。我对这个保守的想法有自己的理解。就像我非常高兴地跟刘健、陈祺和胡海说的那样：“从表面上看你们越不忠实于我和桑德尔，从本质上讲你们就越忠实于我们！”

我每次想到这个有些自负而且丝毫不“忠于”严复的说法，我就不禁莞尔，因为我用文字游戏完全改变了他的原意，但这并不是说我就不相信自己创造的说法了。我完全相信！换一个说法：三位译者都不应该仅仅把自己当成译者，而应该是那一章节的第三个作者，与我和桑德尔有同样的地位。

在刘健办公室度过的时光让人回味，因为我们几人的讨论生动而又富有启发性。正是这些讨论才让我和桑德尔的要求更加清晰明确，让我们的文字能被忠实地翻译成中文，翻译得符合中国文化。

事实上，三位译者都不太懂法文，只有刘健曾经学过一点，所以应该说他们是翻译了此书的英文版，而非法文版。但这样说又不太恰当，因为英文版和法文版的主要区别仅仅在于它们的例子来自各自的文化中，对中文版来说也是如此。换句话讲，中文版可以说既是英文版的翻译，也是法文版的翻译，因为和这两个版本一样，它也深深扎根于自己的文化。

三位译者长达一年的辛勤劳动，不仅创造了一本富有生命力的新书，还促成了他们之间长久的友谊。这样的锦上添花就好比我和桑德尔之间的美好友情，也是在我们密切合作写书时不断加深的。

现在，我和桑德尔为中文版的出版激动不已，它将向读者展示我们两人在巴黎和布鲁明顿长达八年的不懈努力。本书的中文版不仅在表面“装着”漂亮的中文，表象之下还“装着”中国文化的里子。对我们两位作者来说，还有什么能比这一点更让人欣慰呢?

2018 年 5 月于杭州

这本书是如何写成的

当回顾往事，沉浸在成书之初的美好回忆中时，我们可以清楚地记得最初的关键时刻。那是 1998 年 7 月中旬，在保加利亚索菲亚的一次学术会议上。那是首个以“类比”为主题的国际会议，由心理学家 Boicho Kokinov、Keith Holyoak 和 Dedre Gentner 共同组织。那次令人难忘的会议聚集了来自许多不同国家的研究人员。大家在轻松活跃的气氛中交流思想，分享类比研究的热情。那次会议也为我们二人在索菲亚第一次见面提供了机会，我们一见如故。相识的火花令人愉悦，并逐渐演变成长久而坚固的友谊。

2001 年至 2002 年，侯世达在意大利博洛尼亚学术休假期间，受 Jean-Pierre Dupuy 之邀，在巴黎综合理工大学做了一系列关于认知的报告。当时，桑德尔刚刚出版了第一部关于作类比和范畴化的专著。在一次报告期间，他自豪地送给新朋友侯世达一本。侯世达读后，欣喜地发现二人关于认知的观点非常相似。之后，一段时间过去了。在这期间，两人又在巴黎和图卢兹进行了两次短暂会面，辅以电邮和电话，学术探讨与友情交流并进。

2005 年 2 月，侯世达邀请桑德尔来布鲁明顿，和朋友一起庆祝他 60 岁的生日。生日聚会期间的某一天，侯世达向桑德尔提出，他希望去巴黎几周，两人一起把桑德尔的书译成英文，桑德尔欣然同意。在侯世达7月到巴黎后不久，最初的计划很快得到扩展，最终两人决定合写一部关于类比的专著，研究其在思维过程中所扮演的重要角色。我们两人决定用非专业的方式处理这个题目，从不同的角度进行考察，并运用大量具体实例为理论观点提供佐证。我们希望这本书对思维感兴趣的普通读者来说浅显易懂，同时雄心勃勃地希望它也能被学术界接受，并且可以提出一个关于认知的全新创见。这也成了这本著作发端的时刻。

在巴黎的三周，两人反复讨论了许多想法，最终完成了一份40页的文稿，主要内容是谈话的片段和笔记，以及该书的简要大纲。2006年到2009年的四年之间，每年我们都会花一个月的时间到彼此的居住地工作。另外，侯世达还在2010年学术休假期间在巴黎待了整整8个月。在写作期间，两人通过电邮和电话不断交换意见，书也从几个细胞演化成为一个生机勃勃的复杂有机体。

这一切都表明，眼前的这本书是长期合作的成果，它终于走向成熟，和读者见面了。我们希望书里传递的信息具有永久的价值，尽管这一信息根植于当下的文化和生活方式。事实上，正如我们的一位朋友曾经欣喜描述的那样，它根植于“充满活力的思想之中”。尽管书的起源带有时空的特殊性，但是它的关键思想具有足够的普遍性，能够经受时间的考验。

在两种语言和文化之间穿梭

这本合著经历了一个不寻常的创作过程，对此我们十分骄傲。它不但是由两人合写的，而且是用两种语言同时写作的。具体来讲，这部著作有两个原版，一本是法文版的，一本是英文版的，两者互为译本，或者可以说两者都不是译本。无论你怎样看待，它们都具有平等的地位，是同一个抽象思想的两个截然不同的具象化身。也就是说，本书存在于思想的而不是言辞的以太界。

当然，写作的过程涉及繁杂的翻译工作，但是这些翻译工作就发生在原文形成的时刻。有时，我们把思想从英文传递到法文，有时又反过来，关键在于思路的交流伴随着两种语言的往复交流。这种做法十分罕见，并致使我们多次修改原文，以一种聚合的方式使原文与译文更加接近。尔后，如此生成的文本再次经历新一轮的两种语言、两种文化和两个大脑的交流。经过这样的多次往复，终于达到一种令人满意的均衡。

这两个版本，也就是英文版和与之对应的法文版，都经历了两种语言的反复过滤。我们发现这种特殊的动态过程经常使文本变得高度清晰，因为翻译会令文中不严谨、表达模糊，以及逻辑关系不通顺的地方暴露无遗。翻译凸显这类缺陷，正像打开手电筒，把光束投向布满尘埃的阁楼一样。这个过程也像是磨刀，因为这一反复交流的过程也是把我们要表达的思想不断锐化的过程。所以，本书有两个原版。这不仅仅是一种有趣的猎奇，更重要的是，这一直是我们的指导原则，让我们不断聚焦于目标：一致而清晰。至少我们是这样看这本书的，希望本书的读者也可以这样看。

我们鼓励有能力的读者把两个版本找来，对照阅读部分章节，因为每个版本里的思想、形象和遣词造句都深深根植于它所基于的文化。这是一个极佳的锻炼机会，意味无穷而又引人入胜，因为我们要不断面对挑战，为一个习语、场景或者语误在两种语言中找到一个恰如其分又相互对应的表达方式而绞尽脑汁。我们要时刻保持警觉才能找到绝配。对于任何一个热爱语言的人来说，将两个版本对照阅读，除了可以获得新的思想（这当然是我们的主要目的）之外，这还是一次特殊的阅读体验，它可以让你体会同样的思想是如何通过两种不同的方式呈现的，简言之，是锦上添花。

SURF

AND

ESSE

ANA

AND

ACES

OGY AS THE FUEL

FIRE OF THINKING

NCES

引言——类比，人类认知的核心

人类大脑中的每个概念都源于多年来在不知不觉间形成的一长串类比。这些类比赋予每个概念生命，并在一个人的一生中不断充实这些概念。为了通过已知的旧事物来理解未知的新事物，大脑无时无刻不在作类比，并用类比选择性地唤醒脑中的概念。类比，就是思考之源、思维之火。

给类比应有的地位

在这本关于思维的书中，类比和概念是主角。因为如若没有概念，就没有思维；而没有类比，概念就无从谈起。我们将在全书阐述并论证这一观点。

我们的观点就是，人类大脑中的每个概念都源于多年来在不知不觉间形成的一长串类比。这些类比赋予每个概念生命，并在一个人的一生中不断充实这些概念。进一步讲，为了通过已知的旧事物来理解未知的新事物，我们的大脑无时无刻不在作类比，并用类比选择性地唤醒脑中的概念。所以，本书的主旨就是阐明类比的重要性，给类比应有的地位。也就是说，我们会讲述人类作类比的能力是如何成为所有概念的根源，概念又是如何因为类比而被有选择性地激活。一言以蔽之，我们希望说明类比乃思考之源、思维之火。

关于概念，字典没告诉我们的那些事儿

在开始之前，我们先要清晰地勾勒出概念的本质。人们往往容易低估概念的微妙与复杂之处，这样的误解随处可见。而这种对概念流于肤浅的理解又因字典而得到强化，因为字典将一个字分解成好几个义项，好像这

样就能把一个字的各种不同意义全部列举出来。

就拿“包”这个字来说吧。随便找一本程度适中的字典，在“包”这个字条下面，会有一个义项把“包”解释成“装东西的口袋”，如书包、裤子上的包（口袋）；另一个义项将“包”解释成“物体或身体上鼓起来的疙瘩”，如远处的小山包、头上撞了个包；还有一个义项说“包”是“毡制的圆顶帐篷”，如草原上有蒙古包；还有一个义项解释说“包”是一个量词，如一包糖；另外“包”还可以作动词，如包书、包饺子等。而这本字典在清晰地列出这些截然不同，但又都被“包”含的义项之后就打住了，仿佛这一个个狭隘的义项已经得到了非常明晰的解释，而且每个义项都能和另一个义项干净利落地区分开来。这本无可厚非，但给人留下的印象却是：这个字的每个义项内部都是完全一致、毫不含糊的，而且人们绝不可能将两个不同的义项混淆起来。但这和真相却差之千里，因为首先这些义项往往紧密相关，如平地上的小山包和草原上的蒙古包，并且这些看上去可以区分得干净利落的义项，每个都错综复杂。所以尽管字典给人的感觉是对每个字都刨根问底,分析得不能再细致了，但其实不过是触及了问题的皮毛而已。

因此，有人可以一辈子收集各式各样的皮包、挎包、书包；或者一辈子设计衣服上不同类型的包（口袋）；也有人一辈子钻研人身上的长出来的包意味着什么病，如何把包给治好；还有人一辈子就在大草原上修建各式各样的蒙古包。当然，还有人收集不同的邮票、鞋子、茶壶、字体等。但是无论收集多少，它们都不能穷尽任何类别的所有情况。事实上，市面上还真有像《1 000 种椅子》这样的书籍。假如椅子这个概念清晰明确，那出这样的书就没什么意义了。要想学会欣赏一把椅子优美的线条、独到的创意、实用的设计、别致的样式，你就得有非常丰富的经验和专业知识；仅仅查查字典，是绝对无法领会其中万一的。

当然了，倘若深入研究“包”下面的每个义项，一定也会有类似的发现，那就是无论是衣服上的包还是皮包、书包，无论是人身上长的包还是大草原上的蒙古包，都十分复杂。其实，那些看上去比“包”简单很多的概念也远不是诸位想象的那么简单。就拿英文大写字母 A 这个非常“简单”的概念来说吧。如果要追根溯源，弄清楚我们到底是如何毫不费力地把形状各异的 A 都认作 A，恐怕得需要好几页复杂而精准的文字描述。这时A所组成的范畴已远远超出常人赋予它的简单内涵，也就是“在两个斜靠在一起的笔画中间连上一根横线”。

事实上，对喜欢琢磨范畴丰富性的人来讲，字体集是个不折不扣的金矿。在下面的A图中，我们收集了字母A的不同写法。稍加观察，便可清楚地知道，人们可能事先想到的任何一种A的写法，都会与某种或多种字体相悖。然而每种字体都很容易识别，就算在A单独出现时人们无法轻易识别它，那在有上下文的时候一定可以毫不费力地将其辨认出来。

包、椅子、茶壶、混乱以及书法里的 **A** 这些日常概念，与质数或者 DNA 这样的专业概念很不同。后者也有无数个成员，但是所有成员的共同特征都能够准确而毫无歧义地表达出来。与此相反，“包”“椅子”“茶壶”或者“混乱”这些词背后的心理结构则没有边界，模糊不定、错综复杂。字典完全忽略了这种复杂性，因为字典的目的不是要阐明这些难以捉摸的差别。而且，普通的字并非只有两三个意思，而是有很多个。这样想不禁有点吓人。不过，从好的方面来讲，每个概念都有无穷的变化，这也让人眼前一亮，给研究概念的人带来新鲜感，使研究有了乐趣。

体现概念微妙之处的轭式搭配

语言学中有一个概念叫作“轭式搭配”（zeugma 或 syllepsis）。这种语言现象虽然不太常见，但是非常有趣，并能很好地体现词汇的丰富性以及词汇背后的复杂概念。轭式搭配的特点就是某个词的多个意义在同一个句子中出现，但这个词本身只在句中出现了一次。许多轭式搭配都出现在文学性较强的语境中，比如：

> 只有这所大学才能容纳他巨大的实验器材和尚未实现的野心。

这句话中的“容纳”有两个意思。一个是物理上的容纳，由于他的实验器材非常庞大，只有这所大学才能提供足够大的空间来存放这些器材。另一个意思则是精神上的“承载”，只有这所大学才能承载他的野心，帮助他实现人生理想。这两个“容纳”，一个具体，一个抽象，相辅相成，但在字面上却只出现了一次，是一个颇有意境的写法。

我们再来看几个轭式搭配的例子：

> 阿琳的琴弹得和她这个人一样美。

◇◇◇◇

> 你家里太热了，把窗户和电扇都打开吧！

◇◇◇◇

> 与泰坦尼克号一起沉入海底的，不仅有 1514 位乘客和船员，还有 20 世纪初英

国人对其造船业的信心。

◇◇◇◇

那天他瞎白话说自己是北京最好的萨克斯管手。但一开始表演，哇，真是太难听了，像杀猪一样！看来萨克斯管可不是像牛那样好吹的！

第一个例子里，“美”这个形容词同时肩负着两个任务，一个是修饰阿琳这个人，形容她貌美；另一个则是修饰她弹出的琴声，优美动听。前者是视觉上的美，后者则是听觉上的美。

第二个例子中，“打开”也有两个意思。一个是把窗户推开，让风吹进来，这是一个“推开”窗户的动作；另一个则是按下电扇的开关，使电器工作起来，这是一个“按下”开关的动作。前者用在门窗上，后者则适用于电器。

第三个例子则和本小节开头的例子有相似之处。此句利用了“沉入”的两种不同用法，一是具体的：船沉了、人沉了，或者说，就是被淹没了；二是抽象的：人的信心减退了、消失了、没了。倘若区分得再细一点，船的沉没和人的沉没恐怕也有所不同。那么能否说“沉入”在这里有三个用法呢？

最后一个例子包含了两个“吹”，虽然字面上“吹”只出现了一次。读者们一定同意：萨克斯管是真的“吹”，从肺部经口腔把空气挤出，但是牛却不是真的被“吹”起来的。

还有一个和上面几个轭式搭配不太一样的句子，可以算作半个轭式搭配：

单身的来由：原来是喜欢一个人，现在是喜欢一个人。

之所以可以算半个轭式搭配，是因为它巧妙地迫使每个读到这句话的人都绞尽脑汁去揣摩“一个人”的两个意思，不然这句话就完全讲不通。喜欢“一个人”可以是喜欢某个人，那也许是单相思；喜欢“一个人”还可以是喜欢自己一个人，那就是独身主义。至于具体原来和现在各是哪种情况，就留给各位读者想象了。虽然同一个词“一个人”满足了表达两种不同意思这个条件，但是在句中却出现了两次，所以只能算得上是半个轭式搭配了。不过凡是理解了这句话的人都一定揣摩出了“一个人”背后的两个含义。

对于轭式搭配的特征我们应该已经很明确了。其实，只要是一个好的轭式搭配，它就一定能够自然而然地体现出关键词或者词组不同语义之间的微妙差异。

比如，你觉得“书”这个字是什么意思呢？也许你认为这个问题很简单，“书”不就是把很多页纸订在一起，再做一个封面的读物吗？但是下面这个句子会启发我们“书”也许还有别的意思。

> 这书是线装的，早就卖完了。

这里的书除了指一本实体书之外，还可以表示一个非常抽象的概念：也就是一本书在出版社和书店里的所有库存。那么这句话中的“书”，到底是一个概念，还是两个概念呢？“书是线装的”也许是指一本实体书，不过也可以包含这本书市面上所有的实体书；“书早就卖完了”则更像是一个抽象的概念。假设有人说“我正在翻译一本书”，这里的“书”是否与前两个概念都不相同呢？那么“书”里归根结底包含了多少个不同的概念呢？这将是一个很有裨益的思考题，但是因为我们还有其他内容要叙述，就把这道题留给“书”前的诸位读者了。希望读完本“书”之后，你能想出答案。

轭式搭配的启示

虽然上面列出的几个轭式搭配都有些幽默的成分，但我们举轭式搭配的例子不是为了讲笑话，而是为了引发大家的思考。下面就来看看几个值得深思的轭式搭配：

> 你可别小瞧他。小说和书法，他都能写。

这个轭式搭配的关键词是“写”。也就是说，句中的“写”是不是有两个意思？“写”小说和“写”书法一样吗？大部分读者应该会认为这是两个不同的动作：“写”

小说需要精心构思情节、人物，不一定是在纸上写，也许在电脑上“写”，或者准确来说是在电脑前“打字”。而“写”书法则不需要思考什么情节或者人物、戏剧冲突和高潮，需要的仅仅是拿一支毛笔，蘸上墨水，在纸上实实在在地“写”。但是下面这句话呢？

你可别小瞧他。板报和书法，他都能写。

这里的问题在于，“写”板报和“写”书法是同一个“写”吗？很难说。二者似乎都一定要真正地“写”，没法用电脑把内容输入进去，但是写的时候用的工具又不一样：一个是粉笔，另一个却是毛笔。写的内容往往也不同，“写”板报多为宣传，有时还要画一点儿画，而书法则一般是一种艺术爱好。这里我们几乎没法找到一个所有人都能赞同的答案。事实上，这就是我们选择这个例子的原因，因为它很好地体现了一个概念所蕴含的微妙之处。我们不禁要问：人们是如何分辨出这是一个需要用“写”的情境呢？换句话讲，所有使用“写”的情境表面上看起来是如此不同，但为什么都能用“写”这个字？它们的共同之处在哪里？到底又有哪些差异？为什么我们几乎不可能把这些情境准确而又干净利落地区分开来？这些都是本书要探究的问题。

接下来我们来看看跨语言的例子。下面这句中文你认为如何：

我要去刷牙和脸了。

是非常别扭呢，还是完全可以接受？下面是和中文完全对应的英文：

I'm going to brush my teeth and my face.

这句话就是中文的直译：“我要刷我的牙和我的脸。”事实上，无论是中文还是英文，在母语者听起来，这两句话都有大问题。归根结底，就是无论是说中文还是说英文的人，都认为“刷”牙和“洗”脸是两个非常不同的动作。刷牙需要用带有硬毛的工具牙刷，而洗脸则是要用软软的毛巾，一个是刷，另一个则更多的是擦和洗。既然是两种不同的动作，自然就需要用两个不同的动词了。不过有趣的是，说意大利文的人却不这么认为，因为对他们来讲，这样的句子非常自然：

Voglio lavarmi la faccia e i denti.

这句话也基本就是中文的直译："我要洗我的脸和牙了。"看来讲意大利文的人把洗脸和刷牙划分为同一类动作了。他们认为二者都属于"洗"这个范畴。而在法文中，"se laver les dents"（洗牙）虽然可以说，但是用得还是比较少，用得更多的是"se brosser les dents"（刷牙）。说法文的人一般觉得后者更自然。

这就是一个非常有趣的现象了。在中文和英文中，这两种动作被划分到完全不同的范畴，因此前面提到的那句话非常别扭；在法文中，两种动作既不是完全相同，也没有被算作完全不同的范畴，而是介于二者之间；在意大利文中，这两种动作则完全是一回事。也就是说，在意大利文中，这句话可以用一个轭式搭配来说，因为一个动词管着两个宾语，并且人们丝毫不会察觉到什么异样；但是如果非要使用中文的轭式搭配"刷牙和脸"，那就变得非常奇怪了。这个现象非常清晰地告诉我们，范畴与范畴之间的界限和语言文化背景息息相关，某门语言中毫不相关的两个范畴在说另一门语言的人看来，很可能属于同一范畴。

上面的例子表明，轭式搭配能够展现不同语言对概念的不同分类：讲 A 语言的人觉得非常明显的区别，对讲 B 语言的人来说却很难被发现。比如下面这句话在中文里再正常不过了：

我有时开车去公司，有时走路去。

但是在德文中，这两种不同的通勤方式必须用不同的动词。如果你是开车前往公司，那就要用"fahren"这个动词；如果是走路，就得用"gehen"。而在中文里就都是"去"。俄文则更甚，除了搭乘某种交通工具和走路去要用不同的动词外，还要根据这个动作到底是经常发生，还是就发生了一次，来选择不一样的动词。所以中文里"去"这个看上去毫不起眼的动词，在俄文中就分成了好几个词。也就是说，有些动作，说中文的人认为是同一个概念，而说俄文的人却觉得是四个不同的概念。

我们再来看一个很简单的句子吧：

那个男孩和那只狗都在吃面包。

对说中文的人来讲，这句话听上去很正常，不易感受到其中的轭式搭配，或者，说中文的人认为人吃和动物吃是同一个动作。但是在德文中就有问题了，因为德文里有两个不同的动词都表示“吃”：“fressen”指的是动物吃，“essen”指的是人吃。也就是说，根据发出“吃”这个动作的主体不同，德文把中文里“吃”这么一个词硬给掰成了两个。这么说也许不恰当，因为在说德文的人看来，是中文硬把两个概念合成一个了呢。

语言对概念的“自然”划分

以上这些例子也许能启发人们假想出一门语言及其背后的文化，在这门假想语言里，不同的性别得用不同的动词。比如，男人的吃和女人的吃对应的动词不一样，一个动词描述男人吃，另一个描述女人吃：男人吃叫“狼吞”，女人吃叫“狐咽”。如，“小芳狐咽下了她的霉干菜肉包”。所以，当听到中国人说“我老公和我喜欢吃同样的东西”或者“女孩儿和男孩儿正在人行道上走着”时，说这门假想语言的人会觉得很诧异。对他们来讲，这些句子简直不可理喻，男女怎么会用同样的动词呢！你也许觉得这样的语言很可笑，但是事实上的确有许多语言是以性别为基础来区分不同词汇的。

举个例子吧。在法文里，男女享受的喜悦可谓各不相同。这在很多方面都有所体现，比如“快乐”这个形容词：快乐的男性是“heureux”的，而快乐的女性则是“heureuse”的。[①]因此，一个阳性好奇（curieux）的法国男人可能很想知道到底阴性快乐（heureuse）是种什么感觉，但他永远没法知道，因为男人是不可能有阴性快乐的！同样，一个阴性好奇（curieuse）的法国女人也许很想知道阳性快乐（heureux）是什么感觉，但无论她怎么努力，也注定以失败告终。这就好比水星人想知道做火星人是一种什么体验！

① 法文中，“快乐”的词根是 heur，阳性词缀为 -eux，阴性词缀为 -euse。——译者注

听上去有点玄乎吧？那么我们再来看一首著名的俄国诗。[1]俄国诗人伊立亚·谢立温斯基（Il'ya L'vovich Selvinsky）在诗中描写了一个有趣的事实：他的心上人所有平常的动作，都因为动词过去式的阴性结尾而变得优雅起来。这些阴性结尾往往由一至两个音节组成：如“la”“ala”“yala”。诗人先是描述了心上人一些稀松平常的动作，如走路、吃东西等，然后表达了自己内心的迷惘。因为作为男性，他从没做过任何“女性独有”的动作，也从没体验过任何“女性独有”的感受，因为他的动作都只能加上阳性结尾。更要命的是，他这辈子都不可能做出这些动作、体验这些感受！那么，谢立温斯基的这个发现，是否有什么深刻的含义，还是他仅仅是在做文字游戏？

我们还可以很容易地想象出另一种语言，它有描述不同吃法的一整套动词。饿扁了的男孩儿的吃法、上流社会贵妇的吃法、猪的吃法、马的吃法、兔子的吃法、鲨鱼的吃法、鲇鱼的吃法、老鹰的吃法、蜂鸟的吃法，诸如此类。“吃”对我们来讲是一个统一的整体概念，但我们也能理解把它细分的原因，因为我们知道上面讲的几种动物的吃法的确不同。每种语言既有权利，也有责任，在可能的语义空间里，把所有不同的动作区分开来。毕竟，在这个地球上，没有（不曾有，也不会有）任何两种动物的吃相一模一样，也不可能有某种动物在两个不同的时间，有着在最细微的细节上都完全一样的吃相。

所以每个动作都是独一无二的，但同时，不同动作之间又有相似之处。正是这些相似点，一门语言给不同的动作贴上了同一个标签。这样就形成了不同的动作“家族”，每个“家族”就是同一类动作。每门语言都以自己的方式来应对这个挑战，区分这些细微之处。但是一旦“家族”形成，这门语言的母语者就接受了该语言对各种概念的“家族”划分，并且认为这样的划分显而易见，再自然不过了。而在另一方面，其他语言对概念的“家族”划分在他们看来就很不自然，要么分得太细，要么太粗，有时甚至不可理喻。尽管对那门语言来讲，这样的划分方式本身就是该语言不可分割的一部分，再正常不过了。当然，也会有例外，那就是在他们发现其他语言的“家族”分类还有点意思时，其他语言也许能给他们一个新的角度来看待自己母语的“家族”分类。

“玩”字的玩字游戏

相信许多读者都非常熟悉英文动词“play”，“玩”往往是我们接触到的第一个意思。其实“play”这个词远比诸君想象的要复杂且好玩儿得多！同时它也能很好地说明不同文化不同语言的人在概念分类或者说“家族”分类上有哪些差异。下面我们就来具体看看。

在中文里，倘若要形容老张音乐造诣很高，我们也许会说：

> 老张可是吹拉弹唱，样样精通啊！

吹的可以是唢呐或者小号，拉的可以是二胡或者提琴，弹的则是琵琶或者吉他，唱的则可以是京剧、越剧或者流行歌曲。前三者都是关于乐器的动词，对说中文的人来讲，这是三个完全不同的动作。“吹”得用嘴，得有很大的肺活量；“拉”则用的是手臂；“弹”用的则是手腕手指。可是，在英文中这三个动作却都用一个词来表示，那就是“play”。所以，如果我们说：

> 老张能吹小号、拉提琴、弹吉他。

那么在英文里就是：

> Zhang plays the trumpet, the violin and the guitar.

可见在英文中，这三类动作似乎并不是三个不同的范畴，无论是小号、小提琴，还是吉他，都是用来play的。需要注意的是，“play”在这句话中并不是中文里“玩”的意思，它就是“吹 / 拉 / 弹”的合体，也就是说，上面的英文和中文意思是完全一样的，只不过“play”一个词完成了中文里三个词的任务。但这并不是说一个美国人就不知道“play”这三种乐器的时候需要的是不同的动作技巧，只是他们的语言并没有将它们区分开。

如果你认为这是英文不讲道理，那么我们得说，好玩儿的才刚刚开始呢。我们现在放下乐器，走进体育世界。假如老李是位运动健将，我们也许会说：

老李可是运动健儿啊，踢足球、打篮球、跳皮筋儿都不在话下。

可见对于说中文的人来讲，足球是用脚“踢”的，篮球是用手“打”的，皮筋儿是用腿“跳”的。以此类推，毽子是用脚“踢”的，排球、乒乓球、羽毛球是用手“打”的，立定跳远、跳房子游戏都是“跳”的。这中间的区别算得上是显而易见了吧。

现在我们再来看看英文，这就又要请出我们的关键词“play”了。是的，在英文中，无论是“踢”还是“打”，甚至连“跳”，都用的是“play”：

Li plays basketball, soccer and Chinese jump rope.

这个“play”是有多大的魔力啊，怎么不仅能够用在乐器上，还能用在不同的运动中？篮球、足球，还有皮筋儿这些运动对各位说中文的读者来说，怎么都得用不同的动词啊！

这还不算完。除了乐器和运动，我们再来“玩”点棋牌吧。说到棋牌，老王可是这方面的行家了：

要说下象棋、搓麻将、打桥牌，那没人是老王的对手。

这里的三个动词绝好地反映了中文对它们的分类，虽说都是棋牌，但动作可不太一样啊：象棋、围棋都需要先拿起棋子，然后放下，放在棋盘上；麻将每局结束，都要大家一起搓一搓，虽然现在有了麻将机，但无非是把搓的任务从人转移到了机器上；打桥牌、扑克先得摸牌，然后一张一张打出去。这是何等清晰的分类啊！那么英文呢？想必读者已经猜到了，没错，英文里又是眉毛胡子一把抓，全都用“play”。

Wang is the best when it comes to playing chess, Mahjong and poker.

象棋、麻将、扑克牌都是用来play的。当然，我们还要再次说明，这里的“play”并没有中文“玩”那样的随意和调侃意味，“play”就是“下/搓/打”的合体。

以上这些例子都说明了：在一门语言里属于同一个范畴的事物，在另一门语言里则未必。不过，这并不意味着不同语言的使用者不能理解对方。比如，虽然英文中的各类棋牌都用“play”这个动词，但如果问一个美国人，下棋和打扑克是否有不同之处，他一定会说当然有不同，只不过对他们来讲，中文里这样细致的区分也许没有必要。同理，说中文的人虽然谈论棋牌时分得更细，但是也能说“我们玩麻将”或者“玩扑克”；虽然“玩象棋”我们几乎不说，但是一定能够理解象棋、麻将和扑克之间有很多共同点。实际上，说到乐器的时候，中文里也能讲：“他是玩吉他的”，或者“这年头谁还玩小提琴啊”。只不过多半是用在非正式文体中，而且略有调侃、幽默之意。

好了，现在你已经知道英文中的“play”是和各种乐器、各项运动、各类棋牌一起用的动词，而中文里每种乐器、每项运动、每类棋牌则似乎都有一个专门的动词。有没有介于二者之间的一种语言呢？换句话讲，有没有一种语言，在讨论这些行为时，分类分得既没有英文那么粗，也不像中文那么细呢？巧了，意大利文正是如此！

比如下面这句话在中文里需要用三个不同的动词：

> 希尔薇娅可以打网球、玩《大富翁》桌游和拉小提琴。

在英文里还是我们的老朋友“play”以一顶三：

> Sylvia plays tennis, *Monopoly*, and violin.

在意大利文中则是网球和《大富翁》桌游用同一个动词（gioca），而小提琴用另一个（suona）：

Sylvia gioca al tennis e a *Monopoly*, e suona il violino.

看来意大利文也许是发现了网球和桌游的共同之处，因而把它们分为一类。讲了这么多例子，相信读者已经明白不同语言间可能有不同的分类方式，所以其实没法找到一个绝对准确、绝对客观的分类，而且，想要在不同类别之间找到一条非常清晰准确的分界线，终将徒劳无功。

轭式搭配与概念

我们关于轭式搭配的讨论将会在下面这个有趣的轭式搭配中达到顶点：

琴棋书画样样精通的他，是和那年初冬的第一场雪一同来到这世界的。

这句话中有两个可以讨论的轭式搭配。第一处就是两个不同的“来到”，说一个人来到这世界，往往指的是出生；而说一场雪来到这个世界却是下雪的意思。这样的表达为他的生日增添了几分意境。另一处则并非那么明显，也就是四种“精通”。琴棋书画，各不相同。精通琴，是说深明乐理和演奏艺术；精通棋，则是在下棋时，布局战略胜人一筹；精通书，则是柳体颜体，提笔即来；精通画，说的是笔下的山水花鸟，栩栩如生。四种艺术形式，就应该是四种不一样的精通方法。这四个“精通”之间到底有多大的差别，相信每位读者都有自己的想法，我们就不再赘述了。

除了增强表达的文艺性，让我们会心一笑之外，轭式搭配还能够非常直观地展现一个词语背后的结构。也就是说，我们通过轭式搭配能窥视一个词语背后所代表的概念，或者更准确地讲，是其所代表的多个**不同概念**。同时，由于很多词都有可能出现在轭式搭配中（正如上文我们所看到的不同语言的例子），所以这样的修辞手法把人类大脑迅速分类的能力展现得淋漓尽致。无论遇到什么样的词，无论不同类别之间的界限如何模糊，无论脑中存储的类别有多少，我们的大脑都可以在瞬息之间，以我们毫无察觉的方式完成分类。

范畴化的本质

大脑持续不断地将事物分类，这些分类则不光深受我们所使用的语言的影响，同时也被我们所处的时代、文化以及当时头脑的状态深深影响。这种分类通常被解读成，把我们身边的不同事物放进事先存在并且泾渭分明的范畴中，就好比人们整理衣服的时候把衣服放进衣橱的各个抽屉里。人们可以很容易地把衬衫放进标有“衬衫”的抽屉里，所以同理，人脑也可以非常容易地给狗贴上“狗”这个心理标签，把猫放进“猫”这个大脑抽屉里。这种观点还认为，世界上的每个物体在根本上都属于某一贴上了特定“标签”的大脑抽屉。而这一大脑结构也适用于同一类型的不同个体。因此，世界上所有的桥将会毫无争议地被标记为“桥”，所有与移动相关的动作都叫作“动”，所有涉及静止不动事物的都被称作“静”。这样的分类机制不仅自然发生，而且非常可靠。这些类别存在的最重要原因就是要客观地、不受观察者影响地给世间万物贴上适合它们的概念标签。

可惜的是，这种对范畴化的理解却与实际情况大相径庭。在本书中，我们将尽力阐述背后的原因。不过我们希望从第 1 章开始，读者就能感受到，心理范畴绝不是把区别鲜明的东西分类之后放入一个个抽屉而已。随着本书的展开，这一观点将逐渐体现出来。

那么本书将要讨论的“范畴”以及“范畴化”到底是什么呢？对我们来讲，**“范畴”就是一种长时间建立起来的心理结构，它包含着有组织的信息，这些信息在适当情况下能够被提取。**“范畴”也会随时间而变化，这种变化时快时慢。**“范畴化”指的是将某个物体或某种情况与先前已有的范畴关联起来，这一过程是尝试性的、分层次的，并且还有灰色地带。**需要说明的是，当我们说“范畴”的时候，所指的是人的心理范畴，而非电脑数据库或者是科学分类中的标签，比如生物学中各个物种的名字。另外，在本书中，“范畴”和“类别”是同义词，“范畴化”和“分类”也经常互换。

尽管范畴化的本质是尝试性的，而不是非黑即白，但范畴化的过程往往让人觉得这是非常确定、非常绝对的。这是因为乍看上去，我们最熟知的范畴大多有着精确而明晰的边界。这种朴素的看法正变得越来越普遍，因为人们对日常词语的使用很少受到质疑。事实上，每种文化都在持续不断且悄然无声地加深一种错误印象：词语本都是大脑里自然形成的、属于不同事物的固有标签。如果某个范畴有处于边缘的成员，那么这些成员会被认为是非常奇怪反常的。这意味着大自然被我们所知的各种范畴（在它们的交界处）精准地切分开了。由此产生了一个错误的想法，即范畴的边界几乎是完全确定和清晰的。这又对理解范畴和范畴化的心理过程造成了困扰。事实上，范畴成员的资格，即某事物是否归属某一范畴，永远是连续渐变的，而不是非黑即白的。这一观点与古时的文化习俗相去甚远，令人困惑甚至不安，因此大部分时间人们对此都避而不谈、视而不见。不过既然心理范畴比我们的幼稚看法微妙得多，那就值得细细探究。

我们脑中的范畴将许多方面的现象综合起来，为我们带来好处。它能将事物、行为和情境中不易察觉的方面，呈现在人眼前。因此，范畴化能帮助人更好地理解自己所处的环境。它让人能察觉到隐藏的事物及其特征：假设我们判断某个实体属于**人**这个范畴，那么就能推断，这个实体应该有一个**胃**，也应该会有些**幽默感**；它让人预测今后可能发生的事：如果我的狗把玻璃杯从桌子上拱了下去，那么玻璃杯将会碎掉（因为这是属于玻璃杯这个范畴的物体的特征）；此外，它让人预知某行为的结果：在电梯里我按了“1”的按钮，那么电梯会驶向一楼。因此，范畴化帮助我们得出结论，判断事件将如何发展。

简言之，一刻不停歇的范畴化就像我们一刻不停歇的心跳一样，在生命中不可或缺。如果没有“范畴化发动机”永不停歇的搏动，我们将无法理解身边的事物，无法进行理性思考，无法与任何人进行交流，我们的行动也找不到根基。

对类比的两种误解

如果范畴化对思维如此重要，那么其机制是什么呢？答案就是类比。不过人们对作类比的理解，和对范畴化的理解一样，都充斥着各种成见。这些成见过于武断，并且容易造成误解。因此我们接下来就谈谈这些成见，希望能很快地打消大家对类比这一认知核心的误解。

第一种误解把“类比”这个词狭义地理解为有着数学公式般精准的句子，例如：

西之于**东**就像**左**之于**右**。

如果用类似于形式符号的方式写下来，那就更像一个数学命题了：

西：东 :: 左：右

智能测试题常常用这样的方式来表达。比如，我们可能看到这样的问题：**“西红柿：红色 :: 西兰花：X”“球体：圆 :: 立方体：X”“脚：袜子 :: 手：X”“土星：环 :: 木星：X”“法国：巴黎 :: 中国：X”**……这种形式的命题被称作比例类比（proportional analogies）。而这个词本身就来自词语和数字之间的类比，也就是说，一个表示两对数字的比相同的等式（A/B = C/D），可以直接类比到词语和概念的世界。所以这样的类比可以如此概括：

比例：数量 :: 类比：概念

许多人认为这就是类比，不多也不少，即一个包含四个语言成分（往往是四个词）的模板。并且这些模板都和亚里士多德的三段论一样严格而精确（比如经典的三段论：人必有一死；苏格拉底是人；所以苏格拉底必有一死）。亚里士多德确实是研究比例类比的第一人。对他来讲，这种狭义的类比是一种形式上的推理方法，同演绎、归纳和溯因法属于同一类。所以今天人们对类比的狭义理解也是有历史根源的。尽管如此，这种对人类类比能力的狭义理解不可避免地让人们觉得它是一种非常精准、专一且特别的大脑活动，所以只会在极个别的情况下出现，特别是智能测试题里！

但是类比这一人类思考的模式，绝不仅仅局限于智能测试。虽然上面所提到的比例类比问题只有一个正确答案，但我们所生活的世界却不可能就这样给我们一连串单选题来做。因此，如果问哪里是中国的巴黎，我们也许觉得“正确答案”是上海，但是从日常的闲聊中我们知道还有其他几个城市也可能是“正确答案”，如北京、杭州、广州等。

事实上，我们在生活中遇到的类比和前面那些严格的逻辑类比恰好相反，往往都是些含糊不明的谜语。比如："我或者我朋友这辈子遇到的所有事情里，哪一件和小学班主任没收我8岁儿子的手机这件事最接近？"只有通过不断在记忆中搜寻和眼前的情况最接近、最能让我们洞悉事物本质的相似经历，我们才能准确把握本不熟悉的新情况。而生活总是不断给我们出难题。找到非常贴切的相似经历是一门不可或缺的生存技艺，不过正如其他技艺一样，它们往往没有唯一正确的答案。正是由于这个原因，尽管比例类比有时是那个闪烁着精确和优雅之光的珠宝，但对任何想研究类比本质的人来说，这种简化都是一种误导。

对类比的第二种广为接受的观点，也就是我们要讨论的第二个成见则是：在作类比时，人们总是会用上复杂的推理机制。通过这些复杂的机制，人们把不同的知识领域联系起来。而且有时候人能够意识到这样的机制。通过这样的类比机制得出的结论非常微妙，也具有试探性。这种理解把类比描绘成仅仅是天才思考时的神来之笔，或者至少也必须反映非常深刻的洞见。这个想法确实可以用很多著名的例子来佐证，不少伟大的科学发现都来自科学家突发灵感，将看似不相关联的领域用前人未曾想到的方式联系起来。例如，法国数学家昂利·庞加莱（Henri Poincaré）曾经写道："一天……我突然产生了一个非常简洁的想法，并且对此非常确信：三元不定二次型变换等价于非欧几何中的变换。"[2]这灵光一闪给数学带来了许多新发现。我们还可以心怀崇敬地回忆起不少建筑师、画家以及设计师，正是由于发现了新的类比，他们才能恰到好处地把某些概念从一个领域引申到另一个领域，取得让人惊叹的成就。从这个角度来讲，发现相似之处并找到类比关系仅仅是小部分极富创造力的人所进行的认知活动；只有在一个人敢于探索概念之间看似不可能的联系时，才有可能发现事物之间那些前人难以想象到的关系。

对类比关系的第二类成见并没有假定这样的认知活动是科学家、艺术家和设计师的独门绝艺；在日常生活中，我们这样的平凡人同样可以用复杂的推理将毫不沾边的领域联系起来，做出大胆的猜想，等待小心的求证。比如，大家都知道类比在教学中扮演着重要的角色。几乎每个人都能回忆起上学时遇到的类比：原子和太阳系的类比、电流和水流的类比、心脏和水泵的类比、苯环和咬着自己尾巴的蛇的类比（化学教科书中还专门描述了苯环结构是如何因为梦中的类比才被发现的）。在所有这些例子中，正是因为类比，相差十万八千里（更准确地说是表面上看相差十万八千里）的领域之间有了联系。日常生活的争论中同样可以找到类似的例子，无论你是支持还是反对一个观点。比如说，如果所有人都看不起一个为了交学费而跪着向父老乡亲借钱的人，那么你可以很自然地说：“你们可别瞧不起人！当年韩信还受过胯下之辱呢，最后不还是飞黄腾达了吗！”在美国的政治辩论中，老布什多次将萨达姆比作希特勒，为伊拉克战争正名。而反对美国介入伊拉克局势的人则把伊拉克比作越南，希望提醒人们美国在越南战争中付出了多大的代价。你甚至可以从孩子们的观察中找到类比的影子。本书其中一位作者的七岁女儿自豪地宣称：“上学就像爬楼梯，每个年级都比之前的高一级。”这个令人高兴的发现，虽不致惊天动地，却与庞加莱的数学发现有着异曲同工之妙。

如果我们总结一下，那就是这两种成见的第一种，比例类比形式太局限，以至如果这就是人类作类比的全部内涵的话，那类比就仅仅在认知活动中占了弹丸之地。与此相反，对类比的第二种成见则指向一个更为重要的心理现象，也就是有选择性地利用过去的经验来帮助理解新出现的、还不熟悉的、属于另一个领域的事物。因此，在本书中，我们将不在比例类比上花过多的时间。而跨领域的类比则完全不同，我们将用大量的篇幅来讨论。不过，虽然第二种成见和我们的中心主题明确相关，但它仍然是一个没有完全展开的观点，它仅仅代表了类比这一非常宽泛的心理现象中的一小部分。事实上，作类比是范畴化背后的机制，而范畴化又是思维的强大动力。这一思想被第二种成见完全忽略了。

作类比与范畴化

事实上，我们这本书的中心思想是一个简单却未必主流的想法，就是人在思考的时候，每时每刻都在发现类比，因此类比乃是思维的核心。说得再具体一点，我们不是每周、每天、每小时或者每分钟做一次类比，而是每秒钟！是的，你没有看错，每秒钟，我们都会发现数不清的类比。我们一直遨游在类比的海洋中，小的、大的、不大不小的、平淡无奇的、惊世骇俗的，不一而足。在这本书里，我们将向你展示日常生活中那些最为平淡无奇的语言是如何从不知不觉而又迅速产生的类比转化而来的。这个丝毫不停歇的类比过程就是潜意识中迸发出的智慧火光，产生了我们人类最基本的也是最普遍的初级思维机制——范畴化。而范畴化的作用则是让我们能够理解遇到的新环境，或者说至少是最基本的部分，并且能够与他人交流自己的看法。

在我们的大脑中，无数的类比不断地产生又迅速地消亡。这其中很大一部分是为了让我们能够准确找到词汇来描述日常生活中的事物和活动，但这绝不意味着所有类比都是以此为目的的。还有许多是为了让我们能够处理在更大范围内遇到的新情况。当我们遇到一个复杂的新情况时，若想通过与某个已知概念作类比而准确把握新情况的本质，那就必须对该情况有着深刻而又全方位的理解，这比给新情况里我们所熟悉的各个小部分简单地贴上标签要难得多。

然而，因为这个更深层次的认知过程，也就是通过类比来提取一个深埋的久远记忆，在生活中占据着中心位置，我们已经习以为常，以至几乎从未思考过或者留意过。因为它太自然、太熟悉了，所以没有人会思考为什么会有这样的心理过程，以及它是怎样发生的。如果有人问："为什么我告诉你我的经历之后，你就马上联想到这件事儿呢？"一般人恐怕会觉得这个问题很笨，然后用一种被逗乐的语气回答："这不，你刚说的和这事儿太像了！所以我就想起来了啊。难不成还有别的原因吗？"这就像在问："你为什么摔了？"然后回答说："因为我被绊了一跤啊！"换句话讲，由于X和Y这两件事非常相似，所以当Y发生时联想到X，就像是绊了一跤就会摔倒一样，再自然不过了，这貌似并不需要任何解释！

通过类比来唤醒以往的记忆似乎非常接近人类的本性，因此我们很难想象没有类比的心理活动是什么样的。想弄清楚为什么一个想法会引起人们联想到另一个类似的想法，就好比提问：为什么在空中松手，手里的石头会落地？重力现象对我们来讲太习以为常了，以至没有人觉得这值得一问，除了那一小部分总是钻研别人认为稀松平常的事物的物理学家们。对不是物理学家的人来讲，他们很难理解为什么我们要解释重力，为什么要研究类比能唤醒记忆这一现象。但这些绝不是毫无意义的，毕竟，有多少科学发现能和爱因斯坦那出人意料却又解释了重力真相的广义相对论比肩呢？

思维之根源：范畴化和类比

我们将要阐述的观点是，有一种心理过程可以涵盖上面提到的对范畴化和类比的那些固有看法，同时又比其中的每一种看法都要宽泛得多。为了让大家先初步了解这一关键思想，我们再次回到轭式搭配这一主题，因为这个精灵古怪的语言现象和通过类比进行范畴化这一观点有着极大的联系。事实上，轭式搭配是我们举例时的源泉，从类比中最不起眼的那部分到那些神来之笔，轭式搭配几乎无所不在。它总是以小见大，完美地展现了通过类比进行范畴化这一无所不在、普世统一的认知机制。

假设你听到有人说："冬至夜，羊汤和饺子都很温暖。"你那时刻准备着的轭式搭配探测器肯定不会响，因为在这个语境中，**羊汤**和**饺子**同属于美味佳肴这一范畴，这是再明显不过的了。但是如果一个人说："冬至夜，妈妈讲的故事比饺子更温暖。"那么你的探测器一定会响一声，因为"温暖"这个形容词的两个意思同时出现在句子中，而且在"故事"和"饺子"之间有一个不太明显的类比关系。但是假设这个人说的是："冬至夜，妈妈的关爱比饺子更温暖。"那么轭式搭配探测器一定会铃声大作，因为**关爱**和**饺子**语义上的距离或者说两个概念间的距离更大，你会更加明显地体会到二者间的类比关系，而不是简单地认为它们都属于温暖的事物这个常见范畴。

简而言之，我们不应该认为作类比和范畴化有清晰明确的区别，因为它们都是将两个心理实体联系起来，为我们提供有用的视角，从而使我们更好地理解新情况。我们在下面将展示，这些心理活动包罗万象，从最基础的物体识别（这是个桌子），到人类大脑所能做出的冠绝寰宇的发现（如广义相对论）。所以作类比并不是偶尔才做的智能游戏，而是认知的生命之源。在最基础和最宏大的认知活动之间，则是我们每时每刻都在进行的心理活动，理解新的情况、判断事物性质、做出决定、学习新事物，而所有这些心理活动都有着相同的基本认知机制。

这些心理活动尽管看上去各不相同，但它们背后都是同样的机制，也就是永不停歇地通过类比实现的范畴化。它的适用范围正如上文所讲，从最平凡普通到最复杂深刻的范畴化，都同样适用。这一统一的心理过程让我们能够理解不同级别的轭式搭配，从完全不是轭式搭配的句子（只需要最简单的类比就能进行范畴化），到非常高级的轭式搭配（需要非常复杂的类比来完成很灵活的范畴化）。

不过还是让我们把注意力从轭式搭配转移到一个更宏大的视角。我们认为认知是由持续不断、具有流动性的范畴化来实现的。而其根源，并不是把东西分门别类地放进固定的、边界清晰的大脑储物盒里这样简单的分类，而是通过类比来分类这一心理机制，正是它使人类思考变得非常灵活。

正是因为能够通过类比进行范畴化，我们才能发现相似的东西，并且利用事物之间的相似性去处理新事和怪事。当我们把刚遇到的新情况，和很早之前就遇到，并且编码处理然后保存在记忆中的先前经历联系起来时，我们就能利用先前的经历来指引现在的行为。作类比是我们大脑功能的重要基石，让我们能够利用从过去经验中获取的丰富智慧，不仅包括已经被贴过标签的概念，如**狗**、**猫**、**欢乐**、**辞职**、**矛盾**等，还包括没有贴上标签的概念，如**上回我出门忘带钥匙，结果在寒风中站了几个小时**，等等。这些概念，无论具体还是抽象，都会根据当时的情况，在我们大脑找类比的过程中有选择性地、一个接一个地被激活。正是因为有这种无意识却又永不停歇的心理过程，我们才能对自身处境建立心理表征、产生复杂的情感，才能拥有普通寻常或者崇高伟大的思想。没有过去的经历，就没有现在的思想；或者更准确地说，只有用类比将今昔的经验联系起来，思维才有可能存在。

范畴提供的快速推断

在这个语境中有一个词用处很大：推断（inference）。依照心理学的传统，我们对这个词的用法要比它在人工智能领域的用法宽泛得多。在人工智能领域，这个词和所谓由“推断引擎”做出的“形式逻辑演绎”是同义词。与此定义不同，当我们说“做出推断”时，意思仅仅是在我们面对的情境中引入一个新的心理成分。也就是说，目前活跃在大脑中的概念的某一方面从长眠的记忆中提取出来了，并引起了我们的注意。至于提取出来的新成分是对还是错，我们并不关心，它在逻辑上是否接续了前一个成分也无关紧要。对我们来说，“推断”仅仅意味着某个新的成分在头脑里被激活了。

如果看到一个孩子在哭，你推断这个孩子不舒服了；看见某人在大喊大叫，你推断那人很可能生气了；看到桌上餐具都摆好了，你推断马上要开饭了；看见一把椅子，你推断自己可以坐在上面；看见一只狗，你可以推断（当然你没有必要这样做）它不时会叫，有可能咬人，它有一个胃、一个心脏、两个肺和一个大脑。严格说来，这些内脏器官你看不到，但是因为它属于狗这个范畴，你就可以依此推断。这类推断对人的思维做出了巨大贡献。它们源于通过类比实现的范畴化，因为我们无时无刻不依赖于现状和已有经验之间的相似之处。倘若不这样做，我们的思维将变得无依无靠。

因此，我们把遇到的像猫一样的东西叫作“猫”，这并不是无谓的取乐。我们叫它“猫”，就是把它归入记忆中已经存在的某个范畴。这样做主要是为了获得许多额外的信息，诸如，它可能用咕噜声表示愉悦、会抓老鼠、受到威胁时会挠人、从高处跳下会四脚着地、性格独立等。一旦你将该实体归入猫的范畴，就可以通过推断获得类似信息，你甚至不需要直接观察眼前这只猫的上述特征。如果在新情况中不做推断，那我们将成为概念世界里的盲人。我们将不能思考，也无法行动，会陷于永久的困惑中，一直在黑暗中摸索。简言之，为了感知周围的世界，我们必须依靠类比进行范畴化，就像必须依靠自己的眼睛和耳朵一样。

类比的拥护者和反对者

一些古代的哲学家，比如柏拉图和亚里士多德，都是类比的坚定拥护者。他们认为类比不仅仅是一种修辞手法，还为思维提供丰富的素材。尽管如此，这些哲学家也不得不指出类比的局限性。所以柏拉图虽然用了不少类比，比如在著名的《理想国》中把城邦比作一个灵魂，但仍然要提醒人们“相似性是难以捉摸的东西”。[3]而对亚里士多德来讲，尽管他对类比同样赞赏有加，但仍对前人提出的许多类比有所保留。因此，就算是类比最坚定的支持者，也对它留有一丝怀疑，对类比的“表兄”隐喻也是如此。对于那些本来就对类比和隐喻持怀疑态度的人来说，这二者不过是修辞手法罢了；而且，如果使用不当，则会把使用这两种修辞手法的人和听到它们的人引入歧途。

康德和尼采虽然在性格、哲学理论和宗教观点上十分不同，他们却对类比有着一致的坚定信念。对康德来讲，类比是所有创造力的源泉。尼采甚至有一个著名的定义：真理就是“移动着的隐喻大军”。[4]然而，其他人对类比的评价却显然没有那么高。事实上，许多世纪以来，痛斥类比靠不住已经成为一种时尚的消遣方式了。人们说类比简直和瞎猜差不多，而且它会把相信类比的人带入可怕的陷阱。有些哲学家不遗余力地谴责类比和隐喻，认为它们肤浅、虚幻，并且毫无用处。

特别值得一提的是，17 世纪的经验主义者和 20 世纪的实证主义者总是翻类比和隐喻的旧账。英国哲学家托马斯·霍布斯（Thomas Hobbes）和约翰·洛克（John Locke）的名言常常在这时被引用。霍布斯在他最著名的《利维坦》（*Leviathan*）中宣称他热爱清晰的词汇，而对隐喻不屑一顾：

> 人类思想之光，都在清晰明了的词句中，以精准之定义将歧义消除；……隐喻，与意义不明、带有歧义的语句一样，乃虚幻缥缈之鬼火；以之为基础进行推理思考，就似在无数谬论中游荡。[5]

霍布斯把自己的观点阐述得非常清晰。真理就是光，词句中的歧义必须清除出去。而隐喻则像是点点鬼火，将人引向一个诡异的世界。但是，如果你静下来仔细看看这段话，就会发现一个颇有讽刺意味的现象：作者批判隐喻的方法，并不是用消除歧义后的“精准定义”，而恰恰是一个接一个的隐喻。你想想看，“思想之光”若不是隐喻又能是什么？“虚幻缥缈之鬼火”呢？有什么语言现象是真正的鬼火？还有那句“似在无数谬论中游荡”，什么样的推理能“游荡”起来呢？

批判隐喻的霍布斯，就像是通过咆哮来盛赞沉默的辩者。这也不禁让人想起越南战争时一句吊诡的名言：“我们是为了保护这座村庄才把它摧毁的！”一言以蔽之，霍布斯对隐喻的批判因为他所用的隐喻而变得苍白无力。

11 世纪的本笃会修道士卡西诺（Alberic of Monte Cassino）从未享有霍布斯那样的知名度，但他在《修辞之花》（*The Flowers of Rhetoric*）一书中同样严厉抨击了隐喻的使用：

> 使用隐喻来表达一个人的观点，将分散此人对其描述对象的注意力；这一

描述客体则难免因为此人注意力被分散而变得像另外一个物体。如果可以的话，我们应该说，隐喻给这个对象穿上了一条新的婚纱，并因此授予它新的贵族地位……如果一道菜以这种方式呈上桌，我们会觉得恶心、作呕，之后扔掉这道菜……考虑到此君的目的是通过新鲜美味的食物给他人带来愉悦，那就不应该刚开始就送上令人恶心的无稽之肴。我再说一遍，诸君可要注意，当你为了让人高兴而请人到你家里时，不要用这么不健康的东西折磨别人，甚至他都因此而作呕了。[6]

当我们从给对象穿上新婚纱，读到送上令人恶心的无稽之肴，再到他都因此而作呕时，我们被这一个接一个的隐喻吸引了，而此文的目的却又是批判隐喻的使用。

八个世纪后，著名的法国哲学家加斯东·巴什拉（Gaston Bachelard）也没能逃过这个陷阱。他写道："一门接受比喻形象的科学，毫无疑问就是隐喻的受害者。因此，科学家们应该永不停止对比喻形象、类比和隐喻的斗争。"[7]但是一门科学要"成为受害者"，科学家要与类比进行"斗争"，若非隐喻，又如何可能呢？

类比是诱惑人的危险海妖吗

那么，类比到底是像海妖塞壬的歌声那样诱人而危险，随时要将我们引入歧途，还是更像不可或缺的探照灯，没有它，我们将被抛入无尽的黑暗之中？如果不相信任何类比，那么人类又怎能理解世界上的任何事物呢？除了凭借过去的经验，我们还能依靠什么在面对新环境时做出决定？当然了，我们面临的所有情境的的确确都是崭新的，从最宏观的到最微观的，从最抽象的到最具体的。但是，没有任何一个想法不是充分根植于我们已有经验的。

当进入一部从未走进过的电梯时，我们难道不会默默地把自己的行动建立在与从前进过的无数电梯的类比之上吗？如果仔细分析这个类比，就会发现，这个稀松平常的类比背后还有许多其他类比。比如，进电梯之后，你得选择一个从没见过的按钮，再用某个手指以某种力道按下去。整个过程都不需要动脑子，或者更准确地说，是你没有注意到自己动了脑子。这就是说，你正下意识地使用之前关于成百上千个电梯按钮的经验，也包括键盘、录音机或者仪表盘上的按钮，并且通过已有的按钮范畴和全新的电梯按钮之间建立的类比关系，来做出相应的动作。

当你走出这部电梯，正要踏进公寓的六楼时，一条大狗向你奔来。除了凭借以往面对狗，特别是大狗的经验之外，你还能依靠什么呢？与此类似，当你在一个从没见过的洗手池边，用从来没有用过的香皂洗手时，类比同样发生了，更别提使用洗手间里那些你从没见过或者用过的门、门把手、电灯开关、水龙头、擦手毛巾的时候了。

如果你走进一个从没去过的超市买白糖、怪味花生或者卫生纸，你会去哪里找？哪条过道的哪个货架？货架的哪一层呢？你不需要费力思考，就能回忆起在其他类似的超市里，这些物品都放在哪里。当然了，你回忆的不是某个特定的超市，而是许多相似超市的综合体。你心里会想："白糖应该在这儿。"而"这儿"其实同时指向了所有类似超市的某个地方，也包括这个你之前从没来过的超市里的一角。你一定是先到"那儿"去寻找你想买的东西。

一位希望老板能多放她一天假的员工会对老板说："去年您给林华多放了一周的假，今年您能多给我放一天的假吗？"生活中这样的类比再平常不过了。如果一个人坚持把任何相似联想都扼杀在摇篮中，无论它们是抽象还是具体，那他在生活中一定是寸步难行。更糟糕的是，如果消灭了所有的联想，我们将如何做出哪怕是最微小的决定呢？

能不能找到一个严谨的证明来说明所有类比都不太可靠呢？显然不能。因为正如我们之前所解释的那样，每个人的日常生活都要依靠许许多多的小类比。这些类比无处不在，一个接着一个，并且几乎从不会将人引入歧途。倘若类比的确很不可靠，那这本书就没什么好写的了。

超级电子"蠢货"

为什么尽管有快到离奇的速度和不可能出错的海量记忆，电脑还是笨得令人着急？与此相反的问题则是：为什么人脑反应这么慢，记忆容量又这么小、这么容易犯错，却能生发各种深刻的洞见？这些问题也许已经是老生常谈了，但仍不失其价值，因为它们聚焦于人类思维的近乎矛盾的特征。

是的，若和电脑相比，人脑的确可以说是漏洞百出、无一是处。比如，在纯粹的逻辑推理任务中，设计精良的电脑程序几乎瞬间就能得出合乎逻辑的结论，而人脑则在大多数时候无法得出正确的解答。在处理大量知识时也是这样。看过几条信息之后人脑就几乎饱和了，而理论上讲，电脑则可以存入无限量的信息。当然了，人类的记忆也是出了名的不靠谱；而电脑却从来不会忘记或者扭曲某段记忆，这类错误只有我们人类才会犯。假如今天我们看了一本书、一部电影，那么三天之后，或者三周、三个月、三年之后，我们能记得多少细节呢？就算记得，又有多少是已经完全变了样的？我们还可以对比人脑和电脑处理信息的速度。我们得花几分钟、几小时，甚至更长时间来处理的信息，电脑却在眨眼间就能完成。让我们看几道简单的算数题吧。3 + 5 恐怕大脑需要不到一秒就能得出答案；27 + 92 也许需要 5 ～ 10 秒；而 27 × 92 对大多数人来讲，是无法心算（或者说脑算）出来的。计算一段话有多少个词、批改试卷中的单项选择题，虽然我们都能做，但和电脑相比，却实在是慢得可怜。

所以，总体来讲，这样的对比反映了电脑的巨大优势，因为电脑能毫无误差地进行推理和计算，能处理庞大得难以想象的数据，无论隔了多长时间都不会忘记已经记住的信息，从不会记错，计算速度也快得令人惊叹，样样远超人类。所以，无论是论理性程度、可靠程度，抑或是运算速度，人类自己设计制造出来的电脑都把我们打得毫无还手之力。如果再加上人类的弱点，比如容易分心、容易疲惫、五官的感受还不准确，人脑和电脑的差距则愈加明显。倘若计分进行对比的话，“智人”恐怕会被扔进垃圾桶。

既然人和电脑的差距如此之大，我们又如何解释在严肃思维方面，电脑却笨得可怜，根本没法和人类相提并论？为什么机器翻译的语句总是不伦不类？为什么机器人还那么原始？为什么计算机的图像识别还仅限于某些狭窄的领域？为什么今天的搜索引擎能在瞬息间从数十亿的网页上找到包含词组“好人有好报”的段落，但不能找到以“好人有好报”思想为主旨的网页？

估计你已经猜到答案了，那就是：人类的优势与我们“通过类比进行范畴化”的认知机制密切相关。这一机制在人类的认知中占主导地位，而在绝大多数机器认知（artificial cognition）的工作中，它却被置于最不受重视的边缘地位。只有采用这一认知策略，人类的思想才能做到虽然速度慢、不精确，但是基本可信、相关，并且能够产生深刻的洞见。而电脑的“思想”——如果这个词能用在电脑上的话，却非常局限、经不起推敲，无论它多么迅速和精确。

只要我们开始考虑范畴化，那人脑和电脑的竞争则又明显偏向一方了——不过这次是人类大获全胜。如果想要体会“通过类比进行范畴化”这一认知策略在帮助人类生存上的重要性，你只需要设想如果没有范畴化，这个世界将是什么样的——这就好比一个新生婴儿眼中的世界。对这个婴儿来讲，每个新的概念都要费力地从头开始学。与此相反，如果能从旧事物和熟悉事物的角度来理解新事物，那么只需要很小的认知负荷，我们就能从已有的知识中获利。所以，如果我们把一个能够“通过类比进行范畴化”的成年人和一个没有这种认知策略的电脑进行比较的话，就好比让人和机器人进行登高比赛，但在比赛中，人可以使用已经修好的楼梯，而机器人则必须从头开始先修一个楼梯。

不同层次的类比

“通过类比进行范畴化”是人类不同层次思维的原动力。让我们来看这样一个例子，即不同层次的语言成分在谈话中持续互动。首先，如果确定了具体的字，那么组成这个字的声母、韵母也就跟着确定了，同样，这个字的笔画也就跟着确定了。这些发音和笔画都是自然而然出现的，不需要挨个选择。与此类似，字的选择往往由更大的语言结构来确定。比如人们日常使用的惯用语“吹牛”“东拉西扯”“好了伤疤忘了痛”……就算不使用惯用语,字词的选择还是会受到更上层语言结构的限制，比如该语言的语法和语义规则，以及说话人自己的说话习惯。

这些原则在更宏观的语言结构中同样适用。所以当一个人说出或者写下一句话时，组成这句话的许多词都是自然而然冒出来的，并非一定要逐一挑选和推敲。因为所有词都是为了表达一个事先想好的统一意思。所以，就像组成一个词的字都是随着这个词而定的一样，所有词都随着更高层次的思想而定。如果我们再往高看，在表明自己观点的时候，所有的句子也同样受到更高层结构的限制，尽管这个层次的限制没有对每个字笔画的限制那么严格。在对话层面，这样的限制仍然适用，因为更广的语境，譬如讨论的话题、说话的语气、参与讨论的人等，都会对说话者提出的观点进行限制。当然，对话层面的限制相比于笔画的限制就松得多了。因此，总体来说，对话限制了其中的观点，这些观点则限制句子，句子限制短语，短语限制一个一个的词，词限制字，字则限制笔画和音节。

我们认为，上述每个层面的选择都被通过类比进行的范畴化限制了。也就是说，范畴并不仅仅局限于每个词表达的意思，而是更加宽泛，存在于对话的各个层面，尽管有些范畴确实是由一个个词来命名的。

比方说，以讨论军费开支的各种论点为例。那些希望增加军费开支的人常常举出老生常谈的理由：保护国家安全，使其免受各种未知的威胁；有助于大力发展新科技；军事科技的进步能带动民用市场的发展；等等。这样的论点总是可以拿出来用的，似乎永远也不会过时。但这些论点都是建立在一个老掉牙的“叙事框架”中，只需要根据当时的语境和场合略加调整，但是无论如何调整，它们都是以“国防”和“科技发展”为核心的。那些决定一个人论点走向的高层范畴都是由这个“叙事框架”决定的。

而推崇削减军费开支的一派则几乎总是强调其他经济领域的重要性以及军队效率低下。我们又一次看到，这样的论点也是任何时候都适用，但无论怎么叙述，它们的中心思想都是目前军费太过庞大，其他经济领域急需资金。这就是这一派的“叙事框架”。

所以，可以看到在讨论的最高层面，有“加大军费开支”和“缩小军费开支”这两个上层范畴。如果它们中的任何一个被激活了，那么在它们之下的论点就会自然而然地出现在我们脑海里，虽然可能略有变化，但总是八九不离十。这些论点则立马让我们想起与之相关的固定词组和语法结构。这些词组和语法结构则直接让我们想起组成它们的一个个词语。最后，这些词会让我们联想到其中的字，以及这些字的读音。

其实任何对话都可以用这样的方法来分析，无论高深与否。分析之后，我们就会发现不同层次的类比是如何在对话中起到决定性作用的了。让我们来分析一下下面这个小故事。

一个周六的晚上，因为孩子满月，钱保宝和妻子小丽请了亲朋好友喝酒聚餐，亲友们相谈甚欢。快到12点的时候，大家陆续起身回家。小王也准备走，在门口对小钱说："今天谢谢你们的招待，改天到我家聚一聚！好好照顾你家宝宝！"小王的女朋友小美不禁笑了起来："是啊是啊，得好好照顾宝宝。两个都要照顾好了！"小王没搞明白为什么有两个宝宝，他们生的不是双胞胎啊。这时候小美解释道："你想想，钱保宝也是'宝宝'啊，所以他家可不是有俩宝宝吗？这就好比一个人叫王大夫，那么他走到哪儿都有人把他当'大夫'啊！"大家都笑了。这时，钱保宝的妻子小丽插了进来，说道："哎，这让我想起小学时候的两个校长。你们还记得吗？也真是有那么巧，那个男校长姓龚，女校长姓母。每次我们在教室里调皮捣蛋的时候都有一个人在教室门口放风，校长一来就通知我们。每次他一说'校长来了'，我们就问：'是哪个呀？'他就回答说'公的、公的'，笑死我们了。"

我们相信，这个故事每位读者都能理解，而且觉得逻辑通顺，并不是完全不相干的事情。这是为什么呢？这段谈笑背后的类比到底是什么呢？其实最开始就是把主人的名"保宝"和刚满月的"宝宝"联系起来了，作了一个类比。接下来就是把"保宝"作为一个人的名和"大夫"作为一个人的名联系起来，这又是一个类比。最后一个类比，还是人名谐音闹出的笑话，"龚"校长和公校长，"母"校长和母校长。从一个高层类比的角度来说，让小丽想起一个发生在数十年前小学里的故事的原因，就是当前发生的事和很早以前发生的事件之间的相似性，也就是同音字可能闹的笑话。所以其实是相近事物之间的相似性引起了这段话，算得上是关于类比的类比了。

这段对话和它背后的类比现象不足为奇。我们举这个例子的目的是想说明，一段对话是怎样在高层次的概念上调动了一两个旅的部队，而它们又是如何在次高的概念层次上唤醒了好几个连的部队，而这几个连又是如何在较低的概念层次上调动了更多的排和班，最后这些排和班又是如何调动了词汇层面上成百上千的词汇士兵。

抽象还是具体

“作类比”这一普遍存在的心理过程背后是什么？为了生存，人类需要将现在发生的事和过去发生的事进行对比，时刻把握已有经历和当前情况的相似之处，并以此帮助他们理解新事物。对比时产生的一连串粗线条类比，就是形成我们思维的关键。而我们说出的话则又反映了这些类比，虽然我们常常很快就忘记自己说的具体是什么。当一个短语被用来描述某一情况，而这个短语的字面意义和该情况相去甚远时，具体和抽象就巧妙地结合起来了。比如，当我们说“说曹操，曹操到”或者“他又在拍领导马屁”的时候，我们的思维实际上是在一个非常抽象的层面，所以几乎不可能联想到曹操真的来了，或者他正在用手拍领导的屁股或者领导的马的屁股。

当一个新的情况让你联想到另一件（或者一系列）以前遇到的事儿时，同样的心理过程又发生了。这些你回忆起来的往事，表面上看和眼前发生的新情况完全不同，但如果抽象出来，则有着同样的本质。所以，当有一天你的孩子要参加一门4点钟便截止注册的重要考试，你却在4点01分才登上网页时，你很可能会回忆起大约15年以前错过飞机的事。当时你就是因为晚了两三分钟，冲到机场时登机口已经关闭了，无论你如何软磨硬泡，机场工作人员就是不让你上飞机。

在日常生活中，这种具体和抽象的结合总在不断发生，只不过我们往往没有察觉到罢了。比如，当一位同事对你说“这个老王，又落井下石”的时候，你不会认为老王真的把一个人推进了井里，还往井里扔石头。又比如，如果有人说：“现在的孩子，简直吃不了一点儿苦。”我们不会抗议：“什么？苦怎么可以‘吃’呀？”人们总是用具体的词组来描述自己的观点，这不仅表明我们的思维非常具体，同时还体现出非同寻常的抽象能力，因为我们能够把眼前的情况抽象成一个具有高度概括性的短语，比如“落井下石”。而这些短语的字面意思，可能是毫不相关的事情。

所以如果一个人用“天上掉馅儿饼了”来描述彩票中奖的情形，大部分人都能毫不费力地理解这个画面，并且懂得这句话和现实情况的联系。就算是真有这样一个馅饼，那它也不是一般意义上的馅儿饼。这个“馅儿饼”掉下来的过程应该是看不见摸不着的，并且我们也说不出它到底掉在哪个地方了。在适当的语境中使用这个短语，需要对事件进行抽象概括。但这个故事并非到此为止，因为同样的短语还可以用来形容其他情况。比如，一个人在逛商场时被星探相中，从此走上了演艺道路，并成为家喻户晓的影星；一个北漂白领的北京朋友打算出国两年，于是让这位租住地下室的北漂免费住在自己三环的公寓里看家；一位旅客在办理登机牌的时候被工作人员告知经济舱已经坐满了，然后免费升到头等舱；甚至有可能是住在 4 楼的小夫妻吵架，拿着厨房里的东西就往楼下扔，里面除了锅碗瓢盆和酱油瓶子，还真有几个刚买来的馅儿饼。到现在你应该会同意,这些情境已经构成了一个内涵丰富、角度多元的完整范畴。

只要你开始思考在什么情况下可以用“天上掉馅儿饼了”这个短语，你就会发现这样的情况真是无处不在。至少在某种程度上，你可能觉得世上的许多好事都可以用这个短语来描述，因为不少好事之所以发生，就是因为运气，而非自身超乎常人的努力。所以“天上掉馅儿饼”这个画面不断地出现在我们脑海里，无论我们喜欢还是不喜欢它。除非我们停止思考，否则就只能让这个隐喻自然而然地浮现出来。

本书概要

在下面各章中，我们不打算从生物学的角度讨论大脑，而是把认知作为一个心理现象来研究。我们不研究心理过程背后的大脑或神经过程，因为我们的目的不是从生物层面解释认知，而是要从一个非传统的视角展现思想的本质。因此，我们的讨论将在这个相当抽象的层次展开，但即便如此，这里也是精彩纷呈。

本书的前三章试图解答范畴和类比是什么。第 1 章重点讨论和单个词相关的类比，并提出书中将要涉及的一些关键论题。我们将说明用单词表现的概念是如何通过类比不断将其边界扩展的。我们会仔细考察概念漫长的发展过程，例如从小孩子概念的**妈咪**（某一个具体的成年人）逐渐发展出各种各样的隐喻用法，例如**祖国母亲**，中间还穿插着**生母**和**代孕母亲**这样一些概念。我们还会展示一些比较抽象的词，例如“谢谢”“一点儿”“但是”“而且”等,这些词和名词一样,也是心理范畴的名称，也都是在漫长岁月中一系列类比造成的结果。

第 2 章研究那些语言标签比单个词长的概念。这章表明，隐藏在固定短语、成语或寓言背后的东西，是与用单词表现的概念非常相似的概念。例如，“阿喀琉斯之踵"[①]这个短语就是一顶戴在某个特定范畴头上的语言帽子，这个范畴是导致某人毁灭的致命弱点。《伊索寓言》里的狐狸，因够不到让它馋涎欲滴的葡萄，便称葡萄太酸，它本来就不想吃。这是一个抽象心理范畴的语言化身，描述的是某人急切地想得到某物，但可望而不可即，结果就因为达不到目的转而贬低该物。这种经常被简化为"酸葡萄"心理的抽象性质可能在成千上万个情境中出现。因此，这个短语可以作为语言标签被用在任何一个类似的情境上，正像数不清的物件被贴上"瓶盖"的标签，或者各种各样的动作被贴上"取回"的标签一样。更抽象的范畴也是一样，比如常用的短句子"最近忙什么""你脑子进水了吗"，还有"一朝被蛇咬，十年怕井绳"这样的谚语等。换句话说，在我们日常生活的交流过程中，有些情境需要用"毕竟"来表达。当这样的情境出现时，我们几乎能够无意识地辨认出来，并使用这个标签，熟练地将它嵌入实时的语流中。第 2 章结束于关于智能的讨论。我们用智能表示人们权衡任何情境的能力，以及从自己的母语和文化中获取的范畴总和是如何为我们量体裁衣，左右我们的智能的。本章有许多专门为中国读者编写的例子。

第 3 章讨论没有标准语言标签的范畴。人们出自本能自然而然地创造出这些范畴，用以处理复杂世界中的新情境。事后，这些范畴往往会成为"有提醒作用的事件"：一件事让我们想到发生在另一时间、另一地点的另一件事。举个例子，当侯世达在埃及著名的卡纳克神庙看到一位老朋友弯腰拾起一个瓶盖时，他突然想起过去某个时候，大约 15 年前，他 1 岁的儿子坐在科罗拉多大峡谷边，对眼前壮观的景色视而不见，却聚精会神地盯着地上的蚂蚁和树叶。尽管这两个情境之间存在许多表面的差异，将两个情境分开，但是，当这类有联想作用的事件发生时，它揭示了两个情境在更深的层次分享的某种概念框架，它也显示了我们无词汇标签的概念库是多么丰富而微妙。有类句子包括"我也是""这样""那样"这些出现频率极高的短语。通过分析一系列这样的句子，我们将论证，隐藏在这类短语后面的，都有无词汇标签的范畴。这类范畴，有时简单，有时微妙，但它们都建立在隐含的认同之上，也就是说，建立在类比之上。

---

① 阿喀琉斯之踵，是指《荷马史诗》中凡人珀琉斯和仙女忒提斯的儿子阿喀琉斯的脚跟，是全身唯一一处未浸泡神水的地方，是他唯一的弱点。譬喻了这样一个道理：即使再强大的英雄，也有致命的死穴或软肋。——编者注

在和周围世界打交道的过程中，我们会在范畴领域内自然地来回滑动，而且对此几乎从不在意。这就是我们第 4 章要讨论的内容。在这一章，我们将集中讨论范畴之间的跳跃，特别是那些在抽象层次之间的上下跳跃。人类认知的灵活性极大地依赖我们在抽象阶梯上下移动的能力。原因很简单：我们有时需要做出细微的区分，有时又需要忽略差异，把事物混在一起，以期找到它们之间的共性。这两种情形都很重要。比如在吃饭时，我们要小心区分哪一个水杯是自己的，哪一个是邻座的。但在饭后洗碗时，这样的区分就完全没有必要了。再举一个例子：父母都想让孩子参加各种“课外活动”，无论是演戏、练习柔道，还是学一样乐器。孩子的课外活动是一个非常抽象的范畴。我们最普通的行为也隐藏着难以察觉的抽象选择，因为这些行为是认知的中心。我们“看”不到自己的认知活动，因为我们完全置身其中。为了搞清楚任何一个特定情境，我们有时会在两个表面截然不同的情境之间建立联系，有时会在两个乍看几乎完全相同的情境之间找出差异。我们就是这样在范畴之间穿梭往返，从最例行公事的行为到最有创意的活动都是如此。

第 5 章关注类比在日常生活中的作用。这些类比基本不露行迹，所以这里将讨论它们是如何操纵我们的。我们感受不到自己已经被类比解释掌控。在这个意义上，无形的类比操纵着我们，因为，不管愿意与否，它都凌驾于我们之上。它还在另一个意义上操纵我们，把新的想法强加给我们，以此左右我们。类比不仅促成并丰富了我们对情境的理解，它还要冲进来，完全改变我们看待情境的视角。比如，2006 年 10 月 11 日，一架私人飞机在曼哈顿撞入了一座建筑。这件事触发的类比不可避免地与 2001 年 9 月 11 日的事件联系在了一起。尽管那栋建筑并没有严重受损，人们还是立即怀疑这是不是一起恐怖袭击事件。短时间内，道琼斯股票指数竟急剧下跌。类比就是这样不请自来，在我们不知情的情况下，替我们思考并做出决定。

与此相反，第 6 章讨论在某种程度上被人们支配的类比。这些时新的类比是当我们遇到新情况并产生兴趣时，为自己或他人解释这个新情况或为自己的观点进行辩解而精心制作的，特别是那些被称为漫画类比（caricature analogy）的例子。这些类比是人们心血来潮一时冲动的产物，目的是让别人信服自己的观点。它们用夸张的手法把一个情境搬到一个新的领域。例如，一位科学家要到国外寻找职位。他给一位同事写信时说：“我爱我的祖国，但是在这里搞科研就像拿保龄球当足球踢一样。”在这一章，我们还会讨论各个层次的决策是如何依靠类比制定的。在决策者心中，这些类比把目前的情境与历史事件联系在了一起。我们的案例分析主要针对决定了越南战争走向的关键类比。本章结束于关于翻译的讨论。我们将重点分析一些熟练的译者所使用的类比，这些类比在多个层面创造出在两种语言和文化之间的对等翻译。

第 7 章和第 8 章讨论科学思维中的类比。第 7 章主要讨论“朴素类比”，具体说就是非专业人士赖以理解科学概念的类比。我们将展示在学校学到的数学、物理学，或生物学的概念，是怎样通过有吸引力而有帮助但过于简化的类比而获得的。比如，像除法这样的小学算术运算，人们在升初中时就已经对它了如指掌了，但对它的理解却仍然根植于一个朴素类比。这种情况非常普遍，甚至对于大学生也是如此。这个朴素类比就是最常见的均分操作，比如把 24 块糖平分给 3 个小朋友。毫无疑问，把除法看作均分通常是恰当的，但这样的方式所产生的观点往往过于狭隘。比如，这种关于除法的朴素观点让人难以想到越除越大的应用题。此外，本章也会分析朴素类比对教育的正面和负面影响。

第 8 章将探讨类比光谱的另一个方面，也即具有远见卓识的科学家是如何运用类比做出伟大发现的。我们将表明数学和物理学的历史是由一系列类比像滚雪球一样逐渐发展而来的。通过近距离仔细考察这两个学科历史上的一些伟大时刻，我们将揭示类比在其中反复扮演的关键角色。这些角色有时显而易见，有时深藏不露。爱因斯坦的深度类比将在本章扮演明星角色，其中包括一个鲜为人知的类比。这个类比引导爱因斯坦于 1905 年提出光是由粒子组成的假说。这一思想受到整个物理学界强力抵抗长达近 20 年之久。爱因斯坦本人也经历了一个缓慢而渐进的过程，最终才理解了自己的著名公式“$E = mc^2$”的诸多含义。这段心路历程将在本章得到最细致的分析。

本书的结尾部分是一段对话，我们称之为“结语”。在对话中，我们从多个方面比较了范畴化和作类比 。虽然，对话开始时这两个过程似乎相差甚远，但是，通过仔细比较之后，辩论的双方得出了二者之间并无区别的结论，他们认识到范畴化和作类比完全一样。

SURF

AND

ESSE

ANA

AND

ACES

OGY AS THE FUEL

IRE OF THINKING

NCES

1 词语的召唤

大脑每时每刻都被无数个交织在一起的场景包围着，但它仍不断努力地去把这些难以预料的混乱场景搞明白。那么“搞明白”到底是什么意思呢？原来，所有这些词语总是不请自来，马不停蹄地涌进我们的脑海。大多数情况下，一个词语往往对应一个范畴。不论多么复杂的范畴，都起始于单个词语。

词语是怎么闪现在脑海的

人们每时每刻都面临新的场景，但实际情况远比此复杂：我们每时每刻面对的不是一个场景，而是无数个互相重叠交织的场景。

在机场，我们漫不经心地看着身旁走过的陌生人。其中有些人引起我们的兴趣，有的则不会。我们一边看着无处不在的广告，一边听着机场广播里喊出的城市名字，同时也沉浸在自己的思绪里。比如，登机前到底有没有时间去买一个甜筒冰激凌，几年不见的老同学身体怎么样了，地球另一端发生的恐怖袭击到底有多严重，昨天在手机上看到的那篇文章写得很有趣，街上那么多麻雀又是靠吃什么生存下去的，等等。也就是说，我们所面对的从来就不是单一的情景，而是一连串并没有清晰的时间或者空间界限的情景。我们可怜的大脑就被这些情景包围着，但它仍不断努力地去把这些难以预料的混乱场景搞明白。

那么“搞明白”到底是什么意思呢？说白了，就是在脑中完全自动、毫不费力地唤醒某些我们熟悉的类别。这些类别一旦从沉睡的记忆中被唤醒，就能帮助我们在混乱中找到规律。在很大程度上，这就意味着有一大堆各种类别的词语同时涌入我们的脑海。我们总是不费任何力气就能想到这些词语：“可爱的小女孩”“一只奇形怪状的鸟”“跟我昨天在机场看到的那个广告一样傻”“这家人应该是从广东来的”“一双凉鞋”“她在看什么书？”“谁在吹口哨？”“这些鸟的巢在哪儿？”“我们该什么时候登机？”“这个手机铃声真让人受不了”……

所有这些词啊！它们总是不请自来，马不停蹄地涌进我们的脑海。这一切对于我们来说再熟悉不过了。但是这些词是从哪里来的呢？又是因为怎样的心理机制而不断涌现？当我们在心中默默地想“（这是）妈妈和她的女儿”时，我们的大脑里又发生了什么？

再复杂的范畴，都始于单一成员

要想不假思索地就将某一实体归到“妈妈”这一类别[①]，我们需要对**妈妈**这个概念了如指掌，因为“妈妈”这个词代表的就是这个概念。对大多数人来讲，对妈妈这一概念的熟知可以追溯到襁褓之中，也就是我们第一次遇到这个概念的时候。对一岁的提姆来说，这个概念的核心显然就是他的妈妈了。妈妈是这样一个人：比他块头大，给他喂奶，在他哭闹的时候安抚他，给他唱摇篮曲，会把他抱起来，还会跟他在公园里玩耍。一旦这个贴有“妈咪”标签的心理范畴在提姆脑中建立起来，他就能发现在他周围有很多相似的场景，或者说得更准确点，是类比的场景。

让我们先在这里解释一下本书字体格式的含义。在指某个词语的时候，我们会用引号表示（“桌子”）；当我们讨论某个概念的时候，就用黑体表示（**桌子**）。这个区分非常重要，因为词语不过是一连串的声音，是笔画、字母的组合，或是一段无声的内心语言；而概念则是大脑中的一个抽象模式，它代表世界上反复出现的某些东西。一个概念可以用许多不同的词语来表示，比如中文、英文、法文中的词，而有时则没法用词语表示。因此词语和概念是两种不同的事物。虽然二者的区分很重要，大多数时候也很明确，但在本书中总有一些存在歧义或者暧昧的情况，这种时候，我们就会在引号和黑体中任意选择一个。造成歧义的原因可能还有别的，比如我们也用黑体表示强调，用引号表示不太确定或者一种近似的说法，也就是“所谓的”。当然，我们还会用引号来引用别人的话。所以你看，这世上真是有太多的陷阱

① 本书中，“类别”和“范畴”是一个意思。——译者注

了。我们希望这些歧义仅仅是有可能出现，而不会真的在本书中比比皆是。好了，现在我们言归正传。

有一天在公园里，18 个月大的提姆看见在玩沙的小宝宝身旁有一个成年人，这个成年人一直照顾着玩沙的小宝宝。突然间，提姆的认知跃进了一步，他告诉自己（虽然他还远不能用语言表达出来）：那个成年人照顾小宝宝就好像妈咪照顾我一样。这个重要的时刻标志着**妈咪**这个更具概括性的概念诞生了。先前在妈妈这个范畴里只有一个成员，现在就有两个了。从此开始，提姆就会很容易为这个概念找到更多的成员了。

起初，提姆脑中**妈咪**这一概念仍在一个或多个成员之间变动；他所作的类比也非常具体，新的妈咪总被拿来与第一个妈咪，也就是他自己的妈咪进行比较。但是随着**妈咪**这个概念的新成员不断被叠加到已有的妈咪上，他记忆中的这个概念也开始变得抽象、模糊起来。每当他在公园里看到一个没见过的成年人，他就自动把这个成年人与**妈咪**这个新的抽象概念联系起来，而不是联系到他自己的妈咪这一个体。换句话说，这种联系建立在一个更宽泛、更抽象的情景中，并且以某个更具普遍性的成年人（而不包含那些细节）和其身边更具普遍性的小孩为中心。在此情景中，这位成年人和小孩说话、微笑，安抚他、照顾他。

我们的目的不是建立一个精准的理论来解释**妈咪**这个概念是怎么产生和发展的，而是要表达一个更具概括性的观点：任何概念的产生过程都与上文所述大同小异。刚开始的时候，某一情境及其各部分都实在而具体，并且能够和世界上的其他事物清晰地分开。然而，一段时间之后，也许是一天，也许是一年，人们遇到了一个与之相似的情境，然后在二者间建立了联系。从此往后，这两个情境的心理表征就开始相互关联，原本分明的界限变得模糊，因而逐渐产生了一个新的心理结构。这个新的概念虽然不及它的两个前身这么确切，但和这两个前身其实没有本质上的区别。

所以，代表提姆妈咪的概念**妈咪**，和之后发展出来更为一般的概念**妈咪**，会有相似的表现。具体来说，它们都很容易与新的场景作类比，所以二者都在不断延伸自己的范围。这种滚雪球效应将贯穿人的一生。在接下来的几个小节里，我们就要具体阐述一个概念的范围是如何通过一连串的即兴类比而得到延伸的。

从妈咪到妈妈

假设我们的提姆还没有见过爸爸。一天，他在公园里玩耍时遇到了一个小女孩，由一位成年人陪伴着。这位成年人不断鼓励小女孩去跟别的孩子玩耍。提姆想到，这个成年人就是小女孩的**妈咪**啊！此时，他在脑子里就把刚观察到的现象和新概念**妈咪**联系了起来。这就是范畴化的过程。也许这个成年人不是小孩的妈妈，而是她的爸爸或者外婆，甚至有可能是她的哥哥或者姐姐。就算如此，提姆把这位成年人投射到**妈咪**这个范畴里，也不是没有道理，他对**妈咪**的理解比我们的理解要宽，当然，这并不是说提姆的理解更丰富，而是说他还不能很好地区别妈妈和不是妈妈的人，因为他的经历还远远不足。提姆做出的这个简单类比正确无误，只不过有些成人世界的细节他没有考虑进去。如果他的妈妈苏向他解释说那个人是小女孩的**爸比**，而不是**妈咪**，那么提姆就很可能修正他对**妈咪**这个概念的理解，而向成人世界的理解靠拢。

随着提姆越来越多地使用“妈咪”这个词，他对这个词的最初印象，也就是对他自己妈妈的印象就会逐渐消失。就像随着时间的推移，新芽逐渐盖住老根。他会把其他人归在妈咪这个心理范畴里，并且把这些人的特征添加到他对妈咪最早的印象之上。而自己妈咪的那些生动而独有的特点将会变得难以寻觅。尽管如此，就算提姆长大成人了，在他脑海中**妈咪**的这个概念里，仍能找到那个最早的自己**妈咪**的痕迹。

一天，一位和蔼可亲的女性从加拿大不远千里来看望提姆。他好几次听到有人用“妈咪”这个词来称呼这位新来的成年女性，所以在某段时间里，提姆觉得他又有了一个妈咪。对提姆来说，这是很有可能发生的，因为他还没有足够的经验来排除这种可能性。他的“二号妈咪”有时带他去公园，并且也和其他妈咪们交谈。但是一周之后，这位“二号妈咪”就消失不见了。这让提姆很伤心。第二天，公园里的另一个妈咪问他：“你外婆回家去了吗？”提姆并没有回答，因为他并不知道**外婆**这个概念。于是那位妈咪换了一个问法：“提姆，你妈咪的妈咪今天怎么没来呀？”但是这个问题更让提姆摸不着头脑。因为他非常确定只有他自己才有妈咪，前几天他还有两个妈咪呢！ 所以他的妈咪（也就是一号妈咪）不可能有妈咪啊。不管怎么说，只有小孩子才能有妈妈（有时也有爸爸）呀。妈妈会哄他们、照顾他们、帮助他们。而且提姆清楚地知道，他的妈咪已经不是小孩子了，所以她肯定没有妈妈，这是多么简单的推理啊！那位妈妈也没有穷追不舍地问，于是提姆就又跑去玩了。

时光流逝。几个月之后，提姆开始渐渐意识到，成年人有时候把身边同行的其他成年人叫作“妈妈”。突然，所有事情都豁然明朗起来。小孩子有**妈咪**，成年人有**妈妈**。嗯，有道理啊！而且**妈咪**和**妈妈**之间甚至还可以通过类比联系起来。当然了，提姆并不知道自己已经做了一个类比，无论是类比这个概念还是这个词本身，都得在十年甚至更长的时间后他才能理解，但这并不妨碍他做出类比。作类比常常帮助提姆厘清事情的脉络，但同时也有可能把他引入歧途。

现在我们将略过事情发展的细节，而仅仅把结论告诉大家：**妈咪**和**妈妈**这两个概念逐渐融合成了一个复杂的概念。在这个概念的中心，就是这个概念之源：提姆的**妈咪**。但这并不意味着每每提姆听到“妈妈”或者“妈咪”，苏的形象就会一下子出现在他脑中。苏的形象仅仅告诉我们这个概念中看不见、摸不着的源头在哪里。

一个概念逐渐变得宽泛的同时，也往往有了更强的区分性。也就是说，很有可能在某一时刻，这个范畴的早期成员被赶出该范畴，新的成员则加入进来。因此，公园里一开始被提姆当作妈咪的爸爸将不再被贴上**妈咪**的标签。同样，提姆的外婆将被放在**妈咪**这个概念里的非中心区域，而中心区域则是为小孩子的妈妈们保留的。当然，随着时间的推移，总有一天提姆会明白他的外婆曾经是小孩子的**妈咪**这个范畴的成员，就好比他的妈咪曾经是小孩子这一范畴的成员之一，不过目前这些都远远超出了提姆的理解范围。

从妈妈到不同的母亲

人们也许会觉得妈妈这个概念就像质数这个概念一样精确。也就是说，对于任何一个“X 是不是妈妈”这样的问题，总有一个正确而客观、非黑即白的答案。但是让我们好好想想这个问题。假设一个小女孩正在玩两个布娃娃，一个大一个小。她把较大的那个布娃娃称作小布娃娃的妈妈。这是否体现了**妈妈**这一概念呢？那个较大的布娃娃是不是可以算在妈妈这个范畴里呢？或者反过来讲，我们能否找到令人信服的理由，证明它不属于此范畴呢？

再假设我们读了一本书，其中有一个叫苏的人物是一个叫提姆的人物的妈妈。那么书中编造出来的人物苏，是否属于**妈妈**这个范畴呢？如果苏和提姆是在真人真事的基础上塑造的，会有什么不同吗？书里的苏是否比上文的那个大布娃娃更像妈妈呢？苏到底应该算作什么呢？假设在书中她是一个 34 岁、有着浅褐色头发的女子，体重 50 千克，身高 165 厘米，并且是一个小男孩的母亲，这是否表示苏就有血有肉，并且还生过一个小男孩呢？布娃娃至少还是物质世界的一部分，而苏到底是什么呢？她无非就是由些许词句、白纸黑字所构成的一个抽象的想法罢了！我们甚至可以问：到底能用“她”来指代苏这个（只在书里出现的）人吗？

提姆 6 岁的时候，如果有人告诉他露西是斯博特的妈妈，他肯定毫无异议。但是如果有人跟他说蜜蜂的蜂后是蜂巢中所有其他蜜蜂的妈妈，那就不知道他会怎么理解这句话了。不管怎样，他都需要动用更多的脑力来理解这个概念。如果给他看一滴水被分成了两滴水，然后告诉他这一滴水是那两滴水的妈妈，他一定会大吃一惊。而事实上，那些含有“妈妈”或者“母亲”的许多广为人知的词汇，其意义远远超出了露西、蜂后，甚至是被分成两部分的那滴水的含义。比如，“我的祖国母亲”“母题”“地球母亲”“希腊是民主制之母”“需求乃是发明之母”。这些语句是否真的反映了**母亲**这个概念呢？我们又该如何理解这样的用法呢？

有些读者倾向于把这些词语称作“妈妈的比喻义”。这样的观点并非没有道理。不过需要指出的是，“妈妈”的本义与比喻义之间并没有一个非常明确的界限。因为总体来讲，各范畴之间本来就没有明确的界限；大多数情况下，比喻义和本义重合的部分太多，以至如果试着在它们之间划出一个清晰明了的界限，我们只会发现这个界限变得越来越模糊。

和在幼儿园的时候相比，七八岁的提姆已经开始能够应付用法更为宽泛的“妈妈”了。他也许会在宗教相关的故事里遇到“玛利亚是耶稣基督的母亲”这样的句子。这是对妈妈的常见意义做了较小的延伸，因为玛利亚是一个构想出来的女性，而耶稣基督则是构想出来的具有神性的存在。从另一个角度看，耶稣和其他小孩一样，也是一个孩子。提姆 7 岁的时候，就已经能够理解“玛利亚生下了耶稣”这句话了。

但从另一个方面来讲，被称作母亲并不需要以生下一个小孩作为前提，因为就算没人教过我们,我们也知道“母亲”包含了许多不同的特征。比如**生物学上的母亲**、**女性养育者**以及**女性监护人**。一个“母亲”不一定要同时具有所有这些特征。比如，在养母的角色中，就没有生物学上的母亲这一特征。

假如9岁大的提姆正在读一本关于埃及或者关于神话的书，书中有“伊希斯是自然之母”这么一句话，那么他先前对“母亲”的理解则将更向外延伸了一步。因为这里的伊希斯并不是普通的人类，而是一位像是女人却又不是女人的神灵。这位神灵可以“生”出许多非常抽象的东西，比如“自然”，但这些“生”出来的东西又不来自此神灵的躯体。尽管如此，提姆仍能够比较从容地理解这类新的“母亲”，因为这个“母亲”和他大脑里存储的**母亲**这个范畴中的其他成员足够相似。

接下来，提姆很快就能理解那些更加抽象的“母亲”:“居里夫人是放射性元素之母”、“美国革命是法国大革命之母”、“炼金术是化学之母”、“审查制度是隐喻之母”[1]（豪尔赫·路易斯·博尔赫斯）、“闲暇是哲学之母”[2]（托马斯·霍布斯）、“死是美之母”[3]（引自美国现代主义诗人华莱士·史蒂文斯，此句也是认知科学家马克·特纳写的一本书的名字，该书详细讨论了隐喻在思维中的作用）。

我们还可以继续发散到其他“母亲”：大自然是所有生物的母亲（大自然母亲），老师的妻子就是**师母**，子公司之上就是**母公司**，学生毕业的学校就是**母校**，计算机里面的**母板**（或者说主板），等等。此外，还有公园里的**妈妈**、电视剧里的**妈妈**、孩子的**养母**、布娃娃**妈妈**、一个**母细胞**（即干细胞）等。既然有些妈妈——比如提姆的妈妈苏一定是“真的妈妈”，而另外的一些，比如每个人的母校一定是“比喻意义上的妈妈”，似乎我们完全可以客观地区分这两个不同的次范畴。但是，正如前文那些情况模糊的例子，小说中的妈妈、布娃娃妈妈、孩子的养母所讲述的道理一样，明确区分出妈妈的本义和比喻义不过是一厢情愿罢了。

孩子们的类别与类比

上文的故事是为了说明本书的一个中心思想：每个范畴（在本书中，我们视“范畴”和“概念”为同义词）都是由一系列自发的类比而产生的结果；把不同事物归纳到不同类别这一过程，也就是“范畴化”，也无一例外都是通过类比来完成的，哪怕有时这些类比在一个成年人看来简直微不足道。这个论点里有一个关键之处，也就是说，以下两种类比并无差别：一种是在刚刚接受的刺激（上文提姆在公园里见到的女孩妈妈）与仅有一个成员的范畴（提姆最初建立的只有一个妈咪的范畴**妈咪**）之间所建立的类比，另一种则是在刚刚接受的刺激（假设还是公园里的女孩妈妈）与一个发展完备、包含数千个类比的心理范畴（比如成年人脑中非常丰富的范畴**母亲**）之间所建立的类比。

我们刚提出的这个论点是全书最重要的观点之一，虽然乍看上去，它似乎让人将信将疑。难道一个两岁的小孩看到牧羊犬就大叫“羊”和一个天才物理学家发现两个高度抽象的物理现象之间的对应关系，竟然是由同一种认知机制来完成的？初看上去也许不太可能，但我们希望本书能够为这个观点提供有力的论证。

现在，为了实现这个目标，我们会举很多例子，搭起通往本书最终论点的桥梁。首先，让我们来看一些孩子说的话，这些话揭示出了孩子们选择某一词语背后的类比。这些例子中有许多是由发展心理学家凯瑞娜·杜威格瑙（Karine Duvignau）收集整理的。在她的研究中，家长在家里观察孩子说话。

两岁的卡米尔非常自豪地说：“我把香蕉的衣服脱了！”

她把香蕉当成一个人或者一个洋娃娃了，把香蕉皮看作一件能从这个人或者洋娃娃身上脱下来的衣服。这根香蕉就变得“赤身裸体”了（我们也来学学卡米尔）。

◇◇◇◇

两岁的乔安对妈妈说：“来嘛，妈妈，把你的眼睛调大一点！”

她把妈妈的眼睛当作家用音响了，可以随意把音量调大调小。

◇◇◇◇

两岁的李尼看着摔坏的玩具说：“我们得把这个卡车治好啊！”

李尼的情况和卡米尔类似，它们都把一个没有生命的物体给拟人化了。玩具卡车“生病了”，所以李尼想给它“治病”，让它的病快点儿“好起来”。

◇◇◇◇

三岁的塔莉娅说："牙医给人的牙齿打补丁。"

这个例子则和李尼的情况相反，因为塔莉娅是把有生命的东西看作没有生命的东西（与乔安一样）。

◇◇◇◇

三岁的朱尔斯说："他们把雨给拧上了！"

对朱尔斯来说，下雨就像水龙头出水一样，人们可以通过拧开关来随意控制它们。

◇◇◇◇

五岁的丹尼对他的托儿所老师说道："我想吃点水。"

此时丹尼说的并非母语，而是他正在学习的外语，所以他就抓取了自己所知道的与"喝"最接近的词。

◇◇◇◇

六岁的塔莉娅问妈妈："你要去臭骂咱们的邻居吗？"

前一天晚上，塔莉娅家楼上的邻居开派对，声震屋瓦。塔莉娅的妈妈告诉塔莉娅今天她要去楼上的邻居家，提醒他们小声点。塔莉娅用了"臭骂"这个词，因为对她来讲，不论是小孩子还是成年人，都可能受到一顿臭骂。

◇◇◇◇

八岁的汤姆问爸爸："这只豚鼠能用多久？"

虽然汤姆听上去完全把他的豚鼠当作一个没有生命的物品来对待，但事实上，他对待豚鼠非常温柔，只不过他脑海中"使用寿命有限的物体"这一范畴比大部分成年人要宽泛得多。

◇◇◇◇

还是八岁的时候，汤姆问父母："你们是怎么煮水的？"

说这句话的时候，他正打算给父母泡茶，却又不知道该怎么做。与厨房相关的一些概念，如"热""煮""烧""泡"等，对他来讲还并不是很清晰。但是鉴于他总是说自己今后要成为一个顶级餐厅的大厨，那么这些不同概念间的区别还是得尽快弄明白啊。

◇◇◇◇

还是八岁的汤姆，他对舅舅说：“你看，你的烟正在融化。”

汤姆说这句话的时候，他的舅舅正和别人相谈甚欢，完全没有注意到烟正在烟灰缸里被慢慢烧掉。虽然汤姆知道小孩子不能抽烟，但他仍然可以把香烟和他熟悉的可以融化的食物联系起来，比如冰激凌和糖果。

◇◇◇◇

十二岁的米加问妈妈：“你可以把头发撸起来吗？”他想给妈妈拍张照片。他其实想说的是：“你可以把头发卷起来吗？”只是他的语言更生动带劲儿了。

还有许多相似的例子。克朗丹说：“妈妈，你可以停下来了，你的头发都煮好了。”（意思是头发已经干了。）伊桑说：“我把书打烂了。”（其实是说他把书扯破了。）蒂芙尼说：“我想去烫指甲。”（意思是修指甲。）阿丽西亚问：“妈妈，你可以把我的扣子贴回去吗？”（当然了，她是问能不能缝回去。）最后还有乔安提出的这个经典问题：“公共汽车吃汽油吗？”

孩子们都是抽象大师

在以上例子中，我们都可以问孩子是否真的犯了错误。这里的关键问题是：什么才算得上是一个错误？如果丹尼知道“喝”这个词，可就是想不起来，并且他意识到“我想吃水”中的“吃”并不能表达他的所想，那么他说“我想吃水”就是一个错误。但是，如果他觉得自己说的是完全正确的，他想不通为什么幼儿园的老师纠正他，那么我们就认为他没有犯错，至少从丹尼自己的角度来讲是这样。很可能的情况是，说出“给香蕉脱衣服”的卡米尔并不知道“剥皮”这个词，说出“把书打烂”的伊桑并不知道“扯”这个词，说出“把扣子贴回去”的阿丽西亚并不知道“缝”这个词。从他们的角度来说，他们说的就是正确的，他们所理解的**脱**、**打**、**贴**这些概念比成人脑中的这些词更加宽泛，因此他们就可以把这些词用在更多的情境中。比如，我们几乎可以肯定伊桑在“合适”的情况下会说出“窗帘被打坏了”“我把一块面包打坏了”“他们把空调打坏了”这样的话。

另一方面，那个说“把你的眼睛调大一点”的乔安几乎不太可能已经会用“调大”这个词却不知道“睁大”，就算她生在这个电子产品充斥生活每个角落的世界。同样，那个说“他们把雨给拧上了”的朱尔斯不太可能已经知道“拧”这个词但还不知道“停”这个词。所以我们就要问了：这些孩子是不是犯错了呢？

错误与正确之间的差别并不像人们想象的那样。这些孩子不过是在找语义上比较接近的词汇，由此延伸了某些词本来的词义，而成年人则不会这么做。在孩子的头脑中，**吃**和**喝**、**把雨拧上**和**雨停了**这些范畴都还没有成熟到成年人的程度。孩子们对名词的理解也和成年人不一样。三岁的阿比看见大灰狗，却把它叫成“马”，之后看见一只奇娃娃狗却说这是“猫”。隐藏在这些词语背后的概念将会随着孩子的成长而慢慢发展，就像提姆脑中的范畴“妈妈”一样。

孩子们这样说，其实和成年人们用意思相近却更为宽泛的词来代替一个更具体的词是类似的行为。比如我们在谈论乒乓球的时候可以用更宽泛的动词“打”（“他这个球打得好啊”），来代替更具体的动词“削”（“他这个球削得好啊”）；成年人们可以说“排骨我先焯了一下”，而不用说“排骨我先煮了一下”。无非是成年人们脑中的概念比孩子们脑中的要复杂一些。还有许多“打”的用法往往被说成比喻用法，比如“打官司”“打交道”“打包裹”“打蜡”“打雷”“打炮”“打柴”“打破纪录”“打动人心”“打冷枪”“打落水狗”“打马虎眼儿”“打退堂鼓”“打掩护”等。这些例子明显都是在最初“打”的基础之上，通过类比进行扩展而得到的。与这些类比相比较，小孩子说“把书打烂”时所作的类比可以算是小巫见大巫了。

关于小孩子使用词语的故事我们还没讲完。下面来看看乔安说的“来嘛，妈妈，把你的眼睛调大一点”中的“来嘛”。这个短语用在此处无疑是正确的，这同时告诉我们，一个两岁的孩子对她所处的情境有着多么深刻的理解。“来嘛”到底是什么意思呢？首先，这个动词表示说话人希望听话人能做某件事情；其次，还有一点近乎强求的意味，强烈要求听话人去做也许他不想做的事情；最后，虽然这里面有一个动词“来”，但是和“来”这个动作没有任何关系。实际上，“来嘛”有点像“哎”这样的语气词。如果抛开这些语法上的细节，我们看到的就是一个刚学会走路的孩子，竟然能如此准确地选用这个复杂而又微妙的词语，说明她完全抓住了事情的精髓，她想让妈妈把眼睛睁大一点，所以她希望通过自己这样撒娇能达到目的。

也就是说，才仅仅两岁的乔安已经明白，生活中的某种场景下需要用“来嘛”。而这些场景所构成的心理范畴已经在她心里生根发芽。眼前的这个场景就是其中之一，所以为了让妈妈睁大眼睛，她就用了这个词。换句话讲，我们认为**来嘛**所代表的心理范畴，和**眼睛**、**卡车**、**妈咪**所代表的范畴同样真实，丝毫也不比后者差。一个两岁大的孩子能知道哪些是需要用“**来嘛**”的场景，不得不说是人类认知上小小的奇迹，解释这个奇迹对任何想要深入了解人类认知的人来说，都是很大的挑战。

我们还可以来看看李尼用的“得”（děi，“我们得把这个卡车治好啊”）字。这个两岁的小男孩已经明白“得”字场景的精髓了，也就是一件必须做的事情，并且往往时间比较紧急。他也许还不知道这个“得”字的准确用法，比如他可能会把“得”和“能”进行类比,因为我们也可以说“我们能把这个卡车治好啊”。因此在否定的时候，他也许会认为，既然可以说“我们不能把这个卡车治好”，那就应该也可以说：“我们不得走这么早”。但事实上，“得”的否定不是“不得”，而是“不用”：“我们不用走这么早。”所以，这又是一个人类对特定场景做出高度抽象的例子，而且是由一个刚学会走路的两岁孩子完成的。

我们还有与动词无关的例子。六岁的塔莉娅喊道：“爸爸，我们该在冰箱里放点香水了！”（因为冰箱里的海鲜很臭。）她两岁半的表妹汉娜则在舔掉了脆皮雪糕表面的那层巧克力之后，开心地叫道：“快看，这个雪糕脱光衣服了！”

就算是那些描述日常生活物品的名词，也有可圈可点的微妙之处。李尼说的是“我们得把这个卡车治好啊”，可是他说的是什么卡车呢？显然在他家里是没有卡车的，有的只是一个被弄坏的玩具。而这个玩具是一个真正的卡车吗？可以说是，也可以说不是。李尼一定知道他在马路上看见的卡车比他的卡车大多了，但是对他来讲，那些大卡车都是遥不可及的东西。只有他自己的玩具卡车才是一个实实在在的物体，也许正在他假想出来的客厅马路上行驶着。从这个意义上讲，在李尼脑中的卡车这一范畴里，最中心的成员恐怕就是他的玩具卡车，而不一定是那些在“真正的”马路上行驶着的“真正的”卡车了。更有趣的是，对李尼来说，那些真正的卡车才是比喻意义上的卡车。

木星上的知识之光

之前我们曾提到，小孩子的感知机制和物理学家抽象的思维飞跃有异曲同工之妙，下面就用一个具体的例子来说明这一点。

1610 年，伽利略把他刚刚制做出来的第一架望远镜对准了满天繁星。值得一提的是，那时候行星和恒星的区别还远不像现在这么清晰。有些星星尽管看上去是以别的星星为背景来运动的，但这种运动的原因尚未明了。伽利略选择以木星为观察对象并不代表他明白这是怎么一回事，也许就是因为木星是天空中最明亮的星星之一，所以最吸引人。

伽利略的第一个惊人发现就是木星并不仅仅是一个点，而是一个小圆圈。这意味着这个“光点”很可能是一个有固定大小的实体。伽利略一定见过一个人提着灯笼慢慢走近他的场景。在远处，这个灯笼看上去就像是一个没有大小的点，但是慢慢地，这个点慢慢变大，就成了具有某一直径的圆。正是通过与他所熟悉的现象的类比，伽利略才能够把木星当时的这个光点想象成一个物体，这个物体和他身边的东西并没有本质区别。他的第二个惊人发现就是在木星这个白色圆圈的背景里，有几个微小的黑点。那么第三个发现来了，这些小黑点都沿着直线穿过这个圆圈，有些需要几小时，有些则需要好几天。更有意思的是，每当这些小黑点到达白色圆圈的边缘时，它们就会变成白色，与圆圈外的黑色背景形成对比。之后，小黑点会继续沿着直线运动，但是会慢下来，然后停下来，再沿着相反的方向运动。当它回到白色圆圈的边缘时，就会完全消失，一段时间后才在白色圆圈的另一端出现。

这里，我们并不打算讨论伽利略划时代科学发现中的细节，而是想看看一位杰出的科学家是如何解释他通过望远镜所看到的现象的。伽利略认为木星是一个球形的物体，并且有不少较小的物体绕着木星做严格的周期运动。周期从 2 天到 15 天不等，这取决于他正在研究哪一个小黑点。伽利略还知道地球也是圆的，并且月球围绕地球做规则的周期运动，周期约为 30 天。所有这些信息放在一起，让伽利略灵光一现：他“看”到了天空中的第二个地球，并且由好几个月亮环绕着。我们给“看”加上引号，是为了提醒读者：伽利略“感知”这个天文现象的关键时刻，是他对该现象产生了自己的理解，而不是他的视觉发生了改变，因为达到他的视网膜的光线没有发生丝毫变化。在地球的卫星月亮和木星的小白点（或者说是小黑点，这取决于这个点到底在木星的哪个位置）之间建立起类比关系是伽利略的天才之见——一位智者的“远见”。

就算其他人也有一台望远镜，就算他们花几个星期盯着星星看，同样只关注木星，也并不意味着他们都能看到伽利略看到的类比。这其中的原因就是，在那个年代，“月亮”这个词仅仅被用来特指一个物体。没有任何一个活着的人敢想象两个或者更多的“月亮”。如果有人胆敢这么想，那简直就是自取灭亡：只要想想 1600 年的布鲁诺，仅仅是因为提出宇宙中还有许多和我们所在的世界相同的世界，就在罗马被活活烧死。更重要的是，伽利略通过类比大胆地想象出好几个月亮来，虽然这个类比对当时的大多数人来讲都显得十分可笑，毕竟，这个类比是把我们的世界（对当时的大部分人来说，“世界”和“地球”是同义词）和一个小到不能再小的光点联结起来了。这个类比虽然看上去实在令人难以置信，但还是让人们接受了宇宙中存在多个“地球”的可能性，因为木星就可以被比作另一个地球。接下来人们又接受了宇宙中可能有许多个月球，并称其为卫星。[①]“卫星”这个概念就这样产生了。从此，任何一个天体，甚至卫星，都可以有多个围绕它转动的卫星。

伽利略将自己所熟悉的地球上的场景，也就是一个或几个物体围绕一个中心物体旋转的现象通过类比复制到太空。他设想在天空中有许多小的物体绕着一个大的物体转，这是前人都没有想到过的。他的天才之处在于将整个希望寄予哥白尼十分大胆的日心说，并且认为我们头顶的天空绝不是一幅为了让人类生活更美好的漂亮的二维壁画，而是一个真实存在的空间。这个空间完全不受人类左右，它虽然和地球上的空间十分相似，但比地球空间要广袤得多，因此能够承载那些大小未知的天体，成为它们运动的场所。其实，伽利略对木星及其卫星的大小一无所知。当然了，他可以猜测木星大概和地球差不多大，但这只能是一种猜测，因为他能看到的仅仅就是小光点罢了。对他来说，木星可能只有他观星的小镇帕多瓦那么大，也可能比地球还要大 100 倍。伽利略所做出或者感知到的类比是建立在巨大而又实在的地球和月球与小到微不足道的木星及其卫星之间的，尽管木星及其卫星也可能被想象成巨大而又实在的物体。

---

① 英文中，月球和卫星均为 moon。——译者注

伽利略的深刻洞见和小孩子将非常小的玩具卡车看作卡车这一范畴，是否有本质上的不同呢？因为卡车这个范畴中的其他成员也像地球一样大到让小孩子难以观察。无论如何，有一件事是可以确定的，在这两种情况下，都有一个很小的物体被想象成一个很大的物体，同时，观察者都是通过熟悉的事物去了解不熟悉的事物。

那么我们在伽利略的发现和小孩子所做的归类之间作类比，能否算作从一个类比到另一个类比的认知飞跃呢？小孩子将地板上不能发声、没有气味的塑料玩具卡车与在高速公路上跑着的、声震屋瓦、排放尾气的大卡车联系起来时所做的小型认知飞跃，是否与伽利略将脚下的地球、头顶的明月与遥远的木星及其卫星联系起来时所做的复杂认知的飞跃大同小异呢？小孩子正确叫出一个物体的标准名字，与大科学家创造出新的概念并改变人类的命运，二者是否同出一辙？在此我们暂不深究以上问题，但我们已经播下了这些问题的种子。接下来需要更细致地研究那些最常见的范畴的细微之处，才能深入探究这些问题的答案。

过道里的类比

几年前，侯世达去意大利学术休假一年。虽然他去之前意大利文就已经说得不错，但就像每个来到新国家的人一样，他还是犯了许多语法错误，其中的大多数都是因为潜意识里他不断借助自己的母语和母国文化来进行类比。他的办公室在一栋科研所的大楼里。大约有 300 多人在这栋楼里工作，有教授、科研人员、学生、作家、秘书、行政人员、技术人员、食堂工作人员等。在刚到的几周里，他见了好几十个人，不过根本记不住名字，但是每当他走出办公室，都会在狭窄的过道里碰见他们。这些人都能立刻认出这位新来的美国教授（professore americano），并且热情地或者说至少是很有礼貌地跟他打招呼！可是侯世达该如何跟这些友善的人们打招呼呢？和那些每天都碰面却又不认识的人应该说什么呢？

侯世达根据自己国家的文化，猜测跟每个人打招呼时应该都可以说“Ciao”吧，就算他不确定之前是否见过此人。这个天真的猜测完全是建立在美国人见面说“Hi”的经验上的。那些被问候的意大利同事也都非常友好地问候这位外国客人，也许他们觉得这很有趣。但是很快，这位美国教授就发现他用的“Ciao”并不是大部分过道里遇到的意大利人所用的问候语。当然了，有很少一部分人对他说“Ciao”，但都是与他关系最密切的几位同事。除了这几位，其他人都对他说“Salve”或者“Buongiorno”。他花了不少时间才搞清楚后两种问候语所对应的不同正式程度，还总结出了一个方法来帮助自己在过道里选择合适的问候语。总的来说，对能够“以名相称”的好友，如用“小芳”来称呼王小芳，则以“Ciao”来问候；对那些你常常看见，并且能够认出来或者你认为自己能够认出来的人，就用“Salve”打招呼；对那些你不太确定是谁或者希望保持一定距离的人，就用“Buongiorno”。

在有了这个方法，并且得到了几位意大利密友的赞同之后（事实上，他的意大利朋友从来就没有想过这个问题，因此也不能确定他们都是用的哪个问候语），他把这个准则付诸实践。也就是说，每次他在过道里遇见一个人，他都要做出一个选择：“以名相称”是 Ciao；“大概认识这个人”是 Salve；“不知道这是谁”是 Buongiorno。他很快发现这个认知上的挑战并不轻松。不过幸运的是，这三个类别中的每一类都有一两个人可以作为该类别的原型。以这些人为出发点，他慢慢在这个过道认人的任务中找到了感觉。“嗯……正朝我走过来的这个人，我和他的熟悉程度跟我和那个高个儿、卷头发的行政人员的熟悉程度差不多，”所以他脱口而出，“Salve。”每个类别中的那几个原型成为该类别的核心，围绕这些核心逐渐形成了三个人名词群，这些人名词群又会随着时间的推移而不断发展。这个方法卓有成效，几个月之后，这位美国来的教授就已经可以在先前感觉像迷宫一样的过道里熟练地和人打招呼了。

上面这个例子展示了新范畴的形成过程：用 **Ciao** 的情形、**Salve** 的情形、**Buongiorno** 的情形，这都多亏了类比在每一步所起的作用。我们还要借助这个例子指出另一个要点：在每一个看似简单的场景背后，都有着非常复杂的认知过程，而这些过程则都依赖于微妙的范畴。

让我们再举一个与之类似的中文例子吧。为了表示感谢，有时候我们会说“谢了”，有时候我们会说“谢谢啊”“太感谢了”或者“非常感谢”。事实上，我们还有许多不同的说法来表示感谢：“感恩”“感激不尽”“感激涕零”“滴水之恩，涌泉相报”

“千言万语都无法表达我的感激之情”……很显然，我们没法准确描述在哪个场景下哪种说法最合适，但是一旦到了那个场合会很自然地说出某一感激之词，而在这一场合中，另一些感激之词则完全不能用。简单来说，尽管需要表达感激的场景和那些感激之词并无一一对应的关系，但是母语者所做出的选择却并不是毫无规律、完全任意的。小孩子无时无刻不在观察成年人，观察他们是如何毫不费力地在不同场景使用不同感谢用语的。有时候成年人会对还在试错的小孩子微微一笑，表示刚说的话用在这里有点不合适；有时候则能从他们的反应看出，这一句话恰到好处！所以通过一点一点的积累，每个人都能不断修正日常生活中重要短语的适用范围。但是，几乎没有人能够记得自己是如何通过成千上万次的修正，才达到如今对日常表达问候和感谢用语的大师级熟练程度的。

对这些看上去微不足道的认知行为的解释，实际上也能解释现实生活中我们给其他词类所取的名字，比如动词（上文已经讨论过孩子们是如何使用动词的）、形容词、副词、连词（下文就会讨论这些词类）等。

“办公室”还是“书房”

如果注意在日常谈话中人们脱口而出的词汇，你就会有许多惊喜的发现。这些发现可以揭示我们选择某一词汇背后的认知机制。也许“选择”并不是最合适的词，因为说话时词语都非常自然地脱口而出，我们并不觉得自己做出了什么选择。在这一小节，我们来看一个关于凯莉和迪克的例子。几年前，他们从波士顿来到侯世达家中小住，那时，侯世达已经从意大利回到了美国。凯莉和迪克都把侯世达工作的地方称作“办公室”，而侯世达则一直把它叫作“书房”。在忍受了几天的不同称呼之后，侯世达终于忍不住问他的客人：“为什么你们俩总说我的‘办公室’？你们都知道我管它叫‘书房’啊！”

两位波士顿客人被问住了，但是他们很快给出了几乎可以确认的原因：“在我们波士顿的家里，我们都在三楼工作（他们在家里开了一家小的公关公司），那是房子的顶楼，我们一直说那是‘办公室’。我们在那儿放了电脑、打印机、复印机、文件柜，还有公司成立30年来所有的幻灯片和录像等。这对你来说也是一样的：你工作的地方是二楼，也是房子的顶楼，那儿有你的电脑、打印机、复印机、文件柜，还有你的书，等等。对我们来说，这个类比是显而易见的，完全不需要动脑子，一下子就跳出来了。所以我们觉得你工作的地方是你的**办公室**，再明白不过了。”

侯世达想了一会儿，回答道：“啊！我知道是怎么回事儿了。小时候我在加州，我爸爸把家里的二楼叫作‘书房’，也是在顶楼。那儿放着他的论文、书籍、幻灯片、文件柜、一个机械计算器等。每天我都看见他在那里工作，这给我的印象太深了。不过在大学校园里，他还有一个**办公室**。在那儿，他有更多的书，而他也常常在那里工作。所以，他的**书房**和**办公室**对我来讲是两个完全不同的地方。而现在，我也有两个工作的地方，在家里有一个**书房**，在印第安纳大学的校园里还有一个**办公室**。但是我从来不会把这两个词搞混，总是会把它们区分开。”

至此，客人与主人之间的讨论就结束了。但是从中我们能发现许多重要的东西。首先，讨论的双方都不知不觉把自己的理解建立在与他们熟悉的场景之间的类比之上。这些类比并非完全等同，而是有一些差异，如三楼和二楼的不同，早年的幻灯片、录像和书籍的不同，公关公司和学术工作的不同，计算器和电脑的不同，等等。但是与此同时，他们都保留了其中最重要的本质内容：两个类比中的双方都包含了日常工作场所、与屋子的其他部分隔离开、存放着工作所需要的资料等。这两个类比中，选择词语来描述工作场所时，人们只需要和一个自己熟悉的场景作类比，而非我们一般所推测的那样，给一个实体命名时，需要利用由此人一生中所见的几千个不同成员而形成的那个复杂而又抽象的范畴，如**办公室**。虽然我们本以为人都是这样识别自己看到的事物，但事实上没人会用如此复杂的范畴来完成这个认知任务。上文谈话中的三个人，虽然每人脑中都有着非常丰富、非常抽象的概念可供他们使用，但他们完全没用这些概念，而是做了一个非常具体且实在的类比，找寻他们熟悉的场景。**办公室**这一概念有无数个原型，比如公司职员的办公室、牙医的办公室、医生的办公室、律师的办公室等，而这些办公室跟凯莉和迪克脑中所想的毫无关系。唯一起作用的，就是他们自己家里的办公室。这和提姆脑中最本初的**妈咪**概念有异曲同工之处。虽然他脑中的概念妈妈在他成年时已经变得非常丰富了，但毫无疑问，自己的妈妈多年来始终是进行类比的重要源头。他的妈妈从未消失。

这个故事还有后续发展。那两位波士顿朋友一年后又到侯世达家小住。这次他们时不时会用“你的阁楼”来描述书房。侯世达再一次感觉惊奇，于是又请波士顿的朋友解释。他们回答说，在家里他们也常常把三楼办公室称作“阁楼”。对他们来说，“阁楼”完全不是那个一般都乱七八糟、灰尘满地的地方。恰恰相反，他们家的“阁楼”是一个非常干净、每天都在使用的地方。因此，我们又一次看到了一个实实在在的类比，这个类比把一个新的地方和他们所熟知的一个地方联系起来，而非以一个非常宽泛、融合了许多地方的抽象范畴为基础。

如果凯莉和迪克在朋友的房子里看到了一个真正阁楼的“原型”，里面全是蜘蛛网、发黄的报纸、积满灰尘的老家具、躺了十几年的老油画等，那么“阁楼”这个词仍然会一下子进入他们的大脑，因为他们的大脑中不仅有自家阁楼这个概念，也还有常见**阁楼**这一概念。后者则让他们在需要的时候能够想象出一般的阁楼。如果凯莉在一本悬疑小说中读到这一段：“年迈的姨妈颤抖着，爬过又陡又窄的楼梯，慢慢地摸向屋顶阁楼，就是为了找到那个金子做的小雕塑，但是过了45分钟还没有下来。”在这种情况下，凯莉几乎不可能联想到自家房中用来办公的阁楼。

侯世达的书房被他的客人称为“办公室”和“阁楼”的故事，告诉我们：指引我们说出正确名字的就是那些潜意识的类比。这个故事说明，在范畴化和作类比之间并没有明确的分界线，而事实上二者并无区别。

范畴和概念空间的结构

上述故事告诉我们，每一个概念（这些概念由“阁楼”“卡车”“打开”“融化”“Ciao”这些词语来表示）都包含具体而明确的事例。如果我们让你想象一个羽毛球球手，也许你会想到公园空地上那个挥着老式木质球拍、打着塑料球的中年女子，但是你更有可能想到的是林丹那样能鱼跃救球的著名球星，或者是一位你曾经跟着学习过的职业羽毛球教练。**羽毛球球手**这一范畴包含了无数个成员，每个成员的周围又有一个光环向外延伸。比如，在林丹周围，我们会看到鱼跃救球、调对角线，也有赢球行军礼、输球摔拍子，甚至还有他代言的品牌，等等。同时，我们还能找到一些熟悉的羽毛球运动员，比如李宗伟、谌龙、陶菲克，还有谢杏芳等。任何熟悉羽毛球的人都能毫无困难地联想到这些。那么**羽毛球球手**这个概念到底是什么呢？

先验地说，探索**羽毛球球手**这个概念的本质相比于“什么是人类思维”这个大问题来说，显得微不足道。但事实却是，前者一点儿不比后者小。不管怎么说，关于**羽毛球球手**的思考让我们看清了一个事实：不同概念往往因为其关系的相似性和共同出现的语境而紧密相连。比如，**羽毛球球手**这个概念似乎和**网球球手**或者**乒乓球球手**关系密切，而与**自行车车手**、**长跑选手**的距离就要远一些。也就是说，在这些联系中，有的距离比较近，有的则因为距离太远而几乎不存在。比如，几乎没人会觉得**羽毛球球手**和**相扑手**之间有什么联系，除了他们都是运动员以外。

羽毛球球手这个概念还和其他许多概念相关联，虽然概念间的距离有所不同，比如**羽毛球场**、**双打**、**单打**、**压线**、**调对角线**、**高远球**、**扑杀**、**手胶**等；当然了，还与许多人相关联，准确来讲是和代表这些人的概念相关联。尽管一个羽毛球爱好者肯定能记住许多著名球星的名字，但是当提到**羽毛球球手**这个概念时，球迷们还是更容易记起林丹，而非 20 世纪 60 年代战绩平平的某位运动员。所以羽毛球球手这个概念的“中心”与**林丹**这个概念间的距离就很近，而与那位 60 年代战绩平平的运动员的概念就距离较远，除非那位运动员是某个球迷的妈妈或者舅舅之类的。

这样我们就知道概念似乎存在于一个多维空间，空间中分散的每一个点对应一个概念。但是，每一个点的周围有一个光环。这个光环可以用来解释概念为何模糊不清、伸缩自如。越远离概念的核心，光环就越稀薄。

概念在大脑中无休止地切分

如果大脑中的概念不存在内部结构，那我们就没法在两个概念之间建立起类比关系。类比的精髓在于，它把一个心理结构映射至另一个心理结构。若要理解手和脚之间的类比关系，我们就必须将手指和脚趾联系起来，必须知道手连着手臂和脚连着腿是可以完全对应起来的。这些事实是**手**的定义中的一部分，是这些事实成就了手。但是，在**手**这个概念“内部”，到底有多少这样的事实？这样的内部结构到底含有多少细节？下面我们就来谈谈这个问题。

让我们来看一位教授在法国普罗旺斯访学一年的复杂记忆。当她回忆这一年的经历时，她一定不会把那一年的300多天像电影一样回放一遍，而是仅仅看到其中最微小的一部分，并且是以最基本的大纲形式呈现出来。这就好比她在飞机上俯瞰连绵的群山，群山的大部分都被广袤的云层所遮盖，只露出了几个最为高耸的山峰。

如果有人问她关于普罗旺斯这个城市的细节，或者是当年发生的某个大型活动，或者是她在那儿遇到的最有趣的人，或者是她送孩子去念书的学校，等等，那么这些记忆中的任意一部分都可以在需要的时候被提取出来。但是在被提取之前，这些记忆还都藏在云层之下。假设她把注意力集中在孩子上学的学校，那么只有那些与学校最相关的片段才会浮现出来。如果她的注意力又转移到学校的某位老师身上，同样还是那些与这位老师最相关的回忆才会出现，以此类推。在普罗旺斯访学一年的回忆全貌绝不会完整地出现,每次出现的都是其中非常小却息息相关的片段。但是，她可以聚焦在这段完整回忆的各个部分，这样，一段长时间的回忆就能一小段一小段地展开，每一小段又可以被分解成更小的片段而继续展开，并以此类推。

我们所有的概念，无论大小，都有这样的性质，大部分深藏不露，小片段却能按需提取。这个提取或者展开的过程是可重复的，并且可以层层向下传递。人们可能会认为，由简单词汇命名的概念和访学一年这样复杂的事件相反，并没有多少内部结构，但事实却不是这样的。

比如我们看**脚**这个概念。说到脚时，你不会想到皮肤的角质层、脚上的汗腺或者汗毛、脚趾上的螺旋趾纹；你想到的一定是脚趾、脚踝，以及一大块有质量的物体，也许你还会想到脚掌和脚后跟。如果你愿意的话，你可以在大脑中聚焦到一根脚趾，然后就能“看”见其中的骨头和关节了，也能“看”见脚趾纹了。接下来，你还可以聚焦到脚指甲，并以此类推。

到目前为止，我们的讨论似乎在暗示，概念的结构与其所代表物体的结构是一致的，都由各个部分组成，而且提取的过程总是朝越来越小的部分进行。这种观点显然对一个事件或其他抽象概念来说难以适用，但就算是有形事物的概念，也有可能不适用。下面我们就举一个这样的例子。这个例子就是航空公司的**枢纽机场**

（**hub**）。“枢纽”这个词看上去并不复杂，比**熵**、**甲酮**、**光量子**、**线粒体**、**自动催化**、**微分同胚**这样的概念看上去容易理解多了。但是当你钻研这个概念的“内部”结构时，你就会发现其实它和那些科技术语同样复杂。具体来说，当你听到“丹佛是边疆航空公司的枢纽机场”时，你会想到什么？大部分人的脑海中会浮现一幅地图，丹佛是地图中的一个点，有许多黑色的线条以这个点为中心辐射开。

你也许还会想，“边疆航空的大部分航班都从丹佛飞出或者到达丹佛”，或者“在丹佛机场有许多边疆航空的飞机和登机口”。这几个“最为高耸的山峰”，或者说最相关的事实，大概就是一个人需要知道的关于枢纽机场的所有信息了。但是事实上，这些信息几乎忽略了所有构成**枢纽**这个概念的信息。这些信息对我们当下文化中的大部分成年人来讲都是显而易见的。在这里，“我们当下的文化”是非常重要的前提，因为成百上千个在“我们当下的文化”中习以为常的东西在其他文化中并非如此。比如，想象你要向18世纪的作曲家巴赫解释**枢纽**这个概念，或者是向圣女贞德、阿基米德或者古巴比伦国王解释，就几乎是不可能的。在他们各自的文化中，他们都是佼佼者，但是你怎么才能把枢纽这个“简单的”概念向他们解释清楚呢？这个解释恐怕会变得很复杂。

首先，“枢纽”这个词是一个非常具体的概念。在英文中，自行车车轮的轴，也就是车轮的中心，就是“枢纽”；在中文里也与此类似，“枢”的本义是门的转轴。事实上，正是因为从枢纽机场发散出去的航线就像自行车车轮的辐条一样，所以航空公司才将这样的机场称为枢纽机场。而且很显然，**自行车车轮**这个概念比枢纽机场更为“原始”和“基础”，不仅仅因为前者更早被孩子习得，也因为前者更简单、更易于理解。让我们再看看其他比枢纽更为原始，并且是理解枢纽这个概念的前提的那些概念吧。我们需要知道**航空公司**、**航线**、**航班计划**、**线路图**这些概念。为了知道什么是**航空公司**，我们还得首先知道**飞机**和**公司**这两个概念。航线这个概念又包含了**起点**、**终点**、**行程**、**转机**。我们还可以继续讲下去，不过建立枢纽最重要的原因就是经济上的高效，为了应对减少成本、减少航班数的巨大压力，我们还得知道一些商业概念：**贸易**、**盈利**、**亏损**、**竞争**等。

到目前为止，我们才仅仅触碰了枢纽这个概念的皮毛而已。所有的细节都在这个概念的“内部”。如果需要的话，这些细节都能够被提取出来，为我所用。这样的提取过程将人带入越来越基础、越来越根本的概念，比如关于**运动**、**运输工具**、**并购**、**贸易**、**胜败**、**不同数字**等的概念。需要注意的是，到目前为止我们还没有讨论**机场**，而机场并非只是地图上的小点。事实上，我们完全忽略了机场自身的结构，比如**沥青跑道**、**机场大厅**、**登机门**、**廊桥**、**机场餐厅**等。

在上文我们所勾勒的图景中，许多个连锁的概念层层相扣，外面那层比里面那层更复杂，看上去和俄罗斯套娃非常像。这似乎暗示这些概念之间的结构和玩具盒子差不多。但事实上，概念的建立过程比层层嵌套的木盒子要微妙得多、灵活得多。概念并不会像大小不同的盒子一样一层套一层，也就是说，一个概念并不是由之前习得的多个概念来严格定义的，概念的习得也并非遵循一个固定的顺序。与此相反，新学到的概念往往会对那些更为“原始”的概念产生很大的影响，虽然这些新概念往往就是以那些“原始”概念为基础的。这就好比用砖头修建的新房子反过来影响了这些砖头的性质。虽然这样的房子并不常见，但是我们对这种现象其实早已非常熟悉。比如，孩子是父母所生，而孩子的存在又彻底改变了父母的生活。

对概念来讲同样如此。**枢纽**这个概念是建立在**机场**这样的其他概念之上的，但与此同时，**机场**这个概念本身又因为**枢纽**而获得了新的意义。比如，如果你熟悉**枢纽**这个概念，那么你就很容易联想到机场可以帮助航空公司瘦身并由此节约成本；而这些想法并不是**机场**这个概念本身所包含的。同样，**枢纽**这个概念的产生意味着机场不一定是旅行的终点，因为许多人是在枢纽机场转机去其他地方。尽管以上这些改变并未使**机场**这个概念脱胎换骨，但不可否认的是，这些真实存在的改变意味着那个原始的概念几乎不可能不受新概念的影响。枢纽对机场的影响其实远不止上述这几个。比如，因为枢纽建设的需要，枢纽和机场的建筑设计以提高运行效率为目的。在枢纽中修建新的购物中心，用来满足那些只有二三十分钟转机时间的旅客。另外，枢纽的存在会改变人们对某一城市机场大小的预估：人们之前可能认为，城市大小和机场大小成正比，而现在则有可能出现小城市、大机场的情况，比如美国北卡罗来纳州的夏洛特。因为设在小城市的枢纽机场很可能需要满足巨大的旅客流量，因而修建得非常大，但由于大部分乘客仅仅在此转机而不会离开机场，所以城市的大小与机场大小就显得有些不成比例，这就好比因为修建了火车站而变成重要城市的石家庄。因此我们可以说，没有**机场**这个“母概念”，就没有**枢纽机场**这个“子概念”，但是作为“子概念”的**枢纽机场**也在不断改变着其“母概念”。

这样的例子数不胜数，在科学研究中尤其如此。一个新的概念往往根植于旧的概念，但又给人以新的视角来审视旧的概念，并且加深人们对旧概念的理解。比如，非欧几何不仅从历史上讲根植于欧氏几何，它同时使数学家对欧氏几何有了更深的理解。物理学中的相对论力学和量子力学同样如此，二者都是经典力学的“孩子”，但同时极大地加深了人们对经典力学的理解。

日常生活中的概念也是如此。因此，像**代孕妈妈**、**单亲妈妈**、**养母**以及**同性恋伴侣中的妈妈**，这些概念都来自**妈妈**这个最本原的概念，然而每一个新的概念又改变了**妈妈**这一概念本身，也就是说，妈妈不一定是孩子生物学上的母亲，也不一定有丈夫，也不一定一直抚养这个孩子，甚至不一定是位女性。与此类似，**离婚**这个概念以**结婚**为基础，同时又对**结婚**产生了巨大的影响。**同性婚姻**这个概念以**婚姻**为基础，而关于同性婚姻的争论，有很大一部分是因为反对者认为同性婚姻不仅过分延伸了**婚姻**这个概念，而且严重损害了这个概念。**死亡**这一概念不仅依赖于**生命**这一概念，同时也改变了它；**快餐**这一概念不仅依赖于**饭店**这一概念，同时也改变了它；**支付宝**这一概念不仅依赖于**钱**这一概念，同时也改变了它；**手机**这一概念不仅依赖于**电话**这一概念，同时也改变了它；**交通事故**这一概念不仅依赖于**汽车**这一概念，同时也改变了它；**飞机**这一概念不仅依赖于**距离**这一概念，同时也改变了它；**废物回收**这一概念不仅依赖于**垃圾**这一概念，同时也改变了它；**强暴**、**奴役**、**种族大屠杀**、**连环杀人凶手**以及其他概念不仅依赖于**人类**这一概念，同时也改变了它。

人类的“概念库”在某种程度上讲是等级分明的，也就是说，有些概念必须依赖于其他概念而存在，因此概念的习得似乎应该有一个大致的顺序。但事实上，人类大脑中概念的习得与数学或者计算机中概念的建立有本质上的不同。在数学或者计算机中，概念是依靠精确且严格、系统且等级严密的过程建立的。形式化的定义将严格规定一个新的概念是建立在哪些其他概念之上的。人类大脑中的概念则完全没有这样的严格性。虽然一个人确实需要知道**轮子**、**辐条**、**起飞**、**降落**、**行程**、**廊桥**、**机场大厅**、**转机区域**等概念，才能理解**枢纽机场**这个概念，但是我们很难讲清楚这些概念在一个人所理解的枢纽机场中具体扮演着什么样的角色，也不知道对于一个完全能理解“丹佛是边疆航空公司的枢纽机场”这句话的人来说，这些概念的内化程度到底有多深。

在人类的一生中，我们将不断学习新的概念，至死方休，而这对许多动物来讲却并非如此。它们的“概念库”似乎很早就固定下来了，而且有时候这个“概念库”是非常小的，试着想想一只青蛙或者一只蟑螂的“概念库”能有多大。对人类来讲，我们学习的每一个新概念都建立在大量的旧概念之上，比如枢纽机场这个概念，而每一个旧的概念又需要建立在许多其他旧概念上。这种概念的回溯往往非常长，甚至需要回到我们的幼年时期。并且，正如我们之前所描述的，新概念的学习并不会建立一个严格的等级制度。概念间的依赖关系是模糊不清而非精确明晰的。也没有严格意义上更“高级”或者更“初级”的概念，因为不同概念其实是相互依靠的。新的概念源于旧的概念，又能改变旧的概念；正是如此，新旧概念才能互相渗透、互相影响。并且，对概念进行组合的同时，我们也对它们做了优化。

经典概念理论

直到最近，哲学家一直认为物质世界是被分成不同的自然范畴的，也就是说，根据自身的自然属性，每个物体都属于一个客观的范畴。有这样想法的哲学家将精力主要集中在像**鸟**、**桌子**、**行星**这样的范畴上，它们的成员都是可见的实体。从某种程度上讲，正是受到这些早期哲学思想的影响，一些当代哲学家甚至将**范畴**这个概念简单地与给物质世界的物体分类画上等号，特别是物质世界中那些可见的物体。如果告诉他们，使某人恢复健康、期待某种结果、改变某人的想法，也可以是一种范畴的话，他们会感到难以置信。对他们来说，这些“范畴”跟**桌子**、**鸟**这样的范畴完全是两码事。而更加困难的则是，说服他们“而且”“但是”“因此”“尽管如此”“也许”等也代表着重要的范畴。如果你也觉得“但是”这样一个如此宽泛、如此平淡无奇的字眼不可能是一个范畴的话，别担心，我们很快就会谈到这个问题。但是在这之前，我们先来看看经典的范畴理论，因为数千年来，经典范畴理论已经深入西方文化的骨髓，以至我们很难说服人们以新的观念来理解范畴。所以如果我们能做一些基本的观察，找到一些经典范畴理论难以解释的现象，那将是不无裨益的。

让我们首先来想一想，什么是鸟。对传统哲学家来讲，他们对鸟这一范畴的理解千百年来几乎没有任何变化，也基本没有受到任何挑战，直到哲学家维特根斯坦于20世纪50年代发表了他的研究。同样的传统看法也一直主宰着心理学界，20世纪70年代，埃莉诺·罗施（Eleanor Rosch）发表了她的开创性成果。这一观点认为鸟这个范畴应该有一个非常准确的定义，这个定义中包含着让一个实体成为**鸟**这一范畴成员的充分必要条件。具体来讲，这些条件可能包括“有两只脚”“身上盖满了羽毛”“有喙”“能下蛋”等。当然你可以再加上别的条件，这里我们只列出一些来说明问题。这些用来确定一个实体是否属于鸟的条件（即定义鸟的特征）被称为**鸟**这一范畴的内涵。而所有满足条件的实体（即该范畴中的成员）所构成的集合则被称为这个范畴的外延。“内涵”和“外延”这两个概念来自数理逻辑，它们被认为和数理逻辑这门学科本身一样精确而严谨。从哲学家们对这些词汇的青睐可以看出，他们是多么渴望从难以捉摸的概念定义中提炼出清晰可靠的东西，也就是我们身边纷繁事物的抽象本质。

可问题来了，这些用来描述成为鸟的条件的语句跟**鸟**这个概念一样，是模糊不清的。比如，到底什么算是脚？“有两只脚”中的“有”到底是什么意思？“身上盖满羽毛”中的“盖满”到底怎么理解？大家都知道，有的鸟并没有两只脚，也许是因为受伤了，也许是因为基因上的缺陷，也并非身上盖满羽毛，比如雏鸭和雏鸡。从另一个角度来看，人也有两只脚，但是就算穿上盖满羽毛的戏装，我们也仍然不是鸟。又比如一个人躺在床上，我们往他身上“盖”满羽毛，这个躺在羽毛中的人是不是就变成鸟了呢？

我们能感觉到古代哲学家的目标并不是将物质世界的个体归类，比如那些五花八门的、让人眼花缭乱的鸟的个体是不是鸟这一范畴中的一员，而是要研究经过抽象出来的、一般性的范畴与范畴之间的关系，比如**蜜蜂**、**蝙蝠**、**小鸡**、**鸵鸟**、**鸽子**、**蜻蜓**、**燕子**、**飞鱼**等范畴间的关系。如果这是你的研究目标，那么亟待回答的关键问题则是：“在这些实体类别中，哪些是鸟？”显然，这样的讨论就不再围绕某个具体实在的个体，而成了对具有抽象性和一般性事物的讨论。于是，在这个充满柏拉图式概念的纯洁宇宙中，没有了那些令人讨厌的瘸腿或者被拔了毛的鸟，也没有躺在床上、身上盖满羽毛的怪人。这样的宇宙看上去似乎跟欧氏几何的宇宙一样纯净、客观、永恒不变，并且宇宙中有许多像几何公理一样的永恒真理等待被发现。但是，表象常常让人上当受骗。就算我们忽略那些令人讨厌的特殊情况，只考虑抽象的范畴，经典范畴理论仍然困难重重。

一只还没有羽衣的**雏鸟**就不能算**鸟**这个范畴中的一员了？好像不对。那么，是不是对每只雏鸟来说，都有一个具体的时刻，自那个时刻起，它就从雏鸟范畴过渡到鸟的范畴了呢？这个转变时刻是不是就是它长满羽毛的时刻呢？那羽毛到底要长多满才算是“长满”呢？它的身体表面要有百分之几长上羽毛之后才算呢？我们又怎么计算雏鸟身体的表面积来确定有百分之几长了羽毛呢？

越是深入考虑这个题目，我们就会发现越多这样的问题，并且这些问题变得越来越荒谬，而这还不过是表面现象。让我们来考虑一只刚刚死去的鸟吧。它还是一只鸟吗？如果是的话，到什么时候它才不是**鸟**这个范畴的一员？在它从鸟变成非鸟的过程中，是否有一个非常明确的节点？如果我们再倒退几百万年，鸟类和它们的祖先（某种会飞的恐龙）之间的界限在哪里？如果从另一个方向来延伸这类问题，我们可以问：“被拔了毛的鸡还是鸟吗？”一旦我们说出了“被拔了毛的鸡”这个短语，上面这个问题就在我们所假设的研究抽象范畴的形式代数中成为一个合理的问题。同时，我们也打开了潘多拉的盒子，比如我们还可以问：“一只被砍去双脚的知更鸟还是鸟吗？”“一条被插上羽毛和两只鹰脚的蛇是一只鸟吗？”这样的问题永无止境。

就算不考虑这些特殊情况，人们还可以问“凉拖是鞋吗？”“橄榄是水果吗？”“英国大本钟是钟吗？”“音响是家具吗？”“墙上的挂历算书吗？”“假发算衣服吗？”，等等。事实上，人们对这些问题的回答往往不尽相同。心理学家詹姆斯·汉普顿（James Hampton）曾经做过一个实验，询问被试实验中的哪些东西称得上是**厨具**。实验结果显示，水槽险些被排除在厨具之外，而洗碗帕则刚好被认为不是厨具。有人也许会说，这些答案是大型心理学实验里许多被试回答的平均值，因此才显得模棱两可，假设我们就问一个人，那么这个人是可以给出厨具和非厨具的清晰界限的，虽然也许每个人的答案不同。但是，这个假设也是站不住脚的，况且该假设还和柏拉图式概念的定义相悖。[①]许多人第一次被问及枕头和床头灯算不算家具时给出的答

① 柏拉图式概念是客观的而非主观的。

案，与几天后被问及同样问题时给出的答案完全不同。这些人是不是得了“选择困难症”因此不能做出决定呢？应该不是。他们就是一些普通人，只不过大脑中范畴的边缘变得逐渐模糊了。如果问题是关于更为典型的情况，如狗是不是动物，那么多次问答中他们给出的答案一定会非常一致。

任何对字母感兴趣的人一定体会过字母字体的丰富性。比如，“A”这个看上去很简单的字母，却有各种不同的字形。到底什么样的图形才能算作“A”这个字母的范畴呢？你只需要找几张有字母“A”的明信片或者包装袋看看就知道了，或者看看本书引言中的那幅图片，你就会知道为什么这些字母的范畴是绝不可能被清晰明确地定义了。与这些字母的范畴相同，我们熟悉的其他范畴，比如**鸟**、**家具**、**水果**等，也是无法被清晰定义的。

总结上文我们可以看到，为事物的范畴寻找精确而严格的边界是徒劳无用的。寻找精确定义的范畴就像是希望抓住模糊不定的浮云。云的边界在哪里？天空中又有多少朵云呢？也许某一天我们仰望天空中的朵朵白云，感觉能够给出一个具体而明确的答案，但那只是当天的情形。也许第二天的天空就完全变了样，层云翻滚、飘忽不定，这时候再来讨论云的边界和数量就会变成人们饭后的笑谈了。

当代范畴理论

鉴于经典范畴理论目前基本被认为是死胡同一条，于是当代心理学家站出来迎接挑战，要用精确的科学方法来研究范畴的模糊性和不明确性。也就是说，他们的研究对象就是人脑中一团乱麻般的许多概念。他们提出的范畴化理论都抛弃了用严格而精确的标准来判断事物是否属于某个范畴这一看法。这些新理论要么使用原型（prototype）这一概念，也就是长期记忆中的通用心理实体，该实体是对人一生中与某范畴相关的经历的总结，要么则用范例全集（the complete set of exemplars）这一概念，也就是人一生中所遇到的某个范畴的所有实例。还有一个影响较大的观点，涉及人脑中储存先前经历的“模拟器”。在遇到新的刺激时，“模拟器”将会激活人脑中某些特定的区域，这些区域在遇到与新刺激最接近的经历时曾经被激活过。

心理学家提出的这些理论背后有一个非常吸引人的想法：非均质范畴，即范畴的所有成员中，有些成员比其他成员“更”属于这个范畴，也就是说，需要把离范畴中心很近的成员和离中心较远的成员区别开来。比如，如果我们询问被试：“X是Y吗？”（如“鸵鸟是鸟吗？”）或者让他们列出某个范畴中的成员，或者让他们给某一列表中的每个项目在该范畴中的“典型程度”打分，并且记录下他们回答这些问题所用的时间，我们就会发现一些非常明显的趋势。而且，在不同的实验方法下，这些趋势都稳定一致。也就是说，一个范畴中的某些成员比另一些成员“更”属于这个范畴，还记得在乔治·奥威尔的《动物农场》中有些动物比别的动物“更平等”吗？比如说，鸵鸟和企鹅就在**鸟**这个范畴的边缘徘徊，而麻雀和鸽子则在这个范畴的中心附近。

上述现象会影响人们理解段落中某个句子时所感受到的难易程度。具体来讲，阅读“那只鸟现在离他已经很近了”这句话所需要的时间，和上文中出现的“鸟”有很大关系。如果上文提到“那只鸽子正慢慢向他靠近”，那么所需的时间就比较短，因为“鸽子”是非常典型的鸟类；而假设上文是“那只企鹅正慢慢向他靠近”，那么所需的时间就比较长，因为“企鹅”不是典型的鸟类。这说明在人的大脑中，企鹅和鸟的联结没有鸽子和鸟的联结那么紧密，这对理解这段话有不小的影响。

需要重点指出的是，范畴化远远超越词语之间的简单关系，即范畴的名字，如“鸽子”“企鹅”“鸟”。举个例子吧，如果有人问埃莉诺：“蜘蛛是昆虫吗？”她可能会根据自己从书本上学到的知识回答：“不是！”但是如果当她发现一个黑色的东西从天花板上垂下来，她可能会大叫：“哎呀！不要不要！我最讨厌昆虫了！”如果有人指出“昆虫”这个词用得不对，她一定会说她知道那个“昆虫”其实不是昆虫，而是一只蜘蛛。

总体来讲，语境对范畴化的影响非常大。在埃莉诺的卧室中，蜘蛛被叫作昆虫，但如果是在生物考试中，她就不会还把蜘蛛当作昆虫了。对其他范畴来讲也是这样：大千世界中的某一个事物可以同时属于数千个范畴，而这数千个范畴中每一个都和其他范畴大为不同。大脑的一个重要任务就是把每个事物归纳到相应的范畴里，然后根据情况再把它归到另外的范畴里。在篮球赛中，每个人都知道篮球可以滚动，心理学实验表明，只有在那些有水的情境里，比如将一大堆篮球装上船，人们才会想起篮球可以浮动。

因此，语境改变范畴的分类，甚至有可能改变我们对哪怕是最熟悉事物的认知。比方说，一把椅子很可能在一瞬间就变成一条板凳，仅仅因为灯泡坏掉之后我们需要一个能垫脚的东西才能换灯泡；有时候爱人很快就能变成仇人。通常情况下，我们都不会觉察到这种范畴转换，因为我们的大脑已经沉浸在当时的情境里了，范畴变化就这样在不知不觉中发生了。在某一特定的情境里，大多数人会觉得只可能有一种范畴化。他们觉察不到自己戴着烙有当时“情境”的有色眼镜。这也强化了人们普遍接受的一种观点：世间万物，一个萝卜一个坑，每一个物品都属于且仅属于一个柏拉图式的范畴，也就是那个“真正的”范畴。

另一方面，如果看到以下事物可以很容易地被同时划分到不同范畴的话，我们就会知道范畴的划分是非常复杂的：

> 60千克的质量、镜像物体、活物、双足动物、哺乳类动物、灵长类动物、招蚊子的人、怕蜘蛛的人、人类、四十好几、爱书的人、自然爱好者、不妥协的人、葡萄牙语非母语者、浪漫的人、纽约人、A型血、视力好的人、失眠症患者、理想主义者、素食者、有律师资格的律师、母亲、保护欲很强的人、亲爱的女儿、姊妹、大姐、小妹、最好的朋友、绝对敌人、金发女子、女人、行人、汽车司机、自行车车手、女权主义者、妻子、结过两次婚的女人、离了婚的人、邻居、达尔马提亚狗主人、中级萨尔萨舞者、战胜了乳腺癌的人、三年级学生的父母、家长代表……

当然，这只是一个相当长的单子中的一小部分，这个单子基本上是无尽的，我们每个人都能毫无困难地认出上面列的每一项是标识各种各样范畴的。

当安娜住进急诊病房并且急需输血的时候，她在**A型血**这个范畴中的特性就突显出来，盖过她在其他范畴中的特性。不过，在餐厅里的时候，她则是一个**素食者**，工作的时候她是位**律师**，在家里她是位**母亲**，在家长会上是**家长代表**，等等。把这些显而易见的范畴一一列出看上去没太大用处，但事实上，这些简单的事实早已超越了传统经典范畴理论。

愤怒的小鸟是鸟吗

让我们再来看**鸟**这个简单的范畴，我们仍然能从中学到不少东西。考虑以下事物能否算作该范畴的一员：

一只蝙蝠
一架直升机
一尊海鸥铜像
照片里的一只老鹰
一只秃鹫投在地上的影子
游戏中的那只愤怒的小鸟
一只还有两小时就要孵化的雏鸟
一个鸟类物种的全部，如**鹰**或**知更鸟**
一部电视纪录片里的屏幕上的一只鸽子
一个以橡皮筋驱动的扇翅膀的塑料飞行器
在一只夜莺死后50年播放的它活着时候的录音
一只会飞的恐龙或者说一只在灭绝前会飞的恐龙

你也许会像大部分人一样，认为对于以上列出的每一种事物，都可以回答“是”或者“否”，就好像学校考试时需要表现出你的知识体系非常精确一样，并且似乎每个问题都有一个“正确”的答案。麻雀是鸟吗？是的！当你看到白云下面有一个黑点飞快地滑过，那是一只鸟吗？当然了！当你看到秃鹫在地上的影子，那是只鸟吗？当然不是！当你在夜晚听见猫头鹰的叫声时，那是一只鸟吗？是的！那么当你听到的是被录下来的猫头鹰叫声呢；或者说一个人模仿猫头鹰叫模仿得非常像呢；或者说如果一个人梦到猫头鹰了，那梦里的猫头鹰能算是鸟吗；或者说在《愤怒的小鸟》这个游戏中的小鸟，它是鸟吗？

没人教过我们范畴的边界在哪里。我们对范畴边界的自发理解来自我们所说的“常识”，但这并不是学校里能学到的内容。没有哪一门课是关于范畴成员归属的，就算有这样的课程，那么学生之间以及学生与老师之间也会有无穷无尽的争论，甚至连老师们也无法达成一致，争得面红耳赤。事实上，专业知识这时并没有什么帮助。我们可以用心理学家格雷戈里·墨菲（Gregory Murphy）曾经引用的逸事来说明这一点。在世界冶金学家大会上，一位全球著名的冶金学家说道："我告诉大家，你们其实都不懂到底什么是金属。世界上有这样一群人,他们都不知道到底何谓金属。你们知道我们叫他们什么吗？**冶金学家！**" [4]

近年来，天文学家曾经激烈讨论过冥王星是否属于行星，当然就目前看来，它已经不是了。讨论的原因就是由于**行星**这个概念的模糊性，就连地球上顶尖的天文学家都难以定夺，可见这个问题有多么棘手。同样是由于模糊性，虽然今天许多专家都认为使用"五感"这个词不合适，因为除了"五感"之外还有本体感（proprioception）、温度感（thermoception）和痛感（nociception），但是这些概念的具体内容仍然不甚明了。由于专家也不能得出一个统一的结果，告诉我们到底有多少种感觉，这些感觉分别是什么，他们常常就只说"最主要的五种感觉"。与此类似，目前仍然没有对**生命**的标准定义，尽管生物学家仍在努力尝试。许多外行人眼中早已成为定论的物种分类仍然在不断被修正。生物分类学可以追溯到卡尔·林奈（Carl Linné）的分类法。就在今天，许多他提出的经典术语，比如"爬行动物""鱼"，以及"藻"仍然在教科书中使用，但是在现代种系发生学的分类中已经不再出现。所有这些都说明，范畴的模糊性并不是由缺乏专业知识造成的，而是范畴化这个过程的必然产物。

你会说多少门语言

虽然许多心理学家的实验有力地说明了范畴边界的模糊性，我们日常生活中的语言和思维却仍然保留了许多经典范畴理论的痕迹，以为范畴的边界就像国界一样清清楚楚、毫无争议。虽然很多时候国家之间也有领土纷争，但是我们就不考虑那么复杂的情况了。人类整天想着如何避免歧义、去伪存真，取其精华、去其糟粕，以至我们相信每个问题都有精准的答案，并且拼了命去找那些事实上并不存在的明确答案。

比如，许多喜欢学习外语的人都会被问道："你会说几门语言？"虽然这个问题听上去非常自然，但其实它却有一个暗含的假设。那就是，世界上的所有语言都能被精确地分到两个筐里：一个筐里是会说的语言，另一个筐里是不会说的语言。事实却并非如此黑白分明。一个人对每一门语言，都有不同的熟练程度。这个程度取决于许多因素，比如什么时候开始学的这门语言、学习的环境、最后一次使用这门语言的时间等。倘若要让这个问题更准确，可以说："我的意思就是，你能用几门语言进行日常对话？"

但就算是这个听上去更"准确"的问题，在经过分析之后同样是模糊不清的。比如，这时提问者的假设变成了：**日常对话**这个概念是清晰确定的。但是日常对话可能包含的情况太多了。也许是在邮局里询问邮票价钱的两分钟对话；也许是关于孩子和家庭琐事的半小时闲聊；也许是和飞机上邻座讨论世界经济糟糕局势的一小时神侃；还有可能是在晚饭后和七八个母语人士涉及20多个话题、持续了3小时的谈笑风生。大部分人在远没有达到最后这个水平的时候，就说自己"会说"这门语言了。但是无论如何，到底要到什么水平才算"会说"一门语言，这实在是很难精确定义的。

继续深究下去，**语言**这个范畴也非常模糊。在语言丰富的国家如印度、中国或者意大利，到底有多少门语言呢？在这3个国家里，都有许多**语言**和**方言**；那么问题来了，语言和方言的区别到底是什么呢？语言学家马克斯·魏因赖希（Max Weinreich）曾经幽默地说过："一种方言加上一支军队就是一门语言。"[5]说得真有道理，不过问题是，什么才算一支军队呢？

所以说，"你会说几门语言"并不是一个简单的问题，并且也很难得到一个准确的答案。还有许多与此类似的问题："你会几种运动？""你喜欢几部电影？""你会做几种汤？""你在几座大城市里生活过？""你有几个朋友？""今天你做了几件事？"

对创造性比喻的不懈追求

心理学实验已经证明，心理范畴并没有精确定义的、独立于环境的边界，而是像北京这样的大城市一样有层次地展开。城市刚刚建立的时候，只有城中心的那一部分，随着时间的推移，这部分最终会变成"老城"，并且一般在建立后不久，会在周围筑起城墙以划定其范围。“老城”从历史上来讲是最原初的中心，但是这个中心也许会随着时间的流逝而发生变化，也可能修建现代的高楼大厦和柏油马路。毕竟，无论是北京这样的大城市，还是前文所述的范畴，都在不断演变；这是它们自然发展过程中的一部分。二者目前的结构都是不断向外延伸的结果。对于一个范畴来讲，每一次延伸都源于一次类比。在一个已经成型的大城市和一个“成熟”的范畴中，都有一个中心区域。该区域包含或覆盖着原先的“老城”，这个中心区域就是这座城市或者这个范畴的本质。倘若由中心往外看，我们首先会看到一层在历史上并没有那么重要的城市居住圈，再往外面就是城市的郊区了。城市的郊区远离市中心，人口密度逐渐减小，而且最外围没有严格的边界。不过，当看到一片片农田以及一群群牛羊的时候，我们还是能够非常明显地感觉到我们已经走过了城市的边缘地带。

在这个城市与词语范畴的类比中，郊区的发展与词语最新、最近、最有创意的用法相对应。这些新用法在我们看来仍然暗含隐喻。但是如果母语者认为这些用法形象生动，广泛应用这些隐喻的话，随着时间的推移，它们会变得平淡无奇，没有人会再把它们当作隐喻。这同样也能解释城市的不断扩张，昨日的郊区变成了今日的市区。这些刚刚发展起来的市区在城市中如此重要，以至我们完全不能想象这些地方曾经是人迹罕至的郊区。

其实我们说话时很少思考字面意思。比如下面这些张口就来的语句：

桌子**腿**、书**脊**、一**头**牛、让他**吃**了一惊、卫星的发射**窗口**、**边缘化**的想法、工资**下降**、**高**质量的产品、体内上**火**、一阵热**浪**、爱的**纽带**、**分手**的夫妻、正在**走下坡路**的友情、累**垮**了的运动员、被打得**晕头转向**的球队、怒**吼**的狂风、熊熊**燃烧**的怒火、一**圈**朋友、意大利佳肴的**捍卫者**、出没于**上流**社会的人、机**尾**、一大**堆**好点子、一个相声的**包袱**、即将**轰塌**的个人形象、一个想法**冒**了出来、一段旋律的**高点**、事业的**顶峰**、**苍蝇**馆子、**腐败**了的政府、**含苞待放**的爱情、红酒的**芬芳**、肚脐**眼儿**、身上的**瑕疵**、**洗**钱、难以**把握**的观点、微妙的笔**触**、火山**喷发式**的怨言、河**床**、光阴如**梭**、余音**绕梁**三日不绝……

我们当然还可以永无止境地列下去。但无论如何，一个词的光晕总是可以不断扩张，也就是说，一个概念里郊区的荒地可以慢慢变成居民楼、公园以及百货商场。

语言学家乔治·莱考夫（George Lakoff）[①]和哲学家马克·约翰逊（Mark Johnson）认为，日常语言中的不少隐喻都具有系统性的倾向。他们和其他一些学者的研究告诉我们，隐喻并不是诗人和演说家才使用的高级修辞手法，而是日常交流中必不可少的一部分。比如说，我们常常用讨论空间的词汇来谈论时间，比如在**遥远**的未来、**下**个星期、**上**周末、**前**年、**后**天、往**前**追溯到17世纪的传统。与此相对应的是，我们也常常用讨论时间的词汇来谈论空间，比如过桥**以后**这条路就改名字了、距离我们12**光年**的行星。类似的例子还有，我们常用关于旅程的词汇来形容人生，比如她的成功**之路**、**坎坷不平**的人生、他走进了**死胡同**；并且把人生经历的事看作自己走过的地方，比如我已经**过**了这个**坎儿**了、他们又**回**到了**原点**；还用与高低相关的词来表示幸福与不幸，比如心情**低落**、士气**高昂**。一些抽象的概念往往通过与我们所熟知的人类活动的类比来表达，比如一个新的学科就此**诞生**、这些事实**不言自明**、命运总是和我**开玩笑**、生活对她**太残酷了**、他被疲惫给**拖垮**了；还常常把复杂的情况比喻成与假想敌人的假想战争，比如我们要**战胜**这次大地震、经济由于衰退而**不堪一击了**、**腐败**是政府的敌人、这次投资被**扼杀**在摇篮中、我们都是股灾的**受害者**、向经济危机**宣战**、在抗洪抢险中取得初步的**胜利**。他们认为这样系统性的隐喻在人类语言中大量存在，并且至少在一定程度上解释了日常语言中丰富的隐喻。

但是从另一方面来看，许许多多的隐喻用法并不属于任何一种系统性的隐喻家族。下面这些就是其中的很小一部分：

> 他就是个**纸老虎**、今天股市又**坐过山车**了、失去**脊梁骨**的汉奸、这件事有待**深挖**、敌人**上钩**了、这局他被对手**碾压**了、这人脑子进**水**了、这位记者的提问**亮**了、这局棋他被**吊打**了、**吃**了一张罚单、他今天**吃**了火药桶、她恐怕得**吃**不了兜着走、不**撞南墙**不回头、心潮**澎湃**、心中的大石头终于**落地**了、心里又添了**伤疤**、在心里把这事儿**掂量掂量**、一群欢呼**雀跃**的学生、我们不打**落水狗**、这座城市被群山环**抱**、狂风**吞噬**了小镇、一**波**未平一**波**又起、这

① 乔治·莱考夫的著作《别想那只大象》中文简体字版已由湛庐引进，浙江人民出版社出版。——编者注

个差事没什么**油水**……

再比如，说一个人“绣花枕头一包草”并不属于任何一个大的、具有概括性的隐喻家族，但是很容易理解。因为绣花枕头看上去是很漂亮的，但是外表再漂亮，也掩饰不了它归根结底是一包毫无用处的草这一事实。因此，一个中看不中用，或者说外表好看却没有实际才能的人就常被称作“绣花枕头一包草”。总的来说，对于复杂的情况，我们常常会根据与之有类比关系的某个既熟悉又具体的场景来为其命名。这样这个具体场景的名字就被用来指示我们所面对的那些复杂情况了。这种以类比场景命名的策略使我们能够用某个熟悉的词汇来讨论新遇到的情况。

上面所讲的这种“隐喻化”的过程，是我们自然而然地在脑中扩展范畴边界的一个重要方式，无论是那些把人生比作旅程的系统性隐喻家族，还是像“绣花枕头一包草”这样各自独立的隐喻，都是如此。人脑总是在不断寻求新鲜事物，它绝不会因数量有限的隐喻而得到满足。你甚至可以说人的本性促使人有一种强烈而不懈的动力去超越那些已经固定下来的隐喻。这些固定下来的隐喻常常被称为“已死的隐喻”。因为当一个隐喻被用得太多之后，就没有人能够感受到它背后的那个比喻了，它也就因此变得平淡无奇。范畴正是通过隐喻的新奇感从有到无这个过程来逐渐扩展的。就好比一个面团，一开始放在那儿发酵，慢慢地就变硬定型了，这时候就需要寻找新的隐喻来扩展这个范畴。每当一个隐喻变得平淡无奇，失去新鲜感的时候，我们就需要新的隐喻了。这样做是为了更直接、更强烈地感受我们身边的世界，为了适应环境的变化，为了给我们习以为常的事物增加一些新鲜感。

到底是本义还是比喻义

正如给每座城市划定边界一样，我们也常常想给每个范畴划定边界，然后宣称这个界限之外的事物都不属于此范畴，就这么简单。然而，为了使这个界限不至于太绝对且有一些灵活性，我们可以给那些在这个边界之外某一特定范围内的事物一个“荣誉成员”的称号，并且给它们加上引号，以表示这些事物不属于该范畴的核心，但却是其比喻用法的一种。如果遵循这样的规矩，那么“艾丽的交际圈很大”就只有一种意思，也就是在艾丽周围有一个固定半径的封闭圆圈，凡是在这之内的人，就在她的交际圈里，否则就在这个交际圈外。如果要将“荣誉成员”的想法表达出来，就得加上引号：“艾丽的交际‘圈’很大。”为了让听到这句话的人也能明白，还得用手势表示这个引号，两只手举出胜利的V字手势，然后弯曲双手的食指和中指。这样别人才知道这个“圈”是一个比喻意义上的圈，而非真正严格限制半径的圈。如果你认为交际圈的“圈”算不上隐喻的话，那说明这个隐喻已经在你的脑中固化了，成为“已死”的隐喻，因为交际圈本身不是一个能用粉笔画出来的圈！

如果遵循这样的语言规则的话，伽利略看到的就不是木星的月亮，而是木星的“月亮”；一个人就不可能回到家这个温暖的港湾了，因为一个家不可能是一座港湾，所以只能回到家这个“港湾”，或者这个比喻意义上的“港湾”；一个人没法像给一本书一样给另一个人一个飞吻，而只能“给”一个飞吻或者从比喻意义来讲给一个飞吻；也不会在重压之下做事，因为他只能在重压之“下”或者从比喻的角度来讲在重压的下面做事。这样的例子还可以一直举下去。

遗憾的是，这个解决方案其实帮了倒忙。首先，如上文所述，就算是我们最熟悉的那些范畴，也是没有明确边界的。其次，就算范畴的边界能够被准确定义，那么又如何来定义那些“荣誉成员”呢？到底在范畴边界之外多远才可以成为“荣誉成员”呢？这些“荣誉成员”是否也有一个固定的边界，在这个边界之外连引号都不能用了呢？是否要开设范畴化和加引号的课程，来教育我们的孩子如何说话呢？

当然，我们也可以再引进更高一阶的引号，用来表示那些比一阶引号所示的“荣誉成员”离范畴中心更远的事物。很快我们就会发现，在说话时人们一定要用手来表示各个层次的引号；说话时用得最多的表达就是“从比喻义来说”，或者是“所谓的”，等等。并且，我们还需要更多层级、更高阶的引号，好比一个个“路标”，来表示某一点到“市中心”的距离。可以肯定的是，对语言的这种“约束”很快就会成为人与人交流时最“令人头疼”的一条“鸿沟”，让人“痛”不欲生。

范畴化和类比的连续体

专门开课教人们如何进行范畴化、如何区分某个范畴的比喻用法是非常荒谬的想法。因为这就像在小学开课教孩子们如何走路、如何吃东西、如何呼吸。这些东西都不用教，因为人类的身体通过进化本来就能够做这些事情，我们不需要教其怎么做那些属于本性的东西。人类的大脑也是如此；大脑经过进化成为非常强大的范畴化机器，同时也能够分辨出语言的比喻义，也就是给事物打上引号。一个范畴一般有一个古老的城区，还有一些商业区、住宅区、外城和不知不觉就延伸到农村的郊区。人们也许会觉得，看到一个属于“老城”或者“市中心”的事物，大脑就进行“纯粹”的范畴化；而看见一个属于郊区的事物，大脑做的就不是“纯粹”的范畴化，而是给事物打上引号。但是稍一思考就知道，从范畴的中心到它的边界，人的思维其实并没有间隔，而是一个连续体，没有清晰明确的界限将其分成几个部分。这就好比把许多连续的同心圆一个个连接起来，成为一个范畴。而这些都是许多不同类型的类比形成的结果，这些类比由数百万人在数十甚至上千年合力完成。这些各不相同的类比，从最简单的开始，一直到最复杂最有趣的，组成了一个无缝的连续体（continuum）。那些最简单的类比构成概念的核心部分，它们太简单、太自然了，以至对没有经过专业训练的人来说，它们根本不是类比 ；而那些复杂的类比则构成概念中的“郊区”部分，倘若走出“郊区”而走向非常偏远的“农村”，那里的类比就变得难以理解、毫无说服力了，因此几乎没人认为那儿的事物或情境是属于这个范畴的。

动词作为范畴的名称

本章中，我们多次指出，对名词（比如“桌子”“大象”“树”“车”“部分”“想法”“深度”等）适用的分析对其他词类也同样适用。在上文讲到孩子的语言时，我们已经提到过给卡车“治病”、给牙齿“打补丁”等有趣的动词。小孩子对这些动词的分类与成年人并不一致。下面我们就具体讨论这个问题。

从名词到动词的跨越并不难。一个原因是许多动词是和名词紧密联系在一起的，反之亦然。在中文里，大部分时候动词和名词的读音和写法都一样。比如，“我们计划周末去爬山”里的“计划”是个动词，“嗯，这个计划我赞成”里的“计划”则变成了名词。这样的例子还有很多，比如“增加人手”和“人手的增加”，“减少产量”和“产量的减少”，等等。在名词和动词之间我们能毫不费力地转换，不仅仅因为中文里，名词和动词往往一模一样，也因为许多名词在被我们唤起的同时，也有相应的动词被同时唤起。当你看见一只狗，并且听见它大叫的时候，你不仅看到了名词**狗**这个范畴中的一员，而且还感知到了**狗叫**这个动作范畴中的一个成员。同样，因为嘴是用来吃、喝、说话的，我们每天都会感知到**吃**、**喝**、**说话**这三种动词范畴。与此类似，以下这些都是伴随着某个常见名词而产生的动词范畴：太阳**升起**和**落下**，用眼睛**看**，鸟儿**飞翔**和**啼叫**，人们**骑车**或者**蹬脚踏板**，树叶**落下**，等等。

我们坚持认为动词和名词一样，也是范畴的标签。这看上去好像仅仅是哲学思辨而已。但这样的坚持是有原因的，那就是，上文中让我们分辨篮球、栏杆、蓝天这些名词的认知机制，和让我们区分威胁、慰问、围困这些动词的认知机制都是一样的！只要一个人有过与“威胁”相关的经历，就会识别威胁这个范畴中的成员了，并且能够和朋友谈论这个范畴，能够将相关的情况报告给相关部门，能够在法庭做证的时候描述这些情况，等等。人们甚至可以根据对他人开车的长期观察而分辨出某人以“威胁”性的方式在开车，其根据仅仅是听到了急促的喇叭声或者轮胎摩擦的声音。或者仅仅是听到对方说了一句:“之前的聊天记录我都存着呢，你看着办吧。”动词“威胁”在这种情况下自动浮现在我们脑中，就像看见一只鸟、一个门把手、一条裤子时，“鸟”“把手”“裤子”这些名词分别在我们脑中浮现一样，二者所需的认知机制完全一样。这些词语的出现就是我们大脑进行范畴化的结果。我们毫不费力地就能知道每个场景、每个事物属于哪一范畴，对动词、名词来说都一样，而这都建立在我们先前碰到的无数个范畴成员的经历之上。

也许你还没有信服。你可能认为，**治病**这样的动词与**桥**这样的名词相比，动词所表示的范畴好像比名词的更模糊，没有那么“真实”，但事实上并非如此。世界上的桥并不都是清清楚楚呈现在我们面前的。就算我们能同时选中现今存世的所有桥，还是会有古罗马的桥、来自中国古代的桥我们没有选中。这些桥大部分早已消失不见，它们算“桥”吗？还有正在修的桥、还没开始修或者还没设计的桥等。更别提在小说、电影、绘画里虚构的桥。还有用竹条或者乐高搭出来的玩具桥、供人过河的倒在小溪上的一棵树、联结机场候机楼与飞机的廊桥（廊桥算桥吗？）；蚂蚁用自己的身体搭的桥，或者可以让蚂蚁爬来爬去的两个盘子之间的牙签；再有就是不同文化之间沟通的桥梁、不同观点之间交流的桥梁。所有这些算“桥”吗？所以只要我们稍微一细想就知道**桥**这个范畴也是捉摸不定、难以确定的。这时有人甚至会觉得“治病”“威胁”这些动词所表示的范畴看上去比“桥”这个名词还要更加直接，更加容易把握。

关于“一点儿”的一点儿讨论

现在让我们来讨论大家几乎每天都要用，但却不觉得是一个范畴或者概念的词吧。那就是“一点儿”。什么样的情境会让人脱口而出“一点儿”这个词呢？它们有什么共同点呢？换句话说，**一点儿**这个范畴是什么样的？我们先来看一些例子：

> 可以喝一点儿、学着现实一点儿、姚明的处境要好一点儿、说清楚一点儿、味道好一点儿、他宁愿自己去挣一点儿、午夜刚过一点儿、只领略了一点儿、每次都剩一点儿、声音一点儿一点儿地消失了、一点儿不伤心、石锅拌饭吃得一点儿不剩、为啥一点儿不慌呢、真是一点儿也不为过、一点儿也不像个女强人的样子、一点儿也不合作、一点儿也不怜香惜玉、一点儿也不觉得生气、一点儿也没学到、一点儿也看不出来、教一点儿书、没有一点儿事实根据、他还想再写一点儿什么、连一点儿余地都没有、他爱来一点儿可乐雪碧什么的、恢复了一点儿力气、一点儿力气都没有、一点儿一点儿地把话引到正题、小木屋就这么一点儿大、一点儿小小的收入、全家人的一点儿心意、也不会动一点儿感情、给我准备一点儿晚餐、一点儿武功也不会、脸上没有一点儿笑容、多一点儿联想、矫情一点儿说、你一点儿都不了解我、一点儿都不爱照相、一点儿都不知道、一点儿都没长、离我远一点儿、偏高一点儿

所有包含**一点儿**的场景有什么共同之处呢？在肯定句中，它们都有一个与此相对应的“没有”以及“很多”的情况。也就是说，每个**一点儿**的场景里都暗含两种比较，一种是和什么都没有的情况比较，另一种则是和非常多的情况比较。**一点儿**也只有在和大脑中假想的情况进行对比时才能说。比如，要想理解“喝一点儿”，就得和“什么都不喝”和“喝很多”进行比较，介于二者之间而且往往是更接近“什么都不喝”的就是“喝一点儿”。

但是，如果**一点儿**是用在否定句中，比如“一点儿也不合作”，或者是“一点儿武功也不会”，那么意思就变成“完全不”“完全没有了”。也就是说，只有当一样东西连一丝一毫都没有的时候，我们才会在否定句中使用“一点儿”。而这样的用法往往有强调的意味，无论描述的情境具体还是抽象。比如，“一点儿都没长”意味着孩子虽然每天吃很多东西，但是竟然完全没有长高！再比如，“一点儿余地都没有”虽然有一点儿抽象，但“一点儿”所表示的范畴并没有大的变化，这句话意味着一件事得完全按照讨论出来的条款办，没有一丝一毫的余地了。

事实上，**一点儿**所代表的范畴，无论是在肯定句还是否定句中，都有着“少量”的含义。肯定句中，表示有“少量”存在；否定句中，则表示连“少量”都没有，更别说大量了，也就是完全没有的意思。倘若没有说话人在脑中将此时的量与“大量”和“没有”进行比较，就不能用“一点儿”。比如，在说“饭每次都剩一点儿”的时候，说话人的大脑中自然而然地在把剩饭的量和“大量剩饭”与“一粒米都不剩”进行比较，而此人剩的饭与二者相比，比前者少，比后者多，算是“少量”，于是就可以用“一点儿”了。倘若此人剩的饭非常多，那么无论如何都不能用“一点儿”了。

说了这么多，我们无非就是想讲明这样一个道理：与名词一样，**一点儿**也有一个它所表示的范畴，这个范畴也是外部世界与人脑内部世界互相作用的结果。就像我们希望（虽然总是做不到）把名词（比如鸟）的范畴清楚具体地描述出来一样，我们也尝试着用非常模糊的语言讲述**一点儿**这个范畴的本质是什么。

句法结构中的范畴

正如上面几个例子所展示的，在我们的日常用语中，“一点儿”有几个比较固定的句法位置，如果它不在这几个位置上就会显得有“一点儿”奇怪。事实上，这些句法位置构成了“一点儿”的另一个特性。在成长和受教育的过程中，我们会遇到成百上千个“一点儿”。在第一次听到“一点儿”出现在某个有点奇怪但又合理的句法位置时，我们会觉得有些诧异，但是久而久之，就越来越习惯在这个位置出现的“一点儿”，并且把这种用法内化成自己的习惯。于是这个“一点儿”就慢慢变成了潜意识中的某种条件反射，以至于我们都不知道刚开始的时候为什么觉得它很奇怪了。

为什么我们说“他一点儿也不注意形象”，而不是“他也不一点儿注意形象”？为什么我们有时候说“我一点儿也不想吃饭”，有时候又说“我不想吃一点儿饭”，但绝不会说“我不想吃饭一点儿”？为什么我们可以说“她有一点儿缺德”，而几乎不能说“她有一点儿缺席”？为什么“差一点儿摔坑里”和“差一点儿没摔坑里”都可以说，却不能说“没差一点儿摔坑里”？这时我们所面对的，就是一个较为抽象的范畴：“一点儿”可以出现的句法位置，而且这些句法位置不一定是一成不变的。以前人们也许不能接受用“有一点儿淑女”来表示一个人“有一点儿淑女的样子”，而现在用“有一点儿”直接加上名词来表示“有一点儿……的样子”似乎正逐渐被接受。比如在网上搜索一下就能找到这样的例子：“我是一个有一点儿淑女也有一点儿野蛮的灰姑娘”“……很干练，有一点儿女强人”“东北小伙有一点儿虎”，等等。“淑女”“女强人”“虎”这样的名词渐渐有了形容词的属性，“一点儿”能出现的句法位置也就更多了。

这就意味着，“一点儿”这个范畴，也就是所有能激发出“一点儿”这个词的情境，所有给人以“一点儿”感觉的情境，都包含两个部分。一个是认知情感方面的，也就是在对比之后我们希望强调“少量”这个情况；另一个则是句法方面的，也就是我们能在快速的语流中毫不费力地把“一点儿”放在正确的句法位置上。

读者可能会觉得，你们说了这么多，无非就是“一点儿”这个词由两个部分组成，一个是其背后的概念，另一个则是它的语法功能。所以说白了，你们就是想说“一点儿”有语义和句法两个方面（哪个词不是呢？），而且这两个方面是相互独立的心理官能。这种观点似乎认为语义和句法两个领域互不相干、独立自主。然而是否需要将二者如此区分开来还有待讨论。有没有可能，人类在学习语言中的语法结构和身边的物质世界时所采用的认知方式其实同根同源呢？

其实我们从小就要学会在抽象的语法世界中找到方向，就像我们需要学会在身边的物质世界中生存下来一样。小孩子总是从“一点儿”的最简单的语境开始学起，比如说“有一点儿冷”“多一点儿”……这些最简单的用法就构成了这个范畴的核心，就好比提姆的妈咪是他心中**妈咪**这个范畴的核心，月亮是伽利略心中**卫星**这个范畴的核心一样。在学习的过程中，小孩子可能会说出各种错误的用法，比如“今天不一点儿冷”“我喜欢一点儿幼儿园”……但是这些错误的用法很快就会由于身边大人的冷淡反应或者纠正错误而被抛弃不用了。

随着年龄的增长，小孩子逐渐就能听懂、看懂，并且正确使用一些复杂的用法了。比如“这件事儿让我有一点儿伤心”“韩梅梅一点儿都不懂事”……这些用法就好比是提姆脑中**妈妈**这个概念所包含的其他人的妈妈，或者说就是伽利略脑中木星的卫星。每次孩子听到一个关于“一点儿”的新用法，比如“冬天的雪一点儿一点儿地化了”，他脑中一点儿的类别就变得更加模糊，然后向外扩展到那些与这个新用法有类比关系的用法，比如，“天一点儿一点儿地热起来了”，或者“我存的零花钱一点儿一点儿地变多了”。因此，孩子就会逐渐尝试更多的新句型，来拓展一点儿的用法范畴；并且根据他人对这些新句型的不同反应，在脑中强化或者放弃这些新句型。

孩子们逐渐修正**一点儿**这个范畴（既包括语义的，也包括句法的）时所用到的认知机制，与他们修正、调整其他任何类别所采用的认知机制是完全一样的。并且，他们自己知道怎么做，不需要在学校接受任何训练。可以这么说，孩子们毫不费力、不知不觉地就成为“一点儿”这个范畴的专家。在日常生活中，他们会不断遇到各种各样包含“一点儿”的语句，无论是书面语、口语、正式文体，抑或是随手写的便签，他们都能够轻轻松松地分辨出各种用法是否合适，然后以此调整或者不调整自己脑中**一点儿**这一类别。正是如此，他们就一点儿一点儿地建立起自己对一点儿的理解，也就是这个词在句法或者语义上能够出现的语境。虽然每个人的一点儿各不相同，但都会包含一个范畴核心，核心的周围都有一圈光晕。一点儿这个范畴和物质世界的范畴一样，都有非常典型、毫无争议的成员，比如典型的“椅子”、典型的“一点儿”的用法；也有在类别边缘、模棱两可的情况，比如又像又不像“椅子”的椅子、似乎可以用“一点儿”但好像又不太顺口的句子。

语篇中的范畴

在交谈中，我们的话语会在听话人心中产生各式各样的期待。能够迅速而细腻地把握这种期待，是成长中重要的一课。也就是说，我们要学习这些词引发的情感所组成的抽象范畴。然而，奇怪的是，这些最为重要的范畴里，有一些却是由看上去毫不起眼的小词所代表的，比如，“而且”“但是”“意思”“那个”等。这些词乍看上去似乎毫不重要，但事实却正好相反。这些小词所代表的概念微妙而深奥。下面你将看到，这些概念和其他概念一样，也是根植于类比的。

让我们来看看使用“而且”的例子吧。如果一个刚从法国旅游回来的朋友非常激动地告诉你，“巴黎好玩儿的地方太多了，而且巴黎人都特别友善”，你应该不会觉得惊讶；或者说“巴黎好玩儿的地方太多了，巴黎人也都特别友善”，也是完全能够理解的。这说明，“而且”的功能就是把前后两句话联结起来，如果前后两句话没有任何逻辑关联的话，就没法用“而且”。所以如果朋友说“巴黎好玩儿的地方太多了，而且我刚买了把钳子”，那你一定会觉得非常奇怪，因为整个句子不是一个连贯的整体。说话人用“而且”，就是向听话人表明，在说话人的脑中，前一个想法和后一个想法在逻辑上一脉相承，形成了一个“逻辑流”。

话语之间的逻辑流对于人类，就像狂奔的斑马对于狮子一样，都是真实的存在。它们都是存在于特定空间里的运动，只不过斑马与狮子的追逐游戏来自物质世界，而话语间的逻辑流则扎根于精神世界。狮子大部分时间生活在物质世界里，而我们人类除了物质世界之外，还有一个看不见摸不着，但是同样真实的语言世界。人类范畴系统的很大一部分就是围绕语言世界中的万千现象展开的。人类感知语言世界中的现象，然后迅速将它们分类，这些认知活动和草原上的狮子在千钧一发之际就能决定追逐猎物的方向一样，都是我们各自的本性使然。

那么我们是如何学到“而且”这个词以及它背后所表达的概念的呢？答案和学习其他词语以及概念的方式一样，也就是通过扩展我们的类比。你能想起来自己听到的第一个“而且”是在怎样的句子中吗？这当然是不可能的。但就像我们小时候学到的其他词汇一样，“而且”也一定没有一个非常准确的定义；我们其实是通过它出现的语境而掌握它的，也许是“善良而且美丽”。我们刚接触这个词的时候，也许会认为它只能联结两个形容词，但是后来逐渐发现它也能联结两个句子，“他不仅诗写得好，而且会画画”。而且，“而且”不仅仅可以表示并列关系，还可以表示递进。

和其他范畴一样，“而且”所代表的范畴和情境也在每个人的大脑里不断扩展。

事实上，这样的扩展太过平缓，以至人们甚至误以为最后的结果是个完全没有层次的概念整体，但其实这个概念却和其他概念一样，都像一个城市，有市中心、市区、郊区等好几个层次。也就是说，这个概念并不是一蹴而就、一成不变的，只不过我们看不到每次类比扩展时留下的痕迹罢了。这和不断扩展复杂概念（如妈妈、威胁、一点儿）一样，虽然通过类比形成了一层一层的同心圆，但是我们却看不见这些同心圆。所以这个小小的连词，虽然很少有人把它看作一个范畴，却正是我们讲述的词语和概念间关系的绝好体现。

“而且”与“但是”的对比

为了能更深入地讨论这个问题，让我们来看看包含“但是”这个连词的例子吧。一个看上去貌似很有逻辑的观点是，“而且”和“但是”除了感情色彩不同之外是完全一样的，这其实并非事情的全貌。如果我们进一步思考这个问题，比如上文提到的朋友如果说:“巴黎好玩儿的地方太多了，但是巴黎人都特别友善。”那我们一定会觉得奇怪:“这是什么意思？完全讲不通啊！”我们之所以这么想，就是因为“但是”这个词让我们对话语有了一个转折的预期，但是这句话又没有转折。称赞巴黎之后再称赞巴黎人和常识并不矛盾，与我们对说话人的期待也不矛盾，所以说无论如何二者都谈不上转折关系。这位朋友“欺骗”了我们，因为他用“但是”宣布下文有一个转折，却没有给出一个转折。也就是说，这个连词和它连接的两个成分之间的关系让人困惑。事实上，假设这句话出现在一条短信中，你很可能会认为朋友打错字了，他实际想说的是“巴黎好玩儿的地方太多了，但是巴黎人都特别不友善”，这才有转折关系。

为了有效地交流，对话双方必须密切关注各想法之间的逻辑流。换句话讲，他们必须做到“实时监控”。当话语中的逻辑顺着已经建立的逻辑流移动时，就应该用“而且”或者其他相近的词汇，比如并且、另外、还等。这种情况是可以称之为而且的情况。与之相反,倘若话语中的逻辑突然发生了难以预料的转折,那么就应该用“但是”或者类似的词，比如然而、可是、却、不过等。与前者类似，这些情况是可称之为但是的情况。

什么时候用“但是”，什么时候说“而且”

有时，我们会听到这样的句子：“我不知道那家面馆的老板是从哪里来的，但是她看上去很好说话。”这里为什么要用“但是”呢？又有什么转折呢？让我们先来考虑这里能不能用“而且”：“我不知道那家面馆的老板是从哪里来的，而且她看上去很好说话。”这句话实在是逻辑不通，因为我们不知道这句话的前后部分到底有什么联系。而用“但是”的话，我们肯定能够感觉到一个逻辑流，尽管难以具体描述。这个逻辑流大概是这样的：尽管我完全不了解面馆的老板，不过我感觉她是个容易接近的人。“尽管”就是一个表示让步的词，它算得上是“但是”的一位表兄了。这句话的前半句是说我所掌握的信息并不完整，而后半句则是前半句的一个明显反例：虽然信息不完整，但我还是要发表一下看法。也就是说，前半句描述了当前的某种情况，后半句则是这个情况的例外。每当告诉他人一件事时，如果在开口之前，我们就发现此事与对方通过我们说过的话建立的期望正好相反，那这就是但是的情况。关于面馆老板的那句话正好如此，这也就是为什么“但是”听上去很顺耳，“而且”就很奇怪。

与此类似，如果一个人说“他嘴巴是有点大，但是他真是一个非常好的人”。这并不意味着说话人有一种认为嘴巴大的人就不好的偏见，而大概是说：虽然此人从嘴巴大小或守不守口如瓶这个角度来看，算是在不太好的一边，但是从做人这个角度看，却有很好的一面。在这里我们又看到“但是”这个连词所起到的转折作用，被谈论的人从某个角度看并不好，而从另一个角度看却又很好。

“但是”这个词所代表的“逻辑转弯”范畴，和汽车在马路上转弯这一范畴同样真实，只不过更难以捉摸。之所以要用“但是”，就是因为人在说话时总有一部分注意力集中在话语的逻辑流上，并且会实时将自己所熟知的情况进行分类。这就好比人们总是有部分注意力集中在眼前出现的东西、耳中听到的声音等，并且实时地把熟悉的信号分好类。

有时候，说话人会突然感知到原本在背景中进行的这种实时监控，这就会影响他们说话的流利程度。也许一个语言标签就会在这个过程中迅速地被另一个标签替换掉。比如，有人会说：“哎呀，你看那匹马，啊，不对，是那头驴。”而下面这个例子尽管仍然有标签的替换，但所涉及的却不是一个物体，而是整个说话的语流。

老张和老王两位老友好久没见了，他们正在畅谈两家人的近况。老张想告诉老王自己女儿的情况：她在两年前不知道突然得了什么病，但是现在已经完全康复了。在讲这件事情的时候老张说了这样一句话："她在哈尔滨的时候滑雪滑得特别好，而且有一天她突然就掌握不了平衡了，不对，应该说，但是突然有一天她就掌握不了平衡了……"

老张刚开始说这句话的时候，他觉得这句话是一个"而且"的情况，"而且突然"——嗯，应该说"但是突然"，他发现这实际上是一个"但是"的情况，因为他刚开始说后半句的时候，就发现这句话里有个转折了，也就是说，人们很难料到一个滑雪高手会突然摔倒。所以他很快就在中间转了半圈，把句子中的连词从"而且"换成了"但是"，因为他发觉从老王的角度来看，这句话里的转折非常明显。

语篇中更为细致的范畴

把"而且"的情况和"但是"的情况区分开来，并不是什么武林神功，但仍不失为日常生活中非常有用的一项技能，在大多数情况下，这种粗略的二分法就足够用了。但其实这两种情况下面还有许多更细致的分类。人们从小到大，逐渐体会到这些更为细微的类别之间的差异，并且学会在说话的时候选择一个合适的连词，来把语流连接起来。

如果我们只区分**而且**和**但是**，而不去细究它们下面那些更具体、更微妙的类别，那就像是只把轿车和卡车区分开来而就不再细分了。尽管**轿车**和**卡车**这样的区分在很多时候已经够用了，但是真正爱车的人，会尽力在分类中包含更多的细节。熟练使用一门语言的人也是如此，对他们来讲，仅仅有**而且**和**但是**是远远不够的。不过，无论是区分汽车还是区分说话时的情景，都非易事。如果一个人想一眼就能分辨出一辆车是美产还是德产、轿跑还是掀背车、自动挡还是手动挡、四轮驱动还是两轮驱动，那就一定需要有足够的经验。对语言来讲也一样，怎么区分**但是**、**可是**、**然而**、**竟然**、**而**等，也是一个细活，因为人们必须先要在脑中建立起这些不同的类别，然后才能逐渐掌握这些词。

如前文所述，我们的目的不是解释人们是如何区分**书房**、**工作室**、**书斋**、**工作间**、**藏书间**、**画室**的，也不是解释人们是如何知道他们的朋友到底是**着急**还是**焦急**，或者是**急躁**、**急切**、**迫切**、**紧迫**、**紧张**、**慌张**，或者是到底怎么区分“谢了”“谢谢”“感谢”“感激不尽”。我们在这里并不是要深入研究这些词语所代表的类别之间的差异，去深究什么时候用“但是”，什么时候用“可是”。我们所关注的重点是：每个词都代表着一个类别或者心理范畴，每个类别都有细微的差别。这些类别就是人们经常使用的、非常有特点的话语模式或者逻辑流，人们需要以此为根据进行类比。

值得一提的是，中文里最基本的连词是“而且”和“但是”，俄文中则有三个基本连词：“и”（而且）、“но”（但是）、“а”（有点像介于“而且”和“但是”之间的一个词）。这意味着说俄文的人和说中文的人对话语中的基本范畴有着略微不同的分类系统。学会正确使用“и”“но”“а”要花很长的时间，对任何一组互相有重合的范畴来说都是如此。我们并不是要给大家上一门语言学课程，所以就不再深入，但是希望读者能记住的是：有些范畴虽然看起来和最普通寻常的范畴（比如**椅子**、**鸟**、**水果**）相差十万八千里，但它们也同样代表某种范畴；而且，这些人们难以想象的范畴（**而且**、**但是**）和最普通寻常的范畴性质相同。

更难以捉摸的范畴

在讨论词语的时候，一个符合逻辑的做法似乎是先讨论最常见的词汇，然后讨论最罕见的。但我们并不打算这么做。我们想要把最常见的词放到最后，比如“而且”和“但是”这样的词。几乎没有人认为它们是某种类别的名字。你再想想像“太”“两”“非常”这样的词。“太”表示的是哪一个类别呢？显然，我们没办法像指出狗这个类别中的成员一样，一一指出“太”的成员，但我们仍可以试着寻找“太”出现的语境：水煮鱼太好吃了，北京太大了，他心眼儿也太黑了，你们太让我失望了，他太男人了。现在差不多有点感觉了吧？和“一点儿”一样，“太”这个类别也是在人一生的经验中慢慢建立和完善起来的。杭州是很大，但北京就是太大了。

我们用同样的方法学习“太”和“一点儿”，听过无数个含有这些词的句子，就慢慢摸索出它们在句子中合适的位置。是不是因为“太”这个概念和句法有关，就不能称其为一个概念了呢？非也非也。“太”表示的概念和狗表示的概念一样真实。它所涉及的就是不同数量级之间的比较，人们对事物大小、程度等的期待。

也许你会觉得，这些解释都太抽象了。那我们就来看两个具体例子。比如“两”这个字的用法。人们常说，“这人还真有两把刷子”，意思是说此人本事大，有不止一个特长和技能。有趣的是，我们不说“真有**三**把刷子”，也不说“真有**四**把刷子”。所以似乎不能随便找一个比一大的数字来表达“不止一个”的意思。同时，这样的俗语也表示语境是随意的、不正式的。除了“两把刷子”，我们还可以说“这两天我睡得可早了”“好久没喝了，今天来两瓶？”“前两天我还看见他了呢”，等等。在这些语境中，“两”往往都是虚指，并不一定是两天、两瓶，而是相当于几天、几瓶。同样，我们不会用“三”或者“四”来表示这样的“虚指”，看来“两”这个概念的确有它的特殊之处。“虚指”意义也只有在我们说“两”的时候才会在大脑中被激发，而其他数字，甚至表示同样数值的“二”都不能代表这样的概念，毕竟“前二天我还看见他了呢”听上去太别扭了。

我们再来看看“非常”。在**非常**这个类别中有哪些成员呢？你也许会想到：内蒙古的草原非常壮观，犯罪手段非常残忍，偏微分方程非常难，等等。我们希望说明的重点是，每一个非常的语境都是和其他非常的语境通过类比而关联起来的，最终形成一个抽象的非常概念。这其实与上文所讲述的“一点儿”“太”“两”的概念形成过程没什么差别，它们都是由我们经验中的类比将相似的语境关联起来，然后逐渐抽象出某个词的概念。这也是本章的重点。

在讨论“一点儿”时，我们就指出过，这个词之所以复杂，一部分原因就在于它在句子中的用法。事实上，遣词造句是人类最常接触、最为复杂的领域之一。因此，和线性代数、细胞生物学、网球、诗歌等复杂领域一样，人类的语言、发音规则、语法规则、说话习惯等领域也有非常丰富的概念，只是我们往往对这些概念或者术语不够了解罢了。

比如，在普通话中说“你好”的时候，会非常自然地连读变调，把第一个字从三声变成二声，也就是说成“泥好”，却不知道这样的现象叫什么名字。这样的例子还有很多。比如，每个中国人都知道“了”这个字应该在什么时候用，但是对学习中文的外国人来讲，用好这个毫不起眼却又无处不在的“了”真是千难万难，我们暂且只讨论动词或者句子末尾的“了”，而不讨论“小时了了，大未必佳”里的“了”。首先，为什么可以说“小张昨天去看电影了”，或者“小张昨天去看了电影”，但“小张昨天去了看电影”就不能说？再比如，“小张买了两本书”可以说，但“小张买两本书了”听上去就不太自然，这又是什么原因？为什么“吃了饭就去看电影”可以，而“吃饭了就去看电影”就让人摸不着头脑？“了”难道不是紧跟在动词的后面，或者在句子的末尾吗？从“了”的意义来看，如果“了”的含义是完成“了”某件事情，那么“快下雨了”这句话就不对呀，因为明明还没有下雨！而且，“太好了！”“漂亮极了！”里面的“了”又该怎么解释呢？许多语法学家都认为“了”有多个不同的用法：既可以作表示动作完成标记的体助词，也可以表示动作短时间内就会发生或者完成（快下雨了），还可以作句末的语气助词（太好了）。

我们举这些例子并不是想弄明白“了”的用法，正如前文“书房”和“办公室”的故事也并不是为了将二者区分开来，而是希望阐释一个道理：我们用来区分不同范畴、弄懂每个范畴使用场合的知识，都是通过长期积累的类比，从一个例子到另一个例子再到更多的例子，如此不断扩展而得来的，并且这样的认知过程往往不知不觉就发生了。

现在，我们已经从讨论出现频率很低的词语“枢纽”“阁楼”，慢慢讨论到中文里最常出现的几个词之一的“了”。我们的讨论虽然从看得见摸得着的现象渐渐发展到抽象的心理现象，但贯穿其中的重要一点就是，我们一直没有离开范畴的世界。“枢纽”是一个范畴（也许是两个，一个是自行车车轮的中心，另一个则是枢纽机场），“了”同样代表了一个范畴（也许是好几个不同的范畴，每个范畴对应“了”的一种用法）。

用语言给世界分类

任何语言都有难以计数的标签，用来表示该语言使用者千百年来赖以生存的各种范畴。在成长学习的过程中，每个人都潜移默化地从语言宝库中吸收了许多知识，但离掌握所有内容还相去甚远。我们从语言宝库免费继承了成千上万个范畴，并且看似毫不费力地就把它们纳入脑中。这些范畴一旦内化，我们就会认为身边的世界理所当然是按照这些范畴来分类的。也就是说，词和词组怎么划分世界，我们的大脑就把这样的划分视为理所当然。但是众所周知，每一门语言都在以自己的方式划分世界，所以中文的语言宝库传递给中国人的范畴，和美国人从英文宝库中获得的范畴不太一样，其他语言同样如此。总的来说，把世间万物划分为不同范畴的“正确”方法到底是什么，和一个人在哪里出生、在哪里长大有很大关系。

一个很有趣的例子是兄弟姐妹在不同语言中的说法。在中文里，人们是按照性别和年龄两种方式来分类的，比如说，“姐姐”就是兄弟姐妹中比我们年长的女性。而英文中的划分可没有这么细致：“sister”所指的就是兄弟姐妹中的女性，无论是比我们年长还是年幼；而“brother”则是男性。也就是说，英文只按照性别进行了分类。当然，英文也不是就不能表达“姐姐”的意思，你只需要在“sister”前面加一个修饰语“年长的”，就变成了“older sister”。有意思的是，在印度尼西亚语中，这个分类却仅仅按照年龄来分：“kakak”表示的是“姐姐”或者“哥哥”，“adik”则表示“妹妹”或者“弟弟”。看来，对于说英文的人来说，性别是比较“自然”的分类方式，而讲印尼语的人则觉得按年龄分才是“对”的。法文和中文一样，兼取两家之长，既可以按照性别来分：“frère”就是哥哥或者弟弟，“soeur”则是姐姐或者妹妹；也可以按照年龄来分：“aîné”是哥哥或者姐姐，“cadet”则是弟弟或者妹妹。看来，一门语言将世界“自然”切分成不同类别的词语在别的语言看来就没那么自然了。

类似的例子数不胜数。不同语言之间，就连一些非常基本的词组和概念，都常常有不同的划分。

我们可以继续讨论亲属称谓。中文的亲属称谓比英文要复杂、精细得多。在中文中，母亲一方的亲戚和父亲一方的亲戚都有不同的名字。比如，妈妈的父母分别是外公、外婆，妈妈的兄弟姐妹是舅舅或者姨妈；与之相对应的爸爸一方的亲戚则是爷爷、奶奶，伯伯（叔叔）和姑妈。但是许多读者一定知道，英文中，外公和爷爷都叫“grandfather”，外婆和奶奶都是“grandmother”，舅舅、伯伯、叔叔（甚至包括姑父和姨父）都叫“uncle”，姨妈、姑妈（其实还有舅妈、伯母、叔母）一概称为

“aunt”。可见英文中似乎是内外不分、父母平等。而自己爱人的亲戚只需先把他们当作自己亲戚来找到对应的称呼，然后加上一个“in-law”就万事大吉，所以公公和老丈人都是 father-in-law。而中文里则是公公、婆婆、老丈人、丈母娘、大姑子、小舅子等一系列称呼，恨不得每个亲戚都有自己专属的名字，这可苦了嫁（娶）了中国人的外国友人！你看，中文里连嫁和娶都要分清楚，而英文一个 marry 就全都包括了。

中文和英文的不同之处可远不止七大姑八大姨的名字。前面已经提到过一个常见的动词——打。它最常见的用法就是“打”某些东西或者人了，比如“打老鼠”“打人”。当然，我们还经常“打羽毛球”“打乒乓球”“打篮球”，如果说在运动的时候，我们真的是用拍子在“打”羽毛球、乒乓球，用手在“打”篮球，那“打扑克牌”呢？还有“打麻将”“打游戏”“打电话”“打报告”“打酱油”“打饱嗝”呢？我们真的是一拳一拳地朝着扑克牌、麻将或者酱油上抡过去吗？英文作为一种貌似“更有逻辑”的语言，就把几种“打”用不同的词来表示，暴力打人是“beat”，打篮球打游戏则是“play”，打电话可以是“phone”，打报告不应该是“write”（写）报告吗？说到底，就是中文将“打”的不同意义（其实就是不同范畴）看作一个统一的大范畴，而英文则用不同的词来指代这些不同的范畴。但是我们也说过，其实英文也有“不合逻辑”的地方。比如与乐器相关的许多动词，“弹钢琴”“拉提琴”“吹小号”“打鼓”，等等，在英文中都只用了一个动词“play”！所以美国人说“play the piano”“play the violin”“play the trumpet”“play the drums”，更令人不解的是，英文中的 play 还表示在戏剧中扮演某个角色。

不同语言间的差异生动地展示了每种语言是如何将世界分类的。而这样的差异又实在是数不胜数，那么说着不同语言的人们到底如何交流呢？

概念空间

为了回答这个问题，我们把词汇和词汇所代表的概念作一个简单的视觉比喻。首先，请你想象一个二维或三维的空间，然后向这个空间里填充不同形状和颜色的色块。每个色块代表一个概念，每个颜色代表一种我们感兴趣的语言。比方说，中文是红色的，英文是紫色的，法文是绿色的，德文是蓝色的，以此类推。你也许会觉得这些表示概念的色块应该是像石头或者水果糖一样棱角分明、边界清晰。但事实上却并非如此。每个色块的中心一定是颜色最深的，比如深红色、深绿色等，但是当你从色块的中心向外看时就会发现，颜色越来越浅、越来越淡，变成浅红色、淡绿色，最后这种颜色就慢慢褪去，消失不见了。这个由五颜六色的形状构成的概念空间和之前我们提到的从市中心到郊区最后到农村的渐变是一样的道理。

我们把还没有填充任何色块的空间（就像还没放家具的空房子一样）称作一个“概念空间”，这样的概念空间有许多，所以我们说“一个”。在每个概念空间的中心是最常见的概念——既有看得见摸得着的物体，也有看不见摸不着的想法、现象、特征等。任何一个生活在这一文化或者时代的人都会在日常生活中无数次碰到那些概念的实例，为了生存，人们必须能够非常迅速而且毫不费力地识别出这些实例。

显而易见的是，在概念空间的核心，我们一般能找到以下概念：人体的各个部位，常见的动物（**鸟**、**鱼**、**昆虫**、**家禽家畜**），常见的植物（**树**、**灌木**、**花草**），吃的喝的，人体的感觉（**冷**、**热**，**饥**、**渴**，**高兴**、**悲伤**），常见的动作（**走**、**睡**、**吃**、**给**、**拿**），常见的性状（**大**、**小**，**远**、**近**，**心眼儿好**、**心眼儿黑**），常见的关系（**属于**，**里面**、**外面**，**前面**、**后面**），常见的程度（**完全没有**、**不太多**、**有一点**、**很多**、**非常**），等等。每种语言都有表达这些基本概念的词汇，因为离开它们，人就没法生存。上面列出来的这些概念，只不过是九牛一毛。这些概念都集聚在一个典型概念空间的最中心区域，这个区域几乎一成不变，在所有人类的语言中具有普遍性。可以说每种语言都必须包含这些概念。

概念空间这个比喻可以把我们关于语言词汇和概念的想法变得更加具体、更易理解。它最大的好处之一就是能够让人好好思考为什么有的语言中存在某个概念的专有词汇，而别的语言却没有。文化背景相差越远的两门语言，概念空间之间的差别也越大。倘若两种文化在地理、历史和传统上都非常接近，那么它们的概念空间则会非常接近。

在接下来的几个小节里，我们将把几个不同文化的概念空间拿来做一些比较。

同一概念空间中的不同语言

这些概念空间是怎样被不同色块填满的呢？比如说，说中文的人和说英文的人，他们的概念空间是否会因为文化差异而非常不同？

根据上文的比喻，无论是哪种语言，概念空间的中心总是被填得满满当当。假设中文仍旧是红色，那么在空间的中心附近就有一个红色的形状代表着**手**这个十分常见的概念。如果英文是由紫色代表的，那么在与红色形状基本重合的地方就应该有一个紫色的形状。因为**手**这个概念太常见了，所以每种语言都应该在概念空间里手的地方有一块带颜色的形状，最后**手**这个地方就挤满了各种不同颜色相互重叠的形状。

许多经常出现、频率很高的词汇都和**手**一样，不同的语言会以不同的颜色在概念空间里几乎相同的地方出现，因为各个语言都有表示这个概念的词汇。但如果两种语言对世界的分类、概念的命名有差别，那也会在概念空间体现出来。比如上文我们已经谈到中文和英文对奶奶、外婆的划分有所不同，那么英文的概念空间中，就有一块紫色的形状将**奶奶**和**外婆**都包括进去；而中文则是两个不同的红色形状，一个表示**奶奶**，一个表示**外婆**，两块合起来才和英文中的 **grandmother** 一样大。同样，中文中也有一些词在英文里对应的是好几个词。比如上文提到的动词打（**打**人、**打**篮球、**打**电话），在英文中则需要用 beat、play、phone 这些不同的词来表示。总的来说，就是在不同语言的概念空间中，我们不是总能找到一一对应的关系，尽管二者会有很多重叠的地方。

但从另一个方面来讲，万幸的是，有许多真正重要的概念，比如**手指**、**水**、**花**、**笑**、**重量**、**跳**、**跑**、**想**、**悲伤**、**因为**、**但是**等，在中英文之间，甚至大部分的语言之间都是较为统一的。也就是说，在概念空间的中心，大红大紫的中文和英文将会有很多重合的形状。在空间的外围，虽然关于同一概念的不同颜色的形状有所不同，但是在二者重合的部分，则会出现颜色加深、红色和紫色并存的情况。

另外，对任何一种语言来说，概念空间的中心总是被填满了的，不论这种语言是在巴布亚新几内亚，还是在非洲的某个部落，在一种语言里我们总能找到人类生存所需用到的概念。只要这种语言不是在一个封闭的小岛上，那么就总能非常容易地找到一些词来描述“昨天晚上没睡好”“见到一位好久没见的老友”“很累”“头发掉了”等这些常见的概念，尽管每种语言的表达方式和用词不一样。

概念空间中的圆环

假使我们现在从概念空间的中心向外移动，去看看那些不是最常见但仍然常常使用的词，比如：**谢谢**、**仓库**、**青蛙**、**紫色**、**真诚**、**花园**、**沙子**、**行星**、**尴尬**、**尽管**等。如果这些概念在不同文化中的重要程度相当，那么在各自的概念空间中，它们与中心的距离就应该差不多。所以我们可以说这些概念组成了一个圆环或者一个三维的框架。由于生活中有很多这样的概念，在概念空间的圆环或者框架里，仍然会挤满各种颜色的形状。从另一方面来讲，假设我们把注意力转移到另一个离中心更远的框架那里，这个框架中可能有以下这些概念：**皱眉**、**竞走**、**咬指甲**、**回乡**、**个人所得税**、**抖包袱**、**陈词滥调**、**催人泪下的电影**、**素食者**、**仰泳**、**首席执行官**、**一厢情愿**、**性别歧视**、**峰会**等。从前一个框架到这一个框架，我们离概念空间的中心越来越远。可以想象，在这些外围框架中，不是所有的文化都包含其中的所有概念，也不是所有的语言都有现成的词汇来描述这些概念。

学外语才知道他人分类不同

如果我们指定概念空间中的某个框架，由于语言之间的差异，很容易就能找到一块红色的形状，同时又没有任何一块单独的绿色形状能完全将其覆盖。不过，往往好几块绿色的形状也能把这块红色的形状大致描述清楚。也就是说，红色语言中的某个概念并不能在绿色语言中找到一个现成的与之相对应的概念。反之亦然。

举个具体的例子。英文里的“poor”在美国人眼中可能描述的都是同一种情况，一种非常糟糕的情况。但是在中文里，我们却很难找到一个词来描述所有“poor”的情况。根据这个词具体讲述的语境，我们会用“穷”“穷苦”“困难”“倒霉”“可怜”“差”“劣质”等。

也许美国人会觉得中文怎么如此不讲道理，明明“poor”就是一个概念，这是如此客观而又明显的事实，世界上所有的语言都应该这样。但其实世界上很多语言都没有这样一个包含“poor”所有含义的词语。这些语言都通过许多不同的词汇来表达“poor”不同方面的含义，它们合起来涵盖了“poor”的整个概念。同样的例子还有不少，比如英文中的“happy”，在中文里就有“快乐”和“幸福”两种说法，以至有时需要很长时间给学中文的美国朋友解释“快乐”和“幸福”之间的差异。

在中文里也有这样看似简单实则复杂的词，比如“意思”。“意思”的一个意思当然就是某个词、某句话的“意思”了，但它其实还有很多别的意思。比如，“他对你有点儿意思”“没什么意思”，等等。下面这段流传甚广的笑话则是“意思”的集大成者：

> 某人给领导送红包时，两人的对话颇有意思。
>
> 领导：“你这是什么意思？”
>
> 某人：“没什么意思，意思意思。”
>
> 领导：“你这就不够意思了。”
>
> 某人：“小意思，小意思。”
>
> 领导：“你这人真有意思。”
>
> 某人：“其实也没有别的意思。”
>
> 领导：“那我就不好意思了。”
>
> 某人：“是我不好意思。”

中国人可能会觉得这些“意思”都是意思，但是一旦你想把这个笑话用英文讲给外国人听，就一定会发现这里的“意思”不都是一个意思！领导开始装作不懂此人的“意思”（想法），但是经此人一解释：这是我孝敬领导的“小意思”（礼品），领导就一下心领神会地接受了此人的“意思”（礼品），还客气地说“不好意思”（那我就笑纳了），当然最后因为是麻烦领导帮忙，所以此人也得跟领导说“不好意思”（那就麻烦您了）。总而言之，两人都明白了对方的“意思”！

在和多位朋友交流之后我们给出下面这段翻译，虽然不如中文那么流畅、那么既隐晦又明显地表达出双方的“意思”，但也不失为一段“有意思”的对话。虽然我们尽量用相近的词来翻译“意思”，但是这些“意思”在英文中其实还是用不同的词汇来表达的。

Your boss: What is this thing?

You: Oh. It's nothing.

Your boss: But surely it's something!

You: Well, it's just a little gift-y thing-y.

Your boss: So you have something.

You: Yeah... it's a pretty nice thing.

Your boss: Oh, you know I'd take anything.

You: Then this is exactly the thing!

所以，在每门语言里都能找到另一门语言没有完全对应的词汇。虽然在一门语言的母语者看来，这些词汇是一个不可分割的整体，别的语言也应该有一个同样的词，但这不过是一厢情愿的想法罢了。

这种情况下的两门语言，我们可以说其中一门语言在某个词汇上更加“宽泛”，另一个则较为“细致”。比如就“poor”这个词所表达的概念来看，英文就比中文更加“宽泛”，而对于“意思”这个概念来讲，中文则比英文更“宽泛”，因为英文更加细致地区分了“意思”的几个不同的意思，而且需要使用不同的英文词汇来表达中文里的“意思”。

分类有尽头

在学习新语言时，你会发现那些由于受到自己母语影响而被认为是一个整体的概念，事实上都可以分得更小、更细，而且其他语言都有充分的理由做出这样的分类。比如，山和小山在中文里都是山，但在英文里却分别是 mountain 和 hill。又比如中文将双座敞篷车和四座敞篷车都称作“敞篷车”，而英文里双座敞篷车却有一个专门的名字叫“roadster”。当你学习的语言达到一定数量的时候，你就会发现，同一个概念，在不同语言中可以被分成不同的次级概念。既然一个概念能够按照你完全想不到的方法分成不同的次级概念，那么从理论上讲，我们就可以无限地继续下去，把一个概念分成越来越小、越来越细的次级概念、次次级概念、次次次级概念等。

但事实上并没有这样一门语言，因为我们分类的目的总是：让一个概念有足够的概括能力，能够包含许多表面上看起来有天壤之别但本质上又别无二致的情况。这样的分类使我们能够舒适地生存下去。当然，从理论上讲，一门语言可以给红色的书和绿色的书起不同的名字，并且，印在竹简上的书、用羽毛笔写的书、橘黄色的不超过 99 页的书、紫褐色而且页码总数在 221 至 228 之间（但不能是 225 页）并且是用葡萄牙语的某种方言写成的字体大小是 13 号的书，它们每一类都可以有自己的名字。分类分得这样细就得不偿失了。没有一门语言需要有这样细致的分类，更没有必要给上面提到的每一类书起一个专门的名字。不过，语言的神奇之处就在于，地球上的每一门语言都有能力为这些类别创造出一个专门的名字，只要人们觉得有必要。

还需要说明的就是，完善分类系统并不仅仅是将分类进一步细化，有时候我们需要从众多的概念中抽象出一个共同点，进而总结出一个更为宽泛的概念。比如说，将人类的母亲与动物的母亲，还有母公司联系起来；找到雌性动物和雌性植物的共同点；等等。生成这种具有更强“概括性”的类别，对一个民族和一种文化的发展也是至关重要的。

因此，在“更细”的分类和“更宽”的分类之间就存在着一种张力。之前我们已经提到，小孩子对世界的认知相比于成年人来讲是更粗糙和宽泛的，这就是他们说“给牙齿打补丁”“吃水”“给香蕉脱衣服”的原因。我们看到，在孩子成长的过程中，他们慢慢学到了那些更为精细的分类。虽然这样的过程是普遍存在的，但在某个时候，成年人就不再对他们身边的事物、事物之间的关系、所处的情况做更细致的分类了。每个语言都找到了自己的平衡点，这是语言使用者的集体智慧。到了这个平衡点，就不再往更细的方向进行分类了。当然，专家们还在继续改良他们的词汇，每当有了新的发现，语言使用者就共同创造出新的词汇来指代新的概念。

每个人都在不断更新自己的概念库，他们会学到新的词组、短语、谚语，以及书上、电影里、广告中的各式流行语。与此同时，每个人也都会建立起由难以用语言描述的概念组成的概念库。在接下来的两章里，我们就从这两个方面来探讨概念库是如何扩充的。

SURF

AND

ESSE

ANA

AND

2 短语的召唤

人脑中的范畴数量远远大于它所掌握的词汇量，而且范畴的数量永远都在变化中。创造一个新词从而使词语与范畴一一对应，看上去像是一个不错的解决方案。不过，若真的这样做了，我们就必须有一个天文数字大小的词库。一种节省词汇的好办法就是，用若干词组成短语来表示一个范畴。

范畴比词多得多

词与范畴之间的关系到底是怎样的呢？可以肯定的是，一个词往往对应一个范畴。尽管我们可以用词描述和指称范畴，但这并不意味着范畴和词完全等价。哪怕我们采用最宽泛的定义，把短语和句子也当作词，词和范畴也不完全等价。因为范畴是心理实体，不一定每个范畴都有叫得出来的名字。虽然大部分时候，一个词就是某范畴的名字，但也确实存在“无法描述”或者“不可言说”的范畴。也就是说，语言与范畴之间的联系其实十分复杂。“妈妈”“月亮”“椅子”“桌子”“办公室”“书房”“长大”“缩小”“旋转”“侧翻”“谢谢”“再见”“一点儿”“而且”“但是”等，词语的确都代表某个范畴，但我们脑中范畴的数量远远大于我们的词汇量。

从认知的角度看，创造一个新词并不容易，因为我们大脑中的范畴数不胜数，并且永远在变动。假设给每一个范畴都造一个词，那么我们得有一个天文数字大小的词库。因此，人类学会了用最经济的方法使用词。这就是为什么语言中有很多多义词，这些词的意思要根据语境才能确定。这样一个词就能表示好几个不同的范畴，想想“方便”有多少个意思吧。另外一种节省词的方法就是使用短语，即用好几个词来表示一个范畴，这就是本章将要具体讨论的内容。剩下无数种“无法描述”“不可言说”的范畴我们将在下一章讨论。

总的来讲，第1章我们关注了用一个词来描述的概念；这一章我们会把目光转移到那些用更复杂的语言单位来描述的概念上，比如复合词、词组、成语、惯用语、谚语、寓言等。

词源并不等于心理现实

和单字组成的词一样，复合词也能够代表范畴。比如“书桌”这个复合词，和“书”“桌”这样的单字词一样，也指代一个范畴。还有很多与之相似的复合词，比如“书架”“书签”“书店”“书商”“书虫”“书脊”等，都能表示独立的范畴。对于这些以“书”开头的复合词，人们还可以通过组成词的字来推测整个词的意思，比如“书架”就是放书的架子。但还有很多复合词的意思是没法通过结合两个单字的意思来推理的，比如“东西”“马虎”“花生”“田鸡”“二胡”“简直”“感冒”“当局”“寻常”“责备”“陆续”“方案”“点心”“热狗”“可以”等。[1]

诚然，上面举的这些例子里，有些词义可以根据其中某个字的意思来推测，如“责备”“陆续”，但这并不意味着我们会把这样的词当作复合词或者由两个词组成的词来理解。比如“责备”就是“批评”的意思，并非“责怪”+“准备”，尽管“责怪”在这里也解释得通。也就是说，这些复合词实际上都是被当作一个整体来理解的。

通过下面的例子你就会明白，为什么我们说复合词是被当作一个整体来理解的。因为当你思考为什么某个复合词是由这两个字组成的时候，常常会百思不得其解。比如，为什么东边和西边加起来就成了一件“东西”？为什么马和老虎这两种动物合在一起就表示“马虎”，或者说“不仔细”？为什么不是“马狮”，或者“鹿虎”？为什么我们把青蛙称作“田鸡”？难道是因为青蛙总是在田里捉虫，而鸡也是捉虫的能手？

像这样对一个词的来源及其意思的历时变化进行研究和分析的传统学科，就是词源学。这是一门非常有趣的学科，但是它与母语者实际如何感知词语却没有什么关系。从这个角度讲，心理学与词源学并不是同一条绳上的蚂蚱。许多复合词实际上是不可分割的整体，从小我们学到的就是这样的整体，听到的也是一个词的整体。

因此，当小孩子听到“或者”“突然”的时候，他们不会将“或者”分解成“或”和词缀“者”，也不会把“突然”当作由“突”和后缀“然”两部分组成的。对孩子来讲，这两个词就是分别对应的范畴的名字，完全不需要拆分成一个词根和一个词缀。成年人也是如此。如果把“或者”“突然”，以及别的复合词如“东西”和“马虎”拆开，不但不会有助于理解，反而会变得非常令人困惑。

虽然有时候我们的确可以“听”出复合词中的某个字来，但还是不能通过把两个字的意义组合起来，得出整个词的意思。比如“昆虫”确实是一种虫，但“昆”是什么意思呢？“轮船”确实是一种船，可是“轮”字是从哪儿来的呢？“肥皂”确实是一种皂，不过它完全可以是一种很“瘦”的皂啊！所以，实际上我们在理解复合词的时候，还是把它们当作一个整体来看待的。

其他语言中也有许多复合词。它们同样很难被当作两个语素意义简单加在一起而生成。比如英文中的understand（理解）是由under（在下面）和stand（站立）构成的，但是没有人会认为“站在下面”的意思就是“理解”。再比如handsome（帅气）是由hand（手）和some（一些）组成的，但是没有美国人在听到这个词的时候会联想到“手”“一些”“一些手”，他们会把这个词当作一个独立的整体来理解。同样的例子在法文里也有。一个常见的法文词beaucoup（许多）是beau（美丽）和coup（打击）的组合。但是你应该已经知道了，没有法国人会把这个词分开理解。在理解复合词这件事情上，人类的认知方式还是很统一的。

不需要拆分的复合词

在“马虎”这样的词里，单字的意义之和不等于整个词的意义，大脑是以整体为单位来处理这些词的。那么还有一些复合词，字的意义加起来就是词的意义，比如“电梯”“车轮”“吊灯”等，我们又是如何理解这类词的呢？事实上，从心理学而非词源学的角度来讲，这些可以“拆分”的词也同样是作为一个整体由大脑处理的。因为它们和那些看似简单的单字“门”“桌”“椅”一样，同样是我们给某个范畴起的名字。正如在使用电梯、车轮、吊灯的时候我们无须弄懂它们具体的工作原理一样，在使用这些复合词的时候，我们也完全不需要先在脑中把它们拆开再用。乘电梯、装车轮、用吊灯的时候，我们都是把它们当作一个整体，或者说一个“黑箱”来使用的。所以理解它们名字的时候也是如此，我们不会把名字拆开，一个字接一个字地检索。

这一观点将产生深远的影响。与人们的直觉正好相反，使用复合词或者短语并不会消耗更多的脑力，它们背后所代表的范畴也并不比其他范畴复杂。举例来说，当听到“村民”的时候，我们并不会先激发“民”这个更宽泛的概念（**民**包括渔民、农民、人民、暴民、原住民等），然后再在“民”里摸索半天找到其中的村民。**村民**这个概念和**村**或者**民**这两个看上去更“简单”的概念享有同样的认知地位。换句话讲，村民虽然是个复合词，但这不代表它不能表示独立范畴。再比如，“食堂”这个词也是如此，我们不需要先理解堂（礼堂、澡堂、学堂、殿堂、大堂），再在其中搜索**食堂**，而是直接就能提取这个词和它背后的范畴。

联系其他语言思考这个问题会更清晰。中文里的“食堂”在英文中就是一个词：cafeteria；中文里的“流利”到了英文里则是 fluent。而中文的“孝”则一般在英文中译作 filial piety，“炸”在英文中则是 deep fry，都算是复合词了。可见一门语言中的复合词，在另一门语言中很可能就是完全没法再拆分的原子了。说到原子，英文中的原子一词 atom 来自希腊语的复合词 a-tomos，意为“不可分割”。所以美国汉学家莫大伟巧妙地指出，atom 这个词在英文里确实是“不可分割”了，但是在希腊语中却不是，因为它是个复合词。与此相反，物理学中的原子是可以再分的，虽然从词源上讲，原子的意思是“不可分割”的。

总结来说，我们不需要把复合词拆分成更小的部分来理解它们，因为它们表达的也是一个完整的概念。虽然我们知道“卧室”是由“卧”和“室”组成的，“桌布”是由“桌”和“布”组成的，但是我们并不需要把它们拆开来理解，除非是要向一个外国人或者小孩子解释这个词语。

缩写和简称看上去简单，不过是隐藏了它的组成部分

世界上不同的语言都有这样一个特点，那就是用尽量短的词汇来表示复杂的概

念。为了达到这个目的，不同的语言都用到了同一种方法：缩写或者简称。

我们先来看看英文中的例子。其实这些例子对中国人来讲早就耳熟能详了。在中文里最常见的英文缩写就是GDP了。但并不是每个人都知道GDP取自gross domestic product这个概念的三个单词的首字母。事实上，这不影响我们使用这个缩写，因为GDP这三个字母已经完全代表了**国内生产总值**这个复杂的经济学概念。

当然，像这样早已熟知的缩写还有很多，比如WTO（世界贸易组织）、FIFA（国际足球联合会）、NBA（美国职业篮球联赛）等。这样做的好处非常明显，如果我问“你看昨天那场NBA了吗”别人能听懂的话，那我肯定不愿意费尽周折用另一个很长的名字：“你看昨天那场美国职业篮球联赛了吗？”

事实上，如果我们仔细研究的话，会发现在中文里也有不计其数的简称。比如WTO，也就是世界贸易组织，就常常被简称为世贸组织；FIFA也往往不是国际足球联合会，而是国际足联；最近几年NBA也有了新的名字，那就是美职篮。

中文里的简称有很多都是像世贸组织这样的机构名称，比如：

政协（政治协商会议）、人大（全国人民代表大会）、发改委（国家发展和改革委员会）、工信部（工业和信息化部）、国家语委（国家语言文字工作委员会）、北京市委（中国共产党北京市委员会）、海协会（海峡两岸关系协会）、妇联（妇女联合会）等。

还有不少是企业、公司、学校的名称，比如：

宝钢、广汽、沈飞（沈阳飞机工业集团）、人大（中国人民大学）、山大、北大、清华、浙大、南大（南京大学、南开大学和南昌大学似乎曾经争论过谁是南大）、华师二附（华中师范大学第二附属中学）、成外（成都外国语学校）、川师附中等。

许多政治运动和口号往往也有简称，便于人们记忆，比如：

土改、四化、五讲四美、三严三实等。

有些缩写在日常生活中太常见了，以至我们都忘记了它们其实是缩写，比如：

超市、中专、化肥、脱产、五险一金、三好学生、三从四德、四书五经……

还有学科、课程的名字：

数理化（数学、物理、化学）、史地政（历史、地理、政治）、工管（工商管理）、公管（公共管理）、现汉（现代汉语）、思修（思想道德修养与法律基础）、毛概（毛泽东思想和中国特色社会主义理论体系概论）、马原（马克思主义基本原理概论）、宏经（宏观经济学）等。

最近网络流行语中的简称则更多了。不知你能不能看懂以下简称，比如：

网红、海归、海待、弃疗、高大上、喜大普奔、不明觉厉、累觉不爱、人艰不拆等。

最后几个简称还考虑到国人对成语的喜爱，尽量模仿了四字成语。

这样的例子还有很多，我们只是列出了其中的一小部分。这些简称流行的原因其实就在“简称”二字里。人们都喜欢用尽量简单、省力的语言来表述需要表述的概念。“他是一个美国海待”比“他是一个从美国留学归来但仍处在待业状态的青年”在表述上容易很多。加上还有与海归和海待谐音的词（海龟和海带），人们自然就更喜欢这样的简称了。

缩写与简称的作用

上文提到，人们使用缩写和简称的原因是它们把复杂的语言结构转化成了简单易记的形式。打个比方，这就像用一个叫作“简称”的毛毯把复杂的全称盖住，或者说“简称”就像一个功能和“全称”完全相同的黑箱子,人们只需要用这个黑箱子,而不需要,也往往不愿意了解黑箱子里面的工作原理。人们使用简称的时候会故意将全称中复杂的词汇隐藏起来,这样在交流时就不会涉及全称里那些没必要接触的细节了,因此就能更专注于更高层、更宏观的交流目的。

还是用“海归”和“海待”做例子吧。人们习惯使用这样的简称,除了因为语言更精简外,还有一个重要原因就是在交流中我们往往不需要这两个词背后的细节。比如,“海待”作为一个范畴的名称,指代的就是某一类人。我们不希望每次提到“海待”这个概念,都要联想那些细枝末节:他在美国念了5年博士,好不容易拿到学位回国打算大干一番,结果都回来好几个月了,简历投了几十家都没音讯,还在待业状态,看来这个洋博士也不值钱,还不如我家邻居王二麻子,国内念完本科就找了年薪20万的工作,车房现在都有了……但这些细节我们大部分时候都不感兴趣。假设不用“海待”这个简称,而是长篇大论地描述这个概念,我们就肯定得花时间去咀嚼其中的细节。如果一个朋友说:“我认识老李啊,他在美国念了5年博士,好不容易拿到学位回国打算大干一番,结果都回来好几个月了,简历投了几十家都没音讯……”你一定不等他说完就会打断他:“不就是一个‘海待’吗!说这么半天!你就讲讲他现在怎样了。”可见“海待”这样的简称能去繁就简、直击要害,让我们在交流时专注于更宏观的事件,而不至于被无关紧要的细节所淹没。

换句话讲,简称将某一概念的一长串名字简化为一个简单的名字,让大脑更容易处理这些信息。这就好比大型超市收银台的“5件及以下商品”的快速通道;或者是6听啤酒捆在一起,按件销售;再或者是论串卖的葡萄、论袋卖的白糖。这些举措都是为了让结账的过程更加容易、迅速。假设葡萄只能一个一个卖,白糖只能一粒一粒卖,那恐怕就没人去这家超市买东西了。超市里这种“打包出售”的策略和语言学中的简称有着异曲同工之妙,都是为了简化处理商品或者处理语言的过程。只有经过简化,我们的短期记忆(或者说工作记忆)才不会因为过多的信息而过载。

我们再来举一个新闻中常常出现的例子:

十七届三中全会,再次聚焦“三农”。

看上去不过是十几个字的一句话，如果我们把简称都“展开”，那就变成了“中国共产党第十七届中央委员会第三次全体会议，再次聚焦‘农业、农村、农民’问题”。这样的全称写法，是让这句话更容易理解了呢，还是把会议主题说得更复杂了呢？我们一对比就非常清楚了。

使用简称并非政治类文本独有的特点，只要用得适当，这种方式能在各种文体中派上用场。例如，由于现代科技社会在各个方面都远比过去复杂，我们必须得想办法忽略掉其中的很大一部分细节，无论这些细节是物理属性的，还是语言上的。现如今一个普通的手机已经比一架钢琴要复杂百万倍了，但由于手机设计者巧妙地将手机设计得非常人性化，操作简明易懂，所以对很多人来讲，一架钢琴看上去比小小的手机更为复杂。正如我们需要用简洁、方便用户的外包装把科技产品复杂的内部结构掩盖起来一样，我们同样需要用简明的称呼把复杂的想法、无数的细节掩盖起来，这样我们才能专注于人类沟通中更重要的部分。因此，简称就流行起来了。

更有意思的是，许多简称或者缩写已经由“活”简称变成了“死”简称，就好比上一章我们提到的“已死的隐喻”一样。人们已经完全意识不到这些词以前是简称或者缩写了，比如：

艾滋病（音译自英文缩写 AIDS，全称 acquired immune deficiency syndrome，获得性免疫缺陷综合征）

证监会（中国证券监督管理委员会）

发改委（国家发展和改革委员会）

中宣部（中国共产党中央宣传部）

高铁（高速铁路）

中专（中等专业学校）

技校（技工学校）

血糖（血液中葡萄糖）

三好学生（思想品德好、学习好、身体好的学生）

事实上，没有小学生会认为“三好学生”太不明确，而偏要说“我是思想品德好、学习好、身体好的学生”。也没有人一定要说自己去了“国家发展和改革委员会”而不说“发改委”。从认知的角度来讲，我们不想了解三好学生到底是哪三好，就像我们不想在看到每个人的时候也同时看清楚那人的血管、内脏、颅内情况等。也就是说，我们其实不愿意“专注细节”，而是会把握要点和大局，见林不见木。

学校里也有消防队员

恐怕很少有词典会列出“消防队员”的另一个意思。但实际上这是一个众所周知并且比较容易描述的范畴。这个范畴的核心，就是大家在消防队能见到的身着制服、开着消防车、拿着喷水管的消防队员。他们的任务就是救火，哪里有火灾，他们就被派到哪里去。而我们要讲的却是“消防队员”的引申意义。在任何单位、任何公司都有这样的员工，他们经验丰富又富有责任心，每当单位里有什么“火灾”而其他人都没有能力或者不愿意去“救灾”的时候，领导就把这样的员工派到“灾区”。久而久之，大家就称他们为“消防队员”，因为他们往往能顺利完成“救灾”任务。

举个例子来讲，许多中学都有这样的老师：每当有一个班的学生太调皮，数学或者物理成绩太差，没有老师能够管得住他们的时候，校长就把“消防队员”付老师派到这个班当班主任。付老师到了这个班，经过一系列的“整改”，用他特别的教学方法使整个班的面貌焕然一新。学生不仅变得懂事了，成绩也突飞猛进。久而久之，全校都知道这位老师能够把一个乱糟糟的班改造成年级优秀班集体，于是付老师就有了“消防队员”的名声。凡是出现老师们难以驾驭的班，校长就会把这位老师派到那个班里，班级情况便会大为改观。

公司里也有这样的“消防队员”。哪个区域业绩不好、销售额上不去，哪个产品用户满意度太低、投诉太多，哪个研发团队无法完成任务、技术难点无法攻破，只需要派出公司的“消防队员”张大锤，问题就能迎刃而解。

在这些例子里，有意思的是这些“消防队员”既不懂怎么“消防”，不会灭火，也不是什么部队或者大队的队员，我们能够理解“消防队员”这个词完全是因为类比。只要一个人符合消防队员最本质的特征：解决一个困难、阻止一场灾难，派到哪里就将自己的热血洒在哪里，毫无怨言、兢兢业业，那么我们就可以通过类比把这个人划分到“消防队员”这个范畴里。正是作类比的能力，让我们能够把中学教师、销售经理、产品经理、研发人员都归为“消防队员”的一员。一旦我们抓住了某一范畴最本质的特征，这个范畴的名字不过是提醒我们这个范畴的基本初始成员，而不是划定该范畴边界的唯一标准。

惯用语和成语的例子

到目前为止，我们还只讨论了一些短语。那么比短语更长一点的语段呢？下面就是一些更长一点的惯用语以及成语，读者们应该不会感到陌生：

> 火烧眉毛；一只耳朵进，一只耳朵出；扫榻相迎；啃硬骨头；撸起袖子加油干；衣冠楚楚；欢天喜地；死得一动不动；等得黄花菜都凉了；筋疲力尽；低头认罪；翘辫子了；抓现行；拍马屁；登峰造极；接了个烫手的山芋；大吃一惊；顺其自然；竭尽全力；指鹿为马；喜结连理；一团乱麻；凑合用；晴天霹雳；进退维谷；自作自受；食言；说漏嘴；鬼门关里走一遭；脚踏两只船；小题大做；声震屋瓦；吓得屁滚尿流；不见不散；做梦都要笑醒；劈头盖脸痛骂一顿；发横财；趁热打铁；热血沸腾；盛气凌人；报仇雪恨；以其人之道，还治其人之身；扭转乾坤；随波逐流；萍水相逢；本末倒置；画蛇添足；回天乏术；打磨时间；大手大脚；破釜沉舟；孤注一掷；良莠不分；树倒猢狲散；有勇无谋；兴高采烈；抓住救命稻草；如坐针毡；一石二鸟；鱼和熊掌不可兼得；前门拒虎，后门进狼；哑巴吃黄连；骑虎难下；当头棒喝；唇亡齿寒；杀鸡取卵；战战兢兢，如临深渊，如履薄冰……

上面这段文字展现了中文里丰富的惯用语和成语，其中每一个都是一个范畴。假设你花三个月的工资买了一支名贵的钢笔，总有同事羡慕地看着你，称赞你的钢笔，并且表示能拥有这样一支钢笔是多么幸运。这时你也许会说：“我每天都战战兢兢，如临深渊，如履薄冰啊，生怕把笔摔坏了。”也许你当上了一家世界500强公司的财务总监，朋友们认为你年薪百万、一呼百应，但你也会觉得做任何决定都“战战兢兢”。也许你的孩子正在经历叛逆期，经常莫名其妙地发脾气，这时你说话也是“战战兢兢”，生怕孩子大发脾气或者离家出走。除了这些，你应该还能想到很多类似的场景，你在其中都需要小心翼翼，慎之又慎。实际上，这些场景就构成了“战战兢兢，如临深渊，如履薄冰”这样一个范畴。

假设你的朋友信誓旦旦地宣称他要每天健身两小时，三个月练就一身肌肉，然后买了一张健身房年卡、两双运动鞋、三套运动装，但根据你的经验，他是说到却做不到的人，你可以说：“千万别当真，他这个人吧，雷声大，雨点小！”假如公司接二连三地宣布要大幅涨工资，提高员工福利待遇，最终却只是给每人增加了数十元的生活补贴，那这无疑又是一个“雷声大，雨点小”的例子。如果一个国家的政府在各种报刊、电视上反复强调科学教育的重要性，实际上却并没有出台什么提升科学教育地位的政策，这也可以被称作“雷声大，雨点小”。相信读者们还能找到很多属于“雷声大，雨点小”这个范畴的例子。

语言中像这样的惯用语随处可见，它们表面上看非常具体，应用范围也很狭窄（在冰上行走；打雷下雨），但实际上却可以用来描述许多不同的场景。人们学习这些惯用语的方式和学习单个词语的方式是完全一样的，都是逐渐扩展这些惯用语所表达的范畴的边界，当然了，我们需要通过类比的方式把新的情景与已有的范畴联系起来。那些我们给某个范畴取的名字“雷声大，雨点小”“太阳从西边出来”只涉及该范畴的皮毛而已，往往并不能直接明了地告诉我们这个范畴的本质特征。

对牛弹琴还是鸡同鸭讲

很多形象生动的成语所代表的范畴往往和它字面上的意思相去甚远，有时候甚至和字面上的意思没有关系。谁能解释为什么“对牛弹琴”里一定要提到“弹琴”这个动作呢？为什么要用音乐来象征某个高深难懂的题目？为什么又一定是“牛”这种动物，而不是任何别的动物，为什么不用“猪”“羊”“马”来表示不懂音乐、不懂欣赏的听众呢？为什么不能说“对猪吟诗”“对羊起舞”“对马比剑”呢？或者如果我们问得极端一点，为什么就不能用“鸡同鸭讲”呢？当然了，从词源上讲，这个成语有其特定的历史渊源，但这和人们在心理学上、认知上的理解并没有联系。

但每一个以中文为母语的人都丝毫不觉得这个成语有什么奇特之处。我们都知道这个成语的意思是：当一个精通非常高雅、美妙的艺术或者懂得非常高深、美妙学科的专家，把自己的上乘绝学表演或者解释给一个丝毫不懂艺术、不了解这门学科的门外汉，那么这就是对牛弹琴。一旦我们把这个成语所代表的范畴详尽地描述出来，你就会感觉到这个范畴是多么复杂，它所表达的意义是多么微妙。但是仅仅从这个成语字面上的几个汉字来看，我们根本无法知道这个成语背后所隐藏的这些信息。

有趣的是，成语“鸡同鸭讲”常常被当作“对牛弹琴”的近义词。这两个词都适用于交流非常不顺利的场景，但是也不能说完全相同。也就是说，二者背后所表示的两个范畴虽然相似，甚至有很大一部分重叠之处，但归根结底还是略有不同。假如一位音乐学院的教授面对台下不太了解西方音乐的听众，大谈 18 世纪、19 世纪维也纳不同音乐流派之间的细微差异，这应该可以说是在“对牛弹琴”。但假设康有为操着一口粤语，与光绪皇帝慷慨陈词，讲述变法的重要性，无奈光绪皇帝听不懂粤语，这时君臣二人的对话就得用“鸡同鸭讲”，而非“对牛弹琴”了。虽然都和动物有关，但一个表达的是听话者水平不够，无法欣赏说话者或者弹琴者的美妙演说与演奏；另一个则是说交流双方语言不通导致了交流不畅。要非常准确地分辨出二者的差异并非易事。身为中文母语者，我们有时候也需要查阅字典，有时候也会有不同看法。但是在绝大多数时候，我们的脑海中总是只闪现出其中的一个成语，另一个则不会被激活。究其原因，是因为我们遇到的情景更适合二者所代表的范畴中的一个。我们的大脑能够随时将身边的情景归类到二者之一。而它们之间的细微差别肯定不是母语者的显性知识所能描述的，而是在不同语境下遇到这个成语之后慢慢习得的。这两个成语本身并不会告诉我们它们的区别是什么。

想要理解许多成语和惯用语的构成都“有些任性”、难以找到规律，最好的办法就是看看别的语言。在英文里，和“对牛弹琴”最接近的惯用语恐怕就是“投珍珠于猪前”（to cast pearls before swine）了。英文里似乎很难找到和“鸡同鸭讲”接近的惯用语，相对接近但又十分不同的要算“苹果和橙子”（apples and oranges）了，意思是两种完全不同的东西是没法拿来比较的。英文中把美好的事物比作珍珠，似乎还很有道理，但是为什么要投于猪前，而不是投于牛前呢，投于马前呢？可能是因为英文里的马和中文里的马不太一样，因为“像马一样吃”（to eat like a horse）在英文里的意思是吃得非常多，而中文也许更倾向于用“猪”来表示大胃口。而“扰我羊心”（that really gets my goat）的意思实际上是：扰得我火冒三丈。假如所有的翻译都按字面意思解释，那么最后的结果一定是把读者弄得晕头转向。

理解这些中文成语和惯用语对其他文化中的人来说非常困难，因为往往仅从字面是无法推测其含义的，而对于我们来说却易如反掌。那是因为随着时间的推移，这些成语已经成了“已死的隐喻”，我们已经听不到它们的字面意思了，而其他文化的人则首先去理解其中的字面意思。对他们来说，这些成语还是“活隐喻”，他们要通过不屈不挠的努力来理解其中的每一个字，寄希望于最后一刹那明白它的隐喻意义。

事实上，根据成语中的每个字来推断其含义恐怕是每个学习中文的人都会做的，不过很可能还是没有办法得出正确的词义;但是，母语是中文的人就会跳过这个方法，直接从他们的记忆中提取出这个成语所代表的抽象范畴，而不需要理解字面的含义。如果在理解每个成语的时候，我们都要先弄清楚每个字的意思，然后再慢慢“拼装”出整个成语的意思，那么我们理解语言的速度就不会像平常那么快且毫不费力。理解成语将变成一个复杂的解谜过程，并且不一定能正确地猜出谜底。

日常句子背后的故事

我们已经看到，人类的心理范畴并不局限于名词所代表的那些类别。动词、形容词、副词、连词也无一例外地能指代一个范畴，词组也是如此。以此类推，一个完整的句子（或者句子片段）也同样如此。比如下面这些例子：

吃了吗？最近忙什么呢？差点没做完。怎么老是我？该睡觉了。你脑子进水了吗？你以为你是谁啊？你瞎捣鼓什么？有本事就别回来了。还有两分钟就到。您吃点儿什么？中午吃得好吗？老板，买单！还有别的事儿吗？你太客气了。就这么多。我早跟你说过了。拣要紧的说。很有可能啊。你以为我啥都不懂啊？少跟我来这套。别逗我笑了。情况怎么样了？这人是谁？你说的跟这个没关系。又来了！我早听过了。快，跟我讲讲。少废话。让我歇歇吧！我可不傻。这回说得够清楚了吧。你说怎么办！我不是那意思！我怎么可能知道？我怎么没想到？你什么时候要啊？你滚远点儿。你想怎么着就怎么着。关我屁事。你得相信我啊。这还不严重？别找借口。我怎么会知道。你凭什么这么说？你骗谁呢？现在啥都没法做啊。来都来了。这事儿不值。天知地知你知我知。把自己管好就行了！你以为你聪明呢？现在干吗？不用担心。赶快答应了啊！这你都做得出来！还好不是太严重。不要脸！你在想啥呢？这事儿学不来。你不试怎么知道。想干吗？你要我干吗？你是不是就想看我笑话？你有完没完？我好像见过你。我们不能老是这样见面啊。

上面的每一个句子都是我们所熟知的某个范畴的名字，它们既不是成语也不是惯用语，却经常出现在生活中的某些场景中，以至它们都包含一系列的言外之意。就像数学方程式一样，组成很简单，看上去很平常，却简明扼要地囊括了日常生活中我们所熟知的某些概念。虽然看上去是用几个字词新造的句子，但实际上却是事先就存储在大脑中的一个整体，只要说话人身处某个情境，这个预存的句子就立马整个浮现出来。而且这些句子的言外之意远远超过了其字面意义的总和。这就好比，对一只小狗来讲，主人拿起狗绳并不只意味着会将绳子套在它的脖子上，而是包括了更深远的含义：我们要出门了，可以去遛弯儿了，然后东闻一下、西闻一下，还能遇到别家的狗，还要撒尿宣誓领地，最后再回家。

比如说，**该睡觉了**、**最近忙什么呢**以及**你脑子进水了吗**这三个句子各自代表着一个范畴。这三句话所包含的言外之意，和主人拿起狗绳，或者成语背后的范畴所包含的深意一样，都既清晰、又简明，而且十分丰富。

该睡觉了这个范畴包括了很多内容。首先，小孩子应该马上上床睡觉了。其次，小孩子必须早睡、睡好，第二天上学才有精神，才能专心学习。如果我们继续联想，还可以联想到：睡觉对于小孩子来讲是最重要的，不应该为了打电脑游戏、看电视而晚睡，在家里，小孩子得听话，小孩子比成年人需要更多的睡眠，等等。

最近忙什么呢不仅仅表示我想知道最近你都在做什么，也表示我对你很关心，希望和你多聊几句。对这个问题的回答往往已经被限定在几个话题上了：工作上的事、家里的事、个人的爱好。所以如果有人回答“买了件衬衣”，这就肯定不是提问者所期望的答案了。这样的回答人们会理解成是开玩笑。

你脑子进水了吗这个语气强烈的反问句所表达的不仅仅是反对意见，更是一种震惊。同时，说话人和听话人一定非常熟悉，往往是好朋友，而且说话人已经有些恼怒。这句话还暗含让听话人做出解释或者立即停止其行动的意思，不然的话，两个人很可能会吵起来甚至打起来。

就像语言的学习者能够逐步学会使用不同级别的问候和感谢语一样，母语者也要慢慢学会上述这些语句所代表的心理范畴，尽管这些微妙而复杂的心理范畴常常被字面上的简单含义所掩盖。

谚语里的真相

上一小节所讨论的语句在我们日常生活中常常出现，因为它们代表着极为常见的经验范畴，有些范畴我们每天都要遇到好几次：问候他人的近况，介绍自己最近的情况，表达不同意见，想弄清楚意见到底有多不统一，在工作中与人交谈，暗示某次谈话将要结束，等等。与此不同的是，谚语虽然也是固定的句子，但它们所指代的场景却很可能是我们从来没有经历过的场景，不过这并不妨碍谚语可以给人新的视角来审视生活中发生的事。

谚语是表达本书中心思想的绝好例子，也就是作类比和范畴化实际上是同一种现象的两个名字。当你不由自主地说出“一朝被蛇咬，十年怕井绳”“滚石不生苔”“防患于未然”“早起的鸟儿有虫吃”“这山望着那山高”等谚语时，类比和范畴化作为硬币的两面都有所体现。我们来看一个例子。

三岁的丽丽刚刚在客厅用她的积木搭了一个小城堡。在她家做客的邻居老李路过客厅时不小心踢到了积木城堡，打落了城堡的一个圆顶。丽丽一下子大哭起来，要老李赔她一座城堡。过了几分钟老李又要经过客厅，这次他就故意离丽丽和城堡远远的，并且念叨着："一朝被蛇咬，十年怕井绳。"

每个人都会同意这样的说法：老李刚才做了一个类比。他不自觉地把刚才发生在客厅的小事故类比到了一个假想的故事上，即一个人被蛇咬了一次之后，在接下来的十年时间里都害怕和蛇相像的绳子。显然，故事里的那个人就是老李，那条蛇就是丽丽的哭声以及要老李赔她城堡的要求。害怕绳子对应的就是老李根本不敢靠近丽丽和城堡。从蛇到孩子的哭声，从绳子到远离丽丽，在这个类比中，我们进行了大量抽象。这就是整个类比的详解。

与此同时，我们可以非常容易地把老李引用这条谚语的行为理解为范畴化。因为他把这个小事故划分为**一朝被蛇咬，十年怕井绳**这一类别的成员。当他说出这条谚语时，他其实就在宣布踢到城堡事件就是这个类别中的一员。我们的心理词库里有这样一条谚语就说明这是一个实在的心理范畴，用这一谚语来描述某一事件，则表示这一事件属于该心理范畴。这样的心理范畴和"椅子""东西""马虎""对牛弹琴"一样，都是心理范畴的名字而已，而这些范畴则是几乎每个成年母语者所熟知的。

用一条熟悉的谚语来描述某个场景，会让人们以一个新的视角来审视该场景。这个视角新颖而抽象，并且不是那么显而易见，它超越了该场景中那些浮于表面的细节。因为谚语是那些微妙而又复杂的范畴的标签，所以把一个谚语标签贴在某个情境之上，会使这个情境中本来隐藏的特征浮现出来。使用谚语标签其实是一种理解我们所处情境的办法，虽然也许失之偏颇。用一个谚语来概括刚刚遇到的场景，就好比透过谚语的有色眼镜来审视这个场景，而不是做纯粹逻辑上的分析。总的来讲，一个谚语就是一个方便而又简明的标签，可以用来贴在许多看上去毫不相干的事情上，无论是过去的、现在的、未来的，还是我们假想出来的。这些看上去风马牛不相及的事件通过类比互相联系起来了。谚语的这种以经验为基础而非以逻辑为基础的特征意味着不同的人将会用不同的谚语来描述同一个场景，因为各自的视角不同。比如说，英文中有谚语"人靠衣装"（clothes make the man），强调外貌的重要性，但是一到法国，就变成“人不可貌相”（clothes do not make a monk）。可见“橘生英吉利海峡之北则为橘，生于英吉利海峡之南则为枳”啊，至少对谚语来说肯定是这样。一个长着反骨、我行我素的年轻人被赶出祖国流放海外，却终成为一代著名诗人但丁的故事，甲可能认为这个故事教育我们“走自己的路，让别人说去吧”，而乙可能认为我们应该明白“枪打出头鸟”。前者认为人就应该无所顾忌、大胆地追求自己心中的梦想，而后者则认为每个人都应该做符合社会标准和社会期待的事。

上面所举的例子并不是特例，事实上，看上去互相矛盾的谚语多到让人头晕：

有	事不宜迟	不过也有	三思而后行
有	双喜临门	不过也有	福无双至，祸不单行
有	欲速则不达	不过也有	天下武功，唯快不破
有	人不可貌相	不过也有	相由心生
有	早起的鸟儿有虫吃	不过也有	来得早不如来得巧
有	不入虎穴，焉得虎子	不过也有	小心驶得万年船
有	生于忧患，死于安乐	不过也有	知足常乐

有一个有趣的谚语，在英文和法文中都能找到，就是“滚石不生苔”。法文中是pierre qui roule n'amasse pas，英文中则是a rolling stone gathers no moss。无论在英文词典还是法文词典中，这句谚语都被解释成：如果一个人不能安心在一个地方待下去，而是不停地换工作、换学校，那么此人就不能和任何地方建立深厚的感情，也无法真正学到有用的东西。但是本书的作者也询问了不少美国人这句谚语的含义。恰恰相反，大部分美国人认为“生苔”是一件非常不好的事，所以这句谚语的意思是不要安顿下来，“身体或者灵魂，总有一个在路上”，这样才能保证自己身上或心里不会长满青苔。具有讽刺意味的是，虽然法文和（美国）英语在字面上常常意思相同，但是谚语最终表达的含义却常常相反。看来又是“橘生大西洋以东则为橘，生于大西洋以西则为枳”啊！

让我们回到之前的谚语列表。这些意思几乎完全相反的谚语对子告诉我们最重要的并不是一条谚语真实与否，而是谚语能让我们以一个新的角度来看问题，这样每个问题就不是对之前遇到情况的简单重复了。“人不可貌相”和“相由心生”告诉我们，一方面来讲，我们不应该被博人眼球的廉价伎俩和肤浅外表所迷惑；另一方面，我们也不能忘记明摆在眼前的相关线索。这两句谚语分别体现了两种完全相反的立场。如果二者都在我们的心理词库中，那我们就可以用这两个标签来理解复杂的新情况，并且将这些情况进行分类。我们对这些情况的态度也在贴标签的过程中展现得一览无余。

谚语所指代的范畴和其他范畴一样，并不是人做出的论断。也就是说，人不可貌相这个范畴虽然看上去像是个论断，但是事实上却和**桌子**、**鸟**一样，仅仅只表示一个范畴或者类别。它是一个视角，可以在不同的情况下被采用。好比**鸟**这个类别，它实际上是我们做出推论的依据（比如，某物如果是鸟的话，那它就应该能飞、能叫、有羽毛、住在鸟巢里等），而不是一句简单的陈述。所以，当我们说“人不可貌相”的时候，我们是“认出”了这个范畴，发现我们需要更审慎地研究目前的形势，不能停留在表面现象，而是要深入调查事物的本质，再做出决定。需要注意的是，对目前形势的分类，和我们做出的任何分类一样，都有可能是错误的。这就好比你刚开始认为放在某个小玻璃罐中的白色颗粒物是盐，结果却发现其实是糖一样。再比如，我们很可能最初认为某一情景属于**人不可貌相**的类别，但是最后却发现我们判断失误。有时候，一个人的品行确实可以从此人的相貌和打扮推测出来；还有些时候，根据第一印象做出的第一反应往往是十分重要的。所以说，就算我们认为某个情况是属于**人不可貌相**这一类别，但也并非盖棺定论，也许最后我们会发现这其实是一个**相由心生**的情况。

失窃的手机“变成”蛇咬一口

显然，“一朝被蛇咬，十年怕井绳”不仅仅适用于一个被蛇咬了然后看见绳子都害怕的人。虽然字面上这个谚语是关于蛇的，但事实上，还有很多完全不可预料的场景也可以用它来描述。重要的是，这些场景应该和这 10 个字所描绘的事件有着相同的概念框架。因此，我们很容易就能用这个谚语来描述下面的场景：

结婚之后，小赵生了两个孩子，接下来她的婚姻就开始土崩瓦解了，她发现自己的丈夫已有多年外遇。最后她的婚姻以痛苦的离婚而告终。从那以后，无论一个男人有多善良，她都不会相信他了。

◇◇◇◇

小钱和小孙来自中国，他们住在美国的旧金山。一天，他们的儿子在就读的公立学校受到了同学带有种族歧视的嘲笑。第二天,他们就让孩子从公立学校退学,把孩子送到了一所价格不菲的私立学校。

◇◇◇◇

在下一个非常陡的楼梯时，小李摔倒了。虽然他没有受什么重伤，但是在爬起来的时候，他已经吓得发抖了，因为他很可能会摔断几根骨头。在接下来的几天，无论去哪儿他都非常小心，甚至在家里上下楼梯的时候他走得比蜗牛还慢。如果有人跟他提骑自行车这件事儿，他会说这简直是个疯狂的想法。

◇◇◇◇

在她家遭受入室盗窃以前，小周从来不注意安全问题。但是从那以后，她立马买了一个非常高级的防盗警报器，并且给家里的所有门窗都装上了最贵的防盗锁，就连地下室那些小到没人能够钻进来的窗子也不放过。

◇◇◇◇

小吴白天走在一个不太安全的街区上，他走到路中间的时候手机被抢了。从那以后，只要在公共场合使用手机，他总是万分提防，不断环视周围是否有可疑的人，就算在豪华宾馆或者饭店里也丝毫不会放松警惕。

所有这些例子告诉我们，“一朝被蛇咬，十年怕井绳”的含义就是：如果某件事导致了坏的结果，有些人就会变得过于敏感，为了避免这件事再次发生，他们会回避哪怕只有一丁点儿的危险，就算错过了很好的机会也在所不惜。再说简单点儿，在痛苦事件发生之后，人们不希望面对任何有可能让他们回想起这个痛苦事件的事情。

人们刚开始并不清楚重大心理创伤可能带来的后果。情感上受到强烈刺激后有可能带来长久的负面影响（“对心灵造成伤害”）这个道理在最近一百年才作为一个心理学概念被接受。痛苦本来被认为只是肉体上的，直到人们意识到深刻的精神创伤会造成长期的负面影响，痛苦才被延伸到精神层面。这些精神创伤会把受害人吸进一个漩涡，在生活的各方面给他们带来改变，有些是可逆的，而有些则不可逆。

不由自主的类比关系

很多语言里都有谚语用来形容“某些类比实在难以被忽略”这样的情况，比如土耳其文、意大利文、西班牙文、德文和法文。法文中有谚语云，“Il ne faut pas parler de corde dans la maison d’un pendu”，意思是，“不要在有人上吊自杀的家里提到绳子”；在英文中，也有同样意思但较少使用的谚语，“One mustn’t speak of rope in a hanged man’s house”，甚至还可以说，“One mustn’t say ‘Hang up your fish’ in a hanged man’s house”（不能在有人上吊自杀的家里说“把鱼吊起来”）。以上谚语所表达的意思是，有时人们难免听到一些话之后，立马就联想到与之相关的事件，所以每个人在说话时都应该小心注意。因此，就算一个人想说的只是包装礼品的红绳子或者吊床上的绳子，在有人上吊自杀的家庭里这样说也是很粗鲁的。无论初衷如何，那家人都会从中联想到伤心事。所以有些时候，有些话是不能说的，甚至连暗示都不应该。

上文提到的谚语表现了人类认知的流动性和灵活性，但这只是我们想说的一部分。事实上，人们还能在遇到某些情景的一瞬间就想到一个谚语，这说明我们的认知远比“听到绳子就联想到上吊而死的家人”要高明得多，正如认知科学家罗杰·尚克（Roger Schank）在他的书《动态记忆》（*Dynamic Memory*）中所述。一则谚语浮现在脑海中的瞬间，意味着我们已经在两个初看上去毫不相干的事件之间建立了某种联系。比如在上文所述老李绕过丽丽的积木城堡的故事里，当老李说出“一朝被蛇咬，十年怕井绳”的时候，该事件就和被蛇咬而怕井绳在深层的语义层面有了某种联系。在老李的故事中，没有蛇，也没有人被咬，并且身体也没有受伤；有的是不小心踢了一脚，积木城堡的倒塌，还有老李看到丽丽内心的痛苦，也就是说，不是老李自身的痛苦，而是他看到丽丽很伤心。所以，他并非想避免某种动物给自己带来身体上的伤害，而是不希望伤丽丽的心。可就算是这样，这个类比对他来讲也十分明显，甚至算不上什么了不起的发现，不需要绞尽脑汁才能想出来。上面举的所有“一朝被蛇咬，十年怕井绳”的例子，我们都能做这样的分析。在这些例子里，没有真正的蛇，但是有一条抽象出来的“蛇”;没有被“咬”，但是有抽象出来的“咬”;不一定有身体上的痛苦，但是总有一个与之相对应的情况。每个例子的中心，都有一个面对不愉快事情反应过度的人，这就是它们之间的相同点。

在不同的文化中，**一朝被蛇咬，十年怕井绳**这个类比以不同的表达方式呈现出来。这些不同的表达方式表面上千差万别，但是其核心的概念框架都是一样的。各种语言的表达方式都非常简洁，而且贴近现实生活，使这些不同的说法都显得非常合理。在英文中，人们会说“一次被咬伤，躲开两倍远”（once bitten，twice shy）。在罗马尼亚语中则是“吃东西的时候被烫伤，喝酸奶都要吹一吹”。在阿富汗，人们的说法则和中文很接近:“被蛇咬的人连绳子都怕。”在法文里,这个谚语描述的则是另一种景象:一只被开水烫伤的猫，将竭力远离所有的水，包括冷水。中文里，除了蛇和绳子外，还有一句“因噎废食”，这和罗马尼亚语有相似之处。由此可见，这些名字各不相同但本质上却一致的范畴在不同的语言文化中会同时被激发，只需满足这两个条件:（1）某件事会带来坏的结果;（2）极力避免任何与此类似的事情，尽管它们不一定会带来什么不好的结果。

根据我们总结出来的原则，可以造出新的“假谚语”来描述几乎相同的情况。读者们可以尝试一下。在这里列出一些我们造的“一朝被蛇咬，十年怕井绳”的变体，抛砖引玉：

一朝被人抢，看见黑影就开跑。
曾经冰上逞勇夫，如今地上站不稳。
一时磕了牙，馒头不敢咬。
受了敌人一通打，父母亲朋不愿近。
迎面被一飞石击，从此怕了棉花球。
咖啡厅里丢了钱，自此再不入茶馆。
女人一旦上了当，世纪好男也不信。

上面提到的这些一针见血的谚语，无论是从世界各国的语言中找到的，还是自己创造出来的，都让我们想到曾经经历过的心理创伤。和那些从字面上完全无法猜测其真正含义的成语和惯用语不同（比如“对牛弹琴”“雷声大，雨点小”“拍马屁”“沉鱼落雁”“叶公好龙”……），谚语不仅仅可以通过字面推断出整体的意思，而且朗朗上口、容易记忆。实际上，就算词源学家能够解释那几个成语和惯用语的来源，但对于一个学习中文的外国人来讲，它们仍然会像本章开头所提到的那些复合词如“东西”“马虎”一样，显得难以理解，似乎就是随意东拼西凑了几个字。然而谚语就不一样了，它们非常容易就能让人们联想到相应的场景，进而轻轻松松就理解了其背后的含义，如“是金子总是要闪光的”“滚石不生苔”……也就是说，谚语所代表的类比和贴在这个类比之上的语言标签之间的联系要坚固得多。

谚语的适用范围

一个谚语的适用范围能有多大呢？我们能把它引申到多广而不至于让人觉得引申得太过？正如上文提到的，能用同一个谚语来描述的诸多情况表面上看起来相差太大了。这意味着这些谚语所代表的范畴包含的内容很广，它们所描述的不同情景只有在最抽象的层面才有共同点。

法文中有一句谚语“Qui vole un oeuf vole un boeuf”（偷鸡蛋的人以后会偷牛），在中文里有一个对应的谚语“小时偷针，长大偷金”，在阿拉伯文中则变成了“偷鸡蛋的人以后会偷骆驼”。有人也许会说这三条谚语表达的不是一个意思，因为无论是看针和鸡蛋，还是牛、金或者鸡蛋，都是完全不同的东西。这样的想法实在是太过荒谬，因为这几句谚语就不能完全按照字面意义来理解。我们对“小时偷针，长大偷金”的理解应该比它字面的意思要宽泛得多。也就是说，小时候或者是先前偷过不值钱的东西的人，长大之后或者在这之后更有可能去偷更贵重的东西。小时候在商店里偷糖吃的孩子，长大后就有可能去偷名贵的书画，或者也可以说，“五岁顺走回形针，廿五提刀抢银行”。不过，这条谚语背后的教训却应该比这个宽泛得多。因为它针对的其实并不是偷盗，而是各种形式的不良行为，比如考试作弊、打架斗殴等。所以这条谚语的关键在于，刚开始看似不起眼的不良行为往往会成为以后不良行径的开端，这些后续不良行径和最早的行为十分相似，但是性质却变得严重得多了。

而且不仅仅是从小规模、小范围变成大规模、大范围，坏行为的性质也有可能发生转变，从偷变成抢，从抢变成杀。所以，“小时偷针，长大偷金”也完全可以用来形容一个喜欢欺负弱小的小孩长大后成为亡命天涯的歹徒。

但是还没完呢，谁说这些谚语只能用来讨论犯罪行为呢？为什么不能让它所表示的范畴更加灵活一点，这样就能涵盖其他的“不良行为”？比如，小时候对父母不礼貌，长大后就可能养成说话带刺的习惯；小时候常说些无关紧要的谎言，长大了就对配偶撒谎成性；小时候张口闭口就是“蠢蛋”，长大后就变得脏话连篇。这些情况能不能用“小时偷针，长大偷金”来形容呢？这句谚语所代表的范畴，它暗含的边界在哪里呢？

假设我们放宽这句谚语的适用范围，比如，不要求实际的行为是负面的不良行为，而是任何行为都可以。这时，谚语的意义大概就变成：不起眼的小行为将会发展成大行为。这意味着，小时候向乞丐碗里投下一毛钱硬币的小孩子，长大后可能成为一个慈善机构的领导人；或者说小时候学习某种乐器的孩子长大后能成为一流的音乐家。这些行为也能用此谚语概括吗？

恐怕大多数人都会认为我们引申得太过了，因为用这条谚语来形容积极向上的好行为，并且完全不管之前发生和之后发生的两件事之间是否相似，都不是此谚语的真正含义。这就好比除了用“椅子”这个词描述人类文明数千年所造的所有椅子之外，还把它用在其他无数个人可以坐的物体上，因为人几乎可以坐在任何物品上面，所以它们就都是“椅子”，但此时，“椅子”就已经失去了它最有用的意义了。这一切告诉我们，对一句谚语所能描述的情景都有一个最适当的概括，不能太窄，也不能太宽泛，甚至宽泛到了近乎荒谬的地步。

倘若听到这句谚语却仅仅想到偷窃的情况，那的确是太狭隘了，因为其中的关键在于向罪恶深渊滑动了多少，也就是从“小恶”滑向了差不多同类的“大恶”。想必该谚语的目的是让人们提早防范生活中的不良行为，免得任由它们发展，以至无法掌控。“把坏行为扼杀在萌芽中！”大概就是这句谚语给我们的忠告吧。

但是，如果我们把谚语中的行为从坏行为扩展引申到好行为，那么防范这些行为就完全没法解释了。因为我们不需要预防好行为，不需要“将好行为扼杀在萌芽中”。毫无疑问，我们当然也可以想象出一个上坡，小善逐渐滑向大善，但这并非该谚语想要表达的意思。如果我们真的这样理解，那么就是忽略了此谚语的重要信息。而忽略的原因是我们在理解时对此谚语的含义进行了“抽象”，而“抽象”的定义就是要略去那些不那么重要的信息。但这并非情有可原，因为如果我们在“抽象”时不注意谚语本身想要表达的意图，那么谚语的中心思想迟早也会被一同忽略掉。这时，在“抽象”过程中我们犯的小错误很可能就滑向一个大错误了。

如果我们再进一步扩展引申，首先略去由“小”滑向“大”这个意义，然后再把谚语中“偷”或者其他的行为动作也忽略掉，那么这句谚语剩下的就只有“一件事导致另一件事”这个含义了。如此极端的抽象之后，这句谚语就能用来描述所有因果关系了，但是这种抽象又有什么用呢？该谚语原本的丰富内涵已经消失殆尽。实际上，抽象到这种程度之后，“小时偷针，长大偷金”就变得和“一朝被蛇咬，十年怕井绳”没有多大区别了，因为二者都是用来描述某一原因导致某一后果的。

顺着抽象的阶梯一层一层地抽象下去，有时候是智慧和思维灵活的体现，但如果抽象过头，就会变成空洞而肤浅的游戏了。倘若在理解谚语时总是玩这样的游戏，那么我们对谚语的理解就会流于表面，无法深入。到头来，这种抽象过头的行为和追求字面意义过头的行为就没什么区别了，因为把任意两件事用类比联系起来，与无法在任何两件事之间找到类比一样，都毫无意义。

因此，抽象总得有一个最佳的程度。如果还没到那个程度就停了下来，我们就把许多本来可以用该谚语描述的场景排除在外了，比如幼儿园里不时冒出脏话的小朋友多年后成了某个人的脾气暴躁的配偶。与此相反，倘若抽象过头，那许多不该用这个谚语的情况就鱼目混珠地进入了该谚语的范畴，比如 6 岁时卖汽水挣了三块钱的小孩到 60 岁时成了软饮界的亿万富翁。

在说谚语的时候抽象过头，就好比有的人把身边所有的事物都说成“那个”“那个里面”“那个地儿”。所以他们有时会说出“抽象派”的语言：“那个在那个地儿的那个里面。”其实他们想说的无非是“感冒药在卧室的床头柜里”。这两个句子相比较，我们肯定更喜欢后面这个细节表达更充分的句子，不过也有可能因人而异。

这不禁让人想起了《蓝精灵》这个动画片。在美国版的《蓝精灵》中，蓝精灵们有一个非常简单却极为抽象的词库。在它们的词汇中，所有的名词还有其他一些如动词、形容词、副词都用一个词概括，那就是“smurf”。所以片中人物可能高兴地喊道：“We’re off to smurf a smurf tonight.”也许这就是它们的谚语。这就好比有一部中文动画片叫《那啥》，里面所有人物的词汇中，名词、动词、形容词、副词都只有一个抽象的词“那啥”。所以片中人物可能高兴地喊道：“我们那啥地那啥了！”其实他们想说“我们毫不犹豫地接受了”。“一个那啥那啥不那啥”就是他们的谚语“一个巴掌拍不响”。对蓝精灵来讲，这些句子恐怕是很容易理解的，但对我们来讲，则抽象得完全不知道在说什么了。

词汇过于抽象，也就是语言中能表达的概念太少的问题就在于，我们能在不同范畴间做出的区分实在是太少了。就好比在高海拔的山上，氧气就成了稀有之物。抽象有可取之处，我们会适时指出。但如果不能很好地区分不同的范畴，那么思考就会变得像在珠穆朗玛峰上呼吸一样困难。

从针到金，从小河到江海

就算我们忘记了那些偷针或者偷金的人，在我们身边仍然处处可见小事或小组织，随着时间的推移变得越来越大、越来越好。毕竟，现在的成年人也曾经是个孩子；今日的大型跨国公司也曾经是家小作坊；苹果公司在成为一代传奇以前也就是乔布斯和沃兹尼亚克捣鼓出第一台苹果电脑的“车库”；谢尔盖·布林和拉里·佩奇也是在门洛帕克一个简陋的车库里创立了谷歌公司；爱因斯坦在发现相对论之前也是从最基本的读书写字开始学习的；登顶珠峰的人也曾爬过小山丘；伟大的友谊往往也是由双方试探性的好感发展而来；音乐大师也曾经是不识五线谱的菜鸟；每位国际象棋大师也得从最基本的规则学起；惊人的科学发现在带来巨大的科技进步之前也只是对现状有些微小的改进……所有这些都和偷针变成偷金相去甚远，但它们仍然得有一两个谚语来描述，这些谚语同样应该代表一个丰富的范畴，就像其他谚语一样。

怎样才能把“小时偷针，长大偷金”转换成一个更加积极向上的谚语呢？这中间的关键就在于要突出我们希望这个范畴能表达的核心观点，也许有好几个意思接近却又各不相同的谚语都可能用得上，最有概括性的要算：大事都是通过“放大”小事得到的。

因此，这种“放大”可能就是将很多小事加在一起而得到的：小事的“和”就成了大事。有好几条谚语都有这样的含义，比如“一根筷子容易折，一把筷子难折断”“众人拾柴火焰高”“单丝不成线，独木不成林”。前两句是从正面的角度讲，后一句则是反过来说，如果没有一件件小事情，就成不了大事情。不过，总而言之，它们都传递了这样的信息：当把许多毫不起眼的小事聚集在一起，就能产生具有巨大能量的大事。

但是，这其中都没有提及时间的流逝。如果我们想找到与“小时偷针，长大偷金”对应得更好的谚语，那么就应该强调一件好事缓慢而持续地由小变大的过程。于是就有了《荀子·劝学篇》中的名句：“不积跬步，无以至千里；不积小流，无以成江海。”

还有不少类似的谚语或者成语，都是表达许多小事经过长时间一个接一个地积累之后，就能完成一项伟大的目标。简单说，就是跨越时间的积累，“只要功夫深，铁杵磨成针”“千里之行，始于足下”“聚沙成塔”“滴水成河”……最后，还有一个与前面这些不同的具有一点破坏性的成语：“水滴石穿”。

在英文中，从语义上把“小时偷针，长大偷金”完全颠倒过来的还有这么几句谚语。它们都从一个侧面生动描述了美国大学的捐款制度。比如，“今日给小费之人，明日捐大款之爷”（A little giver will one day a grander giver be.）、“今日捐赠一本书，明朝修建图书馆”（Someone who donates a book today may donate a library tomorrow.）、“给他百万之好处，巧取百亿之捐款”（Bulter up a million, smile and snag a billion.）。最后，我们可以将“小时偷针，长大偷金”改成这样：“小时捐针，长大捐金。”

每个人都是记忆提取的大师

到目前为止，本章讨论的范畴化，其最终结果都表现为从记忆里提取一个复杂词组或者现成的短语，其中包括复合词、惯用语、成语、短句和谚语等。我们特别讨论了人们是如何在交流中毫不费力地理解和使用谚语的，其目的就是要揭示记忆提取过程是自然发生并且毫不间断的。这个提取过程往往在瞬息间完成，并且精确得令人惊叹。这种从深埋的记忆储备中灵活抽取所需部分的精湛能力，并非只有少数天资过人、训练有素的人才拥有，而是任何普通人的大脑都与生俱来的能力。

提醒一个不喜欢系安全带的朋友在车上系好安全带时，我们顺口就说出“小心驶得万年船”，但事先却并没有要引用任何谚语的想法。听到周末外出度假回来的朋友说他们不在家时，女儿在家里开了个疯狂派对，我们不免想到：“山中无老虎，猴子称霸王。”当一个朋友申请了好几份竞争激烈的工作，一家公司发出了录取通知书但需要他立即回复时，我们会劝他：“一鸟在手，胜过双鸟在林。”（A bird in the hand is worth two in the bush.）这里我们不得不暂时打断行文思路来提醒读者，在第 1 章我们曾经提到要用引号或者斜体来区分词汇和它们所代表的概念。但是在本段，所有的例子都有点非驴非马，难以归类。但是我们必须得做出一个选择，于是就任选了一个，也就是引号。

我们受到瓶子、桌子、椅子的视觉刺激时，就感觉“瓶子”“桌子”“椅子”这些词语非常客观地浮现在面前。在遇到上文所述情景时也是如此。我们仿佛感到那一个个情景具体化成了一条条谚语，放在银制盘子上呈现在眼前。当我们在瞬息之间毫不费力地从大脑中提取出这些谚语时，感觉总是“就是这句话”，就好比我们把眼前的瓶子叫“瓶子”，桌子叫“桌子”一样。这时，谚语所代表的抽象范畴中的成员就好像真的出现在眼前一样，但事实上，它们显然与桌椅这样的物体不同，因为它们是看不见、摸不着的。尽管如此，在车里还是有一个“小心驶得万年船”的抽象情境，就像车里有我们的朋友和安全带这些看得见、摸得着的范畴一样。在屋里还是有一个“山中无老虎，猴子称霸王”的抽象情境，就像屋里有一大堆空酒瓶和一大群狂欢的青年人这些实体范畴一样。在谈话间还是有一个“一鸟在手，胜过双鸟在林”的抽象情境，就像有一个真实存在但稍纵即逝的工作机会一样。以上所有例子都毫无疑问地表明，我们所讨论的范畴远远超出了单个词汇能够表达的范围。

寓 言

这一章的讨论越深入，那些范畴的名字就越长。我们首先讨论了“东西”“马虎”这样的复合词。说中文的人已经感受不到这些词里面的单字了，因为这类复合词早就有了自己的味道。这就好比地理学中的沉降，不同的土质融合在一起之后就无法分辨了；也有点像精心调制的酱料，只有非常厉害的大厨才能品尝出组成酱料的各种原料。之后，我们讨论了由单字意义相加得到的复合词，比如“村民”“食堂”“卧室”……我们还讨论了惯用语和成语，比如“战战兢兢，如履薄冰”“雷声大，雨点小”“对牛弹琴”……之后我们讨论了“该睡觉了”“你脑子进水了吗”这样的句子，还有“小心驶得万年船”一类的谚语。在这个过程中的每一步，我们都首先指出这些说法是人们脑中某个范畴的名字，然后进一步说明，正是由于人类作类比的能力，我们才能非常直接地感受到这些范畴中的一个个成员，就像我们感受那些名字看上去更简单的范畴中的成员“桌子”“椅子”“月亮”“办公室”“书房”“一点儿”“而且”“但是”“枢纽”等一样，我们同样是通过类比才感受到这些范畴中的成员的。这就是本书最重要的论点。

那么，寓言，即总是包含某个寓意的短小故事又怎样呢？它们也是范畴的名字吗？我们的回答是肯定的，并且这不是偶尔发生的事，而是一直如此，只要人们理解这个寓言。寓言让人们能够根据其寓意建立起一个范畴，而这个范畴则由它的寓意简明扼要地概括起来了。整个寓言故事只不过是该范畴的一个成员罢了，一个比成千上万个其他成员更为典型的成员。当一则寓言被人理解之后，它就变得和其他范畴一样，会不断接受新成员。在遇到新情况之后，只要能够通过类比发现新情况与这个寓言有相同的本质，那么这个新情况就成为新成员，让这个范畴变得更加丰富。

从此之后，这个寓言就和一个词差不多了。它就成了一个标签，只要那些已经将寓言内化在记忆中的人，正好遇到了一个与此寓言“契合”的情况，这个标签就会浮现出来。当然了，不需要字对字的“契合”，只要跟它的抽象寓意或者它的题目合拍，或者和记忆中模糊的情节相吻合，那这个寓言就会从记忆中被提取出来。如果我们看到有人坐在一块平板前吃饭，那很可能就会激发“桌子”这个词；如果一群孩子围着一个球和球门到处跑，那很可能就会激发“踢”这个词；与此类似，某些人和他们所参与事件的组合会激发脑中的某个寓言或者至少是这个寓言的标签。我们认为寓言和谚语、惯用语、成语、复合词、“简单”词一样，会因为我们分辨出了某个场景应该用的范畴标签而出现在脑海，这是一个非常严肃的主张。所有能够激发出我们关于某个寓言记忆的情境，都是那个寓言范畴的成员之一。

得不到就要嘲笑

伊索在公元前6世纪写下了许多寓言故事，《狐狸与葡萄》是其中著名的寓言之一。在这个故事流传下来的两千多年中，好几位后人又对其进行了修改。故事的形式有所变化，但是内容却始终未变。古罗马寓言家费德鲁斯（Phaedrus）在公元1世纪时把这个故事收录在了他整理的《伊索寓言》中。17世纪，法国寓言诗人邦瑟拉德（Isaac de Benserade）和拉封丹（Jean de La Fontaine）也同样如此。下面就是这个寓言的四个版本：

狐狸与葡萄

伊索（公元前6世纪）

一只饥肠辘辘的狐狸发现，在一个很高的葡萄架上挂着几串葡萄，这些葡萄已经熟了。狐狸很想偷了葡萄就逃跑，但是无论它跳得再高，都高不过那个葡萄架，所以它吃不到葡萄。眼看自己的努力都付之东流，狐狸趾高气扬地走了，还说：“假如我真是想吃这些葡萄的话，三两下就能把葡萄摘下来，但是这葡萄还这么青涩，根本就不值得我费劲。”[2]

狐狸与葡萄

费德鲁斯（公元1世纪）

一只饥饿的狐狸正努力要把挂在高枝上的葡萄摘下来。它用尽全力跳起来去抓葡萄，可是仍然以失败告终。离开的时候，狐狸说：“这些葡萄都还没熟呢，我可不想吃酸葡萄。”[3]

狐狸与葡萄

邦瑟拉德（1612—1691 年）

下面这个故事告诉我们，不是每样我们想得到的东西都能得到。

一串完美无缺的紫葡萄在高处很耀眼。

狐狸跳起来想摘葡萄，却都无功而返。

它尝试多次，终于放弃。狐狸叹道：“这些葡萄太青涩我才不要。”[4]

老实说，这只狐狸内心是既绝望又愤怒，而且十分痛苦。

也许在他静下来之后，会凄凉地说：

“这些葡萄其实已经熟了，

但是我们普通人大多对自己努力却得不到的东西故作嘲讽！虽然这于事无补。”

狐狸与葡萄

拉封丹（1621—1695 年）

一只来自诺曼底的狐狸（也有人说它来自南方）

由于饥饿就快走进鬼门关，这时却发现一株葡萄藤，

藤上挂着一串葡萄，它想一口吃掉就不会再怕饥荒，

这葡萄通体红润，好比红酒一般，吃了后死而无憾。

狐狸鼓起勇气奋力一跃，

但是苍天无眼，高得摘不到的葡萄只在狐狸眼前晃，

它愤愤说道：“谁要吃这酸葡萄？只有坏蛋才该受此惩戒！”

它不过是在发脾气罢了，因为狐狸从不撒谎！[5]

在读了这一经典寓言的四种版本之后，我们想请读者来给下面这个只写了一半的故事加上结尾：

C 教授为竞选系主任付出了极大的心血，但是最终 A 教授毫不费力就当选了系主任。这时，C 教授跟系里的人们说……

这个故事里，既没有动物，也没有葡萄，更没有饥饿难耐，有的只是一群人、一所大学、一个系、一次竞选和一份对权力的渴望。但是相信读者一定能猜到C教授可能会说的话，比如：

> “我参加竞选毫无利己之心，就想给我们系做点贡献嘛。既然没能选上，我也泰然处之。不用去担任这个费力不讨好的职务也是件好事啊。”
>
> “终于可以全身心地投入我真正热爱的科研事业了！”
>
> “系主任的工作可是要把人榨干的啊。我很高兴自己能有更多的时间陪陪家人，看着我的孩子长大。”
>
> “咱们系的人都小肚鸡肠，根本没法伺候呀。现在不用来管理这个系了，对我来讲真是一大解脱。”

是什么心理学的洞见让我们能够给这个故事续上结尾呢？这个故事和《伊索寓言》基本不沾边啊。嗯，不过这也不是发生了什么奇迹，而是因为这个故事被我们归类到了“狐狸与葡萄”这个范畴中，即**一个人曾经用尽全力去争取但失败了，却宣布自己看不上的事情**。相信许多读者都很熟悉这个范畴，即使没有读过伊索的这个寓言。没错，这就是“酸葡萄”。

有趣的是，在法文中有一个几乎等同的短语“les raisins sont trop verts”（“葡萄还太青了”），却不像中文或者英文里的“酸葡萄”这样众人皆知。这句法文是从拉封丹改写的寓言中找出来的，并且从1832年开始就一直收录在法国科学院出版的官方法文字典中。不过，就算一位说法文的人从没听过这样一个短语，那么他应该也见过别人贬低自己想得到却得不到的东西。如果是这样，那此人就已经建立起了这个范畴，只不过他可能还不知道罢了。

如果一个人既不知道这个寓言，也没见过这样的人，那么在看了上文“狐狸与葡萄”的不同版本后，也会自然而然地建立起这个范畴。一旦理解了该寓言，之后如果再遇到贬低自己本来很想得到却无能为力的情况时，就一定会激发大脑中的这个“酸葡萄”范畴。

下面我们就举几个非常典型的**酸葡萄**例子，它们应该很容易就在说中文的读者心中激发起这个范畴，因为此范畴已经有了一个大家事先就熟知的标签。

老赵本来想让自己的儿子转专业到计算机系，但是计算机系的要求非常高，最终没能如愿。在得知结果后，老赵逢人就说，儿子继续学现在的专业他其实很高兴，因为他不希望儿子学习压力太大，整天盯着电脑屏幕。更何况现在计算机专业的工作没有一个不加班的，虽然钱挣得也许多一点，但是伤了自己的身体可得不偿失呢。

◇◇◇◇

老钱本来计划了很久，春节黄金周和家人去海南岛旅游，但没有料到机票这么抢手，等他打算订票时，打折机票都卖完了，而全价机票又实在太贵。最终他不得不放弃了精心准备很久的旅行计划，在家里待了七天。但是他却说自己没有不高兴，因为他知道海南岛上肯定人山人海，根本没法玩。

◇◇◇◇

小孙的梦想就是要成为一个著名的演员，但是在几次试镜被拒之后，他却说自己不想当演员了，还是想找一份普通一点的工作。他还说现在演艺圈乌烟瘴气，一定会给他带来不好的影响，做一个普通人还是比每天活在聚光灯下要快乐。

◇◇◇◇

小李刚刚被男朋友甩了。虽然她多年来一直对朋友说这个男生就是她理想的人生伴侣，但是分手之后她却说自己长舒了一口气，因为在内心深处，她始终知道他们的爱情不会有好的结果，但是她没有勇气提出分手，因为她不想伤害别人。

◇◇◇◇

小周最喜欢的乐队要到她的大学举办演唱会。她以最快的速度冲向学校体育馆的售票处，但还是没能抢到票，因为想看的人太多，而票又太少了。之后她对朋友说："没买到也好，体育馆那么大，估计根本就看不见台上的人，还不如在宿舍看网络直播呢。"

上面这几个例子其实都是同一个范畴中的成员，它们所表达的核心意思都是一样的，就是《狐狸与葡萄》寓言的寓意。每个情境都以自己的方式体现了**失败后诋毁原先目标**这一范畴，并且都靠近酸葡萄这一范畴的中心。也许你认为这些情境的相似之处再明显不过了，因此毫无意义，但恰恰这一现象才真正值得关注！人类往往只在这些情境的表象上花很少时间，就能直接深入本质，把每个情境都归类到**酸葡萄**这个概念。也许你认为这非常机械化，丝毫不值得一说。但是，到目前为止，还没有任何一个搜索引擎能“拨开表面层云，直指深层本质”，没有一个搜索引擎能够识别出不同的酸葡萄情境。事实上，让电脑做出类似的判断一直是人工智能学界的难点，虽然在你我看来，这种判断简单之极。迅速找到事物的本质是人类所独有的能力，至少到目前为止！电脑现在还只能梦想着遥远未来的一天，它们至少能够意识到两件表面上千差万别的事情实际上却“一模一样”。在还没达到这个目标的时候，他们对这样的研究题目都不屑一顾……

如何减少认知失调

“狐狸与葡萄”的寓言虽然写于两千多年前，却很有洞见地预测了最近几十年才出现的一些观点。1950年起，社会心理学家利昂·费斯廷格（Leon Festinger）提出的（如何减少）认知失调成为心理学的一部分。这一理论实际上就是在“狐狸与葡萄”寓言的基础上直接发展起来的。在解释该理论时，这个寓言常常被用作最经典的例子。认知失调理论的主要论点就是，相互矛盾的认知状态将造成一种内在张力，使人不得不通过改变某个认知状态来减少这种张力。狐狸其实就处在认知失调的状态中，因为他对葡萄的渴望与无法摘下葡萄的现实形成了一种张力，或者说矛盾。所以他一定要改变这两个状态中的一个来减少认知失调，最后他选择说自己其实不想吃葡萄。因为（狐狸自己说）葡萄是酸的，所以他就不想吃，那么他摘不到葡萄也就不会成为什么烦恼了。

正如前文所述，**一朝被蛇咬，十年怕井绳**中含有现代心理学里“创伤会有长期后遗症”这一概念的精髓。而酸葡萄寓言也包含了心理学中的另一个概念，那就是减少认知失调。或者从更广的角度来讲，就是**找借口**，编造一些没有道理的理由来自圆其说、自欺欺人，以减轻某段经历的痛苦程度。

狐狸所编造的理由是如此明显的自欺欺人，使这个寓言成了**酸葡萄**这个范畴的最佳代表，让人也更容易理解所有**酸葡萄**的情况。伊索的过人之处就在于写出了简洁、精妙的故事来讲述如何减少认知失调。虽然他没有学过现代心理学，但是他的寓言却流芳百世，并且为现代心理学的发展提供了材料。

要想知道酸葡萄寓言如何能够代表更为普遍的认知失调，我们可以把寓言的精髓，即贬低未能实现的愿望看作一个更为普遍的心理现象特例。这个更普遍的心理现象就是为了重新获得内心的平衡而扭曲自己对困境的认知，而这其实就是减少认知失调。有了这个新的范畴，我们就能更迅速地识别这样的情况了，也就是人们随意地编出一些有时甚至难以理喻的理由，好让自己能够“心平气和”地接受不好的结果。每当一个人接触到那些难以预料但又和新范畴核心成员具有相似之处的情境时，这个新建立的、涵盖了更多情况的范畴也就慢慢开始扩展了。

下面我们就来看看一些属于这个更宽泛的新范畴的例子吧。

小吴在一家许多朋友力荐的餐厅里预订了一张两人桌。但是他和女朋友却因为路上堵车晚到了一个小时，桌子早就给了别人。小吴于是说：“这儿附近到处都是好的馆子，我们边逛边找，这样还更浪漫呢。”

◇◇◇◇

小郑常常通过一家出票公司购买非常便宜的打折戏剧门票。今晚是一出评价特别高的戏剧演出的最后一天，可是这次出票公司的票竟然卖完了。小郑不得不放弃他的看戏计划。他对自己说道：“这可是这么多年来我第一次通过这家公司订票却没有买到票，看来这家公司还是很靠谱啊！”

◇◇◇◇

小王看中了菜单上的某道大餐，垂涎三尺。但是点菜时服务员却告诉她这道菜没了。“那好吧，”小王用一种带有哲思的语气说道，“那我正好少吃几百大卡（表示热量）了，还能少点胆固醇。”最后她点了一个量更少、更健康的菜，虽然她之前不怎么看得上这道菜。

◇◇◇◇

老冯一直想从现在工作的部门调到公司的另一个部门，但是她的调动请求却被拒绝了。“好吧，那既然这样，”老冯说，“我也就不在这里折腾了，直接辞职换一家公司得了。这样我工作的提升空间还更大，比一直待在这个毫无生气的公司好多了。”

◇◇◇◇

小陈没能被他申请的艺术学院录取。他说那些被录取的人肯定都是走后门、托关系进去的，现在这个世道就是腐败盛行。一想到世界上这么多不公，他就愤愤不已。

◇◇◇◇

老褚结婚数年后开始重新审视自己的婚姻。他仍然爱着自己的妻子，但是无论是肉体上还是精神上，妻子对他的吸引力都已消退殆尽。“什么事儿都会被时间慢慢消磨掉的，”老褚想，“我的婚姻也是如此。但是就算我的感情已经没有以往那么强烈，我们之间的爱还是比之前要深厚得多。”

◇◇◇◇

小张在申请博士奖学金时以微弱的劣势惜败于对手。数月以来没日没夜的准备就这样付诸东流了。但是他告诉自己，失败是人生中的必修课；这次失利让自己心胸更加宽广，为人更为深沉。

上面这些说辞都在某种程度上减少了理想与现实之间的差距带来的不平衡。但是我们会轻易把这些场景理解为**酸葡萄**吗？恐怕不会。其中的部分原因就是减少认知失调其实是我们的一种心理防御机制，所以最好不要让自己知道我们其实是通过欺瞒、找借口这样的防御机制来保护自己脆弱的心灵的。如果每个人都能一眼看穿所有的心理防御机制不管是他们自己的还是别人的，那可真是得不偿失了。无论如何，这个减少认知失调的小窍门能延续数千年，说明人类的确是对这样的防御机制睁一只眼闭一只眼的。

酸葡萄肯定不是上面这些例子唯一从属的类别。在每一个看似不幸的事件中，我们都能看到对这些不幸的巧妙解读，一种在不幸中寻找积极一面的乐观精神。如果要把这些例子分到其他类别中，那么我们可以把注意力集中到人们对事件的反应上，因而完全有理由认为它们其实属于**塞翁失马，焉知非福**这个类别。其中有的还属于**拨云见日**，或者**知足常乐**，或者**随遇而安**，等等。当然了，还有的则可能属于**阿 Q 精神**这个类别了。最后，我们还可以说它们属于一个标签有点长的范畴：**看见桌上的半瓶水会说“幸好还有半瓶水”而不是“只剩下半瓶水了”**。

与其他的范畴化过程一样，给某个情境贴上“酸葡萄”的标签也需要不少脑力。在第 1 章开头我们就提出，我们不是一次只面对一个孤立的情境，而是同时面对无数个不同的情境。所以观察的视角也并非只有一个，而是有无数个合理的视角可以审视这个情境。比如说，为了能够给某件事贴上“酸葡萄”标签，必须是事先有一个绝好的机会做某事，然后努力去做，却没能成功，最后因为伤心失落而说出一些鄙视原先目标的话；假如努力之后成功了的话，是绝对不会这么说的。比如，上文中认为边逛边找餐厅很浪漫的小吴，假如第一家餐厅的预约没有取消的话，他一定会认为这家他所有朋友都推荐的餐厅更加浪漫。再比如，输掉竞选一定不会比在竞选中获胜更好。假如我们的老卫真的在竞选中获胜，他一定会说：“世界尽在我的掌控之中！”

也许我们还可以这样描述**酸葡萄**的场景：**酸葡萄**场景会让一个人采用**阿 Q 一样的精神胜利法**，也就是说，此人会把失败粉饰得非常浪漫。而**塞翁失马，焉知非福**和**知足常乐**则与**酸葡萄**不一样。前二者讲述的是一个人在困境或失败中寻找积极之处，这与**酸葡萄**场景中那些扭曲自己原本目标的人不一样。**塞翁失马**和**知足常乐**事件中的主人公并不会扭曲现实，而是有选择性地放大困境中的一点希望。

《狐狸与葡萄》的寓言（依据定义）就是**酸葡萄**这个范畴的原型，但是它却不是**塞翁失马**或者**知足常乐**这些范畴中的一员，因为在寓言中狐狸并没有在其遇到的困境中寻找希望。其实，我们还可以说该寓言是**自欺欺人**这个范畴中的一员，因为狐狸最后的想法不仅欺骗自己，还欺骗了别人。在**自欺欺人**这个范畴里，我们可以找到很多与“减少认知失调”没有任何关系的例子。比如：

某人发生车祸后，给保险公司写了一份假报告。

◇◇◇◇

政治人物为了再次在竞选中胜出，就当前经济形势编造了一系列谎言。

◇◇◇◇

一个小男孩叫道："她先打人的！"而他清楚地知道事实并非如此。

因此，每一个情境都可以有许多不同的分类方式。最终的分类结果将告诉我们这个人是站在哪个角度来审视该情境的，又是如何理解该情境里的各种事实的。上文的例子告诉我们，范畴之间根本不可能有明确、清晰的界限，而对某个例子的解读也不可能是这个例子唯一的解读。由寓言激发出来的范畴和所有其他范畴一样，是帮助我们认识世界的认知框架。因此，《狐狸与葡萄》这则寓言只是提出了一个**酸葡萄**范畴的经典例子，之后它就能帮助我们找到其他不那么明显的情境中的**酸葡萄**影子。最后，这则寓言还让我们联想到人们是如何通过各种创造性的方式，在困境中寻求一丝慰藉的。

概念空间里的空白

现在我们继续来讨论第 1 章结尾处所描述的概念空间吧。概念空间描述的是不同语言和概念之间的关系。一种语言中的一个词或者短语就好比概念空间中一块上了色的形状，不同语言则通过不同颜色来区分。在概念空间的中心，聚集了该文化中最常出现的那些概念。虽然不同语言可能有着相同的文化背景，但是它们仍然会以不同的方式填充概念空间，比如表达同一概念的形状不同、大小不同，当然了，颜色也可能不同。

我们还引出了一个隐喻，也就是说，把出现频率和重要性都差不多的概念比作是在同一个“圆圈”附近的不同形状。那么我们的概念空间就是由许多同心圆组成的，从最小的同心圆也就是概念空间的中心附近向外扩展，越外面的同心圆，其周围的概念也就越不常见。在概念空间的中心以及中心附近的同心圆中，各种颜色（也就是各种语言）都能很好地把空间填满。

但是如果我们从中心往外移动，迟早会来到这样一个区域，该区域的概念几乎永远没法只用一个简单词语就能表达，而且每种语言都会通过不同的方式来表达这些概念。比如，中文里有“近朱者赤，近墨者黑”，如果有人问：“英文是怎么来表达这个概念的呢？”答案和颜色没有什么关系，而是“birds of a feather flock together”（羽毛相同的鸟总是凑在一起）。从某种意义上讲，中文和英文的这两个短语表达的是同一个意思，就是“物以类聚，人以群分”，但是它们却是通过非常不同的方式来表达的，因为这两个短语在说话者和听话者的脑海中引起的联想完全不同。

不同语言惯用语之间的差别其实是多种多样、有大有小的。比如，中文里我们常说“杀鸡用牛刀”，意思是“用一个过于复杂、强大的工具去完成一个简单得与之不相称的目标”。在许多欧洲语言中，类似的概念则是通过别的短语表达的，例如，德文中有“Mit Kanonen auf Spatzen schießen”（架着大炮打麻雀），荷兰语中则是“Met een kanon op een mug schieten”（架着大炮打蚊子）。虽然都是同一个意思，但是德文中的表达似乎比中文更极端，荷兰语则更甚。大炮和蚊子的对比要比牛刀和鸡的对比更加夸张。可见，在概念空间中相同的位置（同一个概念），不同语言很可能会用不同的形状，也就是不同的短语来表达。

最后，如果我们移到足够边缘的地方，真正的空白就会显现出来，一种语言用一个形状就能填满的空间，而另一种语言则根本找不到一个完全对应的词或者短语，无论该语言的词汇量有多大。在前言中有一个很好的例子，那就是中文没有一个能和任何乐器搭配的通用动词，我们必须用不同的动词来搭配不同的乐器，而英文则有“play”这样的万金油。

因此，对于中文里的任何一个惯用语或者成语（它们的数量又何止成百上千呢），我们都有理由问：“用英文或者法文、德文该怎么说呢？”有时候能找到一个完全对应的短语，但很多时候得到的却是不尽如人意的答案：在英文或其他语言中没有对应的表达方式。有时这意味着：“在概念空间中的某个地方，一个中文短语正好出现在那里，但是对英文来讲，那儿就有个大洞。”当然了，我们总是可以用英文来描述这个概念，但是没有中文母语者能够接受的某个表达方式。还得说明的是，从英文出发，寻找中文覆盖的概念空间也能够发现这样的洞。

最终，在概念空间特别边远的地方，任何语言都黔驴技穷了；也就是说，从某个地方开始，概念空间向外延伸就是无词居住之地，空空如也。这意味着什么呢？这意味着如果有人想谈论概念空间中如此偏僻的地方的某个概念，那就没法找到一个现成的语言基石，而是要把好几块语言基石搭在一起，修建一条通往那个偏远地区的小路，才能表达这个概念。简言之，我们需要混搭出新的短语或者句子。如果短语和句子还是不能传达这个意思，那就得用一段话了。如果一段话还是不够，那也许就需要一篇文章。通过这样的方式，任何语言都能抵达概念空间中无论多远、无论多偏的地方。

每门语言的特长

我们主要关注的并非概念空间中十分偏远、几乎空无一词的地方，而是某种语言的词库覆盖了，但是另一种语言却没有覆盖的地方。也就是说，有的语言让所有使用它的人能够用某一表达方式指代概念空间中的一个小地方，而别的语言则完全不能，这对我们有什么启示吗？

下面举个例子。在美国英语中有这样一个生动的惯用语："这可不是尾巴摇狗吗！（That's the tail wagging the dog.）" 说美国英语的成年人都知道它的意思，能够在适当的时候使用这个短语，并且别人使用这个短语时很容易就理解它的意思。

为了让法国人也能听懂这个短语的意思，美国人没法完全按照字面来翻译，因为法国人根本不会突然"开窍"，理解字面的翻译。也许美国人还可以抽象地讲讲这个短语背后想表达的意思，但这仅仅是解释它的第一步，最好是能找到一个**尾巴摇狗**的例子。于是这位美国朋友就讲了一个七岁小女孩儿普丽西拉的故事。她的父母非常想去新奥尔良游玩，本来打算带她去那里度假，但是她一点儿都不想去，而且还大发小姐脾气，最后父母只好答应她哪儿也不去了，就待在家里。听到这个故事，这对夫妻的朋友都叹气道："这小女孩把她的爸妈都训练得服服帖帖，可真是尾巴摇狗啊！"

为了让法国朋友明白**尾巴摇狗**并不局限于描述耍小性子的孩子搅乱了父母的计划，这位美国人可以再讲一个故事。故事的主题是摇盛顿（Waggington）中心广场附近即将重修的市政大厅。设计师提交了重修计划的初稿之后，市政厅的官员抱怨说设计图中没有停车的地方。设计师听到反馈之后修改了图纸，加上了一个停车场，但是第二稿还是被打了回来，因为没有足够的停车位。几个来回之后，图纸上的市政厅越来越小，而停车的地方越来越大，逐渐超过了图纸的半壁江山。于是，一位市民写了一封怒气冲冲的信寄给当地报纸，信中写道："我们的市政大厅得看着停车场的脸色来修吗？这不是尾巴摇狗是什么！"

还有一个更短的例子。一位长跑运动员因为膝盖受伤而不得不停止长跑。现在他得看膝盖骨的"骨色"来决定每天跑多远。这又是一个尾巴摇狗的绝好例子啊！

在讲了这几个故事之后，**尾巴摇狗**的中心意思应该已经很明确了吧。从此以后，法国朋友也许就能够恰当地使用这个短语了，但是刚开始的时候也许仍然需要说美国英语的人讲清楚应该在什么时候用这个短语，什么时候用却不是特别恰当，虽然不同的美国人也许会有不同的想法。现在，这位法国朋友就可能因为法文中缺少这样一个短语所留下的词库"真空"而抓狂不已，就像法文中没有和"酸葡萄"完全对应的词汇一样。

为了公平起见，我们再举一个法文中常见的惯用语，而这个惯用语在英文中就没有直接对应的表达（当然这并不是特例，类似的例子还有很多），因此在英文的词库中就有一块真空。这个惯用语就是"avoir l'esprit d'escalier"，一般认为这句话出自法国启蒙思想家、哲学家狄德罗。这个惯用语是什么意思呢？从字面上讲，就是"楼梯上的聪明"，但是作为惯用语，它的基本意思是："在已经离开聚会下楼的时候才想起一个绝佳的句子，可以反驳刚才听到的恶言。"简单一点说，就是光有"楼梯之智"，在已经没用的时候才想起可以用来反驳的妙语。这着实令人沮丧，但人生中这样的事情并不少见。也许你认为像英文这样丰富的语言能有一个现成的短语表达这个观点，可惜并没有。人生之事，可不就常常如此？在中文里，这两个例子恐怕也很难找到完全对应的短语，尽管"事后诸葛亮"与这个意思很接近。

上文所描述的A语言在概念空间某处有一块形状，而B语言却没有，我们称其为"A语言的特长"，这是A语言所拥有的一种特殊能力，别的语言轻易无法实现。与之相对应，A语言在表达其他概念的时候也有弱点，这些概念用别的语言表达起来则易如反掌。也许一门语言所独有的弱点配不上"特长"这个褒义词，那么我们也可以称其为“词汇覆盖范围”。

在概念空间的边缘，每种语言都有自己的小形状，能填充概念空间中的某个概念，而这些概念没有被其他任何语言的词库包含。当A语言有个形状完美地覆盖了某个区域时，说B语言的人倘若也想这么做，那他们要么在B语言中造出一个新词，要么字对字地从A语言把这个短语借过来。不过在这个过程中，该短语的适用范围就不知不觉地变了，所以在B语言里的意思和A语言里的意思并不完全一样。

因此，年轻人嘴边才常常挂着中英夹杂的句子：今天debug了一天还是没有结果；你们班班花是不是offer都拿到手软了啊；明天这个presentation非常重要；你们组的leader是谁；你那篇稿子什么时候due；你给他们做一个tutorial吧；小王觉得遇到了soulmate；你的fellowship比我的scholarship拿钱更多呀；我们公司在CBD有个办公室；开party怎么能没有酒呢？[①]诸如此类。当然还有听上去是中文但其实来自英文的，比如“沙发（sofa）”“很酷（cool）”“迪斯科（disco）”“蹦极（bungee）”“黑客（hacker）”“拜拜（bye-bye）”等。

与此同时，英文里也有来自中文（有些是粤语）的借词，美国人拍了动画片Kung Fu Panda（功夫熊猫）；他们对tai chi（太极）也很感兴趣；有些地方的人也要谈一谈feng shui（风水）；到中餐馆吃的是bok choy（白菜）、chow mein（炒面）和dim sum（点心）。

上面的词有些保留了源语言中的意思，有些则已经失去了原意。事实上，我们得知道，一门语言从外语借词就是为了填补原语言中的空白。借来的词能填上概念空间里的洞，就算填的这个洞和源语言中这个词语所覆盖的形状不太一样。比如说，中文里的“吉普车”在大多数情况下表示的是车的类型，也就是一种四轮驱动、体型较大、适合山路的汽车，而英文中的“Jeep”则大多数时候表示JEEP牌的汽车，也就是车的品牌而非类型。可见当这个词被中文引进时，它所覆盖的范畴产生了一些微妙的变化。

① debug：调试电脑程序；offer：录取通知书；presentation：展示报告；leader：领导；due：截止日期；tutorial：辅导；soulmate：灵魂伴侣；fellowship：全额奖学金；scholarship：奖学金；CBD：中央商务区；party：聚会。

另外，除非一个借词已经完全融入中文，成为中文的一部分，并且来源也被人遗忘，否则这个借词总会散发出一种外来文化的气息，或者说源语言的某种感觉。这本身就说明该词的意义已经有些变化了。比如，每当我们说“汉堡包”的时候，都会让人联想到西餐或者西式快餐等言外之意，而在英文中说“hamburger”则不会引起美国人的什么特殊感受。

有意思的是，有些词在两个国家之间借来借去，意思也会发生变化。比如现代中文中有些词汇是首先由中国传到日本，再由日文“改装”之后传回中国。比如，“经济”一词就是先以“经世济民”传到日本，再由日本人对其中的“经济”二字重新加以定义，用来翻译英文“economy”这一概念，之后再传回到中国。类似的例子还有“社会”“文化”等。

这种跨文化、跨语言借词的结果就是两个文化概念空间中的“星系”都扩大了，在星系的边缘有了新的形状，让星系不断向外延伸。

萨丕尔－沃尔夫假设

有时候，一门语言很高兴地填上了概念空间中的一个区域，但是由于种种原因，别的语言并没有跟风填上。这时，我们就可以说使用这门语言的人因为该语言免费提供的概念标签而受益。举一个美国文化中的例子吧。有一种古老的骗人把戏，和街边的骗术很像，即一位毫无疑心的顾客被某商品实惠的价格吸引，但之后却被告知该商品已经卖完了，或者已经是老款了，或者这位顾客因为某种原因不能享受这个价格，接下来，商家就会不遗余力地推荐另一款贵得多的商品。

类似的骗术数不胜数。比如，一家人打算买一辆他们一直在讨论的车。狡猾的卖车人很快就觉察到他们强烈的买车欲望，于是先告诉他们买这辆车首付只要 2 000 美元。高兴不已的这家人马上说要买，但是就在快要签合同的时候，卖车人却告诉他们因为某个搞不明白的技术问题，这辆车的首付“不得不”比原先说的价格“贵那么一点儿”，首付就这样莫名其妙地从 2 000 美元涨到了 6 000 美元。

租过车的人也会熟悉这样的场景。广告上写的租车价格便宜到家了，但是当你到租车行取车时，总会发现广告上的最低价格有各种各样的限制，最后算来算去你还是以比广告标价多出至少一倍的价格才把车租到手。

这种臭名昭著的伎俩还往往非常奏效，并且有一个非常形象的名字："诱饵加替换"（bait-and-switch）。这个范畴比人们想象的还要宽泛一些。比如下面有一个买卖双方正好相反的例子，但它也算得上该范畴的重要成员。在一场金融危机中，有一栋非常典雅的老房子已经挂牌出售几个月了，但都无人问津。一天，买家 A 出价 100 万美元求购这栋房子。不久后，买家 B 出价 105 万美元。屋主本来就打算卖给买家 B 了，但是这时买家 C 出现了，这位买家一下子将价格加到了 120 万美元。听到这个消息后，买家 A 和 B 都生气地退出并且消失了，因为他们感觉自己浪费了好几周的时间讨价还价且毫无结果。现在买家 C 把所有竞争对手都赶出了局，开始随意出招了。看房后，C 突然宣布："唉，真不好意思，我不能出和原来相同的价格了，因为检查房子的人发现房子有不少严重的问题；不过，我还是愿意支付 90 万美元购买此房。"这时，卖家已经浪费了许多宝贵时间，而且越来越着急，所以最终买家 C 买下了这栋房子，但是成交价格却远低于房子的市值。这是非常典型的诱饵加替换的套路，虽然这次使用套路的人是买家而非卖家。

既然英文中这个短语确实存在，并且成千上万的人每天都使用此短语，这意味着"诱饵加替换"从广义上看（比如包括刚才所讲的"反转"的情况）是美国人随时就能提取、一听就懂的概念。刚开始，这个短语的存在并没有带来什么后果，因为每个人在听了几个类似的故事之后都能理解其含义。但事实上，这个短语的存在促使它背后的概念迅速传播，而且让这个概念有了存在的正当性，几乎成了一种完全客观的存在，因为这么多人都知道它。比如说，这个概念和短语的存在将促使人们制定相关法律，以遏制这种像多头蛇一样的怪相。与此相反，如果某个文化中没有专门描述这种不正当伎俩的词汇，那么制定相关法律的可能性就要小一些了，因为这个概念还没有"广为流传"。也就是说，这种伎俩还不能被社会中的大部分人识别出来，更不要说是这个伎俩的变体了，大部分人就连它最常规的形式都不知道。

由此，我们看到如果一个概念有自己的名字，它将会拥有真实力量，它让该语言的使用者能够轻松而且迅速地把这个概念传播出去，这样，这个概念就会进入不同层次的公共话语，进而对个人和社会产生影响。某个词语的存在给语言使用者带来的好处被称为萨丕尔–沃尔夫假设，虽然有人把这个效应推向了极端，甚至败坏了这个理论的名声，但是萨丕尔－沃尔夫假设最根本的前提却不容置疑，而且是一定成立的。

什么是智能

对思维和概念的思考自然让我们想知道，人类的智能是否和脑中概念的数量以及概念网络的复杂程度相关，或者说至少部分相关？毕竟，人类被身边的文化塑造，也从它身上获得了许多概念工具。这是否意味着我们的智能水平是由我们从文化中继承的概念库所决定呢？

这个令人难以捉摸的“智能”，其本质到底是什么呢？对此人们提出了无数理论，在字典、百科全书、教科书和网络上稍微一查，很快就能找到十几个定义。许多定义都有重复之处，但有些则比较特别。最常见的一些主题如下（并没有按顺序排列）：

◎ 习得和运用知识的能力

◎ 推理的能力

◎ 解决问题的能力

◎ 做计划的能力

◎ 完成目标的能力

◎ 记住重要信息的能力

◎ 适应新环境的能力

◎ 理解复杂概念的能力

◎ 抽象思维的能力

◎ 学习和应用技能的能力

◎ 从经验中受益的能力

◎ 感知和识别的能力

◎ 创造有价值物品的能力

◎ 获得自己想要之物的能力

◎ 理性思考的能力

◎ 进步的能力

在上述这些智能的特征中，尽管有一部分毫无疑问地触及了智能的实质，但是没有一个直指问题的中心。都像是九曲桥上散步——尽走弯路。它们都在拐弯抹角，却没有一个直截了当；它们在虎穴门口绕圈子，却没有一个进入虎穴取得虎子；它们的箭都射在靶子周边，却没有一个正中智能现象的红心。

你一定期待我们给出对智能的理解，但是在详细阐明之前，我们先引用一句发人深思的关于军事战略的格言。这句格言对杰出军事领导人具备的特质的描述与我们对智能的描述非常相似：

> 让杰出军事家如拿破仑、冯·毛奇、格兰特、巴顿、朱可夫等出类拔萃的，是他们能一眼看到战况的本质，然后直接打击敌人最脆弱的地方。

有趣的是，说这句话的不过是军事角色扮演游戏中一个名叫“根特上将”的人物。根特上将最看重的能力就是一下子抓住问题的中心，拨云见日，迅速地抓住重点然后忽略其他东西。嗯，我们就把这个作为对智能的定义。

对我们来说，智能是这样一种技艺，它迅速而可靠地抓住重点、击中要害、一针见血、一语中的。它让人在面临新的环境时，迅疾而准确地定位到长期记忆中的某个或一系列具有洞见的先例，这恰好也就是抓住新环境要害的能力，其实就是找到与新环境近似的事件，也就是建立强大而有用的类比。

走在类比的山峰和山谷

本书的最后一章将讲述高层次的类比是如何在数学和物理这两门学科几千年的发展中激发了一个又一个伟大发现的。当然，类比那高耸入云的山顶并不能代表整座山。山顶上有非常抽象的类比，在半山腰甚至更低的地方则有比较具体的类比。这些更具体的类比虽然不如类比山顶的风景那么引人入胜，但它们仍然是同一种认知机制的结果，只不过用在了更加简单的和我们更熟悉的场景里。

比如，在上一章我们提到了类比山脚下的一些类比。两岁的卡米尔把香蕉的衣服“脱掉”了，八岁的汤姆看见舅舅的烟“融化”了。这两个小宝贝通过从记忆中提取相似的场景展示了他们敏锐的智能，虽然看上去有点怪，但这就是他们对眼前事物本质的理解。卡米尔所说的“脱掉”香蕉的衣服其实非常聪明，一语中的。反过来讲，一个比她大20岁的人可能在跳了一晚上的舞之后说：“回家之后，我得把我的所有衣服都剥下来。”同理，汤姆所说的烟“融化”了同样可以被一个成年人反过来用。比如当成年人发现价格昂贵的糖化了，就可以说：“所有诱人的巧克力都成了一缕青烟。”

如果我们听到一个动静之后会毫不费力地说那是“什么‘声音’”而不说那是“什么‘响声’”，那是因为我们在两种心理结构之间建立了一种映射，一种在听到这个动静之后刚形成的心理结构和由之前数千个事件形成的心理结构之间的映射。我们不知不觉就选择了“声音”那个心理结构，因为这种映射是我们的大脑能找到的最佳类比。其实我们并没有接受过正规的训练，教我们区别**声音**和**响声**；倘若要我们说出二者间的细微区别，那还真有点困难，但是没关系：我们听到动静时，还是只有一个范畴会被激活即进入我们的大脑。

从没人教过我们每个范畴的具体条件，而我们却如此擅长在数千个概念中毫无意识地迅速做出判断，这不得不让人叹为观止。**缺点**和**坏处**、**想法**和**点子**、**餐厅**和**饭馆**、**酒店**和**宾馆**、**冷**和**凉**、**安静**和**宁静**、**颁布**和**发布**、**崩溃**和**瓦解**、**蔑视**和**鄙视**、**操行**和**品行**、**嘲笑**和**讥笑**、**大概**和**大约**之间到底有什么差别？虽然语文课上会讨论它们的细微区别，但大部分情况下我们是通过日常对话体会到它们的差异的。

在新建立的心理结构（才观察到的现象）和旧的心理结构（旧的概念）之间不断建立联系，也就是在新环境中寻找相关的概念，组成了思维中的类比。毫不停歇地找类比就是人类智能的体现。所以，我们条件反射式地把一个很小的物体称作“芝麻大点儿”，而不是“小到看不见”“小得可怜”“小巧玲珑”“秋毫之末”；在不知不觉中就区分了**抓**、**握**、**抱**；随意就说出这是某市的“一个市区”，而非“一个街区”“一个区域”“一块地”“一个部分”。这时，我们都展示了从巨大的经验库房中快速提取相关类比的精湛技巧。事实上，这种迅疾而准确的提取过程绝不是不动脑筋的，而恰恰是人类思维的核心。

假如一位手提两个大包的女子心不在焉地从肉铺走出来，朝你的车前进的方向走去，你肯定不会大喊："小心那个两足动物！""小心那个母的！""小心那个红毛的！""小心那个顾客！""小心那个食肉动物！"当然了，在不同的情况下，那个拿包的单身女子也可能被分类为一只**两足动物**、一个**母的**、一个**红毛的**、一个**灵长类动物**、一个**蠢人**、一个**妇女**、一个**穿裙子的人**、一位**顾客**，或者一个**食肉动物**，但是在眼前这个情形下，她最重要的归属是**行人**这个范畴。我们也许不会喊出"行人"这个词，但是在转瞬即逝的时间中识别出她属于这个范畴则是思维的根本。

同样的分析可以用来描述人们迅速在各种不同的场景中发现糟糕透顶这个变化多端的概念的特征。在这里我们只写出该范畴中的一部分典型成员，希望读者能自己找到其他的：

◎ 被惯坏了的孩子的卧室，玩具扔得到处都是

◎ 几十年都没人进去过的工具间

◎ 一碗面被打翻了，全部撒在了白色地毯上

◎ 鞋底粘着口香糖的鞋子

◎ 一头公牛在瓷器店里横冲直撞了半个小时

◎ 被打扫卫生的人弄乱顺序的书

◎ 一个复杂的代数式，无论怎么化简都没有用

◎ 一篇打满了叉而且修改了无数次的乐谱

◎ 发现了一大沓忘记付款的账单

◎ 雇了朋友的儿子做事，却发现他什么都不会

◎ 跟两个同事约的见面时间竟然一模一样

◎ 在国际旅行的前一天护照丢了

◎ 一段三角恋情

没有人需要专门上课来学习这些概念的微妙之处；如果哪所学校要开设这样的课程，那才是荒谬之极。每个成年人都知道上面的情况是真的糟糕透顶。

人类都很擅长在新情况和旧概念之间建立起灵活的映射，虽然我们几乎很少意识到自己每天都在建立无数这样的映射。技艺超群的舞蹈家通过在物质空间的快速

移动来展现他们的绝技，口才超群的语言使用者则通过在概念空间里迅速移动来展示口才。这时的“动作”指的就是一个人在自己脑中经验的某个角落，飞速找到并且巧妙地提取出那个高度相关的记忆，这个记忆和眼前的场景在重要部分高度相似。

脑中概念越多就越聪明吗

如果智能的本质就是准确找到某一情境的本质，那么似乎一个人的概念库越大、分得越细，这个人就越聪明。毕竟，我们每个人都在某种文化的影响下长大，而每种文化都会为身在其中的人提供无数个有用的概念。因此，一个人的智能看上去是由此人从文化中继承的概念决定的。那么问题就变成，一个在有许多概念的文化里长大的人，也就是说，这个人更擅长迅速找准某个情境的要点，那这个人是不是比在另一个没有这么多概念的文化里长大的人更聪明呢?

我们今天生活在一个高度科技化、商业化、广告无处不在的社会里，已经被令人目眩的语义海洋所淹没。在这片海洋中，充斥着那些200年前的世界里完全没有的概念。这些概念帮助我们确定自己每时每刻的想法。来看看下面这个生动形象的句子吧：

春节抢火车票时的忐忑和“双11”购物狂欢节开始前的感觉一模一样。

要想理解这句话，你必须熟悉火车还有火车票这个概念，并且要知道春节回家的时候很可能需要抢火车票。当然还得明白“双11”购物狂欢节是什么样的一个人造节日，网络购物是怎么一回事，以及人们在购物节开始前的几分钟是怎样摩拳擦掌准备抢购东西的。

200年前的人是绝对不可能想出这样一句话来的。然而在今天看来，这确是一句意思清晰明白、再正常不过的话了，大多数中国人完全能够看懂。这仅仅是一个例子。下面还有很多例子，但也只是我们文化中的一小部分概念罢了，相对于上一辈或者20世纪的前辈来说，我们有着巨大优势，因为我们理解它们中大部分的意思：

积极反馈、消极反馈、恶性循环、自证预言、为了出名而出名、反弹供求、市场的力量、潜意识、潜意识图像、弗洛伊德式错误、俄狄浦斯情结、自我保护系统、酸葡萄、冷暴力、同龄人压力、种族歧视、种族成见、身份象征、零和博弈、格式塔、化学键、催化剂、照片合成、脱氧核糖核酸、病毒、基因编码、显性基因、隐性基因、免疫系统、自体免疫性疾病、自然选择、食物链、濒危物种、生态位、指数型增长、人口爆炸、避孕措施、噪声污染、有毒废弃物、轮耕、杂种衰败、克隆、链式反应、连锁店、连环信、电子邮件、垃圾邮件、钓鱼网站、六度分隔理论、因特网、上网、上传和下载、电脑游戏、疯传的视频、虚拟世界、聊天室、网络安全、数据挖掘、人工智能、智商、机器人、影像变形、时光倒流、慢动作、星系、黑洞、原子、超导、辐射、核裂变、反物质、声波、波长、X射线、超声波、磁共振、激光、激光手术、心脏移植、心脏去颤器、太空站、蹦极、全垒打、两手同利的击球手、灌篮、超级马拉松、钢管舞、速配、多线程、肥皂剧、文艺爱情电影、字幕、流行语、碰碰车、SUV、自动挡、换机油、溢油、强力胶、对照组、政治正确、滑坡、股市暴跌、垃圾回收、生物退化、流水线、黑匣子、风寒效应、积累里程、枢纽机场、快餐、碳酸饮料、VIP、机场大巴、种族灭绝、狗仔队、文化冲击、绝食罢工、代沟、墨菲定理、滑板鞋、外包、升舱、钟形曲线、隆胸、芭比娃娃、代孕母亲、第一夫人、婚前协议、士绅化、范式转换、平权法案、堵车、素食主义、卡拉OK、工作餐、午餐研讨会、蓝筹股、八卦新闻、软文、温室效应、橙色预警、白噪声、灰质、黑名单……

我们的文化不仅把这些概念呈现出来，还鼓励我们通过类比的方式严肃或者戏谑地扩展这些概念。这就像滚雪球一样引出了许多概念。所以说我们除了有“现代化”“工业化”之外，还有“钙化”“年轻化”“戏剧化”“多样化”“高科技化”等。除此之外，我们还从“弹性”“硬性”变化出了“可读性”“创造性”“能产性”等。词缀的“能产性”让我们有了更多的新概念。

不过，我们不需要用词缀造新的词来感受概念的丰富程度，只需要简单使用概念扩展这个从上古时代就有的方法就行了。所以我们会听到这样的句子：“我们俩完全不在一个频道上”“今天我就是来打酱油的”“他说的这句话成了整件事的导火索”“这几件事儿就像多米诺骨牌一样接连发生了”“你别总拿我开涮”。简言之，从文化中汲取的概念时时刻刻都通过类比向外延伸，并增加它们的适用范围。

这些每个人都熟知的当代新概念还可以列出好几页，而且大多数成年人都能不费吹灰之力地在新场景中使用它们，因为这些概念虽然抽象，却一针见血。这是否意味着随着时间的推移、文化的发展，人们总是变得越来越聪明，越来越善于迅速指出当前情况的要害，而且做得越来越准确呢？

为了证明这个结论，许多人都会想起所谓的“弗林效应”，这是由政治哲学家詹姆斯·弗林（James R. Flynn）于20世纪80年代提出的。“弗林效应”使人们注意到，在全球范围内，智商测试的分数都在稳定而缓慢地上升，大概每20年上升5分，这个令人难以置信的现象在许多国家被反复验证了好几次。如果不是人类智能水平的确在不断上升，那还有可能是什么原因造成这样令人惊叹的现象呢？全球人类智能水平不断上升背后的原因，倘若不是由人类活动中各领域新概念的不断扩张而造成的，那还能是什么呢？

我们是否能得出结论，由于文化把如此丰富的概念捧到我们眼前，所以今天的一个普通人就可以随便说出一两句深刻而敏锐的话，让爱因斯坦、麦克斯韦、普希金、马克·吐温，还有莎士比亚、伽利略、牛顿、但丁、阿基米德以及其他许多天才们刮目相看？毫无疑问，我们的回答是肯定的。由于人类文化都通过建立新的范畴而得以发展，有些范畴非常特殊，有的则非常普遍，所以在当今社会看来非常平常的人，很可能相比于上几辈的人来说，在某些领域有着非常大的智能优势。其原因就是人类并不是把自己学到的思想和技能储存在他们的基因中，然后在后代出生时就遗传下去，而是把它们存放在自己的个人概念库和集体的工具以及文化中，生物学家拉马克对进化论的理解早就被抛弃了。一个人试图寻找他所面临的情况的本质时，他的范畴库就是过滤和感知这个世界的媒介。因为今人的范畴库比前人的范畴库要丰富得多，所以今天的普通人很可能仅仅说出一些对我们来讲习以为常的东西，就让天才们大吃一惊。

这是不是说过去的天才们在如今的智商测试中就得不到高分呢？如果是这样的话，我们从中能得出哪些关于他们实际智能的结论呢？我们很难说这些历史人物在智商测试中会得多少分，不过更有意思的问题是：那些天才们的智能水平是不是已经被当今时代的普通人所超越？我们的回答是否定的。因为那些天才的过人之处在于，面对前人从来没有理解过的情境时，他们能够一针见血地指出其中最重要的问题。他们之所以能做到，就是因为他们以自己脑中的范畴库为基础建立了具有原创性的重要类比，并通过这些类比来解释悬而未决的问题。这种能力始终是世上少有的能力，无论生在哪个时代。

爬上类比之山的不同方式

设想有一群攀岩的人第一次面对高耸而且垂直于地面的岩石。刚开始的时候，只有世界上最优秀的攀岩者才能爬上去，而且就连他们也爬得十分费劲。但是这些技艺高超的攀岩者中，有些为后人打下了几颗岩钉，让经验不足的后来者也能往上爬。这些后人反过来又为后来的人钉下了更多的岩钉。几年后，原本光秃秃的岩石表面布满了岩钉，所以现在任何有一定攀岩经验的人都有可能爬上去，尽管多年前这块岩石还几乎是不可征服的。然而，如果我们因此就说如今的攀岩者比前人更优秀，那就非常荒谬了。因为正是有了在没有岩钉、没有已知路线时都能爬上去的前辈，今天的普通攀岩者才可能顺利爬上去。那些最早爬上去的杰出攀岩者有许多技能，比如找到适合攀登的路线、找到钉岩钉的最佳位置，还有怎么钉岩钉才能让它们长时间为后人提供帮助而不会脱落。

生活在今天的我们就是无数个概念岩钉的受益人，这些岩钉被钉在高度抽象情境的岩壁上。抽象情境的陡峭岩壁在几代人之前都是不可能爬上去的，而我们之所以能够轻而易举地爬上去，正是因为我们从聪明的前人那里得到了许多非常好用的概念岩钉。并且，我们能够使用的概念还在不断扩大。可是，这些轻易获得的能力是否就让我们变得比前人更聪明、更富有创造力呢？

想想如今的电子琴吧，它里面预存了许多不同音乐的伴奏。那么拥有这么多事先存好的伴奏，是否就能把使用电子琴的人变成一个创意无限的音乐家呢？电脑里有一系列各不相同的字体供人使用，是不是意味着每个用电脑的人就成了平面设计大师呢？PowerPoint 软件中有这么多花里胡哨的功能，那是不是每个用 PowerPoint 的人都是复杂概念的绝佳讲解人呢？肯定不是的！与此相同，我们虽然能使用文化教给我们的概念标签，易如反掌地指出某个情境的要点，但这并不意味着在一个没人去过、没有现成道路的荒郊野外，我们还能做得一样好。

和实体工具相比，概念有一个特质：概念并不是外在的某种装置，而是会成为掌握这个概念的人的内在部分。据说数学家亨利·庞加莱曾经说过："鹅肉被狗吃了之后，就变成了狗肉。"[6]他所说的就是我们是如何内化自己学到的知识的，而学到的知识和我们使用的工具是不同的。工具仍然是身外之物，就好比攀岩时的岩钉，仍然在攀岩人身外。仅仅在书房里堆满数学书、时尚设计的书、关于词源的书，并不能让一个人成为数学家、设计师或者词源学家。真正有用的是书里的概念有多少内化在了人的脑中。这些概念拓展了人的概念空间，使我们能够思考，能够建立新的范畴和新的类比。与我们刚才的爬山比喻不同，概念岩钉不仅仅是一种工具，还能够改变一个人，让一个人的思想更富足，能够做出更深刻、更有见地、更准确的范畴化。

大脑中的概念岩钉已经不是钉在外部岩石上那些静止不动的物体了，而是已经成为使用这些岩钉的人的一部分。它们不能像从岩石上取出岩钉那样轻易地被拔去，因为拔掉一个概念意味着取走这个人的一部分。假如爱因斯坦是当今时代的一位年轻物理学家，他将为当代物理学做出怎样的贡献？普希金又能为如今的诗歌做出什么贡献？莎士比亚、但丁如果生在今天又会写下什么样的作品？庞加莱能为数学做什么？弗洛伊德能为认知科学做些什么？在今天的无数概念中，他们能发现隐藏在其中的哪些类比？面对每天都会见到的事物表象，他们使用今天的概念空间提供的工具，在探索身边事物时又能达到怎样的深度？

驶向概念空间的外太空

在这一章和上一章，我们把语言的词汇库描绘成在概念空间中的一个"词汇星系"。不过我们想描绘的却是一幅多语言的图景，也就是说，不同语言的词汇星系在概念空间的中心处大量重叠，但当我们飘向概念空间的边缘时，概念会变得越来越复杂，同时也越来越少见，每门语言能够覆盖的空间就变得越来越小，语言之间的差异也越来越大。我们把每门语言的词汇星系叫作该语言的"特长"。在每个词汇星系之外的外太空则是无边的黑暗，那就是概念空间无法用词汇描述的地方。

但事情也不像听起来那么荒凉。事实就是，每个人脑中的概念里，虽然有些有标签，比如“手”“模式”“绿色”“说教”“摆弄”“大摇大摆”“但是”“确实”“客厅”“消防队员”“摸着石头过河”“酸葡萄”“尾巴摇狗”“楼梯之智”“诱饵加替换”，但还有很大一部分是没有标签的，它们也同样真实存在。那么多重要的概念却没有一个语言标签，美国诗人托尼·霍格兰（Tony Hoagland）的一首诗极好地体现了这一点。

不可言说

找不到一个词来形容走出超市时
用塑料袋提着一大罐牛奶
本该用两层塑料袋的
——在走出超市大门之前
就已经感到那罐牛奶使劲往下
拽着塑料袋，袋子原本就细的提手
被拉得越来越长
你知道袋子破裂
不过是时间问题
没有一个可靠的词语
可以描述这样一种无法描述的感受
一样东西超过了它延伸的能力
慢慢地离你远去
——这真不好，因为我还想用这个词
来描述街上的另一种感觉
那就是我和一位老友驻足闲聊
但是渐渐意识到，他已不再是我的挚友
而仅仅是曾经的旧识

我从没有努力把他变成朋友——
直到这个时候，当我们说再见时
我感到两人同时松了一口气
我们都意识到
不再需要假装成挚友
不过实话实说
我已经开始思考
要怎样感谢语言——
它能够延伸得恰到好处而不多出一分
也不会去填满无法表达的漏洞
它要么直击事情的中心
要么绕过事情的边缘——
它多年来给了我
多少时日
多少沉重的热爱与信仰
多少误解和秘密
我都心甘情愿地向它倾倒[7]

SURR

AND

ESSE

ANA

AND

ACES

OGY AS THE FUEL

IRE OF THINKING

NCES

3 隐秘类比的海洋

虽然大部分概念都能激发某个常见词语或者短语，但也会出现许多没有现成语言标签的情况，对于这类范畴，没有一个事先存在的词语或者短语从脑海中浮现出来。它们只有在适当的时候才能被适当的环境激活，从而帮助人们理解新环境，并在新环境下进行思考、做出决定。

我们平时很少谈论“类比”

本书的中心论点之一是，类比时刻定义着我们的思维，它是思维背后的动力。每个心理范畴都是一长串类比的结果。这些类比在不同实体（事物、行为、情境）之间搭建起桥梁，而这些实体无论是时间上还是空间上都相距很远；类比还给范畴的边缘涂上光晕，让范畴变得灵活柔韧，它们对拥有这些范畴的人的生存和福祉起着关键作用。类比让我们在从未经历过的环境中思考并做出行动，它赋予我们大量新的范畴，并且在一生中不断扩展这些范畴。类比还让我们能够通过适当的抽象，把眼前的事件编码并储存在大脑中，从而指引我们理解未来的情境，使我们能够做出难以预测却强有力的心理跳跃。

尽管类比如此重要，我们却很少在日常生活中听到“类比”这个词。这让我们以为类比像是鱼子酱或者芦笋尖那样难得的美味佳肴，或者是红宝石、翡翠那样的珍贵宝石。只有看到别人把两个乍看完全不一样的事物明显地联系起来，我们才会想到“类比”这个词。倘若提到“类比”，我们脑中想到的往往是出人意料或者让人恍然大悟的类比，比如芦笋尖和类比这两种相去甚远、看似无关的事物之间也许就存在着某种联系。

如果一位政客把萨达姆比作希特勒，每个人都会说这是类比，虽然不一定是很好的类比，特别是当二者之间的联系被明确指出之后，比如两人是如何掌权的、两人的统治方式以及他们对邻国的侵略。假设一位物理学家说气体中的分子之间不断发生碰撞，就好比无数个台球在一张巨大的台球桌上互相碰撞一样，或者一位生物学家把 DNA 两条链的分离和结合过程描述成衣服上的拉链，那么“类比”这个概念也会一下子冒出来；或者一位记者把影迷绕着影星转比作卫星绕着行星旋转，这也很自然地会被贴上“类比”的标签。

上面举的类比例子都很好，但是它们强化了这样一种偏见，那就是，类比必须生动形象、引人入胜，而且要出奇制胜，就好比下面的例子一样：

z...a

d...w

a...z+1

abc...xyz

abd...wyz

翅膀……鱼鳍

歌曲……毒品

去世……离开

除法……均分

出生……到来

原子……太阳系

上帝……圣诞老人

生孩子……跑马拉松

动物的心脏……水泵

全球变暖……温室效应

性别歧视……种族歧视

创作艺术品……生孩子

白血病……爬满墙的常青藤

倒过来的红酒杯……埃菲尔铁塔

动物的循环系统……国家高速公路网

绕着行星转的卫星……绕着恒星转的行星

自杀炸弹袭击人……蜇了人就死去的马蜂

保护健康的免疫系统……保护国家的军队

绕着路灯飞舞的昆虫……绕着行星转的卫星

倒数第二个罗马字母……正数第二个罗马字母

连锁反应……一只狗叫后整个小区的狗都狂吠起来

在脑中逐渐成长的概念……在山谷中逐渐扩大的城市

生活在类比中却不自知的人类……生活在水中却不自知的鱼

每一行的类比都至少有一点儿促人思考，这和人们对类比的偏见又不谋而合。但事实上，大部分类比都没有这么引人深思，但它们也是类比。

脑中嗡嗡作响的相似性

上一节的最后一个例子说得很清楚了。就像鱼在深海中灵活地游动却不知道自己身在水中一样，人类也是在由无数个小的、大的、不大不小的、从无趣到惊人的类比组成的海洋中遨游，却毫不自知。和鱼在水中游一样，只有有了这个无处不在却又让人毫无察觉的媒介，我们才能在思维的海洋中来去自如。

我们在本章要重点讨论那些平淡无奇、不引人注目的类比，但它们和前两章的类比有所不同。前两章里，我们展示了简单的字词和常见表达是如何不断跃入大脑的，其原因就是我们迅疾无比、毫不自知地建立了许多“小类比”。这些“小类比”构成我们生活中范畴化里最基本也是最重要的部分。它们存在的最主要原因就是让我们能够迅速又容易地和最常遇到的情境建立联系，并且可以和其他人谈论这些情境。不过，每时每刻跃入脑海中的类比却并不局限于这些能贴上语言标签的类比。

在已有语言标签的范畴之外，就是没有语言标签的范畴了。这么说并不代表我们完全无法用语言来描述这些范畴，而且能用语言说清楚也是一件好事，不然我们就不可能在这一章讨论这类范畴了！我们想说的是没有一个事先存在的词语或者短语从脑中浮现出来的范畴。简言之，就是词汇空缺，就像托尼·霍格兰诗中生动描述的语言真空一样。每次遇到词汇空缺的时候，如果人们都要依靠另一套特别的认知机制的话，范畴化在认知活动的核心地位就会令人生疑。但是，没有语言标签的范畴的存在恰恰强化了我们的论点，也就是说通过类比进行范畴化是认知的普遍结构。

即时建立和应用的范畴

我们总是要依靠没有名字的概念。词汇和概念是两种不一样的事物，事实上，传统语言学家会把一个语言标签和这个标签所指代的东西区分开来。这个区分与心理学家对**大脑词库**（即我们存储标签的仓库）和**语义记忆**（即我们存储概念的仓库）的区分几乎一致。如果不做出这样的区分，那么“这个词的意思”这一短语就没有意义了。语言标签和范畴之间的这个区别非常重要，我们希望读者对此已有清晰的理解。虽然大部分概念都能激发某个常见的词或者短语，我们也会面对许多没有现成语言标签的情况，但这并不意味着后者比前者分类更难。

我们每天都在不假思索地创造新概念，其中大部分概念都不会再去想了，因为它们只在某个独一无二的特殊场景适用。心理学家劳伦斯·巴斯劳（Lawrence Barsalou）专门研究过这样的范畴。这些范畴大多在一个人突然必须做一件自己不熟悉的事情时生成，他把它们称为“即时范畴”（ad-hoc categories），这类范畴是为了达到这个新目标而当场生成的。比如，**可以作为 12 岁孩子的生日礼物**这个范畴就是一个即时范畴。该范畴中可能有这样一些成员：书包、音乐光盘、跑鞋、电脑游戏、去游乐园玩一趟、在孩子最喜欢的餐厅吃晚饭、坐一次热气球，诸如此类。而假设这些成员之间没有生日礼物这个特殊的联系的话，它们看上去就毫不相关。

如果我们仔细观察，就会发现公共场所指示牌上的一些奇怪标语之间也有某种联系。这些标语写着哪些事情和物品是被禁止的。比如，在美国新泽西州普林斯顿的帕默尔广场上有一个牌子写着：“禁止滑滑板、轮滑、自行车杂技、打闹、乱扔垃圾”；在曼哈顿的下东城，牌子上则写着：“禁止骑车、喂鸽子、喂狗”；在印第安纳州布鲁明顿的一张椅子旁则写着：“禁止带玻璃瓶、宠物和酒”。

我们可以列举出各类即时范畴，比如这些例子（有些是劳伦斯·巴斯劳列举的）：

房子被烧时要救出的东西；回老家时想去探望的人；父亲去世后需要通知的人；和我的节食计划不冲突的食物；能够轻易装进一个小行李箱的东西；脚上磨起水泡了还可以穿的鞋；去野炊要带的东西；换灯泡时可以踩的东西；可以用来垫桌腿防止桌子摇晃的东西；家里可以放手提包的地方；可以请客吃素食的馆子；穿上去有点“80年代风”的衣服；知道哪儿有好的搬家公司的人；有可能卖吉卜赛爵士吉他的人；在露营时可以进行的活动；去北京玩的路上游客可以参观的地方；春节长假既可以避寒又不是太挤的地方。[1]

我们还可以说这个例子清单本身就是一个绝佳的即时范畴！清单中的任何一个范畴都可能在人生中的某个时间点突然和我们有了联系，甚至变得非常重要。这些即时范畴的存在巩固了本书的论点，也就是通过类比进行范畴化乃是思维的核心。事实上，这个现象说明每当一个人希望达成某个目标时，比如从正在着火的房子中抢出最贵重的物品、组织野炊、换灯泡、为旅行作计划、计划某天晚上穿什么等，就算脑中没有一个合适的事先存在的范畴，也可以当场即兴生成一个新的范畴。

这些即兴生成的范畴并不是奢侈的认知活动的结果，因为倘若没有它们，日常生活中我们就一事无成。就拿前面提到的**可以作为12岁孩子的生日礼物**为例吧。对于正要给孩子买生日礼物的家长来说，这个新的范畴就成为周边环境的强大过滤器，可以帮助他们做决定。和其他范畴一样，随着时间的推移以及和周围环境接触的增加，这个新范畴会变得越来越精细。

没有名字却很稳定的范畴

我们的故事其实才刚刚开始。人脑中还有大量范畴，它们和即时范畴一样没有语言标签，却更加稳定持久，只不过日常生活中我们没注意罢了。虽然它们不在人们的母语词库里（或许在某些语言中有现成的语言标签），但仍然储存在许多人的大脑中，在适当的时候能够被适当的环境激活。而且它们很有可能是从多次使用的即时范畴演变而来的。比如，**在露营的时候可以进行的活动**、**去野炊要带的东西**、**能够轻易装进一个小行李箱的东西**，这些范畴就很可能在喜欢露营、野炊或者旅行的人的脑中成为稳定的概念。更普遍地讲，正如有语言标签的范畴一样，这些没有语言标签的范畴在激活之后，也能在人们面对新环境时起到作用，帮助人们理解新环境、在新环境下思考、做决定。这样的范畴不胜枚举，下面的例子就能论证它们的作用：

有这样一类人，他们曾经家喻户晓，但是现在却早已被世人遗忘，当人们读到新闻说此人去世了，人们会想："这人不是很早以前就死了吗？"有些东西可以心安理得地从朋友家拿走，如回形针或者橡皮筋；和前面这类东西非常接近，有些东西可以不经过朋友同意就从他们家里借走，如笔、剪刀，当然最后还是要还的；碗里的最后一块食物，如每个人都盯着却不敢夹走的最后一块西红柿；有这样一类人，他们坐火车时总要找个面向火车前进方向的座位；有这样一类物品，它们本身不贵，但是配件却贵得要命，如打印机、某些咖啡机、手机、可以换刀片的剃须刀；分手之后还是朋友的前任；自己有可能娶或者嫁的人；跟上一个类别里的人生的孩子；每当觉得自己瘦了就拿出来穿的衣服；家里的祖传之物；第二天加热之后比刚出锅时更好吃的那种菜；跟家人一样亲的朋友；很早以前的朋友，但是现在两人已经没有任何共同点了；朋友的孩子，从小看到大，现在已经都长大成人了；曾经处在前沿，但因为更新换代现在已经老掉牙了的东西，如软盘、胶卷、磁带、录音机、传真机；还没实施的远大计划；去超市总是忘买的东西，如盐、面粉、牙膏、剃须膏；中年转行的人；可以用手吃而没有人表示不满的主食，如薯条、鸡腿、比萨饼；虽然富可敌国但仍过着普通人生活的人；和某个名人的名字一模一样的人；姓氏也是常用名字的人；某人说"我马上就到"但是迟迟不出现的情况……

这些范畴在我们脑中都存在吗？很难说。连一个固定的名字都没有，这说明它们在生活中并不常见。同理，这些范畴恐怕也不是所有人都有的。但反过来说，大部分人都至少在某个瞬间遇到过上述范畴中的几个，尽管当时可能没有注意到。

我们当中，谁没有过未经朋友允许就拿走一个回形针、一张便利贴，或者一张纸、一块口香糖、一块糖果的情况呢？但是很显然，我们无法想象随意拿走朋友的钢笔或者领带夹，更别说壁炉上的一个精美饰物了。你肯定有那么一两次刚从超市买完东西回来就发现忘记买盐或者纸巾了，并因此懊恼不已。有多少人觉得用手拿薯条吃可以，但是一定不会用手吃长豆角？你听了多少次“得有人把这个吃了啊，别浪费了”，并指着碗里的最后一块排骨、最后一块西兰花，或者最后一块蛋糕，可所有人都不敢吃最后一块，生怕显得不礼貌。有的语言专门有一个短语来描述这样的情况，用西班牙文说是“el pedazo de la vergüenza”（更多的情况下就是“el de la vergüenza”），而意大利文中则是“il pezzo della vergogna”，二者都可以译成“那我就稍微不好意思了啊”，在英文中则没有这样的短语，至少现在还没有。中文里的“那我就不客气了啊”，意思则与这种情况比较接近。

只要你开始注意到这些范畴，你就会发现它们中的许多都已经在我们的记忆中形成并储存好了，供我们随时提取。还有一部分虽然不是现成的，但仍然可以很容易地即时生成、供人使用。尽管它们往往微不足道或者过于小众，不值得我们为其贴上词语标签，但它们仍有力地证明我们的大脑在不断生成各种范畴。

对，就坐在那儿

现在我们就来看那些人们毫不费力就能感知，却找不到词语描述的类比。许多读者会认为它们太基础、太简单，以至刚开始都不想说它们是类比。

> 某人晚上恰好和女儿一起坐在下班回家的城际列车上。他漫不经心地对女儿说：“昨天有个年轻的女孩儿就坐在那儿，她拿着手机叽里呱啦不停地说，简直是没完没了。”说着他指了指过道对面的座位。

一边说“就坐在那儿”，一边指着某个地方，这是再正常不过的交流了。但可以肯定的是，那个女孩儿不是真的在那儿，一定不是！事实上，我们可以试着尽可能多地列出两个**那儿**的区别，然后再想想有没有其他情况下他会说“就坐在那儿”，并且他的女儿能非常容易地理解，比如，他们可能坐在公交车或者飞机上，而不是城际列车里，再比如他指的是前面或者后面的座位。那位话多的年轻女孩儿当然不是严格意义上的坐在那儿，不过虽然这话在字面上并不真实，但在类比这个层面上却是真实的。这就是我们每时每刻进行交流的方式：把那些简单类比的作用最大化，把我们需要花费的力气最小化。

你也许会觉得这是个词语范畴，也就是由“那儿”这个词所代表的范畴。但是伴随着这个词的还有一个动作，这个动作也非常重要。女儿从脑中提取出来的范畴是由词语和动作共同激发的。也就是说，被激发的不是由“那儿”这个词所代表的毫无语境、浩瀚而又模糊的概念，而是那儿的整个集合中非常小的一个子集，即城际列车（或者公交车、飞机、船）上的座位，并且和他就隔着一个过道，或者是他知道某人坐着、曾经坐过或者曾经打算坐过的座位。之所以用了词语和动作的结合体，就是为了向他的女儿指明那个根据类比才能找到、在当前讨论框架中的位置，在那儿曾经坐着一个话匣子。这个新概念及时而自然地生成了，它一方面具有普遍性，因为在许多的情境中都能使用，另一方面又非常具体，因为它如此准确、实在。正是这个新概念让女儿能够生动地还原出前一天父亲所经历的情形，通过“指点座位”式的类比进行的交流可以说是十分高效了。

出现在她办公室的大教授

在一个“差不多一样”的情境中,一位年轻的教授受邀到某个一流研究所作报告。她惊讶地发现，一位她久仰大名但是从没想过会来听她讲课的老教授就坐在前排中间。在她报告期间，那位老教授听得饶有兴趣，在结束时还幽默地问了一个简洁但是一针见血的问题。这位年轻教授十分欣喜，回到办公室后，她和自己的研究生说：“太激动了！ X 教授就坐在那儿！”说着她用手指向面前两个学生之间的空当。她是对的，因为从某个意义上讲，X 教授的确就在那儿，甚至可以说完完全全就在那儿，但是从另一个角度讲，他当然不可能在那儿了。尽管如此，这个不易觉察的类比很容易就胜过了吹毛求疵的逻辑和狭隘意义上的精确。

有人可能会说，上文坐城际列车的人和这位年轻的教授做的认知活动不仅仅是“差不多一回事儿”，而是完完全全一模一样。的确如此。不过，想要得出他们的认知活动“完完全全一模一样”这个结论，那就得忽略两个情境中几乎所有的细节，然后从中提取二者的共同本质。

这儿和那儿

这里还有一个“差不多一回事儿”的情境。认知科学学会的年会上，两位与会者在某出版商的展位前不期而遇。其中一人说：“上次我们不就是在这儿碰到的吗？”尽管他们“上次”见面是在五年前另一个大陆另一座城市的一个人类学会议里的竞争对手出版商的展位前，那也没关系。就算如此，那也可以说是在“这儿”。

现在暂时回到我们的元类比上，这看上去是不是又是“完完全全一模一样的类比”呢？“这儿”背后的两人没有言明的背景变成了会议中出版商的某个展台。不过“这儿”这个范畴也变模糊了，从一个特定的出版商和学术会议，扩大到了包含其他出版商、其他展厅、其他城市、其他年份的场景。参会者完全有理由相信她的同事能够理解这个暗含的语境，这个语境起的作用和前几个例子中“伸手指”的作用差不多。她说的“这儿”只不过表达了该词语所有可能的意思中的一小部分。

从浅显类比滑向深层类比

下面两个小故事将会有助于理解**那儿**和**这儿**的情境的微妙之处。一位音乐爱好者到一座城市拜谒他最喜爱的作曲家的墓。一大早，他前往墓地向音乐家致敬，但令他伤心的是，墓地大门紧锁。他决定绕着墓地走走，看是否还有另外的入口。45分钟后，他又回到了原地，但是非常高兴地发现墓地大门已经打开，他就进去拜谒了。晚上，他回到了自己的宾馆，却惊讶地发现宾馆前门已经锁了，在绕楼走了一圈之后他发现宾馆并没有别的入口。幸运的是，这时另外一位住店的客人出现了，他有备用钥匙，于是开门让他进了宾馆。他松了一口气，回到自己的房间坐在床上，又困又累。当他看向门的时候，发现门上有一个火灾逃生用的宾馆小地图。他指着地图说道：“这儿就是把我锁在外面的大门！”然后他照着自己刚才在楼下绕的一圈，用手指在地图上也绕着宾馆画了一圈。画到一半他就笑了，因为这让他想起自己早上在墓地周围绕的那一圈。用手在地图上绕了一圈之后，他说：“我绕着墓地走了一圈之后，就到了这儿！”他的手虽然只绕了一圈，却完成了两件事。

现在让我们来看一位中学物理老师的例子。她一开始在黑板上画了一个黄色的圆圈，之后在周围加上了一些绕着它转的小物体。所有学生都知道这是太阳系，因为他们刚刚才学了这个。然后她说:“你们今天即将看到原子结构也是如此。所以这儿就是轨道上的电子。”说着,她用手指着一颗行星,然后做了一个绕圈的动作表示所有行星都在绕着太阳转。“那儿就是我们所说的原子核。”说着她用手指向表示太阳的黄色圆圈。这个轨道类比,也许因为用了科学术语,显得比上文所作的接地气的类比更加复杂,但真是这样吗?毕竟,两个类比都是用一个图形把一个大的环状物对应到一个小的环状物上。

我们绝不认为一边说着“那儿”一边指着某个地方就可以获得诺贝尔物理学奖,不过这样稀松平常的动作确实和把原子与太阳系联系起来的深刻类比有异曲同工之妙。发现原子和太阳系的对应关系是许多杰出科学家在19世纪末20世纪初共同努力的结果。他们中既有实验科学家,也有理论科学家,而且来自许多不同的国家,如长冈半太郎(Hantaro Nagaoka)、让·佩兰(Jean Perrin)、阿瑟·哈斯(Arthur Haas)、欧内斯特·卢瑟福(Ernest Rutherford)、约翰·尼科尔森(John Nicholson)和尼尔斯·玻尔(Niels Bohr)。原子和太阳系类比的最核心部分在当时还完全不为人所知,因为杰出物理学家的大胆猜想,加上大量实证研究,才最终产生了这些想法。然而,仅在数十年后,这些曾经具有革命性的想法就融入了我们的教育系统,成了科学常识。从这个意义上讲,太阳系与原子结构的类比和我们每天随口说“这儿”“那儿”时建立的类比,其实大同小异。

类比和“常比”的作用与微妙之处

一个人在描述了某种情况之后,常常会有人点头说道:“说得太对了!事情总是这样!”或者说“我之前见过”,或者说“这事儿我遇到好几次了”。这些对话太常见了,以至我们常常忽略了它们的微妙之处。

最重要的是,这些听上去十分平常的话语都表达了一个意思,即尽管此人描述的特殊情况我们从没遇到过,而且很复杂,但是这个情况的本质却让人感到似曾相识。虽然没法用某个已知的词或者短语来描述这个本质,但要么自己有过这样的亲身经历,要么就听别人讲过。事实上我们的意思是:“你刚才讲的事当然是特别的、独一无二的,但就算是这样,我也是经历过的。我能想起来好几件事,和你所讲的事情有完全一样的概念框架，所以，我非常深刻地，事实上是完完全全地知道你经历了什么。”这些听上去稀松平常的类比我们就称其为“常比”。

下面就来看看这一现象的例子吧。它们都是从真实发生的对话中提取出来的。从表面上看，这些事情再平常不过了，以至很少有人会注意到它们，但其中却有非常丰富的意义。

典型的“常比”：“我也是！”

保罗和汤姆参加了同一个会议。他们正在宾馆的酒吧里畅谈。一小时后，保罗说道：“我要给我的啤酒买单了。”汤姆说：“我也是。”

汤姆这个简洁的回答似乎并没有牵涉任何复杂的认知机制。也没人觉得这句话里有值得像爱因斯坦这么聪明的人去思考的玄机。然而，汤姆能够说出“我也是”这句话，以及保罗毫无障碍地理解这句话，都需要非常灵活的认知能力。

首先，汤姆的意思不是他要做和保罗完全一样的事，即为保罗的啤酒买单，没有人会这么理解。汤姆的意思当然是他要做一件类似的事，一个很自然的想法就是汤姆要为他自己的啤酒买单。这个解释说得通，只不过他喝的不是啤酒，而是边喝可乐边吃花生米。那么他说“我也是”就表示他要给那两样东西买单了？其实也不是，他没有打算为任何东西付钱，因为他是会议邀请来的嘉宾，所以组委会会报销他的开销。他想做的其实是把花生和可乐的钱记在自己房间的账单上，这才是汤姆说的“我也是”的意思。

汤姆短短的一句话实际上出人意料地复杂。其实，在不同情境的“几何学”中，几乎找不到完全平行的线条。上文的例子中，与保罗的啤酒“平行”的不是一件东西而是一对东西，只要你同意许多粒花生可以被当作“一件东西”。另外，这一对东西中的一件不是啤酒，另一件甚至根本就不是饮料。把这样一对东西与一杯啤酒对应起来需要不容小觑的概念滑动（conceptual slippage），也就是让一个概念扮演另一个概念的角色。把汤姆房间的账单与保罗口袋里的钱等同起来同样如此。如果你仔细想的话，汤姆看似漫不经心说出的“我也是”，其真正含义是：“通过联系你所处的环境，我明白你表达的意图，那么我想在与你的环境相对应的我自己的环境中，做和你类似的事情。”

如果保罗说的不是“我要给我的啤酒买单了”，而是非常宽泛和抽象的一句话：“本人拟采取行动，以还清欠下某饮料和服务提供商之款项，该服务商非常友好地答应了本人之前购买饮品的请求。”那么从字面上讲，汤姆回复的“我也是”就完全正确了。但保罗并不是这么说的，现实生活中也没有人这样说话。这种文绉绉的说话方式在这里毫无用处。为了保证交流顺畅，我们每个人都会建立许多小类比。我们也知道，就算这些类比有点草率、不一定准确，别人仍然能够理解它们。与此相反，以非常复杂而“精准”的文绉绉的口气说出来的话，比如刚才我们让保罗说的那句，虽然看上去概括性强、适用范围广，但难以理解。

普洛克路斯忒斯之床

你也许认为汤姆和保罗仅仅在为一个比例类比求解而已，即求出“**为啤酒付钱**:**保罗的世界** :: **X** : **汤姆的世界**”中的X。从某种意义上来讲，的确如此，因为我们完全可以把任何类比都强行写成“A : B :: C : D”这样的形式，只要我们把B和D看成许多由复杂情境组成的两个整体，而A和C则是B和D这两个“世界”中的一个方面或者一小部分。这样，我们的类比就理所当然的是：A在B世界中扮演的角色和C在D世界中扮演的角色“一模一样”。

就以保罗和汤姆的谈话为例吧。那么，**保罗的世界**和**汤姆的世界**归根结底是什么呢？这两个概念都没有准确的定义。两个人都在同一个城市、参加同一个会议、身处同一家酒店的同一个酒吧。这些共同之处有多少和汤姆说的“我也是”有关系呢？从小的方面说，保罗吃了几颗汤姆点的花生米，让酒吧里他们两个人的世界之间的界限变得更加模糊了。从大的方面讲，我们所谓的“汤姆的世界”包括也有可能不包括：他的机票，他在会议上演讲的题目，他酒店房间里坏掉的空调，演讲时夹在他翻领上的出了故障的麦克风，酒吧中他坐的长凳，等等。总而言之，在比例类比中看上去非常简单的两个短语，“保罗的世界”和“汤姆的世界”所代表的情境之间，并没有非常鲜明、清晰的界限。

我们的目的不是要把汤姆脑中的认知过程写得神神秘秘，但我们觉得不应该假装用数学一般精准的符号系统把这个场景形式化。虽然所有类比都可以写成比例类比的形式，但是只在很少的情况下才显得非常自然。这种写法完全忽略了所有我们刚才描述的复杂的心理活动，只能给我们一些关于这个类比的小提示罢了，缺乏心理学上的相关性使我们对它的兴趣大打折扣。

顽固坚持所有类比都要一致，都要“等比例”，这不禁让我们想到古希腊神话中的普洛克路斯忒斯（Procrustes）。他在神话中是个强盗，会把所有无辜的路人抓到自己的床上，让他们躺着。为了让身高不同的“客人”都和床的长度恰好一致，他要么把矮人拉长到和床一样长，要么把高个子的脚或者腿砍掉，让他们不至于把腿伸出床外。这无疑让他的每个客人都做出了巨大的牺牲。中文成语“削足适履”似乎与此有异曲同工之处。

再平常的类比也有微妙之处

人们说“我也是”的时候，有时是为了表示同情或赞成，有时是为了表达自己也用同样的视角看这个世界，还有的时候仅仅是为了显得更礼貌。所以有时脱口说出“我也是”的时候，我们甚至都不知道自己到底想表达什么意思。这就好比在餐厅工作了很长一段时间的服务员，到医院担任就医引导之后仍然习惯性地对离开的人说：“谢谢光临，欢迎下次再来。”

有时候，“我也是”的含义模棱两可。因此，假如一个朋友说“我希望你过两天来我家吃晚饭”，然后你回答说“我也是”，那么你是想去朋友家吃晚饭呢，还是想让朋友到你家吃晚饭？这句话其实也可以同时表达这两种意思，而我们很可能也不太清楚自己到底想说什么。如果我们知道自己想说什么，就会发现这句话可能会造成歧义，于是不得不说得更具体、表达得更清晰。

下面就来看一些例子吧。在这些例子里，范畴之间的滑动并不是一眼就能看出来的，需要开动脑筋。在每个例子里，概念滑动都是从第一个人指代的对象转移到第二个人指代的对象。要判断哪些滑动是灵活的，需要依靠很多难以言明的线索。

小赵:“我看见月亮了。”小钱:“我也是。”

小孙:“我头疼。”小李:“我也是。”

在这个例子里，小赵和小钱有可能站在一起，也有可能相隔几百公里。但他们看到的总是同一个月亮，而不是分别看到一个不同的月亮。与此相反，在第二个例子里，头却有两个，头疼也不是同样的头疼。

小周:“当我还是小女孩儿的时候，我就养狗了。”小吴:“我也是。”

小郑:“当我还是小女孩儿的时候，我就暗恋你了。”小王:“我也是。”

在第一个句子里，我们可以猜测小吴是男的（这样他就永远不可能是个小女孩了），或者他有可能养了别的动物，比如猫或者其他更少见的物种，虽然可能性不太大。第二句里“我也是”的意思就非常明显了，即小王也暗恋小郑。这里的概念滑动毫不费力就改变了丘比特射箭的方向。

小冯:“非常抱歉昨晚没能控制住自己。”小陈:“我也是。”

小褚:“因为最近的遭遇，我可以原谅自己这一次。”小卫:“我也是。”

第一个例子里，我们应该能理解小冯和小陈吵架了，并且都为自己的行为向对方道歉。相反地，在第二个例子里，小褚认为最近的遭遇可能是让他犯了某个错误的原因，而小卫只是简单地表示同意这种看法，当然，还有可能小卫也碰到了同样的情况。

小蒋:“今年忘记我老婆的生日了。”小沈:“我也是。”

小韩:“哎呀！我把给我老婆的礼物忘在你车上了。”小杨:“我也是。”

第一个例子里，我们知道小蒋和小沈都是男的，他们都忘记自己老婆的生日了。因此，当说话人发生变化时，“我老婆”的含义从“小蒋的老婆”变成了“小沈的老婆”。不同的是，在第二个例子里，我们可以肯定地推断出，两人坐的都是小杨的车（而不是每人都开了一辆车），所以小杨的意思是:“我们两个把送给你老婆的礼物都忘在我的车上了。我们怎么这么笨？”

小朱：“有一次我不小心把自己的婚戒扔进了垃圾桶。”小秦：“我也是。”

小秦说的“我也是”，显然不是因为小秦有一次把小朱的婚戒扔进了垃圾桶。小秦说的是她自己的婚戒。就算小秦现在是单身状态，就算她之前已经结过不只一次婚，“我的婚戒”的意思都是“在某一时段我戴着的用来表示我已经结婚了的戒指”。“垃圾桶”表示的也不是某个特定的垃圾桶（就好像在全世界只有一个垃圾桶一样，这与伽利略发现木星、卫星前只有地球有唯一的卫星有点类似）；实际上，小秦的“垃圾桶”有可能是一个真的垃圾桶，也有可能是某个沙滩、一碗汤、一座湖、下水道，或者信箱——谁知道到底是哪个！因此，许多不同的场景都可能与小朱的故事相匹配。

如果从潜意识中偶然浮现的记忆是年纪还小的侄女在坐缆车上山滑雪的时候把玩具珠宝掉在下面的雪地里了，那小秦也许不会说“我也是”。但这种刻意的内心审查无法阻止记忆浮现出来，也并不意味着我们没有说“我也是”的冲动。就算在这个非常极端的情况下，我们面对的还是“我也是”的情境，只不过是该范畴的边缘成员罢了。

爱德华被问住了

一个周四的下午，爱德华在学校门口等儿子放学。他正在和儿子好朋友的妈妈斯蒂芬妮聊天。斯蒂芬妮突然对他说道：“我觉得您爱人非常漂亮，她的脸美极了。”爱德华立马开动脑力，想找到一句合适的回答，来回应对他妻子的称赞。因为他想顺着话题接下去，所以他就想找到“我也是”这样的说法。但是这里的“我也是”到底是什么意思呢？

他首先想到的是以配偶为基础的想法：“既然斯蒂芬妮称赞了我的配偶，也许我应该称赞一下她的配偶。”但是，对斯蒂芬妮说她的丈夫英俊潇洒，这让爱德华心里有些不舒服，欣赏其他男人的脸庞对他来讲不是一件很自然的事。而且他觉得，女人对其他女人魅力的欣赏，与男人对其他男人英俊外表的反应是非常不同的。最重要的是，如果仅仅说一句“我也是”或者“我也这么觉得”，听上去就显得非常机械和虚伪，因为这个回答就像公式一样，仿佛直接把别人说的话复制了一遍，以至别人一听就会怀疑说话人是否发自内心，无论这句“我也是”背后充满多少真心实意。这看上去就像是爱德华只要收到任何称赞，他就必须像鹦鹉学舌一样，原封不动地回赞对方。这种性格缺陷最好还是别让人看出来了。因此，在瞬间权衡了各个因素后，爱德华抑制住了他的第一个冲动：“我也是——我觉得您先生非常英俊，他的脸非常有魅力。”

接下来，爱德华又想到一个“我也是”的情境，这次不是建立在**配偶**这一范畴上，而是**夫妻中的女方**这个范畴上。“既然斯蒂芬妮称赞了我们夫妻中的女方，那反过来我也可以称赞对方夫妻中的女方，也就是斯蒂芬妮她自己。”但是他同样没法说服自己这样说，因为告诉斯蒂芬妮他觉得她很漂亮也有点难以启齿；这样的话很容易就会让人想到别处去。所以最后，他放弃了对斯蒂芬妮说“我也是——我觉得您非常漂亮”的想法。

这时，爱德华发现上一个“我也是”让他难以启齿的原因是他和斯蒂芬妮的性别不同，然而他的妻子和斯蒂芬妮性别一样。所以，最好的“我也是”赞美难道不应该是仰慕者和被仰慕者性别相同吗？换句话说，如果称赞女方比称赞配偶更重要，那么这些称赞也应该来自女方而非男方。这是个新点子啊！这意味着他可以告诉斯蒂芬妮他的妻子认为斯蒂芬妮非常漂亮。尽管他的大脑现在正全力以赴找些话来讲，好让自己不要因为许久不回答而显得不礼貌，但爱德华还是不满意这个说法，因为他这样算是转述第三方的观点，而斯蒂芬妮表达的却是她自己的观点。因此，爱德华没有告诉她“我妻子也很欣赏您的脸庞”。

最后，他选择了与字面意思最接近的类比，也是所有类比中最接地气、最基本，同时在他看来也是最好的一个。斯蒂芬妮称赞了他的妻子，于是他也优雅地微笑道：“我也是！我也觉得她很漂亮！”

一箭双雕

正如前文所讲述的，要理解“我也是”这种句子的含义，我们需要有灵活细致的类比能力，尽管表面上看这些句子平淡无奇。在任何语言里，这样的话都不计其数。它们有着相同的特点，那就是都包含初看上去不值一提，但仔细思考却别有深意的类比。我们现在就来看看这样的例子。

> 高二的吴幽刚刚在新作业本上写下了自己的名字，却听她叫道：“哎呀！又废掉一个作业本了！已经写错两回了。”同桌小王笑着问她：“你改名字多久了？”吴幽回答道：“快半年了吧……”小王安慰她说：“别伤心，每次升一个年级我都会犯这样的错。”

那么到底每升一个年级，小王都会犯什么错误呢？显然他不是每次都会把自己的名字写错，除非他像吴幽一样最近改名字了。显然，他想说的是每次在作业本封面写年级的时候，他写的都还是去年的年级。

“这样”这个代词，看上去只是小王随口一说，却藏着两个有细微差别的意思，即小王把这两个概念压缩到了一个代词里：一是**在作业本封面的“姓名”一栏写上自己以前的而不是现在的名字**，二是**在作业本封面的“年级”一栏写上自己去年的年级而不是现在的年级**。这就是一箭双雕。小王用“这样”一词在他脑中创造了一个新的抽象范畴，该范畴包含了上面两种事件。其实我们在上文讨论了与之类似的现象：**那儿**和**这儿**所包含的多个次级范畴；现在我们又见证了在代词“这样”这个大得无边无际的范畴中即兴产生的次级范畴。这个新范畴实际上包含了几乎所有你能想象的东西，所以如果不限制它的语境，它将毫无用处。但是小王的回答中，一个受到了限制的词语“这样”却包含了一个微妙、抽象，而且非常有趣的范畴。在现实生活中，除了小王想到的两种情况之外，它还常常以多种不同形式出现。

因此“这样”所代表的次级范畴是：**某人的名称或者身份突然产生不寻常的变化使其必须改变某一书写方式，但是在变化发生了一段时间后，旧的书写习惯仍然没有改掉，于是此人常常还是用以前的方式书写**。尽管这样说非常啰嗦，看上去像法律条文一样烦琐，但这个范畴仍然是我们每个人都熟知的，并且在生活中时常出现。下面就给出一些例子，其中一部分是我们经历或者观察到的，还有的则是想象出来的，不过它们都包含了上述范畴的本质。

玛莎换了工作，现在在城市的另一头上班。但刚换工作的头几个月，她老是走错路，走去之前公司的地方。

◇◇◇◇

冥王星已经不再被官方认可为一颗行星，但是大多数人在描述太阳系时，仍然称其为行星或者会说太阳系有“九大行星”。

◇◇◇◇

麦克去世几个月之后，他伤心的爱人仍然不停地说“我们”怎么怎么样，虽然她很努力地想改掉这个习惯。

◇◇◇◇

一对在东京生活了很久的中国夫妇回到北京。丈夫正在纽约出差，妻子在谈到丈夫的时候说：“他总是尽量坐全日空的航班。”但事实上她想说的是：“他总是尽量坐国航的航班。”

◇◇◇◇

理查德刚买了辆新车。他在停车场找了半天都没有看到自己的车，原因是他脑中自己车的“形象”还是他之前的老车，就算新车摆在他面前他也还是意识不到。

◇◇◇◇

已经开学好几周了。有人问一位妈妈她孩子在哪儿上学，她回答的却是孩子去年上学的学校。

◇◇◇◇

虽然乔治的50岁生日在6个月前就已经过了，但他还是常说：“等我50岁的时候……”

◇◇◇◇

给家里打电话时，拉瑞拨通了他搬家之前的老家电话。

◇◇◇◇

朱莉问表妹她的儿子最近怎么样了，但是她忘了表妹去年又生了第二个男孩。

◇◇◇◇

一位连长最近升职成为团长，但是每当有人叫他“张团长”时他都有些不知所措。

◇◇◇◇

小赵最近结婚了，岳父是他工作单位的科长，平时大家都叫他“李科长”。虽然结婚时岳父跟小赵说了好几次叫他“老李”就行了，但小赵总还是不自觉地喊“李科长”。

有意思的是，严格来讲，这个清单中没有任何一件事属于上文黑体字所定义的范畴。因为如果你仔细看的话，你会发现那个范畴包含书写错误。不过，上述情境仍然可以说是由“这样”这个词所涵盖的。常常忘事儿的玛莎和张团长也可以好好安慰吴幽：“别伤心，这样的错误我也常常犯！”

上面列出的情境极大地延伸了本节开头的范畴。这个范畴由吴幽写名字的错误和她同桌无意说出的“这样”二字组成。尽管如此，那些情境并没有破坏这个范畴的核心本质。恰恰相反，它们拓宽了这个范畴、给它带来了更具体的事例，让它的核心变得更加生动。即正是因为那些虽然需要改变但仍然保留的旧习惯，才让上述事例成为该范畴的一员。换句话讲，该范畴的成员描述的是那些难以重新编写的条件反射程序。

也许有人会问：“是不是只有在同桌小王安慰吴幽的时候才会建立这个概念空间呢？”我们的回答是，当小王听到吴幽的抱怨时，他不仅完全能够理解其字面意义，还能从中抽象出一个更宽泛的想法，这个想法能够应用在任何时间、任何地点、任何人身上。小王所说的“我都犯这样的错误”其实是不自觉地把这一情景扩大了，这一未经思索的抽象行为把一个“思维点”（只有一个事件）扩大到了一个小的“思维空间”（一个新的概念）。

实际上，人们说的每一句话都不知不觉地被一个或多个“基于主题的变化”包围了，因为任何一个场景都有不止一个本质，这些变化并不一定是针对听话人出现的。也就是说，一旦我们描述了某个情境，它就会自然而然地招来各种类比，这些类比把该情境抽象出来，并且使它的本质（或者说诸多本质之一）变得越来越清晰。由此生成的更加宽泛的情境，虽然只是人们理解一句话时自动产生的副产品，却形成了一个新的抽象范畴。就这样产生了许多简单的思维滑动，这些滑动把新生成的范畴与其他情境联系起来，这些情境与最早的那个“定制成员”的差别有大有小，而它们将成为这个范畴的新成员。这种建立在类比之上的范畴扩展不断发生，新生的范畴能扩展得非常远。当然了，它们是建立在随着时间流逝而不断遇到的相似情境之上的。随着某个概念的范畴不断向外扩展，它的核心本质将在建立这个概念的人脑中变得越来越清晰，就好比一把越用越锋利的宝刀。

床上有架钢琴

大伟是位爵士乐手，他既能弹钢琴和吉他，又会吹小号。一天，他听说音乐学院的一位老朋友，一个低音管手，在和父亲一起修自家别墅的屋顶时，从上面摔了下来。医生说她以后都没法走路了。但是在事故发生后的第二天，她竟然从医院病房的床上坐了起来，并且要别人把她的低音管拿来。听到这个故事时，大伟叹道：“这太不可思议了！我永远不可能做到。”

大伟的意思到底是什么？他不可能做到什么？他是否想象自己在和父亲修房顶时摔了下来，第二天躺在医院时却坐起来让人把他会的三种乐器之一拿来（肯定不是低音管了）？好像不太可能。更有可能的是，他想表达自己对老朋友的钦佩，钦佩她面对不幸时的勇气。不过我们也不太可能完全抑制前一种联想，也就是大伟在巨大的不幸之后坐在医院床上，却叫人把他的小号拿来（在他会的三种乐器中，小号和低音管最像了）。

大伟也不太可能准确知道自己脱口而出的那句话到底是什么意思，但是恐怕在他脑中的也是他想让听话人理解的想法介于以下二者之间：一是一个比较少见的抽象概念，也就是任何表现了令人惊叹的勇气的行为；二则是老朋友经历的重放，也就是大伟自己从屋顶上摔下来，听医生说自己要瘫痪一辈子，但是第二天还在病床上就让人把他的乐器拿来。这样一个有中等大小概念滑动的、介于二者之间的情境大概就是：在大伟遇到一件难以预料却改变了他人生轨迹的事件时，他并没有怨天尤人，而是专注在自己多年来最热爱的事情上，也许是音乐上的，也许是其他方面的。

大坝一点儿都不好

尼克第一次去埃及旅行快要结束的时候，一天傍晚，他乘坐出租车去饭馆。尼克是个健谈且好奇心重的人，于是他和司机聊了起来。司机说他来自埃及南部的努比亚人部落。听到这个，尼克想到最近才参观的一座大坝。大坝在尼罗河上的城市阿斯旺，是由苏联和埃及共同修建的。恰好很多努比亚人就居住在阿斯旺。于是尼克问他："这座大坝对你们的生活有什么影响呢？"司机答道："对我们来说一点儿都不好。"尼克同情地说道："是吗？哎，事情总是这样。"

关键的问题就是：尼克说的到底是什么意思？他是在暗示大约更早之前英国和埃及在阿斯旺的尼罗河上共同修建的另一座大坝，还是指建在尼罗河上的其他大坝，只不过也在努比亚人生活的城市附近，还是想说生活在埃及的其他部落，或者生活在尼罗河上的部落，还是指所有由埃及政府修建的大型建筑都给少数族裔带来了负面影响，还是指任何政府所做的任何有损少数民族利益的行为，还是说任何给人们带来灾难的建筑工程，抑或是善意地表达了对工业生活中每况愈下的原住民的哀伤，还是无论发生了什么弱者总是受伤？最有可能的情况就是，尼克自己也不知道他想表达什么。他这么说只不过是给各种情况都留下了可能性，当然可能还有更多的情况。尼克顺口说出的话所代表的范畴，不论是其大小还是性质，都是模棱两可的，多种解读都有可能。但无论是哪一种，他们都建立在类比之上，并远远超越了阿斯旺大坝和努比亚人这个特例，而且每一种解读都对应一个边界模糊的范畴。

一箩筐"常比"

在前几个小节，我们主要讲了"常比"这样一种现象，目的是要说明日常生活中它们随处可见，人们可以用各式各样、五花八门的短语来表达这些"常见类比"。

但从另一个角度来讲，“常比”丰富性的背后却隐藏了一个对收集类比的人来说的难点，那就是，可能连最专注的耳朵都听不出这些简单的类比，因为它们总是很不起眼、稀松平常，甚至有些枯燥。

就像当我们把注意力集中到更显眼的人和事上时，一个穿着平常衣服的人就不那么显眼了一样，“我也是”这样的类比在迸发着智慧火光的交谈中也不会引起人们的注意。尽管理解它们不是问题，但没人关注。不过，对研究这个现象的人来说，这些类比总伴随着这样的短语出现：“这种事绝不会再发生了”或者“又来了”，或者是“现在开始我得小心了”“下次再遇到这个的时候”“我也遇到过一模一样的事情”“我也有这个习惯”“我以后不会再犯这样的错误了”“你上次就这么说的”“别让他们再这么对你了”……虽然很平常，但这些短语能给我们提个醒。另外一条有用的线索是“这样”或者“一模一样”这类的词，比如：“那天，这样的事也发生在我的身上！”说出这话的人往往提及拥有相同概念框架的两件事情，虽然表面上看二者有许多不同。因此，让我们看看下面的例子：

> 丈夫在床上夜读，妻子说就算他只用装电池的夹在书上的小灯，也还是太亮了，她睡不着。丈夫很生气，说妻子对光线太敏感了。妻子毫不示弱地回答说：“你还好意思说！每天早上你还不是这样。如果我起得早，就算穿衣服的声音再小，你也要说我穿衣服的声音把你吵醒了。你才太敏感呢！”
>
> ◇◇◇◇
>
> 小李在旅行中途不得不取消行程赶回家，因为暴雨把她的公寓淹了，家里的水有六七十厘米深。小李的朋友这时说，他在多年前也有“一模一样”的经历。他在一个重要会议开到一半的时候接到电话让他必须回家，因为邻居的房子着火了。

这告诉我们，在听别人讲故事的时候，我们都会剥去故事表面的细节，这个过程发生得十分迅速，并且自然而然，我们毫无察觉。只有到达故事的真正核心时，我们才停下来，并且把这个框架式的核心当作故事的本质。对我们来讲，“这才是要紧之处”。但是这个概念框架、抽象核心，或者说单纯的故事要领，往往对我们来说太简单、太“一丝不挂”。因此，我们立马搜索相关记忆，给它裹上衣服。这时，我们的个人经历就从记忆里冒了出来，它让我们以生动具体的方式，把自己的经历与刚听到的故事联系起来。这就解释了为什么人们可以喊出“一模一样的事情也发生在我们身上”，并且说的还是大实话。因为他们的全部精力都在两个故事相同的概念框架上，以至二者的差异无论多大，他们都看不见。在故事核心的层面上，这两个故事的确完全一样，它们就是同一个故事。

如何理解自己和他人的经历

把别人讲的故事转换成我们深层记忆中出现的某个自身经历，这是人类无处不在的自然倾向。通过在自身和他人之间作类比联系，或者更宽泛地说，通过进入大脑的熟悉场景来解释新的情境，这样的认知活动无处不在。

维吉妮娅收到了来自出版社的半年版税清单。她迫不及待地扫过一页又一页的数字，当看到最后的版税总额，也就是最后一行时，她非常高兴。为什么呢？因为前两次的版税都不高，她开始担心这种版税下滑的趋势会继续下去，所以这次版税的增多令她感到宽慰。我们又看到了一个简单的类比，把现在得到的和不久前得到的作对比。要找到比这个还简单的认知活动恐怕是很难的。其实，类似的简单对比是每天从早到晚、在每个人的生活中一直发生的。

我们再回到维吉妮娅这儿来。她的下一个想法是什么？“苏珊呢，她这次得了多少钱？”又是一个不起眼的类比！现在维吉妮娅把自己和一个好友作对比。苏珊是一位小说家，维吉妮娅总感到两个人有一种说不清的竞争关系，她为自己有这种想法还感到有点羞愧，但是又有什么办法呢？想知道朋友挣了多少钱就是一种膝跳反射，她没法抑制这种想法，这是由一种完全正常的心理压力而产生的对比。显然她也知道，没有哪个神灵能告诉她苏珊到底挣了多少钱，但是这完全不能阻止她想知道这个数字的渴望。

最后，维吉妮娅又仔细看了看自己的版税，对比了她写的不同小说之间的版税。她又一次做出了一系列小类比，把自己最近写的《末日后的狂欢》所挣的钱和之前的《丑小调交响乐》《通往地狱之路》《乖孩子的暴政》进行比较。

毫无疑问，有人会抗议说我们在这儿谈的根本就不是类比，只不过是数字间的简单比较罢了。但事实上远远不止这些。这些数字都属于**版税数额**这个范畴，并且都属于同一位小说家。更重要的是，它们都来自同一个半年的清单。维吉妮娅不会把写《末日后的狂欢》的收入与任意一个数字作对比，比如她家电吹风的价钱或者十年前她缴的所得税，更不会去和北京的气温、当地动物园的狮子数量去比较了。可以肯定的是，她的确在比较两个数字，但她之所以这么做，是因为这两个数字之间有着紧密的概念联系，还因为这样的比较会给她的生活带来一些有用的洞见。所以这毫无疑问也是一个类比，两本书为她带来的版税之间的类比，虽然毫不起眼，但并不会因为它简单、自然，就不是类比了。

在类比的海洋中遨游

马克正在看报纸。他看到了游泳名将菲尔普斯的报道。在获得了数不清的奥运金牌后他说道："我本来想在这场比赛中打破世界纪录的，不过现在这样也还行，得了块金牌也能接受。"马克自言自语道："菲尔普斯这家伙也太自大了吧！"为了能更清楚地思考这件事，他又想："那么，如果我是他，我会怎么说呢？"只要有比较，那就是类比，这不容置疑。为了能更深刻地理解他正在读的文章，他把自己想象成菲尔普斯，任何人这时都会这样做。他想象自己在 23 岁的时候就成为世界级的游泳健将，参加所有世界级的游泳大赛，在最后一程中奋力打水，看着自己的手最先触边，因为获奖而高兴得手舞足蹈，队友都前来祝贺，听到周围一阵阵欢呼声。这一切是什么感觉？

这就是人类理解事物的方式：我们会试着在大脑中模拟一件事，把自己代入事件，并把它与我们一生中所遇到的事情联系起来。也许马克自己在多年前曾经得过一块金牌，如果是这样的话，当时的记忆就会立刻浮现出来；也许他从来没有参加过竞技运动，但曾经在离家不远的游泳馆里飞快地游过泳，朋友们都为他喝彩，让他至今记忆犹新；也许他的同学曾经热烈地向他表示祝贺，那么这段记忆就会浮现；也许上学的时候，他曾在台上领过奖，那么这个奖品就会浮现在脑海。这就是我们理解事情的方式。

如果这位马克是马克·施皮茨（Mark Spitz）——这位曾经在1972年慕尼黑奥运会上获得7块金牌的美国游泳选手呢？他在看了2008年北京奥运会上菲尔普斯的表现后会怎么想？如果说他一个类比都不作，那几乎是不可能的。所以不出所料，在接受采访时，马克说："菲尔普斯就是我的翻版，他让我想起以前的自己。"[2]

如果菲尔普斯也是犹太人，就像马克·施皮茨一样也在萨克拉门托长大，那又会怎样？那么，他和施皮茨之间的类比联系会更加紧密，施皮茨对自己经历的回忆会更加强烈。换一个角度来讲，如果在北京横扫千军的泳坛高手菲尔普斯是一位女选手，那么对男选手施皮茨来讲，这个类比就没有那么大的说服力了。如果说这位女选手是在射箭而非游泳中获得8块金牌的印度尼西亚运动员，那施皮茨对她的兴趣就更小了。

那么，我们为什么要就58岁的马克·施皮茨看着电视上23岁的菲尔普斯想象出这么多不同的情况呢？我们的目的不过是要指出，人类大脑时时刻刻都在对比，也就是在类比的海洋中遨游，只不过这些对比往往没被察觉到，而且它们都是小型类比，人们感应的强度和这些类比的强度成正比。它们之间的联系非常简单：类比联系越紧密，人们的感受就越强烈。这个永不停歇的类比洪流有什么实际作用呢？不断冲刷我们大脑的类比洪流其实是人类处境不可分割的一部分。这些类比能够帮助人类理解所面对的新情况的本质。如果我们不想在这个如此复杂而又难以预料的世界上被滚滚洪流淹没的话，那么我们就一定要有把新事物和旧事物进行比较的原动力。

让我们最后来看看菲尔普斯和施皮茨的比较。如果这个类比真的空洞无物的话，施皮茨又为什么会去想它呢？为什么他一定要守在电视机前看他的翻版会怎样呢？为什么他会带着些许怀旧的情绪说"1972年的时候还没有50米游泳比赛，如果有的话，那我大概也能赢8块金牌"。[3]为什么全世界的记者都不知疲倦、日复一日、事无巨细地对比这两人？每当有人做出比较，不论它多么简单，多么不值一提，其他人要么拒绝它，要么就会深化这个对比。看来类比是会上瘾的！

类比总是惊喜不断吗

可能有人会说，“菲尔普斯就像是施皮茨”这个类比和本章开头我们提到的一系列类比不属于同一个家族（“歌曲就像毒品”“性别歧视就像种族歧视”“去世就像离开”“翅膀就像鱼翅”“动物的心脏就像水泵”等）。在金字塔里的这些比喻是真正的类比，因为它们中的每一个都展示了一些出人意料的新东西，但“菲尔普斯就像是施皮茨”这个比喻则是最平淡无奇、毫无生气的，既不能引起人们的兴趣，又不会有什么结果。就好像一个人对朋友说：“我和你很像，因为我们都有一个头、两只手，还有两条腿。”

怎么说呢？也有一些道理吧。但事实上这也的确是关于两个人的非常好的类比；而且不论多么微不足道，它都是非常有用的。比如，假设你的脚踝不好，而我的脚踝也有点毛病，那么我的建议就会对你很有用。或者说如果你不知道怎么把掉在眼睛里的眼睫毛弄出来，而我却有一个屡试不爽的妙招，那我就可以教你如何用一根手指把自己的眼睑拉下来按在眼睛上，这样就不会那么难受了。或者更简单的，如果我们刚刚一起爬完山，我饿得不行，那我就完全有理由相信你也一定很饿。

比“菲尔普斯就像是施皮茨”还要简单的类比在我们的思维中随处可见，比如这些非常平常的类比：“我有点儿像你”“这个人和其他人很像”。每时每刻，我们都紧密依靠这样的类比，虽然这都是在不知不觉中进行的。因此，当看见一个人在北京地铁站里仔细研究北京地图的时候，我们能感同身受，因为我们自己也曾经在北京或者上海、纽约、巴黎等地研究过当地地图或者某本说明书、使用指南等。当看到一个人在挠自己的手肘，也能感同身受，因为我们自己也挠过手肘或者膝盖、脖子等。当我们看到一个人打哈欠，也能感同身受，因为我们也打过成千上万个哈欠。这种类比肯定不会十分深刻、具有洞见，但它们仍然有一定深度，因为它们是我们理解其他事物的基础，说它们是人类同情心和移情作用的基石也完全不为过，因为它们决定了我们与世界建立联系的方式。

让我们来看看那些非常实际的类比吧，比如把一个超市和另一个超市联系在一起的类比。伴随超市这个概念的还有一大堆背景知识，比如香蕉一般都放在哪里。这些知识都是通过作类比而习得的，在需要用的时候，又通过类比被激发出来。当我们对自己说“香蕉应该是在那边某个地方”时，“那”这个词代表的就是在某个熟悉的超市里某个熟悉的货柜，但是与此同时，它还代表了一个人第一次来到并不熟悉的超市里从没见过的货柜。如果我知道在熟悉的超市里应该去哪里找香蕉，那么这个“香蕉类比”无疑就能帮我在其他超市找到香蕉，就算是在外国。可以肯定的是，这一想法实在是太平常了，简直不像是一个类比，也没有什么意思。不过，尽管稀松平常，它还是能帮我在新的超市里找到我想买的香蕉。

范畴化的作用之一就是能让我们通过类比来做出假设或者得出结论。无论这些类比来自什么领域，它们都是以我们熟悉的范畴为基础的，比如**人**、**游泳选手**、**运动员**、**奥运冠军**、**泳坛传奇**、**超市**、**货柜**、**香蕉**等。如果没有这些范畴，所有的思维都会停滞。其实，每个人在每个时刻，都把自己的生命赌在无数个微不足道、毫无察觉的类比上，虽然他们从没有想过这些类比的存在。每个思维活动，无论大小，都建立在这样的类比之上。越贴切的类比，人们就能从中得出越自然的结论。

依靠高效记忆提取而生存的人类

乔治刚听到一则不幸的消息，他最好朋友的父亲因为心脏病去世了。他条件反射似的回想起自己多年前突然去世的父亲，同样在无意识中进入脑海的，还有和他住在同一层的一位女士最近也突然去世。他还想起6年前，自己因为心律不齐而被送进急诊室。他又想到自己最好的朋友唯一一次大哭的场景,那个场面让他非常感动。他还记起自己舅妈去世时，舅舅是多么悲痛。他还试着思考朋友的母亲在这个无比悲伤的时刻会是什么感受……简言之，一大堆类比急匆匆地涌上了乔治的脑海。

当天晚上，乔治给他的论文导师打电话，说道:“我最好朋友的父亲昨晚去世了，所以我得离开几天去参加葬礼。”导师伤感地说:“我很能理解。唉，上周我们家的猫去世了，我和我太太都非常伤心。”这又是一个类比，你完全可以认为它不太合适，但是假设你养了将近20年的猫刚刚去世，这时正好有人打电话告诉你他的密友去世了，你一定会不由自主地想到自己的猫。如果一个人能敏锐地察觉他人感受的话，应该就不会提这件事，但这并不能阻止这些联想悄悄地在你脑海中形成。另外，上面这段话其实也建立在一个暗含的类比之上，就是你在这样的场景中可能做的事和乔治导师做的事之间的类比。虽然这样的类比只是非常常见的对比，不足为奇，但对你来讲仍然很重要，因为它会帮你弄明白自己遇到某一处境时的感受。这难道不能说明类比是不可抗拒、无法抑制的吗？

假设你在异国他乡的一个巨大的机场里，时间是凌晨4点，非常闷热。你被数百个吵闹的人包围了，所有人都想尽快通过海关。他们排了一条看上去像排队的队伍但是又和平常我们所说的“排队队伍”不太一样的队伍。还有不少人从左右两边插队，想要挤进队伍，还有的走进了看上去不应该走的通道，也不知道他们到底在往哪儿走。而且你对当地的那门语言完全不通（也可能他们说好几门语言）。你的三个行李箱中有着各种各样的贵重物品（其中的一个等了一个小时都还没有出现，另一个则没了提手，还有一个掉了个轮子）。在这样一个不熟悉的场景中，想要依靠自己储存的丰富而又可靠的范畴，来决定在面对一群插队的人、挤来挤去的人，还有海关官员时该如何行动，其实并非易事。

曾经遇到过的场景中，哪一个在概念上与当前场景最接近呢？到底有多少细节相似呢？如何才能将复杂的情况精简到其最根本的细节以找到其本质，并且像是当地人一样毫不费力呢？对于本地人来讲，面对这样的场景该怎么做是世界上再自然不过的事情了，这对他们来讲易如反掌。然而，对一位旅行者来说，就算当前的情况能够激发出之前亲身经历的某些场景，这仍然不能在大脑中唤起任何非常有前景，并且让人感到舒服放心的范畴，记忆中没有哪个部分能提供当前情况的避难所。这时，我们应该满足于从记忆中提取出来的一些不完全恰当的类比，尽管它们不能给我们非常精确、可靠的建议，虽然不是万全之策，但也是人生中常有的情况。

如果你读了上面讲述的机场里混乱的场景之后，没有联想到记忆中的任何经历，那我们会非常惊讶。人的本性使我们不知不觉就在记忆中向下深挖了好几层，为了理解别人告诉我们的场景，对自己亲身经历的场景更是如此。人类这个物种能生存下来，就是依靠着高效的记忆提取。

一位好友离婚了；邻居家着火了；附近发生了入室盗窃；同事出车祸了；在穷乡僻壤车胎爆了；失踪了的婚礼戒指奇迹般找了回来；长得令人难以置信的机场安检队伍；差点儿没赶上的飞机；在剧院插队的厚脸皮；在斯洛文尼亚的某个地方半

夜三更迷路了；在路边捡了一张百元大钞；为了获得签证要打一针很疼的疫苗；分别25年后一次感人的团聚；某个非常严重的癌症有所减缓；在两人都没去过的地方神奇地相遇；被妈妈救起来的差点被淹死的小孩；在后花园里失踪了三年的乌龟又出现了。简言之，每当听到上述任何我们感兴趣的事，那么一个或多个特定的记忆就会从看不见的地下记忆中浮现出来，不需要特意去提取，这些记忆让我们对给定事件产生了个人看法。

从另一方面来讲，当我们听到一件非常普通的事情时：把账单付了，吃了一个包子，电话响了，去商店买菜，某位远房亲戚得了流感，老车卖了，郊区建新房子了，等等，我们脑中激发的记忆就没有我们感兴趣的事件激发的记忆那么特别且细节丰富。毕竟，我们都经历过或者看到过许多这样的事了：得流感、修房子、吃包子或者看别人吃包子。我们无数个和吃包子相关的经历都储存在记忆中，一个盖在另一个上面，以至每一次的经历都一起变得模糊不清了，它们共同形成了一个棱角没那么分明的整体画面，也就是吃包子这个范畴。所以当有人告诉我们他在街边的包子铺里吃了两个包子时，我们脑中激发出来的画面就是那个模糊的吃包子范畴，而不是非常具体的吃包子的场景。

我们听到的每个故事，无论是引人入胜还是无趣无聊，都是由许多小的部分以独特的方式连在一起的，比如姑妈在机场吃包子忘记了时间差点错过飞机的故事。这个小故事作为一个整体可能会让我们想起自己身上发生的事，比如，有一次我们因为在小摊等了半天才买到饮料，从而差点错过火车。但是故事中的某个小部分，比如那个包子，并不会激发出任何故事。所以说，尽管只有一句话的吃包子故事能从记忆仓库中诱导出某段回忆，但组成这句话的词语却基本不能让我们想起任何故事。比如，你可以看看这段话里的词语，比如“吃”“但是”“小”或者“词语”，然后问自己它们是不是让你想到了一个故事。假如故事里的每一个词或者每一个短语、俗语都会从长期记忆中激发出一个事件，那我们很快就会迷失在其中了。如果真是这样的话，我们将陷入随机故事所产生的滚滚巨浪，然后因为认知上的巨大困惑而沉入海底。不过幸运的是这并不会发生，因为在一个故事中人们只是偶尔才会遇到一个能引起很多联想的词语，就好比一位有名的客串演员。

丹尼和迪克，科罗拉多大峡谷和卡尔纳克神庙：一个经典的联想

联想（reminding）是一个深刻而神秘的题目，正如下面的例子所展示的：

侯世达和卡罗带着他们15个月大的儿子丹尼来到了美国科罗拉多大峡谷北岸。虽然夫妻俩被巨大的峡谷震撼住了，但他们的儿子丹尼却被沙地上的一片叶子还有几只蚂蚁强烈地吸引了。蚂蚁和树叶离大峡谷还有10多米远。刚开始侯世达非常惊讶，但后来他想明白了，这么小的孩子是没办法欣赏3米或者5米以上的大东西的，更别说超过好几公里的风景了（科罗拉多大峡谷非常宽）。虽然这样看来孩子的反应可以理解，但是侯世达还是对这个戏剧性的场景忍俊不禁。

让我们把时间快进15年，侯世达和他的两个孩子在尼罗河上的卢克索下了游轮。他们和朋友凯丽、迪克一起前往著名的卡尔纳克神庙。当其他游人都被四周巨大的石柱以及向导的渊博学识深深吸引的时候，迪克却目不转睛地看着地上土里的几个瓶盖，然后非常高兴地弯腰把它们拾了起来。这样他自从几天前到达埃及就开始收集的小玩意儿又有了新的成员。

迪克这样的行为，也就是他不为身边高耸入云的古代辉煌建筑废墟所动，却对生锈的小物件情有独钟这件事，让侯世达联想到了多年前的往事：他儿子小时候被几只小蚂蚁吸引住了，而完全看不见身边大峡谷宏伟的自然景观。

下面我们就以诗歌的形式来讲述这两个平行的故事。这两首诗都是我们的朋友凯丽·古特曼所作。关于她丈夫迪克的诗最初是为了纪念他们的尼罗河之行而写的。两年后，当我们问及此事时，凯丽又慷慨地赋诗一首，用完全一样的诗词格律写下了丹尼在大峡谷发生的事。在本书的法文版中，我们遵循同样的诗词格律，把两首诗翻译成法文诗。下面则是参照英文版翻译的中文诗。

亚利桑那之蚁	卡尔纳克之盖
一岁丹尼已能走，	瓶盖四散扔在地，

世达卡罗携子游。
印第安纳身后见，
西岸风景实难求。
无可比拟大峡谷，
乘帆前行不回头。

漫无目的行车去，
一心只向太平洋。
路见新奇把车驻，
高速公路追斜阳。
轻摇慢晃怀中子，
吟唱睡曲入梦乡。

科罗拉多落基山，
双亲沉醉美景中。
危崖绝壁撼人心，
印第安人部落通。
纳瓦霍族村前过，
绿松石块不落空。

峡谷北岸缠丝带，
奇纹条条人人叹。
丹尼对此却不见，
树叶昆虫细细看。
大人丈量巨石幽，
你却只为蚂蚁赞。

也曾瓶上作皇冠。
可乐芬达小店售，
驻足品尝盒饭鲜。
亚历山大城中游，
只见遍地满瓶盖。

动身出发往开罗，
迪克兴奋讲话真。
即日奋起集瓶盖，
个个细查不可扔。
小心翼翼放包中，
归时全都背在身。

每家酒店每瓶酒，
指指点点把盖留。
一路埋头拾破烂，
除开此事无他求。
小摊小贩周边寻，
收获丰富忘忧愁。

卡尔纳克热浪滚，
导游讲解神庙通。
四周石柱顶天立，
游人心里敬意浓。
迪克丝毫不抬头，
地上珍宝入怀中。[4]

正如上文所讲，侯世达的联想也许并非惊世骇俗，但是你得知道现在这两个类比是放在盘子上明摆着给你看的。所以，倘若分析，那这个问题的确非常简单，我们也可以很容易地用一个图表来表示两种场景拥有相同的概念框架，或者把两个故事分别编码写成一串精确的形式化表达公式，来说明二者是相互对应的。但是这样的图表并不能告诉我们，在事先没有预料的情况下人们是如何做出这样的联想的。这又一次和普洛克路斯忒斯有相似之处，因为二者都是为了得到自己想要的结果（这里想要在两串形式表达之间建立一个毫无缺陷的一一对应关系）而不惜做出巨大的牺牲（这里牺牲的是完全忽略类比背后复杂的思维过程）。这使整个过程变得没什么意义。这种事后分析的图表也许能更巧妙地总结出侯世达联想之后的结果，却完全不能解释这样的联想在他脑中是如何发生的。

不管怎么说，这其中都有非常深刻的科学之谜。大峡谷之旅已经过去 15 年多了，在这期间，侯世达几乎没有，或者最多只有两三次回想起儿子被蚂蚁和树叶迷住的那个转瞬即逝的时刻。当他们在尼罗河的游轮上时，没有什么事比大峡谷之旅的回忆离游轮更近了。那么，这样一段如此遥远的、不清晰的记忆是如何这样迅速而轻松地被侯世达提取出来的呢?

编码之谜

正如第 1 章开头所指出的，日常生活的场景并不是事先装在包裹里再发送给我们的，也就是说，它们没有非常精确的、与外界分隔的界限。相反，是我们根据自己的好恶来过滤周围的环境，仅仅处理其中的一部分。每个人都通过某种方式“决定”一个情境包含什么、不包含什么，它的重要组成部分有哪些（也就是对其进行编码）。当然，这样的认知活动是即时发生的，而且人们不会察觉。我们时时刻刻都像蜜蜂一样勤劳地把各种情境编码，储存到记忆中，而它们在记忆中的存储位置将决定未来哪些事件能唤起我们对该情境的记忆。

侯世达最初是如何看待大峡谷一幕，并把它保存在记忆中的呢？具有编码特权的事物首先是当时最相关、视觉上关系最紧密的部分，即大峡谷、坐在沙子上的男孩、泥土，还有蚂蚁和树叶等。其次，从宏观角度来说，这个编码可能包括了这次旅行的目的、路上开的车、当年的年份、季节，还有那天下午的天气、儿童座椅等。

这个情境中的许多抽象部分一定也被编码了，也就是说故事中重要物体的不同尺寸，它们在文化中重要程度也不同（大峡谷家喻户晓，而蚂蚁和树叶却微不足道）。最后也是最重要的，当时惊讶和出乎意料的感受也将被存在记忆里。但是，假设侯世达只是把这个复杂的情境用非常笼统的词语，如“令人发笑”或者“非常惊人”来标记并存储，那么仅仅通过这两个标记是没法在日后联想到此事的，因为记忆中有成千上万个“令人发笑”或者“非常惊人”的事件。然而卡尔纳克神庙地上的瓶盖却没能让他联想到这成千上万个事件中的任何一个。

事实上，侯世达看见的任何事件，无论是多么戏剧性、令人惊叹，都不会让他联想到大峡谷之行，除非这件事和丹尼在大峡谷的故事有其他重要的相似之处。但是，仅仅是局部的相似也同样没法达成目的。侯世达一定经常看到有人在什么地方弯腰捡起东西，但这并不会让他想起自己的儿子在大峡谷玩蚂蚁；如果这样的联想能够发生，那一定非常奇怪，而且毫无道理。所以说，为了激起关于大峡谷事件的回忆，第二个故事也必须包含一个微不足道的物体和一个宏大背景的对比，而且这种对比让他产生了一种荒诞的感觉。因此，我们看到一个情境中最抽象的部分和最细节的部分交织在一起，联想的发生正是因为两个故事在多个层面都有相似之处。简言之，如果想让某件事在今后能够被合理地联想起来，那么它的编码就必须包含抽象和具体两个层面。也就是说，编码不仅要保留相关细节，还应该囊括其抽象特征。

片头广告比电影本身更好看

可以肯定地说，我们不认为一件事只有一个抽象结构。用归纳推理的方式来讨论事件的“某个”抽象结构会给人造成一种印象，即只能通过一种方式理解和激发该事件的记忆，事实却不是这样的；许多不同概念框架中的任何一个都可能应用到一件事情上，这取决于遇到此事时大脑所处的状态。

丹尼在大峡谷的故事有多种编码的可能性，这意味着许多之后遇到的、各不相同的人生场景，都可能把这段记忆从睡眠中唤醒。这些场景因此就成了**丹尼在大峡谷**这一范畴的成员，或者用一个更普适的名字：**片头广告比电影本身更好看**。我们来看看可能引发这个联想的一些场景：

一个法国家庭正在意大利著名景区五渔村（Cinque Terre）度假，那里有5个小村庄矗立在利古里亚区犬牙交错的海岸上。在村子里找到住所后，父母二人迫不及待要去参观探险，但是孩子们却惊喜地发现了后花园中的蚂蚱，因此哪儿也不想去。

◇◇◇◇

四岁的小女孩儿刚收到圣诞礼物，但是她的注意力完全不在礼物上，只是一直盯着闪亮的礼品包装纸看。

◇◇◇◇

在开罗的埃及博物馆，像大教堂一样的主展厅中，一个小男孩完全忽略了所有导游和游客的关注点——7.5厘米高的胡夫象牙雕像。他目不转睛地看着展厅高墙上裂了缝的绘画，觉得自己看到了巨龙和其他怪兽。

◇◇◇◇

一位年轻的妈妈对宝宝的照片比宝宝本身更感兴趣。

◇◇◇◇

一位神经学家做了一场报告，她10岁的侄女正好这几天在她家做客，因此也在场。报告结束后，小女孩儿说道：“我很喜欢你的讲座，但是我有一个小问题。”这位神经学家非常高兴，甚至以为小女孩儿这么小就听懂她的讲座了，也许是个天才。小女孩儿问：“你讲完的时候说了好多感谢的话，里面说的‘感谢小英’，指的是我妈妈吗？”

◇◇◇◇

一位平面设计师正在读一本著名小说，但他对剧情却不太上心，反而关心的是字体和排版。

◇◇◇◇

两个非常上进的学者不分昼夜地在巴黎一间狭窄的办公室里奋笔著书，却错过了巴黎宏伟的纪念碑、博物馆，还有令人难以忘怀的咖啡馆、餐厅。

◇◇◇◇

两位作者在巴黎休假，每天都在参观博物馆、纪念碑，品尝法式蛋糕。而倘若他们找到一个僻静的地方，完全可以坐下来一起写出一部杰作。

◇◇◇◇

一只蚊子在爱因斯坦身边飞来飞去，对它来讲，爱因斯坦不过是一个充满液体的温热物体。

◇◇◇◇

侯世达和卡罗竟然一点儿都不懂得欣赏沙地上小蚂蚁和精致树叶的奇妙之处，他们只是盲从那些不懂得欣赏的人们，惊讶于地上的大坑。

上面的每个故事和丹尼在大峡谷的故事都有独特的相似之处。虽然他们都有某个相似的核心内容，但其中的几个，特别是第一个和原来的故事非常接近，尽管表面上看有许多不同的地方。然而其他的故事，特别是靠近后面的那些，和原本故事之间的联系就更抽象一些。读者朋友对这些类比是否感到牵强，也会有自己的看法，这与读者如何编码这些事件也有关系。所以，事实上并不存在某个客观的方法，可以把这些事件根据和丹尼在大峡谷故事的相似程度来排序，因为相似程度不仅仅是主观看法（人们编码的方式不尽相同），而且呈现出多个维度（一件事的许多方面都在编码时扮演一定的角色）。不过，这些故事仍然能体现出不同的编码是如何以类比的形式激发出了侯世达脑中丹尼在大峡谷的记忆。

因此，倘若我们想把在五渔村度假的故事和大峡谷的故事联系起来，只需要一个浅层次的编码就行了，也就是“和参观著名景点相比，小孩子更喜欢玩虫子”。不过，要想和那个对礼物包装纸比对礼物本身更感兴趣的女孩联系起来，就需要更抽象的相似性了，因为这个故事里没有昆虫，也没有著名的景点。这时，二者的共同点就变成了两种情感的对比：对小朋友都应该感兴趣的一件东西（礼物）不感兴趣，而对大家都认为没什么意思的东西（包装纸）却饶有兴趣。

第三个故事则加入了新的内容，也就是尺寸被颠倒了。那个理应所有人都感兴趣的胡夫象牙雕像非常小，而那个应该没什么意思的墙上已经裂了缝的绘画却非常大。要让这两个故事形成类比，在编码的时候就需要超越物品的尺寸大小，而重点强调一件事物从传统上讲非常重要，另一件则无关紧要。

我们再来看那位被宝宝的照片吸引住之后就不关心宝宝的母亲。其中的戏剧性来源于，关心照片胜过关心宝宝暗示这位母亲对复制品比对原物更感兴趣，对没有生命的物品比对有生命的人更感兴趣，对过去比对现在更感兴趣，对凝固不变的东西比对时刻在变的东西更感兴趣。这位母亲对事物重要性的排序和通常的排序完全不同，因此就在抽象层面把这个故事和丹尼在大峡谷的故事联系起来了。

如果把抽象程度再提高一个台阶的话，小女孩去听姑妈讲座的故事也和丹尼在大峡谷的故事有着相同的概念框架。这次，我们不能通过实物或者地点去建立二者的关系。其中的关键在于小孩子只在非常肤浅（或者说幼稚）的层面上对讲座中只提了一次的人名感兴趣，而与此相反，成年听众至少从理论上讲都对这次科技讲座的核心，也就是深奥的神经学知识着迷。

我们再来看那位对小说的排版比内容更感兴趣的平面设计师。他的情况有点像那位只爱包装纸不爱礼物的小朋友，不过是在更高的层面罢了。小孩子并非包装纸专家或者包装纸爱好者，而我们的平面设计师却是字体以及在纸上如何安排字词位置的专家。这个故事和它后面的两个故事紧密相连（也就是两位学者和两位作家的故事）。后两个故事自成一对，它们清楚地展现了人们看待事物观点的主观性，这里指的是巴黎的故事。要想看明白这三个故事与丹尼在大峡谷的故事之间的联系，你需要将它们抽象到更高的层次，也就是要高于本节题目所暗指的东西，“片头广告比电影本身更好看”，因为它们之间的联系实际上是每个人都用自己的眼光看事物。

把丹尼在大峡谷的故事和两个巴黎故事联系起来的，不是丹尼沉醉在微不足道的小事而完全忽略了举世闻名的壮丽景观，而是对丹尼来讲，一只蚂蚁、一片叶子对他的吸引力，和大峡谷对成年人的吸引力没有什么差别。对本节标题，**片头广告比电影本身更好看**中最为中心的两个概念**片头广告**和**电影**，我们应该相对地看，也就是说，这两个概念的所指是由每个人看待事物的角度所决定的。事实上，对有些人来说，巴黎那些最常见的景点，比如纪念碑、博物馆、咖啡厅、餐厅是这个城市最核心的部分，然而对另一些人来讲，他们对巴黎的理解则被完全不同的事物所占据。同样，丹尼喜欢蚂蚁和树叶，就像成年人喜欢大峡谷一样;其实，从丹尼的角度来讲，他父母目不转睛地盯着的那些毫无意义的红色和橙色山体，根本就不能跟蚂蚁和树叶相提并论。只有在这样的抽象层面，**丹尼在大峡谷**和两个巴黎小故事之间的共同之处才最清晰、最自然地体现出来。

上文的最后两个例子也包含相似的想法，对一个人来讲最核心、最重要的东西，对别人来说可能微不足道。前文提到的蚊子对爱因斯坦的伟大之处一窍不通，只知道要填饱肚子；从这个角度来讲，这只蚊子和它的同类没有任何区别，别的蚊子也不会为它落在爱因斯坦身上而感到惊讶，或者觉得好笑。对它来讲，当前情境中最核心的就是这个不知道叫什么的温热物体，里面流动着它的美味佳肴，我们也都理解，这是一只蚊子对爱因斯坦能做的唯一判断了。

这个情景很容易让我们联想到同一主题下的其他例子。比如，某天晚上，几个天文系的学生带着一只小狗来到乡下，而那只小狗却不知道该如何欣赏满天的繁星。小狗和蚊子因为自身的局限性而无法看懂眼前情境的不寻常之处，这让我们想到了一个熟悉的成语："对牛弹琴"。值得注意的是，通过类比的手法，爱因斯坦变成了琴，蚊子则成了牛。其实，对该情景的这种理解一旦生成，就给老故事增添了新视角，即带着一岁多的丹尼去大峡谷，就成了对牛弹琴这个范畴的一员了。刚开始的时候，这个类比也许看上去有些生硬，但回过头再想想却非常有道理，并且完全没有把丹尼单独挑出来批评的意思。一旦这个想法形成了，它就显得非常自然。但是我们还是花了好多年的时间，并且写了这本书，这才发现可以以谚语为基础来理解事物。这说明，要想超越人们对事物最初的理解是非常困难的。

在最后一个例子里，我们含蓄地以假想出来的丹尼的视角来看这件事。这个假想出来的丹尼和一般的一岁小孩有相同的兴趣，但同时还奇迹般地拥有成年人一样的批判能力，所以他认为大峡谷无非就是地上的一个坑，完全没什么好大惊小怪的，特别是在眼前就有植物学和昆虫学神奇现象的时候。值得注意的是，虽然这个故事和原先的丹尼在大峡谷的故事在表面上有相同特征，但其实它和原先的故事相差最大。因为倘若要找出两个故事间的类比关系，我们必须在理解它们时，按照"相对主义"的视角来编码，也就是说一个世界里司空见惯的事情，另一个世界的人可能觉得非常荒谬。只有这样，我们才能接受在新故事中，主角所扮演的角色和在原先故事里所扮演的角色完全相反。

希望通过上面的分析我们已经阐明，对事件无意识的解读（选择该事件的特征使其在今后能被联想到）与我们从该事件感知到的事实组成的更大集合是不一样的，重要的是看待这些事实的角度：我们从哪个维度来理解或编码这个事件，这些维度的抽象程度简单来说就是我们如何提取事件的核心。因此，如果在大峡谷事件中只看到蚂蚁、树叶和观察它们的孩子，那我们就还停留在字面意思的层面，也几乎没有任何其他事能让我们联想到大峡谷事件。假如我们把视野放得稍微宽广一些，看到了昆虫和一个对昆虫感兴趣的孩子，这样的编码就能使和它稍微有些距离的记忆被激发出来，比如在五渔村度假的那个法国家庭。但就算如此，能够提取出来的记忆仍然非常有限。

如果我们把眼界放得更宽，看到某人专注于一件普普通通、微不足道的小事，而不去理会就在眼前的盛大场面，那我们的编码或理解就在抽象的道路上前进了一大步。这时，可能产生的联想就多得多了，只有抽象到这个层面，迪克在卡尔纳克神庙的故事才算得上类比。当然，我们还可以再抽象下去。比如，让我们把丹尼看成一位和常人有不同趣味的人。这种理解，可以在小丹尼和那些不被社会接受的悲惨诗人之间作类比，从年轻的时候起，他们就一直不被社会理解。有些读者也许认为这样的类比非常荒谬，在某种程度上讲的确是的（这里我们指的是上一章的一些想法，比如通过越来越高阶的抽象使事件的核心越来越不可见），但就算如此，它还是展示了对一个事件的多种编码，并且，正是这些在潜意识中发生的编码，决定了在不可见的未来的不可知时刻，我们可能产生什么样的联想。

只属于一个人的范畴

一个人的认知风格远比他如何对事件进行编码要复杂得多，因为这取决于他在一生中所建立的概念库。在这个概念库的中心有成千上万个特定文化中通用的概念，因为它们有词汇标签，比如由名词“蚂蚁”“瓶盖”“缺点”“心智”等来表示的概念；再比如由“奇怪的”“宽大的”“温和的”“布满灰尘的”这些形容词来表示的概念；还有用“在”“于”“前”“后”这些介词来表示的概念；还有用成语来表达的概念，如“不容置疑”“无所不在”“穷途末路”“趾高气扬”等；还有用专有名词表达的概念，如“天安门”“灵隐寺”“太平洋”“中国香港特区”等。但是，尽管这些词汇所表达的概念已经很多了，但它们不过是建立每个人独有的概念大厦的基石，这个概念大厦需要人用一生的时间来建立。

每个人都不断在当前的情境下建立新的抽象范畴，这些情境很多时候都只被他一个人发现了；而建立新范畴的过程又往往连他自己也难以察觉。这些范畴一般都没有公认的名字，发现它们的人一般也不知道是什么名字，但这并不妨碍人们建立新范畴。正是有了这些独特的抽象范畴，人们才能通过自己的方式来解释之后发生的事件。换句话讲，就是用自己特有的视角来看世界。

在某个令人惊叹的事件被编码然后进入人的记忆之后，一个没有名字的范畴就诞生了，如丹尼在大峡谷的事件。那么正如我们所看到的，当人们遇到另一个刚被编码的事件，而且该事件的编码又和很早以前遇到的第一件事重合不少时，早先被埋在记忆深处的事件就浮出“脑”面。尽管这些特别的范畴并没有词汇标签，并且是以每个人独有的经历为基础的，但它们与成千上万个众人皆知、已有词汇标签的范畴一样，深深扎根于我们的记忆中。对我们每个人来讲，它们就是个人范畴的秘密花园。

联想产生新范畴

个人范畴的增长都遵循一些原则，比如它们增长的速度比较慢，但是很稳，不会引起人们的注意。所以我们往往感觉不到新范畴的建立。想想吴幽的同桌对她说的话：“每次升一个年级我都犯这样的错。”他是不是在想：“哇，我现在有了一个新的范畴，以后就可以用了！”这似乎不太可能。侯世达第一次注意到迪克事件和丹尼事件的相同点时（即迪克在卡尔纳克神庙弯腰拾起瓶盖），他也不知自己刚刚创造出了一个新范畴。他脑中体会到的是一个无时无刻不在发生的认知活动，也就是把两个看上去不同却有相同本质的情境联系起来。只有当他开始分析这样的联想心理活动时，新范畴才逐渐变得明晰起来，这时它的本质也更加清楚了。

这些没有语言标签、建立在个人经验之上的范畴，与拥有词汇、短语、谚语、寓言这样的语言标签的范畴有许多共同点。后面这些范畴我们已在前两章详细讲述过了。但是，这两类范畴的形成方式却不同。它们之间的区别之一就是，前者是以个人经历过的事件为基础的，后者却是个人在某一文化中熏陶而成的。另一个不同点则是，前者因人而异，很可能除了自己之外，其他任何人都没有这一范畴，后者则不是这样的。尽管如此，这些没有语言标签的范畴仍然十分有用，能够帮助我们以简练、容易把握的方式发现事件的本质，而且如果需要的话，我们仍然可以用语言向他人描述这些范畴。这时，许多人都发现他们生活中与之类似的事件会不断浮现在脑海中。为了解释这些观点，我们将讲述藏在秘密花园中的范畴。

冲向走廊尽头的特工

冲向走廊尽头的特工这个范畴来自帕特里克小时候读过的一本漫画书。书中一位想要晋升的特工必须通过一系列磨人的测试，其中一个是他站在一条很长的走廊上，毫无目标。突然，房顶开始垮塌，他必须以最快的速度奔向走廊的另一端，否则就会被压死。他像风一般狂奔，快到尽头的时候，他对自己说："这些恶魔想要知道短跑的世界纪录，我就让他们见识见识！我一定会成功的。"然而，走廊尽头的地上却沾满了沥青，他怎么也跑不快。说时迟，那时快，就在他要冲出去奔向自由的一瞬间，屋顶垮了，把他压成了肉饼。

每当帕特里克在最后一分钟赶进度，想要完成某个项目时，一旦出现了什么不可预料的复杂情况，他的脑中就会闪现出小时候读过的特工故事。这样的情况还有很多，例如：在项目申请书马上截止之前突然上不了网；当出租车到达机场国际出港的航站楼时，他突然发现自己疯狂收拾行李的时候忘记把护照放进口袋里了。

当帕特里克把这个个人范畴讲给娜丁的时候，她一下子就回想起了自己的第一次约会。她花了很长的时间梳妆打扮，在最后一分钟才走出家门，那时候她就知道自己肯定会迟到了。然而，她的猫也同时溜出了家门，所以她花了整整一刻钟才把猫哄回家。最后，她迟到了太久。接着，另一个情境又浮现在她眼前：她去参加朋友的婚礼。为了找到合适的礼服，她找了无数家商店，最后终于找到了合身的。回家后因为着急，却把全新的礼服撕破了，然后用了半个小时才补好，冲向婚礼现场。这次，她又迟到了很久。她还想起了第三件事，那就是有一次去看戏迟到。出门就晚了，她飞奔去赶地铁，当她到站台时，地铁门正好关上。最后，直到第一次幕间休息她才能进去。

娜丁虽然没有读过那本漫画书，却能非常容易地从记忆中提取出和帕特里克脑中范畴有着相同概念框架的故事，尽管从表面的细节看，这些故事和帕特里克的范畴有无数个不同点。这说明她也建立了一个类似的没有名字的范畴。她能够在无数段记忆中，找到为数不多的类似场景，而这些场景大致能用“在最后时刻出现了难以预见的问题，让原本就非常紧急的目标变得更难实现了”这个句子来概括。娜丁之所以能这样，就是因为在把这些场景编码进入记忆时，这些场景中一些非常抽象的特征也在不知不觉间被包括进去了。如果不是这样，我们怎么解释后来这些记忆能够自发浮现出来呢?

上帝是个狙击手

“狙击手”这个词是在战争年代传开的。那时，南斯拉夫被划分成了几个部分。其实，波斯尼亚和黑塞哥维那首都萨拉热窝的主干道就曾在多年前被称作“狙击手街”，因为走在这条路上的人常常会叫道:“小心狙击手！”

伊拉娜为她自己的一个范畴想到了一个标签，那就是“上帝是个狙击手”。她用自己的方式表达了命运就像狙击手一样，既残忍，又毫无规律可循。提到上帝的原因，除了想表达一些不敬之外，也用了拟人的方式来描述命运，这是一种常见的类比。每当伊拉娜听到有人突然遭遇完全不可思议的厄运时，这个令人不安的短语就出现在她脑海中。

最近伊拉娜听到一则消息，一个家庭幸福、子女可爱、事业成功的亲戚，在被诊断出癌症几周后，突然去世了。朋友和家人都万分痛苦。这时，“上帝是个狙击手”一下子就进入了她的脑海。对她来讲，这个范畴变得越来越重要了，已经成为她人生哲学的一部分。她在大脑中为命运这个藏起来的残忍狙击手留出了位子，这也帮助她能更好地面对人生中难以预料的悲剧。

情感在唤醒沉睡记忆时的重要作用

到目前为止，我们还没有强调情感的作用，但是倘若读者往回看本章举过的例子，你就会发现情感无处不在。这些情感包括忌妒、痛苦、悲伤、讽刺，还有焦虑。情感在概念框架中扮演着重要角色，让我们能通过类比提取早期的记忆。比如下面这个例子：

侯世达还在上小学的时候，就被数字以及数字间的运算深深吸引了。一天，他的爸爸罗伯特，一位物理学家，告诉他数字可以进行指数运算，并且教了他指数运算的记号（如 x^1，y^2）。侯世达觉得这太有意思了，于是做了一张表格，把不同整数和它们的不同次方填在里面，还惊喜地发现了其中的小规律。在几周后的一个早晨，他走过爸爸的书桌，看到一篇完全不知所云的物理学论文，但是上面的一些数学等式非常显眼，那就是脚标（如 x_1，y_2）。他一下子起了兴趣，这些脚标和指数如此相似，它们又代表了怎样神奇的数学运算呢？恼人的是，还得等到爸爸晚上回家才能问他。爸爸一进家门，侯世达就请他解释这个有趣的新数学运算。但父亲却只是说："啊，这些是'脚标'，只不过是给变量取的新名字罢了，因为我们的字母数不够表达这么多的变量。脚标本身不代表什么数学运算。"侯世达殷切的希望破灭了，他失落极了。满怀期待地等了这么久，等来的却是爸爸告诉他脚标没什么数学含义，尽管脚标和指数长得这么像，而且他对此如此着迷。

这是一个以联想为中心的故事，也就是说，脚标让年幼的侯世达联想到了指数，不过这个联想和情感无关，这是一种视觉联想。但是，多年后，这段故事却以一种最无法预料的方式重现了，眼前的故事激发出了联想，还伴随着复杂的情感。

一岁的莫妮卡在家里的游戏室玩耍。那天晚上，她在玩一个手持式吸尘器。她的父母看着她不停地按吸尘器上的开关键，觉得非常有意思。吸尘器的嗡嗡声让她很高兴。突然，她发现吸尘器的另一端有第二个按钮。这时父母看得出她在思考、推理，莫妮卡开始按这个按钮，想知道会发出什么声响。莫妮卡按呀按呀，可就是没有声音。她试了半天，仍然什么都听不到。侯世达想上去帮忙，于是轻轻把吸尘器拿过来，按了一下这个按钮，这时吸尘器的盖子就打开了。侯世达给她看了吸尘器里面装着吸入的灰尘和脏东西的袋子。莫妮卡看着这一切，脸上却闪过一阵失落。原来她不仅没有因为揭示真相而高兴，反而打消掉了她原本的希望。莫妮卡本以为既然这个按钮和开关键这么相像，那就应该和开关键一样，按下去就会发出嗡嗡声，事实上却并非如此。

这里我们又一次看到小孩子通过视觉类比做出的联想，同一个机器两个不同位置的按钮应该有相似作用。但是仅仅根据这样最简单的相似性，并不能显示两个孩子之间有什么联系。一个是对嗡嗡声感兴趣的孩子，另一个则是对数字规律感兴趣的孩子。就算我们考虑到两个故事中的侯世达是同一个人，尽管前后相差 40 年，这样的相同点也仅仅是两个故事间最微弱的联系，几乎算不上深层联想。

但事实上这两个故事有更多的相同之处。当 48 岁的侯世达看到女儿因为发现新的按钮没什么意思而一下子失去兴趣时，一种似曾相识的感觉涌上脑海。他自己因为父亲的话而失落的记忆就涌现了出来。侯世达小时候的故事，以非常精练的编码在他脑海中沉寂了 40 年，这就好比放在巨大图书馆偏僻角落的书架上沾满灰尘的一本书。这段记忆肯定不是像本章这样整理得清清楚楚，明摆在侯世达眼前的。

前奏

侯世达（八岁）	⇔	莫妮卡（一岁）
沉迷于数学思维	⇔	陶醉在奇怪的噪声中
求出一个数的指数	⇔	在地上找到吸尘器

痴迷

做一张指数表格	⇔	按一个颜色鲜艳的按钮
为没见过的数学规律兴奋	⇔	为没听过的嗡嗡声高兴
兴高采烈	⇔	兴高采烈

发现

偶然发现：脚标	⇔	偶然发现：另一个按钮
视觉类比：指数≈脚标	⇔	视觉类比：开关键≈新的按钮
期待新的数学规律	⇔	期待新的嗡嗡声

失望

父亲（罗伯特）解释道……	⇔	父亲（侯世达）解释道……
脚标没有数学意义	⇔	新的按钮没有声音产生
侯世达的希望破灭了	⇔	莫妮卡的希望破灭了

突然想到以前的记忆让成年侯世达惊奇不已，因为这两个故事相差太远了，但同时它们又如此类似。两个故事的核心都是一个简单的视觉类比给满怀希望的孩子带来了新的乐趣。对小侯世达来说，是指数与脚标之间引人入胜的类比；对小莫妮卡来说，是两个按钮之间令人好奇的类比。

但是，让这两个关于联想的故事变得既有趣又有深度的，并不是因为它们都围绕错误的视觉类比而展开，而是它们共有的“悲情”结局。一位丝毫不知情的热心肠父亲，无意打破了孩子类比中的幻想，也就是说，孩子们认为自己的类比价值连城，但实际上不过是外表鲜亮的平常之物罢了。总的来说，两个故事有非常多的相似之处，其中最重要的就是原本充满希望的孩子，突然间尝到了失望的滋味。

这两个故事和丹尼在地上玩蚂蚁与迪克从地上拾瓶盖有异曲同工之妙。它们都说明，如果两件事仅仅在最抽象的层面有对应关系，并不足以激发人们的联想，在许多不同的抽象层面相匹配的事件，才能引出联想。显然，许多细节都无关紧要，比如吸尘器上按钮的颜色、孩子的年龄、事情发生的房子等。但是有一点却很重要，那就是父亲打破了孩子的希望。虽然这是两个故事中非常肤浅的相似之处（就像丹尼和迪克故事中地上的尘土一样），但它一定让这两个故事更加相似了。这个类比中还有一个不可否认的细节，那就是小侯世达在第一个故事里是希望破灭的人，第二个故事里已经成年的他变成了打破别人希望的人。对任何听了这两个故事并且观察到其中类比关系的人来说，这种角色反转一定是这个类比中最重要、最讽刺的部分之一。毫无疑问，角色反转深化了这个类比，尽管大小侯世达在两个故事中的角色完全相反。

让我们总结一下。好几种情感，比如刚开始的入迷、发现简洁视觉类比后的欢欣、随之产生的期望以及最后的突然失落，都在这一联想中扮演着重要角色。这也体现了一种总体趋势，即深层联想往往以把两个故事联结在一起的情感作为基础，因为一个事件最核心的部分往往就是它搅动起来的强烈情感。

事件编码不靠死记硬背而靠提炼精华

到目前为止，我们使用“编码”这个词的时候就好像它的意思已经再清楚不过了。人类的生理构造把我们接收信息的渠道限制在了常见的感觉上，如视觉、听觉等，而信息的特征也受这些感觉的限制，比如，颜色、动作、形状；同理，我们的知觉也受感官解析能力的限制，如果我们的视觉系统能直接观察到微生物的话，世界将变得非常不同。人类的心理构造同样限制我们的感觉，人类对事件的识别和记忆都只能在特定感官的特定编码下进行。不可否认，我们通过感官认知世界，同时我们也通过概念认知世界。换句话说，我们除了从生理上认知世界以外，还从心理上认知世界。一方面，我们的概念建立在感官的知觉之上，如果知觉不同，我们的概念就会不同；另一方面，我们的认知也要以概念库为基础，因为只有通过后者的过滤审查，环境中的刺激才能到达我们的意识。

为什么人类要把经验编码呢？为什么要将它们缩减成原先的几分之一、几十分之一呢？答案并不是那么明显。为了弄明白编码的必要性，试想不通过任何编码简化来记忆一件事，这样做的结果可以称为“全程录像死记硬背”或者叫“不涉及概念的感知”。整个经历在我们神经元中的储存方式就好比在一张 DVD 上刻录整部电影一样。如果回到丹尼在大峡谷的故事，“全程录像死记硬背”就意味着侯世达在经历这一事件时，把整个场景“录”在他的大脑中了。20 多年后，当他看到迪克猫着腰捡瓶盖的时候，再通过某种搜索算法，把记忆中所有电影全部搜索一遍，最后激发了丹尼在大峡谷这部影片。

这种“不涉及概念的感知”可以立刻被否决，因为任何只依靠视觉信号的认知过程，都无法在一岁的丹尼和成年的迪克之间建立联系，或者在蚂蚁和瓶盖之间找到关联，更别提要把大峡谷这样巨大的地质凹陷和卡尔纳克神庙这样的建筑学、考古学奇迹联系起来了。如果纯粹靠视觉上的相似，也就是说靠对比图像，是不可能产生这样的联想的。并且到目前为止，我们还只谈到了这个场景中的物体，完全没有涉及动作（玩弄地上的小物件）、语境（两周长的度假旅行）、关系（情境中大小形成对比的物体）、情感（戏剧性的感觉）等。

如果不通过概念编码，我们就根本不可能从记忆中提取出任何事件。你只需要想想网络上的图片或者视频，它们的文字标签是多么重要。还有很多现象也能说明在把经历储存到记忆中时编码的重要性，如选择性遗忘、部分记忆，或者扭曲记忆，还有记忆重建。

没有任何一个只依靠图像的搜索方法，能“看到”迪克在卡尔纳克神庙的故事和丹尼在大峡谷的故事之间的联系，或者是侯世达为脚标失落与莫妮卡为新按钮失落之间的联系，无论这个搜索方法多么复杂，因为这些事件之间的联系不是视觉上的。这告诉我们，人类不会在记忆中“客观地”存储一系列遇到的事件，然后寻找感知相似之处；人类会将发生在自己身上的事件进行编码，也就是以先前习得的概念为基础，来感知、提炼，最后存储下来。我们之所以能进行联想，就是因为先前发生事件的某些方面在当时被记录、存储下来了，使它们的编码能为日后所用。不过，事情哪些方面的特征被记录下来了呢？它们又是如何被编码的呢？

大脑能瞬间找到永恒的本质吗

从人生早先的经历中激发出的某些记忆，并不是大脑的游戏，也不是因为找到现在和过去的相似之处，然后将它们联系起来会给我们带来智能上的愉悦。总的来说，这种自主发生的行为对我们的生存至关重要。联想到过去发生的事，并不是在我们理解新情况之后才有可能发生的认知活动，也不是豪华版认知套餐的附赠品。事实上，这种联想与我们理解新情况的认知活动关系非常密切。研究联想的先驱、认知科学家罗杰·尚克很早就强调了这个观点的重要性。

让我们把它说得更具体些。之所以侯世达在卡尔纳克神庙看到迪克时能联想到自己儿子丹尼在大峡谷的故事，就是因为他刚刚感知到的全新情境激发起了某些概念，而这些概念在多年前“处理”大峡谷事件时就已经被编码存入大脑了。侯世达知道他站在卡尔纳克一个非常神圣的地方，他发现同伴猫着腰去找一些小物件而忽略了导游。这时他觉得有点反讽，正是在这种情况下的这种感受使他“重播”了已经存储在记忆中的丹尼在大峡谷的事件。

这是否意味着**片头广告比电影本身更好看**这一范畴一定是在第一个事件（丹尼在大峡谷）发生时就已经编码好了？是不是说当侯世达经历第二件事并将其编码时，不由自主地就激活了这个范畴中最早的成员，因为它们两个的编码方式完全相同？这个想法就是尚克关于联想背后机制的理论基础。然而，这是对沉睡的记忆如何涌现出来的唯一解释吗？

成功的联想，是否一定要假定两个事件在如此高的抽象层面进行编码，以至它们就是这个抽象编码的两个特例而已？我们是不是只有在第一次遇到某一事件时，先成功总结出其抽象的“超越时间的本质”，多年后遇到拥有同样“本质”的事件时，才能激发出最早的类似经历？让我们把这种情况称为“瞬间找到永恒的本质”。如果是这样的话，侯世达在看见丹尼被蚂蚁和树叶吸引之后，应该即刻就创造出了**片头广告比电影本身更好看**这一抽象范畴，虽然他自己并没有察觉到，而且这个范畴其实没有名字。在卡尔纳克神庙看到迪克时一下就能想到自己儿子在大峡谷的故事，就是因为侯世达15年前创造出了这个范畴。如果你相信人们能够“瞬间找到永恒的本质”的话，那么**片头广告比电影本身更好看**这个概念框架就必须只能在第一个事件发生时就被编码好了，15年之后又由于第二个事件被重新发现，只有这样，侯世达的联想才可能发生。当然我们要说，这个概念框架只不过是用文字描述出来了，它指的是文字背后抽象的想法。

说得客气点，这几乎是不可能发生的。立即找到跨越时间的事件本质，并不是解释后来产生联想的唯一理论机制。这个假设的问题并不在于找到深刻准确的概念框架的困难，因为事实上每个人时刻都能找到这样的概念框架，只要其中包含的范畴在日常思考中必不可少，也就是说，只要我们都擅长那些范畴。它的问题在于，假如这些范畴对于我们来说很陌生，那我们就几乎没法深入理解包含这些范畴的情境。

我们可以毫不费力、不知不觉地识别不同情境中的相同点。比如，虽然个别事件可能相去甚远，但我们可以识别各种**心知肚明**的情境；**一朝被蛇咬，十年怕井绳**的情境；**得寸进尺**的情境；**见木不见林**的情境；**不到黄河不死心**的情境；**一箭双雕**

的情境；**鱼和熊掌不可兼得**的情境；**安静得连落根针都听得见**的情境；**五十步笑百步**的情境等。识别出这些非常抽象的特质能帮助我们发现事件之间的相同点，虽然表面上看起来这些事件之间毫不相干。简言之，我们都是发现概念框架的高手，只要我们是理解其中的范畴的……高手！

那么，侯世达有没有可能在看着丹尼的时候，不知不觉就察觉到了**片头广告比电影本身更好看**这个概念框架，并且用它来理解丹尼事件呢？有没有可能他就此成为这个概念的专家呢？是不是因为侯世达成为该概念的专家，他才能在多年之后的卡尔纳克神庙回忆起丹尼事件呢？理论上是有可能的，但事实上不太可能发生。

从自己已经是专家的事件中发现事物的本质是一码事，从不熟悉的新事物中一针见血地找到其精髓则是另外一码事。换句话说，抽象是一码事，但是深层抽象却是另一码事。如果我们相信人类一下子就能指出任何事件“超越时间的本质”，那就会得出许多荒谬的结论。在经历一件事的时候，我们不可能具有超人一般的洞察力，不可能知道为了今后遇到某事时能从记忆中激发出眼前事件的回忆，我们应该如何将它编码。

说得具体些，8 岁的侯世达问父亲脚标是什么意思，父亲的回答让他失落，这件事的抽象概念框架虽然和 40 年后莫妮卡与吸尘器事件的概念框架相同，却不可能在小小年纪的侯世达脑中就已经非常清晰了。那么，8 岁的侯世达当时到底把什么编码了呢？哎呀,这就需要一个时光机器和一个读心机才能知道答案了。但毫无疑问的是，在编码时肯定有一定程度的抽象。感知事件的要点无论是对 8 岁还是两岁的孩子来说都是抽象的过程，抽象提供了人类建立新范畴、扩展旧范畴的工具。我们之所以需要永无止境地扩展范畴，就是因为如果仅仅依靠最字面的意义，也就是上文的“全程录像死记硬背”，我们无法发现任何事件的任何相似之处，因而所有的思维将变得不再可能。对 8 岁的侯世达来讲，在他感知脚标事件时一定有足够程度的抽象，只有这样他才可能在 40 年后把它和吸尘器事件联系起来，尽管在许多方面，二者差异非常大。

最初的编码作用有限

在和一位朋友聊天的时候，她听到了吴幽在新作业本上写错了名字，而且吴幽的同桌小王"每次升一个年级都犯这样的错"的故事。这让这位朋友想起了四年前她刚换工作时发生的事。新公司要求接电话时先说"您好！这里是某某公司"，但在刚去的几个星期里，她总是说成自己以前工作的公司名，她觉得自己太傻了。这是否意味着她在四年前，就已经建立了**习惯成自然，纠正会很难**这一范畴？我们完全想不到有任何理由让她在当时建立一个如此抽象的范畴；她也不太可能认为自己某天得成为找到类似情境的专家。就算没有建立这样狭隘的范畴，我们也照样能生活得很好。虽然我们几乎可以肯定，这位朋友并没有把她有些尴尬的接电话错误编码成一个非常抽象的事件，但她一定还是做出了一些概括，因为当她听到吴幽的故事时，非常迅速而且毫不费力地就想到了自己四年前做的蠢事儿。

她的编码可能包含以下几个方面：说错话了，不经意说出的东西是以前生活的一部分，控制不了自己说什么，因为口误有点尴尬，等等。所以，当她听到吴幽写错名字的事，能让她把已经躺了四年的记忆提取出来的，应该不仅仅是因为一个包含了新旧两件事的概念框架，而是因为接电话事件中好几个互不关联又非常重要的抽象部分，每个部分对她理解该事件的本质都有作用。换句话讲，在她接电话说错话时，并不是只建立了一个和该场景完全匹配的概念框架，也就是记忆提取的关键，而是建立了好几个范围更小、相互独立的概念。听到吴幽的故事时，这些概念中有足够的数量被激活了，于是她联想到自己曾愚蠢地说："您好，这里是某某公司（以前工作的公司名）。"总结来说，虽然人们在编码时总是有一定程度的抽象，但并不总是只建立一个高度抽象的、由眼前事件和记忆中事件共同拥有的概念框架。

倘若要让眼前的事件激发起非常久远的事情，而且已经很久没有想起那件事了，我们就需要更强的联系。要让正在经历的事件激起埋在记忆深处的事情，那么这个联系的双方都要做一点儿"贡献"，也就是说，我们感知两件事的某些维度必须足够灵活，能够变通。就算二者的编码远没有达到最高的抽象程度，它们也会远远超过事件的字面细节，因为这些字面意义把联想限制在了最普通、最平凡的级别上。比如说，在五渔村的例子中，小孩子被蟋蟀吸引住了。那么，不需要多少抽象思维，就能把这个情境和丹尼在大峡谷的情境联系起来。因为它们都包含了小孩子、昆虫，还有著名的旅游景点。我们甚至觉得二者太像了，以至就像用复写纸描下来的一样，没有什么值得大书特书的地方。幸运的是，人类大脑能够做出的思维飞跃远远超过这种初级联想，而且对无数的记忆都适用。

最后总结一下，是不是在任何记忆的编码中都有一定的抽象思维呢？一定是的。那么，是不是通过眼前的事联想到了以往的事，就表明二者在脑中一定拥有一模一样的概念框架呢？完全不是。

不起眼的例子成为一个有价值的范畴

一位大厨刚刚炖好一只附近村庄里散养的土鸡，还炒了一个小菜，用的是田里刚摘来的没有打过农药的青菜。与此同时，地球的另一个角落里，有人刚用微波炉热好了冷冻鸡腿，这些鸡腿来自无休止喂饲料的鸡场，另外还有一袋冷冻豌豆，则是在施用杀虫剂和化肥的土壤中长出来的转基因食品。

哪种食物更诱人呢？这恐怕很好回答。但不幸的是，第一种食物非常贵，而且没法量产，另外还需要热爱原始食物生产方式的人。今天人们几乎已经不可能完全通过这样原生态的方式来养活自己了。那么，有没有什么办法能够成功地将二者结合起来？一边是健康诱人但没有收益，另一边则是造价便宜却不健康。有一个好主意就是在生产线上生产出有着田园风味的东西，但这似乎看上去就互相矛盾。

下面我们就会列出一些商家常用的营销伎俩，来欺骗不明真相的消费者购买他们的产品。不知情的消费者还以为他们买到了货真价实的真货，其实是被精明的广告欺骗了。这些广告虽然算得上是一种成功的营销手段，却是在公司办公室里冷冰冰地计算出来的。

标有“escargots de Bourgogne”（勃艮第蜗牛）的蜗牛几乎不可能是勃艮第出产的。现如今，这道让无数法国人回味无穷的经典法国菜，使用的原材料大多数是从东欧国家、土耳其等国进口的。而且当你吃里面的蜗牛时，那些蜗牛基本不可能是从你看到的蜗牛壳里长出来的。

◇◇◇◇

一家已经倒闭的美国连锁书店中，曾经有一块区域是专门卖“本地作家”的书的。这让人以为每家书店的员工都会自己选择放在这家书店、这个区域的书。但事实上，这个选择与当地书店无关，而是由这家连锁书店的总部决定的。

◇◇◇◇

在国内某网购网站上，经常出现电视剧、综艺节目里的明星“同款”用品，如某歌星同款手套、某影视名星同款水杯等。但事实上这些同款未必或者说几乎不可能是真的同款。消费者如果认真了，那就输了。

◇◇◇◇

在著名的旅游景点，都有卖当地特产的商店，都宣称是手工绘制、手工制作，并且用了流传数百年的老工艺。但事实上，有很多就是工厂里机器大规模生产出来的，并非手工完成，用的工艺也绝对算不上老工艺。

◇◇◇◇

在埃及尼罗河上的一个城镇，常常有小孩子走近游客，向他们兜售自己发现的“古董”。而实际上这些东西都是生产线量产的，仅仅是为了卖给游客而做得有些年代感，像在沙里埋过、水里浸过一样。在同一个镇上的小商店里，一个男孩正在金属盘子上画画，为了表示这些盘子是他自己现场装饰的。事实上，这些装饰都是由机器做到盘子上的。

◇◇◇◇

在某个村庄里，有人穿着茶农的衣服在卖西湖龙井。但他跟西湖唯一的联系就是他曾经到杭州游玩过。明年他又穿得像酿酒的，开始卖自家酿的“百年老酒”。

◇◇◇◇

每个城市都有几家商店永远在“清仓大甩卖”。学校门口一家卖包的小店外面，一张“全场 25 元起，清仓大甩卖”的纸牌子放了 4 年。纸牌时不时换一个，但上面的字却一个都没变。

上面列出来的例子显然有共同的特征，但是这个特征也没有一个标准的名字。

这样的例子与有名字的范畴的成员之间到底有没有差别？如果有的话，差别又在哪里？我们认为上面的例子在无形中定义了一个范畴的边界，这个范畴和有名字的范畴（比如造假）一样有存在的理由，一样在智能上有意义。造假这个范畴显然和我们讨论的范畴相关，只不过更加宽泛一些罢了。

不起眼的范畴希望得到一个名字

上文列出的例子描述了一个新的概念，它与有名字的范畴之间的唯一区别就是它还没有名字。现在，我们把“假”和“真”放在一起，造出一个叫“假作真”的词语作为它的名称。我们给它起一个名字，也就是加上一个标签，为的是帮助我们在记忆中更好地定位这个概念，并且增加它在未来被不断扩展的概率。事实上，假作真的事情俯拾即是，它们既与之前的事件有着相同的概念框架，又能够将这个框架继续延伸出去。

在美国，许多人会收到一些广告信件，看上去收信人的名字和地址是手写的，但事实上却是由电脑生成的，只不过故意用了一个看上去很不正式、写得歪歪扭扭的字体，甚至还有一些随机算法，让某个字体中同样的字母，在打印出来的时候显得略有不同，都是为了给人一种这是手写信件的感觉。这样人们就不会把它当成广告，看都不看就扔进垃圾桶了。

◇◇◇◇

许多美国大公司的售后服务电话都有自动应答的部分。最近为了让这一部分听上去像人的声音，他们搞出了一个新的花招。那就是在录下来的语句中加上一些停顿犹豫的声音，或者故意加一些小错误，甚至让这些声音听起来像这个“人”临时想起来一样。比如:“呃……啊，对了，您现在……呃……能再告诉我一遍您的验证码吗？谢谢！”

◇◇◇◇

在意大利，许多给顾客发自动邮件的公司已经不用第二人称的尊称“Lei”了（类似于中文的“您”），而从传统来讲，称呼不认识的人都要用“Lei”。现在他们就用不那么正式的“你”了。既要跟顾客套近乎，又要保持尊重，有时就变得不伦不类。比如在意大利你可能收到这样的信件："Egregio Professore, ecco la tua nuova carta Bancomat." 翻译过来大致就是："嘿，亲，你好。尊敬的教授，你的信用卡就在这封信里哟！"

◇◇◇◇

有时候你会看到有的商品是用"真人造革"生产的，而且非常奇怪的是，这并不是一句讽刺的广告词。这背后的含义也许是，工业界有一个皮革模仿（或是模仿别的非人造商品）的标准，因而达到这个标准就表示该产品有了另一种"真实"。

我们希望读者在读过本节内容后能四处找找**假作真**的例子，因为它们其实到处都有，只是等待人们去发现。就像我们在第 2 章结尾处谈到的**诱饵加替换**这个范畴一样，明确建立了假作真这个范畴的人，往往比没有建立这个范畴的人能把这样的现象看得更清楚、更明白。

狗的大脑中的类比和范畴

我们在这一章讨论了各种各样的情况，就是为了说明人们时刻都在建立新的、没有名字的抽象范畴，而这些认知活动都是由不知不觉中感受到事物相似之处激发出来的。那么，思维没有人类这么丰富的动物呢？它们其实有着同样的认知活动，只不过会受到所属物种的心智程度限制。就拿狗来说吧，下面就列出我们观察到的狗脑中的概念。这些狗都是作者很熟悉的，我们就擅自决定用人类语言来表达狗的范畴了。其中的每个概念都是日复一日、年复一年的一连串类比的结果。

人类；男人和女人；成年人；小孩子；婴儿；朋友和陌生人；邮递员；兽医……

狗；小狗；我最好的狗朋友；鸟儿；松鼠；猫……

水；我的食物；人类的食物；给我的奖励；骨头……

好吃；热；冷；硬的；软的；开着的；关着的；友善的；恶狠狠的……

在里面；在上面；在下面；在旁边；在前面；在后面……

白天；夜晚；疼痛；手；嘴；眼睛；脚；爪子；命令；威胁；我的狗窝；

我的院子；别人家；别人家的院子；狗门；和人玩的游戏；我可以玩的玩具；我不能玩的玩具；球；飞盘；棍子；树枝；门；椅子；桌子；狗绳；雨；雪；树；湖；游泳池；狗粮；车；人行道；街道；行李箱；长得像狗的玩具；机器狗；毛绒玩具动物；主人的声音；主人在电话里的声音；打雷；学狗叫（在电视或者收音机上听到的）……

吃；喝；玩；打架；走路；停下；出去玩；进去；跳；游泳；坐着；等待；躺着；寻找；抓住；接住；上去；下来……

好吃的和不好吃的；能喝的和不能喝的；可以啃的东西和绝对不能啃的东西；虽然很响但是并没什么危险的声音，很响亮而且也预示着危险的声音；可以游泳的地方；可以拉屎撒尿的地方和绝对不能拉屎撒尿的地方；可以睡觉的地方还有不能睡觉的地方；可以吃我找到的任何东西的地方和我什么都不能吃的地方……

对一个能思考却没有语言的生物来说，几乎完全不可能把范畴化和作类比区分开来，但许多人却认为它们之间的区别非常明显。一只没有语言标签的狗，只有一系列与其他实体打交道的经验可以依靠，比如无生命实体、有生命的生物、各种动作和情境。并且，为了舒适地生活在这个世上，它必须能够使用在旧情况中获得的经验来理解新情况。因此，对狗来讲，范畴化显然就是建立通往先前知识的类比桥梁。

对人类来讲，每条狗能够可靠地识别其他狗、鸟、车、树、球，还有狗绳，这都没什么好惊讶的。但是如果一条狗能弄清楚自己可以在哪儿排便、不能在哪儿排便，而且绝对不搞错，那就非常不容易了，因为这个范畴比前面几个要微妙得多。考虑到类比的范围非常宽广，从最简单的类比到最复杂微妙的，应有尽有。我们有理由问这些动物做出的类比到底能复杂到什么程度。为了回答这个问题，我们访问了一些爱狗的朋友，请他们回忆自家宠物曾经做过的有趣类比。我们因此收集到了许多十分有趣的故事。下面我们就讲述其中令人惊叹的四个。

我的父母曾经帮我带过几个星期的查尔（一只拉布拉多犬）。一天晚上，我妈妈说："得给它洗个澡了。"睡觉前，他们叫了几声查尔，但是它都没有出现。找了许久，最后才发现查尔正待在地下室的大水缸旁边，耐心地等着我妈去给它洗澡。而我前几次去看它的时候，正好都是在这个大水缸里给它洗的澡。可见它不仅听懂了"洗个澡"，还记住了家里这个奇特的水缸以及它的位置。

◇◇◇◇

芬薇是一只腊肠犬，它认得出我们的每一个行李箱。每次我们从阁楼里拿出某个行李箱，它就变得非常忧伤，因为它担心我们不会带它出行（通常的确如此）。如果它看见一个行李箱已经收拾好关上了，它就会跳到上面躺着，希望我们能带它一同上路。它还认识那只小的圆桶旅行包，每次一起出门的时候，我们都把芬薇放在里面。只要把这只旅行包拿出来，她就知道我们要一起去旅行了。每次我们把芬薇带到加州时，只要开始收拾回家的行李，她就立马跳进她的专用旅行包里，免得我们把她忘在加州了。

◇◇◇◇

芬薇刚刚做了个手术，把后腿上的一个肿瘤切除了。为了做这个手术，兽医先把那个肿瘤周围的毛都剔除掉了。芬薇一回到家，就飞快地找到它的毛绒老鼠玩具，然后开始不停地咬毛绒老鼠的一条后腿，直到把老鼠的后腿上咬出一块没有毛的地方，就像它自己后腿上那块没毛的地方一样。

我们第一次带芬薇去腊肠犬集会。刚进那个公园，它就发现在远处，有一只白色的小狗有着长而不羁的毛发，非常像它的小伙伴斯格拉菲。它一下子就朝那只狗跑去，但是当它走近时，两只狗互相打量了一番，一会儿芬薇就发现这不是斯格拉菲，然后转过身就穿过公园向我们跑回来。

最后这个故事告诉我们，就像人一样，狗也可能做出错误的类比，因为有时就算是非常相似的东西，也可能不是人们和狗们想的那么回事。一个完完全全的陌生人也可能和我们的挚友长得非常像，所以人们难免会想，长相如此接近，这到底是因为两人深层的心灵相通，还是凑巧有相似的表象。如果你属于**智人**的话，那就很难抑制这样的想法……

这位年轻的冰岛教授让你想到了谁

约翰到冰岛去做一场讲座，他的妻子丽贝卡和他同行。在两天的旅行后，他们来到了将要举办讲座的大学，见到了友善的人们，其中有一位年轻的教授托尔。约翰被托尔眉清目秀的脸庞震住了，他不断问自己："他长得真像一个人啊，是谁呢？就是一个我特别熟悉的人！"他突然想到了他在加州的朋友司各特。这让约翰和托尔交流的时候非常放松，因为他和司各特是非常要好的朋友。讲座结束后，托尔和其他同事请约翰和丽贝卡吃晚饭，他们共同度过了非常愉快的几个小时。

第二天，约翰问妻子："昨天见的人里面有没有哪个让你想到你认识的人？"丽贝卡说："大概是托尔吧，你是说他吗？""就是他！"约翰回答。"他的哪一点你印象最深？""我觉得他非常有魅力，而且很像咱们在加州的朋友司各特。"约翰说道："我觉得也是。两人简直是如出一辙。"丽贝卡又说："也许是笑起来的时候，他嘴角给人的感觉。和司各特一样，都让人觉得很文静。""就是！还有他们沙哑的声音，你说是吧？""对。"丽贝卡说。约翰接着说道："昨天晚饭的时候，我就感觉自己已经非常了解他了，所以我说了好多我本可能不会说的话，就像是和老朋友聊天一样。看来，你也是这么想的，那真是太好了。我觉得我们两个都这么想，说明他们之间的联系是真实存在的，不是我个人的幻想。"

丽贝卡和约翰的想法相同，这提醒我们，一个好的类比是能够和他人分享的。这种客观的感觉更加强化了我们的直觉，那就是类比连接了外部世界的两个实体，在这个例子里就是司各特（一位加州律师）和托尔（一位冰岛的教授）。当然了，上面引用的那段对话也的确说明了这一点。不过我们仍然应该注意，约翰是在司各特不在场时建立起（或者说发现）司各特和托尔之间的类比的，丽贝卡的类比则是在两人都不在场时建立（或者说发现）的。丽贝卡所依靠的一定是她脑中的记忆，所以她的联系准确来讲是建立在她脑中两人的心理表征之上的，而不是站在她面前的两个大活人。但是，让她觉得更自然的说法是这个类比连接了心理表征的源头，也就是司各特和托尔，而不是说她在脑中两个神经模式之间发现或者建立了联系。毕竟，“托尔让我想起了司各特”听上去非常自然，但是“我在托尔和司各特在我脑中的心理表征之间架起了心理桥梁”这样的话，不仅仅学究气重得近乎荒谬，而且非常奇怪。

心理实体及其关联

每个人都喜欢这种更简短的说话以及思考方式。我们都不会说我们在两个心理实体之间建立了心理联系，而是把类比桥梁的两端延伸到大脑之外，这样我们的类比看上去就成了外部的桥梁——一道飞翔在大脑之外的彩虹，彩虹两端分别是可能相距非常远的两个实体，比如加州的伯克利和冰岛的雷克雅未克。当其他人肯定了这个个人类比时，它就显得更加客观了，因为有两人的观点相同。这强化了把类比看作天空中彩虹这一形象——它是天上的一道圆弧，跨越在两个外在事物之间。但如果你仔细想的话，就会发现这个圆弧其实不是一道彩虹，而是一道“脑虹”。假设两个人看到了同样的类比，也就是说它是客观存在的，是因为在两个不同的大脑中，可以有两道“平行”的“脑虹”，也就是两道连接内部心理表征的“脑虹”，而它们却是由外在事物唤醒的。

为了化抽象为具体，让我们讨论一下在本书两位作者脑中都有的一座桥梁吧。桥的一端是马克·吐温的脸在脑中的形象，另一端则是挪威作曲家爱德华·格里格（Edvard Grieg）的脸在脑中的形象。还有许多“相同”的桥很可能会在不同的、相互独立的大脑中建立起来，并且在这些大脑中愉快地存在了很长时间。事实上，我们非常确信，任何看了这两位名人照片的人，都会在脑中迅速地建立起“同样”的心理桥梁，“同样”的“脑虹”。

马克·吐温

爱德华·格里格

我们难免都想用简称来描述存在于不同脑中但非常相似的类比桥梁。事实上，对高效率的沟通来说，类比桥梁的简称必不可少。因为这些类似的类比桥梁实际上都来自同一个类比，一个横跨“外部世界”两个事物的客观类比。正如约翰和丽贝卡脑中有相同的“客观”连接，把托尔和司各特联系了起来一样，许多人也可能想到同样的类比把马克·吐温和格里格联系起来，更准确地说，是把他们的脸联系起来。让我们假设一下，你刚架起了一座“脑虹”，把马克·吐温和格里格的形象联系了起来。那么他们两人在你脑中的形象很可能就会慢慢混在一起，变得模糊。结果最后就形成了一个新的心理现实，我们可以将其称作“吐温 / 格里格”，这就成了一个范畴的名字，而不是一个人的名字了。

作类比和范畴化是硬币的两面

如果你现在看到爱因斯坦的一些照片，你可能会认为：“这又是一个吐温 / 格里格啊！”因此，你脑中的心理范畴**吐温 / 格里格**可能会稍有变动，把这第三个成员也考虑进去。最后的结果就是一个更加宽泛的范畴，所以我们得给它一个新的名字。这就好比一家小公司慢慢变大了，就再也不仅仅属于多年前建立它的这两个人了。事实上，你脑中的范畴，最开始建立在马克·吐温和格里格的相似脸型之上（接下来有了爱因斯坦)，现在逐渐加入更多长相相似的人。把这些新加入的考虑进来，这个范畴很可能会有新的名字，比如像“吐格爱”这样的简称，或者就完全没有名字了。

为了让这个故事更加完整，假设你在大脑中建立了一个包含马克·吐温、格里格、爱因斯坦模糊脸型的范畴，然后又看见了另一张照片。照片中是著名的人道主义医生阿尔贝特·施韦泽(Albert Schweitzer)。那么把施韦泽归到这个不断扩大增长的范畴里，到底应该算是作类比，还是进行了范畴化呢？其实都是。当一个人看到施韦泽的照片时，他就在脑中搭建了一座心理桥梁，把为施韦泽的照片而建立的新的心理表征与旧的心理结构连接起来了。这个旧的心理结构则是因为看到了马克·吐温、格里格还有爱因斯坦的脸型，并且把它们融合在一起而生成的。这种建立心理桥梁的过程，无论是叫“范畴化”还是“作类比”都可以。

阿尔伯特·爱因斯坦

阿尔贝特·施韦泽

这个**吐格爱**(吐温、格里格、爱因斯坦)的范畴因为接受新的成员而不断增长，所以变得越来越模糊。到了某个时候，我们甚至都忘了其中最早的成员是谁。就在这个时候，也恰恰是因为这个原因，我们可能更倾向于用“范畴化”而非“作类比”来描述它。不过这都没关系。不管怎么叫，这个过程就是一个识别新的心理结构和老的心理结构之间对应关系的过程。一句话，就是在修建类比的桥梁。

争论渐消

最后，我们希望再谈谈人类是如何识别出一个杯子的，尽管这个问题看上去不值一提。假设你在朋友家里，想给自己倒杯茶。于是你来到厨房，打开几个橱柜看了看，然后想："啊，这儿有个杯子。"这算是一个类比吗？也许像绝大多数人一样，你会说："当然不是了，这就是范畴化，不是类比！"我们能理解这种想法，但我们想提出另一种观点。其实，这完全也可以是一个很有说服力的"类比"情形。也就是说你在脑海中建立了一个心理实体，它代表了你在朋友家的橱柜里看到的那个物体。然后你又在这个心理表征和另一个事先存在的心理表征，也就是你脑中"杯子"这个概念之间建立了联系。简言之，你在脑中的两个心理实体之间修建了一座桥梁。正如我们在上一个小节所讲，当问到把施韦泽归到**吐格爱**这个范畴时，我们到底是在作类比还是进行范畴化，答案是两个都对。

如果你还是认为识别一个杯子不是在作类比的话，那就试着想想下面两种情况到底有什么区别：一个是在刚刚看到的施韦泽照片和已有的**吐格爱**概念之间修建的桥梁，另一个则是在眼前的橱柜中的某个陶制品与已有的**杯子**这个概念之间修建桥梁。如果非要说二者有什么值得一提的区别的话，那就只可能是**吐格爱**和**杯子**这两个范畴之间的区别了。前者是相对新鲜的概念，里面三个最早的成员还比较清晰，而后者则是一个旧的概念，在里面已经找不到最早成员的影子了，谁还记得激发**杯子**这个范畴的最早成员呢？除了这个区别，这两座桥梁本质上是一样的。

这个故事告诉我们，与识别**酸葡萄**、**假作真**这些概念中的成员一样，把一只杯子归到**杯子**这个范畴中的行为也是类比。我们希望这个论点你已经非常熟悉了，并且和你的直觉一致，虽然这和大部分人的直觉不太一样。这个观点综合了我们对人类思维的思考，它把范畴化和作类比合二为一，放在认知的中心位置。熟悉了这个观点之后，我们接下来就谈谈此观点对人类思维机制的启示。

SUR

AND

ESS

ANA

AND

ACES

OGY AS THE FUEL

IRE OF THINKING

NCES

4 抽象过程与内部范畴滑动

在和周围世界打交道的过程中，我们会不自觉地在范畴领域内来回滑动，以实现抽象层次之间的上下跳跃。人类认知的灵活性，就取决于在抽象阶梯上上下移动的能力。因为，我们有时需要做出细微的区分，有时又需要忽略差异而把事物混在一起。

白马非马

下午三点半，巴黎。桑德尔和侯世达忙里偷闲走向街角的咖啡店。他们正打算像往常一样，来杯咖啡。尽管天气酷热，侯世达还是惦记着来杯拿铁，而桑德尔则在可乐和薄荷汽水之间犹豫不决。最终，他选择了后者。闲聊片刻后，他们二人穿街过巷来到了糕点铺，他们每天都来这儿买些点心。桑德尔挑了个红浆果挞，侯世达买了根冰棍儿。接着，他们便回到了办公室，继续写作。

刚才说的那些并没有多少值得大书特书的地方，除了桑德尔喝的咖啡不是咖啡，侯世达吃的点心也不是点心。然而，没有哪位会指责他们在撒谎。即便侯世达当时喝的是杯柠檬茶，而非拿铁，说这二位出门喝了杯咖啡也看似合情合理。那么，准确来说“咖啡”到底是什么呢？

在这个例子中，我们至少可以分出四类语境，也可以说是四级抽象层次，在每一层中我们对于“咖啡”一词的理解都不一样，但又总是一目了然。首先，当说起“来杯咖啡”时，在很多情境下意味着“边聊边随便吃点或喝点什么”。在这个语境下，“咖啡”一词太过抽象，范围之广可以囊括各类饮料、三明治或是冰激凌。若是店家不反对，什么都不点也可以。我们称这类为“咖啡$_4$”。

接下来是在餐馆，饭后服务员问客人们：“请问，有谁想来杯咖啡吗？”若是回答“请给我来杯茶”,这听起来同样合情合理,没有哪位会抗议说这是答非所问。不过，如果在此时，若你要的是一杯干邑白兰地，甚至更过分，要些红酒或再来一份薯条，就显得完全不合时宜了。也就是说，“咖啡”在这个情境下仍然有抽象意义，只不过，没有之前那么大了。我们称这类为“咖啡$_3$”。

更进一步，让我们把场景移到咖啡厅。服务员对着每天都能见到的熟客问道:“女士，请问您今天早上想来点什么咖啡呢？”此时，这个服务员可能正等待着“请给我一杯拿铁和一杯摩卡”或是“请给我两杯玛奇朵”这样的回答，因为这些答复都属于上面明确提到的范畴。但这时，“咖啡”一词的意义被进一步缩小。尽管，这一步步走来愈发地咬文嚼字，但这时，我们仍有足够的余地来诠释这个词的意义。我们称这类为“咖啡$_2$”。

最后，某人走进巴黎的一家咖啡馆，说道：“请给我来杯咖啡。”此时，这指的可不是茶，或是冰激凌等。客人要的就是杯浓缩咖啡且不加奶油。在巴黎的咖啡馆里，这就是对“咖啡”一词默认的理解，我们称这类为“咖啡$_1$”。至此，我们已经到达了咖啡抽象层次的最底层，对“咖啡的范畴”的探索也暂告一段落。

上面这个例子说明了什么呢？它说明：一个范畴之中的成员随着语境的不同而改变；我们不费吹灰之力就能理解自身所处的语境；某门语言中的一个词便可以表示很多种不同的范畴；以及，这些范畴有着不同的抽象层次。

本章概述

前 3 章试图解决这样一个问题，即“什么是范畴”。为此，我们仔细研究了不同种类的范畴，包括只有一个词的范畴（第 1 章），多个词的范畴（第 2 章），以及那类根本没有词汇标签的范畴（第 3 章）。在本章中，我们将更进一步分析范畴化是如何起作用的，我们将讨论范畴之间的“跳跃（leaps）”或“滑动（slippages）”（为了减少重复，下文两种说法都会使用）。

我们的目的，是揭示在思维过程中，范畴之间的滑动是多么至关重要，尤其是在抽象层面上大幅地上下滑动。首先，我们将解释“抽象”一词的含义。接着，我们将展示各种事物与情境是怎样在不知不觉中，轻易地便从一个范畴跳到了另一个范畴。就像出口成诗的曹植，我们都在不经意间成了从一个范畴跳跨到另一个范畴的行家。因为，我们每个人都不断地在心里练习着这一门“手艺”。

人类特别善于延伸和拓展范畴，并在范畴之间跳跃。为了彰显出所谓的“灵活性”和“创造性”与人类这一杰出能力之间密不可分的联系，我们将讨论一个可以突显概念发展过程的现象，这一现象在语言学中被称为标记（marking）。尽管标记在各种语言中都极为普遍，但人们大多对此熟视无睹。事实上，知道这一概念的人也寥寥无几。

> 标记是指，一种语言中的一个词可以同时表示狭义（具体的）和广义（宽泛的）范畴，狭义的范畴完全包括在广义的范畴中。

就像上文所举的“咖啡”一例，具体的范畴被完全包含在了宽泛的范畴之中。尽管标记有时会给交流沟通带来困难并引起歧义，但绝大多数时候它都是一个有用的工具。利用人类对于上下文与生俱来的敏感，它赋予了语言极大的灵活性，从而仅通过一个词便可以同时表示数个范畴。

接下来，我们将仔细观察一个在第 1 章时已经介绍过的，人类思维中的核心过程，即利用范畴的延伸来发展概念。正如我们在第 1 章所见，当范畴刚刚产生时，它们往往微不足道，小到通常只包含一个成员；之后，它们逐渐形成了核心，并如光晕般向外延伸。范畴在接纳新成员的过程中得到了扩展，这些新成员有些处于核心地带，有些则落在边缘地带。在接收意料之外的新成员时，这一行为要么扩展了原有的范畴，要么就是产生了新的范畴。不论是哪种情况，类比都是驱动这些扩展的源泉。我们将分析人类如何基于已有的概念理解各种情境，与此同时，又在新情境的影响下修正着那些已有的概念。

下面要讨论一个与前文密切相关的根本问题：如何成为一个“行家”？这是一个很重要的问题，因为专长这一概念，不仅适用于某些特定领域下的专业知识，对于一个普通人来说，这是用来与日常生活打交道的，经其一生发展的能力。需要特别指出的是，我们将会看到，作为一个行家并不只是拥有更多别人没有的范畴，而且他还能将这些范畴以不同的抽象层次组织起来，从而在特定的背景下流畅地在各个范畴之间滑动。

乍看意料之外，实则情理之中，在某些至关重要的概念间跳跃的能力便是创造力的源泉之一。尽管概念滑动是日常生活中最常见的思维现象，但其背景和语境并不明显，而是十分微妙和罕见的。通过概念滑动而来的发现激发了人类历史上很多绝妙的主意，包括诸多科学发现（我们将在第 8 章详细讨论）。正如上述所见，本章有许多目标。我们一步一个脚印，先从抽象一词的概念开始。

什么是抽象，它的目的又是什么

抽象来源甚广且多种多样。在这里我们将重点讨论“概括性抽象”。如果范畴 B 是范畴 A 的一个子集合，我们则称范畴 A 比范畴 B 更抽象，也就是说所有属于范畴 B 的元素也全部都属于范畴 A。举例来说，**咖啡**$_4$比**咖啡**$_3$更抽象，因为所有的**咖啡**$_3$（基本上指餐后饮料，包括茶，但不含酒）都是**咖啡**$_4$（基本上指点的任何小吃和饮料），而且，可乐与薄荷汽水属于**咖啡**$_4$，但不属于**咖啡**$_3$。同理，**咖啡**$_3$比**咖啡**$_2$更抽象，**咖啡**$_2$比**咖啡**$_1$更抽象。

抽象的概念（从现在起，我们将省略“概括性”这一定语，因为我们本文唯一关心的只有这个类型的抽象）既适用于关乎自然事物的传统范畴（即**鸟**这一范畴比**麻雀**这一范畴更加抽象），同样也存在于人造事物的范畴（即**家具**这一范畴较之**椅子**这一范畴更加抽象），而且也适用于各种动作的范畴（**移动**比**走**更加抽象），以及由形容词命名的各种范畴（正如**红色的**比**猩红色的**更加抽象，而**彩色的**比**红色的**更加抽象）。它同样适用于那些由成语、谚语或是寓言故事组成的范畴（**有备无患**比**及时一针省九针**更抽象）。当然，最后还少不了那些我们在上一章讨论过的，根本没有名字或标签的范畴。

简而言之，当范畴 A 包含范畴 B 时，范畴 B 是范畴 A 的一个特例，这时我们称范畴 A 比范畴 B 更加抽象。这些范畴在我们心中享有不同的抽象层次，这使我们有能力从不同的角度思考同一事物。比如，有时某物被看作一只**麻雀**，而有时则被看作一只**鸟**。

如果我们没有抽象的能力，那么我们的生活就会同阿根廷文学家豪尔赫·路易斯·博尔赫斯（Jorge Luis Borges）的短篇小说《博闻强记的富内斯》（*Funes, the Memorious*）中的主人公富内斯一样。富内斯从马上摔下来后，拥有了惊人的能力。"他不光是记得树林中的一草一木，此外……他没有整体的概念。他不仅无法理解**狗**这一通称，因为这其中包含了太多不同的成员，它们大小形态皆不相同；甚至于三点十四分的狗（从侧面看）与三点十五分的狗（从正面看）有着同样的名字这一事实，都令他深感不安。"[1] 为了应付这个丰富的世界，普通人的心智与富内斯不同，不仅具备了抽象的能力，而且倾向于做出抽象的概念，也就是把相近的事物都归在同一个范畴之下，而且根据不同的概括层次进一步管理这些范畴。三点十四分的狗与三点十五分的狗在我们眼中是一样的，正如当我们把**狗**与**猫**都视作**动物**时，它们也是一样的。

抽象的好处

任何情境，基本上都能以不同的角度被归为无限种范畴。也就是说，我们可以用许多不同的词、成语或是谚语来命名相同的情境。一架老旧的钢琴，对于一个音乐老师来说可能是一架**乐器**，对于搬家的工人来说是一件**家具**，对于打扫家里卫生的人来说是一个**容易落灰的地方**，而对于那些骄傲地将其摆在客厅正中间的人来说则是一个**地位的象征**。西红柿，在植物学课上可能被称为是一种**水果**，而到了烹饪课上则被当作一种**蔬菜**。有时一个情境，不同的观察者会被不由自主地激发出截然不同的概念。一个相同的情境，一个人可能觉得是**锦上添花**，而另一个人则认为是**鲜花插在了牛粪上**。

同一个特定的情境，在不同的抽象层次下可以有不同的名字，因为有时我们求同，而有时则存异。比如在吃饭的时候，人们自然而然地会留意哪个杯子是自己使用的，而哪些杯子是邻座的人使用的，但清洗这些杯子时便毫不在意这些分别了。冰箱和钢琴有着截然不同的功能，然而对于搬家的工人来说，它们不过是**大件货物**罢了。当家长培养孩子的时候，会希望孩子们多参与**课外活动**，对于某一个孩子来说这可能意味着参加户外社区活动，对另一个孩子来说是学芭蕾，对第三个孩子来说可能是专业田径训练。诚然，除了对两个事物分类之外，还有什么更好的对其加以区分的办法吗？比如说，牧羊犬与猎犬之间的区别，或是巴吉度猎犬与格雷伊猎犬之间的区别，取决于分类者心中不同的范畴。当两个事物同属于一个共有的范畴时，既可以通过强调它们的共同点将其合二为一，也可以突出它们的差异并加以区分。

我们从不同角度对事物分门别类的能力决定了自身的适应能力。正如我们经常以极快的速度与极高的频率转变着对于日常生活的看法。尽管这些看法的转变往往看似平淡无奇，以至我们对此毫无察觉。然而，正是这些例子揭示了人类智慧在日常生活中所表现出来的非凡的灵活性。我们将在下一节展示一个小例子。

范畴转换快得令人头晕目眩

你打开碗柜，拿出一个玻璃杯。要完成这个动作，你需要认识到这个物体的确是一个玻璃杯。这可再简单不过了：任何东西都有一个内在的概念盒子，这些盒子被称作“范畴”，而范畴化不过是把每个东西放进相应的盒子里，故事就这么简单。但也许事情并非如此简单……

你并不了解我。事实上，我也不了解我自己。我没有意识。但那又怎么样。下面是我的故事。

我于 2005 年 7 月 11 日在一个法国工厂被制做出来。从我诞生的那一刻起，我不断地被分到不同的范畴。没有特定的顺序。我曾经是**人工制品**、**工业产品**、**欧盟商品**、**消费品**、**易碎品**、**玻璃杯**、**餐具**、**喝水的杯子**、**装水的容器**、**透明的东西**、**可回收物**。当我在运输路上的时候，我是一件**货物**，也是一件**商品**。到了货架上的时候，我是一件**待销品**。设计我的人那天没什么灵感，所以我在货架上待了好几个月也没被卖出去，店员把我归到**滞销品**、**次品**、**积压的库存商品**、**积灰的东西**。于是我又成为**打折商品**。大减价终于为我带来了一个主人马先生，我成了一件**交易品**。

老马虽然没什么创造力，但也将我分到不同的范畴。尽管他并不自知。他渴了的时候，不会把我错当成**盘子**、**碗**、**茶杯**或**马克杯**（更不必说**刀叉**这类餐具了）。对他而言，我甚至不是**盛食物的容器**或**玻璃杯**，我只是一个**冷饮杯**。我可以装水、软饮料、牛奶，但从不会装红酒，那是属于我上排搁架上高级杯子的特权。曾有一次，一位客人错将我用作**酒杯**，我自认胜任了这份殊荣，尽管我知道自己不如碗柜上层的邻居们。结束工作后，我通常会进入洗碗机。在那短暂的停留期内，没人在乎我是一个**玻璃杯**，我只是一件**待洗涤的餐具**，别无其他。我飘摇的生命里也曾遇到特别的分类。女主人数度把我用作**捕蜘蛛的工具**和**装小摆件的器皿**。有一次主人们去旅行，整整一个月我是一个**漱口杯**。第二年我又成了**装糖的容器**。老马家的孩子们从树林玩完回家后，我会变成**蝌蚪之家**。孩子们给他们的母亲采了野花后，我是**花瓶**。我还当过一次**建材**，因为孩子们决定用我和我的邻居们垒一座塔，但他们忘记了我是**易碎品**。塔倒的时候，我惨遭不幸，一切就这样突然结束了。还好我还是**可回收物**，所以一场新的轮回正等待着我。那将是意想不到的全新分类。

分类遍及我们生活的方方面面。而且，即使是在最平凡的生活中，分类也不是一成不变的。正如上文玻璃杯的故事，以及第 1 章的体重 60 千克、镜像对称、招蚊子、好失眠的那位称作“安娜”的物体和其他数不清的例子都表明了这一点。在抽象的阶梯爬上爬下，从一个范畴“盒子”被移到另一个之中，是所有事物、行为以及情境的宿命。

尽管上文故事的主人公玻璃杯不停地从一个范畴跳到另一个范畴，一些读者可能不禁认为它仍然自始至终拥有一个唯一的身份，即它是一个**玻璃杯**。但如果这么想的话就落入了柏拉图式客观主义者观点的陷阱，即事物有且仅有一个身份，这是一种幼稚且浅显的观点。

尽管心理学研究确实证明存在一些特定的“默认”范畴，人们通常称其为基层范畴。比如说，比起“扶椅”或“家具”这些说法，人们更倾向于直接说“椅子”；而较之“水杯”或“餐具”来说，人们则更愿意称之为“杯子”。这一经过实验证实的现象可能进一步使人认为，万事万物皆有一个与其真正范畴相对应的真实的身份。但是，不论何时，一个事物的存在只取决于当下的范畴，仅此而已。当然了，有一些事物更像是杯子，而另一些更像是椅子。在某些场合下，当人心中被激活的是“杯子”这个词的时候，它们就是杯子，但在另一些场合下，它们就属于别的范畴。因此，如前所述，一个像是杯子的东西可以是**待洗涤的餐具**、**手工艺品**、**商品**、**捕蜘**

蛛的工具以及**装小摆件的器皿**等。顺便提一句，当我们写到“杯子被分类为装小摆件的器皿”时，这其实是一种不严谨的表达方式。原则上讲，我们应该写成这样：“在很多情境下被分类为杯子的这一实体，在本例中，被分类为一个装小摆件的器皿。”不过要是真这么写的话，就变得又臭又长了。因此，我们选择前文言简意赅的方式。

我们的“杯子朋友”，在我们心中有一个明显占据支配地位的范畴（当然了，就是杯子这个范畴），这可能使我们更难接受它并非只有一个固定的身份。这同样存在于绝大多数的人造物品中，即那些被人们制造出来且具备固定用途的物品。那个狭隘的用途会支配我们对这一事物身份的认识，使我们觉得这就是该物品唯一真实的身份。

但是，如前所述，事情并非如此简单。具体来讲，让我们回到前面安娜的例子，我们首先要问：她是一个**人**吗？一个**女人**？一个**律师**？一个**活的生物**？一位**母亲**？一只**动物**？每个人都会同意安娜是“所有这一切”，而且依观察者心态不同，她可能更是这个而非那个。那么，谁能决定安娜本质上更是一个**活的生物**、一个**人**或者一个**女人**呢？而且为什么在众多的范畴中必须“胜出”呢？

那只在餐厅水箱里游水的甲壳类动物，它更属于**龙虾**范畴呢，还是更属于**食物**范畴呢？在它被抛入沸水一刹那，它是哪个范畴的成员呢？或者当它被放在盘子里端上桌准备被食用时呢？吃完饭之后呢？那只在草地上吃草的牛，它短暂的一生早已经在它主人的掌控之下，煮熟的牛肉将被一块一块切开成为盘中餐，它是**牛**吗，还是**未来的食物**？当它被摆在盘子里，旁边是一盘薯条时呢？盘子里最后一块只咬了一口的饼干，它是**饼干**，还是**浪费的见证**？至此，我们的观点应该一清二楚了：这种争论不可能产生清楚的答案。这种问题本身就没有答案，就像过去关于各种熟悉的事物（门、墙、湖、山、太阳、月亮）的问题，争论它们“内里”是阳性的还是阴性的。

一些身份有歧义的例子特别有助于说明我们的观点，因为这些例子表明我们绝不可能一劳永逸地确定某物到底属于什么范畴，而且所谓的**真实身份**概念根本站不住脚。比如，有一块带凹槽的大理石，它被远足的人带回家放在起居室的桌子上用来接烟灰和烟蒂，它是一块**石头**还是一个**烟灰缸**？有一块在野地里捡回家的牛骨，它被用来压住纸张避免被风吹走，它是一块**骨头**还是一块**镇纸**？那个在玩具屋里的带四条腿的塑料东西，它是一张**桌子**还是一个**玩具**？院子里剩下的一节树上铺着餐布用来吃饭，它是一节**树桩**还是一张**桌子**？

台灯上用来打开和关闭台灯的，用金属小球连接起来的**链子**，是一条链子还是**开关**？烟雾信号是**烟雾**还是**信号**？病人在牙医诊所里坐的是**椅子**还是**手术台**？一个铁丝衣架被拉直用来开汽车门，它是**衣架**还是**开车门的工具**？一个拉直的曲别针是**牙签**还是**曲别针**？

莫扎特交响乐的头几个音符在手机里用电子声音播放，它是**莫扎特**的音乐，还是**电话铃声**？乞丐伸出来要东西的器物，它是**帽子**还是**钱包**？埃及开罗的“死人城”，里面的坟墓间住满了活人，它是一个**墓园**还是一座**城市**？一块围起来的地，上面布满生锈的汽车残骸，一个农夫在里面放养了一群牛，它是**废物堆积场**还是**牧场**？

一片镀金的叶片别在女人的毛衣上，它是一片**叶子**还是一个**胸针**？一个床罩缝上花边当窗帘用，它还是**床罩**吗？还是说它获得了一个新的身份：**窗帘**？这好像入了美国籍的外国人有了美国公民的新身份一样。一把雨伞固定在桌子上为人遮阳，它还是**雨伞**吗？抑或它摇身一变成了**阳伞**？一根自动铅笔，里面的笔芯已经用完，但橡皮还有一大截，它还是一根**铅笔**吗？我们可以叫它**铅笔**吗？或者被降格成为一块**花哨橡皮**？几十人被搁浅在小岛上，他们在沙滩上用身体排出“SOS”三个字母，他们是一群**人**还是在**救援呼叫**？玻璃杯摆出的装饰性金字塔，是一个**金字塔**，一件**艺术品**，还是**玻璃杯**？桌布上刚出现的一摊深红色，它是洒的**红酒**还是**污迹**？小女孩在脑后扎起的头发是**马尾辫**还是**头发**？一辆被撞毁并已经被压扁的汽车还是**汽车**吗？或是**废铁**？用来执行上吊的设备是一条**绳子**还是**绞索**？伸出的中指是一根**手指**还是一个**粗鄙的手势**？

最后，一架已经退役但仍不失骄傲的协和式飞机，摆在戴高乐机场的一个巨大的底座上，唤起人们对法国航空业的辉煌的记忆。它是**飞机**范畴的一员吗？还是**协和**范畴的一员？抑或是**前协和**的一员？抑或**塑像**？抑或**象征**？

对于上述有关范畴的窘境，你当然可以用自己的例子继续扩充。但是较之“这件东西到底是不是X”这一问题，我们更关心且认为更重要的是：“为什么我们不能抑制住心底的抗议：‘好好好，你说的这些都对，我认了，但是归根结底这该死的玩意儿就是个杯子，不是吗？’”换言之，即使是对于那些最为敏锐的人来说，为什么会有如此强烈的倾向，不愿放下心中对于万事万物皆有其真实身份这一执念，以及，为什么人们能如此堂而皇之地拒绝相信事物的存在仅仅取决于个人的角度和观点？我们将在第7章中继续讨论这个让人纠缠不休的问题。

标记的马脚

在语言中，范畴的身份在惊人地转换着。这是因为标记这一现象的存在，它可以让某个事物在不改变自身名字的情况下，只需简单改变抽象的层次，就可以转换自身范畴的身份。标记就是指，同一个词有时泛指整个大范畴，有时则特指它的子类。当这个词处于广义时，我们称之为无标记的含义，而当它处于狭义时，我们称之为有标记的含义。标记值得我们仔细研究。它不只在语言的角度上令人着迷——远在这些词之外，有着我们认知系统所依赖的机制，而标记使这一机制有迹可循。这个机制就是概念的增长。

美国《独立宣言》中有这样一句名言：“我们认为下述真理是不言而喻的：人人生而平等，造物主赋予他们若干不可让与的权利，其中包括生存权、自由权和追求幸福的权利。为了保障这些权利，人们才在他们中间建立政府，而政府的正当权利，则是经被统治者同意授予的。”我们不能完全确定起草这份雄文的人的意思，当他们用“人人”或“他们”时，因为这份文件没有将选举权授予女人，更别提男女奴隶了。如果我们不过于强求的话，我们权且假定“人人”不但包含男人，也包含女人。因此，我们假定他们心里想的范畴是**人** $_2$。如果把这里的“人人”当作无标记的意思人 $_2$，那么女人确实是**人人**（人人的一个特例）。这个信念一直流传至今。

如果说人起源于猿，是不是可以说女人也起源于猿呢？第一个登上月球的人也可以被理解为是一个女人。如果你听见有人喊“有人落水”，你不会试图去确定这个可怜人的性别。在“人与人之间的关系”这个短语中，我们可以假定它包括男人与女人之间的关系、女人与女人之间的关系。或许我们会假定，世界上最富有的人、会议主持人、邮递员、雪人，这些都是男人，但也可能是女人，至少从理论上讲是可能的。亚里士多德著名的宣称“所有人都是凡人”，他不可能否认“麦当娜是凡人”这句话的真实性，毕竟，根据他的铁定的三段论逻辑，他就无法否认“麦当娜是凡人”这句话。

有时候，标记会造成真正的歧义。比如说，一群人在咖啡店买咖啡时是这样点单的：“三杯咖啡，一杯玛奇朵，一杯双份浓缩咖啡，一杯卡布奇诺。”在此，存在两种对立的解释，这取决于我们是如何理解“咖啡”一词的。如果“咖啡”被理解成广义的，无标记的意思（“咖啡”代表**咖啡$_2$**的概念），那么玛奇朵、双份浓缩咖啡和卡布奇诺就是三种咖啡，也就是说，很明显他们一共只点了三杯咖啡。相反，如果从有标记的角度去理解（这里“咖啡”代表**咖啡$_1$**的概念），那么这个订单就是三份“默认”咖啡（即美式咖啡，不是高级的意式咖啡），外加三种意式咖啡。你可以亲自去试一试，看看是不是不同的人有不同的理解。

标记内在歧义的特征可以被巧妙地利用。这里有一个非常短的恐怖故事。“地球上的最后一个人被关在一间小黑屋里。突然传来敲门声。”此时，读者心里一阵颤抖，开始为人类最后一个样本的可怕命运而担心。下一个句子却让他放下心来：“来人是地球上最后一个女人。”

这个例子说明，标记有时会导致歧义。这种歧义很少有人注意到，但是一经指出，则会令人会心一笑。

标记不仅限于名词，它也出现在动词当中。如果放在显微镜下仔细观察，它的用法有时让人匪夷所思。就拿动词“to grow”来说吧。随着时间的推移，这个动词产生了新的意思。这个新用法比大部分人自发想到的要宽泛得多。变化是双向的，既可以变大，也可以变小，这个双向的变化经常可以用 grow 一词来表示。这样说听起来傻乎乎的，英文为母语的人开始会不承认。但是他们一旦看到这样的句子：“As soon as Alice had drunk the vial of potion, she started to grow smaller and smaller.”（爱丽丝刚喝完魔药，她就开始变得越来越小。）他们会马上承认：“对呀，我们还真这么说。”我们经常用动词“to grow”的无标记的意思，从来不去考虑它的意思与有标记的意思竟然相反。

这里的关键似乎不在于大小，而只与事物随着时间改变相关。例如，这些说法就很正常：“The bottle grew lighter and lighter as the water evaporated.”（随着瓶子里的水不断蒸发，瓶子变得越来越轻。）“The ticket line had grown a lot shorter.”（排队买票的队伍越来越短。）“The average intelligence quotient has grown lower and lower over the decades.”（最近几十年来，智商变得越来越低。）……因此，虽然“to grow”经常表示“变大”（这是 $grow_1$ 的有标记的意思），但是同一个动词还可以表示“随着时间而变化”（这是 $grow_2$ 的无标记的意思）。但是，当英文母语者被问到“to grow”是什么意思时，他们往往先想到 $grow_1$ 而不是 $grow_2$。所以，许多“to grow”的正常的用法会引起他们嘲笑，因为从表面上看这些用法是自相矛盾的：“增长而又减少”。

怎样解释语言的这种矛盾性呢？在某个语境中，两个词可以针尖对麦芒，而在另一个语境中，其中一个只是另一个的子集。我们为什么要用同一个词表达抽象阶梯上的两个不同层次呢？语言为什么在用词上如此吝啬呢？为什么不能用不同的词表达不同的范畴呢？这样做不是很简单吗？总而言之，答案就是一个词：适应（adaptation）。

标记的好处

实际上，标记很有用处。它有效地利用了歧义，从而保持了灵活性，使人们可以在不同场景使用同一个词。在人们交流时，尽管用词准确十分重要，但同样重要的是，不能为了准确而导致交流极度僵化，妨碍人们在陌生的环境下理解熟悉的词。标记使准确（指向一个非常明确的范畴）与灵活（可以自由地选择合适的抽象层次，不严谨的理解）得以并存。

正如我们（请注意，这里的“我们”是泛指。只包含两个作者的情况是**我们**$_1$，而这里还包含各位读者，所以此时的“我们”是指**我们**$_2$）即将看到的，如果我们（再次注意，这里的“我们”意义更加宽泛，因为它指我们所有的人，因此它是**我们**$_3$）不能同时对事物依不同抽象层次分类，那么将导致许多不幸的后果。

盖伦对自己的最新发明十分骄傲：一辆可以听从语音指令的车。他再也不用握着方向盘不撒手了，只需把指令告诉这辆车就足够了。

当他驶向一个十字路口时，盖伦告诉他的车："在路口直走，但是得先保证周边没有其他车。如果有别的车，那就减速，让它先过去。"

到了十字路口，盖伦的车一点儿也没有减速，然后它就被撞了……被一辆卡车撞了。

那么，问题来了，卡车是**车**吗？在这个小故事中，我们看到了标记的典型例子，因为有时卡车当然是**车**，有时就不被算作**车**了。

梅根每天早上出门上学时，她的爸爸都会提醒道："当心车！"他和梅根心里都清楚，她不会漫不经心地朝着迎面而来的卡车走过去。他在这里说的"车"是指任何在梅根上学路上移动着的、可能造成危险的东西，所以这包括大卡车、货车、摩托车、电动车、自行车、三轮车，甚至还有滑板车。若是还碰上了其他没想到的、移动着的东西，它同样会被归在"车"这个范畴之中，即使父女俩从来就没有想到过这个。因此，"车"可能涵盖了军事游行中的坦克、马车以及一队轮滑少年。所有上述这些情况，看起来虽然不着边际，但当梅根的爸爸对女儿说"当心车"时，这些都被隐含其间。或许它们处在**车**这个概念的边界，但当真在路上碰见的时候，它们都会被视作这一范畴的成员。

然而，在其他的情境下，"车"的意思就受限得多了。它不包括自行车或是轮滑，但包括卡车和摩托车等具有一定马力的大家伙。在欧洲的高速公路上就有指示牌写着哪种"车"可以开上路。当老马在 4S 店准备挑辆好车时，在他关于**车**的范畴中，他早就把卡车和货车通通排除在外，以及任何少于或是多于四个轱辘的家伙。

我们关于路上范畴的故事还没有结束呢。货车是卡车吗？ SUV 是卡车吗？还是说它们是轿车，或是面包车？ SUV 是车吗？电动车和电动滑板车是摩托车吗？直排轮是轮滑吗？所有这些范畴都是有标记的范畴，因此，它们可以根据语境采取广义或是狭义的角度。这样一来，在某些情境下，对这些问题的回答是肯定的，而在另外一些情境下则是否定的。同一个词指代不同抽象层次上的范畴，这个现象可以使人们在某个情境下选择合适的抽象层次，做出合情合理的行为。所以，梅根不会遇到盖伦的发明所遭遇的悲惨命运。因为她像人类中的其他人一样,可以根据所处情境,选取适当的抽象层次进行分类。

对于不同的抽象层次，把一个词或是词组同一系列相关的范畴联系在一起，这一现象有助于我们适应所处的情境。这些范畴的建立是通过对类别的延伸来进行的。这个过程试图把我们之前提到的两个关键特征合二为一，即范畴化使人不但可以求同，而且可以存异。

因此，这些一开始看起来仅仅是某些语言专家或是哲学家才会感兴趣的现象，却成为概念发展的核心。如前所述，标记记载了一个范畴从小到大的全部历史。同一个词经常用来指代不同范畴的原因在于，这些范畴之间存在着抽象的联系，而且，对这些关系的理解是和这些范畴本身一同发展的。

它们怎么撞在一起了呢

下面是一对父子之间的对话，它将清楚地向我们展示，标记这一现象与人们脑中概念的发展是如何相互关联的。这两小段对话的主人公是五岁的小麦卡，父母正带他在埃及旅游。在他们旅行期间，麦卡和他的爸爸聊道：

“爸爸，骆驼和单峰驼有什么区别呀？”

“骆驼有两个鼓包，单峰驼只有一个。”

“但是，爸爸，它们到底是撞上了什么才鼓的包呀？”

◇◇◇◇

“爸爸，潜水员在水下是怎么呼吸的呢？”

“他们的背后有瓶子。”

“但是，爸爸，为什么他们在水下还需要喝水呢？”

这些对话可能仅被用来展示小孩的天真而博众人一笑。成年人读到这些对话的时候，通常一开始都不明白麦卡在想些什么，而当他们想明白了的时候，往往被逗得捧腹大笑。确实如此，试想：奇怪的动物漫步在广袤的荒漠上，冷不丁地撞上了不知什么东西（撞上了彼此，抑或是悬崖，还是异域的大树？），撞出了一个个鼓包[①]，想起这幅画面的人都会忍俊不禁吧？而另一幅画面：潜水员在水下的世界，身上背着装满牛奶、橙汁、啤酒或是其他饮料的瓶子在四处游动，这也同样有趣吧？

但是，在这些小片段中，除了天真的童趣，我们还能发现更重要的东西——这揭示了范畴是如何诞生的，从某种程度来说，范畴的诞生源于标记。从这些对话中我们可以看出，麦卡拥有的范畴与他爸爸拥有的范畴有着天壤之别。在那一刻，麦卡对 bosse 一词只有一个概念，他的爸爸则有多个。尽管他们用了相同的词语，但这些词却代表不同的范畴。这便是他们二人之间误解的根源。

对麦卡的爸爸而言，存在着各种不同的鼓包。“bosse”一词最抽象的范畴，大概就是一个平面上的凸起。他所看见的驼峰（骆驼背部的鼓包）、减速桩（公路上的鼓包）、蚊子包（被蚊子叮咬后皮肤上的鼓包）以及其他诸如此类的鼓包，都源自“bosse”一词的一个单一且通用的概念。这甚至还包括了“数学的鼓包”，这个词源于 19 世纪时的伪科学颅相学。尽管这个词缺乏科学的论证，但是在法国，当人们谈及一个人的数学才能时，仍偶尔称其有着“数学脑袋”（la bosse des maths）。

然而，对小麦卡来说，“bosse”一词所表示的范畴可就狭隘得多了。对于他而言，那一个个的鼓包，仅仅表示人类或是动物撞上了什么东西罢了，就像一看到某处冒烟了，便意味着附近着火了。所以，跳进麦卡小脑袋里的那些问题就显得顺理成章了。他不过是想弄明白自己刚刚听到的，仅此而已。

上面分析的内容，同样适用于他们二位对于潜水员身后瓶子的理解。麦卡的爸爸自然是见多识广，他对于瓶子这个概念有着十分宽泛和常见的理解。当他用这个词的时候，他打算在麦卡的小脑袋里激发出他自己心中所想，即**瓶子**这个大范畴中一个特定的小范畴。但是，这并不是麦卡脑中所想的。因为，在麦卡有限的人生经历里，一个瓶子里总得装点好喝的才称得上瓶子。

常言道，言者无意，听者有心。麦卡的爸爸说出来的话，虽然一字不落地掉进

① 这一个个鼓包，在英文里是一连串押韵的 humps，bumps 和 lumps。而这段对话最初是用法文记录的，这些在法文里都是同一个词“bosse”。

了麦卡的耳朵里，但麦卡实际听到的可不见得就是一字不差。为此，我们可以从麦卡的角度，重写这两段小对话：

“爸爸，骆驼和单峰驼有什么区别呀？”

“骆驼有两个鼓包（因为它们撞上了两个东西），单峰驼只有一个（因为它们只撞上了一个东西）。”

“但是，爸爸，它们到底是撞上了什么才鼓的包呀？”

◇◇◇◇

“爸爸，潜水员在水下是怎么呼吸的呢？”

“他们的背后有瓶子（里面装满了喝的）。”

“但是，爸爸，为什么他们在水下还需要喝水呢？”

尽管看似如此，但这里的不同之处并非源自孩子与成人之间思维方式的差异，这仅仅源于一个人建立起来的全部范畴。拥有一个有标记的范畴，意味着在一个领域中具备丰富的经验。因为，说话人对一个相同的语言标签，不得不同时建立起广义与狭义的两个范畴。

事后一想，麦卡的爸爸对沙漠的动物们可谓是一无所知。有趣的是，实际上，他给小麦卡的回答并不完全准确，这也与标记有关。确切地讲，连“骆驼”一词也是一个有标记的词。它既表示一个广义的范畴，即同时包含一个鼓包和两个鼓包的动物（**骆驼**$_2$）；也包含一个狭义的范畴，即只有两个鼓包的动物（**骆驼**$_1$）。换句话说，狭义的范畴**骆驼**$_1$与**单峰驼**这一范畴相对（就像是**车**$_1$与**卡车**相对），广义的范畴**骆驼**$_2$则是**单峰驼**的上位范畴（就像**车**$_2$包含**卡车**）。

因此，若是从一个更宽泛的角度来看“骆驼”，麦卡的爸爸可以给他的儿子一个不同的答复：

“骆驼有时有一个鼓包，有时是两个。当它们只有一个时，人们称之为‘单峰驼’。”

尽管严格地讲这是正确的，但如此奇怪的回复可能会令小麦卡深感迷惑，而且依旧不能解释清楚，为什么这些奇怪的家伙要到处撞来撞去。不过，也许这倒是额外地传达出了这两种动物的异同之处（骆驼 ⇒ 两个鼓包；单峰驼 ⇒一个鼓包）。动物学家们更倾向于使用“骆驼”一词更广泛和抽象的意义。但是，对于普通人来说可能恰恰相反，他们更愿意区分出骆驼与单峰驼之间的差异。

与小孩相比，对于鼓包、瓶子之类的概念，成人通常有着更深刻的理解。就像动物学家对**骆驼**这样的概念，也通常比普通成年人理解得更深。当有了更高层次、更抽象的概念时，专家们或是有经验的人们可以依情况通过某些特点来辨别出一个概念的本质。就像是五岁的小麦卡，在他心里 bosse 就只有一个意思——碰撞后造成的鼓包，这会让麦卡认为他听到的任何鼓包都源自碰撞。而他年长的父亲，对于 bosse 这个概念可有着更深的理解，使他能够区分与之相关的各种子范畴。同时，bosse 还存在着一个更普遍的范畴，就像是一把大伞，在伞下，有着各种迥然不同的现象，虽然凸起的形式不同，却都被涵盖其下，因为它们共享着同一个凸起的核心概念。

为了更深入地审视通过标记得到概念本质的过程，我们再来看一个标记的例子，这是社会近年来才出现的。

概念的本质是如何浮现的

如果你有一台电脑，那么你很可能有着两个**桌面**。一个桌面在你的电脑屏幕里，另一个桌面上放着你的电脑。这个术语的一致其实并非巧合。其中的一类桌面，也就是屏幕里那种，是基于另一类的比喻或类比。经常使用电脑的人（在当今社会的绝大多数人）对于这个比喻早就习以为常，而且很少把它当作一个基于其他事物的比喻。屏幕里的这个“桌面”早就是个过时的比喻了，它不会（或是几乎不会）激发出原有的意思。就像是“椅子腿”也早就和人类或动物们的腿没了多少干系。

正如麦卡心中鼓包这一概念，对于那些在个人电脑问世之前出生的人来说，桌面指的就是一种家具（各种桌子）的表面。这个范畴同其他范畴一样，就像一座城市，有着自己的老城区、市中心，以及郊区。为了更形象地表述这一思想，让我们引用一个电脑出现之前的字典定义。具体说，就是下面这部备受推崇的 1932 年版的《冯克与瓦格纳尔斯新标准英语词典》(*Funk & Wagnalls New Standard Dictionary of the English Language*)。该词典对 folder 一词的定义是：

folder:

书桌，名词。①专为写字或学习而设计的桌子，通常有一斜面，用来盖住下面的储存物；通过转喻，指从事文案的职业；职员的工作。②桌子或讲台，为了面对公众宣读或布道，有时通过延伸，用于整个布道坛或泛指神职。③用来装书写用具的箱子或盒子，其顶部，或打开之后，有一斜面，供书写用。

同为 1932 年出版的《法语学术词典》(*Dictionnaire de l' Académie fraç ise*) 对 hacker 的定义是：

hacker:

一件带储存文件的抽屉的家具，有一水平面，用来写和画。通过延伸，指用于写作或其他工作的桌子。

这些对桌面的定义都离不开家具，这是 1932 年时**桌面**概念的“市中心地区”。当然，早在那个时候，这个词就已经开始有了各种不同的衍生含义。但在 20 世纪 30 年代，可没有人能想到有这么一种桌面，让当今从事信息工作的人们整日伏案，忙个不停。

我们把 1932 年的老家具桌面称为“硬桌面”，它是物质上客观存在的，又沉又重，难以移动。今天这种在屏幕里的桌面，我们称之为“软桌面”。它是无形的，或是间接存在的；它是可以被传送的，瞬间就能复制出来，易于分享；它还可以被轻松地存进 U 盘，装在人们的口袋里。

有人可能会认为，尽管其中的一类衍生出了另一类（硬桌面即为软桌面之母），但二者随后独立发展，走上了各自的道路，彼此间互不干涉。这就像真的母亲与孩子一样。有些词衍生出新词后也同样如此。就拿 brand 一词来说吧，这个词和 burned（烧灼的）一词非常接近。最初，它的意思就是“燃烧着的树枝”；渐渐地，它有了第二个意思，这个意思比第一个意思更宽泛也更抽象，指用燃烧的树枝在动物的皮毛上或罪犯的皮肤上烫上印记，给他们打上永久标签；再后来，第二个意思被进一步扩展和抽象，用来指公众认可的象征，某实体的永久性识别。就这样，这个词现在一般指生产某产品的公司名称、品牌。这个意思与最初燃烧的树枝已经相去甚远。显然，这三个与 brand 一词相关但意思迥异的概念（燃烧的树枝、动物身上的印记、公司名称）很久以前就早已分道扬镳，各走各的路了。当然了，要是想解释随着人的成长，这些概念是如何在头脑中表示的话，这个关于词源的小故事可帮不上什么忙。

然而，刚才这个例子对桌面来说并不适用。因为不论是硬桌面，还是软桌面，都明显地保留了它们作为**桌面**的属性。也就是说，它们都是用来工作的地方。实际上，每当我们想要准备或是编辑一些文件时，理所当然地会去考虑哪一个桌面更合适。如果我们想用纸笔手写一封信的话，硬桌面无疑是我们的选择。若是想做出一份专业的打印文稿，那就轮到软桌面了。

有趣的是，在很多语境下，我们可以随意地谈论“桌面”一词，而并不用指明究竟是硬桌面，还是软桌面。因此，硬桌面和软桌面都可以被视为普通桌面的子类，不论虚实，它们都是用来制造文件的工作空间。通常来说，我们只要明白说话人指的是普通桌面就足够了，不必去深究他想的到底是哪一个子类——硬桌面或是软桌面。就像某人说他有杯“咖啡”一样，不用知道他喝的究竟是拿铁、卡布奇诺，或是浓缩咖啡，我们照样能够听懂。同样地，当听到“我今天买了辆车”时，不用深究这车是何种颜色，我们照样能够理解这句话的意思。理解，这种内心活动，并不需要极致的细节也能运作良好。如果有人说“我的桌面乱极了”或是“我花了整整一个下午收拾我的桌面”，这时不用管他说的是**硬桌面**还是**软桌面**，我们都能轻松理解。

所以在今天，“桌面”一词蕴含着三个不同的范畴，就像“人”一词可以指向男人、女人，或是未指明性别的人。从这个角度来说，“桌面”一词是标记的一个特例。普通桌面，这一抽象的上位范畴，与它的两个子类硬桌面和软桌面共享着“桌面”这个相同的名字。因此，一旦我们拥有了**桌面**的两个相对的范畴，通过给**桌面**构建一个更为抽象的概念，我们可以触到这一范畴位于源头的本质。

这很像当一个人掌握了第二门语言后，可以更清晰地理解自己母语的本质。计算机时代桌面的出现，使我们对于以前老旧的桌面范畴有了更新且更深刻的理解。自个人电脑落户安家以来，一举改变了**桌面**的老概念，使其不再是一个不可分割的概念。由**桌面**生出的三个新范畴——硬桌面、软桌面和普通桌面，使我们接触到了潜藏于原有范畴的本质。

事实上，**普通桌面**这一上位范畴的出现，使我们能够区分出桌面的核心功能（它们是工作的空间）和其他次要的属性。在个人电脑出现之前，这些次要属性指的就是桌面的材质，或是整体的重量。在那个年代，尚且没有哪位能想象出桌面能够是个如同鬼魅般没有实体的存在。重量以及能有多大的使用空间才是桌面最重要的方面。然而，事后证明这些方面都是次要的，而且，相比于作为工作空间的桌面而言，显得无关紧要。就像是我们最终都摆脱了那个幼稚的想法，认为但凡是个鼓包都是由碰撞造成的，桌面一词的新发展，也使我们摆脱了关于桌面的幼稚想法。现在，对我们而言，若说这世上存在着毫无重量、一张纸也没有的桌面，也是理所当然的。

桌面这一范畴，同**鼓包**、**瓶子**、**人**、**动物**、**车**等范畴一样，额外诞生出的新抽象层次告诉我们，有些角度是一个概念的本质，而有一些则显得可有可无。若是没有建立起这一额外的层次，人们或许还认为深层的属性与浅层的属性密不可分。进一步来说，对于桌面这一概念，没人能够试着对浅层与深层进行区分。然而，一个新抽象层次的诞生，从该词无标记的角度，揭示出了一个概念的主次区别。这些次要的方面使我们能够区分各种子类，比如，区分由碰撞造成的鼓包和由其他原因产生的鼓包，或是区分物质上存在的硬桌面与非物质的软桌面。

对个人来说，在特定的语境下，能够将某一概念的次要附属方面与其深层核心方面区别开来，是在智能方面迈出了重要的一步。从社会与文化这个更高的层次来讲，更新且更为抽象的桌面概念的诞生，就像是某个人心中对于鼓包这一概念有了更为普遍的理解。

正如我们在第 2 章中展示的那些谚语一样，在我们对一个概念进行不断地抽象时，当越过某一个层次后，便过犹不及了。也就是说，越过这个层次之后，这一概念的核心开始逐渐消失，连一个明确的、可以告知我们这是何时发生的标准都没有了。

尽管有这样的风险，抽象还是能使其更加丰富。通过一系列渐进式的完善过程，我们可以在乍看之下完全不同的情境之间发现统一之处。而且，作类比的能力让我们很快发现，这些不同的情境其实同处在一个范畴之中。对于新范畴，我们就像对待旧范畴时一样游刃有余。这种向更高抽象层次的推进可以走得相当远，而且不会在范畴的本质中掺入杂质。下面我们将分析三个简单的例子,它们源自我们熟悉的范畴，影、波以及三明治。

关于影

每个人在长大的过程中都和影子密不可分。事实上，有光的地方就有影子。我们小的时候就明白出现影子的原因：光线被不透明的物体挡住了，照不到地上或是墙上，于是就产生了影子。即便如此，当我们长大成人后，某些影子还是会让我们感到惊奇，甚至超乎想象。比如说，观察一架即将着陆的飞机的影子就挺有意思。一开始那只不过是一个小黑点，划过田间、公路、树林与河流，然后逐渐变大，变得开始像一架飞机的形状。在即将着陆的几秒钟之前，那感觉就像是一头扎进了久违的兄弟的怀抱；而着陆的那一刻，就像是久别重逢的一对双胞胎。

当然，我们还得说一说月食这个现象。某个黑影，慢慢地、慢慢地经过月亮的表面。这可太怪诞、太神秘了。大多数人可能根本不知道发生了什么。让我们想象一下：在一个漆黑的房间里，你打着手电筒照向一个挂着的乒乓球，然后，慢慢地在光源与乒乓球之间移动一个橘子。月食就是上述这一行为的放大版本。手电筒发出的光必然会被橘子挡住，乒乓球因此变得越来越暗。如果此时在橘子上对着乒乓球的一侧恰巧有几只蚂蚁，它们便会好奇地观察着那逐渐变暗的小球。好了，让我们把这幅画面放大上亿倍再来看看。现在，橘子和乒乓球都处在宇宙之中，太阳就是那个手电筒，蚂蚁就是我们这群人类。我们不必细说这个过程，但有趣的是，经过巨大幅度的放大，看起来彻底改变了一个现象的本质。大多数人一下就变得无所适从了，内心充满怪诞的感觉，甚至还觉得这个现象可能存在某种征兆。

再说一个令人有点迷惑的例子，尽管我们对此更加熟悉，那就是当光源非常低，几近水平，就像是日落时，我们自己或是其他人的投影。在这种情况下，一个人的影子可能在地上被拉长几十米，甚至更长。如果夜深时你一个人走在街上，身后的街灯照在你的背上，即使你身后很远处有人向你靠近，也可以轻易察觉出来。这也是某种常见现象的放大版本，是水平方向上极大幅度的延伸，自然也让人觉得颇为怪异。

月食和拉长的影子表明，即便是一个微不足道的行为，改变大小或是比例，就可以延伸一个熟悉范畴的边界。如果我们发掘一下其他维度上的变化，概念的边界就会被延伸得更远。比如说，如果某人可以把自己心中关于**影子**的概念从遮挡阳光这个想法中解放出来，便可以获得更为丰富和深刻的概念。同样的现象适用于月光、火光、灯光，或是由手电筒、电视屏幕、手机、打火机，甚至是区区萤火虫发出的光。全部一模一样！总的来说，这极大地概括了**影子**这个概念，但是，我们当然可以走得更远。

上面是同一棵老橡树在不同季节的两张照片。二者看起来极为相似，但有着关键的区别。它们相似的地方在于，这棵树看上去都投下了阴影。但是，细看之下才能发现另有乾坤。在第一张照片中，影子的成因是缺少了光线；但在第二张照片中，积云满布，树顶上没有耀眼的光线，因此，这棵树不可能投下阴影。环绕着树的地面上的白色物质其实是雪，树下的那团黑则是因为缺少积雪。所以第二张照片中我们看到的是同一棵树在冬季投下的雪影。在拍照几小时或是几天前从空中直落下的雪，类比于那张夏天照片里直射下来的阳光。尽管存在这些区别，这两张照片还是惊人地相似，让人觉得像是在看着完全相同的现象。事实上，从某个重要的角度来说，人们就是这么做的。这也就是为什么把我们在此看到的称为“雪影”。

另一个有名的术语是“雨影”。你可能一上来就猜到了这个词的意思：下大雨的时候，在桥洞下、凉篷下、桌子下，或是雨伞下那一块干燥的地方。诚然如此，这么解释“雨影”可谓是再自然不过了吧？但在地理学中，这是一个术语，而且意思与此完全不同。就像月食一样，雨影是一个物理现象，其规模远大于我们平时所见的影子。而且，正如**雪影**的概念一样，它还涉及了介质的变化。从某个角度来看，它还与我们之前提到的路边拉长的身影相关。

为了具体说明这个概念，让我们来到美国的俄勒冈州。因为靠近太平洋，而且气候模式通常向东移动，俄勒冈州西部三分之一的区域以多雨的天气而闻名。然而，过了三分之一的界限之后，便遇上了喀斯喀特山脉。这条南北走向的山脉阻碍了积雨云，因此，在其东侧几百公里，是一大片不毛之地。这可与山脉西侧草木茂盛的维拉米特河谷形成了鲜明的对比。这几百公里没有降水的现象就叫作“雨影”，也就是喀斯喀特山脉投下的影子。东行的雨云就像是直落下的雪，或是直射下的阳光，突然之间撞上了山脉，没有了去路。就像是在傍晚或深夜时被拉长的身影，与造成这个现象的物体自身高度相比，雨影可就长得多了。

我们在此讨论的这组类比，都基于**阴影**的原始概念。尽管它们都很简单，却在这个词的常用意义之外，产生了更为宽泛的范畴。广义上**阴影**概念（**阴影**$_2$）的核心是指一束介质，其线性的流动被障碍物阻断，因此，在障碍物之外，可以察觉出缺少该介质的存在。那些不相关的因素有：介质本身的性质、流速、介质和障碍物的大小，以及造成现象所需的时间。一个光影，可以说是瞬间出现的；一个雪影，根据雪量的大小，可能需要几分钟或是一个小时才能明显看出来；而雨影这一现象的存在，可能和数年间的降雨量相关。

阴影的概念还可以从许多别的方面进一步扩展。想象一下，在高速公路上正行驶着一辆大卡车，它开得可比路上大多数车慢多了。因此，它的左右两侧总有更快的车超过它。换句话说，一直有一队车（类比于飘落的雪花）被压在大卡车的身后。卡车两侧的车道畅通无阻，但是和卡车同一车道的那些车就开不动了，因为对它们来说，大卡车是“不透明的”。如果它们想超车的话，只能变道绕行，然后再继续向前开上一段才能回到原先的车道。因此，在大卡车自身车道的正前方，在几个卡车身位的距离之内，总是一辆车也没有。所以，把高速公路上的车流视作介质，一辆行驶缓慢的大卡车总是在路上投下一条显著的“车影”。

19 世纪的物理实验中会用到由玻璃制成的、很长的阴极射线管。该管的一端放射出一束电子，在管很远处的另一端，强正电荷有力地吸附着它们。物理学家们完全不了解这一束物质的性质。为了一探究竟，他们尝试着在管的内部通过不同的阻断方式，来干扰这束高速的未知实体，由此，管的另一端产生了各式各样的“影子”。他们当然清楚自己正面对的不是一束光线，而是一束神秘、微小、看不见的实体。所以“影子”这个说法，必然是通过类比得来的延伸。但是对于进行实验的这些物理学家们来说，这一概念上的延伸一点儿也不勉强或抽象，而是如此顺理成章。

与我们上文提到的那些物质的影子相比，有些影子就阴暗得多了。比如说，“第二次世界大战为许多国家的出生率蒙上了长达数十年的阴影”，我们可以轻松地理解这句话的意思。在此，我们又有了某种抽象的流动——人类的繁衍，而它遇到的阻碍则是战争。许多国家在战后感受到了这种“阴影”。最终，经过一代或是两代人之后，出生率逐渐恢复，这就像是那辆慢行的大卡车，它在前方投下的影子也就几个车位的长度，并非无边无际。在这个例子里，“流体”和“障碍物”都十分抽象，尽管如此，造成“影子”的原理还是一模一样。所以，很容易便能看出，第二次世界大战带来的阴影，与慢行的大卡车投下的“车影”之间的联系。

让我们再来看看下面这句话：“不论是作为一个流亡者，还是一位物理学家，泰勒博士都意识到了纳粹的阴影在延伸。”[2] 这段话摘自出生于匈牙利的著名美籍物理学家爱德华·泰勒（Edward Teller）的讣告，它不详地预示着第二次世界大战。这句话是什么意思？这让人想起我们先前提过的，在日落时分路人拉长的身影。在此，纳粹就是那个人。但是，这句讣告并没有在我们的脑中变出一束光源或是一个障碍物。我们只是由此想到，通常来说，在天黑时这么一个拉长的身影，可以揭示出潜藏在我们身后不祥的威胁，而且远在它真正发生之前。影子当然是阴暗的，随着日落，影子越来越长，越来越暗，这进一步加强了不祥之感。

接下来还有些老生常谈的故事，那些成长在自己明星父母阴影下的孩子们，或是那些大灾大难之后只剩从前影子的人们（指大不如从前）。在这两个例子中，同上文“纳粹的阴影”一样，那些日常影子的成因大都藏在背后，唯一能和影子沾边的是第一个例子中的“黑暗区域”，这是指有一块区域明显缺少“光线”（大概处于父母下方），遮盖住了很重要的东西，比如孩子，因此带来极大的痛苦。至于第二个例子，与投下影子的物体相比，这个概念里的影子更是虚得没边，也更没有实质性的东西了。根据每个人对“真正的”影子的理解，有的人可能认为这些比喻终于让我们触到了影子这个概念的核心；或是相反，认为这些比喻不过是对影子这个概念肤浅地借用罢了。

关于波

我们之中那些成长于海边的人们，想必曾有无数个日子坐看潮起潮落。那一朵朵浪花，波涛汹涌，拍向岸边，不断攀升。最终，随着轰鸣声撞上了沙滩。对很多人来说，谈起水中的波，就意味着是那些震耳欲聋、四处飞溅的大浪花。然而，在宽广的海面，水波同样可以波澜不惊地涌动上百里（此时的水波通常被称为涌）。这个场景可与前面描述的画面有所不同。事实上，在过去两千年来，波在这个意义上的概括要丰富得多。

对于那些在内陆长大的人们来说，另一种波同样十分亲切，“远处蔚蓝天空下，涌动着金色的麦浪……”，还有“麦浪香，麦浪香，麦浪滚滚香……”。长秆随着微风摆动，有时整片起伏着，与波浪几近一致。难怪这种波常在歌中被人们咏唱。

让我们再看一些常见的现象，旗子随风波动，以及我们与朋友挥手致意，说声“你好”，抑或是道声“再见”。胳膊的这种周期性摆动，正如风中的旗子。如果我们是老师的话，面对着困惑的学生，也经常不由自主地打手势解释起来。

从一个更高层次的角度来看，众所周知，美国就是建立在一波又一波的移民大潮之上。即使不是成长在海岸边，也不难想到这一波波浪涌不断穿越大西洋或是太平洋，此起彼伏地涌向海岸线。最终，伴随着轰鸣和浪花冲上了大陆。

上面这些现象，是我们日常生活中对波这一概念的理解。前人从某些基本且普遍的现象中，逐渐看出了这种起伏、摆动的本质，使我们有了上述的具体画面。尽管水波充满我们的生活，然而事实证明，它并非波这一灵感的最佳源泉。水波里存在着多种不同且复杂的现象。比如，表面波（水面上的涟漪），这与表面张力相关。还有海啸，这回可与表面张力无关，但涉及重力对水向下的牵引（设想在浴缸里来回摆动的水，当一端升高时，另一端被拉低，反之亦然）。更复杂的是，不同波长的水波以不同的速度传播。当试着用数学的方法理解波时，这可是个相当复杂的因素。

很久以前，最早一代的物理学家从水波中获得灵感。他们创立了与之相关的最基本的概念，例如，**波长**，其定义本身就透露出它起源于水，“连续波峰之间的距离”，或是与之等价的、连续波谷之间的距离。还有，**波的周期**，是指连续波峰或波谷抵达的间隔时间。而**频率**，则是波的周期的倒数。值得一提的是，这些概念并不适用于一朵大浪花，而得是一系列涌向岸边的浪花。对一名物理学家而言，波首先得是一个周期性重复的现象。

除了上面的那些基本概念，还需要指出的是**波速**，就是用波长除以它的周期。有了这些概念，物理学家们早在几百年前便可以分析许多涉及水波的现象。比如，**反射**（大家都在泳池中看到过，水的波纹被池壁弹回）、**折射**（当波从一种介质穿到另一种时发生的细微偏折，就像是水波纹从一种液体流向另一种，或是由浅入深），以及**干涉**（不同来源的波交叉时的现象）。这些水波现象的发现，以及支配它们的数学法则，当然都是了不起的成就。但它们不过是先驱罢了，后面还有着更伟大的成就，帮助我们理解其他重要的自然现象。

大约在公元前240年，希腊哲学家克律西波斯（Chrysippus）猜测声音是一种波。200年后，古罗马建筑大师维特鲁威（Vitruvius）进一步发展了这一想法，他明确地把声波的扩散比作环形水波的散开。事实上，维特鲁威所做的，正符合所有物理学家的典型思维方式：找到一个熟悉的、可见的日常现象，然后观察它，在心中假设同样的现象发生在另一种介质中。有时，假想它发生在一个完全不同的时空维度，以至我们无法直接感知（回想一下阴极射线管中看不见的“影子”）。在这里，熟悉的现象是水波纹，不论是它的波长或是频率，都十分明显。新的介质当然是指空气。声波的波长和频率无法被人感知，而且，事实上，它的频率与那些水波纹或海中的波浪很不一样。正是由于这些显著的差异，维特鲁威所作的无疑是个大胆的决定，用同一个词表示一个熟知的现象和另一个几乎一无所知的现象。这与伽利略非常相似，他将“月亮”一词大胆地延伸，用同一个词表示他通过望远镜观察到的移动的小点。数百年后，声波的理论才得以进一步发展。这可得感谢那些有真知灼见的科学家，其中有伽利略、数学家马林·梅森（Marin Mersenne）、化学家罗伯特·波义耳（Robert Boyle）、牛顿，以及数学家莱昂哈德·欧拉（Leonhard Euler）。

不难想象，空气中的波与水中的波相比，二者之间存在显著的差异。其中，最重要的一点是，与水波不同，声波是纵向的。也就是说，声波里空气分子的运动方向与声音的传播方向一致。有一个很好的类比可以解释这一现象。当一队汽车行驶在布满红绿灯的公路上时，车与车之间的距离时大时小。当不得不停车时，间距则变小了，而重新启动后，间距又变大了。有时，这被称为压缩波，因为车流时密时疏。压缩波总是纵向的，它伸展或收缩的方向与波的传播方向一致。同样的道理，在声波传播的时候,空气分子的密度快速地摆动着。这些分子正如挤在公路上的汽车一样，彼此之间时密时疏，它们的运动方向与声音的传播方向一致。再次重申，这就是“纵向”一词的含义。

把声波与水波相比，看似容易，实则暗藏玄机。当水波经过时，乍看之下，表面的水在上下移动，上下的运动与水波的传播方向垂直，即水波的传播方向是水平的，这被称为横波。但水波不只这么简单，事实上，这些水还在做另一种运动：它们同时在不断地前后摇摆，这里“前”是指水波运动的方向。这便形成了一种纵向的摆动，这与声音的情况十分相似，也像是公路上的汽车。横向与纵向，这两种运动同时发生在水面和水下。更令人迷惑的是，上下的运动与前后的运动并不同步，用物理学家的话讲，“它们之间有着 90 度的相位差”。结果便是，当水波经过时，这些在水面和水下的水分子顺着水波的运动方向做垂直的环形运动，就像自行车的车轮一样，顺着自行车的运动方向，做着垂直的环形运动。这些具有表面张力的波的最后一个妙处是，随着离水面越行越远，环形的半径也在逐渐减小。这样看来，水波显然不是所有波中最简单的一个。

空气中的声波与水中的波还有另一个显著的差异。水波依其波长以不同的波速传播，因此，它们被称为“频散波”（dispersive wave）。声波可就简单得多了：不论波长是多少，在同种介质下，所有的声波均以相同的速度传播，因此，它们被贴上了“非频散波”（nondispersive wave）的标签。就这点而言，对于咱们这些说话的家伙可谓是一大幸事。我们的声音由不同的波组成，若非如此，它们都将四散而去，我们可就一句话也听不明白了。除非拥有远比现在更先进的听觉系统，而我们现行的系统只对非频散波有效。

从看得见的起伏的水面，一跃到了看不见摆动的空气，从某种程度上来说，这可谓是波这一概念在其发展进程中最伟大的飞跃，因为这使人们敢于在相似的事物之间进行大胆地跳跃。一次成功激发出下一个，以此类推，循序渐进。从声音到光，当然算得上是下一个勇敢的尝试。不过，从水到声音的飞跃早就为它铺平了道路。换句话说，类比式跳跃（“从水到声音”）已经有了成功的例子，而“从声音到光”的跳跃基于这个元类比，那么有什么理由认为它会不成功呢？

近几个世纪以来，这些元类比已经深植于物理学家的思想之中：若是有一个概念在某一领域已被研究透彻，物理学家们就会试着把它移植到另一个领域，如果取得了成功，他们会迫不及待地再去尝试一个更冷门的领域。每一次大胆的尝试，都是对先前移植经验的类比。在过去一百年间的物理界，大胆的类比式扩展早就成为常态。今天，理论物理的研究在很大程度上取决于何时做出类比，尤其是在众多类比之间选出前景最好的一个，这一微妙的选择当然也基于之前的类比！这一需要高度脑力的行当被戏称为“类比式的跳蛙游戏”（playing analogy leapfrog）。第 8 章将会深入讨论这些概念。

让我们重新回到关于波的讨论。在人们试图证明光波的存在时，发现这与证明声波的存在相比有一个显著的区别。在 17 世纪，要想测量典型声波的波长和频率，设计一些实验并非什么难事。但在那个时候可没办法对光进行测量，可见光的波长微乎其微，而其频率又高得惊人，每秒要走过上百万亿个波峰与波谷。不过，正如我们先前所说，“从声音到光”的跳跃已经有了“从水到声音”这一跳跃的成功先例。

最初关于光是一种波的猜想并不准确，因为这些基于声波的类比被过度简化了。当时的猜想是光正如同声音一样，是一种在可伸缩介质（比如空气）中传播的压缩波。

因此，光波最初被认为是纵向的，就像声波一样。在第7章中，这类猜想会被冠上“朴素类比”之名，我们在那里会深入讨论这类猜想的特点。直到19世纪早期，才由物理学家托马斯·杨（Thomas Young）和奥古斯丁–让·菲涅耳（Augustin-Jean Fresnel）经过实验看穿了上面的天真想法，他们指出光不是纵向的，而是横向的。这意味着，振荡摆动的方向与波运动的方向是垂直的。这一发现令人大跌眼镜，因为没有人能够对这种波的存在做出一个合理的解释。从某种程度上来说，水波为这一发现提供了先例，因为它们显然也是横向的。但水波的这一特点很明显是由于重力的存在，重力的介入造成了特别的空间轨迹。然而，光可以在没有重力的地方运动，因此也就没有那种特别的轨迹。所以，上面的类比就不成立了。

直到大约1860年，才有了物理学家麦克斯韦的惊人发现：光波与介质的运动一点儿关系也没有。它们是周期性的波动，存在于我们生活的三维空间的每一点上，某些抽象实体的大小与方向被称为电场与磁场。传导光波的介质就像是布满了无数个无形的箭头，每一根箭头都存在于这个空间中的一点（事实上，是两根，一磁一电），它们的数值周期性地增大或减小。与湖面的水波、涌动的麦浪这些看得见、摸得着的运动相比，这是个截然不同的发现。很多物理学家都无法把这个高度抽象的概念与波联系在一起，但为时已晚，波这一概念以破竹之势变得愈发抽象，与最初的含义渐行渐远。概念的主流不断向边缘移动。

没过多久，物理学家们就意识到在解释自然现象时**波**这个概念是多么丰富，不论是随处可见的声、光一类的现象，还是其他更冷门的例子，都涵盖其间。任何时空都充斥着某种物质，或是抽象地说，可以被视作某种物质，该物质自身的波动会向相邻的地方传播，以此类推。因此波可以从源头向外延伸。然而这种波动，可以与寻常的振动大不相同，就像那些高度抽象的或增大或减小的无形箭头。尽管如此，之前用来描述波的那些老概念，如**波长**、**周期**、**速度**、**横向**或**纵向**、**干涉**、**反射**、**折射**、**衍射**等，依旧适用。还有许多相同的公式被十分恰当地从一种介质移到了另一种。

让我们来举个例子，**卫星波**（moonlet waves）。这不是标准的术语，但有意思的是，麦克斯韦在物理界的第一个发现是土星环由数十亿的小卫星组成。他假设环绕着行星的环之间存在前后搅动的压缩波，最后通过计算得出的行为与宇航员们观察得到的数据完美吻合，一举证明了他的理论。

在20世纪早期，**无线电波**（其实就是波长很长的光波）被用来传送**声波**。换句话说，是声波搭上了速度更快的**电磁波**。让声波搭上顺风车，有振幅调变（AM，调幅）和频率调制（FM，调频）两种方法。调幅是横向的，调频是纵向的。调频，简单来说，是一种十分抽象的**压缩波**。在此，我们无法深入讨论其中的细节，但是让波搭载波的这个绝妙又复杂的主意逐渐成为物理学的课题。

20世纪中后期，人们发现了**温度波**。这个发现表明某个物质的温度数值就是向上和向下的振荡。换句话说，在上升或下降着的就是该物质每一点的度数（华氏或摄氏）。这就像是空间中布满了无形的温度计，上百万的水银条在升高或降低着（当然了，这些温度计并不用彼此同步）。

此外，还发现了**自旋波**。这是指自旋电子（想象一个房间内，布满了上百万个旋转着的小陀螺，有的朝上，有的朝下）的方向会在介质上引起波动，并周期性地上下反转。接下来，是**引力波**。在引力波中，引力值在空间中的某点周期性地摆动，好像一道看不见的波纹在空间无声地摆动，并通过其所在地的大小，告知成千上万个飘浮在空间的小卵石它们是以多强的力度，向哪个方向，正被一个飞速变动的完全不可见的力牵引着。

最后，在物理学中最重要的一种波便是**量子力学波**，有时被称为物质波或是概率波。大体来说，就是空间中的每一个点都有这种波的一个值，而且数值随着时间而变化。当这个值取平方时，它可以告诉我们在某一时刻的某个点上，找到一个粒子的概率是多少。

我们当然可以继续列出几十种抽象的波，但上述的这些例子应该已经足够了。如前所述，今天，波这个词在物理学中已经到达了一个极其抽象复杂的程度。然而，所有这些最新的、最抽象的波，依旧与那个我们能看见、能感知的，或在水中或在麦田的最原始的波，通过类比与传承联系在一起。

关于三明治

可怜的第四代三明治伯爵（Earl of Sandwich），他的名字一直被人滥用至今。据说这位堂堂的伯爵想出一个聪明的办法，在大约 1750 年，他把肉或奶酪夹在两片面包之间，做成夹心面包。三明治伯爵最初的“面包－肉－面包”的做法在烹饪界掀起的模仿风暴，我们在此就不必细说了。

但值得一提的趣事是，本书一位作者曾把一些澳大利亚坚果撒在一片美国奶酪上，然后把奶酪对折起来，如此一来，这片奶酪便既是三明治的上片也是下片。随后，他就这样享用这个自制的美味了。这里的类比显而易见，但其中的细节仍然有趣：用来包裹坚果的两层奶酪“是”三明治的两片面包，而坚果则“是”三明治中间夹的肉。剩下的问题是，如果我们坚称这就是一个三明治，我们是不是也要给这个“是”加上引号。当然，它是像一个三明治，但伯爵本人会怎么说；或者，在确定这个新吃法是否属于三明治范畴一员这个问题上，第四代三明治伯爵真可以被当作绝对权威吗，就因为这个范畴是以他的名字命名的？在这个问题上，真的有绝对权威吗？成立一个高级的三明治纪念董事会，由这个董事会来做出裁判不是更好吗？

让我们前进一步，离开吃的世界。然而，我们要介绍的三明治主题第一变奏曲，也就是这个范畴的第一个不能吃的延伸，其实也离吃不远。过去几百年来，大城市的饭店有一种招揽生意的绝招：雇用饥肠辘辘的人，让他们在街道上走来走去，充当行走广告。这些人的身前身后都绑着木板或纸板，他们通常被称为“三明治人”（当然，三明治人也可能是女人）。不用说我们也明白，一片面包和一块写着字的木制招牌有很大不同，而且一片夹肉和一个活人之间也存在巨大差异。这两个事实已经让我们对上述**三明治**的资格产生了一些怀疑。此外，这样的“三明治”不是用来消费的，虽然它包含一种更抽象的视觉消费。还有更加微妙的问题，这种人造三明治违反了一条三明治的默认规矩，就是三明治必须永远是水平摆放的。总之，我们有充分的理由怀疑这个发明是否具有**三明治**范畴的成员资格。概念的界限成了问题，概念是否真的应该有界限？三明治范畴能够向外延伸到多远？向哪个方向延伸？这是一个非常棘手的问题。

在此，我们赶紧补充一句，我们可不是头一个思考这个重大问题的人。有一个名为“三明治宣言”的网站，它大胆地提出了这个关键问题：“三明治是什么？”这个网站指出的一个问题是，是不是任何一个形式为A-B-A的东西都是三明治。例如，书架上的一排书，大约30厘米宽，像三明治一样夹在两个完全一样的书立之间，这是一个三明治吗？或者，“亚美尼亚”这个名字是不是一个三明治？我们这样问是因为“亚美尼亚”这个词的两头各有一个“亚”，之间夹着“美尼”。还有，美国是一个三明治吗？因为两侧有大西洋和太平洋担任两片面包的角色。但两个大洋的名字不一样，这又涉及了两侧一不一致的问题。由此产生一个更宽泛的问题：两片面包必须一模一样吗？

在巴黎我们遇到了这样一件事，让我们至今念念不忘。一位闲极无聊的乘客把地铁站Odéon描绘成像三明治一样夹在两个以圣人开头的地铁站之间，即圣米歇尔（Saint-Michel）和圣日耳曼德佩（Saint-Germain-des-Prés）。这三个一组的地铁站完全有理由被叫作“地铁三明治”。类似的例子还有，驾车逃窜的罪犯有时会像三明治一样被警车夹在中间，假如两辆追捕警车设法一辆开到罪犯的车前面，一辆紧随其后的话。还有一种押韵三明治，是一种押韵四行诗，其韵脚为ABBA，其中A扮演面包的角色，而B则扮演肉的角色。我们当然不能忽略在固体物理领域不可吃的三明治所扮演的关键角色。具体来说，有两种重要的半导体P（代表“正”）和N（代表“负”）。它们形成的三层结构的形式为PNP，其互补形式为NPN。在物理学专业论文中，物理学家对这些形式的标准称呼就是“三明治”。这类三明治碰巧也是晶体管范畴的成员（对于这个概念我们可不能嗤之以鼻了吧）。

在固体物理学中，肉和面包角色的大胆互换向我们提出了另一个关键问题：在三明治学中，是不是有些事物范畴更有资格担任三明治里面包的角色，而其他一些范畴更适合担任肉的角色？比如说，我们都知道，花生酱和果酱是**夹肉**范畴的首选之一，至少在做三明治的时候是这样，但是它到底能不能担任面包的角色呢？让我们直截了当地把这个问题提出来吧。你肯定不用费力就能够设想一个NPN三明治，其中N代表香喷喷的意大利面包，而P则代表花生酱和果酱。但是把它们颠倒过来会出现什么情况？一个PNP三明治？这是不是太过分了？我们是不是超越了**三明治**范畴的终极界限？或许我们所处的时代尚不具备这种大胆的全新视野？

在三明治学中，最令人头疼的难题是：在什么条件下，一个以 A-B-C 形式出现的实体可以被看作一个三明治？假设一个人（用 B 代表）在沙发（用 C 代表）上沉睡，此时，一只猫（用 A 代表）突然跳上来，踩在睡觉人的身上。这就造成了一个 A-B-C 的情景。这一情景能算作一个**三明治**吗？假如 A 是一把椅子而不是猫呢？椅子毕竟比猫更接近于沙发。这种情形什么时候才能更接近于标准的 A-B-A 形式呢？

上面的几段有点儿过于异想天开。但是值得指出的是，“三明治”一词确实经常出现在我们的日常对话之中，甚至是正式场合之中。它有时候是名词，有时候是动词，经常用来形容非食物的场景。例如，你还记得你有多少次不经意地说出：“我和院长的会面就像三明治一样，被夹在另外两个预约之间了。”估计你都记不清了。是的，在我们这个时代，把“三明治”用于非食物的场合早已经成为常态了。因此，我们谈论的也就不是什么异想天开的话题了。我们谈的是大众文化。

无疑，你已经意识到，影学、波学和三明治学的问题为我们敞开了广阔的概念视野，我们在其中看不到任何隐藏着的抽象高度的上限。

骄傲的专有名词也倒台了

如前所述，类比看似可以无限地延伸概念。它可以让我们把一个人的祖国称为**母亲**，把树下没有积雪的地方看作**影子**，把高速公路上的一队汽车看作某种**波**，把三件套的序列看成**三明治**，以及，当某人买不到票，不能如愿前往心仪已久的音乐会，而在心里找平衡时，把它当作另一个**酸葡萄**的故事。有时这种延伸会拓展范畴的边界，比如说**鸟**或是**书**，**月亮**或是**婚姻**，**吃**或是**脱**；有时则建立起一个更抽象的新范畴，比如说**鼓包**或是**桌面**；甚至是一系列新的概念，比如说**影子**和**波**。这一过程是人类生存不可或缺的一部分，永无止境。好像是为了展示它是多么令人难以抗拒，这种延伸甚至可以出现在极其恶劣的条件下，出现在专有名词的世界中。很多人对此半信半疑，因为根据定义，专有名词的世界中成员只有一个，这似乎禁止了范畴的延伸。

与那些表示各个范畴的普通名词不同，以大写字母开头的专有名词，顾名思义，乍看之下有着完全不同的性质。专有名词当然可以通过语言来定义，但它们并不需要任何定义，因为它们指代的对象看起来是毫无歧义的。通常，它们指代一个，而且是仅仅一个对象：一颗行星、一个洲、一个国家、一座城市、一座纪念碑、一个人、一件作品等；有时它们会指代多个对象，比如一个人名、一个姓、一个商业品牌、一个民族等。但这些被指代的对象看似都棱角分明、清清楚楚，让人们很难把它们与我们目前为止所描述的那些典型范畴联系在一起，让人想象不出围绕在核心概念周边一圈又一圈的“光晕”。

事实上，当一个范畴中只有一个成员时，人们甚至可以对使用“范畴”一词提出疑问。**巴黎**、**伽利略**、**地球**和**月亮**，这些范畴中只存在或者曾经只存在一个成员，把它们叫作范畴有什么意义吗？但是，稍加分析我们就会发现这种论点是站不住脚的。人类扩展范畴的倾向是不可抗拒的，这一点不但适用于任何名词（或者任何其他词类），也同样适用于专有名词。

在第 1 章里，我们讲述了伽利略、月亮和卫星的故事。这个故事看上去或许过于特殊，但是类似的跳跃在我们身边经常出现，比如从地球的月亮到其他行星的卫星，或者从太阳系的太阳到其他恒星，而且也往往发生在远离科学专业的领域。具体来讲，每当范畴通过标记得到延伸时，一个专有名词松一松绑，就会成为一个更宽泛的范畴。这样的事已经发生过了。

例如，由于产品的知名度，某些品牌名称经常变成普通词语。旧时，通用汽车公司生产的一款冰箱，叫 Frigidaire，这个词在 19 世纪 20 年代的美国英文中（也在法文中）将大写首字母改为小写而变成了一个普通名词 frigidaire（冰箱）。类似的例子还有 Hoover 品牌的吸尘器在英国英语中成为普通名词。基本上许多品牌专有名词都有类似的故事，包括 Kleenex、Coke、Xerox、Saran Wrap、Dustbuster、Scotch Tape、Teflon、Q-Tips、Jacuzzi、Frisbee 等，这些词有些就是将大写首字母改为小写而成为普通名词。

所有这些例子都源于一个小范畴，它的成员就是该品牌名称的产品。渐渐地，新产品出现了。它们与最初的产品有足够大的差别，似乎需要用一个新词来代表，但这些新产品在本质上与最初的产品没有多少区别，因为它们都具有相同的关键特性，很像最初产品的光环。当人们想给这些模仿品起一个名字时，出于自然，他们经常借用最初产品的名称，但将大写首字母改为小写，目的是表示这是原词的延伸意义，就像把大写的月亮 Moon 改成小写的卫星 moon。现在，新的成员和最初范畴里的旧成员都隶属于这个新的范畴。例如，在日常生活中，小写的 kleenex 代表所有纸巾，但大写时，它则代表 Kleenex 品牌的纸巾。

从一个知名品牌的角度看，这种现象似乎是一件好事，它表明大众承认它是这一类产品的典范。虽然有些公司欢迎自己的产品名称变得更加普遍，但更多公司则不这样看。他们总是抵制这种倾向，他们不愿意看到自己产品的意义被稀释，因为当人们听到这个品牌时，会把它当成没有个性的普通产品。

品牌，是希望人们记住它的特性，而不是它的共性。一家人给他们可爱的狗起名为“Oliver”，没想到几年后周围的邻居都给自家的狗起了同样的名字，谁会希望这种事情发生呢？

把专有名词变成普通名词就是将一个原先特殊的术语转换成一个失去特色的一般词语。谁还会骄傲地炫耀自己拥有“一台正宗的按摩浴缸（jacuzzi）”或者一个名牌“飞盘（frisbee）”？在这两个例子里，其中的无标记意义早已使原先的有标记意义变得黯然失色。结果原先的大写首字母也降格成为小写。这种滑动包含了失去品牌名称的法律保护，这被称作“失去商标保护”（genericide）。这也解释了为什么动词“to google”第一次出现在 2006 年版的《牛津英语词典》和《韦氏大学词典》时，硅谷巨头谷歌发起了一场激烈的抗争，试图限制使用该公司的名称，特别是要防止该公司的名称［大写的 Google（或者其非专有名词，小写的 google）］用于一般意义上的网络搜索。这种搜索甚至可以不用谷歌软件进行。

在上面的例子里，一个词逐渐占据了两个抽象层面，其中我们看到了标记现象的明显印记。碰巧，标记的名词形式 mark 在英文中有时也用来表示“标识”或“品牌名称”，比如说，What mark is your shirt？（你的衬衫是什么牌子的？）事实上，普通词“标识”和专业术语“标记”之间的这种意料之外的紧密关系并非出于巧合，因为一个商业品牌的商标或标识就是一个视觉识别符号，让潜在的顾客把这件商品和其他类似的产品区别开来。形容词“有标记的”源于给物品打上一个有区别的符号(一个标识)，这是用来描述次范畴的，就像商标是用来标记更高层次的大范畴下面的一个次范畴的。

我们在此讨论的商标的用法只是词语标签从表示单一实体滑向表示宽泛范畴的现象的很小一部分，只是冰山的一角。一个人、一个地方、一件事物，它们虽然在世界上是独一无二的，但可以自然而然地被用在几十个、几百个甚至几千个实体上。这样的例子还有许多。

神圣的范畴

全世界天主教的统一源于同一个精神领袖，梵蒂冈领袖——教皇（Pope）。除了历史上少数的几次动乱，导致在 14 世纪末期出现了两位教皇，在其他时代，天主教徒们都服从于他们唯一的领袖。他就是教皇，独一无二。不过，就算现任教皇独享这一显赫的范畴（前任皆已与世长辞），当这个词的含义变得更宽泛之后，也就是说成为无标记范畴的时候，他的头衔就变得大受欢迎了。

如果我们上网看看，就会发现处处都有“教皇”。波普艺术有一个无可争辩的教皇——安迪·沃霍尔；创立个人电脑产业的教皇是比尔·盖茨或史蒂夫·乔布斯；美国演员约翰·沃特斯（John Waters）是恶趣味的教皇；品酒大师罗伯特·派克（Robert Parker）是红酒的教皇；法国厨师保罗·博古斯（Paul Bocuse）是美食的教皇；等等。

事实上，小写字母开头的教皇更是数不胜数。毕加索被称作立体主义的教皇；诗人安德烈·布勒东（André Breton）是超现实主义的教皇；鲍勃·马利（Bob Marley）被宣布为雷鬼乐的教皇；雷·查尔斯（Ray Charles）是爵士乐的教皇；弗兰基·鲁伊斯（Frankie Ruiz）是萨尔萨音乐的教皇；凯尔特音乐也在阿兰·斯蒂夫（Alan Stivell）身上找到了自己的教皇；当代抽象音乐也不甘落后，把皮埃尔·布列兹（Pierre Boulez）奉为教皇；而著名生物学家理查德·道金斯[①]则成为无神论的教皇。最后，估计不会有人吃惊，皮尔斯的皮特被称为手撕猪肉的教皇（在哪儿？在弗吉尼亚的威廉斯堡）。但是，既然开始了就别停了。在网上多搜一会儿，你还会看到实证主义、足球、日本大河剧、新保守主义、拳击、免费软件、当代设计、多媒体、管理、纪录片、电视新闻、地下电影、北欧摇滚乐、动漫、网球、意大利牛仔、狗饼干、教练、商业挂历等，都有自己的教皇。事实上，教皇的列表可以无限延长。所以，我们只

① 理查德·道金斯的著作《科学的价值》首次收录了他多篇重量级演讲稿、专栏及论文，该书中文简体字版已由湛庐引进，天津科学技术出版社出版。——编者注

好宣布到此为止。无论人类的活动多么有限，在这个领域里总会有人被认为具有足够的威信而被封为“广义的教皇”之神。

pantheons 一词也是一个有趣的例子。这个词在专有名词和普通名词之间的模糊地带徘徊，居于单一的主神（The Pantheon）和复数的众神（pantheons）之间。事实上，即使全都大写，这个词也不是没有歧义的。它有可能指的是罗马万神殿，也有可能是指巴黎的万神殿。无论如何，万神殿建立之初是作纪念碑使用的，为了尊崇一个文化的诸神（或是大写的神）而立。罗马和巴黎的万神殿代表着一个民族赋予该民族取得至高成果的个人的最高荣誉，是为这些人建立的高贵的坟墓。但是万神殿的范畴可以比这个目的广得多。所以一座万神殿可以是一种“软件神殿”，或者一种“想象力的庙宇”，既不需要一座建筑，也不需要埋葬，只需要列出一些重要人物的名字就可以了。因此，阿尔伯特·爱因斯坦显然在物理学家的万神殿中；亨利·庞加莱虽然没有被埋葬在巴黎万神殿中，但他肯定会在数学家的万神殿中名列前茅。

各种神圣的场所和书籍也可以让人们记住宗教。例如，“麦加”这个名字，已经从每年吸引世界各地数百万人前去朝圣的场所变成了受人瞩目的地点的代名词：表达对某种活动的崇拜的地方。下面是几十个广义的麦加，这些例子是我们用搜索引擎的教皇找到的：

> 汽车造型、篮球、双体船、雪茄、电影、板球、越野滑雪、娱乐、褪色牛仔裤、高尔夫、花岗岩、滑翔、嘻哈、曲棍球、热气球、百公里跑步、爵士、中国制造、摩托车赛、山地自行车、20 世纪 50 年代的家具、裸体主义、障碍课程、跳伞、石油产品、钢琴演奏、迷幻、说唱、摇滚、滑旱冰、橄榄球、三明治、购物、足球、社会主义、音效、短道速滑、冲浪、秋千、茶、网球、恐怖主义、旅游、铁人三项、电子游戏、火山、巫毒、风帆冲浪。

在这些麦加的例子里，不变的思想，也就是麦加内在的本质，是一个极端重要的地方，是它的独特（虽然有些活动包含不止一处麦加），甚至是某种神圣感（虽然，这里的大部分麦加所涉及的活动与宗教根本无关）。

宝典也可能成为一个抽象范畴。独一无二的“宝典”范畴经过扩展可以在各个领域代表各种不同的书（当然，在每一个领域只有这样一本书）。例如，泰式烹饪宝典、钩针织法宝典、健身宝典。

当然，这种专有名词复数化并不仅限于宗教领域。这一现象在神圣和世俗世界的活动中普遍存在。

普希金们、肖邦们和伽罗瓦们

在数学家弗朗克·斯怀兹（Frank Swetz）与 T. I. 高（T. I. Kao）合著的《毕达哥拉斯是中国人吗》（*Was Pythagoras Chinese*）的前言中，他们提出了一个颇具争议的问题。

> 当然了，历史上我们熟知的那位数学巨匠毕达哥拉斯，生于公元前六世纪的萨摩斯岛，是一个希腊人而非中国人。但是，还有一位同样出名的“毕达哥拉斯”。他是第一个证明了“在直角三角形中，两条直角边平方的和，等于斜边的平方和”（勾股定理）这一命题的人。成百上千年来，人们都认为这条定理出自萨摩斯岛的毕达哥拉斯。但他真的是第一个证明出这条真理的人吗？[3]

想来虽然奇怪，但是在**毕达哥拉斯**这个范畴中，确实很有可能存在其他成员，而且他的存在远早于在萨摩斯岛的这位名人。

在我们的日常对话里，人们经常无意之中，借用标记来区别出一些比普通人更突出的个体。这些人在某些领域有所成就，获得了同行的认可，可能是写了本书，或是被写进了新闻里，或是登台演出，或是在商界引起了轰动，因而走出了小圈子，颇有些名气。在这些小有名气的人里，还有一些登上了更高的舞台。可能是获得了某个很有分量的大奖，或是名字出现在了大荧幕之上，或是谋得政府要职成为某个中型城市的市长，或是主持某个电视节目，或是成为体坛健将，或是成为工业界或商界的幸运儿，或仅仅是“因为出名而出名”。

在这些名人之中，只有少数人可以更进一步，登上更大的舞台，比如被收录在《名人录》或是其他百科全书之中。但是，在这之上，还存在一个只有精英中的精英才能步入的更高的殿堂。到了这一步，他们本身就成为一个尽人皆知的范畴。他们的名字已经超越了个人的存在以及所得的成就，成为一个名词，指代着拥有众多成员的抽象范畴。

有一首脍炙人口的法文歌叫《穷人的钢琴》（*Le Piano du pauvre*），作者是歌手、作曲家雷欧·费亥（Léo Ferré）。歌曲描写了巴黎街头的一位手风琴艺人，他被称为“春天的肖邦”（le Chopin du printemps）。这位不知名的手风琴艺人，与肖邦在此被一同致敬。前者是后者的一个具体例子，而后者则变成了一个可以拥有例子的范畴。我们称这后一种致敬为“封圣”（canonization）。当然，除了肖邦以外，被封圣的还有上千人。事实上，如果我们稍作努力，便可以发现大量这样的表达方式。下面是 70 多个“封圣”的例子。真让人瞠目结舌，请相信我们，这里面没有一个是杜撰出来的。

> 电颤琴领域的巴赫，山水画领域的贝多芬，国际象棋领域的海顿，蘑菇领域的莫扎特，印度教领域的门德尔松，流行歌曲领域的普契尼，摇滚领域的瓦格纳，芭蕾舞领域的比莉·霍利戴，学鸭叫领域的本尼·古德曼，聊天机器人领域的弗兰克·辛纳特拉，神经病学领域的猫王，气候变化领域的米克·贾格尔，共济会领域的柏拉图，广播领域的亚里士多德，蜗牛群领域的苏格拉底，现代语言学领域的德谟克利特，化学领域的欧几里得，迷你高尔夫领域的阿基米德，词源学领域的开普勒，控制鼠患领域的哥白尼，足球领域的伽利略，恐怖主义领域的牛顿，窗玻璃制作领域的法拉第，烟草科学领域的伽罗瓦，性爱领域的爱因斯坦，冰激凌领域的莱昂纳多，乐高雕塑领域的米开朗琪罗，电影艺术领域的伦布朗，人行道艺术领域的毕加索，犯罪心理学领域的但丁，中产阶级喜剧领域的米尔顿，广告领域的莎士比亚，超自然领域的巴尔扎克，乌尔都文学领域的歌德，勃朗宁自动步枪领域的拜伦，女权主义领域的普希金，21 世纪的托尔斯泰，漫画领域的普鲁斯特，媒体博客领域的欧内斯特·海明威，网络喷子领域的托马斯·品钦，波利尼西亚流行音乐领域的 P.T. 巴纳姆，驯虎师领域的梅·韦斯特，嘻哈艺术领域的玛丽莲·梦露，摄影领域的费里尼，色情领域的斯坦利·库布里克，电子产品领域的沃尔特·迪斯尼，废水处理领域的

> 比尔·盖茨，电子游戏领域的洛克菲勒，银行劫匪领域的贝比·鲁斯，肿瘤学家领域的埃维尔·克尼维尔，风笛领域的乔丹，用户生成视频领域的老虎伍兹，认知科学领域的尤塞恩·博尔特，生态学领域的保罗·里维尔，骨化石领域的拿破仑，乡村摇滚领域的拉斯普京，餐饮评论领域的圣雄甘地，探戈领域的切·格瓦拉，超级英雄领域的理查德·尼克松，天体物理学领域的英迪拉·甘地，奥斯卡主持人领域的乔治·布什，泰米尔电影领域的奥巴马，撑竿跳高领域的人猿泰山，意第绪音乐领域的福尔摩斯……

将专有名词，例如一位名人的名字，变成普通名词，通过这个过程创造一个更加具有概括性的范畴，这背后的逻辑是每一个名人或事都有一个内在的本质。这个本质可以是大写的独一无二的月亮、蒙娜丽莎、麦加或莫扎特。这个本质能够被精准定位并从它所在的实体中提炼出来。这个提炼的过程将产生一个新的抽象范畴，这与我们前面讨论的从硬桌面到软桌面的过渡非常相似。不难看出，这种从定位本质到提炼本质的机制是上面这组例子的基础，它们都建立在著名文化标志的名称之上，例如下面这些例子：洗衣机里的劳斯莱斯、火车里的协和、照相机里的劳力士、声音复制里的徕卡、大英博物馆里的蒙娜丽莎和养鸡场里的泰姬陵，更不用提飞钓钓竿里的斯特拉迪瓦里。

有人可能认为，如果某个人或事物要想“封圣”，一举成为一个可以拥有实例的抽象范畴，它必须十分有名。然而，这是个错觉：任何一个人，每一个人都可以被“封圣”，虽然是在相对较小的圈子里。这个人只需要在这个小圈子中出名就够了，比如家庭或朋友的圈子。在这一点上大家都是一样的，因此，拜我们的亲朋好友所赐，我们皆有幸“封圣”。事实上，我们也确实如此。我们都是彼此“身边的名人”。

我们身边的名人

在我们的日常对话里，经常能听见人们说“艾伦就是她家里的杰夫”“我就是朋友圈中的山姆”“比尔就是她的大卫”“她就是他们的乔治和普莉西雅”，等等。第一种说法的意思可能是，有人有个朋友艾伦，她尤其擅长在家里讲笑话，她的这个特点让人想起了在另一个完全无关的家庭里的杰夫。在建立这种类比时，对于艾伦和杰夫的理解都有了新的角度。不由自主地作类比从而产生新的角度时，往往带来新的洞见。这个小例子表明，我们都受到了以亲朋好友为核心的范畴的影响。他们，就是我们“身边的名人”。

除了幽默感，杰夫当然还有许多别的特点。但上述的对话仅仅着眼于艾伦以及她特有的幽默感。因此，在这一语境下，很可能听者只想到了杰夫有限的一面。在这个语境里，艾伦是她家中正值青春期的女儿，而杰夫是另一个家里步入中年的丈夫，这两点完全无关，很容易就被忽略了。换句话说，听者可以毫不费力地在语境里提炼出“杰夫的精华”。如果参与对话的人有基本的背景知识，那么这种精简的表达方式是十分高效的。

“她家里的杰夫”这一用法，一下子就把杰夫由一变多，表明在不同的家庭里（或是别的群体里）可能存在不同的杰夫。换句话讲，把杰夫从一个独一无二的人，变成了一个范畴的创始成员。当然了，这句话也就是随口一说，因此，这个范畴不见得深入每个人的内心。但是这很可能埋下一颗种子，一个持久的、可以扩展的范畴。所以，在日后的对话中，可能有人会说“我们家里的杰夫”“那个俱乐部里的杰夫”“我舞蹈课上的杰夫”……。不过，由于杰夫还有许多其他特点，很可能还存在着关于他其他特点的另外一些对话，比如说，他常年悲观的情绪，或经常抱怨工作，这些特点作为“杰夫的精华”，都不言而喻，一目了然。

我们可以不费吹灰之力地把杰夫当作范畴的核心。我们可以轻易地理解“萨莉不是杰夫”这种说法，正如“克林不是莫扎特！”一样，甚至我们可以直接把杰夫用作复数，有人可能会说“这个世界上没有很多杰夫（Jeffs）真是太可惜了”。我们随意地把老杰夫用作复数，正如我们对待莫扎特、特蕾莎修女、麦当娜、乔布斯或是圣女贞德时一样。

上述这类语言游戏，只是我们把自己封圣的朋友们由一变多的方式之一。其他的一些方式表明，把自己的朋友当作拥有众多成员的范畴并不是我们有意为之，而是在潜意识里进行的。在下一节我们就来看看这种情况。

从一个人向另一个人的无意识滑动

我们都有认错人的经历。不过这里，我们谈的并非搞错他们的名字，而是搞错他们的身份（他们的名字可以相差很大）。具体来说，我们指的是从一个人跳到另一个"相似的"人的令人惊讶的口误。这类错误揭示了人们潜意识中的重新分类：在某些场合下把甲和乙搞混了，这时乙的标签，即乙的名字，而非甲的名字，跳进了脑中。这类错误时常发生，因为关于人的范畴，比如说我们的朋友，经常以某个特定的人为中心，而这些范畴的外围却是模糊的，因此有时会让处于偏离中心位置的其他成员溜进来。下面是几个具体的例子：

保罗刚刚和他的妻子凯瑟琳大吵一架。在他们吵到白热化的时候，他无意中称呼他的妻子为"杰西卡"。杰西卡是他前妻的名字，在离婚之前他们经常吵架。对保罗来说，在那一刻，凯瑟琳一下就成为杰西卡，或者说"另一个杰西卡"。

◇◇◇◇

理查德的女儿叫玛丽莲，但是理查德经常称其为"丽兹"，或是几乎脱口而出。其实，"丽兹"是他妹妹的名字。15岁的玛丽莲让他想起了15岁的丽兹。不仅如此，正如丽兹一样，玛丽莲是家中的第二个孩子。而且，玛丽莲与她哥哥的相处方式，正如年少时的丽兹与理查德一样。每年夏天，理查德都带全家人一同回到老家，丽兹还住在那里。在那段时间里，这种倾向被进一步加强了，玛丽莲更是常常被当作"丽兹"。

◇◇◇◇

菲尔的妻子名叫艾丽斯，但是他经常称其为"贝蒂"。贝蒂是他常年来工作上的秘书。无意中弄混"他的两个女人"的名字让菲尔感到十分别扭。因为每当他这么做时，都怀疑是不是自己的妻子艾丽斯在他心中的地位并不比一个秘书重要多少。菲尔对此感到非常困扰。把艾丽斯当作"贝蒂"这个时常出现的错误，甚至让菲尔怀疑自己是否已对婚姻产生了厌倦。

把两个人的身份搞混的这一现象，即把某人视作另一个人的一个"实例"，也就是说，视作以另一个人为中心建立的范畴的一个成员，不止出现在语言里。当我们第一次遇见某人时，可能在有意或是无意之间会想起另一个人来。这种似曾相识的感觉有时强烈到让我们觉得自己可以预见这个人对我们言行的反应，准确猜测出他们对于其他事物的态度，凭着直觉就能知道他们的兴趣和幽默感（这就是在第3章末尾约翰和丽贝卡遇到托尔时发生的事情）。我们对待这位新认识的朋友，像是对待自己的老朋友一样。与一个“真正的陌生人”相比，这种巧合使人们瞬间亲近了许多。

我们在此讨论的不是先入为主的成见，比如说看见某人穿着某件衣服，或是说出什么话，或是某些表面的行为。我们讨论的是一种强烈的感觉，它让你觉得自己真的认识那个新结识的人，尽管事后会觉得这种感觉并不合理。这种直觉就是范畴化的直接产物。一旦这位新认识的人被视作**南希**，或是其他我们“身边的名人”，这种分类就会导致对这个人特点的某种期待。就像当我们把某个动物当作**狗**时，那么听到狺狺狂吠时便不足为奇了；或是说把一个东西看成**茶杯**时，那么它掉在地上就会摔碎；或是认为某个东西是**苹果**时，那么它就是能吃的。所以，我们可能想着这位新认识的南希是一个温柔、富有同情心的人，如慈母一般；当她笑时会把头偏向某个角度；走路时总是向前倾着身子；她还有着自己的幽默感，等等。另一方面，我们当然没指望她的名字也是“南希”，如果真是，那可就是锦上添花了。

当某人把自己熟知的两个人的身份搞混时，有时会产生一些不常见的情况，极大地动摇自己珍视的范畴。

丹的妻子露丝迷上了另一个男人。因为担心失去自己深爱的妻子，丹日夜备受煎熬。让丹想不到的是，当他想到露丝时，脑中便浮现出“杰妮”这个名字。这让丹大惑不解，因为在他们6年的婚姻中从来没有出现过这种情况。20年前，丹爱过一个名叫杰妮的女人，而她也接受了丹的心意。但事后丹才发现杰妮在那时早已另有所属。在那段时间里，他和杰妮维持着相当亲密的朋友关系，在希望与恐惧之间，丹饱受折磨。不过这段没有结果的感情早已作古。丹对杰妮强烈的感情已经逐渐转淡，事后一年，他几乎不再想起她的名字了。等到他遇见露丝时，杰妮早就被深埋心底了。

但是突然之间，这个名字就浮现到了丹的眼前，在他心中挥之不去。当他的妻子不在身边时，甚至连杰妮的相貌都会有几分与露丝的形象纠缠在一起。每当想起露丝时，丹总是忧心于不知道自己面对的究竟为何人，他们之间的亲密关系如今已被欺骗玷污了。之前，这些感觉是和杰妮这一概念绑在一起的。因此，不仅是“杰妮”这个名字，连带她的容貌也一同涌上了丹的心头。丹无意中歪曲了妻子的形象，这表明，他几十年前经历的那些折磨又卷土重来了。过去的杰妮与现在的露丝，对于二者之间深刻的类比联系，丹无能为力。

不过最终，露丝与另一个男人之间的感情走向了尽头，丹的恐惧也逐渐消失了。事实上，有一天丹突然间发觉，他已经很久没有想到杰妮这个名字和她的相貌了。这可让他松了一口气。曾有一段时间，露丝一度成了杰妮，不过随着露丝重回正轨，她便不再是那个范畴的成员了。

基于同样名字的范畴

塞斯与布莱恩同他们的妈妈一起参观博物馆。他们碰巧遇见了布莱恩的同学艾玛一家。在家长们与孩子们的闲谈之后，两个家庭互道再见。这时塞斯突然说道：“他们管她叫艾玛真是太奇怪了。她一点儿也不像个艾玛。”他的妈妈皱了皱眉，问道：“是吗？那你倒是说说，艾玛应该是什么样的呢？”塞斯一时语塞，但旋即答道：“我也不知道究竟是什么样的，但是咱们街上住着的那个女孩艾玛才是典型的艾玛。嗯，那才是艾玛该有的样子。”

稍微想一下就能发现，当我们把朋友们从一个人变为一个范畴时，会依据他们的名字，期待着某些特定的相貌或是性格。因此，若是仅仅通过电话或是邮件“见过”某人，尽管我们都知道这听起来很不理性，但是几乎都会产生一个先入为主的印象。某些信号，当然包括名字，会让我们在潜意识里对某人产生些许期待。

有一段时间杰和一位名叫艾格尼丝的女士有些邮件上的往来，她是一个高新科技研究室的负责人。杰觉得十分奇怪，为什么这么一个现代化、高速发展的实验室会有这样一位年迈的女士身居要职。但有一天杰碰巧发现艾格尼丝其实比他自己还要年轻得多，这让他一时不知所措。他这才发觉，是艾格尼丝这个名字让他无意中对她抱有某些先入为主的印象。

我们就和塞斯一样，他纠结于那个遇见的女孩“一点儿也不像个艾玛”，我们也都遇见过一些相貌与性格看起来和名字不相称的人。我们发现自己总是叫错他们的名字，可能那个人叫作“威尔”，我们却总是称其为“艾伦”，或是几近脱口而出。这仅仅是因为那个人看起来像“一个艾伦”。“阿利克斯这个名字可一点儿也不适合他。他黑发，又瘦又高，眉清目秀，谈吐得体，而且总是风度翩翩。这与我的亲戚阿利克斯完全相反，他是黄头发，又矮又壮，自以为是，爱打橄榄球，而且总是混迹于各个酒吧。”像这样的话，我们听了无数次了吧。

还有很多时候，我们会觉得自己的朋友，或是新认识的人起了一个好名字。因此，我们会觉得自己身边最亲近的人，比如父母、子女、兄弟姐妹，或是好朋友们不可能有别的名字。他们和各自的名字看起来简直就是天衣无缝，任何其他的名字都是“失之毫厘，谬以千里”。如果要给他们换个名字，我们会难以接受，因为他们真正的名字是如此贴切。没有任何其他名字可以与他们的相貌和性格相称。如果某人发现自己某个老朋友的名字并不是出生时的名字，便会不禁觉得当父母的真是没起好名字，好在后来换了个贴切的名字。

这种“名副其实”的感觉源自长久以来名字与人之间的联系。当孩子刚出生时，父母通常有几个备选的名字，随后他们便会谢天谢地觉得自己为孩子从候选名单中选出了一个好名字，因为那是如此贴切。但是，除非某人深信父母的先见之明，我们不得不承认，长远来看，这个名单里的任何一个名字都是合情合理的。而且在任何一个假想的世界里，人们都会笑话其他备选的名字（包括真实世界的这个名字）。尽管我们讲了这么多来说明名字其实是很随意的，人们还是按捺不住心中的声音——“艾玛们就应该像街上住着的那个女孩嘛”。

对于上述现象，在此有一个解释：我们熟识的人们已经在我们心中成为一个固定的范畴，我们无法想象他们有别的名字，就像是对于身边各种常见的现象，我们也无法想象改变语言赋予它们的名字。试想，如果我们把桌子叫作“椅子”，椅子叫作“船”，船叫作“车”，车叫作“桌子”的话，会变得多么荒谬。再想想，如果我们把盐与胡椒，猫与狗，日与夜的名字互换，把笑称为“飞”，飞称为“吃”，吃称为“死”，死称为“笑”的话，会变得多么荒谬。

上面的几个小节表明，在范畴化的过程中，对专有名词的抽象使最初单一的专有名词，例如教皇、爱因斯坦和杰西卡，变成了复数的教皇们、爱因斯坦们和杰西卡们，尽管其中没有一位是本尊。这样的过程可以极大地帮我们理解充满比喻的句子。

比喻一定是谎言吗

“安德鲁是一头驴”“弗莱德是一只狐狸”“莫莉是一只猴子”“希德是一只蜗牛”“苏是一条蛇”，如果某人说出这些话，他们是凭借什么把这些动物的特点赋予到人身上的？我们怎么知道苏真的不是一只蜿蜒前行的爬行动物？当我们听见某些动物的特点被加到某人身上时，我们如何避免去想象那个真实的动物？心理语言学家萨姆·格鲁克斯伯格（Sam Glucksberg）与博阿兹·基萨（Boaz Keysar）研究的就是我们如何理解上述的这类句子，也就是我们通常说的比喻性的句子。这样的例句还有“帕蒂是一头猪”或是“我的工作是一座监狱”。

格鲁克斯伯格和基萨认为，人们是通过实时建立“即时”范畴（我们前文介绍过的术语）来理解这类句子的。举例来说，“我的工作是一座监狱”，为了理解这样的句子，我们会建立一个更抽象的范畴，它有构成原始概念（**监狱**）本质的诸多特点，而且它们有相同的名字。在这个例子里，这个新建的范畴叫“监狱”，与那个关着囚犯的地方有着同一个名字。这个新范畴最基本的特点是“一个违背个人意愿的令人讨厌的地方”。一个标准的监狱，也就是服刑机构，是这个新范畴的典型成员，而说话人的工作自然是另一个成员。因此，听到这句话的人就能明白，这份工作有着这样的特点：一个违背说话人意愿的令人讨厌的地方。

上述这些大致勾勒了格鲁克斯伯格与基萨的理论，即通过建立即时的抽象范畴理解这类句子。他们的理论同时解释了为何我们不会对比喻做出荒诞的、令人困惑的、逐字逐句的理解，比如说，认为说话人工作的地方有着身穿制服的武装守卫、装着钢窗的小隔间、指定的活动时间，以及一个私密的小房间，以便同来访家属或是律师交谈。此外，他们的理论还解释了为何“我的外科医生是屠夫”与“我的屠夫是外科医生”大不相同，也就是我们针对这两个例子所建立的抽象即时范畴大不相同。

对于第一句话，新范畴基于**屠夫**的本质，而第二句话则基于**外科医生**的本质。

“帕蒂是一头猪”，对于这句话，格鲁克斯伯格与基萨的理论可以解释为什么没人会把这位可怜的女士想象成有着卷曲的尾巴，一边在泥巴里打滚一边“哼哼”的动物。因为对于听者而言，尽管贴着“猪”的标签，但是帕蒂是一个更高级范畴的成员，不具有圈养动物的那些表面的特点。在此，我们当然同意分类是问题的核心，但是，我们并不认为帕蒂被赋予的范畴是崭新的、临时的，或是有着任何新意。这样把别人叫成“猪”的话我们都听了上百次了。对于这个范畴最重要的不是新旧程度，而是抽象层次。

如果我们的抽象范畴与一个具象范畴有着相同的名字（比如说，标记的情况），我们不会把具象范畴的所有特点，全部转移到那个更为抽象的范畴的身上。比如说，我们很容易意识到，把“蘑菇中的莫扎特”想象成一个谱写维也纳音乐的天才蘑菇是多么荒唐；或是把“帆板运动的麦加”想象成一个到处都是身穿泳装，在帆板上朝圣的圣地；或是把“洗碗机中的劳斯莱斯”想象成一件由专人停在高档停车场的超低噪英式厨具。因为我们知道，**莫扎特**、**麦加**以及**劳斯莱斯**这些范畴，早就通过标记达到了更高的抽象层次，它们有两类成员，一类属于狭义的范畴，另一类属于广义的范畴。所以，我们看到要求范畴是临时建立的这个条件，并非问题的关键，更重要的是，它需要具备（至少）两个抽象层次。

理解“帕蒂是一头猪”或“帕蒂是一座灯塔”这样的句子，与理解“帕蒂是一张传单”“帕蒂是一只虾”或“帕蒂是一座王宫”这些句子完全不同。在最后一个例子中，为了使其合理，听者需要在毫无征兆的前提下，实时地对**王宫**这个范畴进行富有创造性的扩展。根据语境，王宫这个**范畴**的基本特点可能是藏有珍宝的地方，或是某种熠熠生辉却又遥不可及的东西等。如果帕蒂被视作这最后一种抽象范畴的成员，那么她会被想象成一位超然于世、风华绝代的佳人。但是，对于“帕蒂是一座王宫”这句话存在着诸多不同的理解，谁也不能保证完全正确地理解了说话人的意思，或是要求所有听众都有同样的理解。相较之下，把某人叫作猪并不是什么巧妙的新发现，仅仅是重新使用了一个在我们的语言中存在了几个世纪之久的词罢了。换句话说，无标记的“猪”，即这个词更为抽象的意义早就存在了，因此使用起来毫无新意，也并非临时起意。

只有当原始范畴（比如说，王宫）没有抽象范畴时，才会建立起一个即时范畴。理解“帕蒂是一头猪”这种常见的比喻时，人们不需要临时建立句中涉及的抽象范畴。这样的话是通过十分标准、非常普通的分类行为来理解的，也就是把帕蒂归为抽象范畴**猪**$_2$，而非具象范畴**猪**$_1$。

奇怪的是，在“帕蒂是一头猪”这句话中，猪$_1$这个具象范畴的存在，在某些人看来，不仅没能道出实情，还颇具超现实主义的意味。这就是为什么这类句子通常带着“比喻”的标签，好像在说我们没有与“猪”相对应的一个抽象范畴，每当我们听到这样的话时总是有着新意。但实际上，“猪”这个词更为抽象的意义——“邋遢”，是一个存在已久的，我们十分熟悉的范畴，它与那种有着卷曲尾巴的动物有着相同的名字。因此，**猪**这个范畴提供了一个研究标记的范例。有些人可能会认为，“帕蒂是一头猪”这句话，从某种角度来说，与“帕蒂是一位票友”这类句子相比“不够真实”。但如果意识到“猪”这个词，不光有一个具象的、有标记的，叫作“猪”的范畴，还有一个抽象的、无标记的，有着同样名字的范畴，那么，这一情境下更准确的说法是，帕蒂不是**猪**$_1$的成员，而是**猪**$_2$的成员。

更高层次、无标记的范畴的成员与更低层次、有标记的范畴的成员相比同样真实，它们无非是在另一个语境下的其他范畴的成员罢了。因此，当餐后服务员问及“哪位想来杯咖啡”时，一杯茶可以理所当然地被视作一杯**咖啡**。以及，走在上学路上的小梅根留意过往车辆时，卡车当然是**车**这一范畴的成员。男孩是**男人**，小猫是**猫**，人当然是**动物**，诸如此类。因此，帕蒂是一头真正的猪，与那个在泥巴里打滚的四足动物一样，只不过，她是另一个抽象层次上的猪，一个更高层次、无标记的角度。

对于**猪**这个概念，在有标记的范畴（卷着尾巴哼哼着的动物）与无标记的范畴（邋遢的家伙）之外，还可能存在其他的子类。事实上，如果我们翻翻词典的话，就能在这个词下面看见一个专指人类的子条目。当一个抽象的、无标记的范畴与其子类有着同样的名字时，这样的情况同样适用。此外，当一个词在某种语言中频繁出现时，它“比喻性”的意义用不了多久就能够自力更生，另立门户，成为独立的新意义。理解这类词就像是理解“动物”一词一样。在某些语境下，“动物”是一个包含人类的无标记的范畴；在另外一些语境下，它则是一个不包含人类的有标记的范畴。

不论是哪种用法，都不能够也不应该被称为“比喻性的”。同样地，当我们说“帕蒂是一头猪”时，在抽象范畴**猪**$_2$（邋遢的生物）与具象范畴**猪**$_1$之外，当然很有可能（通常来说，词典也会支持这些）存在着其他子类，比如说“邋遢的人”。事实上，和我们对“桌面”的理解类似，更合理的做法是把最抽象的范畴称为**猪**$_3$，把**猪**$_2$留给邋遢的人，而**猪**$_1$则是那些圈养着的动物。

比喻用法一览

总的来说，我们有三种不同方式来理解“比喻性的”句子。

第一种方式是，比喻性的表达方式完全规范，理解这样的句子不需要唤起任何抽象的范畴（即无标记的词）。无标记的、抽象的范畴当然存在，但是理解句子的过程并不需要它们，因此这一步被跳过了。举例来说，这和听到“杰克的房子就是个垃圾场”“帕蒂是一头猪”时的情况大致相似。我们认为这里的抽象范畴“垃圾场”（无标记的含义）早就存在于听者的心中了，用以表示那些杂乱的地方（酒店、房子或是房间等）。因此人们能够直接理解上述的句子，只需把“垃圾场”这个具象的词指向一个杂乱的地方。此外，和圈养的猪与邋遢得像猪一样的人（都有着邋遢、吵闹的特点）一样，垃圾场和杂乱的地方都不受人欢迎。这是因为在此存在着一个更抽象的范畴，即无标记意义的“垃圾场”，它把二者合二为一。所以，当听到“杰克的房子就是个垃圾场”时，这个抽象的范畴确实存在，不过它就像是个安静的背景，并不参与理解的过程。具体的指向早就在人们心里了，所以理解起来毫不费力。换句话说，同桌面或者猪一样，我们在此谈的是三个不同的范畴：**垃圾场**$_3$，一个肮脏、令人生厌的地方；以及它的两个更具体的子类：专指垃圾堆放处的**垃圾场**$_1$和指杂乱地方的**垃圾场**$_2$。

在另一种类似的情况下（不过仍属于理解比喻句的第一种方式），这个抽象的范畴很可能在词源中迷失，从母语者的集体意识中消失。在这种情况下，这一抽象范畴属于概念的历史而不属于概念的心理。换句话说，一些熟悉的表达方式，说母语的人完全能够理解，但它们的语源却令人困惑，让人很难将一个词的两个不同意义联系在一起。比如，当你听到这样的句子，“瓦尔特是一头水牛”“提姆是一只火鸡”“德尼斯是一只山羊”或者“贝勒是一匹马”。对于这些例子，你可以猜个没完，但也不一定能搞清楚这些句子使用的是这些动物的哪些比喻意，因为在我们的记忆里没有一个明显的上位范畴能把每个词的两个意义自然地包括在内。然而，理解这样的句子的关键在于听者的心里已经有了一个非动物的范畴，这个范畴与该动物范畴共用同一个词语标签。

接下来，我们来谈谈理解比喻句的第二种方式。在此，很可能并不需要建立一个新的抽象范畴，因为它已经存在于人们心中。但是为了能够正确理解句子，则必须运用这个抽象的范畴。因此，如果某人喊道：“这个该死的文件处理软件真是一头猪！”这可能让我们想到，他的文件处理软件经常出现错误的标点符号、难看的缩进，还时不时地插入几个莫名其妙的字符。为了理解这句话，就得用最广义的无标记的范畴**猪**$_3$了。这是一个十分自然的分类方式，人们并不需要凭空建立起新的范畴，只需运用抽象范畴**猪**$_3$。为了理解“这个该死的文件处理软件真是一头猪”，激活了“猪”这个词的无标记含义，正如我们生活中其他场景下激活的含义的无标记词一样。比如说，某人把丽兹的小货车叫作“丽兹的车”；或是称呼某个球队的主教练为“篮球场的教父”；或是说“我得去买点可乐”，尽管商店里放着的只有百事可乐。

现在我们来讲最后一种方式。在这种情况下，抽象范畴并不事先存在，因此，为了理解这样的句子，听者不得不建立起新的范畴。举例来说就是，“比尔是一座桥”“斯蒂夫是一块石头”“弗洛伦丝是一只萤火虫”“帕蒂是一只虾”……。为了理解这些话，听者必须从已有的范畴中提取出新的精华，并把比尔、斯蒂夫、弗洛伦丝和帕蒂视为新的即时范畴的成员。这种挑战类似于一个讲中文的人听到一个讲英文的人说：“我的车是一颗柠檬。”因为这个比喻在中文里不存在，为了理解它，讲中文的人就得临时搭建一个新的范畴，而且这个新范畴还不能保证他可以正确理解这个句子。虽然对于讲英文的人来说，这个比喻显而易见，意思是我的车很差劲。从理论上讲，任何人都可以通过这一特性建立一个新的抽象范畴，里面包含柠檬和汽车。

那么讲英文的人是怎样理解讲中文的人说的“这本书是鸡肋”的呢？讲中文的人一看就明白，这句话的意思是这本书没有什么意思但又不舍得不读，因为“鸡肋”是一个现成的说法，比喻没有太大意义而又不忍舍弃的事情。为了理解这个句子，他们只要利用这个现成的熟悉范畴就可以了，不需要跳到更高的抽象层次**鸡肋**$_3$，**鸡肋**$_2$已经足矣。相反，对于那些不熟悉这个说法的人来说，他就需要临时搭建一个新的抽象范畴。这个范畴的建立基于新发现的鸡肋的本质之上，而这本书和类似的书则成为这个范畴的成员。因此，有些人可能会想象这个抽象鸡肋的关键特性应该包括细瘦、少肉等。而另外一些人可能更心有灵犀一些，他们理解的鸡肋的关键特性包括意义不大、弃之可惜等。

在所有这些例子中，不论是抽象的范畴，还是具象的范畴，不论它早已存在，还是刚刚建立，为了理解比喻性的句子，都需要把范畴运用到情境之中。所以，我们学到的东西是：

这家比萨店不是油腻的炒勺——这家比萨店是油腻的炒勺

人不是动物——人是动物

理查德·道金斯不是教皇——理查德·道金斯是教皇

卡伦的工作不是监狱——卡伦的工作是监狱

柠檬茶不是咖啡——柠檬茶是咖啡

你的车不是柠檬——你的车是柠檬

帕蒂不是猪——帕蒂是猪

这本书不是鸡肋——这本书是鸡肋

数学并非一成不变

如果说哪个领域的概念准确无误，那人们想起的一定是数学。在数学的世界里，没有矛盾和歧义的戏份儿，而且人们自然而然地认为，那些前文提到的因标记带来的主观的、依赖语境的现象（即通过同一个标签表示两个不同的范畴）也一定不存在。然而事实并非如此。我们接下来会看到，即便是在数学的领域里，人类在各范畴之间跳跃的作风依旧战胜了对于纯粹数理逻辑的渴望。

忻忻正在上小学，她刚刚上完了一节几何课。课后，老师给她和同学们布置了一些关于四边形的作业。第一道题是：“在下列的每一个正方形里写下‘S’，每一个矩形里写下‘R’,每一个菱形里写下‘Rh’,以及,在每一个平行四边形里写下‘P’。”忻忻用心地完成了老师布置的作业，下图就是她的成果。

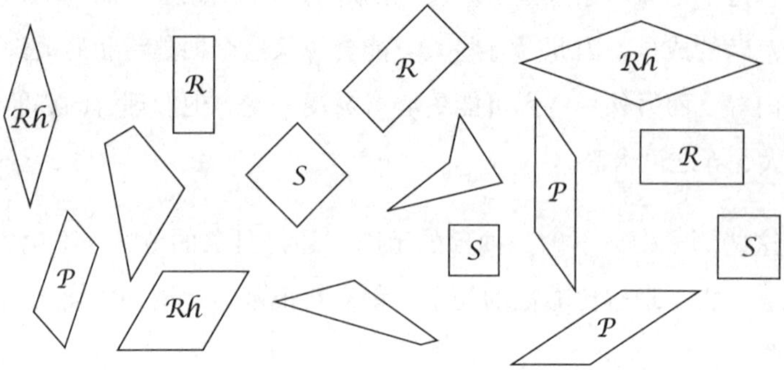

忻忻非常小心地避开了这道题中的各个陷阱。比如，她没有把那个以一个角着地的正方形误认为菱形。对于那些以各种奇怪角度放置的矩形和菱形，她也都写下了正确的标记。

接下来是一道考“定义”的题目：

1. 请问如何识别正方形?

2. 请问如何识别矩形?

3. 请问如何识别菱形?

4. 请问如何识别平行四边形?

老师课上教的内容忻忻掌握得非常好，她的答案如下：

1. 正方形有四个直角、四条等边且对边平行。

2. 矩形有四个直角、四条边且对边平行。

3. 菱形有四条等边且对边平行。

4. 平行四边形有四条边且对边平行。

忻忻的老师批改了同学们的作业，等忻忻放学回家后，骄傲地告诉家里人这次的作业她全都做对了，得了个满分。这个情境有什么令人担忧的地方吗？答案是肯定的，因为有一些地方出了差错。事实上，这儿有些有意思的矛盾。试想：如果忻忻以她自己第二道题的答案作为标准去标记第一道题的图形，会发生什么呢？

正方形有四个直角、四条等边且对边平行。目前为止一切正确。忻忻上图里标着“S”的图形都满足这一定义，而且不包含其他任何图形。

矩形有四个直角、四条边且对边平行。从这儿开始，情况变得有些棘手了。忻忻找着那些有着四个直角且对边平行的图形。是的，那些被她标了“R”的图形都满足这一定义，包括那个差点蒙混过关的斜着的矩形。但是那些标着“S”的正方形也都满足这一定义。所以，为什么忻忻没有在这些图形中同时写下“S”和“R”？

菱形有四条等边且对边平行。这个问题同样有些复杂。所有那些被忻忻标注了“Rh”的图形确实都满足这一定义，但同样的情况是，所有的正方形也都满足这一定义。所以，为什么忻忻没有在这些正方形中写下“Rh”呢（就像上面同时写下“S”和“R”）？

平行四边形有四条边且对边平行。这下可更麻烦了。被忻忻标着“P”的那些图形当然都满足这一定义，但是，几乎其他剩下的图形也都满足这一条件：所有的菱形、矩形和正方形通通满足这个定义。所以，如果忻忻打算让自己的标注和自己写下的定义保持一致，那么她不得不在十二个图形中都写下“P”，以表示这些图形全都是平行四边形，而不仅仅是之前标注的那三个。

那么为什么忻忻两道题给出的答案不一致，老师却给了她满分呢？

正方形是矩形吗

正方形真的是矩形吗？这个问题的答案是个典型的标记的例子。从一个数学家的角度而言，正方形当然是矩形，因为正方形满足矩形的定义。从这个角度来说，这个问题没有任何歧义，答案就是简单明了的“是”。

如果某人看了各种不同四边形的定义，他可以轻松地画出一个它们之间的关系图：

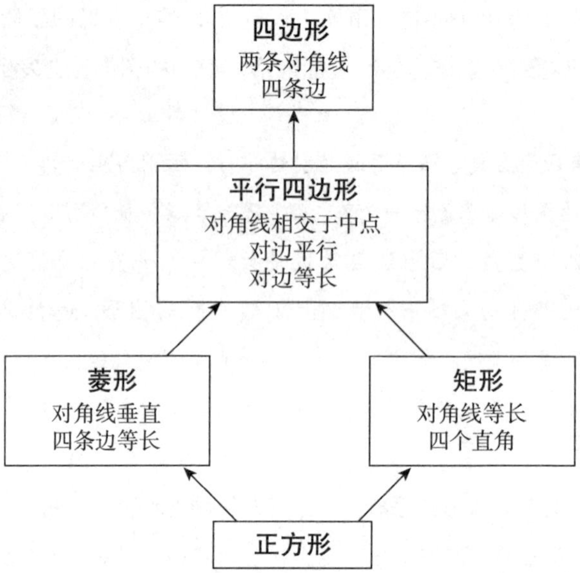

图中不同的范畴表明了人们对于上文所示的四边形可采用的不同的角度。根据上面的关系图，正方形同属于五个不同的范畴，即**正方形**、**矩形**、**菱形**、**平行四边形**以及**四边形**。如果把它视作四边形，那么正方形有两条对角线，不过这没什么特别的；如果把它视作平行四边形，那么正方形的两条对角线正好在它们的中点相交；如果把它视作菱形，那么它的两条对角线相互垂直；以及如果把它视作矩形，那么这两条对角线则相等。

不过，对于四边形的世界来说，这个关系图还不够复杂。试想，如果忻忻的老师出了这么一道题："画一个正方形、一个矩形、一个菱形以及一个平行四边形。"却看到自己的某个学生只画了一个正方形时会怎么想呢？实际上，她应该对这位学生大为赞赏，给他最高的分数，因为这个答案暗含了对于这些定义精确的理解。好吧，让我们假设这位老师真的这么做了。即便如此，这么个玩笑般的答案也一定在她的意料之外。对于这么个极不寻常的答案，是大为赞赏还是恼怒不已就因人而异了。但对于这么一个完全正确而且优雅省事的答案，她为什么会大吃一惊呢？

上文给出的四边形范畴的关系图无法告诉我们老师面对不同的答案时会做出何种反应。试想，如果忻忻在第一道题中，在正方形里写下了四个不同的标记，表示这同时是一个正方形、一个矩形、一个菱形以及一个平行四边形；在非正方形的矩形里写下了两个不同的标记，表示这同时是一个矩形以及一个平行四边形；在非正方形的菱形里也写下了两个标记，表示这同时是一个菱形以及一个平行四边形。这些标记是忻忻严格遵循自己总结出的定义（即第二题的答案）的结果，她的老师对第二题的答案十分满意，并给出了满分。不过对于第一题，这位老师已经给了常规的传统的答案满分，面对另一个完全不同的非常规答案她还会给出满分吗？某人可能觉得这位老师应该对此大为赞赏，毫无保留地给出满分，因为班上有这么一位有洞见的学生，写下这么有见解的答案。不过这就得看这位老师对于非常规的观点是欣赏还是鄙夷了。

事实上，对于“非正方形的矩形”或“非正方形的菱形”等范畴，我们需要在其严格数学定义与人们非正式的概念之间架起桥梁。更准确地说，当我们想起“菱形”时，总是无意之间假设那是“非正方形的”。当然存在正方形的菱形，但它们就像是特例，需要我们从“通常的”的菱形即非正方形的菱形中加以区分。我们再一次来到了标记的世界。比如说，可以假设两个新的范畴，**菱形** $_1$ 与**菱形** $_2$，类比于**车** $_1$ 与**车** $_2$。正如有标记的范畴**车** $_1$ 把卡车排除在外，而无标记的范畴**车** $_2$ 将其包含在内，**菱形** $_1$ 把正方形排除在外，而**菱形** $_2$ 将其包含在内。

因此，每一个正方形都是**矩形** $_2$，而非**矩形** $_1$；每一个矩形（不论是第一类还是第二类）都是**平行四边形** $_2$，而非**平行四边形** $_1$。与上文的关系图相比，不同种类的四边形之间有了更复杂的关系，如图所示：

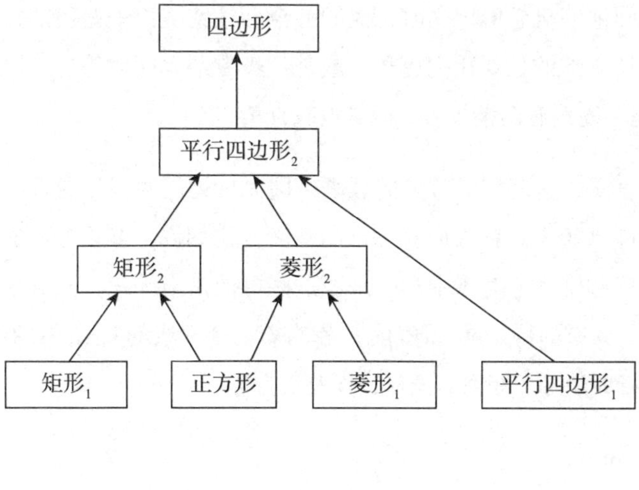

现在有了八个范畴，隶属于四个抽象层次。要想成为我们提到的“行家”，这八个范畴都需要掌握。要掌握这些范畴，一是需要理解严格、正式的数学定义；二是要结合不同的语境理解这些词。这样就不难理解为何这个问题会让学生们头痛不已了。

我们并不是在说上述的这种层次关系是一个明显的结构（比如说字母表），每一个理解四边形的人都把它背得滚瓜烂熟。恰恰相反，它一点儿也不需要死记硬背。对于一个有数学天赋的人来说，图中的每一条线都源自于对两个特定概念间联系的透彻理解，由此自然而然地就推出了全部的关系。颇具讽刺意味的是，这种界限分明的理解却建立在模棱两可的用词上：有时，可以看到一个正方形与一个矩形有着鲜明的对比；可在另外的情况下，却又被视作一种矩形。

上述这些表明，即使是在数学领域，人们期待着精确的陈述，还是经常会发生同一个词指代两个或是多个概念的情况，因而产生歧义。在上文的例子中，要想成为这个领域的行家就需要掌握多个范畴，比如说“非正方形的菱形”（即**菱形** $_1$）与“不论是否为正方形的菱形”（即**菱形** $_2$）。这些全部加起来，变成了八个范畴，比原先的多出来三个。因此，对于“正方形”“矩形”“菱形”“平行四边形”以及“四边形”这几个词指代的范畴，要想把它们之间的关系弄明白可不容易。

事实上，我们在法国进行的一项研究表明，大多数的大学生以及中学生并没有意识到这些范畴间的从属关系，很多人都直截了当地拒绝接受正方形是矩形或是菱形。如果有人问他们概念的定义时，他们甚至会凭空造出一些新的特征。比如，他们坚持认为“长方形的长要比宽更长”或是“长方形有两对等边，但不是四条边全部相等”，或是“菱形有四条等边，但是没有直角”。

上述情况表明，这些词最常见的理解，即无标记的含义，通常没被意识到，而学生们的那些即兴定义大都指向有标记的范畴，比如说，**非正方形的矩形**、**非正方形的菱形**等。这些学生（对于中学生来说这些可能是新知识，而对于大学生来说就是背景知识了）共有的特点是，他们心中都有着一个两层的关系图：**四边形**在最顶端，下面分别是**平行四边形**、**矩形**、**菱形**，以及**正方形**。

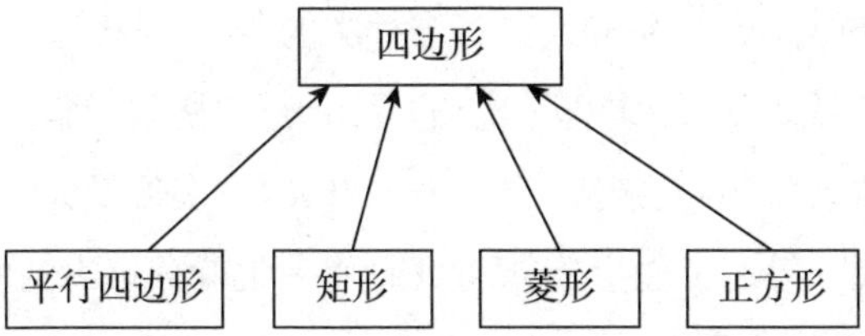

有些学生的答案可能稍微复杂一些，他们会在中间加上一层，即**平行四边形**。因此，最顶层是**四边形**，中间层是**平行四边形**，最底层是**矩形**、**菱形**，以及**正方形**：

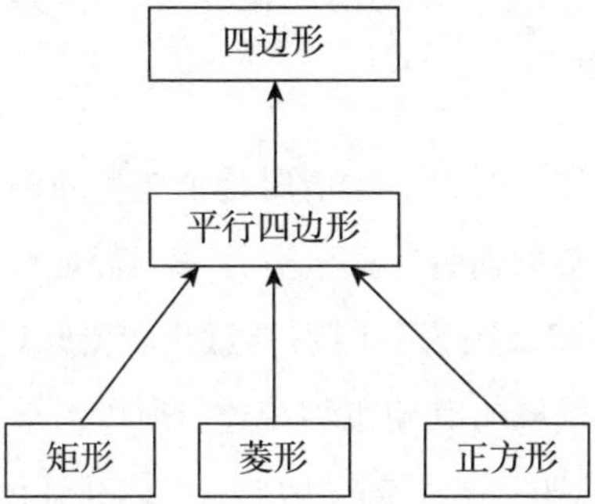

我们的研究表明，只有极少的参与者才能像行家似的，掌握着我们前文给出的四层结构。

如前所述，要想在某个领域成为行家需要掌握诸多范畴，并高效地管理它们。因此，要想充分地理解四边形，不光是要知道正方形、矩形、菱形以及平行四边形都是特殊的四边形；还需要知道它们之间的关系。高效地管理范畴是成为行家的关键，因为行家可不会局限于狭隘的技术领域。行家要对各个领域都有深刻的理解。每个人都是各自生活、工作以及兴趣爱好上的行家。准确来说，行家并不总是需要高度的创造性或是洞见，尽管有这些也无妨。

专业知识的层次

也许，你的志向是成为育狗的专家，或是精通琴棋书画，抑或是通晓诗词歌赋，还有可能你想成为商界大亨，或是在科学界有所建树……如果你真的成功了，那么在你的领域里，人们可能会尊称你是一本“活字典”。王先生对狗充满了兴趣，喜欢阅读关于狗的各类知识。除了熟知犬科各个种类的名字，如“贵宾犬”“斗牛犬”“德国牧羊犬”“巴吉度猎犬”“吉娃娃”“金毛寻回犬”“格雷伊猎犬”“比特犬”“俄罗斯猎狼犬”“圣伯纳犬”“刚毛猎狐㹴”“大麦町犬”“多伯曼犬”“拉布拉多犬”“腊肠犬”“西班牙猎犬”等，王先生还能通过照片一眼就分辨出狗的种类。除此之外，他还通晓各类狗的奇闻逸事，比如说金毛寻回犬的性格十分温顺，德国牧羊犬有着杏仁般的双眼和能立起来的一对耳朵，格雷伊猎犬特别黏主人，大麦町犬是消防局里的吉祥物，吉娃娃是所有种类之中最小的，刚毛猎狐㹴以捕猎狐狸得名，圣伯纳犬的名字源于阿尔卑斯山脉的一家救济院，拉布拉多犬是称职的向导，以及贵宾犬可能是水猎犬的后代，等等。

当人们接触一个新的领域时，上述情况是个典型的例子。他不但要熟知这个领域里的主要成员，还得学会如何将它们区分开来。若是只记住几个响亮的名字可万不敢自称为这个领域的专家。因为分门别类意味着要知道如何在门类中找出差别。但是，一个领域内的范畴同样与其他事物相连。所以，掌握一个新范畴，意味着在心中将其与其他之前的范畴联系在一起。因此，范畴化还涉及建立联系。

让我们借用生物学中的“属”与“种”来说明这一过程。任何属于某一“种”（相对狭义的范畴）的新成员，皆是“属”（相对广义的范畴）的成员。试想，当你第一次看见某种动物的时候，你可能只是称其为狗，事后，你知道了那是一条腊肠犬。即使你还不是个行家，但拥有或学习这类知识让人觉得自己已经掌握了精湛的技艺。对狗的分类涉及先前掌握的各类知识，比如是否会叫，是否咬人，是否感染传播狂犬病，是否容易流口水，寿命是否在 10 年至 15 年之间，以及对于孩子，甚至是成人来说是否危险，等等。要是谈及金毛寻回犬，还可以在这些笼统的知识上添加许多细节，是否有金色的毛发，是否性情温和，是否个头很大，体重是否在 25 千克至 40 千克之间，以及是否活泼，等等。正如王先生按这样的步骤了解关于狗的知识，我们也是这样学习其他领域的知识的。

若想成为一个领域的专家，这样做就够了吗？学习某个领域的知识就意味着要尽可能多地知道该领域的范畴吗？新手就是了解一个领域里的许多范畴，但都浅尝辄止吗？而专家和新手的区别，就在于专家知道上百个更详细的范畴吗？

上面这些只说对了一部分，想要成为行家，要做的可远远不止如此。除了某些特别专业和艰深的领域，成为一位行家并不是指背下某个清单列表，即使其中囊括了各个成员的详细信息。如果王先生想成为城里的电话簿专家，那么死记硬背就足够了。但是，在更概念化的领域中，行家可不是靠死记硬背得来的。当然了，通常来说行家知道的类别比新手要多得多，但这可不是故事的全部。

从改变范畴到改变视角

因此，王先生若是想通晓关于狗的知识，需要从不同的层次建立新的范畴，并在它们之间建立联系。他要做的可不只是记住许多狗的种类，还需要学会用多种方式将它们分门别类，并且能够在不同的视角之间切换。

举例来说，狗的四个主要子类之间有明显的区别：皆有大头、短口鼻、小软耳以及厚重的骨骼，比如斗牛犬；有着三角形的脑袋和竖起的耳朵，比如德国牧羊犬；宽脸大耳，比如大麦町犬；窄面、瘦削的四肢以及朝后的小耳，比如格雷伊猎犬。当然了，还可以对它们进一步细分，比如这些子类：指示犬、猎犬、寻回犬、水犬、牧羊犬、㹴犬、腊肠犬、雪橇犬等。在单个种类内部还可以再次细分。因此，在五十来种牧羊犬之中，毛发顺滑的加泰隆牧羊犬可不能与捷克斯洛伐克狼犬混为一谈。在某些上流社会，要是分不清这只小猎犬究竟是来自阿富汗、苏格兰，还是匈牙利的话，那可就要闹笑话了。

随着人们积累的范畴越来越丰富，少不了要建立多种不同的抽象层次。因为范畴总是从多个角度相互关联在一起的。因此，波希米亚刚毛犬是格里芬犬的一种，格里芬犬是指示犬的一种，指示犬是猎犬的一种，猎犬是狗的一种。

人们当然可以不断地向上进行抽象。举例来说，在狗和动物之间到底相差多少个级别呢？也许两三个吧，比如说，**食肉动物**、**哺乳动物**和**脊椎动物**。说它们是阶梯上的三级台阶自然是没错，但它们可不是唯一的答案。对一个动物学家来说，**犬**是一个亚种，其上是更宽泛一级的范畴，即**狼**，也就是**狼**$_2$。值得注意的是，**狗**是**狼**$_2$而非**狼**$_1$，我们又回到了标记。而狼和它的亲戚**狐狸与豺**（在这一级里，爪子不能被收回）一起，同属于更宽泛的**犬科**。而犬科这一级，同水獭、海象、熊、臭鼬以及浣熊，统统隶属于**犬型亚目**。我们再向上爬一级台阶，在这一层时，狗与猫便相遇了。从学术角度来讲，**犬型亚目**与**猫型亚目**同属于**食肉目**。从这继续向上的话，我们渐渐来到了**胎盘类**，此时，我们人类与狗、猫以及臭鼬同处一级。大家的相同之处在于，胚胎都在母亲的体内成长，且由胎盘提供营养。接着是**兽亚纲**（在此已经扩展到了袋鼠），然后是**哺乳纲**（对此我们似曾相识），之后是**有颌下门**和**脊椎动物亚门**（意味着有骨骼和脊椎）、**脊索动物门**（具有脊索与神经索）、**后口动物总门**（涉及胚胎发育时的某些特定过程）、**真后生动物亚界**（多细胞生物）。至此，我们离最终的目的地仅有一步之遥。再往上一级的话，我们就来到了**动物界**（就是指动物！）。尽管上述的有些层级在今天还没有定论，分类学这个领域一直在不断变化，而且充满争议，但在狗与动物之间仍然是相差了十多个层级。

生物学中的范畴一层又一层，不断攀升，陡峭得令人头晕目眩。不过这可不是为了说明行家得掌握这么多不同的抽象层次。通常来说，抽象的层次可比这个简单多了。然而，多个层级一环套一环的例子表明，抽象层次并非牵强附会，遥不可及。相反，这说明不论层级多少，这类层次结构都是我们人类获取知识时必不可少的一环。

让我们再来看看字体的世界。在这个世界中，既有适用于书籍的字体，又有应用于广告的字体。有宋体、仿宋，还有华文中宋和华文仿宋。有些字体被看作“老派的”，有些是“传统的”，还有一些是“新潮的”。除此之外，还有各种各样的方式可以对字体加以区分。对任何的标准字体而言，人们还可以对其进行加粗或斜体，使其变得与之前不同。字体的行家还能给它们添加各种阴影效果。

在绝大多数领域中，如果谁能熟知三个，甚至是四个层级的话，那可就称得上是位行家了。新手一般就停留在两个层次上，一个普遍的大类和其中的一些小例子。哪怕是再往前进一小步，多建立一级的层次，也是个至关重要的飞跃。我们将在本章的尾声以及最后一章看到，不论是日常生活中的鸡毛蒜皮，还是科学界里的鸿篇巨制，朝着新的普遍范畴的飞跃——一个垂直的滑动，可以极大限度地开阔我们的视野。

当给一个领域分类时，要是想着使用某种方式加以区分就是“千真万确”的话，可就大错特错了。只要不是什么琐碎的领域，都存在不同的分类体系，它们角度不同，各有千秋。让我们再回到关于狗的例子。除了所谓“官方”的分类方式，还有各种不同的办法对狗加以区分，每一种分类方式都有着各自的角度。比如猎人、兽医、犬类展览的负责人，都有自己的一套分类方法，更不用说犬类商店的员工或是动物园管理员了。而且，他们通过创建有用的新范畴，或是增加新层次，在各自的心中建立起了专业的分类体系。几乎可以肯定地说，他们每个人的体系都不相同，管理方式也都不一样。而且，没有谁的体系能够碰巧和动物学的官方分类一模一样。

让我们从数不清的众多领域中再举一例。对于一个摇滚音乐的狂热爱好者来说，**古典音乐**可能不过是一个小小的范畴，混杂着几个既熟悉却又陌生的名字，比如贝多芬，或是莫扎特，甚至是巴赫。在摇滚爱好者音乐范畴的复杂网络中，可能根本看不见古典音乐的影子。反之亦然。某人对于**古典音乐**的子范畴可能有着庞大复杂的网络（包括丰富的子网络，其中包含某些作曲家的作品），但同样草率地给大多数现代流行音乐贴上了同一个标签——“摇滚音乐”。这对摇滚爱好者来说无疑是一种冒犯。

上面这些意味着，我们建立知识的方式都是先创造出范畴，然后把它们联系在一起，再通过抽象构建成体系。总的来说，不论是新手还是行家，都不是有意为之的。一个外行对于某个领域的理解可能仅仅停留在一个大类及其附属的几个小类。但如果仔细观察，他可能就会大吃一惊，因为任何领域都包含不同的范畴，而且彼此紧密相连，形成了错综复杂的模式。

职业里的窍门

任何领域，不论远看时多么有限，都可以在横向即范畴的数量，以及纵向即抽象的层级上无限地改进扩展。若想完美反映出现实的情况，则需要无数个经过仔细雕琢的范畴。但是，任凭是哪位也能力有限。那我们能达到什么程度呢？这个问题不是理论问题，而是实践问题，它取决于我们在领域中定下的目标。

让我们从专业的角度来考虑一些有关职业的例子。对于**雇员**与**自由职业者**、**蓝**

领与**白领**、**经理**与**员工**，或是**工业**与**服务业**，我们都熟知二者之间的区别。但是这些粗略的区分可远远不及专业的职业分类。举例来说，在建筑行业，有**电工**、**水工**和**瓦工**，还有**水泥工**、**钢筋工**和**管道工**，更别提还有**刨**、**钻**、**镗**、**铆工**了。在**木工**里，还能找到**专门做仿古木门的工人**呢。

职业列表的纵向层次里有交通运输业这种通用的范畴。若是由此向下，可以看到**陆运**、**空运**、**海运**和**铁路运输**等范畴。要是从陆运继续向下细分，可以分出**司机**和**内勤**。司机又能分出**货运**或**客运**等范畴。若是跨到空运的范畴中继续向下分的话，有**行李工**、**加添燃料员**和**跑道维护工**等职业。最后，要是跑到了制造业里的工艺品业，那儿有**金属**、**矿石**、**竹木**和**布类加工工人**等不同职业。

在网上找工作的时候，人们可能一上来先看到几十个大范畴，如**销售**、**房地产**、**金融**或是 **IT 业**等。在每个大类之下又有成百的子类，继续向下，就有各种各样数不尽的职位供人选择。乍看之下，这些范畴复杂得令人称奇。但这也仅仅是个概括，每个子类下又可以更进一步地分门别类。不论是跑到了医疗业、出版业还是工业，都有多种多样的分类方式，以及成百上千的工作等着你。这感觉就像是能在其中无限地缩放。

让我们来看一看通常处在分类列表最底端，即在最具体层级中的一个工作——大学教师及研究人员。对于处在这个行业的人来说，“大学教师及研究人员”这个称号一点儿也不具体，这里面的门道可大了去了。在这个世界里，职位可以分为**正教授**、**副教授**、**助理教授**，以及**教员**和**讲师**，还有**访问教授**、**访问研究员**与**访问学者**。别忘了还有**助教**与**助研**（皆为研究生和本科生）。说到这儿，咱们还没提具体的学科呢！

总的来说，如果有人想制作一个涵盖所有职业的表格，那里面得有成百上千的范畴，也许更多。当然了，没有一个人脑中能有这么个大表格。所以如果想成为行家，制作这么个表格并非至关重要的头等大事。但是，身为某个领域的行家，则意味着在心中要对整个知识体系有个大概的了解。

祝你有个好胃口

谈了这么多的职业，让咱们来换个领域，一个十分具体，每天都能见到的领域。

而且，乍看之下，这和微妙的范畴没什么太大关系。我们接下来聊聊食物，聊聊豆腐的世界。这听着可比那些职业简单多了。豆腐，主要原料无非是黄豆，说破了天能变出花儿来吗？在美国的超市里，豆腐也就是指躺在那儿的一盒盒“Tofu”罢了。可是,在中国,豆腐的花样可真就多了去了。汪曾祺先生便是其中的行家,在他的笔下,若是豆腐点得老些，那便是北豆腐；点得嫩些，则是南豆腐。若是再细分下去，还有北京的“老豆腐”，四川的豆花和湖南的水豆腐。由名字便知，一个比一个嫩。据说，在意大利，意大利面有八十来种。豆腐有多少种我们在此无法做出定论，但是也绝对少不了。

在豆腐的世界里，当然还存在别的分类方式，可不是只有软硬这一个标准。若是把豆腐压紧，那就是豆腐干；压成大张薄片，则是豆腐片；再紧点，就成了南方的百页或千张了。不同的分类标准带来不同的口感，因此而生的做法更是不计其数。实际上，这也是豆腐有这么多范畴的主要原因。豆腐买来，若是凉拌，既可以做小葱拌豆腐，也可以做松花蛋拌豆腐。要是手边还有令汪曾祺先生时常念叨的高邮咸鸭蛋，与豆腐拌在一起，想必味道也十分不错。[①]若是打算红烧，那选择就更多了。“虎皮豆腐”“家乡豆腐”“菌油豆腐”“麻婆豆腐”，还有“汪豆腐”，多得都可以摆出一桌豆腐宴了。当然还不能忘了中国的另一大发明——臭豆腐。更有甚者，还有安徽屯溪的毛豆腐呢。每个喜欢做豆腐的大厨，心中都有着一个关于豆腐的网络，其间节点相互联系，揭示出下意识间形成的范畴体系。

请喝茶

说罢豆腐，咱们接下来聊聊喝的。中国人的一大饮品就是茶。茶的范畴简直是不计其数。新手也就只能分出**红茶**、**绿茶**或是**花茶**等大的范畴。稍有经验的人能品出是何种叶子（如碧螺春、龙井或是毛尖）以及产地（如洞庭湖、西湖、信阳或是都匀等）。不过，品茶的行家知道的可远远不止这些。于他们而言，一杯好茶可以细分到具体的产地、产期，甚至对泡茶的水都很有讲究。比方说，一杯虎跑水泡出的雨前狮峰龙井，是指用虎跑泉水泡出的、谷雨前于狮峰山采摘的上好龙井。

① 本节例子灵感源自汪曾祺先生的《豆腐》。——译者注

那么，对于品茶之人而言，虎跑水泡出的雨前狮峰龙井算得上是一个范畴吗？当然算。人们可以从许多角度描述它，比如色、香、味，还有市价、配套的茶具，或是泡茶的水温等。而留存于市面上的茶叶就是这个范畴的延伸，它们都是其中具体的成员。不过，别看它的描述如此细致，它同任何其他范畴一样，到了边界就变得模糊不清了：假冒的或是没挂牌子的，喝了一半的、没泡好的、煮沸或是蒸发了的，还没准儿只是倒茶时滴在桌上的那几滴等。用不着再起什么别的名字，这个范畴本身就是块金字招牌。正如汪曾祺先生所写："……一是在虎跑喝的一杯龙井。真正的狮峰龙井雨前新芽，每蕾皆一旗一枪，泡在玻璃杯里，茶叶皆直立不倒，载浮载沉，茶色颇淡，但入口香浓，直透肺腑，真是好茶！"①

常有爱茶之人说道："红茶、绿茶和花茶里，还是绿茶最对我的口味。"此话与上文汪先生所写一比就能看出茶的范畴有多么丰富。一般人心中可想不到这么多的细节。汪先生所写不光是点明了绿茶的种类，还预设读者熟悉多种细微的范畴：产地（狮、龙、云、虎，即狮峰、龙井、云栖和虎跑），还有产期（明前、雨前、头春、二春等）。若是哪位把茶品到了这个地步，则当之无愧是位行家了。

抽象为什么对行家如此重要

不论在哪个领域，即便是最博学的行家，也不可能通晓一切。正如庄子所说："吾生也有涯，而知也无涯。以有涯随无涯，殆已！"之所以没法"通晓一切"，是因为如果用上放大镜，每个领域都能进一步细分为子领域。与此同时，当我们向某个领域的行家们提出刁钻的问题时，也不希望他们只是两手一摊，说句"不知道"便草草了事。这是因为一个真正的行家不只掌握某领域里的具体知识，他们还能通过类比联系起很多陌生的知识。因此，在茶的领域里，若我们向某个行家问道："您觉得雨前狮峰龙井怎么样？"这位专家可能基于一手信息，比如自己的品尝体验，或是基于二手信息，比如听来或是读来的，从头到尾，慢慢道来。这个例子很简单，因为这个范畴十分明确地指向雨前狮峰龙井。另一方面，很可能这位专家一点儿也不了解雨前狮峰龙井，只能回答"我不知道"。这当然很可能是句实话，但根本没什么用，更没法告诉咱们所谓的专业知识了。

① 本节例子灵感源自汪曾祺先生的《寻常茶话》。——译者注

一个真正的行家，他的回答不会仅仅停留在表面，即某种茶本身，而是涉及更抽象的范畴。比如说，咱们想象中的这位行家并没有喝过雨前狮峰龙井，但是，他知道龙井的各个产地，自然也听过狮峰的名号。而且，雨前这个产期也明显是好茶的标识。因此，即便这位行家没有直接品尝过，仍可以通过联系其他的茶来对雨前狮峰龙井做出大致准确的定位。即使这位行家根本就不喝绿茶，凭借他知道的那些知识，也能说出个门道来。这些，常常使没经验的人们备感惊讶，印象深刻。

由此我们看到，有时一个范畴可以代替另一个范畴。如果你对甲一无所知，你可以借用它的“近亲”乙。这两类知识紧密相连，不论是横向的，或是纵向的。行家从来就不是无所不知的。一个真正的行家有一个繁杂的范畴体系，即使某些地方存在空缺，他也可以通过类比查漏补缺。

当某人对情境的分类方式产生变化时，他看待这个情境的角度也随之发生了变化。行家自然是见多识广，有着很多不同的角度。所以即便身处一个陌生的情境，他们通常也能找到一个最贴近的角度。对于行家们来说，特定的、具体的范畴当然十分重要，因为它们每个皆不相同，通过一生的积累丰富了自己的洞见。另一方面，普遍的、抽象的范畴同样有用，因为它们把众多例子归结在了一起，更因为它们是具体情境的“精华”与“概念的框架”。总的来说，那些生活里的范畴使人变得准确，而高度抽象的范畴使人变得深刻，对于行家来说，准确与深刻再重要不过了。

另辟蹊径

“鸦片为什么可以引人入睡？”

“哦，由于它本身有催眠的力量。”

莫里哀喜剧《无病呻吟》中的医学学士候选人骄傲地答道，自信他给出了最完美的答案。

“摆脱思维的定式”——这句话可谓是老生常谈了吧？这看似揭示了创造性思维的关键。它表明，不论何时，当我们的思维受到了阻碍，或是陷入了陈规，或是发觉自身进退维谷，钻进了死胡同，或是在做着无用功，就像是“空转着的车轱辘”，只要我们知道这句金玉良言，就会有一匹老马，带我们走出模糊不清且低效的思维模式。就像是神仙显灵，“摆脱思维的定式”如同咒语一般带我们走出死胡同，开辟出美妙的新景色，甚至某电工工会都有一个口号：“训练精良，跳出框框。”这口号听上去似乎前后矛盾，当然，如果他们的框框是指保险盒，倒也贴切。

或是像以前某个广告里的口号，每当事情看起来没有希望的时候，你只需要想到“他山之玉”。创造性思维离不开另辟蹊径，对于这种说法我们肯定不足为奇。但令人遗憾的是，这种论调就像是说鸦片使人昏睡的原因是因其具有“催眠的力量”一样，毫无洞见可言。而概念间的滑动则激发了各种各样的智慧革命，时大时小，或微观，或宏观。实际上，你会吃惊地发现，创造性的见解是多么依赖于微妙的概念之间的滑动。

瓶　颈

吉莉安和一群好友相约周末野餐。她们在林中找了一个好地方，铺上早已备好的桌布。天朗气清，微风习习，大家自然也是兴致高涨。不一会儿，整个桌布就摆满了各式美食。然而，正当吉莉安把精挑细选的好酒从篮子中小心取出时，她意识到自己把开瓶器落在家里了。周围也无处可借。灵机一动，吉莉安想到与其把瓶塞拔出，还不如简简单单直接把它捅进去！虽说费了点工夫，但最终效果不错。

这个办法虽然称不上聪明绝顶，但也不失为一个巧妙的法子，并且值得我们溯源一番。从“拔出来”到“捅进去”，这完全相反的两个动作构成了概念间的飞跃。然而，使吉莉安做出这个滑动的原因在于，重新分类，也就是说，她从“把瓶塞拔出来”这个具体、物质上的想法，转换到了“得到酒”这个更为宽泛的想法。或者抽象地说，她从“把那个碍事的东西取出来”这个狭义的想法，转变成了“获得自己想要的东西”这个广义的、直奔目标的想法。很明显，这是在进行抽象。在这个情境中，“拔出来”是“得到”这个范畴的一个成员。而重新分类，帮吉莉安想到了用别的方式得到那瓶中的美酒。吉莉安的这种思维转换让我们想起前面讨论的英文动词“to grow”。这个奇怪的歧义现象不但被用来描述事物增长的变化，而且被用来描述事物减少的变化。因此，吉莉安想着与“拔出来”相反的主意，也就是“捅进去”，逃出了自己的窘境。

上述的这个思维滑动源于对情境的重新定义，从一个比原先的想法更为抽象的角度去看待它。吉莉安意识到自己的本意并不是为了把瓶塞从瓶子中拔出，而是获得酒。心中想着这个，就能重新审视自己与酒之间的障碍了。于是她喃喃自语道:“如果我可以滑动这个瓶塞，不论朝内还是朝外，都能摆脱瓶颈，这样就能喝上酒啦。”吉莉安的野餐窘境看似存在矛盾，就是说她对眼前情境所作的抽象大大降低了她对细节的关注，因而可以说是一种认知贫困化的过程，而恰恰是这样一个过程却成了解决问题的关键。

这个现象表明，人们在某一时刻不可能把某件事或是某种行为，抑或是某种情境想得面面俱到。事实上，他通常会陷入某个事物更详细、更具体和明显的方面，因为正是这些方面才是将范畴区分开来的特性。比如说，面对开酒瓶这个挑战时，与“推进去”相比，“拔出来”这个想法可就顺理成章多了。然而，通过对这个情境进行简化，将该情境贫困化，把原先的范畴换成更抽象的范畴，由此使事物之前隐藏的特点显露出来，反而丰富了这个情境。简而言之，这就是上面提到的自相矛盾。

“通过抽象对事物进行简化，可以丰富一个人的想法”，这条富有创造性的策略看似简单，却不失为一个有用的技巧。当某人一开始就想错了，即把自己的目标归错了类，一头扎进死胡同的时候，这条金玉良言便可以使其走出困境。

容器与身体

上文提到的重新分类的现象，可以在一个名叫“蜡烛问题”的心理学实验中观察到。这个实验是德国格式塔学派（又称为完形心理学）心理学家卡尔·邓克尔（Karl Duncker）在20世纪40年代发明的。这个实验的要求是让实验对象把蜡烛固定到墙上。除了蜡烛，实验对象每人还有一盒火柴，以及满满一盒的图钉。这个问题的难点在于，被试需要先把装满图钉的盒子倒空，然后用图钉把空盒固定到墙上，才能把蜡烛放在上面。正因为一开始的图钉盒是满的，所以这个实验设计得十分巧妙，并没有多少实验对象成功地解决了这个问题。但如果这个实验一开始提供一个空盒和散落在桌面上的图钉，那可就简单多了。

这个问题的要点在于，被试不光要把图钉盒归到“容器”这个范畴上，还要想到它还是个潜在的“基座”。当里面有图钉时，这个盒子自然而然被当作一个图钉盒，仅此而已。从一个更抽象的层次考虑，这就是一个“盒子”，它的作用自然就是装东西。为了解决实验的问题，还需要进一步的抽象：把同样的东西看成“基座”。当然了，在这个抽象层次，还有诸如桌子、椅子、书架以及抽屉等各类物件。不论如何，图钉盒在重新分类之后可以派上新的用场。

有些重大发现就是上述这类思维滑动的结果。举个例子，如果传说可信的话，那么阿基米德在流体静力学中的发现，即“阿基米德原理”就是这样一种范畴转换。故事的真实性有待考证，但不论怎样，它都表明了当从一个更抽象的角度思考眼前的事物时是多么巧妙与丰富。即便涉及平时毫无联系的事物，也同样如此。

> 希律王有一顶新的纯金王冠，但是他怀疑里面的成分不纯，可能掺了银。于是他让阿基米德为他调查此事。对于国王来说，要想测量这个新王冠是否与金块等重并非难事，但怎么才能知道金匠有没有偷偷用等重的银子把金子替换了呢？只要能测量王冠的体积就行了！因为银的密度小于金，若是当真掺了假，那新王冠的体积就要比金块大。可惜这个王冠的形状太不规则了，阿基米德不能用几何的办法测量它的体积。那可怎么办呢？据传，阿基米德在洗澡的时候想到了法子。当他的身体进入水中时，他发现水面的上涨与进入水中的部分成等比关系。他想到这同样适用于王冠与金块。于是，他把二者放入水中并观察水位线的变化，发现王冠的体积比金块的体积大。果不其然，这个金匠是个骗子。

阿基米德在王冠与他的身体之间建立起了类比，他发现不论是二者中的哪一个完全浸入水中时，都会排出与自身体积相等的水。若让人们谈一谈王冠属于哪些范畴的话，他可能会说，**王权的象征**、**贵金属制成的**或是**戴在头上的**等。这些可与人类身体相关的范畴没什么关系，只有达到高度抽象的层次时，即二者同属于“有体积的事物”这个范畴,这时类比关系才浮现出来。为了把人类的身体与王冠类比起来,必须得忽略掉很多细节,比如人体是活的,王冠则没有生命而言。这种类比需要高度的抽象,可不是一下子就能想到的。这个故事告诉我们,充满创造力的发现就在于找到迥然不同事物间的一丝联系。

上面的讨论可能让人觉得我们把创造力归因于一丝不苟地寻找联系,尤其是那些乍看之下毫无关联的事物。可惜的是,尽管我们在探讨创造力的成因,但并不能得出什么秘诀。因为在情境之间故意地寻求联系帮不上什么忙。我们在此讨论的抽象行为并非源自什么系统的、有意为之的探索。这经常让发明者和观察者同样感到惊讶。

阿基米德的故事表明,当在高度抽象的层次上产生飞跃时,尽管有时微不足道,却可能带来重大的发现。这是关于创意发现之谜的一种解释,但并非什么秘诀。总的来说,人们很难发现那些看似没有关联的事物之间的联系,抽象的类比潜藏在我们没有注意到的预设之中,这使梦寐以求的概括变得更加可遇不可求。

关于鼠标与人

有一个近年才出现的发明,可谓尽人皆知。它源于一个简单的抽象,却造就了了不起的革命。在20世纪80年代早期,和电脑打交道可不是什么易事。在那个年代,除了一小部分在先进却鲜为人知的研究中心工作或访问的人之外,没有哪位见过或是用过鼠标。所有的输入全是依靠敲击键盘上的符号完成。要想让电脑做点什么的话,得输入一串串晦涩难懂的符号,组成一条条命令解释给机器,然后它才能依次执行。所有的人机交互全是通过这种命令语言进行的。只要命令合乎语法,人就可以让机器乖乖帮忙做事。

在过去几十年间,情况发生了重大的变化。今天,键盘只是用来在写邮件或著书时输入文本。用户们几乎再也不用输入那些命令了。当我们希望在电脑上进行某种操作时,我们用的是鼠标或是鼠标在笔记本电脑上的接替者——触摸板。很多人一生下来便接触了这些技术,司空见惯,很难想象没有鼠标是种怎样的情况。不用说,这向前的一小步自然是技术上的进步,但这同样也是智能上的飞跃,不容小觑。我们将在本节中讨论这一发现。

与我们的四肢相比，鼠标就像是电子的假体，充满神奇的能力。四肢让我们在三维物理世界活动，而鼠标为我们建立了人类和屏幕上的二维虚拟世界交互的接口。正如跟着兔子进入洞中发现奇幻世界的爱丽丝一样，通过鼠标，我们也进入了虚拟世界。鼠标就是我们的兔子。

选择一个文件，打开、关闭、把它从一个文件夹移动到另一个文件夹、复制、打印、删除，诸如此类，这些操作都是在与虚拟的事物打交道。在现实世界，这些操作要依靠我们的四肢。而在虚拟世界，我们靠的是鼠标。我们不必再写命令，而是借由鼠标，所见即所得，同现实世界一样。

若是把鼠标看作时代的必然产物，那可就太小瞧它了。说得就像我们过去完全不用肢体，而是要把想法化为晦涩的术语；又仿佛我们与计算世界总是被一层厚玻璃隔开，而唯一的交流渠道只有纸带。当我们写下自己的想法后，便把纸带放入一个小口中（就像是“回车”键），接着机器就可以执行我们的命令。很明显，这些常规做法太低效了。

为什么我们说鼠标的发明不仅仅是技术上的进步，而是一个了不起的概念上的突破？

> 我们能看见无形的东西吗？不能，因为无形的东西就是那些我们看不见的。
>
> 我们能触碰无形的东西吗？不能，因为无形的东西就是那些我们碰不到的。
>
> 我们能不经触碰便移动一个东西，打开或是关闭一个文件夹，把一个东西扔进废纸篓吗？移动、打开、关闭或是删除某个无形的东西——我们一直在用鼠标做着这些事情。

在一个“看不见，摸不着”的世界中做事不再显得自相矛盾。鼠标就同四肢一般，只不过它作用于无形之物。所以说，有了鼠标，可以翻阅虚拟的书、调节扬声器的音量、在虚拟商店的购物车里添添减减，诸如此类。无形的东西变得“看得见”，也“摸得着”了。

鼠标是一个了不起的思维上的飞跃。有形与无形这两个范畴自古以来可谓泾渭分明。正因如此，在“看得见，摸得着”的世界与脑中的世界之间，在现实与想象之间，在具体与抽象之间，在物质与形式之间，在有形与无形之间，都有着明确的界限。如果说“一个实在的动作可以隔空影响很远的事物”听着有些奇怪，那么说“它同样能影响无形的事物”就更荒诞了。这简直就是自相矛盾。因此，鼠标的发明使一个属性变得更加通用。这一属性在此之前一直被物质世界垄断，这个属性便是可操作性。当有了**鼠标**这个概念之后，一个新的范畴——“可操作的东西”便出现了。它比“物质层面的东西”这个范畴宽泛得多。这个新的范畴颠覆了我们过去对于周遭世界的认识，大幅改变了我们本体论的范畴，即那些帮助我们认识世界的基础范畴。

人类的智慧是什么

在印第安纳州的小镇马丁斯维尔，有一位修车师傅突发奇想，为了吸引过往的路人，他把一辆旧的甲壳虫汽车挂在了车库门前的树上，毕竟离地好几十厘米的树上挂着一辆汽车可不是什么常见的事。到了圣诞节时，这辆旧的甲壳虫自然扮上了圣诞节的彩灯。结果过往路人无一例外地把它视作**圣诞树**这一范畴的成员。

如今在酒店办理入住时，我们绝大多数时候都会领到一张塑料卡片，也就是房间的钥匙。好吧，如果这张卡片属于**钥匙**这一范畴，那么门口用来刷卡的槽自然就属于**锁**这一范畴了。如此一来，要是有哪位住在马丁斯维尔那个修车厂旁边的酒店，兜里揣着钥匙看着圣诞树，他此刻所想的“钥匙”与“圣诞树”和一般情况下大多数人心中的范畴都不尽相同吧……

上面这个小例子，只是我们在众多例子中选取的一个，说明人类有一种特别的能力使之与其他动物区分开来。每一个普通人，不论资质如何，都有这种能力。而且它有多种角度，正如人类的其他能力一样，它从我们小时候便驱动着心智的发展。我们所说的这种能力就是通过类比不停地扩展范畴的能力。人类创造范畴，随后使之扩张、发展，并在其间建立联系，因而在范畴的世界中悠然自得。如果能巧妙地思考问题，那是因为我们掌握了丰富的范畴，而且我们可以灵活地把新遇到的情境与心中的概念联系起来。我们的分类方式，已经远远超出“分类”一词的常规意义。因为，我们不仅把事物、行为以及情境纳入已经存在的范畴，还能在转瞬之间把任何过去感受到的事物，转化为新的范畴。前文提到的专有名词就是一个好例子，通过分类，由一变多。从姐妹到街角药店的药剂师，从林肯到莱昂纳多，从毕加索到普契尼。简而言之，人类在范畴的世界中个个贪得无厌，对扩展范畴也总是欲罢不能，人人都是语义转换的老手、求同存异的行家，而且沉迷于抽象中不能自拔。

标记的现象完美展示了我们无法遏制自己扩展范畴的倾向。即使选定一个词不变，随着我们的知识逐渐发展，我们也会不断地为这个词附加更多的事物或情境。与此同时，在这一切的背后，总是有着稳固的类比联系，即概念框架，由它管控全局。让我们想想，一个鼓包，对孩子们来说，就是某个东西相撞的结果；一个瓶子，在孩子们眼中，自然是装着某种液体；但是对于成人来说远远不止如此，有着大量的成员共享着同一个深层的本质。通过类比丰富语义的意思是用同一个词或词组指代多个范畴，从而使我们得以改变抽象的层次，根据所处情境选择最合适的意义。因此，对于梅根来说，她可从来不会管自己的玩具卡车叫作“车”，但当她的爸爸早上说“当心车”时，她在上学路上自然会避开那些卡车。还有，对于罗伊来说，尽管没点咖啡，但依旧可以喝着茶同朋友们一起“来杯咖啡”。

标记的过程有助于我们了解一个概念的本质。对于任何概念，我们从最初具象的例子，渐进到更抽象的例子。比如说，从书桌上那些看得见、摸得着的文件到屏幕上那些无法触及的电子文件，或是从邮编到电子邮件地址。一旦有了两个抽象层次（正如这些例子一样），那么原先的、更低的层次就是有标记的范畴，而后来的、更高的层次便是无标记的范畴。这两个层次共享着一个抽象的本质，但是只知道有标记范畴的人看不到它。因此，只有当人们习惯了自己电子设备中的文件与文件夹后，才能意识到以前传统桌面的许多根深蒂固的特点，其实是可有可无的。比如传统桌面总是占据房间的一大块地方，或是装有抽屉。多亏了科技的进步，揭示出了**桌面**这一概念的本质，即处理文件的工作空间。这个描述，不论是对传统的木质桌面，还是对新型的电子桌面，全部适用。

上述的这一过程，在发现第一个成员后可能要间隔很久才会继续。因为存在多种方式揭示隐藏着的本质，所以需要不少时间。这一过程中可能会涉及多个抽象层次，正如前面关于波的例子。这种范畴的扩展是人类的思考极为重要的方向，因为它帮助我们分清概念的主次，进而合理地归纳。

为了在两个情境中找出相同之处，我们都可以忽略某些表面的特点，而去关注更重要的特点。这种我们时刻依赖的抽象能力使我们在一生中面对着一个又一个的新情境时可以高效地运用过去的知识。因此，抽象是人类从一个范畴轻松跳到另一个范畴的关键，它让人高效地感知整个世界，并有效地与之交流。

新手与行家在这方面差别很大。新手依赖一个粗糙的分类方式，即一个标签下，挂着一堆不同的成员。不论在哪个领域，这都是个入门的好办法，因为这就是范畴化的基本目的：根据可以识别的特征加以区分。比如说，一个正方形（一个种）是一个四边形（一个属），它四边相等且对边平行，并有四个直角。当某人对一个领域越来越了解之后，通过添加中间层次（亚属）的范畴，使范畴之间的包含现象变得相当普遍。这一过程通常都是标记的功劳，具象与抽象的范畴共用一个名字。因此，对于一位动物学家来说，**单峰驼**是一种**骆驼**，但对大多数人而言，这两个范畴并不相容；对一位数学家来说，**正方形**是一种**矩形**，但对大多数人而言，这两个范畴也不相容。

当我们陷入思维的困境时，增加抽象的层次可以使我们自由地切换视角。但是真当我们一筹莫展时，想通过找到合适的地方进行分类以改变现状是极其困难的。这就涉及微妙的创造性了。举例来说，在邓克尔经典的蜡烛实验中，有谁能想到造成窘境的原因是对一盒图钉的草率分类呢？要想意识到自己分类的错误是极其困难的，但是这一能力可以开阔我们的视野，因为更抽象的分类可以带来前所未见的特点，从而避开死胡同。从林边的野餐，到阿基米德原理，再到鼠标的发明，关键步骤都是在范畴空间进行恰当的向上跳跃。

人类的全部思维都有赖于范畴。我们在不断扩展人类共享的范畴库，与此同时，我们也在不断扩展着各自独有的范畴库。我们对周遭世界的理解在无意之中涵盖了极其抽象的范畴，比如“可以操作的东西”或是“有容量的东西”这两个范畴。我们同样了解十分具体的范畴，它们可以帮我们区分“约克夏㹴”与“凯利蓝㹴”，让我们品鉴虎跑水泡出的雨前狮峰龙井,或是想想今晚餐桌上的是“麻婆豆腐”还是“汪豆腐”。由此可以看出，灵活的分类系统是区分智人类与约克夏㹴的关键。

SUR

AND

ANA

AN

ESS

ACES

OGY AS THE FUEL

IRE OF THINKING

NCES

5 类比如何“操纵”我们

类比在两个方面“操纵”着我们。一方面，我们经常察觉不到类比的存在，这帮家伙总是偷偷摸摸地侵入脑海；另一方面，类比胁迫我们，迫使思维随波逐流。类比影响着我们对情境的理解，左右着我们所做的结论。类比可不会仅仅满足于不请自来，它要主导一切。

任由不速之客摆布

类比是否可能拥有操纵我们的能力，把我们玩弄于股掌之中？当然如此。而且事实上，类比在两个方面操纵着我们。一方面，我们经常察觉不到类比的存在：这帮家伙偷偷摸摸地入侵我们的脑海，并占领核心；另一方面，类比胁迫我们，迫使思维随波逐流。所以说，类比可远远不止那些吸引人的华丽辞藻，这帮诡计多端的家伙有着自己的意志。类比影响着我们对情境的理解，并左右着我们所作的结论。这么说吧，类比可不会仅仅满足于不请自来。这家伙不只是现身而已，它要主导一切。

“操纵”一词有贬义，但类比的操纵并不总是有害的。被类比或哄着，或催着，甚至是逼着，当然有糟糕的结果，但大多时候类比带来的都是积极、正面的影响。事实上，对情境的理解和该情境激发的类比（或是范畴）密不可分。所以，范畴就是感官，它们延伸了生理感官，让我们得以用更抽象的方式接触外部世界。有了它们，我们就可以把过去丰富的经验运用在当下；少了它们，只得在这世上无助地挣扎。

本章概述

尽管本章的讨论聚焦于类比是如何操纵我们的，与此同时，这也是本书的缩影。这里涵盖了所有类型的类比，不论是无意间的插科打诨，还是那些足以改变历史进程的重大决策，都被囊括其中。在这两极之间的，是那些在日常生活中被唤醒的范畴，能帮助应付生活中各种普通的事情。

在类比操纵我们的众多方式当中，最不起眼的也许就是人类的口误所揭示的那种。直白地说，这些口误就是人们脑子糊涂时吐出来的胡言乱语。我们将展示，这一问题的根源是因不断分类而产生的压力。而且将会看到，这一现象不仅局限于语言，行为也常常背离心之所向。

离开口误的世界之后，我们将略微提升讨论的规模和视野，会考虑那些身不由己被创造出来，并无明确目的的类比。这些类比常常没头没尾，而且很快就被人忘得一干二净。尽管这些类比本身无足轻重，但对我们而言却极为重要，因为这说明类比无处不在，即便是在毫无目的的时候，它也没有止境。

接下来讨论“操纵”的类比，这些类比更加重要，因为它表明，一个简单的类比就能左右我们对情境的看法，影响感知、推理，以及决定。当由某个不恰当的范畴引发的类比作用于某个情境时，可能会在无意间让自己陷入深深的困惑。为了表示这一现象的重要性，下面会展示一系列明显的例子。

当一个人深深地沉浸在某个活动，或被某个极不寻常的事迷住时，这强烈的兴趣可能会使大量的类比不请自来，涌入脑中，而且，是那些绝不会在其他地方产生的类比。这一现象，就像是类比的阿喀琉斯之踵，它可能会导致我们对情境产生荒诞的理解，并最终做出十分糟糕的决定。不过，在着迷的时候容易做出不同寻常的类比，这同样也是伟大灵感的源泉。准确来讲，正着迷时，发现的相似之处大部分没什么深刻的见解，但时不时地，这种由类比引来的联系，就会成为人类思维奇迹的神来之笔。实际上，当一个人对某物着迷的时候，到处都会看到有关他所迷恋事物的类比，这发生在生活的每一个角落，日夜不停。而且，每一件很微小的事都有可能对应上所迷恋事物的一部分。所以说，尽管并不常见，但有时这种不可抗拒的冲动真的会创造出非比寻常的事。

之后会进一步提高认知上的层次。有这么一群类比，不光是在背地里帮忙做决定，它们甚至还跨越了时间。在类比操纵我们的众多方式之中，这也许是最吸引人的一种了。当发觉自身所处的情境与过去的情境明显类似时，这种类比就发生了。它们难以抗拒，迫使我们屈服其中。在这样的情况下，我们失去了理性，说服自己，过去发生的那些势必会再次上演，即使这违背了自己的意愿，或是做出不理性的结论。当逻辑和强势类比相抗衡时，类比总是赢得轻松自如。

现在将揭开第一幕，来领略那些最小的类比。它们以最不起眼的规模潜移默化地操纵着我们，永无止境。

口误是心灵之窗

在那些说着一口极为流利的母语的人当中，无论他们多么才华横溢、口齿伶俐，如果把所说的词句记录下来，也经常会有一些词句让人觉得十分奇怪。而且，如果把这些话放慢，并加以突出，会发现其中的一些词，或是被编造出来的词，甚至会让一些小学童都偷笑不止。然而，在实际生活中，这一切都发生得太快了，听者很难注意到这些话的形式和内容。所以，很少有人能察觉出有什么异样，无论是说的人还是听的人。但是，如果一个人深深地迷恋语言和思维，那么他的耳朵可能就会变得更加开放和敏感，早晚会注意到那些对于大多数人来说仅仅是背景音的小异样。

对我们来说正是如此，尤其是侯世达，在过去 40 多年里热情、仔细地收集着口误，并在大约 25 年前，把自己的记录和好友莫大伟的收集合并在了一起。桑德尔近来才加入这一阵营，但他的仔细观察也为这些收集带来了新的角度。这一合集涵盖了数千口误，种类繁多，内容之长足以单独成册。在接下来的篇幅里，将略窥其一二。

从弗洛伊德开始，对口误的系统理论研究一路走到今天，已经有了长足的发展。然而，弗洛伊德的观点仍旧深深地影响着大众。根据弗洛伊德的观点，口误是通往潜意识的窗户，在脱口而出的同时，揭露了那些埋在内心深处阴暗的秘密。因此，较之那些在意识控制下产生的公开的、有意为之的信息，那些随口的错误蕴含着更深刻且更真实的信息。简而言之，说话者的那些“弗洛伊德式口误”在不经意之间，便揭示了他内心最深处的灵魂。时至今日，这个观点虽然已不像过去那样被人视为真理，但依旧广为流传。然而，如果某人并不是带着强烈的感情色彩去阐释“通往潜意识的窗户”这句话，这一观点还是十分合理的。对于意识层面之下的思维活动，口误构成了听得见的痕迹（若是笔误，则是看得见的痕迹）。就像是动物在丛林中的踪迹，若是留心观察便能看到，而且能从中读出很多很多的内容。

继弗洛伊德之后，随着语言学家维多利亚·弗罗姆金（Victoria Fromkin）的研究，有关语误的研究在20世纪70年代早期成为一个专门领域。维多利亚·弗罗姆金收集了大量的关于语误的语料库，并把它们作为无意识下活动的表现形式加以研究。在维多利亚·弗罗姆金之后，加里·戴尔（Gary Dell）、唐纳德·诺曼（Donald Norman），以及大卫·鲁梅尔哈特（David Rumelhart）等心理学家又极大地拓展了这个领域。他们开发出了有关犯错的计算模型，产生了很大的反响。法国心理学家马里奥·罗西（Mario Rossi）、伊夫林·彼得–德法奇（Évelyne Peter-Defare）和皮埃尔·阿诺（Pierre Arnaud）同样在这一领域有所建树。

本章关于犯错的讨论，不仅是要展示语误是如何的多种多样，更重要的是要弄明白，语误如何揭示通过类比建立范畴这一永不休止的心理活动。下面将在前几个小节讨论词语混合（lexical blending）的概念。这是一种无意识的活动，它将两个或更多现成的词语流畅却前后不搭调地混合在一起。这一混合涉及的词语既可以是很长的惯用语，也可以是单音节词。

语无伦次

要是**骑长裙**的话不能穿长裙 / 天天**吃饭条**吃腻了 / 我兜里只有**几个几块钱** / 看你方便，我真的**无所便** / 就像看小说，一定要一口气看到头儿，要是手头儿还有的话，还会再看**一头儿** / 这是个**咬掉牙**的故事了 / 全国人民代表**代**会 / 她第一次坐飞机，她也从来没**去过飞机** / 这个味儿真**好听** / 我看他很**耳熟** / 你刮胡子用的那个**脸**呢 / 咱们四点去看**电影院**，行吗 / 不给雀梅**浇点花**呀！ / 你看，他**吃妒**！ / 我们已经赶不上**时行**了 / 就像一个**花璃瓶** / 那个**开司机**的 / 住**病**期间 / 总**之**言之 / **难以思议** / 他精力**旺沛** / **百家齐放** / **朝三暮楚** / **名不虚实** / **明察暗**

往 / **独**子**笛**奏 / 指**脚**画**手** / 合**念**留**影** / 救**病**治人 / 我们老师没给我这么多**引发**和**启导** / 你有点儿惜**金**如**墨**了 / 在**广**庭**大**众之下受你羞辱 / **上帝**是**顾客**嘛 / 那么容易上**骗**受**当** / **摔**下来**掉**死 / 人有**皮**来树有**脸** / 可以多**几**几个例子 / 随着**守门员**一声哨响，比赛结束了 / 各位观众，中秋节刚过，我给大家**拜个晚年** / **守门员**将球回传给门将 / 可能有的观众刚刚打开**电梯**，我们再把比分……

所有这些词语混合，都是我们听到并记录下来的。其中，有自己说的，也有家人、朋友和同事说的，还有从收音机和其他媒体上听来的。精通中文的读者或许能准确指出其中的错误（请注意，每个病句中经常有两个以上的错误），并从中得到乐趣。

这些病句大多都很幽默。由于错误都用黑体突出了，这些病句看上去太显而易见了。但是，如果不这样明显地指出来，那么只有十分敏锐的人，才能意识到其中的错误。而且，只有当这些错误被大声说出来的时候才明显。事实上，听众和说话人通常都不会注意到词语混合。其实，说起来奇怪，大部分说话流利的人“听到的”通常是要表达的意思，而不是冲击他们耳鼓的词语。

尽管很少有人注意词语混合，这个现象却十分猖獗。经过一定的训练并稍加留心的话，任何一个对语言和思维感兴趣的观察者，都能够注意到这个现象，并记录下来。此外，这些记录可以说服那些怀疑者，事实上，日常对话充满了逃过我们耳朵的词语混合。

我们在互联网问世前的几十年就开始收集语误了。当时从没预想到，有一天会出现这样一个强有力的公共语言宝库。通过简单的网络搜索，我们发现许多从前以为是历史上独一无二的语误，在几十个甚至几百个互不相干的网站上，却不断有人重犯。这的确十分有趣。感兴趣的读者可以自己去搜寻各种词语混合，看看它们出现的次数。在我们收集的语误中，至今仍有几个是绝无仅有的，但大部分可以说是俯拾即是。

一旦对词语混合变得敏感，你将发现收集词语混合会上瘾。这些语误之所以具有强大的吸引力，是因为如果把它们收集到一块儿之后，可以提供一个通向心灵的丰富的窗口。它们显示，词语混合的背后是人们试图在日常交流的压力下把思想转变为词语的努力。人们试图将复杂的外部环境简化，并压缩成事物的本质。在这一过程中创造的类比，总是处于无意识的相互竞争状态。这些类比激烈竞争之后，通常会产生清晰而明确的胜者，但有时也会出现没有任何一个范畴能够成为明确胜者的局势。当这种情形出现时，两个或更多个词语就会竞相发声，这就形成了相互竞争范畴词语标记的标准形式。在这种情况下，相互竞争的词语碎片在语流中相互掺杂，产生了你中有我我中有你、稀奇古怪、不可预测的变种，正如前面列出的那些词语混合例子。下面将仔细考察其中的一部分。

院长曲径通幽的思维线路

一天，院长在打电话时说了下面这句话。当时，院长已经下定决心，要想尽一切办法把一位深受欢迎的知名研究人员招到本校来。

We'll pull no stops unturned to get him to come here.

接电话的人微笑着不动声色地从口袋里掏出一个小笔记本，把这句话立即记录在案。从那天开始,这句话就成了我们收集的词语混合现象中的得意之作。多年之后，这句话至今仍然惊鸿一瞥，得窥院长当时脑子里的隐喻机制是如何运作的。

心情急切的院长为什么没有改正这个脱口而出的奇怪短语呢？他肯定不会以为“pull no stops unturned”是一个标准的英文短语。那么，他为什么没有停顿、改口，修正自己呢？其实，这个问题适用于所有词语混合，因为人们都会不假思索地犯同样的错误。估计大部分读者会对所列出的病句发出会心的微笑。但实际情况是，每天，本书的每位读者，就像两位作者一样，都会制造相似的有缺陷的语言结构，但由于没人将这些“病例”记录在案，它们没有被人注意到。

院长脑子里相互竞争的两个范畴是“排除一切障碍”（pull-out-all-the-stops）和“用尽一切手段”（leave-no-stone-unturned）。第一个短语源于管风琴演奏，意思是让音乐以最大的音量在教堂里播放。音栓（stop）是管风琴上的一个机关，用来挡住管风琴的通道。所以，打开所有音阀是指让管风琴的所有通道都发声。这个最初的用法自然地通过类比扩散到其他情境，用来表示为达到目的而尽全力，不惜一切代价。

第二个范畴的标签表现一种急切的寻找过程，在寻找某个丢失的东西时查看所有可能的地方，把每一块想象的石头都翻过来，任何可能的地方都不漏掉。它的含义也是尽全力达到预期目标。

这两个相互竞争的范畴在院长的大脑里被激活了，因为他感到教授招募的过程关键而且重要，必须尽全力，他有一种非常强烈的紧迫感。可以将这两个成语所扮演的角色展示如下：

          1   3
"We'll *pull* out all the *stops* to get him to come here."
"We'll leave *no stone unturned* to get him to come here."
               2   4

从 1 到 4 的数字代表了院长选择两个竞争词语的片段的曲径通幽路径的顺序。注意第二个片段不但包括“no”一词，而且包含了“stone”一词开始部分的辅音“st”。这个起始辅音恰巧和“stops”一词的起始辅音相对应。很有可能正是因为“stones”和“stops”的起始辅音重叠才使曲线路径变得更容易，导致这两个短语串在一起，而且听起来很自然。

这两个现成的短语在院长的大脑里同时被激活，这并不奇怪。事实上，愿意思考的人可能会想：“如果院长大脑里两个类似的范畴被同时激活，让他同时说出两个相互竞争的短语，那么为什么我通常只用其中之一，而不会受到两个范畴串位的干扰呢？”这样想是有一定道理的，甚至是不可避免的。停下来认真想一想，这样问就像问“为什么熟练的钢琴家很少同时弹到键盘上相邻的两个键”一样。

在概念的键盘上，同时敲击两个琴键

钢琴新手经常犯同时敲击两个琴键的错误。这是一个让他们很沮丧的错误。但他们会逐渐学会一次只触击一个键的技巧，尽管这些键都靠得非常近。在此就不解释这类指法奇迹了。但是，举这个例子是为了让读者意识到，每当正确地说出某个词或短语时，这里都存在一个小小的范畴奇迹。我们通常只说出这一个词或短语，干净利索、不掺杂，不与相邻语义搞混。但是，“心灵手指”是如何做到几乎从不同时敲击相邻的两个键呢？

其实，心灵手指经常同时敲击两个键，并激活两个或多个相互竞争的范畴。结果便是，人类的言语中充满各种各样的细微缺陷，这些缺陷是在后台无言斗争中残留的印迹。如果用心倾听任何一个母语者说出的话，不论是哪种语言，你都会听到细微的走了音的元音、稍微延长的辅音、该发爆破音时却发轻音、该发轻音时却发爆破音、词与词之间的少许停顿，以及许多其他声音的变形走样。所有这一切都是表面现象，表明下面暗流涌动，充满词语之间的你争我夺，而且这一切几乎都是在说话人不自知的情况下进行的。

多少短语参与

一些研究词语混合现象的人宣称，每一个词语混合都是两个词项的混合，而且必须正好有两个词语项目参与。但是，如前所述，这个假设并不成立。在任意一个关于词语混合的大规模语料库中，必然会出现涉及三个短语的情况，甚至是四个，或是更多。

事实上，在那位头脑发晕的可爱院长创造的词语混合中，就很可能有第三个现成的英文短语参与了。这个短语是“We’ll pull no punches”（我们将不惜一切代价）。它就像“排除一切障碍”和“用尽一切手段”一样，表示自己不是半心半意地面对挑战，而是要使出浑身解数把这件事办成。此外，“We’ll pull no punches”和“We’ll pull no stops unturned”的头三个词是完全相同的，前者似乎很有可能在词语混合的过程中扮演了某个角色。但另一方面，这个短语的更普遍的用法是以否定句的形式出现的，即“We won’t pull any punches”。所以，这里仍然存疑。

现在看看那些明显的三个甚至更多词语的混合。在一次收音机里播放的采访中，一位作家正在描述旧金山“垮掉的一代”时期的著名书店“城市之光”。他是这样说的：

> 穷困潦倒的诗人们总来浏览摆满书的书架。偶尔有人会在腋下夹着一本书走出书店。此时，售货员总是转动另一只眼（turn the other eye）。

最后这个短语听上去顺得很，任何人都能理解它的意思。采访者也没有忍不住窃笑，并说："转动另一只眼，是吗？" 但无论它听起来多么顺，"turn the other eye" 不是英文短语，事实上，它没有任何意义。然而，有几个英文短语和它的意思接近。其中一个是 "look the other way"（扭头看别处），还有一个是 "turn a blind eye"（假装没看见），还有 "turn the other cheek"（转过另一侧脸颊），以及 "turn away"（别过脸）。我们不去猜测这四个短语是如何混在一起而形成了这位作家说的话，也不说很有把握就是这四个短语而不是其他词语参与了这里的词语混合。

事实上，对词语混合的回顾分析存在一个问题：虽然有时一看便知是哪些词语参与了混合，但有时并不清楚。在高度精密的实时大脑扫描仪器出现之前，在对大脑的理解有了长足的进步之前，只有回顾分析可供使用，我们只能依赖最可信的猜测。自己也会犯同样的错误，但我们也没有特权来接触自己潜意识的工作机制，它们实在是深藏不露。我们对自己话语的分析也绝不比外人更可靠。因此，那些被认为是 "幕后黑手" 的词语并不一定是正确的。无论如何，认为参与混合的词语都做出同等贡献的想法是幼稚的。我们所面对的是，首先，列出所有可能参与混合的词语，它们可能不止两个。其次是更棘手、事实上也是无解的问题，也就是每个词语对最终的混合做出了多少贡献。这里的 "多少" 不是指多少个词，而是指每一个词语有多少影响。

下面是一个词语混合，其组成成分是几个无法确定的短语。

> What is it the hell he wants, anyway?

很明显有两个短语参与了："What is it that he wants?"（他要什么？）"What the hell does he want?"（他到底要什么？）但还可能有一个潜在的第三个："What in the hell does he want?" 甚至第四个："What in hell does he want?" 虽然有人会争辩说可以用实际存在的科学事实来确定到底是哪几个短语在起作用，使这个说话的人犯了这个错误，但是得承认，以目前对人脑的理解水平，这类问题根本无法解决。

这里有一个明显是多个词语参与的词语混合的例子：

My dad really hit the stack when I got home so late.

说话人的意思是他的父亲立刻发火，暴跳如雷。也就是说，他又“暴跳”（hit the ceiling）又“吼声如雷”（blew his stack）。任何一位以美国英语为母语的人都会立即意识到这句话背后的这两个表达法，而且很可能认为只有这两个短语在起作用。然而，这种可能性几乎不存在。这两个表达法在最终的混合句中大约各占一半，但是还有另外一个常见的美国英语短语“hit the sack”（上床睡觉），这个短语整体听上去和说出来的话“hit the stack”几乎完全一样。尽管“hit the sack”和暴跳如雷没有任何关联，但要硬说这个“发音近似”或“声音相近”的标准成语在这一词语混合中没起到任何作用，这似乎也令人难以相信。它就像一个巨大的行星，通过引力把说话的人向它拖过去。

在所有词语混合中，参与构成混合的短语被人们从休眠状态唤醒，或者是因为它们在概念上相近，或者因为在发音上相似。但无论是哪一种相近，说话人都做出了一个无意识的类比。一旦这个错误的杂交短语被组合在了一起（将语义类比相互竞争的两个结果结合在一起），它“听上去是对的”，因为它和某个熟悉的短语发音类似（也就是说，语音类比在此发挥了作用），所以词语混合变得更有吸引力，更有可能被说出来。这就是用文字对这个特殊的无意识的思维活动所作的粗糙简短的总结。

下面这个滑稽的短语出自一位著名的认知科学教授。当时他正在发言，盛赞一位工作多年准备退休的行政助理。

She'll be hard shoes to fill!

一位困惑不解的听众赶紧掏出随身携带的小笔记本，把这句话记录在案。这句话听上去真是奇怪，事实上，几乎可以算是不知所云。让他百思不得其解的是，聚在一起听发言的认知科学家们竟没有一个人露出会意的一笑，或将这句话记录下来。这样一句乱七八糟的话怎么会没人注意呢？参加聚会的这几十人，他们可是研究语言和认知之谜的专家呀？而实际情况就是没人注意，也没人记录。

构成这一词语混合的短语显然包括两个短语："She'll be a hard act to follow"（难以望其项背）和 "It'll be hard to fill her shoes"（难以取代）。但是，也可能有一个简单的短语 "She'll be hard to replace"（她太难找了）在此起了作用，因为它和上述词语混合在发音上非常接近。

现在用下面这个词语混合来结束这一节，它的可能的组成部分比前面讨论过的例子多出许多。

Things are looking glimmer and glimmer these days.

显而易见，在 "glummer"（更阴沉）、"gloomier"（更黑暗）和 "grimmer"（更严酷）这三个形容词中，至少有两个参与了这个悲观的词语混合，而且其中每一个都和那个不存在的形容词 "glimmer" 在发音上非常相似。其次，形容词 "slimmer"（更渺茫）和 "dimmer"（更朦胧）也有可能起了作用。最后，最有趣的是，英文中有一个标准的短语 "a glimmer of hope"（一线希望），里面包含和上述词语混合中同样的词 "glimmer"。奇怪的是，在 "a glimmer of hope" 中，"glimmer" 是作名词，而在词语混合中，"glimmer" 却是一个造出来的形容词。虽然 "a glimmer of hope" 的意思是谨慎地乐观，但这个短语往往会用来描述一个令人担心的情形，所以，它和词语混合中所表现的悲观情绪是非常接近的。

这里要赶紧补充一句：上面的六种可能性对我们来说并不全是明显的，也是经过深思熟虑才找到了这些选择。但是，它们一旦被选中，我们便觉得每一个都非常有可能。其中的四个甚至是非常强的候选人。所以，我们似乎找到了六个潜在的组成成分，但很难确定到底哪些词实际参与了词语混合，参与的程度有多深，或者是以什么方式参与的。而且显然还会有其他词或词组也在其中起了作用，只是我们没想到而已。总之，在任何一个具体的词语混合的背后到底发生了什么，正如上面的例子所示，是几乎不可能搞清楚的。我们所能做的是有根据地猜测。

单词的词语混合

目前为止，本书所考察的词语混合都是由几个单词组成的短语。但词语混合也可以发生在更小的范围内，完全只用短小的单词就可以形成。这样产生的词语混合经常是一闪而过，更不容易被听到。比如：

Our book is maistly about analogy-making.

这个有趣的混合显然包含两个相互竞争的副词“mainly”（主要）和“mostly”（大部分）。在收集到这个混合之后又听到过许多次。印在纸上，它看上去非常突兀，但在快速的语流中，它经常是一带而过，没人注意。

下面是另一个简单而微妙的单词混合。

I don't want to dwelve into it.

在这个例子中，参与的短语是“to dwell on it”（考虑）和“to delve into it”（钻研）。“dwell”和“delve”都不是常用词。使用处于某人词汇量边缘的词就像伸出手去弹钢琴键盘边缘的某个键那样，是要冒一定风险的，因为当目标远远超出键盘的熟悉区域时，同时触到相邻的两个键的可能性就会大大提高。

然而，常用词有时也会混合在一起，正如下面这个例子。电话铃响起，丹尼的父亲接电话。电话里一个稚嫩的声音问：“丹尼在吗？”父亲答道：

I'm not sure — I'll go seck.

因为父亲是一个语误收集迷，于是他立刻兴高采烈地把自己的语误记录在案。一开始，他认为这不过是一个有趣的两个单音节词的混合，即“see”（看）和“check”（检查）。再一想，他纳闷：自己为什么没有把这两个词混合的顺序颠倒过来形成“I'll go chee”？这样一想，他才意识到，背后还有第三个成分起了关键的作用。这第三个成分就是一个常用语：“Just a sec！”（稍等）这个想法在放下电话时显然出现在了脑子里，尽管他没有说出来。如果在“I'll go chee”和“I'll go seck”之间真的存在竞争，那么这个隐含的发音类似的短语一定会让天平倾向于“I'll go seck”。

下面是另一个多次听到过的单词构成的词语混合。同样，它经常被一带而过，听上去很自然，也很容易被忽略。

Why, shurtainly!

这是“Sure!”（一定）和“Certainly!”（肯定）之间斗争的结果。

下面是收集到的一些单词构成的词语混合：

由单音节词构成的词语混合：That's a *neece* idea! / She's pretty *darmn* young for him, if you ask me / A couple of unwarranted assumptions have *slept* into the text / Will you please *stut* that out? / I decided to *skwitch* to a later chapter / We'll board as soon as the *plight* has unloaded / He's a big *wheeze* in the NSF / I'll come over pretty *shoon* / He vanished into the *maws* of the volcano / She's scared of little beasties that *prounce* all about...

由多音节词构成的词语混合：He's such an *easy-go-lucky* guy / It's a pretty tall building, fifteen *flories* high / An outburst in which she *bystepped* all logic / She'll probably arrive somewhere *arout* ten o'clock / I did it as *quiftly* as I could / Yeah, I see what you're *griving* at / He's got lots of *oddbeat* ideas / Wow, you're quick on the *updraw*! / I'm going *outstairs* to get the paper / So far they just have two *kildren* / She's out in California, visiting her *farents* / Thousands of people jammed the square to show their concern for the *frailing* pope / You've just gotta keep on *truggin'* / And then he slowly pulled on his *slousers* / His oversight caused a *humendous* wave of guilt / They were very *viligent* about including bike paths in the plan / Don't be such a *slugabout*! / She was the *spearleader* of the project / She's such a self-centered, *inconsisterate* person / I agree *full-heartedly* / That woman who lives across the hall is such a *biddy-boddy* / You should probably add a short *appendum* to your article / What in the world motivates that kind of *zealousy*? / It was a real *annoyment* / For his birthday they're preparing a big *shing-ding* / He was bored to death by all that *grudgery* / With a catchy title like that for your talk, you're bound to get a good *showout* / Her sense of humor could do with some *retunement* / Of the two parents, I'm the *pushycat* / Why does the phone always ring at some *un-god-awful* hour?

正话反说

词语混合有时会导致说出的话和想要表达的意思正好相反。比如，一位女士的新车的散热风扇的皮带突然断了。她沮丧地说:“没想到这种东西会无缘无故地坏掉！”她的丈夫为了安慰妻子，表示同意。因而答道：

I don't agree!

一不小心，他把“I agree”（我同意）和“I don't think so either”（我也没想到）掺在一起了，结果说出了与他想要表达的意思完全相反的话。

某教授受邀为某选集提交一篇文章。教授欣然接受了邀请，但无暇写新文章。幸运的是，他记起自己几年前写过一篇文章却从未拿出来发表。然而，重读旧作之后，他感觉有些文不对题，因而不情愿地放弃了提交这篇文章的念头。后来，一位同事建议他提交另外一篇稿件。对此他充满信心。但是读完这第二篇旧文后，他发现这篇文章也和选集的主题相差甚远。事实上，这篇文章比他已经放弃的第一篇文章离题更远。这让他非常沮丧。他评论道（特别强调了下面的斜体字部分）：

Unfortunately, *this* article's even *less* irrelevant than the first one was !

他不假思索地把“even more irrelevant”（甚至更多不相干）和“even less relevant”（甚至更少相关）混在一起，结果说出的话和他想要表达的意思大相径庭。

双重计划

有一类词语混合牵涉两个或多个思想同时出现在说话者的脑子里。我们将这种词语混合称为“双重计划”，因为话里似乎包含着两个不同计划的混合。双重计划和上述词语混合不同，因为其中相互竞争的两个词项之间的类比联系更加抽象，所以混合在一起的思想差别可能更大。

下面是这种现象的一个典型例子。

It sure is thirsty!

由于同时有两个念头："It sure is hot!"（天真热）和“I sure am thirsty!”（我真渴），因此把这两个思想压缩到了一个简短的句子里。这个句子虽然短，但没有意义。热和渴是两种非常不一样的身体不适。“天热”的情形和“我渴”的情形之间的交叉比我们在前面讨论的混合情形要小得多。尽管如此，这两种情形所牵涉的核心本质，即需要缓解身体不适，则是一样的。而正是这一处于较高抽象层面的类比造成了上述词语混合。

下面是收集到的其他双重计划的例子：

I *like these ones nicer* than those / I hope that she gets a hold of him today, but I *wouldn't cross your fingers* / She's *finishing the touches* on her new cookbook / When I heard the news, I *couldn't help not to* think of you / It all *depends to* what you do now! / Sorry, but I just *can't make it won't work out* / I thought I looked everywhere, but I *hadn't occurred to me* to look in the drawer / *Be carefully* if you're driving in this weather / *Get well better*! / Where in the dickens did I *do with* that stupid knife? / *I'm gonna' bout to* take my shower / Oh, sorry — I *completely remembered* that I'd promised to send it to you! / There's really no need to thank me; it was *my problem*! / Boy, that package *weighs a lot of money*!

上面的例子中显然有一些是双重语法计划在背后争斗。在最后一个例子里，两个竞争计划涉及“it weighs a lot”（东西很重）和“it’s worth a lot of money”（东西很贵）之间的竞争。

我们还收集了一个意大利文的双重计划。它很简单，不会意大利文的人都能懂。阿尔伯特正在和朋友打电话，通话快结束时，他说了一句客气话：

Grao!

当他听到自己说出这种胡话时，感到很尴尬。他本想同时说“grazie”（谢谢）和“ciao”（再见），结果语无伦次说错了。为了挽回面子，他赶紧改正自己，想说其中之一。不幸的是，他拿不定主意该在这两个相互竞争的词中选哪一个。结果，从他嘴里说出来的话还是错的，虽然第二次错得少了一些。他说的是：

Giao!

这一次他的发音很接近“ciao”，只是开头的辅音听上去像“ji”而不是“qi”的音。造成这个结果的原因是开头的浊复辅音“gr”（就是“grazie”中的起首辅音）的微弱的残存仍然保留在这个新词的开头辅音中，把他想发的清辅音“qi”发成了浊辅音“ji”。这是一个很好的例子，它表现了在一个词语混合中，两个成分对该混合所做出的不同贡献：“ciao”显然占主导地位，但“grazie”并没有被彻底封杀。在这个词语混合中，我们再一次看到了抽象类比的作用，即grazie的情形和ciao的情形之间的类比。这两个情形都处于说话者希望客气地结束对话的意愿的中心。

要举的最后一个双重计划的例子不来自对话，而来自一位朋友的电子邮件：

I hope my package got there in one shape.

在这个句子里，造成混合的是两个常用短语，表达的是两个不同但相关的思想：“got there in one piece”（完整到达）和“got there in good shape”（完好到达）。这两个短语的混合产生了幽默效果。

正如这个例子和前面的许多例子所显示的，在独立思想的混合（即双重计划）和紧密联系或相近思想的混合（即比较标准的词语混合）之间并没有明确的界限。它们之间的区别只是程度不同而已，因而取决于主观判断。但这个区别还是有用处的，尽管正如任何范畴那样，它们的边界总是模糊的。

因概念相近而混为一谈的语误

秋天来了，桑德拉看到院子里落满树叶，说：

> 我们得给草坪削皮。

她想要说的是：“我们得把草坪上的叶子耙起来。”

桑德拉用的动词通常是和土豆、黄瓜、苹果以及其他蔬菜水果一起使用的，好像草坪长了一层皮，可以用适当的工具去掉。如果她是在写一首关于秋天来临的诗，她选的词可以被看作清扫树叶的新颖比喻，既有创意，又有洞见。但她说的不过是一句家常话，这让人想到好像是小孩在说话，用的动词让人意想不到，诸如在第 1 章里讨论的那些：“给香蕉脱去衣服”“吃点儿水”“医治卡车”……

但这个例子和儿童稚语有明显的区别。儿童尚未习得精妙的语义网络，所以他们找不到恰当的动词，欠缺关键概念和相关词汇，从而说出的话是在可供他们支配的概念有限的情况下所作的最大努力。与此相反，桑德拉只是把一个错误的概念取出来了，她的概念库存要比儿童大得多，而且，她并没有像诗人那样是经过深思熟虑才取出并使用这个概念的。

那么，在这个概念和词语选择错误的背后，是什么机制在起作用呢？从本质上讲，造成这个错误的机制和上面讨论的造成词语混合的机制是同一个。但是，在那些词语混合的例子中，任何一个词或短语都没有在竞争中最终胜出。两个、三个，甚至更多词语在说出的语句中各占部分先机。它们和桑德拉说的“给草坪削皮”之间的区别在于，在桑德拉的话中，只有一个词完胜，但获胜的词却是一个冒名顶替者。这种情况可以和钢琴家类比。这次钢琴家没有同时触击两个琴键，他把手伸出去，如他希望的那样，只触到了一个键，但可惜的是，他触到的不是正确的键，而是错误的键。

为了描述这样的语误，可以说，某人概念空间里的一个相当宽阔的区域被激活了。这个被激活的区域包含许多概念，每一个概念都有各种独特的语言标签。在这个区域中，一个不太恰当的概念，最终不知何故在试图得到表达的斗争过程中胜出。在桑德拉的例子里，她脑中概念空间里一片宽阔的区域被落满树叶的草坪激活了。除了削皮的概念之外，同时被激活的肯定还有一簇紧密相关的其他概念，包括一些与园艺活动非常接近的概念，例如用耙子耙拢的概念，以及其他一些概念，例如打扫。事实上，假如她说“我们得打扫草坪”，她的话听上去还是错的（或是一个略带创意的比喻），但错得少一些，因为打扫显然比削皮更接近耙拢。

这种语误总是暴露潜在的类比，这些类比因为概念相近而储存在说话人的脑中。脑中的每一个概念都有一个“语义晕圈”环绕着，而这个语义晕圈，是由与该概念语义相近的其他概念组成的。这意味着，在每个人的脑中都有数百万个这样潜在的类比，它们都时刻等待着由于概念接近而造成的滑动，将自己表露出来。当然，它们当中的大多数都得不到表达的机会，因为这种滑动虽然出现频率不低，但还是不够频繁，不足以让围绕着某个具体概念的整个语义晕圈全部暴露出来，

下面将开始一轮简短的展示，用一些具体的例子表现这类语误。如前所述，这类语误的共性是概念空间的某个宽阔区域被激活，该区域内的概念之一被选中。这种选择或多或少是随机的。这个过程让我们想到一位钢琴家，手在琴键之上高高举起，落下时没能触到正确的音符，而是随机击中附近的另一个键。

晚宴上，一位客人说他最近看了一部非常好的瑞典电影，讲述一个女人在美国乘飞机运送一只火鸡的故事。他的夫人在一旁轻轻地纠正他，事实上，那是一

部瑞士电影，是一个女人运送一只鹅的故事。

很多人经常搞混瑞典与瑞士。此外，把两种常在节日期间食用的、体型较大的禽类混为一谈也非常可信。但是，如果这位客人把电影描述为“一个女人运送蜂鸟的秘鲁电影”，或者“一个女人运送鸵鸟的越南电影”，这就不太可能了。这样的滑动不太可信，因为直觉告诉我们，这样的描述在任何人脑中的概念之间的距离都很大，令这样的类比很难发生。

◇◇◇◇

小李正在清理壁橱，准备扔掉一些儿时的玩具。她拿起一条毛绒鲸鱼，说：“我要把这只小狮子扔了。”说完，她有些尴尬。

鲸鱼和狮子都是它们所在领域的“王者”，这就解释了为什么它们在小李的记忆中靠得比较近。同时，这也说明了为什么小李不会把手里拿着的鲸鱼误称为“这只小蚊子”“这只小蜗牛”“这匹小斑马”，或者是“这只小章鱼”了。

◇◇◇◇

厨房里飘出香味。当阿里走进厨房时，看到女儿正在做蛋糕。但有件事令他感到不安，他说：“把你的食谱从水槽旁拿开。”女儿投来了不解的目光。阿里又重复了一遍自己刚说的话，女儿再一次露出了困惑的眼神，说：“但这不是水槽呀！”他试图纠正自己，但当他再次开口时，他说：“你的书应该远离厨房！”他不得不停顿一会儿才把思路理顺。原来他要说：“你的书应该远离炉子！”

在这个例子里，可以看到水槽和炉子在阿里概念空间里的距离，当然还有厨房和炉子之间的距离。这个距离其实比想象得要小。说得更具体一些就是：在当时的环境和那一刻的认知压力下，这个距离是相当小的。

◇◇◇◇

老柯说：“我在院子里看到了一只漂亮的鸟，但不知道是什么鸟。我打电话给一个鸟迷朋友，把那只鸟尽量向她解释了。”说到这里，老柯发现自己说错了，赶紧纠正道：“我是说，‘向她描述了’。”

解释与描述这两个概念同鹅、狮子和炉子这些概念相比要更缺乏实质性。但是，是否具有实质性，并不影响因语义接近而造成的概念滑动的可能性。

◇◇◇◇

老毕正说着什么作料可以放在菜汤里。最后他说:“当然啦，面团是暂时的，我的意思是说，面团是可选的。”

这个例子说明，语义滑动也可以在形容词之间出现，不一定局限于名词。它表明滑动的可以是名词，也可以是其他词类，更长一些的短语也适用。

◇◇◇◇

侯教授说:“我在大学里的职位是最自由的，不用讲授标准课程，简直是为所欲为。”

这个弗洛伊德式口误暴露了侯教授内心深处黑暗的利己主义吗；还是说，这只是一个无害的口误？我们倾向于后者：这不过是一个因概念接近而造成的滑动口误而已。侯教授原本要用的形容词是“随心所欲”。这两个形容词的意思，大体上都可以定义为“做自己想做的事情”，其中，“随心所欲”并不含贬义，但“为所欲为”可就不同了。因此，这两个词在这种语境中被同时激活也就顺理成章了。此外，这两个词的发音也非常接近。正是因为它们发音相近，这一语义滑动语误很可能经常出现。

有些语义滑动口误听上去非常离奇，让人感觉说话人肯定精神不正常，或是脑中的概念和词汇极端贫乏。但是，说出下面这些儿童稚语的人都是完全正常的成年人。

老王和妻子正在家里看碟。电视里画面很暗，看不清楚。老王站起来走到窗前，说:“我把窗帘关掉。”

◇◇◇◇

老李问:“今晚商店几点结束？”

◇◇◇◇

有人问老方:“你的房子多少年了？”他答道:“我们考虑买它时，卖方告诉我们它生于 20 世纪 30 年代末。”

上面的例子让我们想起“他们把雨关上了”，或者“打开你的眼睛，妈妈”。第1章中引用了这些孩子说的话。但是，上述奇怪的例子都出自成人，他们的智能发展已经达到高级水平，说出这些话就应当被看作语误。这样的滑动表明，心智健全的成年人，无论多么博览群书，他们儿时构建的语义连接仍然潜伏在脑中，伴随一生。

阿兰没睡好，早晨醒来时迷迷糊糊的。她对丈夫说：“外面太亮了。请你合上眼皮，好吗？”事实上，她想说“拉上窗帘”。

处在半睡半醒的状态中，人们经常会说出稀奇古怪的话。这个口误表明，在阿兰的头脑中存在一个因概念接近而造成的潜在类比。这个类比也存在于窗帘和眼帘的概念之间。这听上去很怪，但似乎没有其他解释。

小施在一家大公司上班。有一天，她放错了一份文件。她说：“等一下，让我到卧室找一找。”她这样说，是下意识地暴露了自己把公私之间的界限搞混了。

许多因概念接近而造成的口误都有一个特点：这些无意识的滑动，都是在时间层面上。这些口误表明，诸如昨天这样的范畴可以通过无意识的类比往后推出很远。下面这些例子说明了这类口误。

教师经常犯的一个错误是，开始上课时说：“昨天我们讲了……”其实，他指的是两天前，或者是一个星期前。这个错误的一个变体是过了两个星期的假期之后重新开学时，他说：“上周，我们讲了……”

这类模棱两可的说法有时表现在，一位同事在讨论他上学期教过的课程时，随口说道：“我今天教过的课程。”而他实际要说的是“今年”。这表明，在他的脑中储存着一个短期和长期之间的潜在类比。

◇◇◇◇

一位母亲解释说，她的儿子过几天要从上海回来度假。她说：“回来后他可睡不了懒觉，因为他爷爷周六一大早就要去接他，而他昨天很晚才从上海回来。”当然，她的意思不是指“昨天”，而是“前一天”。

这位母亲盼子心切，设身处地为儿子着想。她想象星期六早晨闹钟响时儿子的感受。所以，她是从星期六的角度描述星期五，感觉那天已经过去，而不是从实际时间的角度去想问题。而在实际时间中，星期五还要过几天才到呢。换句话说，替儿子着想的心思太切，使她在短暂时间内把前一天和昨天这两个概念之间的语义距离缩短了，结果从一个概念滑到了另一个概念里面。

上述滑动口误，都建立在简单明显的类比之上。下面的例子，则以更加微妙的类比为基础，并涉及无形的功能，如某实体的抽象行为、某人扮演的抽象角色等。

张三和李四正在讨论即将发生在10月20日的某件事。张三想知道那天是星期几。李四不耐烦地答道:“查一查地图就知道了。”

李四的意思是“查一查日历就知道了”。这个口误容易解释：很明显，较之表示空间的地图，日历是一个时间上的类比。即便如此，没有人会在这个语境中有意地用“地图”取代“日历”。

◇◇◇◇

一名学生正在讲述伟大的法国数学家伽罗瓦于20岁英年早逝的悲剧。他说:“在致命辩论的前一天晚上，伽罗瓦奋笔疾书，把他的思想都写了下来。”

这位学生清楚地知道，伽罗瓦死于决斗而不是辩论。但是决斗和辩论这两个概念在语义上非常接近。而且，当时总统竞选正进行得如火如荼。电视辩论刚刚举行，使这两个概念更容易接上头。

决斗/辩论类比，只是隐藏在每个人脑中的各种潜在类比中的一个，但人们事先并没有意识到这种类比的存在。这名学生的错误表明，这种类比的确潜藏在我们的脑中，只需恰当的时机，它们便会跳出来。在当时强烈的政治背景下，辩论概念会占上风，因而拉近了它与决斗概念之间的距离。此外，将自己的思想付诸笔端的形象也增强了这一口误出现的可能性，因而更容易把辩论和决斗联系在一起。

◇◇◇◇

老段想要评论加州州长阿诺德·施瓦辛格滑雪摔跤的事，但他张口说出的词却是"乔治"，就是"乔治·沃克·布什"的"乔治"。

是什么原因让老段把这两个人搞混的？首先，两人年龄相近，而且都是明确的右翼政客。此外，施瓦辛格州长是站在雪坡上一动不动时摔倒而把腿摔断的，而布什总统则因吃一块椒盐卷饼时险些被噎死而轰动一时。把这两位明星政客的祸事联系在一起的类比相当微妙。这两件事共享的概念框架，涉及对某人性命造成严重威胁的事件，且这个事件的发生完全出乎意料，是一件看似微不足道的小事。在吃一块椒盐卷饼和站在雪坡上这两个概念之间，或者在摔断腿和被卡在喉咙里的某物噎死这两个概念之间，于任何人的脑中都不太可能先验地存在联系。另一方面，不论你的名气多大，都有可能栽在一件意想不到的小事上，这个抽象的思想很有可能预先存在于老段的脑中，并在潜意识里包含了上述两个灾难。这也就解释了在这个环境中，"乔治"被抽出来的原因了。

◇◇◇◇

一位科普作家最近刚出版了一本弗兰克·奥本海默（Frank Oppenheimer）的传记。奥本海默是一位物理学家以及探索博物馆的创办人。在和朋友一起喝茶时，这位作家提到奥本海默和比他名气更大的兄弟罗伯特在20世纪30年代曾一度对共产主义着迷。在提到这个话题时，她随口加了一句，说在苏联成立的早期，本杰明·富兰克林也曾去苏联旅行过。"本杰明·富兰克林？"她的朋友提出疑问。这位科普作家对自己竟然吐出这个明显错误的名字感到震惊，但她无论如何也想不起来她要说谁。几天过去之后，她才想起来。原来她想说的是托马斯·爱迪生。

造成张冠李戴的部分原因是，爱迪生和富兰克林都与电有紧密的联系。此外还有更多可能的解释。首先，二位都是著名的美国人。否则，为什么误说的不是安培、麦克斯韦、法拉第，或者其他著名的科学家？其次，二位都是自学成才的发明家，都富有生活的智慧。比如，富兰克林的《穷理查年鉴》中有大量格言，而爱迪生也有许多语录，诸如："天才是1%的灵感加99%的汗水。"[1]

虽然我们不能确定在这些因素中到底是哪一个在起作用，也不知道它们的作用有多大，但是可以看到，有多个类比把富兰克林同爱迪生连接在一起，这些类比都有可能导致这一口误。而且还有其他因素可能使富兰克林的名字胜出。比如，本杰明·富兰克林的姓和富兰克林·罗斯福的名相同。这也可能是一个相关因素，因为富兰克林·罗斯福和奥本海默是同一代人，而且在美苏关系里扮演了重要角色。

◇◇◇◇

张阿姨提到她38岁终于结婚的外甥时说："小蕾终于怀孕了，他妈妈高兴极了。可就盼着当奶奶了。"

不过，并没有人怀孕。而且，肯定不是她的外甥怀孕，外甥的媳妇也没有怀孕。这位大姨是想说："小蕾终于结婚了。"但是，结婚和怀孕之间的概念距离相对较短。在这个情绪高涨的语境中，就显得更短了。因此，张阿姨的口误很容易就发生了。这当然不是因为这位大姨自己盼孙子心切，而是她把自己带入自己妹妹的心境中了。

在因概念相近而造成的词语替换错误中，最让人感到好奇的一类口误，便是那些反义替换的滑动。下面是收集到的一些例子：

老罗注意到自己这些年来经常把动词"读"和"写"互换。而且他的朋友也有同样的倾向。此外，这种互换在许多语言中都屡见不鲜。另外，当他说法文时，"死"经常到了嘴边，险些就说出来了，而他实际想说的是"生"。如果他真的说反了，那可是一个令他非常尴尬的口误。

◇◇◇◇

小魏和他年迈的父亲老魏开车路过一片墓地。老魏说："你的4个孙子孙女都是在这里生的。"小魏只有一个女儿，才5岁，他没有孙子或孙女。小魏对父亲说的这番话感到莫名其妙。但是，他略一思考，马上意识到父亲的话很有道理，只要他把这句话里面的两个关键概念换成反义词，结果就变成了："你的4个祖父母都安葬在这里。”

从某种意义上说，老魏的话如果换成“你的4个祖父母都是在这里生的”，或者“你的4个孙子和孙女都埋在这里”，那就错大了，因为这两个变体中的每一个都只包含一个口误。然而，恰恰因为老魏的话里包含两个错误，它反而更前后一致，好像其中一个口误导致了另一个口误。两个口误携手而至，结果使老魏心里想说的话变得和谐了。

◇◇◇◇

一个女人怎么也想不起一个人的名字。她说：“真不巧，我弟弟不在家，因为我不能问他。”

在这个口误中，一个常用的连接词“所以”被另一个连接词“因为”取代了。而这两个连接词互为反义词。她把因果关系颠倒了。

两个概念要互为反义必须极为相似。例如，大和小是尺寸的对立面。同样，亮和暗是相反的亮度。两个概念分处两极，却使它们紧挨着彼此，从而造成它们之间产生滑动的可能性。两个概念相反，会让人直观地想到它们之间的差距最大，但实际上，二者概念相近。乍一看，这似乎很矛盾，其实并非如此，因为这种概念相近处于范畴抽象层面的更高一层，例如，亮度比亮和暗更抽象。再比如，生命的两个端点是出生和死亡，孙子女和祖父母都与某人隔着两代，一个向下，一个向上。同理，读和写都与打印文本相关的活动有关，一个代表文本“解码”，另一个代表文本“编码”。最后，“因为”和“所以”都表示因果关系，只是角度相反罢了。

当一个视觉的、听觉的、触觉的、嗅觉的等具体类比和一个功能的、角色的等抽象类比相互加强时，这种情形会产生许多因概念接近而造成的替换错误。因为，当这两种类比相互作用时，滑动的压力会变得不可抗拒。下面的例子，便是这类相互加强的类比造成的口误。

一对夫妇买了一个比萨，装在纸盒里，从一家比萨店走出来。丈夫指着自行车后面说：“我用后备箱把比萨带回家。”他指的其实是自行车后座上的篮子。

这里的功能类比发生在用来装载物件的车的部件之间。它的视觉类比发生在汽车的后备箱和自行车后座上的篮子之间，而且这个自行车的车篮体积碰巧相当大。假如这个篮子是在前轮上或是体积很小，那么从“用篮子”滑动到“用后备箱”的可能性就会小得多。

◇◇◇◇

小王把浴室的门把手叫作“水龙头”。

这里的功能类比牵涉某个小物件控制或调节一个大物件。它的视觉类比是指这两个物件都可以握在手中，都可以旋转。这个口误的产生还有另一个原因：这个门把手不是随意被叫作“水龙头”的，因为这个门把手通向一个有许多水龙头的房间。

◇◇◇◇

小司把电影字幕叫“脚注”。

这里的功能类比是字幕和脚注，二者通常都是帮助人们理解内容的短文。它的视觉类比显然是指，二者都出现在视野的底部。

◇◇◇◇

兄妹二人正在清理过世父母的房屋。里面堆满了 50 多年来收集的一切东西。其中一人把房子的地下室叫“阁楼”。

这里的功能类比是指，地下室和阁楼都是房子里比较大的地方，都用来放置几十年来老旧发霉的东西。它的空间类比是指，地下室和阁楼都是房子里的大空间，都是只能用梯子或楼梯才能到达的地方。

◇◇◇◇

老安曾经抱怨说：“我脚上有一个脓包，一走路就疼。”他想说的是“水泡”。

这里的功能类比是指，脓包和水泡都是皮肤上长的东西，都让人不舒服。它的视觉类比是指，脓包和水泡都差不多大，而且看上去也一样。

试图区分感官类比和功能类比是个方便的办法。但实际上，二者的区别远非黑白分明，一个以明显的感觉为基础，另一个依赖间接推测。但是，推测如此迅速，你甚至感觉不到。因此，感觉和功能的区别几乎是不可分割的。例如，圆是视觉特点，而滚动是功能特点。但如果你说“圆物滚动”，听上去就有点多此一举。我们都“看得见”椅背是用来支撑躯体的，椅座是用来坐的。这些功能是可以被直接感知的，正如上述语义滑动所示：汽车的后备箱是用来储物的。当感知和功能类比之间的连接非常明显时，则说它们之间存在强“可供性”（affordance）。这个术语是美国心理学家詹姆斯·吉布森（James Gibson）在20世纪70年代后期创造的，用来描述某物可以不言自明地显示其功能。

与此相反，很明显还存在这样的情况：在感知过程中激活的知识，超出了直接感知到的东西。例如，狗既能保护人，也能威胁人，这些事实并不能从感知过程中直接获得。但这一感知行为能够激活和回忆起这些事实。因此，视觉输入促使获取功能知识。例如，脚注和字幕都是协助理解的文字，水泡和脓包都是长在皮肤上令人生厌、都想去掉的东西，这些功能性知识对于任何成年人来说都是储存在脑中的知识，都是可以通过视觉感知激活的。同理，圆和滚动两个概念之间的关系也是以一种基本连接的方式深植于脑中，很难想象这种关系是刚学到的。

言行一致

上述的那些错误仅仅局限于语言领域吗？尽管人们常把口误挂在嘴边，这些错误同样出现在语言之外的世界，表现在实际行为中。犯错这个现象，存在于不同的情况之中，口误只是其中的一类，犯错当然还包括行为。行为上的错误同样以其特有的方式揭示出大脑是如何被类比搅乱成一团的。

有时，我们触发了合适的范畴，却用在了不合适的对象上。一个典型的例子是，当给杯中的咖啡加完牛奶后，顺手就把杯子放回了冰箱，实际上本意是想把牛奶放回去。“同样的例子”发生在泡完澡后，本想把水放掉，却打开了其中的一个水龙头。意图十分合理，就是让水流动，但行为却使水流出现在了错误的地方和错误的方向。有时我们找不到电脑包里的充电电源，那是因为之前一个没注意就把充电电源放错了地方——书包里，而非电脑包里。尽管**包**这个范畴是正确的，但细节出了差错。

小张经常把手机放在新买的笔记本电脑旁边，因此，她常常错把手机当成鼠标。手机当然没法当成鼠标来用，尽管二者大小相近，而且手机放在了原本属于鼠标的地方。

◇◇◇◇

车停到加油站后，老王发现加油机在自己车的另一侧。此时，他要么选择掉头，要么就停到对面的加油机旁。但是，老王把这两个办法全用了。于是，他发现新的加油机还是在自己车的另一侧，和刚才一模一样。这就是行为上的双重计划，就像是语言上的双重计划，即某人到头来说的话和自己心中想的正好相反（“没抹防晒霜能睡觉吗？”）。

◇◇◇◇

有一次，老李想往自己的咖啡里加点糖，与此同时还打算在烟灰缸里弹弹烟灰。结果，他把糖加到了烟灰缸里，把烟灰弹到了咖啡里。咖啡自然是不能喝了，烟灰缸倒成了甜的。

◇◇◇◇

还有一次，睡眼惺忪的老赵准备好了一大碗麦片，却把牛奶倒进了麦片盒里；而他的弟弟小赵，大半夜醒来，打着光满屋子找自己的手机……而光就来自他的手机。

这些行为上的错误都对应着之前讨论的口误。所以，犯错与否和是否有语言参与并没有什么关系，它们的潜在认知机制是一样的。接下来，展示一个特别的例子，也就是言行紧密相连的情况。

当局者迷

侯世达的儿子丹尼正准备上德文课，丹尼的老师，同样也是他们的好朋友克里斯托弗这次提前到了侯世达家。临上课前，侯世达与克里斯托弗在厨房闲聊，他打算招待克里斯托弗喝点什么——可乐、果汁，或是别的他想喝的。克里斯托弗答道：“谢谢，给我一杯水就好了。”但是这回答可不像是侯世达所熟悉的克里斯托弗，于是他打开了冰箱，又问道：“苹果汁、橙汁、可乐、牛奶、咖啡，还是茶？”克里斯托弗只是微微一笑，答道：“谢谢，但我真的只要一杯水就够了。”侯世达虽然觉得有些奇怪，但也没必要再追问下去，于是便走到了橱柜，打算拿个杯子。与此同时，他把手伸向了自己的口袋，并拿出了一块钱。接着，他客客气气地把钱递给了克里斯托弗。当克里斯托弗不知所措地看着他时，他才反应过来自己闹了笑话。看着手中没来由的一块钱，侯世达叹道：“我究竟在干什么呢？”

侯世达想了一下，弄清楚了自己这个奇怪举动的门道。“你知道刚才发生什么了吗？”他问克里斯托弗，“你刚才那么客气都把我弄糊涂了。在好喝的饮料面前，谁会选择没味道的白水呢？但是，我还是打算尊重你的选择，给你倒杯白水。就在这个时候，我突然想到自己还欠你20块钱学费，于是就把手伸进了口袋。虽然这两件事毫无关系，但当它们一股脑儿同时出现时，就搅在一起了。给你倒水的想法和付钱给你的想法混在了一起：我无意之间便把二者混为一谈。打算给你一块钱就说明，我把最简单的饮料和最简单的钱搅在了一起！”

确实如此，侯世达这个行为错误的核心，是一个绝妙的类比。克里斯托弗对白水的坚持，激发了**某事物最简单的版本**这个抽象的概念，并且使侯世达从**厨房里的饮料**这一领域，跨到了**口袋里的钱**这一领域。回想一下之前花了大量篇幅讨论的词语混合，侯世达迅速地从最平淡的饮料切换到了最平淡的钱。这个滑动无疑源于侯世达对克里斯托弗回答的困惑，但同时，这个类比完全是无意识做出的，不然侯世达也不会被自己弄得一头雾水。

有意思的是，英文里真的存在这样一个典型的形容词，可以准确地用来形容此刻侯世达心理桥梁的两侧。这个词是“watered-down”（淡化的、用水稀释的）。从字面意思上说，一杯水显然是所有饮料中最稀释的饮料。而在更抽象的意义上说，最“稀释”的钱，或者说是纸币中面值最低的钱，是一元纸币（美金）。

可以反转一下这个类比，试想，侯世达与克里斯托弗二人聊到——“在咱们上课前，我可以给你准备点钱吗？来来来，看一眼我钱包里这些钱！我有十块的、二十块的，甚至还有一百块的，随你挑！”“谢谢，但是我只要一块钱就足够了。”于是，侯世达走向橱柜，倒了杯白水，递向克里斯托弗。

许多被叫到，但只有一个被选中

如前所述，在压力之下，范畴之间无意识的竞争永无休止。而口误，以及其他行为上的错误，使这些竞争有迹可循。这种竞争大多数时候只有一个胜者，在这种情况下，听不见，也看不到这潜在的较量。从这个角度来说，尤其是对于没有受过训练的人，一段流利、通顺的对话听起来有点像是浏览一本奥运会的相册——只能看到金牌选手。在每个赢家灿烂的笑容背后，可能想不到有着一系列横跨数年、长久且艰辛的残酷竞争。这些竞争始于各个国家的内部，然后逐渐扩大范围，直至角逐最终的金牌。在每个赢家背后，都有无数看不见的、无人歌颂的输家。不过，这种竞争有时打个平手。这种特殊的情况虽然少见，但这提醒我们：激烈的竞争从始至终一刻不停。

所听即所得。错误这个范畴，同其他任何范畴一样，都不是精确的盒子。它没有泾渭分明的界线，取而代之的是模糊的标准。如果某人能够听出话语间微小的停顿，如“嗯”或“呃”之类，那么他就能识别出，不论是打了个磕巴，或是异常的变调，还是其他导致话语停顿的音变，这些信号都揭示出充满了潜在的竞争。除了看见昂首挺胸的金牌选手，当我们瞥见银牌或铜牌选手时，就像是提醒自己，在冰山之下还潜藏着其他的选择过程。

所以说，不论是明显的还是微妙的口误，都提醒我们，每一句话都源自平行的、潜在的心理活动。这些线索很少被人注意，却充斥于日常口误之中，暴露了这些范畴间激烈竞争的踪迹。

尽管口误对说话者本身没什么用处，但它们对于研究思维和语言的观察者来说却十分有用。多亏了口误，才得以揭示这些认知过程。接下来要谈一种特别的类比，它和口误作用相同。尽管这群类比迫不及待地想要进入我们的生活，到头来却毫无作为。

毫无目的的类比

老冯准备去庆祝一位好友的60岁生日。他钻进了汽车，驶向高速公路，一路开到了机场，坐飞机横跨了整个国家。朋友们在机场接机，然后载他去了朋友家。当晚的生日聚会大获成功——朋友们用蜡烛摆出了一个“6”和一个“0”以庆祝寿星的六十大寿。第二天一早，老冯的朋友把他送到机场，老冯直接飞回了家。当他落地后，又钻回了在停车场的汽车里，向家开去。

路自然还是那条老路，老冯已经走了上千次了。但他却总感觉这次回家和前一天开向机场时相比，有些古怪之处。这回每当汽车的仪表盘转到“60”的时候，他总是忍不住盯着看，而且，这个数字总是瞬间让他想到刚刚经历的生日聚会。

这“一去一回”两段路程对比强烈，揭示出了老冯脑中的变化。自打老冯有了带仪表盘的车后，看了上千次“60”这个数字，但从未有过什么特别的想法。然而，这次就不同了。由于之前的生日聚会，尤其主题还是庆祝六十大寿，“60”这个概念在他心中被高度激活了，这个概念深藏在老冯脑中，此时正在乐此不疲地寻找类比。它一直安安静静地等待着现身的机会，当仪表盘指向“60”时，机会来啦！老冯朋友用蜡烛摆出的“60”和仪表盘上的数字这一对新建立的联系，有什么认知上的作用吗？没有。这个“新发现”毫无目的，只不过在老冯脑中一闪而过，没能带来丝毫的洞见或是产生哪怕一丁点儿新的想法，而是转瞬间就化为过眼云烟了。为什么还要关注这样一件短暂、没用的事呢？

人们总是禁不住认定，类比必然是一个微妙且深层的智能过程，它肯定在认知层面有着远大的目标，而且被人们小心谨慎、高效地运用着。然而，人类创建的各种类比有时根本不产生任何结果，而且并不支持任何或大或小的、预设的智能设计。恰恰相反，类比是人类认知过程中自动出现的副产物，它们在未知领域里一刻不停地搜寻着熟悉的足迹，但未必总是会产生深刻的洞见。简言之，我们做出的很多类比都毫无作为。

尽管如此，“60”这一没有用处的类比却可以揭示重要的事情。对于理解、推理、决策、解惑、学习，以及发现等人类重要且深层的活动来说，类比是其中的关键。这一事实已经确立了类比在人类认知中的核心地位。但是，上述把两个“60”联系在一起的类比，尽管没什么用处，却更明显地揭示出了类比是如何深植于人类的思维之中的。它表明，思维在永不停歇地寻找着情境之间的联系，以至在潜意识中源源不断地凭空产生各种琐碎、毫无意义的类比。指不定哪个时候，类比就跳出来吸引我们的注意力。

这个“60”的类比一点儿也不反常。如果可以通过神经学手段捕捉转瞬即逝的念头，将收获数不尽的无用类比。但正是因为它们没用，所以注定在诞生后不久就被人们忘到脑后了。这种类比眨眼间就烟消云散了。因此，得需要一点儿训练和兴趣才能注意到这些转瞬即逝的类比。为了从这种类比中获得更多洞见，再来看几个例子。

驶向无用类比之地

老陈有两辆几乎一模一样的汽车，且都是蓝色的老福特轿车。他还有两个孩子，而且他每买一辆车的时候，都临近其中一个孩子的生日。因此，他经常称两辆车为“丹尼车”和“莫妮车”。他的好友老蒋觉得这十分有趣。有一天，当老蒋和老陈在公园里一起跑步的时候，老蒋问老陈为什么要买两辆几乎一模一样的车，老陈刚答完，就碰巧遇到了一位女士正遛着两条几乎一样的黑色卷毛狗。这使老蒋一下就想到了老陈的两辆蓝色轿车。在随后的下午，老蒋看见老陈桌子上有两个放在一起的，几乎一样的备用硬盘。这使他不光想到了那两辆车，还想到了那两只狗。他玩笑般地对老陈说道，应该把它们称作“丹尼盘”和“莫妮盘”。

◇◇◇◇

周六的晚上，住在巴黎的一家人正在享受周末。当家里最小的儿子望向窗外的时候，他惊奇地发现：街对面的邻居居然挂着和自己家一模一样的灯，而这种灯在整个巴黎只有一家店才有。这个发现让大家都错愕不已，当看见自己的一件稀有之物跑到别人那里时，换成谁一时之间也有点找不着北。

第二天一早全家人出门吃早午饭。天气很冷，妈妈戴了一条颜色非常少见的围巾。这条围巾是她多年前买的，一直是她的宝贝。当他们就餐时，她突然发现邻桌的一位女士正戴着和她一模一样的围巾。她一下就想到了昨晚那两盏一样的灯。

但愿我们至少能在一件事上达成一致，即上述的这些类比，都没有什么长久的智能上的价值。对，它们都毫无用处！当你看见两条黑色卷毛狗时想起两辆蓝色的老福特轿车，或是，当你看见两个备用硬盘时想起两条黑色卷毛狗，这些能有什么用呢？或是，当你看见两条一样的围巾时，想起两盏一样的灯，这又能有什么用呢？这些类比，都不能为人们带来任何新的信息，或是为他们提供新的角度，使他们更高效地生活。这些类比都真实存在着，但没有一个能帮助我们在复杂的世界里获得哪怕一丝一毫洞见。

无缘无故的类比

一个十分常见的想法是，类比的存在势必有某种目的，或是为了推理，或是为了解惑，等等。但是，人类的思维中还充满了大量私密的类比，它们没有目的，也和逻辑无关，自然也不能帮忙解决任何问题。

产生这种类比的机制带来了某个共享的范畴，但我们并没打算长久保留这种范畴。除了在某些特定的场合，这些范畴转眼间就被忘得一干二净了。回想之前的例子，两辆蓝色轿车、两只黑色卷毛狗，以及两个备用硬盘，在此共享的范畴是两件极为相似的东西，而且两辆蓝色轿车和两个备用硬盘出人意料地属于同一个人。至于灯和围巾的例子，则是两件一模一样的东西分属两个人，却在同一时刻被发现。最终，一个更抽象的范畴，也就是两件极为相似的东西却令人惊奇地同时出现，使这两组类比合二为一，成为一个更高层的范畴。但是，不论人们如何对它们归类，它们都是些没用的类比。这里的重点不是强调它们如何没用，而是来看看，对于人类的思维，它们能揭示出什么。

这些毫无作为的类比，都在一瞬之间化为过眼云烟了。但是，就像买彩票那样，不光是赢家参与其中，每一个输家也在其间。重点是，我们都在不断地关注身边那些奇怪的、随机的相似之处。因为大脑总是在为现实寻找新的洞见，总是在套用过去来解释当下，总是在不由自主地建立联系，总是从船上扔下一个又一个瓶子，期望其中一个能够顺利漂到岸边。当然了，它们中的绝大多数都沉到了记忆的海底，永不复见。这些无用功都是成功的代价，一个罕有却巨大的成功——或是解救了一艘船，或是解救了一个人质，究竟如何，随你所好。说到遇险的船，接下来会展示另一个延伸的类比，这个故事也发生在海上，但它说明即便是最没用的，眨眼间就忘掉的类比，也能达到一定的抽象高度。

一个在转瞬即逝前被捕捉到的类比

托马斯正坐在回家的飞机上，他拿出了姐姐给他的书——乔纳森·拉班（Jonathan Raban）写的《追寻心碎先生》（*Hunting Mister Heartbreak*），开始阅读第 1 章。作者在书中谈及自己年轻时的一次经历，搭乘货轮大西洋号，从利物浦驶达哈利法克斯。其中一页写道，船长收到了有关海伦娜飓风的消息，该飓风刚刚经过百慕大群岛附近，正在向北移动，可能在一两天内就会和他们的船在大西洋上正面交锋。为了避其锋芒，船长当机立断掉转船头，向南方绕行。这么做会耽误一整天的行程，但能保证众人的安全。这个法子自然奏效了，大家“完好无缺”地抵达了哈利法克斯。

在托马斯读完第 1 章时飞机刚好着陆。接着，他下了飞机，在宽敞的大厅里朝行李区的方向走去。当时并不是什么高峰期，托马斯快步向前走着，就在这时，一位拖着行李箱的女士从他的左侧一步抢到身前，头也不回地大步向前走。在瞬息之间，为了避免撞上这位唐突的女士和她的行李箱，托马斯灵巧地向右一避，然后又回过身来继续向前走。

这种避让的行为在城市的街头再寻常不过了，人人都是在路上闪躲的行家，对这种行为毫不放在心上。但是，突然有一个念头在托马斯心中闪过。他自己就是大西洋号，宽广的大厅则是大西洋。当然了，在这里左即是南，右即是北，一念之间就是一天的光景。那位女士突然在“南方”现身，就像是飓风已经抵达百慕大群岛附近的警告，她唐突的一个斜步，就像是北行的飓风，最后，托马斯的闪避则与船长的闪避如出一辙。但上述的一切托马斯都没有直接说出口，这些都远在他的注意力之外。事实上，他的类比尽管复杂，但是无关痛痒，一点儿用处也没有，转眼间就要消失得无影无踪了。不过，在这个类比消失不见之前，托马斯意识到了这些，并把它抓到了手心里。

为什么托马斯会在无意中生出这种转瞬即逝且毫无意义的类比呢？和上述的那

些类比相比，这可没有多出分毫的用处。眨眼间，托马斯就把那位唐突的女士和危险的飓风联系在一起，可这种类比不能帮他解决任何问题——既不能帮他弄清楚那些在机场大厅里快步疾行的人们的动机，也不能带来关于狂风或是其他剧烈的大气现象的任何洞见。托马斯这个转瞬即逝的类比完全没有意义。

至此，有人可能会认为托马斯的这个类比来得轻而易举。这个类比确实看起来显而易见，但它的出现并不是必然的，背后颇有玄机。不难想象，有另一个人也读了同样的章节，走下飞机，在机场大厅里闪避了某个行人，但没有在自己的行为和刚读到的内容之间建立任何联系。而且，如果托马斯不是刚刚读完那一章，那么这次机场的闪避就会和他每月里上千次的闪避混为一谈。因此，他接下来的认知活动也不会受到任何影响。简言之，尽管托马斯的类比颇为抽象微妙，但是难言绝妙，更是毫无用处，而它的产生也不是必然的认知事件。

如果把这个类比和前文的类比相比，可以说那个把两个“60”联系在一起的类比是最空洞的。把一个朋友的年龄和仪表盘显示的车速联系在一起毫无洞见可言。至于那些涉及轿车、卷毛狗、备用硬盘、灯，以及围巾的类比，它们全部依赖于彼此相近的范畴，如两件极为相似的东西，却令人惊奇地同时出现。这里存在一定程度的抽象，但并不复杂。与之相对的是本章关于飓风和路人的例子，这个情景同时涉及了时间和空间：两个物体在封闭的空间内，同时向垂直的方向移动，平静被突如其来的危机打破，经过迅速的计算，做出了灵活的闪避，从而成功避免了正面交锋。这个范畴可就复杂得多了。但是，即便如此，这个类比还是如前文那些类比一样毫无用处，而且差点就从托马斯的眼皮底下溜走了。

尽管刚刚讨论的这些类比博得了我们的注意，但还是会有大量相似的类比被忽视了。这些微小且肤浅的对比，都是日常生活中不停为生命寻找意义附带的结果。它们刚一出现就被无意识地消除了，因为它们无聊且无关痛痒。于是，这些类比往往会被消灭在萌芽之中，在被注意到之前就消于无形。

盲点的启迪

上述类比之所以值得一提，正是因为它们根本不值一提。当然了，这并不是说所有的类比都毫无用处。有些类比极其普遍，甚至会彻底影响对周遭情境的感知。当我们与外界交流的最基本的感知工具成为记忆中为外界情境进行编码的主要途径时，甚至是独一无二的途径时，就会出现这种类比。这时，具象和抽象密不可分。

为了生动地呈现这一观点，来举个例子。先想象一个远在天边的小部落，在他们的语言中有一个对应“树枝”的词，而且这个词不仅意指树的一部分，还含有**惩罚**这一抽象的概念。进一步设想，还有一个对应“蔓藤”的词，它不仅意指那种悬荡着的植物，还含有**友谊**的概念。除此之外，还有对应“水”的词，它不仅意味着液体，还含有**生命**的概念，诸如此类。因此，表示树林的词不仅是指一片布满树木的地方，还代表了全体人类。代表**雨**的词还意味着**必然性**，而代表**山**的词也有双重意义，有时意指**永恒**。

这个部落把抽象和具象的概念混为一谈，你会觉得这种混淆是十分原始的吗？当看到一个词既表示一个有形的事物，又表示一个无形的事物时，你会大吃一惊吗？你会倾向于认为，这个部落的成员没有区分具象世界（感知的世界）和抽象世界（仅有理念的世界）的能力吗？这个部落的这种混合方式会让你觉得奇怪吗，就像是某人把视觉上的感知与智能上的理解搅在一起时一样？

一位西方的观察者曾经说：“所提出的具体的视觉感知与抽象的智能理解之间，二者的区别清晰而明朗，为我们提供了一个辉煌的视角。但是，这一区分也盲目地将这一问题的某些方面置于阴影之中。事实上，经过更缜密的审视，不得不修正关于视觉和眼光之间的边界线的观点。因为这个边界比最初想象的还要模糊不清。”

假如你没看出上面那位假想的观察家话中的讽刺含义，那就再看一看视觉和理解之间的关系。上面这段话听起来像是在谴责把视觉和理解搞混的人，但实际上，这段话却将二者混为一谈。这段檄文声讨了人们不能区分视觉感知和智能理解，与此同时，却使用了一系列词语清楚地表明，人们实际上正是用视觉术语来领悟理解的。引语中的许多词，“清晰”“明朗”“辉煌”“视角”“盲目地”“阴影”“审视”“观点”“眼光”“看上去”和“模糊”，都直接源于视觉经验。此外，假如没有把这些词专门挑出来，一般读者也不会觉得它们有什么特别丰富多彩之处，也不会觉得它们展现了一个特别的视角。最终，不得不承认，我们都在心安理得地模糊具象和抽象之间的界限。而且若是不了解视觉，就不可能对理解有多少感知。

所以，当说起思想是清晰的、混沌的、通透的或者晦暗的时，绝不是在写诗，也不是刻意使用隐喻。其实，不过是在用所能用的词语来谈论思想，也就是用类比的方法。在这个具体情况中，我们用的是建立在视觉基础之上的类比。视觉或许是最复杂的感官，但它至少是提供了最丰富词汇的感官。所以，词汇中有这么多以视觉为基础的词语被用来描述从严格意义上讲与视觉无关的事物和情形，这样的现象并不奇怪。当然，词汇并不仅仅利用视觉词汇来描述各种各样的现象。视觉只是五个主要感官之一。事实上，这五个感官全都在帮助我们，在感官世界和充满情感及想法的世界之间搭起桥梁。请看下面的例子：

> 无须动手，便能被一个善意的姿态所**触动**，被一个美景所**打动**，或者被一句**刺人**的话语所**刺痛**。
>
> 无须品尝，便能**尝到**胜利的喜悦，感到一部电影**乏**味，处于一种**尖酸**的情绪之中，或者说出**辛辣**的话。
>
> 无须倾听，便能**听到**朋友的消息，评价某个想法**听上去**很疯狂，觉得一件衬衫太**高调**，或者一个故事很**耳熟**。
>
> 无须睁眼，便能以自己的方式**看**问题，**审**时度势，认为局势**看**似不妙。
>
> 无须呼吸，你便可以**嗅**到空气中的不安，觉得一个计划**烂透**了，讨厌有人对你的建议**嗤之以鼻**。

“敏感”“感觉”“反应”这类词都可以同时用于具象和抽象的情境。你可以对寒冷和嘲讽敏感；你可以感到灼伤，或是有似曾相识的感觉；你可以对盘尼西林（青霉素）和美景有反应。事实上，“感觉”这个词，本身就是生理和心理感觉交叉使用的一个最明显的例子。一句话，生理感觉是心理感觉的体现。

最后这个隐喻将“感觉”的两层意思连接在了一起。这两层意思都描述并体现了“具身”（embodiment）这个概念。具身理论认为，我们全部的概念都深深依赖身体。这句话可以作为“具身认知”理论的座右铭。具身认知理论在最近几十年来有长足的发展，在神经科学、心理语言学、哲学、认知心理学、发展心理学、自动化和人工智能等领域都产生了深远影响。作为研究情感的一门学科，情绪科学的目的是试图在感情与智能之间建立联系，这门学科与具身认知科学有关。

这些相差甚远的学科之间有一个共性：它们都认为，人与自身、人与环境的交往构成了人类思维的心脏和灵魂。它们认为，人创造的概念、人的思维方式都来自这些交往。这一观点没有给脱离身体的、只受逻辑规则支配的符号思维留任何余地。换句话说，人们的思维不是依靠不固定的、无意义的符号模式。相反，思维固定在两种东西之上，也就是说，头脑中的概念有两个源泉：首先，思维通过类比固定于过去；其次，思维通过亲力亲为的身体固定于具体的世界。

具身与抽象

我们的方法和具身认知的研究方法有一个相同的基本观点，也就是人类的所有思想根植于个人的体验，以及社群、语言共同体和文化群体的公共经验。在我们的表述中，重点是人们都是通过自己的概念思考，而这些概念是由不间断的类比所建立和提取的。人们这一行为是身处物质世界的必然需求。而具身认知的研究方法并没有强调抽象，好像暗示着原始的经验已经可以满足思考，抽象只不过是奢侈的附加之物。

可以好好想想，对于不同的具体概念，抽象是认识并确立它们之间相同点的产物。当遇到一个新的情境时，总会想起自己或是朋友、家人等过去发生的事；面对着这些复杂的情境，也总能脱口说出生动形象的词汇。上述这些都明确表示，思维就像强劲有力的引擎，为的就是寻找一个个具体事物之间深藏的联系，也就是指发现或创造抽象。

想想“作最后的冲刺”这个俗语。这个词通常用在即将完成一件重要的任务，但最后阶段仍需要极大努力的时候，而且一旦完成便是极大的满足与解脱。恰当地使用这个俗语需要人们对涉及长远目标的情境进行分类。对这些情境的分类源自空间上的类比：（1）近在眼前的目标，就像是跑道上的终点线；（2）这个任务已经完成的各个阶段，就像是已经跑过的距离；（3）这个任务目前所处的阶段，就像是当下跑道上所处的位置;（4）尚待完成的最后几个很有挑战性的子任务，就像是运动员与终点线之间的直线冲刺跑道。

这是一个具身比喻吗？也就是说，它是否取决于活在物质世界之中并有着一个身体？答案似乎是“是的”。因为你得真在跑道上跑过，或至少见识过这些。但是，这个比喻同样非常抽象。任何一个参与过或是看过赛跑的人，都能轻易地把他们具体的经验同那些更抽象的挑战联系在一起。这些挑战都有遥不可及却又令人神往的目的地，需要历经千辛万苦才能到达。此外，还有很多常见的话有同样的特点，比如下面这些:“虽然他一开始干活慢吞吞的，但最后一鼓作气就搞定了”“这群设计师正处在最后的冲刺阶段”“终点就在眼前了，如果现在放弃，我的小说就太可惜了”“几个月前我对自己的文章泄了气，不过我现在又重新振作起来了”“这项任务可要费不少精力”“暂时放下了手头的工作缓几口气”“这项任务最终步入了正轨”“为了得到那份工作，她可得跨过不少障碍”“如果这本书读起来像是马拉松，那么写的时候可就是超级马拉松”，诸如此类。

尽管上面的这些话看起来都十分具体，它们同时也高度抽象。因为即将完成一项长远的任务和即将完成艰苦的赛程相比，二者只在抽象的层面上相似。事实上，如果“作最后的冲刺”这句俗语一开始指代的就是那些涉及长远目标的抽象范畴，那么人类的心智对抽象范畴的依赖同具象范畴相比一点也不少。另一方面，如果它指代的就是和跑道相关的具象范畴，那么看到人类的心智把各类表面现象同那个具象范畴联系在一起，也就反映出抽象的非凡能力。不论是哪一种情况，抽象都是其中的关键。要是某人关于思维的理论中少了抽象的戏份儿，便真可谓是失之毫厘，谬以千里。

圣 洁

道德意味着清洁，这个说法遍及整个西方文化。这一类比有多种表现方式。比如说，在基督教中，洗礼指洗去某人身上的原罪。清洗自身在伊斯兰教中扮演着类似的角色。在印度教中，纯洁的身体也至关重要。日常用语中也暗含着道德和清洁的联系。因此，某人可以**做出肮脏的行径**、**有着不洁的想法**、**说脏话**、**把别人拖下水**、

玷污某人的名誉，诸如此类；另一方面，某人可以是**清白的**，**有着没有污点的过去**或是**未受玷污的名誉**，以及可以**出淤泥而不染**。

心理学家钟晨波与凯蒂·李简奎斯特（Katie Liljenquist）在2006年做了一个实验，来测试道德和清洁这一类比无意间在人们心中起了多大作用。他们发现这一类比根植于人们心底，并将其命名为“麦克白效应”。这个名字取自麦克白夫人，在谋杀了苏格兰国王邓肯之后，她希望通过洗手来洗去自己的罪过。

在一项实验中，心理学家让参与者回忆过去发生的事情。他们要求其中一半的实验对象回忆自己犯下的错误，对另一半人则没有这个要求。在实验的这一步完成后，所有的实验对象都要完成一个独立的、与之前毫不相干的任务，即完成下面的填空题，使之组成英文单词：

W——H　SH——ER　S——P

“犯错”的实验对象组成的单词通常都和清洁有关，比如“wash（清洗）”“shower（淋浴）”以及“soap（肥皂）”，而另外一组实验对象填出的单词大多不带感情色彩，比如“wish（希望）”“shaker（混合器）”，以及“step（步骤）”。因此，这一实验表明，思考过错时激发的概念和**洗净自己**这一概念相关，这是朴素类比的直接产物，因为不道德的行为使人变得肮脏。

在另一项实验中，实验人员要求所有参与者回忆自己过去犯下的错误，然后（看似是实验人员的无心之举）给了其中一半的人湿纸巾用来擦手。另一半的人没有湿纸巾，因此没有清洗他们的双手。最后，实验者问每一个实验对象是否愿意帮助一位陷入困境的学生。实验结果表明，和那些擦过手的人相比，那些没擦过手的人更明显地愿意帮助那位素不相识的学生。因此，这一实验表明，洗净双手这一行为使人觉得自己洗净了自身的过错，因而减弱了对他人的责任心。而那些刚刚回想起自己的过错，却没有机会“赎罪”的人，则更倾向于当个好人。

和许多类比一样，道德与清洁无意之间暗含联系，人们认为二者之间紧密的联系是一个事实，而非某种看待事物的角度。这一类比不仅仅暗示犯错会使人变得肮脏，与此同时，还可以通过清洗自己来弥补犯下的过错。事实上，做些好事就像是肥皂一样，可以洗净之前的过错。人们通常不会质疑这种观点，这使人们意识不到自己的道德，即一系列价值观，部分是由自身成长时的文化所决定的，而非亘古不变的绝对真理。

一叶障目

把范畴说成是“一叶障目”就是在承认，尽管分类机制帮我们在许多高度抽象的世界里悠然自得，但有时不够灵活的洞见却会误导我们。有时，这些障眼法会把一些和情境不符的观点强加在我们身上。一旦陷入其中，与那些能够对情境正确分类的人相比，过度简化的想法会让我们忽略一些显而易见的事物。

这样的情况就发生在了伊森身上。伊森是一位美国哲学家，她的研究兴趣是本质主义（essentialism），这件事发生的时候她正在一所法国大学访问。伊森刚到没多久，她就看见在两周内有一个讲座，讲座海报的题目为“Aux sources de l’essence”（本质的源头），主讲人是一位希腊地质学家。一看主讲人既不是哲学家，也不是历史学家，而是一位地质学家，伊森颇感疑惑。不仅如此，海报上的照片里是一些在荒漠上抽油的石油钻塔。尽管如此，伊森认为这是一个优雅的比喻，以示人类的心智是多么丰富，无休止地探求本质正如同探索潜藏在地下的区域。最终，因为海报上的照片以及主讲人同古希腊的联系，伊森决定一探究竟。到达现场后，她很高兴地看到主讲人很明显地使用着石油钻塔这一比喻，但是，五分钟之后，这位主讲人还是不停地谈着阿拉伯沙漠中的石油与石油钻塔，好像他这个巧妙的比喻比讲座真正的本质还要重要。对此，伊森大惑不解。但是随后，突然之间，她一下反应了过来，尽管在法文中“essence”一词有“本质”的意思，但这个词同时也指“石油”。这样一来，讲座的题目其实是“石油的源头”，而非“本质的源头”。伊森这才明白自己从照片中读出的深层比喻实为一厢情愿，感到尴尬不已。

为什么得在听了好几分钟的讲座之后，伊森才能克服自己原有的印象？首先，她错把讲座的主题想成了英文中的“essence”一词；其次，在类比的操纵下，几周以来，本质这一概念被进一步强化。也就是说，伊森最初的理解在其随后的思维过程中被不断强化了。因此，她并没有重视自己最初因照片里石油钻塔而起的疑虑，也没有质疑“这事儿不对呀”，而是把照片视作一个迷人的比喻，任其在最初的分类上添砖加瓦。

驴唇不对马嘴

下面是一个同样的例子。我们的好友莫大伟不仅是一个收集错误并从中考察认知的老手，而且是一个相当有造诣的爵士音乐家。他给我们讲述了自己几年前的一次电话对话。为了转手他的旧短号（cornet），他在当地报纸上登了一个广告。一个感兴趣的买主看到了广告，给大伟打来电话。从大伟的角度，这场对话是这样的：

潜在买主：你好，我打电话想了解一下情况。
大伟：有问题请问。
潜在买主：你只要 500 元？
大伟：对。
潜在买主：有什么毛病吗？
大伟：没有。一切正常。
潜在买主：那么，里数是多少？
大伟：嗯，大约 10 年了吧。
潜在买主：哦，什么颜色？
大伟：就是一般的金色抛光。上面有几个小坑，但光泽基本都在。
潜在买主：是标准型号吗？你能描述一下吗？
大伟：哦，挺轻的，标准的喇叭。有三个阀。
潜在买主：我能过来兜一圈吗？
大伟：当然可以。来之前给我打个电话。

这段滑稽的对话一定会让读者想起戏剧、电影和歌剧里类似的，那些令人难以置信的张冠李戴式的场景。里面的对话被巧妙地搭配起来，引得观众捧腹大笑。然而，例子却不是杜撰出来的。两个人一问一答，好长时间每一方都觉得合情合理，一直没有听出任何破绽。

对于潜在的买主来说，他们讨论的显然是一辆道奇牌的皇冠轿车（Dodge Coronet）。这个先入为主的“事实”已经深深印在了他的脑子里，因而将大伟描述的“一般的金色抛光”轻而易举地接受了，奇怪的“标准的喇叭”这一特点他也没觉得离谱，甚至大伟说“三个阀”时也没有引起他的怀疑。或许，他以为大伟和他聊的是专业术语，把阀理解成汽缸，把他当成一个很懂行的专家。一个受人尊重的美国男人当然对这类行话了如指掌了。

而对大伟来说，他脑子里想的只有一把小号，他根本不会怀疑对方脑子里是另外一幅图画。所以，当对方问他的铜管乐器的里数和颜色，甚至提出来要过来“兜一圈”，他都没觉得不妥。对他来说，这些问题虽然有些古怪，但都是一些新鲜而可爱的隐喻，买主想出这些奇特的方法用来试探大伟的短号的现状。

如果把这个例子放在本章的大框架下加以考虑，需要指出，一开始就是一个满腔热情的二手车买主，他的迫切心情竟让他把报纸上白纸黑字写得清清楚楚的“cornet”（小写的“c”）读成了一辆车的名字，这个名字在他脑子里形成一辆道奇牌皇冠轿车的图像。这是他最早激活的范畴。一旦这个范畴被激活，它便开始掌控之后的解释过程，用这个环境过滤一切信息，把所有的线索都扭曲，让他把一切反馈都理解成顺理成章的。对于没有这些先入为主偏见的人来说，这些反馈已经显得越来越不可信，这名买家却丝毫不觉。事实上，这次对话最终轰然倒塌，就像前面的哲学家伊森错把石油当本质的经历那样。慢慢地，和他初始范畴相悖的证据越积越多，强大到最终将那个顽固的初始范畴推翻为止。

无意间的先入为主：范畴化的陷阱

现在换一个不太一样的例子，有这么一个故事：有一位父亲在一起严重的交通事故中不幸身亡，他的儿子也是同车的一位乘客，身负重伤，被救护车送进了急诊室抢救。当值医生迅速进入急诊室参与抢救，不承想一瞬之间面如死灰，惊呼道：“这个手术我做不了——他是我的儿子！”

很多人在读这个故事，或是重读这个故事时，都陷入了两难的困境——这个男孩不可能有两个父亲。到底是怎么一回事？是这位医生认错了孩子的身份吗？不是。或者说，这里碰巧不仅有一位生父，还有一位是养父吗？不是。那是这位父亲不知为何便复活了，然后还奇迹般地在自己受伤的儿子来之前赶到了医院吗？不是。实际上，因为分类这一障眼法，所有的这些问题和答案，不仅没能带来丝毫正确的信息，反而在给问题帮倒忙。这个情境其实有一个非常合理的解释，相信每一位读者经过深思熟虑之后，都可以寻得。

我们不断地以不同方式被范畴蒙蔽，这一点再怎么强调也不为过。再来想想刚看见的这个关于交通事故的故事。有没有哪一个瞬间，让你觉得涉事车辆是一辆公交车？几乎没有人会这么想。尽管，在这个小故事之中，没有任何一处指明这是一辆“小汽车”。我们从未质疑过自己最初的分类。一提到**交通事故**这一概念，便先入为主想到涉事车辆是一辆**小汽车**，而非公交车、卡车、摩托车、自行车或是电动车，诸如此类。这种先入为主的观念有时深入人心，以至有时几乎无法察觉，更别提推翻它了。因此，医生的那句话，即便是放在大谈“男女平等”的今天，对于很多读者来说依旧难以理解。

从一个本质跳到另一个本质

对于试图解决问题的人们来说，那些令人对当下情境产生误解的分类会带来严重的后果。事实上，拙劣的分类会把简单问题变得复杂，以至难以解决。所谓旁观者清，当局者迷，便是如此。就像是伊森，误解了讲座题目中“essence”一词的意思。因为分类的偏颇，连问题都被误解了。

认知心理学的很多研究都在揭示这种错误分类的本质，并力图打破长久以来的成见，如果某人无法解决一个问题，就是因为他没有找到某个成功的策略。若这人完全理解了题意，却还一筹莫展的话，自是无须多言。但是，研究表明，在解决问题时受阻的最重要的原因就是误解了题意，也就是说调动的都是错误的范畴。一旦找到了正确的分类，问题往往迎刃而解。

现在来谈谈很多心理学家都研究过的汉诺塔问题。在一个非常简单的版本中，一共有大、中、小三个圆盘，中间有孔；另有A、B、C三根杆，三个圆盘成叠摞在杆A上。问题是，如何把三个圆盘从杆A移至杆C？移动圆盘须遵守下面三个要求：（1）一次只能移动一个圆盘；（2）只能移动最上面的圆盘；（3）大盘不能摞在小盘之上。

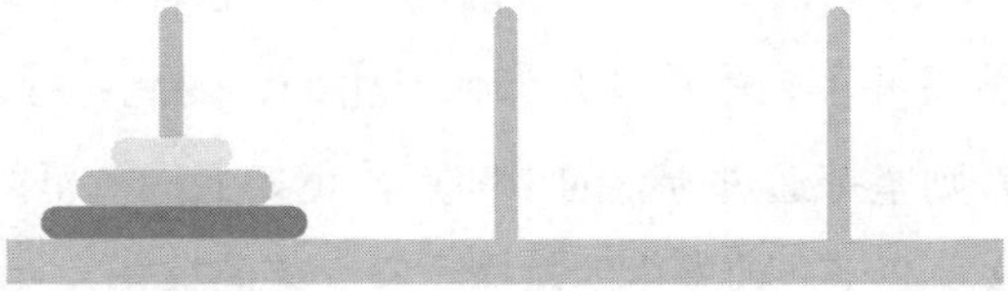

许多实验都在研究人们如何解决这个问题，以及其他“同形的”（isomorphic）问题。这么说是因为，事实上，它们只是换汤不换药，只用同一个办法，便可以以不变应万变。比如把原题中的圆盘换成杂技演员，并把第三个要求变成，永远不能站在比自己更小的杂技演员的肩膀上。现在，来展示一些有意思的结论。认知心理学家让-弗朗索瓦·理查德指出，绝大多数8岁左右的小学生解决这一问题时都用了大量的步数，大约30步。如果某人知道自己在做什么，7步足矣。然而，这些孩子们的策略有一共通之处。除了题目规定的三个要求之外，看起来他们都给自己加了一个额外的要求。他们想当然地认为，不能把圆盘直接从杆A移至杆C（反之亦然）。换句话说，这些孩子不让自己直接从A跳到C，或是反过来。不论圆盘在A还是在C，都得经过B周转一番。如果你也来亲自试试的话，很快就会发现，多加的这一条要求大幅减慢了求解的过程：从最少的7步，一下增至26步。

为什么这么多孩子强行给自己多加了一条要求，这不是作茧自缚吗？这一切都是因为，成人和孩子对运动这一概念的理解不同。孩子们经常默认，从一点移动到另一点，就意味着要经过所有中间的位置。而成人对运动这一概念有着更复杂的理解，他们并不在乎从A点到C点之间经历了什么。当某人说“我下周五要去上海”时，他可能是坐汽车、大巴、高铁或是飞机，路线的细节并不会改变什么。把一趟旅行视为状态的切换（“我今天在北京，周五我就到上海了”），还是视为过程（“我的北京–上海之旅，要经过天津和济南等城市”），成人对此可以轻易做出区别。

把运动视为一个过程而非状态的切换，这种倾向和我们第4章讨论的观点紧密相连。对一个概念的层层抽象相当于逐步地剔除那些次要的方面，比如说，就**桌面**这一概念而言，抽象就是剔除了**重量**、**容量**以及**物质**这些概念，最终只留下了**工作空间**这个核心概念；就**钥匙**这一概念而言，抽象便是剔除了**金属质地**、**长的**、**薄的**以及**形状不规则**这些概念，最终，只留下**用来开锁的便携物体**这个核心概念。上述的实验表明，这些8岁左右的孩子们，难以把抽象概念移动和完成移动时的具象概念路线区分开来。前者并不在乎移动是如何发生的，因此，可以直接从A跳到C，或是反过来；而后者则坚持通过所有的中间点。正如上一章里的麦卡，一听到“鼓包”一词，便想到这是源于先前发生的碰撞；有太多的孩子，一听到“移动”一词，就动了经过所有中间点的念头。

若是给汉诺塔问题“穿上新装”，即把它变成一个同形的问题，完全相同的现象会在成人身上再次上演。让－弗朗索瓦·理查德和他的同事伊夫林·克莱门特（Évelyne Clément），二人研究了一个和汉诺塔同形的问题。新的实验不再要求人们移动圆盘，而是改变它们的大小。在这个情况下，成人的做法就和移动圆盘的孩子们一模一样。大多数人都在无意之间给自己多加了一个要求，即不能直接把小盘子变为大盘子（反之亦然），必须经过中间的尺寸才行。为了从尺寸A跳到尺寸C，他们觉得自己必须走两“步”，好歹得在尺寸B上停留片刻。这些成人的思维如此死板，实在出人意料，这极大地减缓了解题的速度。究其原因，其实和孩子们是一样的：对于**改变大小**这一概念，他们使用了过度具象的概念（因此是幼稚的），没能把最终的尺寸和改变尺寸过程或是历经的“路线”区别开来。对大多数人来说，**改变大小**这一概念的原型是生物的生长：从婴儿变为成年人需要经历童年和青春期。这个改变大小的概念模型十分幼稚。尽管如此，那些在解决汉诺塔同形问题时被困住的成人，都在无意之间借用了这个幼稚的模型，因此，和那些没有陷入其中的人相比，注定要付出更多的时间。

因此，在“本质的源头”和汉诺塔这两个陷阱中，是同一个内心现象在起作用——主人公都被类似情境的回忆蒙蔽了。人们对此常有一些借口，比如说，“我没太注意他们对我说了什么”，或是“都怪他们没说清楚”，或是“我刚才走神了”，但事实上，一个更准确的解释是人们在无意之间向不恰当的范畴屈服了。

如前所述，当整个过程都处在无意识中时，只有极其细致的研究才能揭示潜藏着的类比。有时，同一文化或是同一子文化内部的人会共享一系列范畴，这些范畴影响着人们对情境的看法。而对于那些处在这一文化之外的人们来说，这些看法会令他们大吃一惊，感到极其古怪。

针对这一现象，接下来的例子，直接讲给那些生活在国际大都市的读者们，也许还会吸引那些生活在交通不太拥堵的地区的人们。它将展示，一个城市中最美的地方为什么不一定是某人心里想的地方。

北京最好的地方是哪儿

北京最好的地方是哪儿？天安门？颐和园？圆明园？中山公园？天坛？香山？紫竹院？三里屯？五棵松？八大处？十三陵？故宫？雍和宫？王府井？前门大栅栏？鸟巢？国家大剧院？什刹海？南锣鼓巷？

当然，对于不在北京生活的人来说，答案可能就是上面的某个地方。但是，土生土长的北京人可不这么看。要想在城里找个地方把车停好，既不被贴条，也不会被人把车给划了，可不是件容易的事儿，尤其是在一天中某些特定的地方，或是特定的时间。因此，并不难看到某人在车里探着脖子，明知没什么指望，还是绝望地兜着圈子，想找个停车位。这事简直太常见了，对于北京的司机们来说，只要那块长方形的区域可以合法停车，就像是见到了宝贝一般。嘿，物以稀为贵嘛。

当两个本地人在街上走着的时候，不难听见其中一人说道：“哟嗬，快瞅瞅那个好地方儿！”在北京司机的心里面，空闲的停车位可有着不小的分量。因此产生了**好地方**这一范畴。在城里开过车的诸位可以做证，当某人发现了一个好地方，却并不需要这个停车位的时候，总觉着要是没地方停车时发现它就好了。因此，激发了“要是……”或是**“可惜了”**之感。

好地方这一抽象范畴，深深地影响着这些人对那个位置的看法。这个例子显示了范畴是如此强烈地影响着我们对世界的认识。如果说几何抽象派画家卡济米尔·马列维奇（Kazimir Malevich）的名作《白上白》是**艺术品**这一范畴中的一员的话，那么西单街上的灰上灰，也一定是**好地方**这一范畴中的一员。那么多的人心里都念着那块灰色的长方形。人们心里这种无法自制的力量造就了这种分类。不过，即使这种分类十分强烈，也还不至于让人失了心智。据我们所知，还没有哪位听从了心里好地方的呼唤，一股脑儿把周末的计划扔到车窗外，一个急刹就把车停了上去。

不过，某些分类也强有力地影响着我们的言行。比如说，要是早个几年的话，人们对2006年10月11日坠机事故的看法就会截然不同了。

类比不可抗拒的能力："10 · 11"事件

2006年10月11日下午，一架飞机撞上了纽约的一座大楼。刚听见这个消息的时候，除非这几年一直住在荒山野岭，所有的人都难免想到2001年9月11日时被毁的世贸中心。人们自然而然地认为这是一起恐怖袭击。不过，此次的涉事飞机只是一架四座小型飞机，而非大型客机，遇难人员只有正副驾驶两人，大楼的火势被迅速扑灭，丝毫没有倒塌的风险。但即便知道了这些之后，人们最初的感觉依然在心中，久久难以释怀。

在得知坠机事件之后，和"9 · 11"事件的类比瞬间袭上心头，深深地影响着人们对这次事件的看法。因此，在刚听到这个消息时，人们难以想象这只是一起随机事故。实际上，这类事故在全世界以各种方式时常发生。这当然是起不幸的事故，但是事故伤亡有限，而且它和恐怖主义也没有任何关系。但这并不是刚听见消息时的第一反应！事实上，在这起事件被公布之后，道琼斯指数出现了短暂的下跌。

当听到10月11日坠机事件时，人们总是难免联想起"**9 · 11**"事件。因为9月11日，宽泛范畴的**恐怖袭击**被瞬间激活；具体的范畴"9 · 11"**恐怖袭击**也被一并激活，没准比前者更加强烈。因为某人可能会想到："啊，'9 · 11'又来了！"或是"这是另一起'9 · 11'吗？"宽泛的范畴和具体的范畴共同影响着人们对事物的看法。如果"9 · 11"从未发生过，人们的看法将截然不同。

也许某人会抗议道："等会儿，'9 · 11'可不是一个范畴的名字，这可是个事件！"要是这么想的话，就该回忆一下我们在第4章讨论的那些范畴，比如说，**教皇**、**麦加**、

巴赫、**爱因斯坦**、**毕加索**等。这些例子说明，只有一个成员的范畴，不论它看起来多么独一无二（即使是极其具体的**虎跑水泡出的雨前狮峰龙井**），我们脑中总在不断地寻找着共同点，当时机出现时，可以轻松地由一变多。

比如说，"印度的'9 · 11'"（2008 年 11 月底发生在孟买的连环恐怖袭击，袭击地点包括两家高档酒店）、"俄罗斯的'9 · 11'"（很多政治团体用其指代针对平民的大屠杀）、"巴基斯坦的'9 · 11'"、"西班牙的'9 · 11'"等，特别是 2004 年 3 月 11 日发生在马德里的恐怖袭击，该事件导致超过 200 人丧生，很快就被贴上了"西班牙的'9 · 11'"这个标签。随即，西班牙人也用上了充满类比的绰号，比如"11-S"（针对纽约和华盛顿的恐怖袭击）和"11-M"（针对马德里的恐怖袭击）。

在网上，人们也可以找到这些表达，比如"17 世纪的'9 · 11'""欧洲的'9 · 11'"，以及"第二次世界大战的'9 · 11'"等。而且能在网上看到大量把"'9 · 11'"这一范畴视作复数的用法，比如说，"未来的'9 · 11'们""19 世纪 60 年代的'9 · 11'们"，以及"历史上的'9 · 11'们"等。

简言之，"**9 · 11**"这一概念如今已是一个常见的范畴，包含不同强度的成员。"珍珠港事件"就是其中一个典型的成员。令人遗憾的是，"9 · 11"事件本身也是"珍珠港事件"这一范畴中典型的一员。再想想那些多年前恰好生于 9 月 11 日的人们，或是挑在那天结婚的夫妇，2001 年之后，这场事故不知道毁了多少人的生日或是结婚纪念日。而且，在 2001 年之后的一段时间里，各类庆祝活动、公众活动都有意避开了 9 月 11 日。这个日子就像是有"放射性"一般，凡是靠近它的东西均不能幸免。

牵一发而动全身

如前所述，类比牵动着人们对情境的看法。不论是在谈论北京的好地方，还是"9 · 11"这些范畴的成员，类比都像是在眼前加了一个滤镜。这听起来可能有点奇怪，因为时常忘记"有我之境，以我观物，故物皆著我之色彩"[①]。过往的范畴已经渗入了生活，融入了各类想法，不论大小，皆占据了我们的内心。

---

① 出自王国维的《人间词话》。——编者注

有一天，老杨在朋友家看到了一尊全新的瓷制大象摆件，他和朋友还对这件艺术品聊了几句。一个小时之后，老杨和妻子走在街上。突然之间，他在街边商店的橱窗里发现了一模一样的大象。就在他发现大象的这一刻，他还同时做着许多事情——说话、走路、倾听、思考，还得看路，所以，那会儿他一点也没有想起朋友家的大象。事实上，在之前几周的时间里，老杨曾路过这家店很多次。尽管大象一直待在那儿，但老杨从来就没注意过，大象身上积的厚厚的一层尘土便是明证。他甚至还进店里问过店主大象是否一直待在店里，并且得到了店主的确认。换句话说，在这几个月的时间里，尽管大象出现在老杨的视野里许多次，但老杨从来就没看见过它。直到那天，它突然就进入了老杨的世界，好像它比店里的其他一切都光彩夺目。

过滤这一过程在不断地发生，上面的小故事就是一个好例子。因为刚刚激活了某些概念，之前没被注意到的大象在新的情境中一下就成了主角；它越过了老杨给注意力设下的门槛，一下变得鲜活起来。

正如上面的小故事所示，感觉都带有极大偏见。不过这并不是问题，反倒是件好事。因为偏见通常十分有用且高效。如果大脑对身边的一切事物都同等对待，将会陷入困惑。因此，范畴正如滤镜一般，是人类内心生活的关键要素，帮助我们应付如洪水般不断袭来的各种刺激。正因为范畴是感知世界的器官，影响的范畴系统也就意味着左右感官。生活中那些杂乱的想法都深刻地左右着我们如何看待这个世界。

因此，学到了新的知识或是有了新的经验，都会深深地影响人们对身边环境的看法。在孕妇的眼中，走到哪儿都能看到孕妇；等到她生了孩子之后，眼中就全是小孩子了。当某人准备进行某种心理疗法时，很快就会发现自己认识的人都做过同样的事。如果某人下定决心准备离婚，一瞬之间，到哪儿都能聊到关于离婚的故事。如果某人奖励了自己一辆新车，便会惊讶地发现满大街都是同样的车型。如果某人开始注意自己朋友细微的言行，那么这些细节一下就变成了显眼的特点，即使以前从来没有注意到过。如果某人在聚会上遇见了自己孩子的同学家长，即便这么多年都没留意过，但再接孩子时，就会发现天天都能遇上了。

执念的力量

人们心中激活的范畴，总要在生活中寻找自身的实例。被激活的程度越高，就越容易在生活中找到自己，而且在捕捉自身的过程中也更加流畅、更富有创造力，无论这些实例伪装得多么巧妙。

上文中一些具体、熟悉的例子（瓷制大象、孕妇、离婚的故事，诸如此类）证明了上述观点。但是，我们也经常被卷入一些更加模糊、界限极其不明确的情境。在这种情况下，就同在简单情境中一样，当下激活的范畴仍在四周寻找着回音，不过，这种找寻发生在更为抽象的感知层面上。正如唐寅在《桃花庵歌》中写道：“世人笑我太疯癫，我笑世人看不穿。”

我们感受到的其实是各方妥协后的结果，即所处环境、自身拥有的范畴以及当下关心的事物之间妥协的结果。但若是对当下事物的关心一跃成为执念，它便喧宾夺主，掌控了一切。因此，在痛失爱人之后，死亡与悲伤就涌上了一个人的心头。不论何情何景都染上了失落的色彩。一把倾斜的阳伞都能带来眼泪，让人想起大树将倾，一切都将走向尽头；停下的手表，意味着时间为故人而停；阴云密布，就像是被死亡笼罩着，尽是阴郁的气氛；一颗烂桃、一朵凋谢的玫瑰、一个碰掉瓷的杯子、一个破玩具、一个翻倒的垃圾桶、拉上的窗帘、收起的遮阳伞、撞瘪的汽车，所有这一切都再一次暗示着死亡。相反，陌生人的欢笑、恋人柔情的目光、亲吻的一对、幸福的一家人在散步，所有这些世上喜悦的象征突然之间都变成了残忍的打击，并提醒着我们，人们对他人的痛苦漠不关心，凸显伤痛之人孤苦的心灵。

执念遍及生活的每一个角落。换句话说，对于某些情境可能有着大量的类比，但只有执念才能够胜出。比如说上一段那些悲观的想法，全部来自关于死亡的类比，而且每一个都能自圆其说。不过，很明显，还有很多别的方式可以解释上面的情境。尽管这些类比可以带来某种角度，但当人们客观考虑这些时，就显得有些牵强了，以至并不能让人信服。即便如此，执念还是可以带来新的洞见，虽然不总是这样。事实上，对于某个现象，热切地寻找与之相关的类比会增加获得新角度的机会。要是没有执念的力量，一些想法也许永远都不见天日。就像用同一把钥匙试上千把锁，没准儿哪次就打开了呢。

若是对某个领域没有执念，则很难想象一个人如何才能产生革命性的洞见。再说下去，就要提到第 8 章讨论的科学发现了，因此，我们在此仅简单地说一句：伟大的物理学家、数学家，以及科学家都对自己的领域充满热情。路易 · 巴斯德（Louis Pasteur）曾说过这句名言：“机遇总是眷顾有准备的人。”如果没有做好准备，执念便一无是处。要不是充满热情，就不会发现长久以来从所有同事眼皮底下溜走的联系。这让我们想起上一章的观点，创造力可没有开关：要想拥有创造性的类比，得先对一个想法产生执念。

回顾一下阿基米德在浴缸里顿悟的故事。为了理解这一发明的成因，得把压力考虑在内。在此，压力并不是指水中物体所受的压力，而是来自皇权的压力。不难想象，在那个年代，若是有违皇命会落得个什么下场。因此，可怜的阿基米德辗转反侧，绞尽脑汁，想要得出那该死的皇冠的体积。一开始，在他眼中到处都是体积，尽管在别人眼中满不是那么回事。皇冠有体积，然后阿基米德想到，**门**有体积，**椅子**有体积，**动物**有体积，**人**有体积，**我自己**有体积，**我身体的各部分**有着不同的体积，**浴缸中被我排出的水**有体积……啊哈！就是这个！

锤子与钉子

执念会带来让人意想不到的联系。这让人想起心理学家马斯洛的一句格言：“如果你手中只有一把锤子，那将满眼都是钉子。”[2]

小蒋是一名高中生，他就有这么一把锤子。他痴迷于弹球机，每天都得玩上几个小时。在追逐更高分数的同时，某天他突然意识到，人生就如同弹球机中弹球的轨迹。因为人生的展开就如同弹球滚动一样随机，无法预测。出生，就像是开始游戏；跌宕起伏的人生，就像是蹦蹦跳跳的弹球。这一过程在任何一刻都可能戛然而止。不论精彩还是平庸，都难逃一死。

◇ ◇ ◇ ◇

老沈是位爱马之人，不仅宠爱它们，还和它们生活在一起。她对于人类世界的理解，来自她对马的世界的理解。她凭借“马的感觉”可以解决所有复杂的人际关系，她甚至觉得自己对人性的理解远超身边的人。

◇◇◇◇

老刘从小就是个爱狗之人。他把每一个自己见到的人都同某一品种的狗联系在一起。此外，他还把自己的社交圈子以及颇为成功的商业往来都归功于这种快速的本能联系。每当新结识一些人，他总是观察这一“品种”的特点，并以此决定如何对待自己的朋友和同事。老刘认为自己是一只圣伯纳犬，他的朋友和同事们则是卷毛狗、斗牛犬、德国牧羊犬以及猎狐㹴等。

◇◇◇◇

小杨是一位物理系研究生。他深深沉浸在粒子的世界里，以至对社交的理解都建立在粒子间的相互作用上。即便是极其晦涩的量子现象，也有对应的人际关系。

◇◇◇◇

当小赵还是个小姑娘时，就迷上了高尔夫球。她在父母的院子里自己做了一个有18个洞的高尔夫球场，每周都玩上不少时间。日日夜夜，小赵的心里尽是高尔夫的词语和图像：铁杆、木杆、推杆、高尔夫球、草坪、标准杆、小鸟球、老鹰球、沙坑以及球道，诸如此类。在这段时间里，不论小赵走到哪儿，每一片经过的草坪、草地或是长草的土丘，在她眼中都可能有个球洞，或是轻击区。在她全家搬到瑞士的那一年里，每一次的郊外旅行都是她做高尔夫球梦的时候，不论去哪儿。

◇◇◇◇

几年之后，小赵把对高尔夫球的热情转移到了摄影上。一个高尔夫球的狂热粉丝，摇身一变，成为摄影狂热爱好者。每一片风景，每一个人的每一个姿态，都在她的心中以不同的方式定格。

弹球机之于小蒋，如同马之于老沈、狗之于老刘以及粒子之于小杨。每一个领域内都有着丰富的类比，每一个人对人性的理解也都建立在这些类比之上。这些人都有着各自的执念，并以某种方式从中获益。而小赵的例子则说明，正如可以从一个城市搬到另一个城市，我们也可以从一个执念切换到另一个。

在外人看来，这一系列广泛的、系统的、长期的类比乍听之下颇不自然，荒诞不经。单是想着神秘的、看不见的粒子，弹球机中的弹球，马或是狗的品种，怎么就能理解丰富多彩的人类呢？这听起来就像是异想天开，甚至可以说，只要背后有着某种执念在推动，人们几乎可以在任何事物之间作类比。

事实上。逻辑学家与哲学家纳尔逊·古德曼（Nelson Goodman）指出，任何两个情境之间都存在着大量随意的共同点。比如说，一个王冠和某人身体的共同点是二者距离太阳的中心都不是 1 公里远，也不是 1.1 公里，或是 1.2 公里，诸如此类。尽管这句话毫无疑问和哲学相关，但和心理学却没什么关系。因为，很明显，对于见到的事物,人类并非关注它们全部的特点——而只取其中很小的一部分罢了。比如说，没有人会在乎，英国女王的王冠距离太阳的中心不是整整 π 公里远。

尽管如此，**相似性**这一概念极其流畅，使人们可以通过推理在完全无关的事物之间建立联系。这不过是人们在执念的推动下不断地寻求相似之处罢了。不过，这些热切搜寻的成果并不随机。人们对马或狗的热情，并不能立刻把这些动物变为其他领域里类比的源泉，也不能为三角几何、平面设计、钓鱼或是其他领域带来任何洞见。但另一方面，双重的执念就可以带来这些类比。比如说，某人同时痴迷于欧氏几何与钓鱼的话，无疑可以在两个领域发现许多能够类比的现象。因为，在这种情况下，两边的搜寻都十分强烈。

吃豆人游戏揭示的人生真理

当一个人对某件事的热情日益高涨时，便更容易做出或是发现类比。下面的小故事讲的是一个迷上了某款游戏的年轻人，他沉浸其中，收获了大量的类比。这展示了执念可以带一个人走得很远。

小田和一位朋友打赌，赌他能够在吃豆人这个游戏里胜出。这是一款风靡 20 世纪 80 年代的游戏，玩家在其中扮演一个张着大嘴的黄色圆圈。这款老游戏吸引了小田和他的朋友们，他们愈发痴迷吃豆人的世界，在其中花了大量时间。小田可以坐在自己的电脑前，日夜玩个不停。

要想玩好吃豆人游戏，必须躲避四个叫作“鬼魂”的敌人。目标自然是获得尽可能高的分数。玩家可以吞下两种药丸，其中一种可以短时间内让玩家吃掉“鬼魂”。如果可能的话，自然是想吃掉全部四个“鬼魂”。因为较之第一个“鬼魂”，吃掉第二个“鬼魂”会得双倍的分数，第三个有四倍，第四个有十倍。有时候，屏幕上会随机出现一个水果的图标。若是吞下水果，则会拥有特别的优势，比如说额外的分数、更快的速度、短暂的无敌状态，或是直到下一关开始分数都加倍。

小田日夜沉浸在吃豆人的世界，他眼中的全部生活都染上了这款游戏的色彩。这看起来很奇怪，但小田的人生哲学全部归结于长期玩游戏收获的一系列类比。下面十五条便是小田根据吃豆人游戏总结的人生格言：

（1）在吃豆人游戏中，人们努力吃掉猎物，同时避免被猎食者吃掉。小田发现在真实生活中同样如此。有些人比你强，有些人比你弱。因此，生活就是大鱼吃小鱼，弱肉强食的食物链。

（2）在吃豆人游戏中，人们不断地在追赶者和被追赶者之间转变着身份。事实上，每当吃了某种药丸后，原先的猎食者立刻变为了猎物。所以，小田的第二句格言是：欲胜之，先弱之。

（3）当“鬼魂”是猎食者时，它一刻不停地追着你；但当它可以被吃掉时，见到你就逃跑。因此，小田认识到人们必须审时度势。还有，遇见真正的强手时，再嚣张的恶棍也得落荒而逃。

（4）越有经验，就越有可能不被吃掉，并越有可能吃掉别人。一个新手，不论多么走运，也走不了多远。小田从吃豆人游戏中学到：吃得苦中苦，方为人上人。

（5）小田发现有时候自己一个水果也得不到，而有的时候能得到很多。因此，当好运眷顾他的时候，他便欣然自得；当他只能靠自己时，就苦得多了。对此，他总结道：在生活中，有人总是走运，有人却总是倒霉。

（6）在吃豆人所有不公平的情况里，最明目张胆的一种便是，吃下樱桃后分数加倍。因此，吃掉樱桃后，就算不是高手也能得到不错的分数；要是没有这种加成，就得冒风险激烈地斗争。小田把观察到的这一点推广到世上的人们：有些人生来锦衣玉食，有些人就得忙碌一生。

（7）要玩好这个游戏必须冒险，要不然就失去了提高分数的机会。若是玩得毫无风险，则注定平庸。所以，小田自己又再现了那句成语，不入虎穴，焉得虎子。

（8）冒险并不总能得到回报。取得超高分数的人自然承担了风险，但玩家若不是技高一筹的话，则往往会被吃掉。他们为自己的鲁莽付出了代价。所以，小田意识到了这个世界是多么残酷，也就是说，鲁莽和死亡总是携手同行。

（9）有时候，吃掉“鬼魂”看似收获颇丰，但在最后一瞬间，“鬼魂”冷不丁地变回了猎食者，一口吞下原先的追逐者，一切在瞬间反转。小田学到贪心不足蛇吞象的道理。

（10）小田发现，不到一秒钟的犹豫就会导致满盘皆输。光是做出好决策是不够的，还得当机立断。小田总结道：人生不会给你第二次机会。

（11）小田也有痛苦的回忆：曾经有一局游戏形势一片大好，但是稍一走神，自己便输得个落花流水。他意识到，一时大意，一切沦为徒劳。

（12）有时候，屏幕中既出现了好吃的水果，也可以吃掉“鬼魂”。但是，当小田盘算着把它们一网打尽的时候，常常是两头都落了空。由此，他记住了过犹不及。

（13）有时候，小田太过冒险输掉了游戏。但要是他能克制自己，虽然分数少些，但好歹能够幸存。由此他学到了一鸟在手，胜过双鸟在林。

（14）不论是对猎物紧追不舍，还是望见猎食者便闻风而逃，小田都是依据距离决定自己前进的方向。但是有时候，当他走错了方向反而能得到好的结果。因此，吃豆人游戏教会小田，最短的路径不一定是最好的。

（15）有时候，不论小田打算往哪儿逃，都难逃一劫。他学到了：尽管现在活着，死亡可能仅有一步之遥。

这十五条“人生准则”出自一款毫无抽象寓意的游戏，而这个游戏存在的唯一目的就是为了娱乐。这说明，当某人被执念驱使时，脑中会充满类比。小田因为痴迷吃豆人而总结出的这些格言，换成是一个新手可总结不出来。刚玩了几分钟或是几小时的人会说：“多明显呀，这个游戏的目的不就是吃掉‘鬼魂’的同时获得高分嘛！”他们不太可能有更深远的反思。

正如上述那些源自执念的类比，小田的这些格言看似矫揉造作，颇有夸大之嫌，因为这些格言看起来和吃豆人并无关系。但是，另一方面，他的类比确实天经地义。大多数格言和游戏中的情况之间的联系十分明确。这些类比都很准确，而且往往给人上了一课，这些都是能够从真实生活中学到的。区别在于，在吃豆人中，这些道理是人们在短时间、高强度的情况下学会的。对一个吃豆人的游戏迷来说，即便是最特殊的情况也会多次上演。在小田痴迷于吃豆人的这段时间，他已经“活了”成千上万次。

如此简单的游戏却蕴含着丰富的寓意，可以让玩家思考生活的哲学。一方是吃豆人那微不足道的“生活”，不过是吃与被吃罢了；另一方则是复杂的人类生活。上面这些见解全部源于使二者相连的那些类比。从这个角度来说，吃豆人的微观世界同下一章将要讨论的 Copycat 的微观世界相比，有很多相似之处。

不可抗拒的类比：它们是否有意义

现在，我们把注意力转向另一种常见的类比。这种类比源于事物间极其明显的相似之处。它们或许肤浅,但也未必。这是问题的关键。尽管这种类比令人难以自制，但它们值得我们深究吗？让我们通过一个例子来解决这个问题。

在一个讲座之后不久，一位记者联系了方教授。这位记者就职于方教授所在大学的公共关系部门，她想代表校刊采访方教授。他们见面了。而且，随着采访的深入，方教授愈发觉得这位记者很有魅力。方教授还没有结婚，可令方教授失望的是，这位记者已经结婚了。但是他违背了自己良好的判断力，邀请这位记者共进午餐；她也把自己良好的判断力抛在了一边，应约共进午餐。在随后的两个月里，二人经常见面，并在午餐时亲密地交谈。虽然完全是柏拉图式的关系，但也总是擦出火花。最终，方教授打算试试能否从柏拉图主义一跃成为享乐主义，但他的幻想落空了。虽然颇感同情，但那位记者还是毫不犹豫地拒绝了他。

五年之后，方教授接受了另一所大学提供的职位。他还是单身一人。方教授刚一到学校，就有一位校刊记者想要对他进行电话采访。“好主意，这样咱们都可以节约宝贵的时间！”不过，方教授可没这么说。他建议二人面谈。这两个情境之间的类比十分明显。尽管这种相似颇为肤浅，但是，方教授难以自制。

我们时常听到心底的声音：“好家伙，你可够走运的！这情形和以前的一模一样，你记得可清楚着呢。根据过去的经验照做就是了！”再看一例。

老葛曾是某知名杂志的专栏作家。当他被雇用的时候，老葛没有意识到每一期的杂志内容都被翻译成了其他语言，并传遍全球各地。有一天，老葛突然收到一个包裹，里面是该杂志在各个国家不同的版本，他写的专栏自然也被译成了各种语言。一开始，看到自己的想法传遍世界各地，他十分高兴。但是，在仔细看了欧洲的4个版本译文后（他学过一些欧洲语言，并痴迷于此），他深感失望。因为他发现自己极为讲究的写作风格完全没能被忠实地重现，译文的风格令他感到乏味厌倦。他感到自己被出卖了。

又过了大约30期之后，杂志出版方给老葛打电话并告诉他，该杂志韩国分部的主编打算推出一个老葛专栏的选集。这是多大的荣誉呀！老葛会点头通过并出版这一选集吗？老葛犹豫了。出版方追问：“怎么了？这是多好的机会呀！”于是，老葛解释说自己对欧洲几个版本的译文并不满意，尽管他一点儿也不懂韩文，但是担心发生同样的情况……出版方打断了他，并说道：“嘿，老兄，不用担心！我们杂志的韩文版只选那些最好的译者——精英中的精英来翻译。绝对专业，包你满意。怎么样，成交吗？”

如果诸位读者站在老葛的角度，会怎么做呢？一方面，杂志的高层打算在韩国推出新书，这压力可不小，不过这倒是有助于提升老葛的声望。另一方面，这里有一对类比，不过看起来一点也不相干。一边是令人失望的欧洲译者，另一边是另一个国家不知名的译者，不论是地理位置、语言，还是文化，二者相差甚远。它们之间又能有什么联系呢？

最终，老葛拒绝了出版方的邀约。尽管后者向他保证译者绝对令人满意，但是他又知道些什么？他可不会这么对老葛说："我理解一个作家被译者糟蹋的痛苦。欧洲的这些翻译你一个也不满意，所以，你担心韩文版的翻译质量，这完全在情理之中。"

出版方更可能这么说："尽管杂志的欧洲译者多少有些不尽如人意，但这完全是局部的问题。韩国和欧洲可完全不是一码事，我们的译者可认真多了。我当然理解你会忍不住作类比，但是，相信我，韩国和欧洲译者之间可没什么关系。这就像你告诉我，自己只试驾过东欧的车，所以绝对不开韩国车一样。老兄，你得相信我们。我们向你保证这些译者绝对忠实，绝对可靠。你大可以相信我们，也相信他们。"但是，老葛可不买账。毕竟，"一朝被蛇咬，十年怕井绳"！一周之后，老葛收到一封信，上面说杂志将取消他的专栏。他这个类比的代价可真不小。

那么，老葛有什么理由深信自己做出的类比呢？从欧洲译者的翻译质量，跳到另一种语言译者的翻译质量，这有道理吗？尽管劣质的欧洲翻译不只一个，而是四个，这又能说明什么呢？要是再把老葛对这四门语言不同的理解程度考虑进去呢？

人们如何从已知世界发生的事推出未知世界的事，又是凭借什么知识，以及过去的什么经验做出这样的推测呢？如果某种语言的译文质量低下，为什么另一个人翻译的另一种语言的译文也是劣质的呢？即使这世上已经有 20 种不同语言的译文，但全都惨不忍睹，难道就有权力做出上面的推论了吗？还是说，早在这之前就可以盖棺定论了？说到底，这些推论都凭的是什么？地理位置的差异？文化差异？语言差异？需不需要精通所有这些语言？还是说，不论是哪种语言，只要有了一两种译文，便能看出问题的端倪？

同一锅的茶叶蛋

上文中的每一个小故事中，都有人认为过去发生的事很有可能会再次上演。因此，那位教授五年之前迷上了采访他的记者，后者就职于大学公共关系部门；当新大学公共关系部门的记者联系他时，他无法抑制心中的情感，认为这是个好机会，可以遇见心仪的那个她。那位专栏作家对自己专栏的译文深感失望，在面对另一门自己完全不懂的语言的时候，仍是禁不住怀疑新的译文会漏洞百出。

这些故事都是归纳的例子。归纳是一种思维过程，即根据过去的一两个情境推出新的情境。这种推断可以被拓展得很广，比如说，在遇见一些聪明的荷兰人之后，就认为所有荷兰人都是聪明人；或是某人迟到了几次之后，就认为他经常迟到。也可以局限于一两个例子，比如说，认为即将出锅的鲜虾菜心包子一定是美味，毕竟，刚入口的猪肉大葱包子好吃极了；或者某人是金发，就认为他的兄弟姐妹也一定是金发。归纳并不保证逻辑正确，也就是说，没有什么严格的推理规则可以保证某人归纳的结论绝对正确。这世上没什么法则能保证所有大学公共关系部的女记者一定都是某位男教授的心上人；也没有放之四海而皆准的道理，证明某个杂志雇用的译者都一样平庸。准确来说，是强烈的、难以自制的类比把这些情境联系在了一起。但是，谁也不能保证这些类比就是事实。

当然了，虽然通过类比做出的结论并非来自无懈可击的逻辑推理，但这并不意味着结论就一定是错的。差得远着呢！韩国的译文当然可能惨不忍睹；当那位教授遇见新学校公共关系部门的记者后，也有可能被迷得神魂颠倒。简单来说，不应该把某个结论的可能性与它在逻辑上的正确性搞混。事实上，日常生活中重要的是某件事发生的可能，而非是否符合逻辑推理。那位教授并不是在寻找密不透风的证明，说他一定会爱上一位尚未谋面的女人。他不过是想知道这是不是一个遇见心上人的好机会。对那位专栏作家来说，重要的是韩文译文很可能漏洞百出。他们一点也不在乎自己的结论是否遵循严格的逻辑推理，他们只关心可能性。更重要的是，这两个人得出的结论有着非常不同的可能性。一场浪漫的邂逅，很可能只是那位教授的白日梦；而那位多疑的专栏作家的担心则很可能成真。也许这两位在做出自己“不合逻辑”的类比推断时，都坚信自己是正确的。

要想在世界里生存，人们就不得不相信自己的判断，以决定事情发生的可能性，而不是担心推理是否合乎逻辑。如果在某个糟糕的日子里，你突然决定拒绝接受任何由归纳得出的结论，仅仅因为它们没有经过缜密的推理，那么你的思维终将停滞。因为任何人的每一个想法，不论多么渺小，看起来多么自发或是盲目，都是没有正确逻辑的心理活动的产物。

如果A向Z提出一个问题，简单得像是“你的薯条怎么样”，那么为了严格遵守逻辑，Z得这么回复：“好吧，就我目前吃掉的这六根来说，还是不错的。但是，我还没有尝盘子里其他的薯条。所以，没法评价它们到底怎么样。”理论上讲，Z的回复可能合乎情理，但是任何一个意识清醒的人都会认为这迂腐至极。正常人连想都不用想，就会回复道：“它们挺好吃的！”因为，人们会毫不犹豫地向外推断，浅尝几口，便将从舌尖感受到的美味推广到一整盘薯条。已经入口的美味薯条与其他尚未入口的兄弟姐妹，这一类比看起来太过难以抗拒，根本不给别的念头留半点机会。

很多心理学实验证实了，不同的因素会影响归纳的正确性。也就是说，感觉那些由类比得来的推断是可信的。比如说，之前观察到的例子越多，人们就越相信同样的结果会在新的情境中再次上演。因此，盘子里的薯条吃得越多，就越相信整盘薯条都是好吃的。

范畴成员的多样性是另一个因素，也就是说，某个范畴越多样，人们接受类比推断时就会越小心。因此，如果某人一开始在城里见到的人都严重超重，他不太可能认定全城的每一个人都是胖子；与之相对的是，如果某人知道自己观察到的特点通常是该样本共有的，比如导电性，那如果某人测试的新型材料的前几个样本全都导电，他很可能就会认为用这种材料做出的任何东西都导电。

之前观察到的例子越多样，就越有信心将类比推广至全局。因此，某人在一家餐馆点过的菜花样越多，就越有资格评价餐馆的整体水平；与之相对的是，如果某人只吃素的话，不论他点了多少种、多少次，他都不太可能评价餐馆的整体水平。

还有另一个因素影响了人们是否相信自己的类比可以推广至全局，那就是有没有观察到范畴中的典型成员。换句话说，和观察边缘的成员相比，当人们发现典型成员时才更有可能推广至全局。因此，若打算评价某一家餐馆的水平，得多去考量考量水煮鱼，而非吸油的面包或是鲜榨果汁。

为了更好地理解前文，可以打个比方，称其为“同一锅的茶叶蛋”。基本上，同一锅里的所有茶叶蛋都被视作相同的，也就是说，它们有着一样的温度、咸度、味道，以及口感等。因此，能否把一个情境推广至不同的情境这一普遍问题，就变成了这些情境是不是属于“同一锅”。同一盘里的所有薯条算不算是“同一锅的茶叶蛋”？当然算。那么，同一个杂志雇用的不同译者呢？当只考虑他们的翻译水平时，他们算不算是“同一锅的茶叶蛋”？那么，不同大学公共关系部雇用的记者呢，她们算不算是“同一锅的茶叶蛋”？当从这个角度思考问题时，可以看到，关键问题“这是在作类比，或是在分类”重返舞台的中心。因为，人们如何回答“这两件东西本质上算不算是同一锅的茶叶蛋”这个类比问题，取决于人们是否认为二者同属一个范畴。

有时候答案太过明显，就连提出这样的问题都会觉得难堪。比如说，同一部小说在同一台打印机下同时打印出的所有副本，明显是同一锅的茶叶蛋。那么，没有道理会认为，有人在读过其中一本后还会好奇另一本是否好看。但如果用“同一锅的茶叶蛋”这个方法去识别“酸葡萄”的情境，结果就没那么明显了。当一名科学家通过类比，在同一领域甚至跨领域，从一个现象跳到另一个现象做出重大发现时，这是因为他看出了来自同一锅的茶叶蛋。而他的同事们呢？眼中只有一堆截然不同的食物。“这些情境都共享着同一个本质吗？”换一种问法便是：“从本质上来说，它们算不算是同一锅的茶叶蛋？”那些侵入我们脑中、支配思维的类比，就是同一锅茶叶蛋之间建立的桥梁。它们有时帮助，有时误导，但我们对此大都毫无察觉。

类比的专制

类比可以扮演更强硬的角色。有时候，类比不仅如前文所见那般，从情境之中自然流露而出，它们还能阻断其他一切念头。在这种情况下，面对的就是“类比的专制”。

小柯的爷爷深爱红杉。当他年迈病重时，每个人都知道他大限将至。他的儿子打算最后带他去看一次北加州的巨人大道。这是一条长达 50 公里的公路，沿途是世上最壮观的红杉。对小柯的爷爷来说，那是一个美妙的时刻，在钟爱一生的红杉林间，留下了与儿子珍贵的回忆。这趟行程之后不久，老人便平静安详地去世了。

40年之后，小柯的爸爸也是个老人了，身体每况愈下。他也深爱着红杉。有一天，小柯突然想到，为她的爸爸做那件他曾为自己爸爸做过的事——带他去巨人大道，最后看一眼他钟爱一生的红杉林。她非常希望自己的爸爸可以再睹这世间罕见的美景，希望自己可以与他分享那一刻。

唉，但是，全都怪人类作类比的能力，这件事搞砸了。只要小柯胆敢暗示自己打算带她的爸爸去看红杉林，家里的每一个人瞬间就想到他和他爸爸的最后一程。这当然包括他爸爸本人。小柯的建议相当于就是在直说：“爸爸，你就快去世了，我真希望在你离世之前陪你最后一程。”换句话说，这趟旅行就像是小柯明确地告诉她爸爸，家人认为他已经站在死亡的边缘了。“最好不要去那里！”小柯对自己说道，不经意间还用了一个双关语。

在两代人之间作类比有着极强的吸引力。因为，一瞬间，它就跳进了所有人的心中。尽管小柯的计划是带爸爸做他喜欢的事，而且她也自认这是个好主意，但是类比让他们寸步难行。其实，把两次旅程联系在一起并没有什么因果关系。对于一个意识清醒的人来说，没有任何理由相信，带某人的爸爸去看参天红杉就相当于给后者判了死刑。“巨人大道的诅咒”也许是个悬疑片的好噱头，但它不应该让小柯的爸爸或是家人那么担惊受怕。

尽管在逻辑上站不住脚，但是和其他规范的逻辑推理相比，这一类比造成了更大的压力。每个人都知道，如果A推出B，B推出C，那么，A推出C。尽管这个推理模式并没有造成多大的心理影响，但我们知道，有些看似合理的推理常常暗藏陷阱。关于红杉的这个类比，尽管并没有逻辑的力量，却强行控制了我们的头脑，这与面对规范的推理时，形成了鲜明的对比。

如果看到某个著名定理的证明中有瑕疵，比如20世纪末被证明有缺陷的费马大定理，人们就不再会相信它的正确性。我们都听过有些观点看起来合情合理，最终的结论却是公然的谬误。所以，对于那些听起来很科学的推理，加倍的审慎有时是有回报的，即便它听起来密不透风。相反，人们却常常被明显的相似之处战胜。它太过强大，使我们无法控制自己的结论。简言之，质疑逻辑观点易，怀疑类比观点难。

两趟红杉之旅间的类比，尽管缺乏逻辑基础，结论也可能是大错特错，但是，很明显，我们无法置之不顾。小柯深陷困境，尽管她一点儿也不相信有什么“超自然的类比力量”可以把爸爸置于死地。但她和所有其他人一样，也无法抑制这趟旅程类比带来的沉重气氛。即使小柯和家人促膝长谈，而后家中的每一个人，包括她的爸爸，都同意这不过是一个没有任何意义的类比，但它就像达摩克利斯之剑[①]一样预示死亡的降临。“提起这趟旅行就是在告诉爸爸，我们都认为他大限将至。”事实上，家人间的长谈反而会添油加醋，在每个人的心中强化这一类比。

这两趟旅行，尽管在时间上相隔甚远，却如此相似，使人们无法在心中把它们分开。二者的对应如此明显，使人们相信两个故事会以同样的方式结尾。“不要在有人上吊自杀的房子里提到绳子”，这就是个典型的例子。没有人会相信这么一趟旅程就能宣告小柯爸爸的死亡，只不过一提起这个，人们难免想到上一代的那趟旅程。这一类比使红杉之旅变得沉重和悲伤。

人类的思维就是这样。定局并非来自严苛的推理法则。事实上，这种推理方式得到的结论之所以遭到很多质疑，就是这个原因。相反，通过类比而做出的分类会使结论变得令人无法抗拒。如果它是条狗，就会狺狺狂吠；如果它是把椅子，人们就能坐上去；如果是在夜里，就看不清楚；如果提起这趟旅行，爸爸就会觉得我们认为他大限将至。这些例子都说明，类比可以在我们的心中根深蒂固。正如当我们想起“桌子”时，难免想到“四条腿”；想起“鸟”时，难免想到“羽毛”；或是想起“天才”时，难免想到“爱因斯坦”。所以，对于小柯和她的家人来说，想起“巨人大道是爸爸可以享受的最后一次旅程”时，难免想到“爸爸大限将至”。

类比的双刃剑

本书写到这里，另一个同样阴郁的类比笼罩着我们。故事始于智利物理学家弗朗西斯科·克拉罗（Francisco Claro）和他的妻子伊莎贝尔（Isabel），以及他们的三

① 达摩克利斯之剑象征着随时可能发生的危险。——编者注

个孩子。他们一家人离开家乡，来到印第安纳大学，准备在此度过弗朗西斯科的第一个学术年假。这对夫妇，是侯世达与卡罗最好的朋友之一。

两对夫妇有着许多相似之处。侯世达和弗朗西斯科年纪相近，二人还在同一所大学，师从同一名教授拿到物理学博士学位。他们都钟情于巴赫与肖邦，而且常为彼此弹奏。至于卡罗和伊莎贝尔，二人亦是好友。她们都拿到了图书管理学的学位，且都曾当过图书管理员。二人还都有着一股拉丁裔的柔美。

弗朗西斯科一家抵达印第安纳大学几个月之后，伊莎贝尔开始产生一系列剧烈的头痛。在她被送到布卢明顿医院后，伊莎贝尔被确诊患有脑肿瘤。她立刻被送往了位于印第安纳波利斯的一家更专业的大医院，大约以北一百公里，以进行后续的诊断与治疗。经检查后发现，肿瘤之大，按术前医生向弗朗西斯科和伊莎贝尔这对夫妇所描述的来讲，“有柠檬那么大”。在那一刻，他们经历了一生之中前所未有的极度恐惧。为了使伊莎贝尔免于一死，他们选择进行手术。结果在手术时发现肿瘤是良性的。不仅如此，它还是包裹性的，因此可以被轻易地移除。伊莎贝尔在术后很快便恢复了，而且并没有什么后遗症。

17 年后，侯世达和卡罗，以及他们的两个孩子，一同离开家乡，前往意大利的大学城特伦托，度过属于他们的第一个学术年假。在度过丰富多彩的几个月之后，卡罗开始产生一系列难以忍受的头痛。侯世达把她带到了特伦托的医院，经过诊断，医生发现了脑肿瘤。她立刻被救护车送往了位于维罗纳的一家设施更加齐备的大医院，大约以南一百公里，以便进行更详细的诊断与治疗。经检查后发现，肿瘤之大，按术前医生向侯世达与卡罗这对夫妇所描述的来讲，“有柠檬那么大”。在那一刻，他们经历了一生之中前所未有的极度恐惧。

两个情境的类比太过强烈，简直是不可思议，以至你也许认为这完全是凭空编造的。但是，一切都是真的，分毫不差。在每个例子里，都是一个年轻的家庭，身处异乡，度过属于他们的第一个学术年假。二者的相似之处一目了然，而两个家庭之间强烈的友谊，也让类比变得十分强烈。在两个例子中，都是妻子在一系列剧烈的头痛后确诊了脑肿瘤；在两个例子里，患者都被立刻从当地医院送到了临近大城市的更专业的医院，都离他们所住的地方相距大约一百公里；在两个例子里，经过测量后，肿瘤都有柠檬般大小。

故事到了这个地步，看到类比如此强烈，人们会不禁想到，“历史将再次上演”。也就是说，卡罗的肿瘤会像伊莎贝尔的肿瘤一样，被确诊为良性的，而且是包裹性的，因此可以被轻易移除。之后，一切正常，没有任何后遗症。事实上，对于侯世达与卡罗来说，这个念头可不只是想想。它强大的力量帮助二人共同面对这个恐惧的情境。他们甚至还颇为乐观，就好像这不过是平行展开的两对夫妇的故事，因此，注定有着同样的结局。结果证明，他们错了。直到弥留之际，侯世达与卡罗还抱着这一类比，难以自拔。

已知的牢笼

我们在不断地面对陌生和未知的事物，通过大量的类比来应付它们。然而，这些类比也同样操纵着我们，把我们扔进已知世界的牢笼。印度思想家吉杜 · 克里希那穆提（Jiddu Krishnamurti）曾写过大量的文章，探讨当人们在此刻挣扎时，过往的回忆是如何束缚我们的。他在文章中盛赞不受记忆束缚而获得新角度的观点。因为他认为，记忆的束缚不容出现关于自我、他人、环境以及所处情境的纯粹的、真实的、深刻的想法（“很明显……记忆就是知识，而知识一定会干预……”[3]）。他最著名的一本书《重新认识你自己》（*Freedom from the known*）就清楚地表达了这一观点。[4]

如前所述，有些类比微不足道，神不知鬼不觉地影响着我们；还有些类比大摇大摆，强迫我们走上人生的岔路。此外，被人们当下的兴趣和执念激发的范畴也会影响我们对于周遭环境的看法，控制我们的思维。事实上，正是那些已知的事物，从各个角度、每时每刻操纵着我们。不论是从宏观还是微观的角度，我们都极其依赖已知的事物。因此，毫无疑问，在人生中回顾过往的经历，这是不容置疑的事实。正如克里希那穆提所说，我们都被自己的范畴缚住了手脚。事实上，它们如影随形，是感官上不可或缺的盟友，亦是感知上形影不离的伙伴。从这个角度来说，类比操纵并控制着我们，厚颜无耻、明目张胆地涉足我们的生活。

类比从头到脚侵入了我们的思维，控制着我们与世界交互的方方面面。它如此紧密地控制着我们，以至我们只能以某种已知的方式进行思考。我们就像是一群同其他盲人生活在一起的盲人，除了触觉、嗅觉、听觉与味觉，无法想象其他的感觉。即便是科幻作家最大胆的想法以及超现实主义画家最狂野的作品，也源自日常生活的常见概念。比如说，**三首恶龙**、**智慧之湖**、**时光机**、**隐形人**、**蜘蛛侠**、**先知**或是**宇宙魔方**，诸如此类。《塞拉菲尼抄本》（*Codex Seraphinianus*）是一本有插图的“百科全书”，长达数百页，这本书以极细腻的笔触描绘了一个虚拟的世界。这个世界和我们的世界全然不同。但与此同时，它又全部建立在日常的概念之上。即便有人达到了如此之高的创造力，他们心中的概念还是源自日常生活。

每一个人都是从已知出发，无休止地延伸扩展，创造变体。这个大厦的基石就是最原始的生存需要。为了满足这些原始需求，人们不懈探索，进行各种各样貌似无限复杂的活动。对食物的需求产生了美食烹饪；对保暖的需求产生了高级时装；为了迁徙，创造了各种交通工具；性的需求诞生了情色艺术，以及数不清的爱情歌曲与诗篇；繁衍后代的需求给了我们家庭，以及家庭成员之间的交往；货物交换的需求形成了巨大的相互依存的经济体系；合作的需求产生了政府；理解世界的需求带来科学；信息交流的需求产生了成千上万种不断更新的技术……人类在已知的基础上，创造出无边无际、花样翻新、让人眼花缭乱的宝库。但是，却无法超越已知。

那么，“从已知中解脱”的目的是什么？已知的事物有两个紧密相连的特点：它是限制，令我们的想法带有偏见；但是，它同时也是引导，使我们得以不断改变视角。就像是轨道一样，火车虽然有了行驶上千里的能力，却不得不遵循轨道规定的路线。范畴允许描述、预测各种不同的事物，但我们的观点有限，其他的念头都被暂时抛在了脑后。

若是没有过往的经历，人们将无法辨别或是理解任何事物。把已知的事物当作人类思维的障碍，就如同把轨道当作火车运行的障碍一般。一方面讲，自是如此，因为轨道可以防止火车四处乱跑；但另一方面更加荒谬，因为没有轨道的话，火车将寸步难行。同样，一方面看，类比是操纵我们的力量，因为我们一直受到类比的摆布；但另一方面更加荒谬，因为没有类比的话，人类将无法思考。

当一个七岁的小女孩高兴地发现“剃须膏像牙膏”时，她固然受困于过去的知识——她心中牙膏这一范畴，难免使她对爸爸的剃须膏产生偏见；但是，若她没有

牙膏的概念，或是**白色**的概念，或是**膏状物**的概念，或是**物质**的概念，那么她将享有的“自由”会与上面受困的“牢笼”形成鲜明的对比。

没有人能够否认，我们对世界的认识受到了极多的限制。但正是这些限制才令我们的想法充满绝妙的新意。来看看詹姆斯·费伦（James Falen）①写的一首优美的赞美诗的最后四行。

> 处处都是衔接与链条，
> 松弛我们僵硬的大脑。
> 各种结构和限制虽是束缚，
> 却奇妙地解放我们的思考。[5]

要抛开人们从过往经验里获得的范畴，就像是患了最严重的阿尔茨海默病。能够透过种种滤镜，也就是通过各种范畴，看待这个世界对人类来说是一种恩赐；不带任何过往概念的纯粹想法只是妄想。已知的事物是我们生理感官的扩展，是我们思维的一部分。简言之，如果人们可以选择是否依赖过往的知识，这并不是让你选择是否生活在牢笼之中；选项只有复杂的迷宫，或是无尽的黑暗。

范畴的确在操纵我们，我们也的确受制于它们，对此只能承认。我们不仅被囚禁在已知的牢笼里，而且是终生的刑期。但幸运的是，我们可以不断扩大这个牢笼，事实上，可以无限扩大。只有已知的事物，才能让我们从已知中解脱。

① 詹姆斯·费伦是一位很有才华的翻译家，他的译作包括伟大的俄国诗人普希金的充满各种各样限制的诗作。——编者注

SUR

AND

ESS

ANA

AN

ACES

GY AS THE FUEL

IRE OF THINKING

NCES

6 我们如何操纵类比

在日常生活中，当人们渴望分享自己强烈的感觉时，就会在庞大的范畴系统里精挑细选，虚构出一个与原有情境截然不同的新情境，但又让人觉得二者“如出一辙”。这样做的目的是让类比显得足够生动，让听者可以感同身受。于是，听者就会得出符合说话人心意的结论。

用来搅拌的小木棍变成了用来划船的标枪

桑德尔和侯世达像往常一样，下午出门喝咖啡。“两杯**拿铁**。”侯世达对服务员说道。咖啡上来以后，侯世达往杯子里加了一点儿糖，从托盘上拿起勺子，边搅拌边说：“在欧洲，端上来的咖啡是装在杯子里的，还有真正的托盘和金属勺子。没有人会对此大惊小怪，因为理应如此。”

“当然啦！”桑德尔回答道，“那你还有什么好奇怪的呢？”

“当我还是研究生的时候，美国也是这样，”侯世达怀念道，“但是，现如今，不论你去哪儿，咖啡都是装在大纸杯或是泡沫杯里的。而且没有勺子，取而代之的是一根极细的小木棍，或是塑料棒。怎么就没人抱怨两句呢？唉，这就像是……这就像是一群游客来到湖边，想着租一条划艇，结果没有船桨，到手的却是**标枪**。你能想象这个吗？甚至没有人吭一声以示抗议。”

漫画类比：一个有创造力的交流工具

侯世达刚说的就是一个**漫画类比**。这是一种十分常见的认知行为，它虚构出一个与原有情境截然不同的新情境，至少从表面上看如此。但是，从更深层的角度看，二者“如出一辙”。因此，不可避免地使听者做出合乎说话人心意的结论。当人们渴望分享自己强烈的感觉时，比如对某个情境的愤慨，通常会触发这一过程。一般来说，人们会担心对情境的平铺直叙太过乏味，不足以让别人感受到自己心中强烈的愤慨。因此，人们就会在自己庞大的范畴系统里精挑细选，编造出一个虚拟的情境。这个虚拟情境虽然远在另一个领域之中，却和当下的情境十分相似，共享着同一个“概念框架”。希望如此一来，这个类比便可以足够生动，让听者感同身受。接下来便通过一系列例子展示这个现象，这些例子大都源自日常交流。

一位科学家正在海外寻找工作。他写信给一位同事，信中说：“我爱我的国家。但是在这里从事科研就像把保龄球当足球踢。”

◇◇◇◇

侯世达对卡罗说：“德文中乌龟是 Schildkröte。这个词的字面意思是‘长壳的蟾蜍’。”卡罗觉得非常好笑，回答道：“长壳的蟾蜍？我猜那地方也没有**鹰**，只有**长毛的牛**？”

◇◇◇◇

卡罗问侯世达：“你身上没带笔吧？”侯世达总是笔不离身，对这个问题他已经回答了上百遍。这次他又照样答道：“你觉得教皇信教吗？”

◇◇◇◇

在一次聚会上，有人问一位姑娘的年龄。那位姑娘答道：“我 17 岁了。”她的父亲提醒她仍是 16 岁。她反驳道：“得了吧，爸爸。两周后就是我的生日了。”父亲反诘道：“可不是嘛，亲爱的。今天是 9 月 29 日。所以说，10 月已经开始了。”

上面的例子可以无限扩展下去。它表明，任何一个人，而且是每一个人都可以做出漫画类比。它们大都源自人们对一个情境强烈且突然的反应，比如愤慨或是惊讶。这一类比有着许多种表现形式，比如，“想象 X 就像想象 Y 一样愚蠢”“做 X 就像做 Y 一样荒唐”“他们既然已经接受了 X，难道还要接受 Y 和 Z 吗”“如果你相信 X，就和相信 Y 一样”“假如 X 是真的，那 Y 也就是真的”……漫画类比往往拿各自领域内最显而易见的实体作类比，比如爱因斯坦、泰坦尼克号、密西西比河、喜马拉雅山、麦当劳；或者最不言自明的事实，比如地球是圆的、一个星期有七天、教皇信教等。

当然，人们也有可能凭空编造出并不令人信服的漫画类比，这就像是创造牵强的范畴。毕竟，就算是瞄准了情境的主旨，人们的思维还是经常偏得离谱。比如说，一位过分狂热的科技公司高管，当他宣布芯片科技的微小进步时，扬言道："上一代的旧芯片与我们的最新芯片相比，就像是一个锈迹斑斑的破瓶起子放在一辆崭新的法拉利旁边。"这个漫画类比尽管很有趣，但并不足以令人信服。

漫画类比的慢动作回放

在讲座上，当我们向听众解释什么是漫画类比时，人们常常受到这个概念的启发，有些人一头就钻了进去，开始有意识地建立漫画类比。当这些尝试很顺利时，他们就觉得自己已经了解了漫画类比的全部，但这不过是幻想罢了。就像会开车并不能使人成为一名高级技工，能够想出漫画类比也不能使人成为研究漫画类比潜在心理学机制的行家。

这一现象范围很广，既出现在日常生活中，又会出现在具有高度创造力的情境里。那么，是什么样的思维过程引发了漫画类比呢？在每天面对的无数新情境中，为什么会出现一些特例，让我们寻求特殊的类比？这个特殊的类比基于一个界限分明，却又是完全假想的情境。为了寻求一个漫画类比，我们又是如何把握情境的概念框架的？人们是如何选择适合的替代领域，并引入同样的主旨的？

为了解释这些问题，一起探究一下本章开头的例子，也就是把标枪当作船桨的情况。在美国，用来搅拌咖啡的是些不结实的小木棍或是塑料棒。侯世达想让桑德尔明白自己对此有多么恼火。不过，侯世达怀疑自己这位朋友并没有见证这一习惯在美国的演变，因此得需要点儿帮助，才能多多少少和自己达成一致。

侯世达可以这么说："这就像是让我们用**针**来搅拌自己的咖啡。"事实上，一开始他正打算这么做，但是忍住了，这样太极端也太粗糙了。在脑中把小木棍换成针的话，会让情境变得更加荒谬。这么做虽然容易，却有夸大之嫌，而侯世达自知夸张往往会减少表达的可信度。所以，他想着怎么才能快速地传达出自己烦恼的关键，而不是沦为长篇大论。

侯世达烦恼的关键在于，不单单是咖啡，为了搅拌某种液体，给人提供的是一根小木棍而非勺子，这事儿多么疯狂呀。所以，他想在一个不同的领域中对此进行漫画式模仿。在那个领域中，荒谬之处将会显而易见，从而揭示出情境的主旨。但是，为了让他的漫画式模仿行之有效，这一新的领域得尽可能让人熟悉。因此，这里的挑战就在于寻找一个概念滑动，其中咖啡被替换成了普通的液体，而使用蹩脚的小木棍明显就是个笑话。

思维上的压力明显推动着**咖啡**⇒**水**这一滑动，因为水是我们最熟悉的液体。但是，有什么熟悉的活动可以让人拿着某种东西搅拌水呢？用来搅拌水的东西能起多大作用是问题的关键，毕竟搅拌工具起的作用如此微不足道，这可是这个概念框架的根本。侯世达心中出现了一些可能的选项：通过螺旋桨或是明轮使船推进、游泳的动作、划船或是划桨使船前进。但是，为了维持对话的连贯性，侯世达必须在瞬息之间做出选择。

对侯世达来说，水下的螺旋桨和明轮并不是十分熟悉的事物，所以他跳过了它们，来到了游泳的领域。在此，带动水的是胳膊。但要想把游泳人的胳膊换成某种细薄的东西，并不容易形象化。人们不得不想象某种怪异的手术，这使漫画式模仿变得非常牵强，一点儿也不优雅自然。或者还可能涉及游泳人的**手**，通过手来带动水。人们可能想象到一位游泳教练说："调整你的手型，尽量减少表面的空间，让它们轻松划过水面，尽量不带动水！"但是，让教练说出这番无稽之谈并不合乎情理，这个漫画式模仿连一丁点儿成功的机会也没有。

还剩下划船的领域。幸运的是，船桨有点像加大版的勺子，而且它们都是相对常见的事物。因此，在人们心中，可以轻易把它们替换成其他事物，没有必要去想象手术、疯狂的教练，或是技术常识！需要做的只是找到一些合适的替代品，仅此而已。这些替代品得是熟悉的事物，和船桨大小相近，但是相较之下很难带动水。它们还得让人想起那些流行的用来搅拌咖啡的小木棍，毕竟，侯世达的目标就是创造出一个明显的漫画式模仿，直指近来这个粗俗的风气。由于侯世达心里已经激活了**针**这一概念，他想象出了一个巨大的针——像船桨一样粗的针，然后**标枪**的形象一下就浮现在心中。标枪又细又滑且大小合适，当然了，它们在水中也带不动水。侯世达觉得这个有趣的滑动是个相当好的选择，心中窃喜，下定决心一吐为快。

想要编造出一个令人信服的漫画类比，是一项颇具挑战的认知行为。因为这需要把别人带到自己的视角。有时候，人们心中愤愤不平，想要别人感同身受；还有些时候，人们想要传达出一种感觉，以表明自己为何会对某些话题感到困惑。下一个例子就是这样的情况，我们将再次探究漫画类比潜在的搜索机制。

精心选择山脉中的最高峰

阿伦是一个美国人，他收到了一封邮件，里面说法国默剧艺术家马歇·马叟（Marcel Marceau）刚刚去世。他把这件事告诉了一位法国朋友，那位朋友对此深表遗憾。但同时感到很奇怪，为什么会有人特意发邮件告诉阿伦这件事。阿伦对这个反应感到十分困惑，说道："什么？！如果埃菲尔铁塔今天早上塌了，难道不值得发一封邮件吗？"现在一起来看看，是什么推动着阿伦做出了这个漫画类比以及这个类比是如何实现的。

这件事的导火索在于这位法国朋友的反应，对于这件和法国息息相关的事，这位朋友对它的重要性提出了质疑。所以，阿伦想以一种生动的方式，表达自己对这种态度的惊讶。最后，他把重点放在了马叟的知名度，而非其艺术才能。因为阿伦一直把马叟视作法国的一个代表人物，而且**法国**这一概念也在他的心中被高度激活，所以不难想象埃菲尔铁塔会作为**法国文化标志**这一范畴的典型例子浮现出来。

但是，为什么阿伦会选择一个没有生命的法国标志，而不是一些法国的名人，比如说，笛卡尔、拿破仑，或是路易十四？好吧，这其中有着许多内心的压力，它们是些模糊的限制，推向概念上明确的方向。首先，人们没有道理收到一封邮件宣告一件很久以前发生的死讯。再者，跳到一个截然不同的领域可以更有说服力。回忆一下，为什么侯世达从用小木棍搅拌咖啡的领域，跳到了在湖中用标枪划船的领域？最后，他又为什么没有选择勃朗峰、巴黎市，或是整个法国呢？因为，上述三个，任凭哪个消失了都将会是灭顶之灾。而埃菲尔铁塔塌了，听起来则真实得多。

很明显，不仅仅是一个，还有许多不同的漫画类比都适用于这个（或是任何）情境。所以，阿伦可能会说“要是双子塔被毁了，你会不会给我发封邮件”，或是“要是巴黎被核爆炸摧毁了，值得发封邮件吗”，还有“当约翰·列侬被枪杀的时候，如果有一通电话告诉我这件事，我会很感激”。上面的这些例子，都或多或少违背了前文对内心压力的假设。正是这些内心的压力引导阿伦做出了（或是选出了）“埃菲尔铁塔”这个漫画类比。但是，另一方面，上面每一个例子都有自己的逻辑，使其成为可以说出口的备选方案。

连珠炮式的漫画类比

我们接下来连续展示三个漫画类比，它们如同连珠炮一般，在最多10秒钟的时间里，一个接一个地出现，而且全都看起来极其简单。但是，产生它们的机制可一点儿也不机械。更重要的是，这个小故事告诉我们，同一个情境可以激发一大串漫画类比。

> 小莫，16岁。她光着脚，穿着短裤，从厨房取出熨衣板，在上面铺了一条裙子，打开了熨斗。她的爸爸对她说：“快穿上鞋，这看起来太危险了！”但是，她只是回嘴说道：“我每次**做饭**的时候，怎么没见您让我把鞋穿上？为什么不说把我的**腿**也给捂上？我熨衣服的时候，您怎么不坚持让我把**手套**也给戴上？”

是什么使小莫把熨衣服这件事换成了做饭？她言语间的不快，嘲笑着爸爸谨小慎微的态度。类比于熨斗掉下的风险，这暗示着每当有人做饭时，她爸爸也会幻想潜在的风险。也许，小莫想象着某些滚烫的东西从炉子上掉落在自己的脚上，比如滚烫的油、面，或是煎锅……但是，为了想象出这样一个迷你的场景，她必须回忆起多年来在厨房的经验。因此，使用一个想象出的迷你场景，是创造出第一个漫画类比的关键。

那么，是什么让小莫把爸爸盖住**脚**的要求，转换成了捂住**腿**这个看起来有些愚蠢的要求？难道仅仅是因为陆地上任何生物的脚都连着腿，使**脚**和**腿**在她的概念网络中成为近亲？也许如此，但她还得考虑自己穿了什么样的衣服。若不是穿着短裤，

脚⇒**腿**这个滑动就会变得毫无道理可言，如果她的腿是盖住的，就不会有任何风险。正如上面的情况，这里需要一个迷你的场景，也就是掉落的熨斗烫到了她光着的腿上，这才能带来小莫的第二个漫画类比。

为什么她把用**鞋**盖住**脚**，转换成了用**手套**盖住**手**？仅仅是因为她用了“**脚**之于**鞋**，如同**手**之于**手套**”这个对称类比吗？如果真是这样，为什么她没有想出这些类比，比如说，“**脚**之于**鞋**，如同**头**之于**帽子**”，或是“**脚**之于**鞋**，如同**脖子**之于**围巾**”。为什么她没说以及从没有想过要说“我熨衣服的时候，您怎么不坚持让我把**帽子**也给戴上”。小莫可没想着能有这么一个场景，熨斗会跳到她的头上；她也没想过其他一些不太可能发生的迷你场景，比如说，熨斗跳进了她的嘴里，或是突然散了架，诸如此类。所有这些表明，对于小莫来说，没有任何理由产生**脚**⇒**头**这个滑动。另一方面，在这个情境下，**脚**⇒**手**这个滑动则十分合理。因为，即使熨斗没有掉下，也有可能烫伤使用者的手。所以，在第三个漫画类比产生的过程中，这个迷你场景扮演着不可或缺的角色。

总的来说，这一系列随意地回嘴表明，带来漫画类比的机制可以把情境的方方面面全部考虑在内。而漫画式模仿的可信度，则极大程度上取决于模仿人心中闪现出的某些迷你场景。要想出强有力的漫画类比，需要联系很多情境，而这些迷你场景，就是这些情境下已知的、熟悉的范畴的典型成员。最让人惊叹的是，这些全都发生在一瞬间。

解释型的漫画类比

目前为止介绍的漫画类比都有着讥讽之意，为的是传达出心中的愤慨或困惑。但不是所有的漫画类比都是充满嘲讽的，它们还可以是有效的解释工具。来看看老萧，这么多年来，大家都知道他是个不靠谱的人。有一天，他突然向自己最好的朋友老唐宣布：“我重新思考了人生，我彻底变了！再也不会胡闹了！”老唐回复道：“恭喜恭喜，但你也知道，邮轮可不能瞬间转向。”

老唐的漫画类比并没有嘲讽的意味。因为老萧的这番话，老唐心中的画面激活了“转向”一词。这个词既指抽象概念**生活中的重大改变**，也指具体概念**掉头**。当提到后一个词时，人们脑中出现的画面往往是一辆高速行驶的汽车猛地掉头。事实上，高速移动的物体之所以难以快速掉头，是因为它的动量，同时涉及自身的速度与质量。所以，老唐试着寻找一个熟悉的物体，既有着显著的重量，又高速移动着。备选方案中最明显的是火车，但是，火车按照轨道行驶，并不掉头，因此被淘汰了；其他选项有大船、导弹，甚至轨道中的行星。老唐为什么不对老萧这么说："你也知道，导弹可不能在毫秒之内掉头""不幸的是，行星可不能跳出自己的轨道"？也许是因为这些物体和船相比显得更陌生，还可能是因为与难以驾驭的邮轮相比，导弹显得太过敏捷了。此外，船在水这样黏稠的介质里移动，难以转向。简言之，人们都明白邮轮不可能瞬间转向。所以，老唐的选择看起来十分适合这个情境。

如果老唐的想法有所不同的话，便有可能使用导弹或是行星的例子。与此类似，对于老萧的说法，若是老唐有着不同的概念框架，他可能会朝其他方向做出漫画类比。他可能会说"江山易改，本性难移"，表明一个人几乎不可能彻底改变自己的性格特点。或者他想到人们难以改变自己的身体特点，于是说"短跑运动员可不会一夜变成长跑运动员"，或是"你可不会一个礼拜瘦 25 千克"。

很明显，就像对字、词，以及俗语等的选择一样，漫画类比的出现不是一个明确的过程。即便在给定的语境下更容易选择某些类比，人们还是能想出许多别的选项，尽管它们并不一定是最终的结果。

这种富有创造力的认知行为是与思维有关的几个事实的产物。首先，对于遇到的情境，有一种难以抑制的倾向对其进行抽象，为的是确定它们的核心；其次，人们有着极其丰富的思维范畴储备，它们处于不同的抽象层次；最后，人们有能力选出一个全新的范畴，可以生动形象地反映原有情境。

令人莞尔一笑的漫画类比

有时人们使用漫画类比只是为了让平淡的用语多一些色彩。这类丰富的修辞，不仅幽默，还来得及时，经常出现在体育解说里。下面两个例子，来自美国的棒球解说：

想要对着汉克·阿伦（Hank Aaron）投出一记快速球，就像从公鸡眼皮底下偷偷升起太阳一样。

——科特·西蒙斯（Curt Simmons），原来是一位投手，后来成为一名解说员

想要击中山迪·柯法斯（Sandy Koufax）投出的球，就像用叉子喝咖啡一样。

——威利·斯塔吉尔（Willie Stargell），棒球名人堂成员

也许你一下就能发现，上面第二个俏皮话就像前文提过的把船桨换成标枪的漫画类比。无法用叉子舀着喝咖啡，对于这幅画面，尽管有人认为是威利·斯塔吉尔随机做出的选择，用来幽默地展示一个不可能完成的挑战，他也可以轻易说出“想要击中山迪·柯法斯投出的球，就像要徒手建造摩天大楼一样”，或是“就像是要画出正方形的圆一样”。但是，不论把斯塔吉尔的俏皮话换成上面哪个比喻，都会显得语无伦次。斯塔吉尔的选择有充分的理由。他激发的画面，也就是咖啡轻易地从叉子又长又直的分叉中间漏个干净，就像是棒球轻易地穿过又长又直的球棒。因此，斯塔吉尔选择的比喻十分贴切，即使他可能并没有意识到让自己做出这个巧妙选择背后的认知机制。如果把击球随机换成另一个不可能完成的任务，这个说法就远没有那么有效了。

这让人不禁起疑：要是击球手汉克·阿伦遇见投手山迪·柯法斯的话，会是怎样一幅画面呢？对于二人的能力，我们刚刚见识过惊人的评价。**最锋利的矛对上最坚固的盾**，二人的对决就是这个著名范畴的又一个例子。人们难免好奇：到底会怎么样呢？

漫画类比帮助我们为他人解释事物

下面的例子表明，自然流露的漫画类比可以成为绝佳的解释工具。一个10岁的小男孩，平生第一次见到素食主义者，他想理解这位素食主义者为什么做了这样的选择。小男孩问道：“既然牛都已经死了，你为什么不吃汉堡呢？”这位女士向他解释：“吃汉堡只不过是整个复杂经济链的最后一环，我们可以向上追溯至饲养场和养牛的农场。”但是，小男孩还是坚持自己那一套，认为牛都已经死了，其他的都和这个没

有关系。到了这个节骨眼上，这位女士换了个办法，说道："想想超市货架上的那些大瓶饮料吧。它们都斜着排成一列，一个挨着一个。当一位顾客拿走最前面的那一瓶之后，它后面的所有饮料全都向下滑动，第二瓶变成了第一瓶，第三瓶变成了第二瓶，以此类推。就这样直到最后一瓶也滑下来，货架就空了。这时，员工就得上货了。所以说，当你吃汉堡的时候，就像是拿走了最前面的那瓶饮料。在整个链条上出现的空缺必须被填补上，不然很快肉就卖光了。当然了，对于你吃的肉来说，这个动物早就已经死了。但在你遥不可及、看不见的地方，你看似无害的行为却间接杀死了另一只动物。"

这个漫画类比描绘了一个十分简单的场景，因为，若想把全部情况一一说出，对这个小男孩来说就太过陌生，太难以理解了。整个长长的链条缓缓上升，直指源头——从汉堡本身，到超市货架、肉贩、屠宰场、运输动物的卡车，再到饲养场，最后直到农场。整个长长的链条，在视野之外环环相扣，被巧妙地替换成了超市里的场景，变成了货架斜坡上短短的一排饮料。而且忽略了一块肉不过是动物的一小部分这个事实，因为这不是问题的关键。在此，只涉及**供需关系**。

因此，可以看到，漫画类比可不仅仅局限于那些表达愤慨或是困惑的情境。当人们希望生动形象、清楚地传达微妙的想法时，自然会用到漫画类比。

漫画类比帮助我们为自己解释事物

漫画类比可以帮助我们理解自己所处的情境、想法，以及被某件事突然触发的感受，诸如此类。在这些情况下，漫画类比可以揭示或凸显稍纵即逝的概念框架。创造出这些类比，不是为了向别人展示什么，而是为了自己。这里将用一个熟悉的例子，展示它是如何解释某些现象的。在这个操纵类比的例子中，一位司机便想出了这样一个解释。

住在北京的人都清楚，要想在西单附近找个停车位，难于登天。有一天晚上，正是晚高峰时，老尹开车行驶在回家的路上，刚好穿过西单，心中顿生出荒诞的感觉。就在西单北大街，连同周边的灵境胡同与辟才胡同，他发现到处都是停车位，这在平时可不常见。整个西单，也许是高峰期最忙碌的地区之一，此时却有大量空闲的停车位。老尹对此愤愤不平，瞪着这些任何司机为了得到它们都愿意付出“一切”代价，但此时对他来说却一点儿用处也没有的车位。他是不是应该把车停过去呢？不然可就是暴殄天物了。不不不，那么做的话就太愚蠢了……老尹发现自己别无选择，只得平复自己，让这些遍地都是的难得宝贝一点点从他眼皮底下溜走。不出几个小时，这些地方又要变得拥挤不堪了，此情此景，将不再复现：老尹心里就这么想着，聊以慰藉。

老尹想弄明白，刚才的自己为何会被这些“好地方”搅得如此心烦意乱。他的脑中浮现出了几个类比，帮他解决了烦恼。他对自己说道，这些停车位就如同金山一般，不过面对金山的人们手无寸铁，连一丁点儿也挖不出来。接着，他想象自己狼吞虎咽地把凉菜吃个精光，结果腹中没有地方再享用后续更加美味的主菜。

老尹继续这么想着，觉得自己刚才看见的宝贝已经不再那么珍贵了。他开始做出一些更愉快的类比：“这就像是收到邀请，可以在全城最好的餐厅免费饱餐一顿，但是，餐厅却马上就要关门了，剩下的不是残杯冷炙就是边角料了。”“这就像是收到邀请，可以免费参观国家大剧院，但是展览已经全部撤出，里面空无一人。”“这就像是收到邀请，可以免费前往只有亿万富翁才去得起的度假胜地，但是赶上了台风。”按照这样的思路，老尹心里有了新的角度：不用为这些无法触及的宝贝而烦恼，自己只不过是没赶上一个好时候罢了。

可以看到，漫画类比能帮我们把新情境的表象层层剔除，直至它的本质，并带来新的视角，看到许多原本藏在阴影下的概念框架。任何新情境的出现，都会让充满好奇心的人感兴趣，这些人头脑里会产生一系列带着“光晕”的概括，而漫画类比也会从这些光晕里自然地萌生，从而把处于这些概括根基上的概念框架暴露无遗。

在这个例子里，面对同一情境，两个不同的漫画类比让老尹产生了两种不同的视角。第一种类比把闲置的停车位与宝贝联系在一起，但由于一些不幸的原因人们却无法得到。这帮老尹解答了自己烦恼的来源。这类漫画类比加强了他的最初印象，没有太多启发意义，但至少让他看清了自己不幸的原因。与此相反，第二种漫画类比逐渐揭示出了潜在的概念框架，帮他乐观地看待这个情境。现在，老尹的困境被投射到了**来得早不如来得巧**的各种情境中：所有这些美妙的停车位，因为是在晚高峰的时候都空着，就像拿着戏票，戏却已经演完了。因此，不同的漫画类比可以揭示出不同的本质。

最好的总被最先抢走

有时候，漫画类比可以厘清微妙的现象。一开始，这些现象不过是些毫无逻辑的直觉。但是，通过进行一系列漫画类比，人们起初隐约感到的潜在概念框架将会逐渐变得清晰。

为了展示这一点，来看一个矛盾的现象。如今许多城市的路边都有供人租用的自行车，绝大多数用户都注意到了一个矛盾。这些五颜六色的自行车有着各自的系统，都锁好停在路边。你可以使用手机上的程序，扫描车身的二维码，开锁，骑车，再停回路边，重新上锁，留给别人继续使用。唉，但是人们很快就发现，要是一大清早发现路边的自行车寥寥无几可不是什么顺心的事。事实上，剩下的那些车基本还都是坏的，所以，相当于一辆也没有。相反，当路边停满自行车时，通常会有很多辆状态不错的车可供选择。一开始，人们可能对路边自行车寥寥无几的情况颇感惊讶，因为这种情况是“雪上加霜”：不仅没什么车可供选择，火上浇油的是，仅有的几辆车还基本都是坏的。所以，对想骑车的人来说，路边寥寥无几的情况可谓是双重打击。空缺同时意味着残缺。也许你已经发现这个现象没什么好大惊小怪的，事实上，这是情理之中的事情。还没发现？那咱们继续。如果你现在还没看明白的话，也许需要一个更普遍的现象帮你理解。租自行车这个矛盾只不过是其中的一个特例。

一系列类比有助于辨清租车矛盾的根源。想象一下，你去超市准备买水果，超市里正在促销樱桃。当你到那儿的时候，发现只剩下几盒樱桃了。你可以确定，那几盒肯定质量堪忧，是没人想要的尾货。相反，如果货架上满是樱桃的话，那坏樱桃只占总数的很小一部分，就算顾客挑挑拣拣，坏樱桃也不会变成大多数，因此，挑中一盒没法吃的樱桃的概率将会非常小。换一个例子，想想那些已经不再年轻的单身人士常常挂在嘴边的牢骚：“到了我这把年纪还单身的人都藏着些致命的‘缺陷’！”

还可以想想商店里那些滞销的衣服，它们大都没什么吸引力，即便在大促销的尾声还是无人问津。或是再想象一下，去一个工厂参观，人们会惊讶地发现，那些极其少见的被质检人员驳回的物品，没有一个是好的。但是，这可没什么好大惊小怪的——毕竟，这就是质检的目的呀！在租自行车的例子中，每一个租车的人都不禁扮演起了质检人员的角色。一辆明显有问题的自行车，一眼就能看出来，然后就被跳过了。那些零星的自行车大都是坏的，这个简单的类比可以解释，为何对此没有什么好惊讶的。

总的来说，这些类比得出的情境揭示了一个有意思的现象。在此，不用涉及任何抽象的解释，就能得到一个新的范畴，也就是事物稀缺是残缺的症状，因为有限的数量证明存在筛选的过程，最好的总被最先抢走，而那些留在最后的事物，常被潜在客户拒绝。这也就解释了，为什么只有零星的几辆自行车时，可没人把它们当作宝贝，而是视其为没人要的丑小鸭。

在此，不只要说明使用具体例子表达观点的重要性。想要得到一个好的解释型类比，光让它接地气可是不够的；事实上，加入大量具体细节反而会蒙蔽整个解释，让主旨消失在迷雾之中。为了得到好的解释型类比，关键在于创造出的情境有多么清晰地蕴含着抽象。这就是说，一个成功的解释型类比，就是在一个具体的情境中十分自然地搭建一个抽象的概念框架，使二者配合得天衣无缝。因此，任何听众都可以毫不费力地理解这个概念框架。

想象这样一个情境，顾客可以随意挑选自己要买的东西，比如樱桃，或是其他正在促销的产品。如此一来很明显，那些剩下的商品没受到顾客的青睐，当然很有可能是残次品。这幅情景清晰且有用。那些还剩下的商品都是没有通过检测的，这个关于质量检测的比喻也同样清晰有用，因为它自然地表明，掉队的那些往往都质量堪忧。这些解释型类比，毫不费力地把人们带向了共享的概念框架。相较于空谈概念框架，它们使理解变得更加简单和直接。比如，它们就强过前文写的那套书面的解释：事物稀缺是残缺的症状，因为有限的数量证明存在着筛选的过程，最好的总被最先抢走，而那些留在最后的事物，常被许多潜在的客户拒绝。

人们都会自动尝试以一己之力，从任何具体的情境中抽出概念框架。他们就是这样理解的。相较之下，面对着一套高度抽象的官话，比如上文那一段，不论它多么精准地捕捉了概念框架的本质，带来的都只有困惑。这一观念在教育领域有着重要的影响，将在下一章加以说明。

我们的重要决定背后都有类比

心理学家基思·霍利约克（Keith Holyoak）和保罗·撒加德（Paul Thagard）在《思维飞跃》（*Mental Leaps*）一书中描绘了一个滑稽的故事。[1] 书中的主人公是一位虚构的研究员，他的研究方向是决策。这位研究员有幸收到了来自一家著名研究机构的工作邀请，这使他一下陷入了两难的困境。如果接受了这份工作，他的薪水与学术声望势必有所飞跃；但是，另一方面，搬家这件事难免给整个家庭带来巨大的变动。他向一位同事私下寻求建议，结果同事回复道："嘿，你这是怎么了？你可是这个世界上作决策的专家之一呀。为什么跑过来问我呢？你才是那个发明了优化决策复杂统计模型的人哪。用你自己的模型应付你自己的困境，它会告诉你怎么做！"他直盯盯地看着这位同事，说道："别扯了，行吗？我这是认真的！"

当面临一个棘手的决策时，当然可以列出种种结果，给它们赋予不同的权重，用来表示发生的可能性，以及将会带来的喜悦，然后以此计算出"优化的"选择。但是，当人们真的要做出重大决策的时候，基本上没人会照上面那样做。在这种情境下，我们做的就是从记忆中寻求一个或是多个类比联系。下面列出的这些，是几类人生中常见且重要的情境，是一些大家都知道的范畴。人们自然而然就是这么做的。

◎ 接受一个工作邀请，或是拒绝一个工作邀请

◎ 求婚，或是不求婚

◎ 留在当地，或是搬家

◎ 离婚，或是不离婚

◎ 回到学校再读一个学位，或是不读

◎ 养宠物，或是不养宠物

◎ 要孩子，或是不要孩子

◎ 给家里添置新东西，或是不添置

◎ 买一辆新车，或是买一辆二手车

先来看看上面的第一项。当某人收到了一份工作邀请，他左思右想，把这份潜在的工作与当下的工作进行对比，尤其是同种工作。还有什么更显而易见的呢？如果他从没做过一份可以提供有用视角的工作，那么他会不假思索地跳过自己，思考身边熟人的经历。这意味着，他可能会回想自己姐姐曾拥有的工作，并把这些引入自己的生活。不论是优点，还是缺点、困难等，把姐姐描述过的这些全都带进自己的生活。准确来说，他不可能把姐姐关于工作的一切全部引入，因为这些大多都与那份潜在的工作无关。他必须对相关的描述进行抽象，知道如何才能掌握知识的精华。然后，把精华引入自己的生活，就像买衣服前要试穿一样。当赌注很大的时候，比如说涉及工作时，他不会止步于此，他还会寻求别的视角，渴望获得进一步的启示。在做出了一系列的尝试之后，他通常会在探求的众多视角中选择其中一个，并在慎重考虑之后以此做出决策。“上头的意见总是不和，自己被夹在中间？我姐姐以前有一份工作就是这样，这可太痛苦了。所以，谢谢，还是算了吧。”

这个想法很简单：不论大小，做出决策的唯一方式，就是通过类比。这就是说，当下决策带出一系列过往经验，不论是自己的，还是别人的，再以此做出类比。

即便决策只涉及一个非常基本的因素，比如说，新工作的薪酬，新家具的尺寸，或是某个新城市一年里下雨的天数，等等，人们会把这些数字同先前熟悉的情况进行对比：某个拿着相近工资的熟人，家中大小相近的家具，某个曾居住过的、有着相近年降水量的城市，等等。这些对比在所难免，因为憧憬未来的时候，过往的经验是所拥有的一切。

所以说，这些对比，不论有意还是无意，自愿还是被迫，都是难以避免的。有时候，这些类比处于主导地位；有时候，作类比的人处于主导地位；其他情况则处在这两极之间。有时候，这一过程有些被动；有时候，它们十分主动。但是，不论是它们操纵我们，还是我们操纵它们，不论我们是领导者，还是追随者，类比一直都是我们的舞伴。

类比战争

除了上述的那些决策，生活在这个星球上的人们还可以做出更高级的决策——全球性的决策。这些决策可能对成千上万人的生活造成影响，可能变得更好，也可能变得更坏。这些决策通常基于对已有先例的类比。这里要谈的当然是政治决策，尤其是战时决策。

在全球背景下，这些类比的影响意味深远，凌驾于所有其他潜在的类比之上。因为政客和政府不能让国家出现不和谐的声音。一个国家，为了追求内部统一，甚至会被类比强迫着站在明显违背自身利益的立场。比如说，1982 年在英国与阿根廷之间发生马岛战争的时候，希腊就陷入了这种情境。因为一个极其明显的类比，希腊的立场变得十分古怪。

马岛（马尔维纳斯群岛）邻近阿根廷，却属英国管辖。在这场冲突中，人们有着种种理由相信希腊会站在阿根廷这一边。希腊裔塞浦路斯人曾反抗英国统治，迫使英国把塞浦路斯归还希腊，这是希腊反对英国的一个很明显的理由。此外，阿根廷和希腊一样，有着大量的地中海人，这当然是一个明显的类比力量。而且，马岛和阿根廷的地理位置，及其国际上关于殖民行为的种种舆论，都使其毫无悬念。

但是，希腊的选择却与这些类比预期不同。它站在了英国一边。是怎样的秘密游说使希腊摆向了这个方向？好吧，这是因为存在一个更难以抗拒的类比，涉及多年来希腊和土耳其之间关于塞浦路斯主权的纷争。这一类比，把土耳其指向阿根廷，把希腊指向英国。很明显，两个例子涉及的岛屿，与争夺它们的国家相比，都被相距甚远的国家统治着。所以，在这场纷争里，若是希腊站在了阿根廷的立场，就相当于在塞浦路斯纷争中站在了土耳其一方。事实上，塞浦路斯可以被称作“希腊的马岛”！若是希腊真的这么做了，将会大幅削弱自己的地位，也就是对于塞浦路斯的主权。类比控制了希腊。

类比作为战争的批判工具

在政治理论家邝云峰（Yuen Foong Khong）所著的《战争的类比》（*Analogies at*

War: Korea, Munich, Dien Bien Phu, and the Vietnam Decisions of 1965）一书中，他试图揭示影响美国领导人在越南战争时期做出决策的因素。这些决策既包括军方的，也有民间的，尤其是20世纪60年代越南战争早期。他分析了一系列可能与之相关的历史事件，其中包括有美国参与的朝鲜战争、法越战争、1938年的《慕尼黑协定》（苏台德地区被割让给希特勒）、1948年的柏林危机（引发了大规模的空中运输行动，包括食物以及其他补给）、马来西亚的长期紧急状态（从1948年开始一直持续到1960年），以及1947年的希腊经济危机。他还指出了一个可能相关的事件，简称为“30年代”，将在下文简单介绍。

邝云峰探索了类比在决策中扮演的角色。越南战争期间的决策者公开提到了这些类比。他想要研究清楚，美国领导人做出决策的时候是否仅依靠“纯粹的推断”，也就是避开所有的类比，并在随后的官方声明中把这些决策指向历史上的相似事件，以赢得民心。这些民众就像是孩子一样，总是寻求简单的解释。通过分析大量美国领导人之间转录下的对话，邝云峰的结论是，恰恰相反，在越南战争期间的每一个重大决策里，类比都是关键因素。换句话说，类比可不是被毫无顾忌地使用，仅仅被当成向大众掩盖真相的面具而已。在每个例子里，要想从众多战争的类比中选出一个类似的历史事件，主要决策者们都要经过长期激烈的斗争，有时长达数年之久。

人们推理时能不用类比吗

类比永远是决策过程的核心。这一点几乎没有任何疑问。但是，与之相反的看法，也就是认为决策是一个完全不依赖类比的“纯推理”过程，又如何呢？

邝云峰指出几类美国领导人在越南战争期间可能使用的非类比的论点，试图用来解释二者之间的区别。在这些论点中，包括建立在遏制敌人和国内政治基础之上的论点。先分析一下遏制。“遏制”一词会唤起一个非常具体的形象。军事意义上的遏制敌人是一个强制性动词“圈住”。这个现象也会发生在我们身边，例如，用笼子圈住一只危险的动物，或者用牢房关押犯人。还有更大规模的现象，例如，用绳子、铁索或路障拦住向前拥挤的人群，用沙袋、筑坝挡住可能决堤威胁城市的洪水。军事意义上的遏制也可以应用在团队体育竞赛的情形中，例如在篮球和足球比赛中，一个队围住另一个队，阻止其队得分。这个词也可以用在国际象棋比赛里，把对手的主要棋子围在棋盘一角，让它们无法逃脱。显然，这些都是遏制的类比（尽管不是日常现象）。因此，邝云峰试图建立起来的区别，从根基上就已经不牢靠了。他试图进一步区分两种不同的类比思维，一种根植于非军事经历的日常生活，诸如上面举的这些场景，另一种根植于宏大的历史先例。这种区分能够经受住仔细分析吗？

为了回答这个问题，来看看越南战争期间用得最多的一个概念，就是所谓的“多米诺理论”。这个思想以一系列多米诺骨牌的形象为基础，一旦第一块被推倒，就会引发链式反应，导致整个系列全部被推倒。这似乎是一个日常隐喻，而不是一个宏大的历史类比。但还有更多的故事。现在看一看前面简单提到的那个被叫作“30年代”的历史先例。邝云峰是这样定义的：

> 20世纪30年代是一个综合类比，在使用这一类比的人心中，20世纪30年代由一个或多个下列事件组成：墨索里尼吞并埃塞俄比亚、希特勒重占莱茵兰、《慕尼黑协定》以及希特勒侵略捷克斯洛伐克。迪安·腊斯克（Dean Rusk，时任美国国务卿）和林登·约翰逊（Lyndon Johnson）是20世纪30年代类比的主要使用者，从他们的角度看，这一时期最关键的事件是发生于1938年的《慕尼黑协定》。他们把这一事件解释为西方对希特勒的绥靖。这一事件令第二次世界大战不可避免。我在书中把“慕尼黑”和“30年代”互换使用。[2]

这里说的其实是几个不同种类类比的混合，是把几个不同的历史先例在脑中重叠在一起。先把这个有趣的想法放一放。此刻，我们想把这个定义和邝云峰关于多米诺理论的一段论述进行对比。他写道：

> 慕尼黑的问题至关重要。慕尼黑类比把越南对美国的利害关系扩大化，因为它把20世纪30年代的综合征投射到东南亚。在这个意义上，慕尼黑类比是多米诺理论的思维基础。美国的政策制定者，从艾森豪威尔到尼克松，都清楚地记得20世纪30年代欧洲多米诺骨牌的倒塌。如果挡不住亚洲多米诺骨牌的倒塌，将会迫使美国随后在更加恶劣的条件下过来收拾烂摊子，甚至会导致第三次世界大战。[3]

这段论述表明，一系列多米诺骨牌在几秒钟内倒塌，成为地球引力的牺牲品，这一形象，在美国政策制定者的心目中，与“一系列”欧洲国家在20世纪30年代“倒在”法西斯主义脚下的历史形象紧密地联系在一起。换句话说，“多米诺骨牌”与“30年代”是同义词。

简言之，在当时的领导人心目中，和军事、历史无关的多米诺骨牌在牌桌上一个接一个地倒下的形象，与一系列国家（无论是在欧洲还是在东南亚）在入侵军队面前先后就范这样一个政治的、军事的和历史的形象是深深搅在一起的。在这种情形下，谁能把宏大的历史类比与不足道的日常类比清楚地区分开来？显然不能。正如已经看到的，桌子上的多米诺骨牌有时被比作刚经历过战争的国家，有时被比作正在经历战争的国家，有时又被看作熟悉的普通骨牌（弗洛伊德可能会说：有时，一副骨牌就是一副骨牌）。知道多米诺隐喻和这些历史事实的任何人都免不了要把这些形象搅和在一起。本章稍后将深入探讨这类心智混合的情形。我们将使用“框架整合”（frame blends）这个术语，而研究框架整合的先驱吉尔斯·福康涅（Gilles Fauconnier）和马克·特纳（Mark Turner）倾向于使用“概念整合理论”（conceptual integration networks）这个说法。

正如在第3章和第4章中明确指出的那样，任何一个具体事件，或是骨牌在桌子上被推倒，或是一次著名的历史性失败，都可以被编写在不同的抽象层次里。这意味着，完全有可能把一系列邻近的国家挨个屈服于邪恶帝国的统治，同排列整齐的多米诺骨牌一个接一个被推倒看成是一样的现象。这种人类高层次的感知能力是一个普遍事实，它让我们得以透过情境的具体细节看到其中的本质，并把表面相去甚远的事件联系起来。

现在回到邝云峰关于纯粹以抽象概念为基础的“非类比论点”的论述。问题在于，无论他讨论哪一个军事环境下的抽象概念，例如多米诺骨牌、遏制等，都不可避免地要启用熟悉的日常形象，因为他用的都是日常词语。此外，这类抽象概念，对具有一般历史常识的任何人来说，都会在不同的感知水平上唤起广泛的历史类比。这样的概念一旦被启动，就会让我们想到一系列历史先例：中世纪城堡周围的护城河、中世纪城郭的围墙、万里长城等。事实上，像“遏制”这样的词似乎很抽象，没有色彩。但这并不意味着它没有隐喻的基底，也不意味着它不能唤起任何历史先例。恰恰相反，抽象词语的力量在于它们能够唤起一组具体形象。这些形象都来自人们从前的经历。有直接经历，也有间接经历，贯穿人的一生。人们熟悉的历史性类比组成了这一丰富的光晕，它构成了决策者心目中的意象。而这一意象转而促成了生死攸关的决策。

复数化和模式

邝云峰的书里充满了生动的语句，例如，“再不要慕尼黑”“另一个希特勒”“下一个张伯伦”，以及“1917 年的重演”。第 1 章讨论过单一成员的范畴，例如像“母亲”和“月亮”这样的词。它们一旦进入我们的脑海就可以被变成复数，可以被当成高度抽象的概念那样使用。第 4 章中也有许多类似的例子，比如当复数用的柏拉图、教皇、莫扎特、麦加、巴赫等。上面这些在邝云峰的书里出现的词语，例如“希特勒”或者“慕尼黑”等，从表面看似乎只代表一个特定的历史实体，如一个人、一个地方、一次失败、一场战争或一个策略，实际上是作为一个普通范畴的标签。里面可以存在几十个甚至数百个实例。这些实例有些是实在的，有些是虚构的。这清楚地表明，把人们记忆里某个概念的使用严格区分为“具体的”和“抽象的”是几乎不可能的。

尽管如此，邝云峰还是要试图在**类比**和所谓的**模式**之间划出一条清晰的界限。**模式**被定义为数个历史先例的心理重合，而如果只有一个历史先例，则被称为**类比**（回忆一下第 3 章中的形象，这就是类比桥梁的一侧）。这里的差别似乎很明显，也没有歧义。这样想似乎有道理。但是，正如前面所示，**30 年代**这个概念，虽然邝云峰把它当作一个具体的事件，但它根本不是一个事件。他本人给出的定义就把至少五个事件混在了一起。所以，按照他的定义，这正是一个标准的模式。然而，面对这些事件，他仍坚持说“30 年代的类比”，好像它不过是投射在单一的历史先例上，因而非常具体，就像《慕尼黑协定》或墨索里尼吞并埃塞俄比亚那样具体。他有时说模式是一种抽象，看到一个被模式覆盖的事件不等于建立起一个类比。但在其他地方，他又把模式和类比当作完全不可区分的东西（都是类比桥梁的两端）。

第 3 章提到当一个人让我们想起另外一个人的时候，会在脑中建起一座类比桥梁，把两个心理表象联系在一起。当为一个看到的物体分类时，比如一个杯子，也会经历同样的心理过程。在想起另一个人的情况中，新激活的心理实体是对某一特定人的记忆，而在分类的情形中，新激活的心理实体是以人在一生中对一系列不同事物或情境的感知为基础的。我们甚至记不得该范畴的"创始成员"。尽管存在这种区别，这两个过程都是同一棵藤上的果实，因为它们的核心都是作类比。在两种情形下，我们所经历的都是一个类比投射，是在一个新鲜的心理表象和一个储存在头脑中的已有的旧表象之间建立起联系。

邝云峰关于模式的概念，与一个拥有许多成员的范畴，如杯子，没有明显的区别。而他关于某个特定历史先例的概念，也与我们关于一位老朋友的心理表象基本是一回事。有人或许会认为，牵涉模式的心理过程与牵涉历史前例的心理过程非常不同。但实际上，这两种过程都是在心理表象之间作类比桥梁而已。正如在第 3 章讨论的从马克 · 吐温到格里格再到爱因斯坦的渐变例子那样，一个模式可以从非常具体逐渐滑动到非常抽象。这意味着，在作类比和用模式之间，硬划出一条明显的界限是没有任何意义的。

用一个具体的例子来说明。假设你第一次去一位律师的事务所，你可能有一个预期的念头："我很可能要在这里的候客室等很长时间，就像我上次到家庭医生的诊所时在候诊室等了很长时间一样。"或许你会这样想："我很可能要在这里的候客室等很长时间，就像去看病一样。"还有第三种可能。你或许会这样想："那些有私人诊所和豪华办公室的人总要让你等很长时间。"第一个例子似乎与邝云峰所指的历史先例相当。在家庭医生的诊所检查身体的起源情境和与律师会面的目标情境都同样具体。所以你会把最近一次长时间候诊的经历与这次新的经历重叠在一起。另外两个例子与他所指的模式相对应，起源情境更抽象一些：任何一次就诊经历，或者更一般的经历——与任何专业人士会面。但是，在这三个例子中，你都是在用一个熟悉的起源类比，对一个全新的情境做出有理的猜测。一旦掸去表面的尘土，你就会发现，原来尘土下面所谓的使用类比和使用模式之间根本就不存在区别。

政治和与之相关的思维机制

邝云峰的书在接近尾声时，没有强调自己的主要观点，也就是在政治思维中类比无处不在。相反，在某些历史学家的影响之下，他却提出了一个奇怪的想法，认为类比思维对于政治决策毫无作为。人们不禁会想：在思维机制上，政治与国际事件相比，能有什么本质的区别呢？事实上，这种区别根本不可能存在。

试想，一位物理史学家提出，当问题涉及热力学时，物理学总是依靠类比，但涉及电动力学时，就彻底不用类比了。为什么物理学中会有一个领域拒绝某种思维机制，与此同时，却有另一个领域必须依赖这种机制呢？这个想法太过愚蠢，就像是在说属鸡的人总是使用类比，但属狗的人却从来不用。正如在第 8 章将要展示的，事实的真相是，物理学中的所有领域都依靠类比。对物理学思维成立的观点，应该（通过类比！）对政治思维同样成立。事实上，有许多好的理由让人们相信，揭示人类思维的机制是普世皆准的。

人类真的如此肤浅吗

如果让研究类比的心理学家在他们自己的领域内选出一致认可的实验发现，那么表层特征是记忆检索的关键这一观念肯定是最后的赢家。在邝云峰的书里，他对这一实验发现大书特书（在关于作类比的实验的文章里，也可以发现大量相似的说法）："对研究用类比解决问题的科研人员来说，最有趣的发现之一就是，人们选择类比的基础是待选类比与所要说明的情境之间的表面相似度。"[4]

实验已经表明，实验对象通常无法看出来源情境与目标情境的区别，除非二者之间有共享的表层特征。进一步来说，在这些实验中，如果二者表面上有着相似之处，那么第二个情境总会把第一个情境引入心中，不论这么做是否合适，也就是说，不管是否存在深层的原因便把二者联系在一起。比如说，如果实验对象的第一个情境是在商店买东西时的算术问题，那么任何关于买东西的问题，都会瞬间让他们想起最初的问题。但是，若通过实验操纵第一个问题的主题，比如说，把去商店改为去医院，即使解决第一个问题的方法可以完美地用在第二个问题上，实验对象也几乎看不出二者的联系。

如果这个宽泛的说法是正确的，也就是说，如果在认知层面上总是浅显地胜出，它将带来巨大的影响，不论是对人类思维的质量，还是对作为思维基础类比的用处。如果这个说法是正确的，人们将不得不面对这样一个悲剧，也就是人类头脑简单，只能对遇到的最明显的方面做出反应，常常无法看清把我们引入歧途的假象，无法认出藏在情境背后深层的本质。简言之，这意味着，大脑像是被红布诱惑的公牛一样，不停地四处疯狂乱撞。肤浅的诱惑让人相信，凡是闪光的就是金子；看到一只燕子飞回，就一定表明春天已经来临；书籍都可以根据其封面来确定优劣。而类比将变得十分可悲，由于这个表象胜出的法则，说明类比不过是一个简陋的思维方式，仅仅依赖于事物之间肤浅又充满误导的相似点。这对于诋毁类比的人来说真可谓一大法宝。这些人很快就会以此得出结论：应该立刻离开这种粗糙且不可靠的思维方式，转向更严格、更符合推理的方法。这些方法基于内心对抽象符号的操作，遵循着经过时间检验的精确的逻辑法则。这可真是合乎逻辑的结论呀！

因研究类比而成名的认知心理学家德瑞·根特纳（Dedre Gentner）与同事一起，对于表面的诱惑这一说法提出了一个进化式的解释（他们并不一定认同这种解释）：

> 这些发现会让我们觉得自己精神分裂。人类的思维有时那么优雅严格，又怎么会受限于这么原始的检索机制？一个有趣的原因是，在认知的进化过程中，记忆检索与符号推理相比，是一个更古老的过程。因此，可以把在检索时对于表面的偏信视作人类进化的遗留问题，甚至有可能是一个我们一直没有遗忘的设计错误。[5]

如果这段话的观点是正确的，那么对表面类比的偏信，就是自古以来对人类的束缚，并且至今危害着我们。对肤浅的偏信真的只是不幸的遗产吗？而馈赠这份遗产的智人，虽然同样为人，比我们缺少智慧吗？要真是这样，只需要等上几十万年，让自然选择把这个偏差从系统中去除就行了。

在记忆检索的实验中，表层特征占据主导地位是一个十分明确的现象，已经被大量实验证实。这一发现的正确性毋庸置疑。但是为了正确理解这一点，尤其是理解为何不能把这一进化式解释当真时，人们不得不在心理学家们的实验室里费上一番工夫。在此，费工夫的就是实验的范式。这个范式指导着几乎所有关于类比的实验研究，被称为“来源–目标范式”。在这个范式里，实验对象先学习一个来源情境，通常来说是一个已经给出答案的问题。然后，再给实验对象展示一个新的、未被解决的目标问题，并让他们尝试解决这个问题。

这个范式之所以如此吸引心理学家，是因为据此人们可以非常简单地设计出实验，并迅速将其推广至大量的实验对象。此外，这是一个非常有效的办法，通过调整类比的来源，可以比较接触不同来源的实验对象的行为，或是对照空白组。结果便是，在全世界所有研究类比实验中，来源–目标范式占据了绝对的主导地位，原因便是上面提到的种种优点。之所以叹气，是因为这一范式就像是很有疗效但有着严重副作用的药物一样，助长了很多关于类比的有误导性的思想传播。

这个范式的阿喀琉斯之踵，也就是其致命的缺陷是，这些实验中依此研究的类比与实验室外的，也就是“真实生活”中的类比几乎毫无关系。不论是日常生活中那些如同空气一样、赖以生存的普普通通的类比，还是带来革命性理论的在科学领域常有的灵光一现，都与实验室里研究的那些类比截然不同。那些做实验研究类比的学者们，都把根据来源–目标范式得来的结果错误地推广到了整个类比的领域。讽刺的是，那些想着这一范式可以代表所有类比的学者们本身就陷入了一个错误的类比。

不幸的是，来源–目标范式有着一个致命的缺陷，减弱了依此进行实验得到的结论的普遍性。这一缺陷的根源是，在一个典型实验中，仅在来源情境短短 20 分钟左右的时间里学到的知识，必定十分有限。这通常不过是应用一个完全陌生的公式来解决一个文字问题。相反的是，在真实生活中，当处在一个新的情境并不得不做出决策时，从记忆中自然而然、毫不费力取出的来源情境通常都极为熟悉。我们都依靠着那些深植于生命经验的知识，这些知识被一次又一次地确认，同时又随着时间加以推广，流畅地用于各种新的情境。在真实生活中，几乎看不到我们依靠一个用在几近陌生情境的类比。说得形象一些，在理解新情境时，我们求助的是自己的亲朋好友，而非第一次见到的陌生人。但是，在来源–目标范式中，实验对象被迫求助一个陌生人，也就是那个实验人员规定的强加给他们的来源情境。

既然如此，那这一范式下得到的结果到底表明了什么呢？它表明，当人们只学到了某些皮毛时，只能据此做出肤浅的类比。一个只学了 5 分钟杂技的人表演得很糟糕，这可不是什么惊人的发现。或是想想，实验对象在 2 分钟内学了学象棋的规则，然后下了几盘棋。谁能得出结论声称："人们下棋的时候只能使出十分原始的策略？"当然不能。然而，这就是"科学结论"的特点，当人们做出类比时，肤浅战胜了深意。我们这些可怜的人类，真的总被表象欺骗吗？

我们可以深到底

不，我们并不是总被表象欺骗。事实上，几乎从未如此。但为了辩护这一观点，需要一番解释。正如上节所示，"肤浅战胜了深意"，这个"事实"是错误的，而且有违直觉。证明这一观点的实验，仅仅局限于实验对象拥有的领域并不完备的时候，就这一点已经大幅削弱了这个发现的效力。但是，应该再进一步，问问为什么新手总是受到表层特征的诱惑。人类真的肤浅到只在意闪闪发光的东西吗？这是最令人怀疑的观点。为了理解这些发现，对于常常说到的"肤浅"，需要进一步了解它的本质。事实上，到目前为止，对于这一术语的用法都比较随意，基本遵循人们对这个词的一般理解。但从现在开始，必须明确我们的意图。

表层特征就是情境的一个方面，而且人们可以在不触及情境核心的前提下对其进行修改。因此，假设我的变速杆原来是黑色的，最近重新喷漆变成了黄色，这一点儿也不影响它还是个变速杆。对于**变速杆**这个范畴来说，很明显，颜色是一个表层特征。与此相似，对于实验里的种种问题，表层特征就是那些修改后却不会影响问题的目标或解决方式的特征。比如一个关于消费的问题，是去菜市场还是超市，是去医院还是律所，问题的核心都不太可能受到影响。另一方面，当某个特征是该范畴的关键，也就是对特征的修改会改变范畴本身时，就称其为**结构特征**。所以，一辆没有发动机的汽车，或是更糟的情况——一辆在回收厂被压扁的汽车，就不再是车了。在解决问题的情况中，结构特征就是那些一旦修改就会改变问题目标或是解决方式的特征。为了解决问题，人们需要注意结构特征，而那些表层特征则可以被忽略。

尽管这些定义看起来十分合理，但是当讨论肤浅战胜深意这个现象时，会产生一些矛盾。第一个矛盾基于下面这个事实：根据定义，在某个领域里的新手无法识别这一领域里某个概念的本质。换句话说，表层特征与深层特征的区别对于新手来说并不适用，因为对他们来说，感受到的任何特征不论深浅都有着同样的可能性。比如第 4 章讨论的桌面，那些曾被认为是桌面本质的特征，占地方、放着纸、有抽屉等，只有当虚拟桌面出现时，人们才意识到这些特征是表面的。但既然新手无法辨别深浅，为什么他们回想起的总涉及表层特征呢？当一个人的认知系统甚至无法分辨浅层与深层特征的时候，又怎么会在记忆检索时一直被浅层特征诱惑呢？这听起来不合情理。实验表明，表层特征引导着类比的检索，但这不是因为它们是有别于深层特征的表层特征，因为这一区别对于新手来说根本不存在。所以，接下来要用其他方式解释这个发现。

上面提到的第一个矛盾是指，在记忆检索时表象占据了主导地位。第二个矛盾是，它十分奇怪地违背了认知层面的经济法则。通常来说，这些经济法则不容违背，它们描述了当生活加上各种限制时我们行为的效率。具体来说，如果认为表层特征是指与情境或是问题的目标无关的特征，那么从认知经济法则的角度看，为什么在类比性记忆检索时，会选择那些与情境无关的特征？为什么回忆会被无关的相似点触发，而不是被那些相关的相似点触发？这看起来同样不合情理，甚至更加离谱。

幸运的是，解决这两个矛盾的办法很简单。新手还没有在领域里建立起深刻的范畴，因此感觉不到它们。换句话说，新手并不是反常地、充满矛盾地认为浅显的方面胜过深刻的方面，因而刻意冷落真正重要的方面。相反，新手在尽力识别与新情境相关且重要的方面，但由于缺乏知识积累，他们通常无能为力。因此，他们只得接受那些浅显的、几乎毫不相干的特征。结果便是，他们联系之前情境所做出的类比就会显得肤浅而不深刻。但这只是因为，就他们目前拥有的概念总汇来说，他们接触不到更深刻的类比。

对于认知来说，记忆检索就像心跳一样，是一个无休止且不可或缺的过程。与其假设记忆检索是过时的、没用的（这就是我们上文引述的那些进化式的理解中真正暗含的意思），更合乎情理的假设是，只要考虑接下来将要讨论的某些限制，记忆检索的机制实际上十分高效。

新手无法区分表层特征与深层特征，他们的身边可没有人一直低声提醒他们:“这个是相关的特征，但那个不是!”这促使我们从另一个角度来理解新手的记忆检索。新手会做什么?我们都会做什么?在给定情境下，和这个情境有关的知识或是对于知识的缺乏会带来种种记忆，在所有记忆中我们会依靠那个最显著的特征。

简言之，身处陌生情境时，引导记忆检索的并不是最浅显的特征，而是我们眼中最显著的特征。这就是说，当选取一些特征来引导某一特定记忆的检索时，并不是因为这些特征肤浅，恰恰相反，在那些能接触到的所有潜在检索线索中，它们是最深刻的。

对不同的人来说，一个特征显著与否取决于所处情境的经验。心理学家季清华(Michelene Chi)的研究很早就证明了，在给定领域下，行家构建的范畴与新手构建的范畴截然不同。当对新情境分类时，行家与新手所依赖的线索并不相同。新手大多关注表面，仅仅是因为对他们来说那些是最显著的特点。比如说，物理学的新手常常会把所有涉及滑轮或是弹簧的问题归为一类;而那些对物理学更有经验的人，则会把涉及同样物理法则的问题归为一类，比如说能量守恒。所以行家不会像新手那样，把题目贴上“滑轮问题”的标签，而是称其为“能量守恒问题”。这是为什么呢?因为在寻求问题之间的联系时，新手意识不到关键的特征，只能依靠那些在行家眼中无关的特征;相反，行家已经建立起了依靠关键特征的范畴。

只有当个人对某一领域的知识逐渐扩充时，情况才会逐渐改变，从基于明显特征的分类，变为基于抽象特征的分类。当人们最终掌握了足够高级的抽象知识，即那些在领域中常常出现的重要情境知识，他们才能可靠地通过对新情境的类比应用这些抽象知识，那些情境的真面目可与他们初学时遇见的情境大不一样。

这就解释了，为什么一个象棋新手可以在棋局中看出表面现象，如:“我的车可以吃掉这个马!”但看不出深层的危机，如“对方实际上是连环马”。因为，这些细节已经超越了新手拥有的全部感受与概念，远在其视野之外。为了获得看清这些方面的能力，必须积累经验。新手很容易被情境中感受到的表面特点引诱，因为对于未经训练的他们来说，没有更深刻的方面可以让他们远离那些特点。表层与深层的区别对于他们来说并不适用，尽管这个区别客观存在。那些心理学研究试图表明这一区别和新手有关，而这就是我们提出疑问的理由。新手被表面特征吸引，不过是因为他们只能感受到那些特征罢了。

试想，如果某位学者给不会孟加拉语的人 100 首用孟加拉语写的诗，然后让他们把诗分成几个有意义的范畴。分类的结果肯定取决于表面的特征，比如诗的总体长度、每句话的平均长度、整首诗的排版看起来是统一还是高度不规则、是否使用了缩进，也许还有其他特点，但是也就如此了。因为，这些范畴或是视觉上的，或是几何上的，且与意义无关。它们是那些不会孟加拉语的“新手”唯一能得到的。相反，如果实验对象是受过大学教育、以孟加拉语为母语的人，将会看到截然不同的分类。它们也许和这些方面有关：诗的内容和年代，是否使用了规范的语言，诗的风格，是否引经据典，语法是否复杂，是否使用了华丽的语言，等等。所有这些范畴对于“新手”来说都是不可见的。

因此，新手的分类并不存在矛盾，因为新手并不是反常地选择浅显的分类而拒绝深刻的分类。在不懂孟加拉语的情况下，他们只是在试图做出尽可能深刻的新分类。对于行家来说，理论上，他们可以看到并注意这些所有新手都在使用的浅显特征。但他们忽略了这些特征，好像视若不见，就像是有经验的司机不会在意变速杆的颜色。此外，对于那些母语者来说，那些深层的语义与文体特征，就像是浅显的特征之于不会说孟加拉语的人一样，迅速且毫不费力地就跳进了他们的眼中。

但请注意，这个现象并不仅仅取决于某个人的孟加拉语知识。一位研究诗的专家，虽然不会孟加拉语，但是很有可能在看一系列孟加拉语诗时发现一些有意义的范畴，而一个普通的孟加拉语的母语者却永远想不到这些范畴。当然了，这些很可能与形式有关而非内容，但对说孟加拉语的诗歌爱好者来说，同样有趣。因此，再一次回到之前的观点，人们在任何领域中发现的特征，都是其感受范围内最深刻的特征，其深度是他们一生积累的范畴集的函数。

正是由于这个原因，当人们在新情境与自己的回忆之间寻求类比时，引导着人们的是一个人能获取的最深刻的线索。如果新手没有深层特征的引导，那是因为仅凭新手级别的知识无法领略到这些特征。引人注意的不是浅显的方面，而是显著的方面，这对新手和行家来说都是一样的。区别在于，当人们在任何领域内逐渐积累经验时，那些与深层范畴相关的特征会变得逐渐显著起来。这是真正的认知经济法则，因为它表明，不论知识水平如何，当人们在回忆中搜寻类比时，找到的类比都是现有知识水平范围内最深刻的一个。而且，当谈及知识水平时，所指的并不仅仅是在某些艰深领域中行家掌握的那类狭义的技术性知识，还包括每一个人在日常生活中领悟到的知识。我们都是应付日常生活的行家，这一点很幸运，因为这是生活中最有用的知识。

所以，假设我们是有经验的司机，开着一辆陌生的车驶向某个地方，通过和之前使用过的变速杆的相关经验进行类比，我们很快就能高效地使用这辆车的变速杆，而且不会被一些表面特征，比如说它的颜色、大小、形状、干净程度、在车里的位置，带离它的主要功能。所有这些特点，我们全都看在眼里，全都能感受到，但是它们瞬间就被抽离出去了，只留下最显著的特点：手动挡还是自动挡。对开车来说，重要的只有这些特点。而对有经验的司机来说，它们同样是最显著的特征，这并不是一个巧合。因为，若说某人是一个有经验的司机，就是明确地说，他可以毫不费力地找到开车的关键。

本质由表象显露

深与浅似乎是相对的两极。一翻词典就能看到“表象”与“本质”是一对反义词，而且，与这些词相联系的具体印象又进一步加强了这种对立的感觉。具体来说，事物的表面是明显且容易把握的，它就是这一事物与外在世界相连的地方。想想地球的表面，或是房子的外观，或是海洋、石头、球、床垫、墙、身体，以及植物的表面。反过来说，一个事物的本质是内在且隐含的，远离事物的表面。想想地球的深度，或是森林、湖泊、房子以及伤口的深度，等等。如果人们从更抽象的层次来理解这些词的话，它们之间的对立照样存在。这一点从其标准用法上就能明显看出来。比如，“停留在表面”的意思是局限于外观，只关注显而易见的。这个短语与“深入探讨”形成鲜明对照。后者指深刻、超越外表、深入事物本质、透过现象看本质、不被表面所见迷惑。

形容词“肤浅的”也经常被用作“表层的”同义词。它说明“表象”还有第二层意思。“肤浅的”不但是指表面的、容易接近的，而且还经常带有价值判断，且是负面的价值判断。如果说一本书、一部电影、一段音乐或一个科学思想是“肤浅的”，显然是在说它们“没有价值”，不深刻也不严肃。作为“深刻”的反义词，“肤浅”也让表象落得了坏名声。

然而，词语经常会误导人，而且表象和本质之间的表面对立实际上只是浅层对立。虽然字典说它们互为反义词，而且我们的直觉也倾向于支持这种成见，但事实是它们之间的对立只是表面的。通往事物深层、中心、本质的大路恰恰始于事物的表面。表面提供线索，通往深层的线索，揭示出里面隐藏着什么，让我们得以瞥见中心深处的东西。因此表面和内里是相关联的，就像手套和手一样，前者构成后者的最外面的一层。

这个想法不难理解。心理学家埃莉诺·罗施描述过范畴是如何遵从外部世界的**相关结构**的。换句话说，不是所有的特性组合都有相等的可能性，有些特性倾向共生于周围的环境。例如，会飞的特性与生蛋和有喙相关联。另一种说法是，当感知一些表层特征时，与这些特征相关联的其他特征会在心里激活。经验告诉我们，这些被激活的特征总是与最初感知到的那些特征联系在一起，尽管它们本身并不能立即被感知。这样，所看到的表面现象会引导我们走向隐藏的深处，创造出与已知事物有意义且有洞见的类比。

生理感官会对表象做出反应，大脑会利用感官的输入来激活某些范畴。这些范畴让我们获得线索，理解和我们打交道的事物的要点和本质。心理学家米丽娅姆·巴索克（Miriam Bassok）对“诱发结构”（induced structure）有过深入细致的研究。她的研究重点是在校学生是如何运用诱发结构的。此外，她的研究发现远远超出了教育系统的范围，而且同样适用于人们与周围世界的交往，我们会觉得：一片羽毛很有可能是轻的，一个桃子往往有核，圆的东西总是能滚动的，用脚去踢铁砧子往往是非常不可取的。

心理学家詹姆斯·吉布森提出了物体的**可供性**概念。这个概念的意思是，当一个人看到某物体时，该物体会暗示这个人可能采取的行动。例如：一个门把手会诱使我们去扭动它，一个按钮会叫我们去按它，一个袋子会邀请我们去放进或取出东西，一个开关会暗示我们去打开或关闭它，等等。一件人工制品，如果它的可供性与目的是一致的，这个人工制品就容易使用。设计师都很了解这个思想，他们用“显而易见”来表明一个物品的设计和功能是一致的。所以，一个重要的设计原则是制作某个物件时，要让它的外表体现其深层的性质。其基本的意思是，最理想的设计是让表象和本质紧密相关。

当然，世界充满陷阱，导致人们坚信外表具有欺骗性，要小心，不可听风便是雨。表象误人的例子比比皆是。事实上，第 3 章讨论的识别真伪正是这一主题的关键。它也导致骗子游戏和错误信仰，让那些厌倦了打分的教师认为他们可以通过肤浅的快速阅读技巧来评判学生的理解能力。但这些都是罕见的情况。在大多数情况下，表象和本质之间的联系并不会误导人。虽然误导的后果很严重，但误导并不多见。在大部分情况下，从表面获得的线索能够快速引导人们看清该情境的本质，这也是我们能在这个世界生存下去并且活得很好的原因。

虽然成见背负着恶名，但其实成见对生存至关重要。虽然成见总会极大地简化事物，但仍然非常有用。成见是这样一种范畴，它由于事物表层特征更容易被感知，使我们容易接触该事物本质的“浅层”，这一浅层能够正确表现该事物本质的可能性比较大，然而例外的情况也比较多，因而迫使要对该范畴做出进一步的修正。表象，更准确地说是对表象的感知，随着知识的演变而演变。所以，之前不属于表象的特征变得更容易被观察到，因而也会获得新的本质。专家拥有的范畴也随着时间演变，使他们观察到的东西令新手瞠目。这表现在两个方面：首先，专家能够看到新手看不到的东西，因为专家认为明显的特征对新手来说却并不明显；其次，专家能够把事物隐藏的特征与微妙的表层特征联系在一起，而新手几乎肯定看不到这些隐藏的特征。

类比之所以极为有效，就在于表象确实是本质的重要标识。因此，依靠表象不失为一个不错的生活策略。在某一情境的众多表象特征中，必须努力分辨，才能选择哪一个作为依靠的对象。发展专业知识对此有帮助。专家能够看到新手看不到的东西。他们看到的线索，新手或者视而不见，或者即使看到也认为毫无关系，而恰恰是这些表面的线索引导专家实现了深刻的发现。这样，表象也越来越包含本质。

微领域里的“我也是”小故事

毫无疑问，关于人类思维的一个关键问题是，如何将经历过的情境进行编码，以便在日后的生活中可以自然地从记忆中提取它们。刚刚讨论过，在全球范围的政治中，对于那些关乎人们生死的事件，在决策人脑中是如何编码及日后如何提取的。第3章讨论过同样的话题，不过是在一个比较简单的环境下。第3章提到，在大峡谷边，一位父亲看着他一岁的儿子聚精会神地玩着蚂蚁和树叶。现在，再来看看这个关键的问题，不过，这次是在一个更简单的情况下。这是一个大概在三十年前创造出的人为领域，目的是尽可能清楚地揭示许多关键的认知问题。

第3章提到的“我也是”现象。典型的情况是，当你讲完一个故事后，一位朋友自发地反应道：“这事也发生在我身上！”具有讽刺意义的是，这话说出来，你可以肯定发生在你朋友身上的事一定很不一样，因为你朋友讲的故事发生在不同时间和地点，涉及不同的人和事件，说了不同的话，等等。然而，即使存在这么多不同之处，你完全明白你的朋友为什么会大喊一声：“这事也发生在我身上！”虽然从某个层次看，朋友的故事和你的故事完全不同，但是在另一个层次，一个更抽象的层次上，这两个故事又确实相同。同一个概念框架可以用来描述两个完全不同的事件。

接下来再看看这个“我也是”现象。这次的领域是在一个名为“有样学样”（copycat）的简单微领域。这个领域的名字听上去很单纯，它来自小孩子玩的互相模仿的游戏。但孩子们的模仿其实非常灵活，而且富有创造力。乍一看，模仿游戏几乎是机械性的，无须想象或幻想，但实际上远非如此。比如，五岁的拉拉用手甩她的马尾辫，六岁的维维没有辫子，他该怎么模仿？他可以揪起脑门前的一撮头发甩来甩去，也可以动一动鼻子。如果拉拉玩弄裙子上的纽扣，维维可以把上衣的拉链上下拉动；如果拉拉从头上摘下发卡，维维没有发卡，但他可以摘下眼镜，等等。简言之，简单的模仿游戏里有许多活动空间和乐趣。

有样学样这个领域关注那些来自字母表的简短字母序列，我们称这些字母序列为“字符串”。与此同时，有许多微小的“事件”发生在这些字符串上。也就是说，这些微观世界的“居民”们会发生变化。来看看有样学样这个世界中“我也是”的例子吧。为了更加生动形象，假装这些字符串能说话。我们刚好听见字符串 abc 正在告诉它的朋友（其他的字符串）变成 abd 的事情。在这些听众之中，pqrs 突然说道：“嗯，这可挺有意思的。这和有一天发生在我身上的事一模一样。”然后，pqrs 讲起自己的故事，而它的故事却是它变成 pqrt 的经历。所以，二者真的一模一样吗，还是有所不同？

如果某人想把这两件微小的事件看作不同的两件事的话，他需要做的只是指出，abc 只有三个字母，而 pqrs 有四个字母，两个字符串没有相同的字母，以及，在第三个位置放上 d 和在第四个位置放上 t 一点儿关系也没有。因此，这是两件完全不相干的事情。如此一来，当然可以推翻“一模一样”的说法。

尽管如此，也依然可以轻松地反转角度，忽略几乎所有的细节，宣称：“发生在 abc 上的事只不过是把它最右边的字母换成了字母表中的下一个字母，同样的事情也发生在了 pqrs 上。”从这个角度来说，多亏了抽象，尽管这两个字符串长度不同且没有相同的字母，却发生了一模一样的变化。所以，这两个故事是“一模一样”的。

一个事件发生时是什么被编码了

如前所述，判断两件事“相同”或是“不同”在于观察者的角度，这完全取决于观察者重视什么，有多重视，以及认为什么是无关的。在真实世界里，我们不可能考虑每一件事的细枝末节，因此，必须把遇见的每一个情境几乎忘个一干二净。这意味着，当把它存入记忆时，无意之间对它进行了高度选择性的编码，不得不把经历的事情剔除干净，直至成为它的一个漫画类比。在有样学样的世界中，这个观点同样成立。

准确来说，pqrs 到 pqrt 的这个变化，要比《战争与和平》的情节，或是在超市买错东西的尴尬情况简单。但是，即便是在微观世界里，极简原则也完全适用。如果你是 pqrs，你很可能会把发生在自己身上的事以一种更抽象的方式进行编码，而不是“原封不动”地存入记忆中，也就是以最枯燥的方式记录具体事实——“我被彻底变成了 pqrt”，这种方式没有做出任何努力试图看出事件的本质。这件事的本质是，pqrs的大部分都没有受到任何影响，只有一小部分改变了。更重要的是，被改变的部分不是随机的，而是字符串的末端。此外，改变也不是随意的，而是以某种自然的方式，也就是说，在普世的序列，也就是字母表中，变成了与之紧密相连的字符。

简言之，你很可能无意地用类似上文描述的方式把这件事编码进了自己的记忆中“我最右边的字母被替换成了它的后继者”，需要注意的是，在此忽略了字符串中字母的身份，这种具体程度被视作无关。然后，当你听到abc正在激动地讲着自己变成abd的故事时，你会把abc的故事以同样的方式编码，用同样的概念框架提取出来。这就解释了为什么当你听见朋友最近的故事时，过去发生在自己身上的故事（pqrs⇒pqrt）会浮现在脑海中。对你来说，听见abc变成abd的故事时，有一种似曾相识的感觉。

当然了，这个小故事只是有样学样世界中“我也是”现象的冰山一角。为了展示有样学样领域是如何探索并给“我也是”现象以及编码之谜带来深刻见解的，下面将审视一系列更复杂的例子。

人类不是这样感知情境的

当tky听到abc讲自己变成abd的故事时，它的脑中会立刻想起什么事？当然是自己变成tkz的时候了，对吧？这看起来是一个微不足道的有样学样问题，就像是问：“在玩有样学样时，如果abc变成了abd，那么pqrs会怎么做？”但是，tky并不是像abc或pqrs那样连续的序列。因此，当我们看见并记住abc的故事时，如果把“作为字母表上的连续序列”当成故事的一部分的话，那么tky与存储的记忆并不匹配。所以，对于这个有样学样问题，只能这么回答：“适用于从abc变到abd的概念框架不能被推广到tky上，因为tky不是一个字母表上的连续序列。”但是，人们的反应并不是这样。这是一件好事：如果脑中的概念框架如此狭隘和僵化，我们将变得毫无洞见。

现在想想，iijjkk正在听abc讲着自己变成abd的故事，然后iijjkk也回应道：“嘿，有一次我也遇上同样的事了！”你觉得iijjkk发生了什么呢？你可不会想着它变成了abd。但是，为什么这个念头不会出现你的脑中呢？因为看待世上事情的方式并非如此生搬硬套，我们更倾向于流畅的类比。

多年来，我们对很多人提出了这个问题，没有一个人回复说："哦，这个简单，就是把 iijjkk 变成 abd！"人们自然而然地离开字面上的层次，有条理地寻找着更高的抽象。因此，在这个例子中，当看到 abc 的改变只发生在最右端时，几乎所有人都看向 iijjkk 的最右端，打算对那个位置"做出同样的事"。人们可没想把 iijjkk 整个字符串变成别的样子，他们只打算改变它的一小部分，因为 abc 的改变也只涉及了它的一小部分。简言之，人们不觉得 abc 被从头到脚换成了 abd，他们觉得只有 c 受到了影响。尽管人们称其为"c"，但他们并没有把那个字母当成"c"，而是看成"最右边的字母"。人们所看重的不是字母本身，而是它在其中扮演的角色。

所以，上文给了一些如何对 iijjkk 做出同样的事的提示。它最右端的字母（也就是说，它的 c）是 k，然后把 k 换成它在字母表上的后继者，即 l。这样就有了答案 iijjkl。看，一模一样！

回到之前叙述时的口吻，我们当然希望，在 iijjkk 有机会解释"有一次我也遇上同样的事了"的时候，它说的不是"我变成了 iijjkl"。虽然从某种角度来说，二者确实"一模一样"。但是，这种"相同"未免太过乏味。"有一次我也遇上同样的事了——我变成了 iijjll。"要是 iijjkk 这么说的话，我们会开心得多。那么，为什么这个版本看似更令人满意呢？

美学不可替代的作用

从某种角度来说，iijjkk⇒iijjkl 这件事与 abc⇒abd 这件事是"一模一样"的。但是，从更深的层次来看，iijjkk⇒iijjll 更像 abc⇒abd。这是一个审美上的判断，而且，当涉及简单、基本的看法时，人们共享某种普遍存在的审美。这种审美基于很多因素，包括抽象与框架整合。它对于人类如何感知身边的世界来说至关重要。存在着一个几乎普世皆准的法则，引导着我们对世界的看法。这可是一件幸事，因为它意味着，在给定的情境下，两个人甚至是一群人对此的看法可能是一致的。尽管从理论上来讲，他们对情境的关注点可能完全不同，并因此会以截然不同的方式对其进行编码。在很多简单的情境之中，有一种很强的倾向仅仅以单一的方式看待这个情境。有样学样领域的妙处之一就在于，它有助于发现这种几乎普遍存在的倾向的本质。

在 iijjll 这个答案的背后，是人们某种难以抗拒的倾向——感知组块（perceptual chunk）。多亏了格式塔心理学[①]，这一概念在 20 世纪早期得到发展，并在 20 世纪 30 年代产生了很大影响。今天人们都理所当然地承认这种感知组块的重要性。但是，它并非总是如此明显。尽管，人们常常质疑格式塔心理学只是在描述心理现象，而非解释，但它的发现是毋庸置疑的。某些感知原则就直接源自格式塔心理学，其中包括“连续性”“优美形态”，以及“整体大于其部分之和”（这与我们感受宏观模式的能力有关）这句格言。对我们来说，最重要的是要知道，绝大多数人都自然而然地以某种方式把感知进行组块。事实上，这几乎是人们感受世界的本能方式。

现在回到 iijjkk⇒iijjll 这个例子。大多数人倾向于把 iijjkk 看成是一个有着三对字母的字符串，即 ii-jj-kk，而不是把它视作一个有着六个字母的字符串。这种看法把这三对字符串与 abc 的三个字母对应起来。接下来发生的事就很妙了。由于感知组块，ii-jj-kk 最右边的“字母”不再是单一的字母 k，而是由两个 k 组成的一组 k。换句话说，“字母”一词的含义在情境的压力下，自然地向外延伸了。在这个例子里，避开了只把最右边的一个 k 变成 l 的想法，相反，把两个 k 同时变成 l，得到了 iijjll 这个字符串。总的来说，我们把最右边的“字母”变成了它的后继者，在这么做的时候，本能地以流畅和抽象的方式看待“字母”这一说法。

iijjll 背后的故事并不令人惊奇。但关键在于，在所有一切之中，美感是多么紧密地纠缠在一起，难解难分。而且，在面对不同答案的美学特性时，人们的意见往往高度一致。

更明确一点。严格来说，iijjkl 这个答案并没有什么错误，它很明显有着自己的逻辑；iijjkd 也没什么错误，从“把最右边的字母换成 d”的角度看就该如此；甚至连 abd 这个答案也没有错，只需把替换规则理解为“把整个字符串换成 abd”即可。在此关心的并不是对错或是真假。这不是一个黑白分明的领域，在此，并非只有一个正确答案而其他所有可能都必然是错的。相反，这里存在着一系列可能

① 格式塔心理学，又称完形心理学，该学派主张研究直接经验和行为，强调经验和行为的整体性。——编者注

的答案，每一个答案都有自己的逻辑，并有不同程度的吸引力。问题的关键在于吸引力，而非真理。上面讨论的那些答案并不能算错，只能说它们在巧妙与否这一角度上有着不同的“分数”。这取决于它们涉及了多少抽象的、难以形容的“本质的感觉”，尤其是最后一组答案，iijjkk 变成了 abd，与人类看待世界的方式完全不搭调。

左手不知右手在干什么

为了给上述讨论提供一些角度，这里提出一个简单的类比问题。首先，请举起你的双手，手掌朝向自己，然后晃动右手的大拇指。现在，你需要做的只是让左手“做同样的事”。

所以，你晃动了左手的大拇指吗？干得好！但是，你晃动的当然也可以是左手的小拇指，因为它是左手最右端的手指，正如右手大拇指是右手最右端的手指一样。但是，人们能做的和实际上做的并没有必然联系，因为人类在不停地对世界进行分类。而且，是以一种高效，甚至是优雅的方式进行分类。除非有强烈的压力，我们并不是总在小拇指与大拇指之间作类比。但是，当压力足够强的时候，我们常常不假思索便优雅地做出了概念滑动。所以，如果你的右手大拇指与左手小拇指刚好都戴上了戒指，而其他手指上都没戴戒指，那么你晃动的很有可能会是戴戒指的手指，而非左手的大拇指。而且，两个戒指越是明显相似，晃动的就越有可能是小拇指。在足够的压力下，一个概念会滑向其他相关的概念。

更多的“我也是”小故事

回到有样学样的领域，以及它的“我也是”小故事。mrrjjj 正好也是它们这群人中的一员，它也喊道：“我身上也发生了一模一样的事！”那么，你认为 mrrjjj 身上发生了什么呢？

大多数人认为，mrrjjj 的故事就是有一天它变成了 mrrkkk。是什么让人们这样想呢？每个人都会同意，和其他“竞争对手”mrrjjd、mrrjjk 和 mrrddd（甚至没提 mrdjjj，更不必考虑其他的了）相比，mrrkkk 才是赢家。这些“竞争对手”没有一个是错的，就像达·芬奇如果给蒙娜丽莎画上唇须也不能算错一样。这些是审美上的选择。每一个答案都可以自圆其说，而且对于每一个答案，都有一部分人满意，另一部分人不满意。它们各自的道理有着不同的直观层次。比如说，mrdjjj 是上面那些答案中最直观的，因为它把第三个字母换成了 d。这种直观层次太过极端，从没见过有人说出这个答案。mrrjjd 这个答案相较之下不是那么极端，因为换成 d 的不是第三个而是最右端的字母。mrrddd 与 mrrjjk 这两个答案就更没有那么直截了当了，因为，对于前者来说，换成 d 的不是最后的字母而是最后的一组；而对于后者来说，最右端的字母被换成了它的后继者，而非 d。每当人们到了一个更高的抽象层次，就会发现更符合审美的潜在的结构和模式。俗话说得好，“萝卜青菜，各有所爱”，但幸运的是，至少在有样学样的微观世界里，人们对品位好坏的评价趋于一致。所以，大多数人相信 mrrjjj 回忆起的事情最好是自己变成了 mrrkkk。

不过，奇怪的是，mrrjjj 回忆起的却并不是这件事。它没有说：“这就像是我变成了 mrrkkk 一样！”它当然可以讲这个故事，但是它想起的却并不是这个。mrrjjj 讲出的故事是：“这就像是我变成了 mrrjjjj 一样。”那么，为什么这和 abc 变成 abd 的故事“一模一样”？

很明显，mrrjjj 和 iijjkk 一样，可以自然地被分成三部分：m-rr-jjj。接下来，正如 ii-jj-kk 的情况，这个三部分结构与 abc 之间的对应关系一目了然。m-rr-jjj 中可以看出一些有意思的事情，比如说，这三部分的大小不同。事实上，最右端那组的长度是 3，中间那组的长度是 2……那最左端那组的长度是 1 吗？只有 m 自己一个算得上是长度为 1 的一组吗？没有人会反对。所以，这个情况的本质不再取决于字母层次，即字面的层次，而是数字层次。这就是说，字符串 mrrjjj 的本质是形如“1-2-3”的潜在模式。这个本质与组成字符串的那些随意字母无关，m、r、j 只不过是携带“1-2-3”这个信息的媒介。在这种情况下，字母被忽略了。这里的情况与表象无关，我们只关注深层的事情。

在把三部分结构 abc 与“1-2-3”对应起来的时候，当然能够看出 c 就是“1-2-3”中的“3”。然后，把那个“字母”换成是它的后继者。在此，同时发生了好几个滑动，不过都毫不费力。关注的不是 mrrjjj 最右端的字母，更不会关注字母 c，而是“1-2-

3”最右端的数字。并不是把那个“字母”改成了它在字母表上的后继者，而是把数字变成了数字上的后继者，当然就是指“4”。这就是为什么 mrrjjj 对大家说：“我变成了 mrrjjjj，就和 abc 变成 abd 一样。”这个富于美感的答案就是概念流畅性的范例。

画蛇添足

当有些人被问到 mrrjjj 身上发生了什么事的时候，说出了 mrrkkkk 这个答案。这个答案不仅改变了最后一组的长度，还一口气改变了所有的字母。那么，这个双重的，也许是“超级流畅”的答案怎么样呢？

好吧，如果有人在前文那个晃动手指的问题里，同时晃动了左手的大拇指与左手的小拇指，你会怎么想呢？这算得上是一个“我也是”的故事吗？这也是“一模一样的事”吗？答案是不算。把同一个问题的两个相互竞争的答案混在一起，如同时晃动左手的大拇指和左手的小拇指，或者同时把 j 和 3 变成它们的后继者，用一个词来形容就是糊涂。mrrkkkk 这个答案乍看之下光彩炫目，但是，仔细一想就能发现，这是一个没有条理的陷阱。人们没有任何道理把这两个答案合二为一。这就像是有人既喜欢冰激凌，也喜欢辣椒，但把二者合在一起就毫无道理可言了。换句话说，这里没有画蛇添足的好理由。人们常说没有必要争论彼此的品位，品位因人而异。但事实上，在某些情况下，大部分人都会同意这种混合的品位或想法毫无道理，而且令人不快。有时候，品位几乎是普世皆准的。

不论是在有样学样的微领域，还是在复杂程度远超于此的真实世界，判定类比好坏的证明都不存在。在试图说明为什么我们认为 mrrkkkk 这个答案是糊涂且不令人满意的时候，并没有寻求一个滴水不漏的逻辑上的理由，而是诉诸三个漫画类比：第一个是晃动手指，第二个是制作佳肴，第三个是人人皆知的画蛇添足的成语故事。我们主观上认定它们与这些情境有关，希望你也能同意。在仔细考虑这种合二为一的做法时，尽管它们各自都能够自圆其说，但若把它们合在一起的话，就变得语无伦次了。因此，我们找到了令人信服的审美上的理由来拒绝 mrrkkkk 这个答案。如此一来，所谓“超级流畅”的答案，现在看来是不是超级多余了？

看到的实质比存储的实质多

当 mrrjjj 回想起自己变成 mrrjjjj 的时候，发生了一些值得注意的事情。当听见 abc 讲述自己变成 abd 的故事时，它无意间对这个故事做出了这样的编码："最右端的字母被换成了它的后继者。"另一方面，早在这之前，mrrjjj 自己就有了变成 mrrjjjj 的经历。那个时候，它对自己的故事做出了这样抽象的编码："最右端的一组被延伸了一个单位。"很明显，mrrjjj 对自己经历的编码，与对 abc 故事的编码十分相似，但二者远谈不上一模一样。要是每一个回想起的"我也是"小故事都源于二者编码方式一样的话，生活将会变得简单多了。但这只是一个天真的想法。

再来看一个这一情境下微妙编码的例子。刚听到 abc 变成 abd 这个故事的时候，你可不会把 c 看成是"长度为 1 的一组 c"。不过，要是真这么想的话，那么你很可能对 abc⇒abd 这个故事做出如下的编码：

> 最右端的一组被换成了长度相同的另一组，该组内的所有字母都被替换成了其字母表上的后继者。

尽管不能否认这个编码方式是正确的（如果有人愿意竭尽全力，认为 abc 中的三个字母分别自成一组的话），但它太过古怪、冗长且不自然。当听见 abc 的故事时，没有人会做出这么奇怪的描述。

不过，回想一下 iijjkk 变成 iijjll 的情况。上文那种对 abc⇒abd 来说不自然的编码方式，对 iijjkk⇒iijjll 来说则十分完美。但是，对 abc⇒abd 来说，这可不是一个好的编码，因为，其中包含了与事件无关的想法。单独一个字母，并不会被人们视作"长度为 1 的一组"，除非这个人正经受着强烈的压力！所以，abc⇒abd 与 iijjkk⇒iijjll 这两个变化之间强有力且自然的类比，不可能是因为它们共享同样的编码。这不可能，因为不同时间产生不同的编码，一个牵涉最右侧的字母，另一个牵涉最右侧的字母组。但即便如此，后面的故事也激活了前面的故事。因为，在某个抽象层面，它们的本质具有足够的相似性：这两个例子都是将"最右侧的东西"换成一种抽象的"后继者"，无论这个"东西"是一个字母还是一个字母组。

接下来看看字符串 ace。当它听见 abc 的故事时会想起什么呢？提示：并不是 abe 变成 abf 或是 ade 的时候。当然了，这些事都有可能出现在 ace 心里，但是，事实上，ace 想到的是自己变成 acg 的事——它最右端的字母被换成了其双层后继者。对于 ace 来说，想起的这件事与发生在 abc 身上的事“一模一样”。那么，**双层后继者**这个奇怪的概念是从哪儿来的呢？这当然来自字符串 ace 的内部结构，它类比于 abc 的内部结构。这就是说，abc 是一串由后继者组成的短链，即 a-b 与 b-c，而 ace 是一串由双层后继者组成的短链，即 a-c 与 c-e。这是一个自然的滑动，从**后继者**这个概念，滑向**双重后继者**这个与其紧密相连的概念。但是，如果只单独看 abc ⇒ abd 这一件事的话，没有人能够想出这个深奥的滑动。但在 ace 这个特殊情况下，存在强烈的压力促使人们做出这一滑动。如果不做出这个滑动的话，也就是坚持认为 ace⇒acf 更合理，就显得过于死板了。这个例子再次展示了两个类比故事的自然编码方式十分相似，但并不完全相同。

在有样学样这个领域里，有很多这样的例子，两个上文提到的“我也是”小故事的编码方式虽然并不完全相同，但是类似。换句话说，当达到了相当高的抽象层次时，几乎摆脱了事件的全部细节，并触及了事件浓缩的本质，也就是主旨，那么此时，两个因回想起的“我也是”小故事联系在一起的主旨，通常并不完全相同，它们只是彼此类似。对于两个类似的事件，如果有人坚持认为二者共享完全相同的概念框架的话，就不得不跳到一个人为的抽象层次。那么，同时适用于两件事的概念框架，就像是一个墨守成规的荒唐公式。在现实生活中，没有人会这样做。进一步说，当第二个事件尚未出现，只有第一个事件的时候，这种框架永远也不会成为自然的编码方式，这需要洞察力。

假设人们总是凭借极富洞察力的概念框架来对事件编码，这些概念框架可以预见到所有可能的与之类似的其他事件，甚至是多年以后的所有事件。但这个假设不能解决人类的回忆是如何发生的这一极其神秘的问题。在对记忆编码的过程中存在更微妙的行为，人们不会凭空造出那些“有洞见的”概念框架，因为，那不过是妄想罢了。

目前为止，讨论中缺少了一个关键的要素，那就是在记忆中，一个要点有着可以唤起其他类似要点的能力。这个能力可以让我们看出表面上截然不同的事件之间的联系，看出它们之间深层的相似之处，并对它们进行同样的编码。简言之，做出好类比的秘诀就是做出更抽象的类比，就是那些在编码方式或是概念框架之间的类比。这听起来像是个没有止境的过程，好似一个空洞的结论。但是，在要点之间作类比，要比在整个原始的故事之间作类比更加抽象，把问题“上交”到在要点间寻找类比这一层次，其实是一个真正的简化。

最捉摸不定的字母Z

接下来，将要讨论在有样学样领域里诸多“我也是”的事件中，最受欢迎的一个例子。字符串 xyz 也是 abc 故事听众里的一员，它又想起了什么经历呢？这就是要弄明白这个问题：“字符串 xyz 的‘c’是什么，又要做出怎样的改变？”好吧，很明显，xyz 的 c 就是 z。不是这个还能是什么呢？所以，人们的第一反应便是把 z 变成它在字母表上的后继者。但是这里遇到了一个阻碍，因为 z 并没有后继者。它是字母表上最后一个字母。已经到头了，没别人了！

不过，有些人，事实上，是很多人，一点儿也没有受到这个阻碍的影响。他们无所畏惧，马上就提出来 a 就是 z 在字母表上的后继者，并得到了 xya 这个答案。这个想法又是从哪儿来的呢？在学校的时候，有人明确地教过字母表是一个循环的、首尾相连的结构吗？当然没有。但随着成长，我们都学到了“循环序列”，比如一周的天数、一年的月份，以及时钟上的小时。与循环字母表类似的结构遍及生活的各个角落。由于它们无形之中的影响，我们轻松得到了 xyz⇒xya 这个答案。简言之，通过引入**循环**这一概念，人们得到了 xya 这个答案。但是，这个概念来自各种熟悉的外部来源，而在有样学样的微领域中，它的字母表并不是循环的。所以，这么做的话，就篡改了这个微领域的本质，甚至可以说，当人们引入这个概念的时候，这些无关的陌生想法“污染了”有样学样纯净的微领域。

尽管有着这个警告，我们还是会接受 xya 是 xyz 回想起的一个合理答案。但是，如果 xyz 从来没有过这样的经历呢？若是这样的话，当听见 abc⇒abd 这个故事的时候，它又会想起什么别的事件呢？换句话说，如果 z 没有字母表上的后继者，xyz 的生活中又有什么类似 abc⇒abd 这件事呢？事实上，有这么一个答案。一旦人们意识到它，都会认为它远比 xya 优雅得多。

每个人都想改变 z，但问题是变成什么？好吧，看起来 z 的后继者是造成麻烦的关键，得试着往回看，探索一下其他的方式来理解发生在 c 上的事。这种理解方式不能涉及**后继**的概念。比如说，不说 c 变成了它的后继者，而是说它变成了 d。这样的话，xyz 想起自己变成 xyd 就显得十分合理了。这是一个合理的答案。但是，如此直接地把 d 生搬硬套放进 xyz 的世界，并没有什么吸引力。还有什么别的更吸引人的选项吗？

好了，在种种独特压力的共同作用下，现在试着重新看待发生在 abc 上的事——“字母 c 被换成了 d”。在此，“字母 c”就是字面上的意思，指“c 这个字母”，而不是“字符串最右端的字母”。在这个情况下，就再也不用担心那个烦人的 z 了。此外，想要在 xyz 中找出一个或是多个字母 c 的例子，如果找到了的话，就把它变成 d。看一眼 xyz 就能明白，里面一个 c 也没有，所以没有字母能换成 d。因此，xyz 的一个可能的反应是如此说道：“啊哈，对了，abc 的故事让我想起了很久以前发生的一件事，那时在我身上什么也没有发生……”

我们还远远没有穷尽所有的可能性。另一个想法便是，想想在抽象层上是如何把 mrrjjj 看成 1-2-3 的。那时把 abc 变成 abd 类比为 1-2-3 变成了 1-2-4。这样的话，为什么不能在抽象层次上把 xyz 看成是 1-1-1 呢？也就是一共三组字母，其长度都是 1。在这种情况下，可以在这种抽象层次上变成 1-1-2，得到 xyzz 这个答案。把字母加倍的这个做法，就和体育馆或大剧院通常对字母表的扩展一样，从单一的字母“A、B、C、D……W、X、Y、Z”变成双重的字母“AA、BB……”。但即便如此，这还是像个古怪的、蒙混过关的做法。如果 abc 的故事是 abc⇒abcc 的话，那么从脑中蹦出 xyz⇒xyzz 这个答案就是一个完美的“我也是”的故事。但这并不是 abc 讲的故事。

简言之，截至目前的答案都不能令人满意，更别提优雅了。

柳暗花明

我们为了试着找到 z 的后继者而不断碰壁。这个反复出现的麻烦，让我们更加在意 z 没有后继者这一事实。也就是说，z 是字母表上的最后一个字母。聚焦于字母表上的最后一个字母，与聚焦于第一个字母只有一步之遥。正如在第 5 章指出的，在对立概念间的滑动既是自然的，也是时常出现的。虽然这有时会产生意想不到的错误，比如混淆**读**和**写**、**生**和**死**、**祖辈**和**孙辈**等。此时，在 abc 中的 a 正盯着我们看呢。把位于 abc 的左侧、字母表上的第一个字母，与位于 xyz 的右侧、字母表上的最后一个字母联系在一起，还有什么比这更自然的吗？

第一个与**最后一个**这两个概念之间的新类比，在这两个字符串的联系上又发掘出了新的视角。如此迷人的对称关系并不容易发现，但是事后一想，就觉得平淡无奇了。把 abc 中的 a 与 xyz 中的 z 如此对称地联系在一起，叫人想起了那个晃动手指的问题。在那个问题里，为了在左手上模仿晃动右手最右端的手指大拇指，我们决定晃动最左端的手指，也是大拇指，而不是最右端的手指小拇指。

如果把 abc 的左端对应 xyz 的右端，那么自然而然地，事实上，是令人难以抗拒地，会从始至终使用左右对调，并把它用于字符串的另一端。因此，xyz 中的“c”，不再是字母 z 那个显而易见、一度令人难以自制的选择，而是变成了 x。发现了这个满意的选择意味着不用再碰壁了。毕竟，x 的的确确有一个后继者，也就是 y。多幸运呀！这样一来，把 x 换成 y，就得到了 yyz。这是一个多棒的新答案呀！

但是……xyz 会说这件事和发生在 abc 身上的事是“一模一样”的吗？如前所述，这两个改变可以被称作“一模一样”，但是也存在可疑之处。毕竟，yyz 明显有两个挨着的同样的字母，而 abd 并没有这种情况。从这个角度来说，这两个改变压根就不是一回事。yy 这一对字母就像是一个警告符号、一个危险信号，提示我们忽略了某些重要的事情。事实上，尽管使用了左右对调这个有洞见的想法，但是做得还不够。

一旦选择把 abc 与 xyz 以方向对调的方式联系在一起，那么，在字母表上的前进，就暗自对应着在字母表上的后退。因此，这也就是暗指，作为对应的一部分，后继者对应着前续者。换句话说，abc 这个字符串是从 a 到 c 的后继关系；而 xyz 这个字符串是从 z 到 x 的前续关系。如此一来，从 a 与 z 相互对应的这个简单看法开始，自然而然地，而且令人几乎难以抗拒地产生了一系列紧密相连的微小概念滑动。最开始，会看到第一个滑向了最后一个，接着看到从左滑向右。现在，到达了这一系列中的最后一个滑动——从 abc 世界的后继者结构滑向 xyz 世界的前续者结构。

这最后一个概念滑动意味着，需要得到 xyz 中 x 的前续者，而不是它的后继者，后边这种做法太过死板。最后得到了字符串 wyz。“假如 abc 变成了 abd，你能对 xyz 做出同样的改变吗？”我们得到的正是一个出乎意料的完美答案。几个相互协调的滑动促成了一个流畅的类比。这一洞见始于那个令人“碰壁”的字母 z，也就是 z 没有后继者这一阻碍。

从某个角度来看，与 pqrs 回忆起自己变成 pqrt 相比，这个对称的答案是一个更强烈的、更令人信服的类比。也就是说，xyz⇒wyz 比 pqrs⇒pqrt 更像 abc⇒abd。这是为什么呢？因为 abc 与 xyz 这两个字符串各自占据字母表的一端。这是一个完美的对称关系，而这两个改变就像是照镜子一样。这个类比没有任何瑕疵，这也就是它吸引人的地方。尽管 pqrs 和 abc 有相似之处，但它并不像是 abc 与 xyz 那般相似，毕竟谈起对称，有什么能比得过镜子呢？虽然和 tky 相比，pqrs 与 abc 还是很像的。

第 5 章举了一个因概念相近而滑动的明显例子：一位祖父和他的儿子乘车路过一个墓地时说：“你的 4 个孙子孙女都是在这里生的。”我们当时指出，人类的思维寻求内在一致的驱动力，使这位祖父使用了两个对立概念的滑动，而不是一个，甚至指出，两个滑动中的任何一个都可以带动另一个，让另一个“搭一趟顺风车”。这个“顺风车”的特性也可以用来描述有样学样类比从 abc⇒abd 和 xyz⇒wyz 之间的协调性滑动。当然，这里说的是美学意义上的顺风车，而不是竞选意义上的顺风车。

论眩晕

接下来蹚一蹚浑水，讲讲 xyz⇒dyz，这个与 abc⇒abd 故事可能类似的事件。这里到底发生了什么呢？要想得到这个类比，非得糊涂到不可理喻才行，我们称之为“眩晕”。首先，得发现 a 和 z 之间微妙的对应关系，然后，还得意识到空间上的对调，暗示着右⇒左这个概念滑动，也就是说，要意识到改变 x 而非 z 这个微妙的想法。但是在这之后，不知出于什么原因事情就搞砸了。刚刚发现的那些微妙之处被忘得一干二净，在没有任何深层的条理或是理由的情况下，便想当然地认为 abc⇒abd 这个事件不过是把某个字母换成了一个随机的字母 d，并盲目地把这个做法用在 x 上。这是一个古怪的反转，因为在有了刚开始的洞见之后，却紧接着做出了完全背离这一水准的行为。如果，在如此简单的领域里可以说出“俗不可耐”这样的词，这便是个恰当的时刻了。

简单来说，这个类比令人眩晕。能做出这个类比的人得是真糊涂了，表现得前后不一致，聪明和愚蠢，卓越和平庸，洞见和短视，通通搅成了一团。刚开始，有那么一刻充满着真正的洞见，用 a 对应了 z ；接着，还保持着同样高水准的洞见，把 c 对应于 x ；但是，在最后一步就变得目光短浅，咬文嚼字了——只看到了 c、d、x 这几个字母，而不是它们在各自世界里所扮演的角色。

委婉地说，这种令人眩晕的杂烩，也就是洞见与短视共存的情况是不合理的。从来没有见过有人一本正经地说出 dyz 这个答案。但是，任何一个在有样学样领域中仔细研究这一类比问题的不同微妙角度的人，不论他们最终是怎么想的，早晚都会碰上这个答案。此外，当向人们解释这个答案的时候，即便觉得奇怪或不适，人们也都会理解它的“逻辑”。可能并不喜欢这个答案,但仍能理解它奇怪的逻辑。而且，这么做的时候，甚至能从中看出幽默。

从这个意义上讲，用 dyz 解决 xyz 的问题和 20 世纪 80 年代流行的一个笑话类似。这个笑话是关于当时美国的第一夫人南希 · 里根（Nancy Reagan）的。笑话是这样的，当听说黄油过剩时，她俏皮地说：“黄油坏了之前，我们应当把过剩的黄油分给这个国家的穷人，让他们用龙虾尾蘸黄油吃。”这个笑话里的第一夫人对贫穷的理解真让人哭笑不得。一方面，她意识到穷人没有黄油；另一方面，她却没有意识到穷人也没有龙虾吃呀。这个笑话让我们想起法国王后玛丽 · 安托瓦内特（Marie Antoinette）的名言。她的名言也和穷人有关，不过是巴黎街头的穷人。她说：“是吗，他们没有面包？这太可怜了。让他们吃蛋糕吧！”这就是所谓的“眩晕”。

当第一夫人的笑话正风行时，一个关于美国和苏联的类似笑话也在流行。一个美国人向一个苏联人吹嘘他们国家的言论多么自由。他宣称："我们在美国非常自由，可以走到白宫门前高喊：'打倒里根！'"苏联人不为所动，答道："这有什么稀奇？我们也可以干同样的事。可以走到克里姆林宫门前高喊：'打倒里根！'"这个类比几乎就要完整了，结果功亏一篑（就像 xyz ⇒ dyz 一样）。

框架整合

接下来，来到了**框架整合**这个丰富且重要的话题。这里并不打算用抽象的方式来定义这个术语，而是通过有样学样微领域中的一系列具体的例子。在有样学样的世界，这个现象十分清晰。再一次回到 abc 变成 abd 的老故事，这一次可以同样问道："iijjkk 想起了什么呢？"下面是一些可能的答案：

iijjkk ⇒ abd（"把整个字符串换成 abd"）
iijjkk ⇒ iijjkk（"把字母 c 变成 d"）
iijjkk ⇒ iidjkk（"把第三个字母变成 d"）
iijjkk ⇒ iikjkk（"把第三个字母变成它的后继者"）
iijjkk ⇒ iijjkd（"把最右端的字母换成 d"）
iijjkk ⇒ iijjd（"把最右端的一组换成 d"）
iijjkk ⇒ iijjdd（"把最右端的一组换成数量相同的 d"）
iijjkk ⇒ iijjkl（"把最右端的字母换成它的后继者"）
iijjkk ⇒ iijjll（"把最右端的一组换成它的后继者"）

上面列出的这些答案，它们的排列顺序取决于涉及框架整合的程度，从一开始大量的整合，到最后完全没有。比如拿第三个例子来说，第三个字母，即 j，被换成了 d。这个答案看起来十分笨拙，因为在 iijjkk 的世界里，d 这个概念就像是一个入侵者。也就是说，d 属于 abc 的世界，靠近字母表的开头。而字母 ijk 有着自己的小世界，在字母表上远在 abc 的世界之外，在它们之间出现一个 d 显得一塌糊涂。但这还不是全部。第三个字母，这个概念看起来同样像是一个入侵者。从 abc 的世界照搬过来，未经思考便扔进了 iijjkk 的世界里，全然不顾 iijjkk 的字母数量是 abc 两倍的这个事实，以至第三个字母这个原本在 abc 的世界里充满意义的概念，在被生搬硬套进其他世界时完全失去了自己的意义。所以，第三个答案是大量整合后的产物。如果从审美的角度来说，它深受其害。

上面的其他答案，除了最后一个，都涉及某种框架整合。也就是说，某些本属于 abc 世界的概念被套进了 iijjkk 的世界，并污染了后者。即便是第二个答案 iijjkk，从表面上看并没有受到来自 abc 世界的任何污染。但事实上，它被感染了。因为，它背后的逻辑“把字母 c 变成 d”是基于 c 和 d 这两个概念的，对于 iijjkk 的世界来说，它们都是陌生的。

另一方面，最后一个答案，iijjll 没有从 abc 的世界中借来任何不属于自己世界的概念。这就是说，最后一行的类比，比上面那几行类比更加“纯粹”。其他那几行都涉及某种程度的框架整合，有时十分明显，有时则不太显眼。此外，还有很多涉及框架整合的可能答案，比如说，iijjkk⇒aabbdd，甚至是 iijjkk⇒aabbll。

最后，有趣的是，在上面列出的所有答案中，除了第一个，都可以被“把 iijjkk 的 c 换成它的后继者”这一条框架整合的规则来概括。当然了，这个规则高度歧义，且十分主观。iijjkk 中没有 c，就像是北京没有东方明珠一样，但是，这一点也不妨碍有人说出“北京的东方明珠”。这个说法比第 4 章里的老朋友“迷你高尔夫领域的阿基米德”和“词源学领域的开普勒”还要自然一些。

框架整合的长处与短处

我们并不想把框架整合描绘成本质上就是笨拙或混乱的。事实上，有些框架整合是被精心设计出来的，以展示创造力或是幽默。xyz⇒dyz 的故事就是这样的例子。在这个故事里，字母 d 被故意放进一个毫无作为的世界，如同无头苍蝇一般。这一做法故显拙态，颇为吊诡，却因而生出幽默之感。得需要相当的想象力，才能得出如此不循常规的答案。

但是，框架整合也有可能是因为忽略了某些事，在不经意之间做出的。这种情况下，它更像是某个现实问题的临时方案，尽管可取，但不是最优解。事实上，很多人正是因为这个原因得到了 xyd 这个相当平庸的答案，而不是 wyz。他们并没有足够深入地审视这些字符串，没能发现 a-z 的微妙联系，从而忽略了后面一系列关于概念对调的连锁反应。

当人们没有足够的知识看清情境的某些方面时，势必会跳过它们，从而做出框架整合。比如说，有些人知道字母表，但并不会数数。那么，mrrjjj⇒mrrjjjj 这个答案对他们来说就是遥不可及的。另一方面，凭借自己已有的概念，他们可以轻易得出 mrrjjj⇒mrrkkk。对某些人来说，这个答案充满了洞见和优雅；但有些人就会认为，这可是最明目张胆的框架整合：在一个本质上是数字而非字母的世界里，字母表上的后继者这个概念是做什么的？

或是再想想，某人有着严重的视力缺陷，当他看向字符串 iijjkk 时，只能看出含有 6 个字母，但是完全看不出里面出现的重复。他可能会说："把最右端的字母换成它的后继者！"因此得到 iijjkk⇒iijjkl。对我们来说，这个答案十分笨拙，但是如果考虑到所缺的信息，就可以理解这种疏忽了。在信息有限的情况下，他已经尽力做到最好了。这一点呼应着前文的观点，人们在尽力做出最深刻的类比，只不过受到了自身概念储备的限制。

尽管这些例子看起来都是人为的，科学上的类比也常常如此——在未知世界里做出勇敢的飞跃。几十或是上百年后，其中的一些飞跃也许看起来十分愚蠢。因为这些飞跃都是基于当时人们熟知的先例，最终做出的种种幼稚假设事后被证明完全不适用于新的情境，但这种在事后对幼稚行为做出的判断是一种奢侈。用老话说就是，事后诸葛亮。

为了具体说明这个现象，可以想一想，在 17 世纪时，人们认为光波和声波极其相似。光波也被认为是纵向的压缩波，由一种无处不在且有伸缩性的物质传播。这种物质和空气非常相似，但比空气更弥散，甚至更细微，一位胆量够大的人甚至敢于声称这种捉摸不定的物质是"以太"。这个概念上的飞跃十分大胆，而且有一定的含金量。几个世纪后，事实证明，在当时，人们对光本质的看法被声音世界带来的错误类比污染了。换句话说，这是一个框架整合，其中一些不恰当的概念来自声音的世界。

具体来说，光必须是纵向的压缩波，而且，光的传播需要有某种伸缩性的介质，这两个观点都是对已知声音现象的完美复刻。但对光来说，这两个假设最终都被证明是错的。尽管这些关于光的猜想在事后被证明是错的，它们仍然是在未知世界伟大且勇敢的飞跃，让人类初次领略到了光的真正本质。如果只是因为有些地方最终被证明是错的，就批评它们冒失，这实在有失公允。为什么有人会假设那是在真空中传播的横向波？当时的人们从来没听说过这种东西。事实上，那时候的人们也几乎感觉不到它的存在。从今天的角度批评这样一种自然却略带谨慎的飞跃是毫无意义的。毕竟，即使是 17 世纪最伟大的思想家也无法做出足够远的飞跃，无法预料麦克斯韦方程和爱因斯坦的狭义相对论。今天的人们要想理解光是一种波，这些理论都是必不可少的因素。

任何一个时代的伟大科学家都是这样在未知世界中探索的，他们对自己并不完全理解的现象，做出大胆却又通常十分幼稚的类比。在做出这些框架整合的类比时，由于自身的知识有限，会难以避免地在不经意间引入无关的观念。他们从已知现象中借用各种事实，认为（或是错误地认为）这些事实是普世皆准的真理。事实上，其中的有些事实在事后被证明并不适用于新的现象。尽管包含很多源自其他领域的错误假设，那些最好的类比仍然含有大量的真相，并为人们开启了全新的视角。这种真假参半的类比是所有人类的特点，我们将在后面的两章中对此详细地讨论。

需要指出，在文学和其他艺术领域中，由于框架整合生动形象的特点，它时常被有意使用。当我们在看书，或是观赏电影、戏剧时，常常自然而然地将自己置身于场景之中，代入一个又一个的角色。这种心理上的整合在瞬间完成，而且自己通常意识不到。但正是它们给作品赋予了情感意义，不然整部作品不过是一个第三人称视角的、对事件的冰冷的陈述。

福康涅和特纳的概念整合

提及框架整合是因为它可以为人类认知的很多现象带来丰富的洞见。认知科学家吉尔斯·福康涅和马克·特纳，以及他们的同事、学生一起出色地丰富了这一概念，并称其为“概念整合理论”。他们反复论证以示框架整合始终贯穿了人类的思维。他们使用的例子时而出奇、时而朴素，但都展示了这个现象的根本重要性。

在福康涅与特纳合著的《我们思考的方式》(*The Way We Think*) 一书中，他们分析了一个例子，讲的是美国加州政府发布的一个戒烟运动的广告牌。如他们所述，在广告牌上有一幅巨大的人像，是一个很有男子气概的牛仔，很像香烟品牌万宝路的经典形象。牛仔正骑着马，抽着烟，然后，在他的下方用大字写着：“警告：吸烟导致性无能。”在此，框架整合的妙处在于，那根香烟已经明显地弯曲下垂了。这里显然存在一个复杂的对应。下垂的香烟对应于阴茎不举，而且这两种下垂都被看作是由抽烟的动作造成的。显然，下垂的香烟是这个场景造成的心理污染，香烟下垂显然是从另一个类似的场景借来的：虽然有弗洛伊德的名言“有时一支雪茄就是一支雪茄”，但是一根烟在某些方面还是与阴茎有明显的相似之处。无论你认为这个广告是庸俗还是聪明，但毫无疑问这个创意是一个绝佳的框架整合，而且这种巧妙的技巧会引发一些长期吸烟男士的深思。

《我们思考的方式》通过一系列精心选择的例子展示了人们对微小语言结构的理解充满了各种框架的整合，比如说各种看似无害的形容词－名词组合：“安全的孩子”“安全的海滩”和“安全的刀”。福康涅与特纳表明，为了说出或是理解这些词汇所需的类比，有时极其简单，有时却又非常微妙。所有这些类比都涉及与现实相反的情境。比如“安全的海滩”一词，让人们凭空想出一个海滩，在那里有着种种威胁，可能是鲨鱼，也可能是强烈的暗流，然后让真实的海滩与这个假想出的海滩形成对应，并彰显不同之处。一个海滩有暗流，另一个没有，还有什么更简单的对应吗？这种类比看起来微不足道，但是，要想瞬间把真实的海滩描绘成一个错误的版本，则需要非比寻常的思维操作。

对于说话人和听众来说，不光是“安全的”这种形容词依赖着无意的框架整合。福康涅与特纳指出，就连最普通的、用来描绘颜色的形容词出现在词组中时，也涉及框架整合，如“红色的”出现在“红酒”“红笔”“红狐”“红头发”“红光”中。更令人称奇的是，即便是一个名词，也不得不依靠微妙的框架整合来传达意义。比如说，为了理解“划痕”一词，得在刚出厂的新车这种“常态”与车祸后的车这种“非常态”之间做出对比。如果不知道车应该是什么样子的，或是没有在“常态”

和“非常态”之间建立对应关系，就无法理解**划痕**这个概念。

类比和整合不同吗

在福康涅与特纳的书中，他们通过大量的、类似上文所述的精彩案例分析有理有据地证明了，我们对世界的理解充满了框架整合。也就是说，通过无意中在情境之间做出的类比，原本属于情境A的元素被代入到了情境B中，或是说，A的心理表征被代入到了B的心理表征中，反之亦然。

福康涅与特纳举的一个例子，用他们的话说是整合，用我们的话说是类比。这就是电脑屏幕引入**桌面**概念的例子。我们认为这是在使用类比，而他们认为这是概念整合，或是“整合的场景”。他们强调，尽管这基于类比，但它不是类比。他们的观点是，人们心中存在着一个混合的结构，其中一部分源于传统的实体桌面，另一部分源于对屏幕画面的感受。在人们心中，二者整合在一起。我们同意这个分析。但是，这个混合结构不是类比，又是什么呢？如前所述，类比常常是人们脑中两个独立情境混合后的产物，两边的元素被混合到了一起。事实上，这就同福康涅与特纳说的一样，这一情况发生在日常生活中做出的许多类比上。

“类比”不是被收藏起来的关键词，专门用在“未受污染的”对应关系上。事实上，如前所述，一个对应关系是“被污染了的”还是“纯粹的”是一个主观问题，这取决于人们看待情境的视角。为了说明为什么整合不是一个客观事实，而是一个主观想法，我们提出下面这个有样学样领域的类比问题：“如果aabc⇒aabd，pqrr要如何做出‘一模一样’的改变？”

一个非常吸引人的答案是pqrr⇒pqss，这是基于“把最右端的‘字母’变为它的‘后继者’”的想法。在此，“字母”和“后继者”这两个词都可以被灵活用于新的语境。这看起来像是一个“纯粹的”答案，没有受到任何整合的污染，优雅流畅地运用了双层滑动。但是，还存在着一个竞争对手，它看起来甚至更加“纯粹”，即pqrr⇒oqrr。

乍看之下，oqrr这个答案毫无道理。但是，字符串的一端有着两个相同的字母，如果有人能够留意这个 aabc 与 pqrr 共享的特点，如果还觉得这个特点非常明显的话（这里就涉及主观判断了），那么，这就像是有人喊着让你在两个世界之间建立联系，你就会把 aa 与 rr 对应在一起，c 与 p 也因此对应在一起。在这个新的对应关系下，**左右**的概念对调了。随后，就像是前文仔细分析的 xyz 问题，**后继者**与**前续者**的角色同样发生了左右对调。这个独特的双重滑动解释了 oqrr 这个答案，有些人觉得它极其纯粹，赏心悦目。

这个新答案让我们可以从完全不同的视角看待 pqss。对某些人来说，pqss 乍看之下十分优雅，且“纯粹、未受污染”，但现在看来却成了一个框架整合。**最右端字母**，这个概念被生硬地搬进了 pqrr 的世界。这是一个不受欢迎的入侵者，所以 pqss 这个答案背后的类比看起来就是不优雅的，而且“不纯粹、受到了污染”。不过，对另一些人来说，aabc 和 pqrr 身上双重字母的特点是无关紧要的，是一种无意义的奢求。而 oqrr 这个答案不过是自作聪明的自我陶醉罢了。对他们来说，pqss 并没有在不同的世界之间生硬地植入概念，它只是对第二个世界“做出了一模一样的事”，没有一丝污染的痕迹。

因此，可以看到，框架整合并不是类比的客观属性。相反，对于一个给定的类比，要在“整合”与“非整合”两个标签中做出选择取决于人们的审美偏好。这一过程通常是无意识的，而且无法客观、合乎逻辑地证明对错。审美偏好是潜藏在人们心底看待世界的偏见，并不是关于世界本身的事实。所以，认为框架整合是“非纯粹”的，类比是“纯粹”的，两者之间有明确清晰的界线的说法，不过是假象罢了。

简言之，框架整合并不是类比的特例，而是范例。事实上，框架整合是包含有趣特征的类比。这个特征就是可以指出在两个情境之间建立的心理桥梁的一个或多个方面，而该桥梁两侧的实体之间存在某种模糊状态。下面的例子将清晰地体现这一特征，它也是福康涅和特纳一书中主旨的最好体现。

一个童稚的框架整合

斯科特正在和三岁的女儿艾丽参观自然历史博物馆。他们在看的展览是“紫羚”一家，这是一种类似羚羊的哺乳动物。它们全被制成了标本，还原出了非洲草原的样子。这群紫羚站在一个好似池塘的地方，尽管仔细一看就能明白，那不过是一块透明的塑料。其中有一只雄性大紫羚，正俯身把头靠近池塘，伸着舌头，好像要喝上几口里面的水。下面是斯科特和女儿之间的对话：

艾丽：啊，看那只可怜的紫羚爸爸……它太可怜了！

斯科特：艾丽，它为什么可怜呀？

艾丽：因为它那么渴，却一点儿水也喝不到！

斯科特：艾丽，它为什么喝不到呀？

艾丽：因为它已经死了！

这段对话里最有趣的地方是艾丽出人意料的回复。来试着想想在她脑中出现的（但愿，这同样出现在所有看到这一情景的人们心中）无意识的类比。在此涉及两个不同的情况，用福康涅与特纳的话来说就是"心理空间"。其中一个情况，是这个展览想要达到的效果：尽管展览中的一切都无法行动，游客们还是把它们看成出现在草原的动物，并想象它们以自然的方式，正在地球的另一个地方过着自己的生活。另一个情况，就是这个博物馆的展览本身：游客们都清楚地知道自己并非身处非洲草原，而是在美国某个城市的一幢建筑物里；在远处的背景里，其他的动物、树、山都是被画在墙上的；如果看得仔细，还能看出那个所谓的池塘，不过是一块塑料罢了。但是，正如墙上的画类比于草原的场景，那一块塑料也类比于池塘。

不过，紫羚一家却处于一个不同的层次上。所有这些紫羚都是立体的，并有着真实的大小。即便塑料制成的池塘和画出的草原一看就是假的，这群紫羚看起来却是真实的。事实上，它们就是真实的，或者说，至少与展览中的其他元素相比，它们更加真实。因为，这些紫羚曾经都是活的。所以，即使构成展览的其他元素是假的，紫羚还是保持了某种程度的真实。

游客们可以毫不费力地把一个人为的场景与非洲的情形联系在一起。但愿他们可以阻止人为场景中的任何假象穿过类比的桥梁，污染类比的另一个远端。这就是说，类比的其中一端是博物馆的展览，但愿没有任何方面从这一端漏出，污染了处在另一端的非洲草原。看展览的最好方式常被称作"暂时停止怀疑"。但是，可以想象，尽管博物馆的员工尽了最大的努力，在某些游客心中，还是会出现这类污染，尤其是年纪最小的游客。

所以，当听到小艾丽同情紫羚爸爸的时候，艾丽的爸爸问她紫羚为什么喝不到水，能预想到艾丽可能做出的回复。她当然会说，是因为池塘里没有水——那是一个假的、塑料制成的池塘。可怜的紫羚爸爸！早就能看出来，艾丽会让处在类比一端的博物馆展览污染另一端的非洲草原。

事实上，她确实这样做了，不过是以一种出人意料的方式说道："因为它已经死了！"这个想法是从哪儿来的呢？不久之前，她刚刚说完紫羚爸爸想要喝水。但是，如果它已经死了，又怎么能想喝水，又怎么能有任何感受呢？如果紫羚爸爸确实已经死了，那么艾丽一点儿也不需要同情它，因为整个场景毫无生命与渴望。简言之，鱼和熊掌，艾丽全都想要。对她来说，紫羚爸爸同时既是活的——处在类比的非洲草原一端，充满着渴望，也是死的——处在类比的博物馆展览一端，毫无感觉。

这让人想起有样学样领域下那个糊涂的答案 xyz ⇒ dyz。这个答案本来充满洞见，却紧随着一个极其肤浅的想法，感觉像是当头棒喝。当这种糊涂想法冒出的时候，总是会带来笑声，上文的小故事也不例外。

也许这个奇怪的、看起来充满困惑的概念整合并不足为奇。因为，孩子总是摆弄着各式各样的东西，假装它们与众不同，但又清楚地明白它们完全不是那么回事。孩子比大人更容易处在这样的叠加空间，对于眼前的事物，他们的想法经常在两个层次之间跳跃。当孩子在玩的时候，一个小木块可以轻易地被当成马背上的骑士，而废纸篓就是骑士们正在进攻的城堡。孩子当然知道它们就是小木块与废纸篓，如果废纸篓翻倒，几张废纸掉出来，他们会把废纸拾起来放回去，但可以瞬间切换到那种心理空间。在玩游戏时，他们可以轻易地把这两部分知识区别开来。

但是，艾丽说的话远远超过孩子平常做出的瞬间切换。她说的话违背了所有预期。这就像是一个玩着小木块与废纸篓的孩子说道："这个骑士很可怜，因为他想跳到城堡的屋顶，但是，他做不到！"如果问这个孩子为什么骑士办不到，也许期待着这样的解释："他不能跳，因为他知道城堡没有屋顶，他会掉进去，永远困在里面！"这个回答把废纸篓的真实形状与游戏中的功能（即城堡）优雅地整合在了一起。但是，这个孩子却说道："他真可怜，因为，他的马根本不能跳。这就是一块破木头，还没我的手大呢！它永远不能跳到城堡的屋顶上！"

框架整合总是类比，类比有时是框架整合

在本书中，除了前文那些有样学样微领域里的例子，还讨论了很多生活中的类比。如果回顾一下这些例子，很容易把它们看作框架整合。比如说，之前讲过这样一个故事：在火车上，一个人指着通道对面的座位说："去的时候，那个喋喋不休的人就坐在那里。"在此，两个框架借助不同时间下两列火车之间的类比被融在了一起。更准确地说，在当下这趟车里看到的座椅被思维嵌入几天前向相反方向驶去的另一辆车中。为了达到有效的交流，真相被通过混合假象、类比和整合的策略而有效地传播着。

第 4 章也出现了一个框架整合的例子。我们讨论了月食，其中涉及了太阳、地球与月亮，并类比于手电筒、橘子与乒乓球。当说在橘子上的蚂蚁正看着"天上"发生的一切时，就引入了框架整合。当说把这个场景放大一亿倍时，框架整合就更明显了。结果便是，在外太空的巨型手电筒，正指向一个飘浮在真空中的硕大的橘子，有地球那么大；在橘子上面站着一群庞大的蚂蚁，比珠穆朗玛峰还高出 100 倍，它们正望向空中，看着一个变暗的大乒乓球。这就是一个典型的框架整合。

我们还讨论了某人正在思考是否要接受新工作的邀请，他为此把自己的情况与朋友的情况联系在了一起，这位朋友或是有着相似的工作，或是有类似的工作环境，这是另一个框架整合。在他作类比时，不可避免地把自己的某些方面整合到了朋友的情况里，或是把朋友的某些方面整合到了自己的情况中。结果就得到了一个四不像、混合的虚拟人物。

如前所述，框架整合并不总是意味着"被污染的"，或是"有缺陷"的思维。虚拟人物，即对真实人物的思维整合，事实上是日常类比的常态。比如马克的故事，他当时正在读报纸上关于北京奥运会游泳比赛的报道。他把自己比作菲尔普斯，想象自己在菲尔普斯的位置上会怎样表现。把自己和 2008 年奥运会混在一起，感受游

泳池的水和比赛的激动，调整自己的年龄和体能，使想象的嵌入更加真实。在这个类比的过程中，马克在内心创造出了一个自己和菲尔普斯的复杂的心灵整合。

再考虑一个框架整合的更复杂的类比。试想，有一个女人因为丈夫的冷漠而大发脾气，她拿起一个盘子，然后又放下了，并说道："如果我是我妈妈，我早就把它朝你扔过去了！"这个含蓄的类比把当下这场冲突，与这位妻子年幼时目睹的、她的父母之间的众多冲突联系在了一起。她正想象着自己的妈妈（但比真正的她年轻很多）站在房间里，嫁给了眼前这个男人（或是丈夫与爸爸的整合），并把盘子朝他扔了过去。另一方面，所有这些积怨全部来自刚刚发生的这场冲突，所以这个假想中扔盘子的人既是她的妈妈，也是她自己。这两段婚姻之间自然且诱人的类比，包括它们的差异，都被这位妻子加以利用，为当下的冲突带来了新的视角。通过把自己和妈妈瞬间整合在一起，并想象这个版本的自己真的在扔盘子，然后把这幅场景告诉她的丈夫，这位妻子至少设法消了消气。

机器翻译之梦

如果在翻译时涉及文化的转变，势必要引入大量的框架整合。试想，有人正在翻译一本中文小说，打算将其译成英文推广给美国读者。这不光得让故事里的人物都流利地说着他们根本不懂的语言，此外，故事里所有表示概念的字或词，在美国读者的心中都有不同的意义。考虑下面这些概念：**城市**、**农村**、**自行车**、**电动车**、**房子**、**别墅**、**商店**、**米饭**、**山**、**河**、**诗词**、**字**、**词**、**眼睛**、**头发**等。当它们通过字面翻译从中国文化转移到美国文化时会发生什么呢？每个范畴的核心成员，都有着属于自己的"老城区"。中美之间明显有着截然不同的成员。结果便是，当美国读者看到该小说的英文版时，他们自然而然便会引入某些美国的成见。他们想象中的故事和场景都会在不经意间把故事发生的地方和概念发展的地方整合在一起，也就是把中美整合在一起。同样的情况，对任意两种语言之间的翻译都适用。因为，原作中的有些部分可以保持不变，而另一些部分则难免有所改变。

尽管上文刚刚说到翻译如此复杂，但对有些人来说，翻译一事相当机械。事实上，机器翻译这个想法，从最早出现时算起，距今已有60余载。在那时，这个念头看起来合情合理，直截了当。比如说，这个领域的创始人之一，著名数学家沃伦·韦弗（Warren Weaver）曾经写道："当我在读俄文写的文章时，我说：'这就是用英文写的，不过是以某种奇怪的符号加密了。我要对此解密。'"[6] 韦弗这段妙语道出了机器翻译的信条，翻译就是"解密"的过程。从本质上来说，这就像是替换式密码。也就是说，为了加密或是解密一条信息，需要做的不过是根据一个固定的对应关系表，把原有信息中的符号逐个替换成别的符号。具体来讲，以英文为例，把每一个字母换成它在字母表上的后继者，即可对原有信息加密。通常来说，加密后的结果都是一串毫无意义的乱码，比如说，"Gpvs tdpsf boe tfwfo zfbst bhp"。为了对这条加密过的信息进行解密，需要反向转换，把每一个字母换成它在字母表里的前续者。在这个例子里，得出的就是亚伯拉罕·林肯著名的开场白——"Four score and seven years ago"（八十又七载）。

在机器翻译早期，语言之间的翻译被视作上面的过程，只不过规模更大。在这个规模下，操作的单元不是字母，而是整个单词；对应关系表也不是仅仅长为 26 的字母表，而是巨大的双语词典，每一个给定的单词，都有着在另一种语言下对应的单词。后来有人指出，因为两种语言之间的语法存在差异，必然导致混乱的语序。为了克服这个尴尬的局面，需要一个把两种语法同时考虑在内的办法，机械地重新整理语序。这个过程虽然复杂，但十分直接。

直至今天，机器翻译的哲学背后还是这种替换 – 重排的过程。区别在于，今天的人们有语义对应关系表，其中的单元通常比单词的层级要高。这可能包含成语，或是其他更大的结构，比如说，"Once bitten twice shy" 翻译成中文可以是"一朝被蛇咬，十年怕井绳"。事实上，两种语言之间存在上百万对应的词组，计算机用极快的速度遍历全局选出某种"最佳"的对应关系，把语言 A 的词、句或是文章"解密"成语言 B。

现在用当下使用最广泛的、也许还是最复杂的机器翻译"引擎"①来测试一下这个策略的功效。用谷歌翻译把前文林肯的那一句开场白"Four score and seven years ago"译成中文，眨眼的工夫，就得到了下面的结果："四分七年前。"为了测试谷歌

① "引擎"一词是对查尔斯·巴贝奇（Charles Babbage）的致敬。他是 19 世纪英国计算领域的先驱，发明了今天计算机的重要原型，他称其为"分析引擎"（Analytical Engine）。

翻译对自己答案的理解，我们进行了反向的翻译——“Four quarters ago”，奇怪的是，关于“七年”的部分被忽略了。“score”一词在英文中有“得分”或是“分数”之意，但在林肯的开场白中，表达的意思是数量“20”这个概念。由此可见，这个例子里谷歌翻译得出的结果，不论是中文还是英文，都是一塌糊涂。让谷歌翻译把同样的话译成日文时，它给出的结果是“4得点と7年前”，即“四比分和七年前”。在此出现的问题，同中文翻译时的错误如出一辙。

翻译引擎对意义一无所知，它并不是在试着理解输入的内容，而是在摆弄那些符号。从这一点来看，谷歌翻译引擎确实像是用替换式密码来加密或解密，毫不涉及意义。这完全就是沃伦·韦弗在60多年前提出的观点——一个没有思考、忽略意义、机械替换的过程，可以让人们在任意两种语言之间切换。

难以想象对翻译说出如此浅显见解的人，居然和写《多种语言下的爱丽丝》（*Alice in Many Tongues*）一书的是同一个人。这部简短的研究著作讨论了刘易斯·卡罗尔（Lewis Caroll）的《爱丽丝梦游仙境》（*Alice in Wonderland*），研究这本充满文字游戏的书里的巧妙段落是如何被富有创造力的译者翻译成不同语言的，包括法文、意大利文、德文、丹麦文、瑞典文、西班牙文、俄文、波兰文、匈牙利文、希伯来文、斯瓦希里文、洋泾浜英文、日文，以及中文。沃伦·韦弗书中的重点在于，卓越的译者们是如何应对那些复杂的翻译挑战的，比如说，滑稽模仿诗、文字游戏、荒谬话，以及其他内容与形式紧密交织在一起的方式。带着崇高的敬意，他描述了应对这些挑战的完美答案。他一次次地指出，高质量的翻译绝非机械的行为，它们和“机械的解密过程”毫无关系，而是需要不断发现绝妙的新类比。事实上，他的书告诉我们，要在语言B中找到语言A笔下人物的恰当对应，这样的翻译极大依赖于人生的经验和才智。

机器翻译的念头出现后不久就造成了重大问题。有一群质疑者提出了各种问题，其中质疑声最大的也许是逻辑学家约书亚·巴希勒尔（Yehoshua Bar-Hillel）了，他曾是这个领域最早，也是最热衷于此的研究者之一。到了20世纪50年代中期，翻译是“机械的”或是“算法的”过程这种说法，已经遭到了深深的质疑。正如我们所见，这种质疑至今仍在。

好的类比带来好的翻译

那么，该如何翻译林肯著名的开场白呢？假设要把“four score and seven years”译成法文，先来理解一下英文的原意。首先，“score”在此表示数量，即“二十”，因此，“four score”的意思是“八十”，而“four score and seven”就是指“八十七”。在法文里我们也能这么说吗？可以，而且幸运的是，法文有很强的数学传统，“八十七”在法文中是“quatre-vingt-sept”。“年”是“ans”，如果想表示“之前”，只需要在最前面加上“il y a”即可。所以把这些全整合到一起就是，“Il y a quatre-vingt-sept ans”。搞定！

不过，这里有一个问题，林肯的说法“four score and seven”并不是英文里表达“八十七”（eighty-seven）的常用说法。这是一种很特别的说法，以一种奇怪的方式看待数字，更重要的是，这种说法十分押韵。这些都是林肯开场白的关键特点，所以我们在翻译时应该把这些意思全部保留。

一个惊人的巧合是，法文中的“八十”并不是基于“huit”，即法文中的“八”，而是基于“quatre”与“vingt”这两个词，即“四”和“二十”。所以，在法文中，“八十”的标准说法就是指“四个二十”！完美答案好像呼之欲出，就是“Il y a quatre-vingt-sept ans”。多巧呀！如果葛底斯堡演说发生在 1843 年（这会让不止一个历史学家感到困惑），这个办法可就行不通了。因为，在法文中，“three score and seven”并不是“trois-vingt-sept”，也就是说，“六十七”并不是“三个二十加七”，而是“soixante-sept”，也就是“六十七”的字面意思。

我们的第一反应可能是，多亏有了这个巧合，才完成了翻译。但是，这个结论未免太过草率。说法文的人几乎不会注意到“quatre-vingts”中的“quatre”与“vingt”，这就像是说中文的人，几乎不会注意到“星期”中的“星”与“期”一样。对说英文或是说中文的人来说，“quatre-vingts”这种说法带有算术的意味，还有一种复古的诗意。但这对说法文的人来说根本不是一回事，对他们而言，这就是一个普普通通的说法，表示一个在七十与九十中间的数字。相反，对说英文的人而言，听到林肯的开场白之后就得做出简单的计算，并回味着其中高雅的诗意。所以，如果打算在另一种语言中把握住它的本质，必须不惜一切代价避免平庸。这就意味着，刚刚还在暗自庆幸的巧合，到头来居然是伪装起来的祸害！好了，现在只能重新开始。

我们的目标是高质量的模仿，也就是说，“和林肯做的一模一样”。林肯的做法改变了英文中对于“八十”（eighty）的标准看法，把“八个十”（eight-tens）改成了“四个二十”（four-twenties）这种引人注意的奇异看法。至此，解决办法看似很明显，就是做出反向的类比，即把法文中“四个二十”这种对“八十”的标准看法，换成“八个十”这种引人注意的奇异看法。事实上，这让人想起在有样学样领域里曾优雅地转换了视角，把 xyz 与 abc 视作镜像的一对。尽管“huitante”一词，即“八 · 十”，在法文中别具一格，但在瑞士却是常用的说法，用来取代“quatre-vingts”。在部分法文区，还有一种更奇异的说法来表示“八十”，即“octante”，尽管这种说法时至今日已近绝迹。上面这两种在法文中表示“八十”的不同说法，我们用它们中的一个来翻译如何呢？不幸的是，“Il y a huitante-sept ans”和“Il y a octante-sept ans”这两个说法，对大多数说法文的人来说，并没有高雅的诗意，仅仅是过时的老派说法罢了。要想翻译林肯那句卓越的开场白，这两种说法差得太远了。在这个例子里，反向类比这个常用的好办法并没有起作用。

显然得在法文中找到一个更深刻的说法来对应林肯的话。“four score and seven years ago”，同样富有诗意的说法在法文中应该是怎样的呢？之前所有失败的尝试不再赘述，先来看看“seven dozen and three years ago”这个说法，即“七个十二又三年”。在此，“dozen”表示数量“十二”，它源自法文中的常用词“douzaine”。不过，这可不太像是我们的原意，因为这里涉及了太多的计算。但它至少让我们想起一个法文中的常用词，即“dizaine”，它类似于“douzaine”，不过表示的数量是“十”。尽管“il y a huit dizanes et sept ans”听起来有点愚蠢，它让我们想起了“trentaine”一词，它同样类似于“douzaine”，不过表示的数量是“三十”。所以，“八十七”就可以说成是“trois trentaines moins trois”——“三个三十减三”。至此，翻译问题俨然成为一个算术问题，甚至成了一个绕口令。这可不是我们的初衷！

最终，我们意识到，法文中同样有“vingtaine”一词——基于“vingt”，表示数量“二十”，也就是英文中的“score”。终于得到了最终的答案，“Il y a quatre vingtaines d'années, plus septans"。这个翻译看起来好多了，但它的感觉与原意还是不太一样。因为，如此明显地说出"加"（"plus"）这个运算显得太笨拙，这就好比林肯说的是"four score plus seven years ago"，即"八十加七年之前"。现在，微调一下，得出下面这个更高雅的译法："Voici quatre vingtaines d'années, et encore sept ans..."，相应的英文是"Four score years ago, and yet seven more..."，即"八十又七载"。对于这个在共同努力下得到的答案，我们十分满意。

有一位翻译朋友说了另一种译法，他的翻译建立在"lustre"这个有诗意的词上。[①]尽管大多数以法文为母语的人认为这个词只是指"很长一段时间"，它还可以用来表示"五年的时间"。因此，按照这位朋友的想法，林肯总统那席话就变成了"Voici seize lustres et encore sept ans..."，即"十六个五又七年之前……"，这可显得相当高雅。他当然也可以说成是"十七个五又两年之前……"，但是没有什么显著的区别。

通过一起做出并评价类比，虽然几经曲折，但经过精雕细琢，最终高度再现了亚伯拉罕·林肯不朽的名言。

机器翻译领域可能取得的进步

前文论证了贯穿沃伦·韦弗《多种语言下的爱丽丝》一书的观点，即若想翻译得当，类比的选择是重中之重。为了想出可行的类比，并评判其是否合适，必须仔细利用全部的思维资源，包括人生经验。

机器翻译也能这么做吗？有没有可能出现那么一天，计算机程序也能做出如此高超的翻译？几十年前，有些研究机器翻译的学者对该领域取得的成就感到不满，开始质疑整个领域使用的方法——绝大多数是字词匹配与语法规则，他们开始另辟蹊径。其中最具活力的想法便是基于统计的翻译，如今这已是解决翻译挑战的重要策略。

这个方法基于统计进行有根据的猜测。所有这些猜测都基于存储着海量双语文本的数据库，而这些文本都是经由人类专家仔细翻译的。一个典型的例子便是联合

① 英文中有"luster"一词，意思是"光泽"或"荣光"。——译者注

国平行语料库。该语料库包含六种语言，即阿拉伯文、英文、西班牙文、法文、俄文，以及中文。这样的数据库是语言信息的绝妙宝库，但必须有人懂得如何利用它。

基于统计的机器翻译的基本原理是，把一段输入的文本，也就是要翻译的文本，切分成“块”，并根据各“块”所处的语境，选出最恰当的意思。每个“块”可能是一个字或是一个或多个词。试想，这个引擎正在把中文翻译成英文。在双语数据库中中文的一侧，待译的中文块可能出现在上千种不同的语境之中。但在这上千种语境中，只有一小部分语境与原文的语境足够“相似”，比如说，只有 20 个。在此，“相似”与否是基于复杂的统计计算得出的。通过统计相似度来缩小范围的过程是这个方法的关键。在这种经由人工翻译的双语数据库中，每一段中文文本都有相应的英文文本。整个翻译问题看似被简化成了在文本中寻找对应的语块。可惜，这个想法太过乐观。通常来说，不存在明确对应的英文块，而是有很多备选方案。因此，一个好的候选需要有根据的猜测，比如进一步的统计计算，在此，我们忽略这些细节。简言之，这种基于密集计算的办法，利用了数据库中海量人工翻译文本的优势，那个与中文块“最接近”的英文块便是最终答案。

可以这样描述上文提到的翻译算法：通过复杂高效的计算，针对文本的各个语块，不断在两种语言间做出类比。在这个基础上，2017 年，谷歌又进一步推出了基于神经网络的机器翻译。消息一出，立刻被赞为机器翻译领域的飞跃。简言之，就是通过建立多层的人造神经网络，使整个程序拥有了“深度学习”的能力。这个办法到底如何，一试便知。

这里选取了一段中文文本，并将其译成英文。中文文本出自杨绛先生的《我们仨》。这是一本十分感人的回忆录，讲述了杨绛与钱锺书，以及女儿的故事。这本书的语言并不晦涩难懂，行文流畅，时常穿插着有趣的成语。我们随机选取了书中的一段话，交给谷歌翻译，里面并不涉及艰深的成语。下面是中文原文，以及 2017 年谷歌翻译的结果。

杨绛：

锺书到清华工作一年后，调任毛选翻译委员会的工作，住在城里，周末回校，仍兼管研究生。

毛选翻译委员会的领导是徐永煐同志。介绍锺书做这份工作的是清华同学乔冠华同志。

事定之日，晚饭后，有一位旧友特雇黄包车从城里赶来祝贺。客去后，锺书惶恐地对我说：

“他以为我要做‘南书房行走’了。这件事不是好做的，不求有功，但求无过。”

谷歌翻译，2017-01：

After a year of work at Tsinghua, he was transferred to the Mao Translating Committee to live in the city and back to school on weekends. He is still a graduate student.

The leadership of the Mao Tse Translation Committee is Comrade Xu Yongjian. Introduction to the book to do this work is Tsinghua students Qiao Guanhua comrades.

On the day of the event, after dinner, an old friend hired a rickshaw from the city to congratulate. Guest to go, the book of fear in the book said to me:

He thought I had to do “South study walking”. This is not a good thing to do, not for meritorious service, but for nothing.

首先，谷歌翻译的第一段中并没有译出锺书的名字“Zhongshu”，而是全部以“he”指代。这个错误相当奇怪，为此让谷歌翻译重新译了第一句话，得到的结果是：“A year later, Chung went to work in Tsinghua.”不知出于什么原因，谷歌只译出了锺书名字的一半，而且并不是通用的译法。请注意，整句话的意思也是错的，并不是在一年之后！因此，进一步缩短了输入的内容，只翻译前七个字，得到的结果是：“Chung Shu to work in Tsinghua.”这回倒是翻译出了锺书的整个名字，却把他的名字一分为二，把首字母都变为了大写。这种做法是一种错误的理解，把“Chung”看成了姓，把“Shu”看成了名。最终，只让谷歌翻译他的名字，即文本的前两个字，终于得到了“Zhongshu”这个结果。

继续看后面的译文。“He is still a graduate student”，谷歌把锺书错当成了研究生。

紧接着又是关于人名的错误。“Mao Tse Translation Committee”，在此，谷歌又只译出了毛泽东名字的一半。毛选翻译委员会的领导又是哪位同志呢？谷歌的回答是：“Xu YongJian.”实际上，应该是徐永煐（“Xu Yongying”）。再看看下面这句话——“the book of fear in the book said to me”，简直是驴唇不对马嘴，毫无道理可言。谷歌再一次只译出了锺书名字的一半，而且这回真把他当成“书”（book）了。

谷歌翻译的最后一句话又是错得离谱，这真的是翻译吗？按照科学家沃尔夫冈·泡利（Wolfgang Pauli）的说法，这连错误都算不上。

为了测试机器翻译可能的进步，作为对比，在2018年又使用同一中文文本，让谷歌翻译译成了英文。下面便是最新的结果。

谷歌翻译，2018-02：

After one year of working in Tsinghua University, Zhong Shu was transferred to Mao's translation committee to live in the city and back to school on weekends. He still holds the post of graduate student.

The leader of the Mao Selected Translation Committee is Comrade Xu Yonglian. Introducing Zhong Shu to do this job is Tsinghua classmate Qiao Guanhua.

On the appointed day, after dinner, an old friend hired a rickshaw to come from the city to congratulate. After the guests go, Zhong book said to me in fear:

He thought I had to do a "Southern study walk". This is not a good thing to do.

与之前的译文相比，可以看出，谷歌翻译在这一年的时间里有了一定的进步。谷歌终于在第一段译出了锺书的名字。不过“Zhong Shu”这种译法还是错误的理解，把“锺”当成了姓，把“书”视作了名，而且，他还是一名“研究生”。

后文还是充斥着人名的错误。这回，毛选翻译委员会的领导又变成了“Xu Yonglian”同志，惶恐的“书”这次还多了一个姓。最后，也许谷歌真的“懂了”翻译这件事也是不好做的，“不求有功，但求无过”，干脆直接跳过不译。总的来说，再次套用泡利的说法，这可算不上是进步。

最后，给出来自人类的译文。这段译文出自侯世达，事实上，他正在翻译《我们仨》全书。

侯世达：

After Zhongshu had worked at Tsinghua University for a year, he was transferred to the committee that was translating selected works of Chairman Mao. He lived in the city, but each weekend he would return to school. He also was still supervising his graduate students.

The leader of the translation committee of Mao's works was Comrade Xu Yongying, and the person who had arranged for Zhongshu to do this work was his old Tsinghua schoolmate, Comrade Qiao Guanhua.

On the day this appointment was decided, after dinner, an old friend specially hired a rickshaw and came all the way from the city just to congratulate Zhongshu. After our guest had left, Zhongshu turned to me uneasily and said:

"He thought I was going to become a 'South Study special aide'. This kind of work is not easy. You can't hope for glory; all you can hope for is to do it without errors."

在读完人类的译文之后，与前文两则机器译文相比，可以看出人类与机器引擎根本不在同一个水平线上。事实上，二者面对的根本不是同一件事。任何一位优秀的译者，不论是亲身经历，还是间接感受，都有着丰富的人生阅历。即便只看到寥寥几句，人类译者也可以把情景想象得细致入微，把握住微妙的典故。他们精通两种语言的语法，可以使自己的行文流畅且地道。

翻译的时候怎么可能不运用自己的知识呢？比如说，“南书房行走”，这到底是什么意思呢？对于侯世达来说，这个说法如同天书一样。那他可怎么翻译呢？问谷歌（但不是谷歌翻译）！经过简短的搜索后，他便明白了这个说法的意思，并给出了更为恰当的翻译。可惜，谷歌翻译根本不能理解谷歌自己搜索出来的网页。

曾经提到，本书中词和短语的选择，全部源于无意中的类比。和单一语言的创造过程一样，两种不同语言之间的翻译也源于类比。但是，当下的机器翻译技术并没有使用人类翻译运用的类比过程，无法理解文本的意义。而意义是这些文本被创造出来的全部原因。

若是精通了中文的语法，能够帮助翻译引擎吗？毫无疑问，答案是肯定的。翻译取决于理解，而理解取决于语法。因为语法告诉我们，如何把只言片语组合成有条理的、更大的结构。

是谁在操纵着谁

这一章展示了人们不断操纵着类比。这其中涉及种种方式，包括：漫画类比、解释型类比、帮助人们做出个人或是更大范围决策的类比、有样学样微领域中的类比、涉及各种框架整合的类比，以及促成翻译，甚至移译的类比。

上一章表明类比有时会把我们玩弄于股掌之中，操纵着我们，而我们却浑然不知。这章正好相反，显示了类比并不满足于藏在幕后偷偷摆弄，也时常出现在台前，而这时类比就在我们的掌控之中了。因此，人类并不仅仅是牵线木偶，事实上，我们有时会有意建立或是选择类比。这通常发生在和他人交流的时候，不过，有时也只是为了让自己把情境看得更加清楚。所以到头来，谁在被操纵着，而谁又是掌控的一方呢？

在类比中做出选择，就是在选择视角。这意味着从某个特别的角度看待事物，对情境采取某种特别的看法。在通过一个充满洞见的类比看待情境时，可以让人们更相信自己对于情境的看法，同时还能发现新的事实。老师、律师、政客、作家、诗人、译者，或是恋人都在不计时日地寻找着最令人信服的类比。这就像是工匠在不断地雕琢自己的作品，以求完美。这些人十分努力，有意地引导自己的听众或读者，让他们和自己拥有相同的观点、情感或是判断。

另一方面，有时这一切都发生在瞬息之间，比如人们脱口而出的漫画类比。尽管这些类比同样是带着某种目的有意做出的，但它们通常不像我们刚才提及的类比那般讲究。因为和上文相反，说出漫画类比的人，通常不知道自己想出这个类比的原因。此外，在意识之下，大量无意识的类比如同旋涡一般，不断地出现和消失，一直搅动着我们的思维。对此，我们一无所知。这些就是在第 5 章提到的操纵着我们的类比。上一章和这一章共同描绘出的画面如同一个连续体，在我们与思维之间延伸着。我们和思维对着彼此发号施令，但在这个连续体上不论望向何处，都会发现作类比的过程是操作的基本原则。

虽然嘴上说着有些类比是“被操纵的”，是“仔细雕琢”出来的，但我们还是不得不到它们的表象之下才能找出潜藏的源头。如前所述，有意雕琢出的类比源于自发的、无意识的类比联系。这意味着，尽管我们自认是幕后提线的人，实际上却不过是木偶，只是意识不到身上的线罢了。我们觉得是自己有意做出类比来表达某种观点，但实际上恰恰相反：我们的观点来自大量潜藏的类比，是它们赋予了我们看待事物的角度。

因此，当那位棒球解说员自然地说出“想要击中山迪·柯法斯投出的球，就像用叉子喝咖啡一样”这句话的时候，他之所以能想出这幅生动的画面，是因为在无意之间，看到了一个东西（球棒）和另一个东西（棒球）失之交臂。正是这个隐含的抽象概念框架让他建立起了类比的桥梁，把真实情境（对球挥棒但错过了）与想象中的幽默情境（咖啡从叉子的分叉之间漏下）联系在一起。

简言之，尽管我们告诉自己，我们才是对类比发号施令的人，但事实刚好相反：我们处在自己拥有的大量无意识类比的股掌之中。这就像是一个有权有势的统治者，实际上是在顺从民心。因为，若他总是反对自己的人民，很快就会被人民赶下宝座。到头来，才发现这位权倾一时的“领导”，只不过是一个眼观六路的随从。

SUR

AND

ANA
AND

ESS

7

朴素类比

所谓“朴素类比”，就是非专业人士赖以理解科学概念的类比。我们的数学、物理或生物学概念，就是在学校里通过有帮助但又过于简化的类比而获得的。比如，除法运算就根植于“均分”这个朴素类比。把除法看作“均分”通常是恰当的，但这样所产生的观点往往过于狭隘。

三件逸事

一天早晨，小蒂姆正在看爸爸刮胡子。他观察到爸爸把脸弄湿，抹上剃须膏，使用剃须刀，然后清洗。从一个四岁小孩子的视角，小蒂姆尽了最大努力给这个场景分类。剃须刀看上去和剪子或小刀很不一样。他根本想不到人们能用它来刮东西。另一方面，小蒂姆非常清楚某些物质可以在另一些物质里溶解，例如，糖在热水里溶化。所以，他完全相信是剃须膏把爸爸的胡茬儿溶化了，剃须刀的唯一作用是把完成任务的剃须膏刮掉。

◇◇◇◇

珍妮特的名字在一个当地的邮寄名单上。一天，她从一个爱聊天的邻居那里收到了一条信息，上面说："今天早晨真让我高兴，我看见一群小老鼠（titmice）在鹅掌楸树上饱餐昆虫。今年昆虫泛滥，肯定会招来许多像小老鼠和山雀那样吃昆虫的动物。"[①] 珍妮特被这条信息搞得一头雾水。她满脑子的形象是一群小老鼠在树上跑来跑去，这可

① 在英文中，titmice 是 titmouse 的复数。珍妮特望文生义地将 titmice 当成了小老鼠：tit，小；mice，老鼠，是 mouse 的复数形式。实际上，titmice 是一种小鸟：北美山雀。类似的中文例子也有很多，例如鳄鱼、河马等。——译者注

是她从来没见过的。当她读到最后就更摸不着头脑了：真怪，怎么老鼠和小鸟在树杈上和平共处了？她突然意识到，titmice 不是小老鼠，而是像山雀一样的一种小鸟。

◇ ◇ ◇ ◇

亚历山大教授正在和一位年轻同事道别。这位同事要去德国一个月。老教授说："到了以后，把你的电邮地址寄给我，好吗？"看到同事脸上疑惑的表情，亚历山大教授一拍脑门："我这是说什么呢？你的电邮地址根本不变嘛。"

小蒂姆与珍妮特之间的年龄差距和珍妮特与亚历山大教授之间的年龄差距大体一样。但尽管他们之间存在巨大的年龄差异，小孩子、年轻的成年人和老者所体验的认知现象却是相同的。他们都受到了类比的诱惑，上了当，就像第 5 章讨论过的范畴障眼法那样，他们出错了。在认知心理学的文献中，这种现象有各种各样的术语表达，包括"先入概念""自然推理""朴素推理""朴素理论""朴素观念""习惯模型""概念隐喻""误解""另类概念"等。这些术语虽然不能完全互换，但是它们有一个关键的共性，我们将称它为"朴素类比"。

朴素类比的意思是，一个像**剃须膏**、**小老鼠**或者**电邮地址**这样陌生的概念通过一个貌似自然的类比与已有知识联系在了一起，使这个陌生概念变得可信，尽管它是不准确的。在三个例子中，已有的知识是热水、老鼠和通信地址。这种类比把新环境比作熟悉的东西，可以让我们对新环境至少有一个大体上的理解。然而，这种类比的过程是自发的、无意识的、自动的。你不会认为自己是在作类比。

这与人们对类比的普遍理解形成了鲜明对比。标准类比的过程是构建情境之间的映射，是经由刻意思考完成的。朴素类比直接指向结论，而没有考虑其他选择，并且不会产生任何不确定的结论或疑虑。所以，剃须膏被小蒂姆理所当然地看成是溶解剂；饥饿的"小老鼠"被珍妮特当成生活在树上的啮齿类动物；电邮地址被亚历山大教授想成具体的住址。然而，这里出现的类比却没有被明确而具体地感受到。

正如其他分类行为一样，朴素类比促成对情境完全合理且自洽的解释，但朴素类比假定是在与选定范畴内的典型成员打交道，然而，打交道的很可能是范畴内的非典型成员，甚至是非成员。在这种情况下，得出的结论则是不相关或无用的。如果电邮地址是住址（亚历山大教授最熟悉的地址），那么他的问题就完全合理，因为同事确实要出远门。同样，如果“小老鼠”真是非常小的啮齿类动物，看到一群这类动物在树上跑来跑去而吃惊也就有道理了，而让珍妮特吃惊的这个画面也就好理解了。

小蒂姆给爸爸剃须膏做出的分类也很合理，因为他知识有限。成年人**剃须用具**这个范畴包括剃胡须的刀片和剃须膏，这使剃须过程更容易，也减少了刀片划伤皮肤的机会。成年人知道剃掉胡须的是刀片，这不言自明，毫无疑问。但是小蒂姆看到的却很不一样。他以为，如果剃须膏将胡须溶化了，用一个片状物将剃须膏从他爸爸的脸上刮掉，也就顺理成章了。这样想其实没错。即使他的解释会让成年人付之一笑，这个思路倒也不显得小孩子气。无论他错在哪里，他的思维过程和成人的相比，没有一丝一毫的不自洽，甚至可以看成很有创造性的想法：假如真有一种能溶化胡须的剃须膏，就可以把剃须刀送进博物馆了。

一般说来，朴素类比的适用范围有一定的限度。在这个限度内朴素类比才是正确的，存在才是有道理的，长期存在才是可能的。这个可适用的范围可窄可宽。儿童将动物拟人化就是一个很好的例子。蟋蟀和人有许多共同之处。蟋蟀活着、呼吸、蹦跳、“生儿育女”、生老病死，也会受伤。在这个范围内，朴素类比都非常有用。但是，和六岁小孩儿想的不一样，照顾蟋蟀的人消失了，蟋蟀也不会难过。这个例子说明了朴素类比的一个局限，当然还有许多其他的局限。

至于本章开始时讨论的朴素类比，不难分析它们的有效性和局限性。例如，住址和电邮地址之间的类比在许多方面都站得住脚。两类地址的内容都有层次规律，从局部到整体。[①]电邮地址开头是人名，后面跟着 @ 符号，再后面有点儿像街区地址，然后是一个点，最后是大体与州名或国家名相对应的信息。电邮地址可以和某些人分享，也可以不让另外一些人知道。这两种地址都和“邮箱”有关。信件在邮箱里汇集、都可以打开、地址偶尔会改变等。因为这些原因，这个类比几乎所有人都能理解。当然，另一个隐含的共性是它们都含有“地址”二字。

① 中文习惯和英文正相反，是从大到小。——译者注

但是，这个类比也有局限。为了发送电子邮件，发信人自己必须有一个电邮地址，通过邮局寄东西则不需要；发电邮时，发信人自动保留一份自己的邮件，邮局邮件则没有；电子邮件可以立即送达，邮局邮件需要几天；当你搬家时，你会得到一个新的住址，电邮地址却可以保持不变。有人会突然想起来向搬去新地方的朋友讨要新的电邮地址（当然，这种事更常发生在新手身上，惯于使用电邮的人则较少这样），这也就比较好理解了。这类类比有效性的局限在这里变得清晰了。

小蒂姆和珍妮特使用的朴素类比远比亚历山大教授的有特色得多。要搞清楚小蒂姆的朴素类比到底有多么普通，必须仔细观察儿童是如何理解剃须过程的。至于珍妮特是怎样被搞糊涂的，你或许会觉得很奇怪：一个成年人怎么会将一只小山雀想象成一只在树枝间跳跃的小老鼠呢？如果这种天真无邪让你会心一笑，不要忘记我们也一样，也会不时落入同样的陷阱，也会做出草率而不恰当的分类。

下面看一个传统文学的例子吧。许多读者都熟悉《伊索寓言》里《蚂蚁和蟋蟀》的故事。有些读者或许知道 17 世纪法国诗人让·德·拉封丹根据这个故事改写的诗体故事《知了和蚂蚁》。下面是这个诗体故事的开头：

> **整个夏天，无忧无虑，**
> **知了唱着一曲快乐的旋律。**
> **但当冬天寒风刺骨时，**
> **知了没有钱财买菜肴，**
> **无虫无蝇口中嚼。**[1]

最后两行大部分读者都不会觉得突兀。但实际上，这里隐藏着一个错误的假设。为了把这个错误暴露得更清楚一些，可以稍作改变。假设拉封丹是这样写的：“知了没有钱财买菜肴，无马无牛口中嚼。”这样一改，读者一定会被诗中不协调的形象搞糊涂：一只小小的昆虫怎么会储存足够的大牲畜供冬天食用。如果拉封丹是这样写的，读者可能会更加困惑：“知了没有钱财买菜肴，无鲨无鲸口中嚼”，或者“知了没有钱财买菜肴，无枝无石口中嚼”。这样的诗肯定会立即招致怀疑和困惑。

虽然拉封丹的结尾诗行看似没有明显的不协调，但是，这个印象是不对的，因为知了不是食肉动物，苍蝇或虫子对它们没有用。这个看似无害的假设，认为知了以与自己同样大小的东西为食，根本就是错误的。著名的法国生物学家和科普作家让－亨利·法布尔在他的自传《昆虫记》(*Souvenirs Entomologiques*)中写道，知了只有一个吸管为自己提供营养。在幼虫阶段，它们从树根的浆液吸吮营养。到了成虫阶段，它们靠吸吮树枝和灌木的浆液为生。知了吃食物这个貌似合理的形象不过是以朴素类比为基础的认识，是与人类或动物或其他昆虫进食方式相比较得来的。如果拉封丹这样写，那他的诗句或许会更忠实于大自然：

> 整个夏天，无忧无虑，
> 知了唱着一曲快乐的旋律。
> 但是当冬天寒风刺骨时，
> 知了一下子缺食少吃，
> 它没有储存星点可供吮吸，
> 知了最爱的浓稠浆液。

如果连伟大的拉封丹都是这样"无知"，或许也不应该对小蒂姆、珍妮特和亚历山大教授过于苛求。

朴素类比、形式结构和教育

当人们走向抽象的更高层次时，朴素类比带着它自身的有效性和局限性，仍将不可避免地成为可信赖的向导。朴素类比的有效性源于它们在长期记忆中随时可取。它们以心理结构的形式存在，高效且召之即来。它们的弱点在于，在某些场合中会导致误导。朴素类比像滑雪者，可以轻松优雅地在精心打理的雪道上滑行，但一旦遇到雪雾，就会完全迷失方向。总之，朴素类比在许多情境中行之有效，但在其他情境中，则会导致荒诞的结论或陷入死胡同。

揭示心智特征的朴素类比研究对教育至关重要。所以，本章内容侧重我们的观点能为教育带来哪些好处。因此这里将对一些固有的观点提出疑问，诸如，**学习**和**知道**，这些概念意味着什么？也将提出一些教育的新方向。下面，列出本章和第 8 章所要讨论的三个关键思想。

首先，在学校教室里传授的知识是通过朴素类比被理解的。也就是说，孩子们会无意识地使用类比，把新东西与简单熟悉的事情和想法进行对比。这些无意识的类比将支配他们融会贯通新概念的过程。

其次，朴素类比通常不会因为教育而被消除。当教育对学生产生一定效果时，这种效果通常表现在对大环境做一些微调，而学生倾向于在这些大环境中使用朴素类比。朴素概念不会顶替所学的新概念，而是与新概念共存。这两类知识都为学生所用，但它们会在不同的环境中起作用。这是件幸事，因为把朴素类比从人们的心智中驱逐出去是非常有害的。例如，在日常生活中总是用专业物理学家的眼光看待世界会非常碍手碍脚。一个物理学家看到一个玻璃杯就要掉到地板上，他完全不需要依靠牛顿的运动法则或引力原理就能明白将要发生的事情。伸手抓住就要摔得粉碎的杯子是前牛顿时期非技术知识的一部分，而且具有直截了当的结果。如果两个天文学者手牵手走在沙滩上，欣赏着落日粉橙色的余晖，最可能发生的是：他们不会去思考这是地球围着太阳转，而不是太阳在落下。他们很可能就像世界上任何其他情侣一样，在享受美丽的落日和浪漫。

最后，对任何一个学科的形式描述不能代表用来思考该领域所需要的习惯性知识。人类通常不习惯于操作正式结构。面对新环境时，人们往往倾向于非正式方法。所以，学习过程不是建立逻辑结构的过程，而是不断累积组织良好且不断自我优化的范畴库存。

熟悉感和心理固化

熟悉感在类比的使用中起着关键作用。原因很明显：为了应付未知形势，直觉告诉我们，从熟知的情况推演开来比依靠知之甚少的环境会令人感觉安全得多。不是说这类选择是有意识做出的，它们发生在意识层面之下。无意识的类比过程主宰我们与环境交往的方式，构成认知世界及所处情境的基础。

显而易见，我们对周围的环境不是同等熟悉。某些概念对我们来说是完全自然而然的，另外一些则很陌生。**加减**、**相等**、**形容词**、**动词**、**大陆**和**地球**，这些概念似乎很熟悉；而**偏微分方程式**、**傅里叶级数**、**拓扑空间**、**旋量**、**轻子**、**电泳**和

核苷酸合成，这些概念对于大多数人来说则有些陌生。这种情况不仅适用于抽象概念，对具体事物也同样适用。对大多数人来说，火箭相比于汽车就更陌生，家用机器人相比于计算机也没那么熟悉。对范畴的熟悉度取决于对该范畴的曝光程度和了解程度，以及对该范畴的知识的自信程度。汽车不会像火箭那样陌生，因为见到的汽车更多、对汽车更了解，也因为我们更清楚怎样上下汽车、控制汽车（方向盘、刹车等）。此外，与此类似，对引力则比对电磁力更熟悉。

某些心理学实验曾经研究过熟悉度。这些实验是为了测试范畴的固化效应。例如，认知心理学家兰斯·里普斯（Lance Rips）的实验显示，新知识更容易从一个范畴里的**典型**成员转移到同一范畴内的**非典型**成员。反向转移则相对困难。例如，如果一个被试被告知麻雀易染某种疾病，他可能得出老鹰也容易染上这种疾病的结论。但是在相反的情况中，当他被告知老鹰易得某种疾病，推导出麻雀也容易感染这种疾病的可能性则大大降低。人们对**麻雀**范畴比对**老鹰**范畴更熟悉是以上两种结果不对等的原因。这意味着，一个概念越是固化，就越可能成为类比的来源。在这里，麻雀比老鹰更加固化。

发展心理学家苏珊·凯里（Susan Carey）对不同年龄的儿童和对成人所做的一组实验也得出了类似的结论。被试被告知某范畴内的所有成员，例如，**狗**，都具有某种特性，都有某个内脏器官，叫“肠网膜”。然后，实验者问他们，是不是其他范畴的成员，**人**或者**蜜蜂**，也可能有这种内脏器官。对于年龄特别小的儿童，这个器官的存在从**人**转移到**狗**比从**狗**转移到**人**更容易。对于成人则没有这种情况。

这一现象的解释在于，对于儿童来说，**人**的概念比**狗**的概念更加固化。成人则不然。他们可以不假思索地将该器官的存在从一种动物转移到另一种动物，只要有人告诉他们，两种区别很大的动物（例如，狗和蜜蜂）都拥有这个器官。儿童的思维过程不同。他们做出是否将某一特性转移到一种新的动物的决定，取决于该动物与两种动物各自的感知相似性，也就是类比的力度。而且在作类比时，他们不使用高一层次的**动物**范畴，因为抽象的动物范畴对他们来说尚不熟悉。

日常概念和科学概念

我们希望从教学计划中除掉一个关于学习的狭隘认识。这个认识假定在学校获取的知识独立于日常知识。这种理念鼓励人们在教授新思想时不涉及日常概念，除非是一些最简单的、与日常经验不可分割的概念。这种关于学习的狭隘观点建立在一种心智理念的基础之上。根据这种理念，把学校学到的知识和思想储存在大脑的一个隔间，并与日常学到的知识和思想分开。年复一年，我们扩充从学校学来的知识，就像建造一座砖房一样，增加的每一块砖都有过去垒的砖的支持，而这块新砖也转而支持后来添加的新砖。

这种观点在某些方面很有吸引力，因为它可以简化学校的课程设计。使教学变得更加容易，它将每个学科都看成一座孤岛，与其他学科分割开。在每一个学科内部，则试图用逻辑将该学科的概念分解开来，并且将它们按照严格的自然次序排列起来。这样，讲授任何复杂的概念等同于讲授同一领域内的一组简单概念。而讲授这些简单概念又是通过讲授同领域内的更简单的概念来实现的。

在教育领域有一个历史悠久的神话，认为在这两种知识之间存在一个密不透风的屏障：日常知识可以无须正式教育而自我生长，而在学校传授的正式知识，则独立于日常知识。这种天真的观点认为，学校是一个神奇的捷径，在这里，数千年来人类努力发展的思想可以在几年时间内传授给任何一个人。

另一个信念也对学校的课程，特别是科学课程的设置，施加了相当大的影响。这一信念主张科学知识最好用严谨和正规的术语传授，特别是用数学公式。这种严格的正规教育与新手吸取知识的方式和专家处理知识的方式相对应。据信，书本上的正规知识和头脑内部的表象之间的初始差距，随着逐渐靠近专业会趋于零。

既然正在讨论差距趋于零这个题目，下面这个棘手的公式表现的意思是函数 $f(x)$ 在点 x_0 是连续的（倒置的“A”和反向的“E”是速记符号,分别代表“对所有”和“存在”；箭头读成“如果……则……”）：

$$\forall\varepsilon\ \exists\delta\ \forall x\ \mid x-x_0\mid<\delta\Longrightarrow\ \mid f(x)-f(x_0)\mid<\varepsilon$$

难道会假设所有熟悉数学的人都会用这些符号去思考连续性吗？熟悉微积分的人真的总是在脑子里想象和处理希腊字母吗？对这些人来说，这就是连续性的意义吗？娴熟使用了这个公式后，他们真的把从前有的关于连续性的直觉概念都彻底抛弃了吗？果真如此，那么，为了教育专业人才，甚至向普通学生传授这类技术概念，正确的方法是只讲授这类公式，因为这类公式代表着这些概念中最纯净最严谨的本质，特别是，要让学生将**连续性**的概念看成是上列公式的同义词。

然而，这种教育观点与专业人士的实际思路相吻合。他们认为应当使用缜密的公式以便尽量严格、无歧义地表达微妙的概念。这是一个由来已久的哲学假设所带来的结果，并被更广泛的文化传统所强化，也就是说逻辑思维高于类比思维。具体地说，这种观点来自对类比思维的刻板印象。这种刻板印象认为，依赖类比，初涉某一领域时或许有用，但基本上是小儿科的。一旦进入某一领域的实质部分并开始严肃思考时，类比应当被迅速抛弃，就像抛弃拐杖一样。另一个关于类比思维的半生不熟的定型观念是它像一匹不可驯服的野马，不可预测也不值得信赖，因此应该避开它，即使它偶尔会爆出真正的洞见火花。类比不属于推理的范围，而属于“直觉”范围。类比是非理性的，不能也不应该被传授。

科学概念是以流动的方式体现在并“生存于”这些对概念有着深刻理解的人的头脑之中的，这与正式严谨的逻辑符号完全不是一码事。逻辑符号经过仔细设计，尽量简洁而严谨。这两种东西不应该合并在一起。正如上文所述，**连续函数**的概念有一个准确的正式定义。但连续函数形成的心理范畴则边界模糊、成员不定，内部成员的典型性程度也不同，而且其判断标准也因数学家而异。历史上的一个著名例子正好可以说明这个问题。19 世纪末，人们发现了在每个无理点连续，而在每个有理点不连续的函数。这一特征出乎意料，以至一些著名数学家给它们贴上“病态的”标签，并且极力要把这个“瘟疫”从数学中清除。而其他数学家则因为这个新的研究领域的出现而异常激动。这个历史插曲很难说与数学是精准而绝对的客观知识的固态形象相吻合。在第 8 章，会看到人们熟知的范畴，比如**数**，也有模糊的边界和典型度各异的成员。经验丰富的数学家也会各执己见，对某个成员属不属于某个范畴而展开激烈争辩。

把严格的正式定义与人们脑中关于概念的心理现实混为一谈，是令人遗憾但非常普遍的现象。它对教育的影响令人担忧。后果之一是它蒙蔽了教育机构的主旨：构建实用而可靠的范畴。另一个后果是，这种思路指导下的教学方法以棘手的公式和严谨的演绎为基础，而忽略了运用类比通过直觉方式建立恰当的范畴家族的方法。

我们的看法与上述将逻辑视为中心的观点不同。事实上，正如在第 4 章中所强调的，专业知识是随着范畴的获取和组织而积累起来的。人们所依赖的不是对情境进行公式化的感知。人们具有将新情境看作熟悉环境的能力，因为他们具有分类的能力。获得某一领域的知识就是构建相关的范畴。类比思维是理解新情境和构建新概念的关键。这一道理适用于所有人，从最没有把握的新手到游刃有余的专家。二者的区别不是他们的思维方式，并非专家依靠逻辑思维、新手依靠类比思维，而是他们掌握的范畴库存，以及这些范畴是如何组织起来的。

例如，关于一个在点 x_0 的函数的连续性，专家真的是在用希腊字母思考吗？他们真的在脑海里来回倒腾罗马字母吗？几乎不。相反，他们都有关于这些概念的鲜明的视觉图像。公式里的希腊字母只不过是图像转换的帮手。如果希望 $f(x)$ 的值非常接近 $f(x_0)$ 的值，特别是如果希望它们之间的差别不超过小数 ε（这个条件用符号 $|f(x)-f(x_0)|<\varepsilon$ 表达），那么实现连续性需要存在一个以点 x_0 为中心的微小区域，该区域的两个边缘在离开中心的距离 δ 之内（这个区域由符号 $|x-x_0|<\delta$ 表达），且在整个区域内都满足前述条件。

假如你受过数学训练而且正在思考连续性的意思，你会想象一个以点 $(x_0, f(x_0))$ 为中心的小方盒。连续性的意思是，无论你希望 $f(x)$ 多么靠近 $f(x_0)$（这个想法可以转换成一个矮盒子的形象，在其中所有的函数 y 值在垂直方向都非常近），你都可以把盒子想象得非常窄，窄到所需条件在其中任何地方都成立。“无论你希望 $f(x)$ 多么靠近 $f(x_0)$”这句话是“$\forall\varepsilon$”的视觉表现（$\forall\varepsilon$ 念作“对全部 epsilon”），而“你可以把盒子想得非常窄”这句话是“$\exists\delta$”的视觉表现（$\exists\delta$ 念作“存在某 delta”）。最终，一切都聚焦到尺度任意小的函数图形上，因而与熟悉的事物有关，例如，放大镜、显微镜，还有走向某个物体时，从远处看时模糊的部分逐渐变清晰。这些都是日常经历，是一个精通数学的人理解连续性所依赖的经历。所以，理解**连续性**这个丰富的概念就是构建这样一个视觉图像。那些 epsilons 和 deltas 只不过是帮助你达到目标的工具，匆匆用之，用后迅速弃之。

总之，学生消化吸收在学校学到的知识的过程不是形式化的，而是通过朴素类比实现的，也就是与熟悉范畴之间的类比。这些熟悉范畴可以来自任何领域，而且经常来自没有在课堂上讲授过的领域。因此，知识领域是独立自足的假设是错误的，因为学生总是不可避免地把该领域里的新概念和日常生活的经验联系在一起。此外，朴素类比一旦在新手头脑里扎下根来，就不会随着时间的推移而消失。学业继续，年复一年，朴素类比依然不离不弃，因为任何人都非常需要简单基本的直觉。事实上，有些朴素类比非常顽固，我们甚至不禁怀疑学校教育在某些领域的效果。给普通学生传授人类经过数千年积累起来的微妙的思想，这个使命令人尊重，但这个目标并不能完全靠学校教育实现。

某些人普遍认为很简单，并且在小学就已经学过的概念，是通过朴素类比来理解的。这很不幸，因为这些朴素类比适用范围非常狭窄，而这些经常造成误导的类比在经过初中、高中和大学的教育后依然根深蒂固。它们的潜移默化的影响持续存在。理论上本该被驱逐出去了，实际上却没有。因此，这些生命力极强的朴素类比一直在受过良好教育的成年人甚至专业人士的思维过程的背后。认为教育能消除朴素类比的想法并不可靠。刻板的思维定式认为，掌握了科学思想的人生活在定义严格的世界中，这些标准的定义遵从逻辑法则，类比在这种信念中没有任何位置。然而，这不过是一厢情愿。不可否认，科学教育传递的思想确实能够超越日常经验，尤其是在科学思想更加抽象的条件下。但是，学习科学思想的过程和学习其他思想的过程没有任何不同。科学思想也同样根植于朴素类比。这是普适的，无论对于新手、中级学者，还是专业人士都适用。

新颖和熟悉手拉手

毫无疑问，计算机和相关技术的发展已经在世界范围内带来了重大变革。对于那些生活在没有计算机、没有计算机网络时代的人，他们的孩子会惊奇于在这样一个落后的社会，人们是怎么活过来的。所以，计算机可以算是 20 世纪最伟大的创新了。而且人们往往认为这样一个全新的、毫无先例的事物充分占据了我们的生活，那它一定与先前的概念彻底决裂了，这样全新的范畴才会产生。所以这些新范畴与任何类比都没有任何干系。

如果计算机技术的创新如此巨大，那它不是远远超出了仅仅使用各种类比所能承载的范围吗？事实上，恰恰相反，能够产生突如其来的巨大创造力，它的先驱怎么可能不依赖熟悉的概念呢？普通公众怎么可能吸收海啸一般扑面而来的全新思想，而不通过类比把新技能与熟知的概念联系在一起呢？简单的事实是，普通人只有通过建立在熟悉的日常范畴之上的朴素类比才能与革命性的新技术建立联系。这些类比是他们的支柱和依靠，使他们在技术术语的海洋中不至于迷失。下面的备忘录是一个很好的例子：

> 请找到我的“近期事项”文件夹，把里面的文件复制一份，把它们放到“已付账单”的文件夹内并送一份到我的地址。然后清理一下凌乱的桌面。另外看一看我的“杂物”文件夹，把里面过时和无关的东西清掉。完事之后，请清空垃圾，关掉所有窗口。多谢！

这段文字如果写于20世纪70年代，其中所指的会是木制书桌，一些纸箱、文件和纸张，一个金属废纸篓，玻璃窗户和一个住址。备忘录里的事情不会引起任何误解。然而在今天，这段话却是歧义多多，因为里面提到的办公用品和家具既可以指实物，也可以指非物质的表现。它们互为类比、联系紧密，很难分清。

计算机技术，这一21世纪与20世纪的分野标志，依赖了大量与旧传统的类比。这些类比之间的联系异常紧密，甚至完全可以杜撰出一个仿真场景，让人无法区分所指的是哪一个世纪的技术。在现实世界可以完成的活动，在虚拟世界都有对应的活动。桌面、文件、文件夹、垃圾，这些东西同时存在于两个世界。几乎所有可以在电子环境中完成的事情都可以用传统的方式来完成。今天，人们读着不能揉皱的**文件**，把它们放进不能撕碎的**文件夹**中，摞在不是木头制成的**桌面**上，把它们送到没有具体地理标识的**地址**，把没有把手的**窗口**打开或关上，用手指点几下就可以填满或清空**垃圾**。人们总是通过最熟悉的情境的类比来完成这些任务。

计算机为社会带来一场巨变，但没有给词汇带来巨大冲击。原因在于，这些强大的设备都嫁接在熟知的范畴上，而且全盘照搬这些范畴的标签。近些年，人们都在谈论虚拟技术。他们使用的术语一点儿也不会让祖辈感到诧异。和过去一样，我们打开邮箱查看邮件，将信件送到某个地址，发送和接收文件，访问场地（网址），和朋友聊天，搜寻所要找到的东西，查阅页面，创建新的链接，浏览，将无用的文件丢到垃圾桶里，打开或关上文件夹和窗户，等等。

当然，有一些新的表达方式会让30多年前的人大感困惑，诸如，“在服务器上寄存网页”“用浏览器在网上浏览”“安装防火墙防范黑客”。然而，即便是这些因为陌生而感到好笑的表达方式，也用它们独特的方式见证了这样一个事实：所有的电子活动都反映着周围的实体世界。这些呼之欲出的幽默交叉表明，人类完全依赖于熟悉的范畴以便对全新的现实做出调节。如果黑客使用网络传递藏在电子垃圾里的病毒，那么谁说我们不能建立防火墙来保护自己免受这些鬼把戏的伤害？

对围绕网络和电子技术的新生专业词汇更加系统地进一步考察证实了我们的论点：人们熟悉的、有形的日常范畴是全新现象的占压倒多数的、最标准、最可靠的类比来源。例如，下面这100多个术语都可以从远在计算机开始对社会产生任何影响之前出版的字典中找到。但是，在今天读来，它们都获得了计算机专业术语的意义。

账户、地址、地址簿、动画、存档、附加、位、书签、获取、代理、寄存、算法、引导、浏览、错误、刻录、按钮、捕获、卡、聊天、片、清理、单击、调用、回调、上下文、关闭、压缩、链接、复制、崩溃、切、删除、桌面、磁盘、码头、文档、调试、拖放、转储、条目、擦除、图、文件、查找、防火墙、文件夹、字体、论坛、黑客、重点、历史、家、主机、图标、图像、输入、安装、垃圾、键、键盘、库、刷新、链接、邮件、邮箱、地图、匹配、鼠、菜单、移动、导航、网络、打开、输出、垫、页面、调色板、粘贴、外设、点、弹出、端口、首选项、预览、打印、进程、程序、退出、阅读、读者、记录、保存、屏幕、滚动、搜索、分区、模式、指针、参考、解析、分辨率、返回、语义、选择、发送、服务器、表、购物车、快捷方式、睡眠、风格、冲浪、选项卡、缩略图、工具、垃圾、打开 / 关闭、病毒、墙壁、窗口、工作场所、蠕虫、写、变焦……

乍一看，有人会说这些术语中有许多是靠不住的，因为它们不是取自与旧观念相关的类比，或者说它们的旧定义和新定义之间没有直接联系，就像“杜鹃”的两个不同的意思一样（一种花的名称和一种鸟的名称）。但是这个说法并不属实。表现新技术的意义和源自旧领域的意义在语义上具有直接联系。除了个别几个术语，如“鼠”和“片”，它们的日常生活和技术术语之间的类比源自视觉上的相似性之外，这些熟悉的术语背后无可争辩地隐藏着将新与旧连接在一起的抽象过程。

有时，可以在时代久远的定义中发现许多令人陶醉的意义。今天的技术是完全不会用到这些定义的。例如，在第 4 章引用过的 1932 年版的《冯克与瓦格纳尔斯标准英语词典》中是这样给“browse”“folder”和“hacker”定义的：

browse:

及物动词。以……为食，例如，嫩枝、草等；啃，慢慢吃；有时也指吃草，如，山羊在啃树篱。

不及物动词。吃正在生长的植物的嫩枝等；吃草。

folder:

书桌，名词。1. 专为写字或学习而设计的桌子，通常有一斜面，用来盖住下面的储存物；通过转喻，指从事文案的职业；职员的工作。2. 桌子或讲台，为了面对公众宣读或布道，有时通过延伸，用于整个布道坛或泛指神职。3. 用来装书写用具的箱子或盒子，其顶部，或打开之后，有一斜面，供书写用。

hacker:

一种工具，用来在树干上砍出切口，让树汁流出。

想象一下，在计算机发明前不到 10 年，收音机和电影、汽车和飞机、电话和唱片已经存在，甚至流行。在那个时代，上面的三个词的定义让今天的人读来显得出奇地具体，适用范围有限，而且显得古雅。事实上，如果接待一名从那个时代穿越到今天的人，就得花点儿时间给他解释这些词的现代技术含义。旧意义和新意义无疑是表亲，然而，真需要一堂认真的速成班和不小的想象飞跃才能说清楚某些填补时间空白的类比。但是，一旦搞明白它们之间的抽象共核，一切就都清楚了。

例如，看一看"hacker"的当代定义：侵入数据库让信息非法流出的人。这里故意突出了它与1932年定义之间的类比。即便如此，二者之间的概念空白仍然有很大的距离。这个心理距离让我们想起大萧条之后的加利福尼亚州风景如画的圣克拉拉谷的乡村，短短几十年之后，点缀着果园和小农庄的优美景色变成了超现代的大都会区的硅谷，挤满了高科技公司、纵横交错的高速公路、高级住宅区，以及多得数不过来的泰国、印度和中国餐馆。

你的旅行计划已经放入购物车

许多词汇获得了侧重计算机的现代意义。这一趋势不但促成新范畴的产生，而且有助于让上述术语背后的抽象本质表现得更清晰（见第4章的讨论）。你已经看到"书桌"这个词，它的最初意义是怎样促使类比延伸、使旧概念扩展并用在虚拟（或"软件"）实体上。这一类比延伸又回过头来使旧范畴变得简化而精练，过去占据中心位置的性质现在变得表浅因而可有可无。例如，**地址**的虚拟概念让我们明白，过去邮寄地址的概念中**有形的地理位置**的含义已经不再是现代概念的关键部分。现在的关键是**利用象征性标签的可达到性**。当信息被送到一个电子地址，只要它能够抵达相关的个人就算达到目的。这个人的地理位置变得无关紧要，就像桌面是木制还是由像素组成的那样无关紧要了。简言之，由于**地址**范畴的电子版最近才出现，所以可以看到地理位置已经与这个词无关，尽管地理位置一直是这个概念不可或缺的一部分。

网页上时不时会出现一些奇怪的语句。例如，"你的旅行计划已经放入购物车"。这些句子反映了前文讨论的趋势：当范畴经过类比延伸后，它们的本质显露得更清楚了。网上购物车与实体购物车有许多共性。它们收集潜在的购得物。对于放在车里的东西，在你到达"收银台"之前，可以随时改变主意。在现实生活中，即在"过去的好时光"，在计算机尚未主导人们生活的时候，如果有人说"将旅行计划放入购物车"，你一定会觉得很荒诞。然而，**旅行计划**和**车**这类旧的狭窄范畴，在过去或许显得荒诞，但在新的宽泛的范畴中却不必如此，因为，如果**旅行计划**是**潜在购得物**，

购物车变成**潜在购得物的存储所**，那么“将旅行计划放入购物车”就显得无伤大雅，甚至是顺理成章了。

要想把一个概念在技术革命之前和之后的意义优雅地结合在一起，找到这样一个新的范畴需要跳跃到一个相对更高的抽象层次。例如，**防火墙**、**黑客**、**外部设备**和**接口**这些术语。在线上领域，**防火墙**是防止**黑客**袭击的保护层，但在传统环境中，“防止黑客袭击的防火墙”几乎没有意义。同样，在计算机环境中，如果说“将外部设备插到接口上”，这句话的意思很清楚，但在计算机出现之前，这句话听上去就像胡言乱语。

然而，还有一些其他范畴，例如，**地址**、**书**、**键盘**、**移动**、**屏幕**、**删除**和**发送**，这些术语似乎不经扩展或延伸就可以与它们的新意义结合起来。你可能认为这些范畴从技术的大动荡中脱逃出来而毫发无损，或者经受了地震而安然无恙。但是，真实的情况要微妙得多。例如，电子通讯录与它的纸质前身不同，它不是一个实在的物体。你在上面“写”地址，但不是用笔而是通过打字，或者可能通过口授。你可以用它毫不费力地做一些事情，而这些事情用传统的通讯录会非常费事，比如，用电话号码找一个人。

虚拟通讯录是否属于“通讯录”的范畴，或者是否类似于传统的通讯录呢？这个问题无须回答，因为这个问题中一分为二的预设是一个伪命题。某物属于一个熟悉范畴或类似于一个熟悉的事物，这不是一个非黑即白的分野，而且不应该看成是对立的，或者相互排斥的。它们都有滑动的尺度（或灰度），这取决于感知的主体和环境。事实上，范畴成员的强度归根结底就是类比的强度。科技术语渐进而自然的延伸就是一个极佳的例证，它说明类比和分类是一枚硬币的两面。

那么用动词表达的概念，例如，“移动”“擦除”“发送”，又如何呢？这些词的意义经过了计算机革命之后似乎没有任何变化。但是，你能说把一份文件从一个硬盘里的文件夹“移到”另一个文件夹中，与将一份纸质文件从一个硬纸文件夹移到另一个硬纸文件夹是完全一回事吗？或者，你能说在屏幕上划出形成字的像素然后点击“消除”键，与用铅笔的粉红橡皮头快速用力地擦拭纸上的字迹直到消失，完全是一回事吗？你能说送一份电子信件与用“正常”邮件送信是完全一回事吗？当寄送有形的信时，你必须让这封信实实在在地离开你；而当发送电子邮件时，信的原件仍然保存在你的硬盘里。某些词语乍看好像没有因为用在计算机领域而得到扩展，但实际情况是这些词的范畴确实被扩展了。而且正是因为类比把它们与熟悉的日常范畴联系了起来，这些扩展和延伸才得以实现。

最好的界面是完全没有界面

前文列出的100多个计算机术语全部源自类比扩展。它们是否可以与其他不是源于类比扩展的新术语共存？事实是，每当新技术出现，标准的办法是设计一套新术语，让它们与新技术有机结合在一起，而标准方法是借用新技术出现之前的词汇，并且依赖人们习惯使用的可预期的朴素类比。对此持怀疑态度的人可以去听一听搞计算机的人怎样谈话，并记下其中出现的50年前没有的词汇。他们会发现，脚踏实地的日常用语无处不在，而那些独特的、旧字典中找不到的、只适合新技术的词语，例如“母板”“像素”等，则很少出现。当然，如果你记下两个计算机专业人员之间的技术对话，你会发现其中有很多缩略词和其他意义狭窄的技术词汇，就像任何其他专业对话一样。但毫无疑问，当普通人谈论计算机时，会不断使用久已存在的词汇，几十年前甚至数百年前的词汇。那个时代的人不会想到这些词会有这样的用法。

如此，计算机领域的概念在我们的日常生活中已经随处可见，因为日常生活的概念通过无数朴素类比占领了计算机技术本身。这些朴素类比建立在极其熟悉的范畴之上，根植于平凡的日常活动之中，使人们能够赋予复杂而神秘的技术实体以各种各样简单而普通的特性，而不至于付出任何认知的代价。建立在朴素类比之上的术语更容易流行，因为它们能够将原本非常难以把握的特性凸显出来。

正是因为朴素类比，现在可以轻松而准确地说出诸如“把东西放在桌面”“把文件插到文件夹里”“打开或关掉窗口”“移动、复制，或扔掉文件”等口令，而且不需要培训或操作手册就可以掌握这些技术。此外，用以描述抽象技术行为的日常词汇（例如**桌面**、**文件**、**窗口**等）不仅仅是一些信手拈来的语言工具，只为帮助新手能够立足，一旦他们入了门，这些词汇将被抛弃；实际上，就连技术最娴熟的人也使用这些词汇表达自己的想法，而且是以最平铺直叙的方式。

人机界面设计领域的专家指出，最好的界面应该是无形的。实际上，“最好的界面是完全没有界面”。这样的说法强调自然、直观的界面的重要性。换句话说，从本质上讲，界面设计者总是应该借助熟悉事物的类比。只有这样设计出的界面才是“透明的”，也就是说，使用者会感觉他们是在与日常事物打交道，因而可以毫无顾忌地把精力集中在主要目标上。这些巧妙的界面设计将计算机转化成一套完成某一具体任务的得心应手的工具，让人们无须费心去学习如何使用这套工具，只需专心于手头的任务。

精心设计的界面，以日常活动的类比为基础，免除了设计拙劣的界面带来的尴尬。唐纳德·诺曼不但是一位卓越的认知心理学家、错误收集者、分类者和模型制造者，而且是人机界面设计的先驱。他清晰地表达了这一思想：“界面的真正问题在于它是一个界面。界面总要挡道。我不愿意将精力花费在界面上。我要把精力集中在要完成的任务上。我不要总想着是在用计算机，我要想着我的任务。”[2]

朴素类比朴素的一面

朴素类比有助于我们与新技术建立联系，是必不可少的。但是，朴素类比也有它的局限，因为新范畴的成员有时和旧范畴的差异很大。出现这种情况时，朴素类比很可能会领你进入花园小径而迷路。当你依赖朴素类比时，根据定义，你是盲信，还是照单全收，无论好坏，朴素类比都是唯一的向导，偶尔会让人误入歧途。总之，我们又一次回到了范畴障眼法。

如果虚拟范畴和旧范畴的差异没有涉及它们的核心地带，那通常不会出现问题。例如，很显然，虚拟桌面、文件和文件夹没有体积或质量，不能沾染灰尘，也没有耗损。这是因为**虚拟文件**和**虚拟文件夹**这类范畴是非物质的，就像**虚拟桌面**范畴一样。

然而，当二者的区别涉及熟悉范畴的中心地带时，情况就大不一样了。此时，朴素类比会造成严重的混乱。例如，苹果系统规定使用者必须把磁盘图符拖到垃圾桶才能将磁盘弹出。许多使用者都对此感到犹豫，因为他们担心这样做会把磁盘上的资料全部抹掉。这个反应背后的类比非常自然且难以克服，经验丰富的使用者把磁盘拖进垃圾桶时也会不自主地感到一阵不安。不管他们操作了多少次，仍会感到一丝危险。“这次会不会把我的所有文件都抹掉呢？”好像计算机也会这样想，也会使用这个类比：计算机会不会也像人一样一时糊涂，出一次错，把磁盘上的资料全扔掉呢？（“坏事！真抱歉！我刚才一分神，看见你把磁盘图符拖到垃圾桶里，我就把上面的资料也一起扔掉了。我真傻！我忘记看到磁盘不该这样的。我本应该把它弹出去。”）

面对这个普遍的担忧，是否可以得出结论，认为设计者把磁盘图符拖进垃圾桶当作“请弹出磁盘”的自然方法，是他们的一时疏忽。其实不然。他们不过是假设当用户将磁盘图符拖进垃圾桶时，会轻松地跃升到比销毁更高的抽象层次，达到去除不再有用之物的概念层次。然而，实际情况是，这一预设高估了用户的心理流动性。当设计者最终意识到这一点之后，就在随后的版本中去掉了这一可能造成歧义的操作。在新的系统里，每当磁盘图标被拖至垃圾桶图标附近时，垃圾桶会神奇地幻化成表示弹出而不是销毁的图符。

另一个失败的朴素类比的例子与虚拟桌面相关。通常，硬盘符号显示为坐在桌面上，或者可能是在工作空间，而工作空间也在桌面上。但实际情况是，存储器里的全部资料都储存在硬盘里，其中包括整个桌面。这里显然存在一个矛盾：硬盘在桌面上，而桌面却在硬盘里面。A 在 B 的上面，而同时 B 又在 A 的里面，这完全讲不通。这表明，朴素类比有时不能完成人们交给它的任务。当然，人类能够容忍计算机里面小小的不一致，就像容忍生活中的不协调一样。但有时这种矛盾会带来真正的混乱，比如用户试图在计算机的存储器里寻找桌面的时候。设计者在意识到朴素类比带来的潜在混乱后，最终想出一个补救办法。今天，硬盘不再出现在桌面上，而只能通过桌面才能进入。然而，为了解决这样一个小问题，设计者花费了 20 多年的时间。

计算机世界为自己生产类比

不是所有为了协助使用计算机而设计出的朴素类比都源于计算机出现之前的经历。因为今天我们已经非常熟悉计算机，其中许多最为人知的特性可以拿来用作朴素类比的源泉。事实上，以前必须借助类比才能理解的事物最终会变得非常熟悉。

这些事物反过来可以成为新的朴素类比的来源。这一过程不仅出现在技术设备领域，它在我们日常生活中也比比皆是。例如，声波最初是依靠与水波的类比才被理解的，反过来，几百年之后，它成为理解光波的类比的基础。

同样，计算机世界也开始成为自身类比的源泉。例如**软盘**的概念。多年来，软盘一直是储存文件的标准设备，最初是通过和黑胶唱片的类比被人理解的。但是，当所有用户都熟悉软盘之后，特别是经过了 20 世纪 80 年代和 90 年代的推广，它开始成为新类比的来源。因此，直到今天，代表文件存储的图符经常是一个软盘的程式化的图像。这有点讽刺意味，因为今天几乎没有人再把文件存在软盘里了。软盘早已被内置或外置硬盘、CD、DVD、U 盘等所取代（所有这些，经过短暂的风光，又让位于更新的技术）。虽然软盘图标不时出现在一些软件中，它已经是过去时光的残存，有点儿像有着巨大前轮的古老自行车的程式化图像那样，在美国偶尔还被用来代表自行车道。不难预料，这个图符不久也会随着软盘一起消失。实物既然已经不复存在，软盘的概念也将销声匿迹。孩子们看到那个方形的图标将不知道它是哪里来的。最近的趋势是用硬盘图符代表文件存储。

虚拟世界帮助我们理解现实世界

计算机和相关技术已经是生活中不可或缺的存在，并且逐渐开始成为范畴的源泉，而且随着对计算机越来越熟悉，它也开始担任新的类比源泉的角色。这个角色转换很有趣，自计算机发明的短短几十年来，它一直依赖有形世界现象的类比而被人理解。这是一贯的做法。但是今天逐渐出现了相反的趋势，也就是说，有形事物开始通过电子技术领域的现象的类比而获得描述。例如，最近一条汽车的电视广告兴高采烈地说："把它想象成一台搜索引擎，助你浏览大千世界！"谁能预测到这种角色置换？这种趋势一定会越来越强，为社会带来更多的不可预测的变化。

再来看一看**多任务处理**（multitasking）这个概念。这是 20 世纪 60 年代出现的聪明的创新。它可以使计算机同时运行几个独立的程序。它将一个程序的运行分割成多个小步骤，一次运行该程序的一小步，一步一步向前，让几个程序你停我行地交织切换。但因为每次只运行很小的一步，从外表看，所有程序好像都在同时运行似的。但是在今天的日常生活中，**多任务处理**的概念已经被习惯性地用来描述人类和人类活动。例如：“作为一名单亲妈妈，相信我，我一直在处理多个任务！”“每天早晨上班的路上，我喝着咖啡，打着电话，看着风景，听着音乐，同时一直在开车。我简直就是一个多重任务处理能手！”这些都是常用的句子。事实上，这个术语的计算机根源正在逐渐隐去。下面是这个词在两部相隔20多年的词典里的定义：

《韦氏新世界词典》（*Webster's New World Dictionary*, 1988）

计算机科学：由一个中央处理器同时运行两个或多个程序，或者同时操作，或者在程序之间迅速切换。

《美国传统词典》（*The American Heritage Dictionary*, 2011）

1. 一个中央处理器同时运行两个或多个程序。
2. 同时或先后从事不止一项活动，在活动之间反复切换注意力。

这两个词典定义显示，这个词在20世纪80年代是一个纯技术词。而在今天，许多人都在日常生活中熟练地使用这个词。他们根本不知道它源于计算机科学，甚至不知道它在技术领域中的应用。曾经有这么一个过渡阶段，在这个阶段，人们能够清楚地感觉到这个类比延伸，而且他们认为有些牵强。但是过了一段时间，类比得到认可，这个词的初始技术内涵被剔除，就进入了公众语汇中。

另一个计算机术语，界面（interface），也进入了日常生活。这个词最初的意思是调整两个硬件或软件让它们协调工作。但是这个词现在也在非技术领域使用，表示相互交流。

“内核转储”（core dump）这个术语的意思是把计算机的主内存的内容全部打印出来（内存之前被称作“内核”）。这是一个救急措施，目的是帮助人们找出讨厌的程序错误。但是，这个词也通过类比延伸到了日常生活中。结果，现在许多非技术人员这样用这个词：“对不起，我一直喋喋不休。我不是想倒给你一堆大脑垃圾！”[①]这里的抽象意义是通过视觉和声音将大量信息倾泻出来。而这些看不见摸不着的信

① 这里大脑垃圾（brain dump），仿照内核转储（core dump），是指将脑子里想到的东西一股脑儿说出来。——译者注

息好像是储存在某种内存装置中。

另一个计算机概念最近也被广泛用到了日常对话中，成为日常类比的来源。这个词是**剪贴**（cut-and-paste）。例如，电视播音员在描述一位候选人的讲话时说："她的话像是从以前的演讲中剪贴来的。"一份报纸描述有人想把硅谷剪贴到其他欧洲国家。一篇书评评价一本新书说："这本书简直就是从其他书里剪贴来的。我没有从中学到任何新东西。"

排除程序中错误的概念也是日常生活场景的丰富来源。例如，一位莎莎舞者会说："我正在纠正（debugging）我的拉丁舞胯位动作。我总是朝着相反方向摆。"一位中文老师会说："你得纠正（debugging）你的四声。你把它们弄混了。"

最后，再举几个计算机术语悄悄进入日常对话的例子。一位商业经理对另一位商业经理说："我真希望听到你对这件事的看法（input）。"一位医学生叹息道："有时，我真需要与这个不可理喻的常规断开（disconnect）。"一则广告恳求道："打一个咖啡因盹儿吧，重新启动（reboot）你的大脑。"

这些例子汇总起来可以从另一个角度支撑起第1章和第2章里的论点：词语的选择是通过类比进行的，且这些类比通常是（虽然不总是）无意识的。拿计算机科学里的术语"多任务处理"为例。这个术语出现之后的最初几年，用它来描述人的行为是一种选择。这个选择仅局限于熟悉计算机的人群中。对于这些人来说，这座从计算机到人类的类比桥梁是经过思考并带着愉悦的心情建造起来的。因为扩展一个词的适用范围是一件趣事，就像发现独创性的类比是一件趣事。然而，这个术语的延伸意义最终通过渗透被泄露出去，进入了不懂计算机的更加广泛的人群之中。此时，使用这个词的时候不再需要作类比的桥梁，把人类的行为与一个过时的计算机小把戏连接在一起（使用这个词的普通人对这个计算机小把戏一无所知）。这座类比桥梁仅仅通向这个新词所指称的人类行为。但是，无论关注哪一组人，熟悉技术的或不熟悉技术的，我们都会看到，坐在驾驶位上的永远是类比，永远是类比把词语交到使用者的手中，而且是通过非常方便的方式，让他们觉得词汇的选择似乎得来全不费工夫，似乎自然而然、信手拈来，不需要类比的协助。在他们需要时，词汇似乎从天而降，奇迹般地出现在那里。当然，这不过是一个幻觉，是人类意识未能感觉到它所熟悉的语言行为表面之下奔腾不息的活动的另一个实例。

拟技术化——拟人化的类比

在技术概念滑向日常思维的趋势中，有时不是对计算机词汇的选择而是对计算机习惯的选择。这个以计算机为主导的习惯会不知不觉地冒出头来，试图悄悄地潜入一个陌生的新环境。毕竟，我们日复一日地在网上和技术打交道，不可避免地会用全新的眼光审视熟悉的旧世界。例如，当试图在一本书中寻找某个段落时，就会发生这种情况。当任意翻页希望找到所需的段落时，会感觉像大海捞针一样，非常沮丧。这时候，我们就会强烈地感受到电子版图书的好处，在电子书中寻找段落是多么轻松的一件事。

下面几则逸事说明了计算机概念进入人类日常生活的趋势。它们表明这种趋势非常人性化，非常自然，事实上，不可抗拒。这种趋势让人感觉这些场景似乎已经实现，其实根本没有实现（至少尚未实现）。

母亲开车送十岁的儿子去另一座城市。儿子是电子游戏迷。上路几个小时之后，儿子开始抱怨说无聊死了。母亲答道："你不发牢骚行吗？我得专心开车。"儿子反驳道："太不公平了。你一直在**玩**。"对小男孩儿来说，他虚拟驾驶虚拟汽车已经几年了。对他来说，实际驾驶汽车和玩电子游戏完全一样。所以在他看来，母亲比自己幸运得多，一直有乐趣，而他却什么都不能做。

◇◇◇◇

一个小女孩儿走进屋里，看到架子上摆着两幅电子镜框。镜框里的画面定时更换，一幅接一幅。在这两幅电子镜框之间还摆着一幅老式的木制镜框。镜框里是一幅不动的标准照片。小女孩儿说："看，爸爸。中间的镜框出故障了。"对她来说，老式镜框被自动视为**电子镜框**范畴的一员。这样看来，它显然是该范畴中的有故障的一员。

◇◇◇◇

一个八岁的小女孩儿坐在车里，他们正开车经过乡间公路，突然大雨倾盆。她说：

“小心，爸爸。屏幕上什么都看不见了。”

◇◇◇◇

一个计算机迷承认，当他看见一只苍蝇落在他的计算机屏幕上时，他下意识的反应是用鼠标点住苍蝇把它从屏幕上拖走。

◇◇◇◇

在家里找不到某件物品时，你经常希望自己可以在硬盘里或网上，甚至手机里**搜**到它。你感觉只要你输入一两个关键词，就可以找到任何一篇遗失的文章。以爱丽丝为例。一天早晨起床后，她浑身不自在，特别需要早晨的第一杯咖啡。正喝着咖啡时，母亲打来了电话。她把咖啡杯放下。打完电话，她忘了自己把咖啡放在了什么地方。她顺手拿起手机，输入了“咖啡”。另外一个例子是鲍勃（这是我们在网上找到的另一个例子）。他为了在截止日期前赶完拨款申请，已经在计算机前连续工作了5天。有一天，他把眼镜放错了地方。他意识到自己难以控制在搜索引擎里输入“找眼镜”几个字的冲动。

很可惜，在现实世界这种帮忙寻找遗失物品的复杂工具并不存在。因而，对于几乎所有人来说，习以为常的网上搜索的概念已经成为现实世界的类比源泉，而不是相反。我们都非常希望看到那些放错地方的物件，诸如钥匙、钱包、眼镜、眼镜盒，它们设计巧妙，能够回应自身所在的位置，就像手机那样。简言之，我们希望能够叫一声，那些找不到的物件就会尖声答应，告诉我们在哪里找到它们。

由此看来，网络和手机造成了一种错觉，似乎几乎所有的东西都唾手可得。无论在哪里，几乎所有希望得到的东西都在鼠标点击范围之内、都在电邮的范围之内、都在手机信号的范围之内、都在短信的范围之内。这让人产生任何东西都可以立刻到手的不切实际的想法。

这几年，从遥远的地方获取物品变得越发轻而易举。这带来了一种现象，它增强了实际不在场的人在身边的感觉。例如，有些人的手机在身边时，他们会感觉不自在，不再愿意说任何人的闲话，好像怕被提到的人不知怎样能够听到似的，即使手机根本没有打开。这种情境让人想起在宿舍里讲话担心隔墙有耳。还有类似的例子，有些人在网上聊天室里聊天时，开始降低和身边的人说话的音量，好像担心网上聊天室里的虚拟聊伴会听到他们和身边的人交谈似的。简言之，一些计算机迷会变得神经高度紧张，感觉周围的实在环境充斥着虚拟的人，正在窃听他们的谈话。

计算机有一个非常有用的特点。它提供各种机会让我们纠正自己犯的错误。当使用文字或照片编辑软件时，可以立即反转刚刚采取的步骤，包括不经意的大面积删除。这似乎已经成了常规。我们已经习惯并心安理得地接受这种保障。后来，这种习惯开始进入生活的其他领域,成为一种预期。当意识到在一些其他领域不存在“取消”键时，会感到失望。下面是两个实例，说明了这种趋势：

一个学生在烤蛋糕，她在面糊里加了太多面粉。她希望能退回去，撤销她的错误。突然间，她真心希望她可以按下已经习以为常的“取消”键。

◇◇◇◇

一个十几岁的女孩儿正在修眉毛。她突然发现自己的眉毛拔掉太多了。她心里想：“没关系，回到旧版本就行了。”

不仅仅是“取消”键，还有许多其他常用的计算机指令已经深深印在我们的习惯中，影响着人们在有形世界里的言行。正如下面的例子所展现的：

一个十几岁的女孩儿正在看杂志上的一张照片。照片上的人有些她认识，有些不认识。她说：“我的第一个反应是纳闷：‘他们怎么不给人加标签呢？’然后我才想起来我是在看杂志，不是社交软件。”

◇◇◇◇

一位男士说，有一次他开着车时，在后视镜上用两个手指试图把画面扩大。一位女士回应说“同样的事”她也有过，但发生在平板电视机屏幕上。另一位说，“一样的事”发生在她身上，是在洗手间照镜子时。

◇◇◇◇

一位影迷在电影院看电影时要去洗手间。一时间，她产生一种冲动，要按下鼠标让电影暂停。

◇◇◇◇

另一位影迷承认：“当我在电影院看电影时，我下意识地移动鼠标，想看一看电影还有多长时间结束。”

◇◇◇◇

一个小学生说，考试时，有一个词他拿不准自己是不是拼对了。所以，他停了几秒钟，等着看他用铅笔写在纸上的字会不会出现红色的下画线。

◇◇◇◇

一位大学生在熬夜准备考试。最后，努力了半天，她终于搞明白了一个复杂的生化反应是怎么一回事。这时，坐在计算机前，她不假思索地按下保存键。

这些年来，像这类涉及计算机概念和前技术时代的概念之间搭错线的心智污染俯拾即是。网上也有许多网页记载着人们对这类错误的惬意报道和自嘲。

有些等式比其他等式更平等

考察完近年来发源于技术领域，并在不知不觉间侵入日常生活的朴素类比之后，现在回过头来继续关注教育领域，讨论朴素类比对于儿童在学校获得基本的数学概念时所扮演的角色。

“3 + 2 = 5”这个等式完全清楚吗？只有一种方式去理解这个等式吗？所有受过教育的成年人都以同样的方式理解等号吗？从理论上讲，等式代表完全对等或可以互换。也就是说，等号两侧的表达式代表同样的事物。这样看来，相等的概念似乎简单明了，很难想象还有其他方式去解释它。然而，相等的概念还有另外一面。它来自朴素类比。我们将其称为“动作–结果类比”。

在这个另类的解释中，等式的左侧代表**动作**，右侧代表动作的**结果**。这是一个朴素类比。在这个类比中，等式被理解为需要时间的过程。它出现的情况和学校或数学毫无关系。它影响着所有人，包括小孩子。例如：

用手指着 + 哭 = 得到所要之物

花瓶 + 碰掉 = 地板上的玻璃碴儿

泥 + 手 = 肮脏

DVD + DVD 播放机 + 遥控器 = 看电影

巧克力 + 面粉 + 鸡蛋 + 搅拌 + 烘烤 = 蛋糕

奶酪 + 生菜 + 西红柿 + 面包 = 三明治

3 + 2 = 5

这里，等号是一个符号，把世界上的某种动作与动作的结果连接在一起。它可以读作“产生”或“导致”或“得出”。这样看，“3 + 2 = 5”不再是一个相等的陈述。它代表的是将 3 和 2 相加得到 5 这个过程。

互换和**动作 – 结果**是两个不同的概念。动作 – 结果明显包含了不对称的等式概念。在这里，等号两侧的内容扮演不同的角色，一侧永远代表过程，而另一侧永远代表其结果。“5 = 5”将与这个观点不相容，因为没有表明过程。同样，“7 – 2 = 8 – 3”也不对，因为没有结果。再有，写下“5 = 3 + 2”也会令人迷失方向，因为动作和结果站错了位置。事实上，许多小学一年级和二年级的学生正是用这种方式理解相等的。他们坚持认为“5 = 3 + 2”是“颠倒的”，“7 – 2 = 8 – 3”没有意义，因为“**问题**后面应该跟着**结果**，而不是另一个问题”。有些学生甚至对“5 = 5”都感到困惑，他们宁可用“7 – 2 = 5”取而代之。

在孩子接触**相等**概念之前，动作 – 结果的朴素类比就是他们的向导。**过程**及其**结果**的概念连蹒跚学步的儿童都觉得熟悉。这个概念与**因果**关系是近亲，它与手段和目的的概念也非常接近：工欲善其事，必先利其器。

虽然现代的儿童在小学已经对相等概念有了相当的理解，但是发明等号“=”符号却让人类花费了相当长的时间。数学的相等符号直到 1557 年才首次出现在威尔士数学家罗伯特 · 雷科德（Robert Recorde）的著作中。他在书中写道：

正如我经常在工作中所做的，我将设定两条长度相等的平行线，或孪生线，像这样：=，因为没有两样东西能这样相等。[3]

文中的“孪生”意思是“双胞胎”。上下两条“双生”的水平线是为了象征相等的基本概念。代表相等的符号需要这么长时间才出现，尽管数学已经存在了至少两千年，这一事实本身说明，它远非一个不言自明的概念。

虽然对于今天的成年人来说，“相等就是等同”的概念在数学环境中似乎显而易见，但这并不是说**相等**的动作－结果的概念就从他们心目中消失了。事实上，从人们写下或念出等式的方式上，仍能瞥见他们的无意识的理解。例如，在读“4 + 3 = 7”时，许多人会说“4 加 3 得 7”，而在读“7 = 4 + 3”时，他们会说“7 是 4 和 3 之和”。如果说教育的结果是学生学会将等式看成是互换的陈述，那么到高中毕业后，等号的动作－结果观念应当从他们的思维中彻底消失了；等式两侧的顺序应该无关紧要；等式的两种写法也应该采用同样的解读。然而，实际情况并不是这样。来考察一些具体的例子，先从数学领域以外的例子开始。

广告中的朴素等式

广告的标准噱头是唤醒人们的童真而不是吸引初露头角的数学家。下面是一组从真正的广告中采集来的“等式”的例子：

买两件 ＝第二件半价

买一副眼镜 ＝赠送一副墨镜

买本店购物卡 ＝免费送货到家一年

买一台电视 ＝一台 DVD 播放器只要一元

买一只烤鸭 ＝赠送一只烤鸭

为了证明这些“等式”背后没有互换的概念，将等式两侧调换一下。你将看到，新“等式”听起来非常愚蠢，甚至是无稽之谈。

第二件半价 ＝买两件

赠送一副墨镜 = 买一副眼镜

免费送货到家一年 = 买本店购物卡

一台 DVD 播放器只要一元 = 买一台电视

赠送一只烤鸭 = 买一只烤鸭

这些例子表明，人们对等号的最初朦胧的理解来自朴素类比：动作之后是结果。即使互换的概念在教育过程中逐渐占了上风，**动作－结果**观念却没能被彻底根除。如果有恰当的诱饵，它总能从冬眠状态里被引诱出来。从这里可以看出，教育并不能把关于数学的最初朴素想法，甚至那些认为最无关紧要的概念消除掉。这些概念在小学就已经教过，那时的孩子只有六七岁。在儿童时代，甚至在成人阶段，这些朴素观念与正规观念并存。正规观念是在学校里灌输的，但是它也依赖于已有的熟悉的概念，也就是**同样的东西**，也就是**同一性**。从最早的观念（动作－结果）到更深奥的观念（同一性）的过渡，并不能抹掉早期观念。它一直可以被激活，而且在日常生活中经常被唤起，甚至在数学或物理学环境中亦如此。下面马上将会看到这一点。

等式与物理学家

对物理学家来说，经典力学中最基本的公式无疑是牛顿第二定律。这个定律描述了力是如何影响物体运动的。这一著名定律的基本意思与上面讨论的朴素类比是相容的。朴素类比要求，等式的一侧应当代表**过程**，另一侧代表该过程的**结果**。在这里，过程（在理想情况下占据等式的左侧）应当是以 F 表示的力，作用于以 m 表示的质量，而结果（在理想情况下占据等式的右侧）则是以 a 表示的施加质量的加速度。把上面这段话转化成符号，就是等式：$F/m = a$。然而，不幸的是，牛顿的这条定律几乎从来不这样写。人们总是把它写成：$F = ma$。这个著名公式让许多学生感到困惑，因为等式的任何一侧都没有干净利落的表达过程或结果。这个公式的变体“$F/m = a$”显示出的朴素类比要清楚得多，因而让学生更容易把握。但它几乎从不出现在任何教科书中。纯粹从逻辑角度看，牛顿定律的两个表达方式是完全相等的，而且完全可以互换。但是从心理学和教育学的角度来看，它们显然不同。

幸运的是，物理学家对这样的心理压力通常比较敏感。在大部分时间里，他们总是尽力把他们的等式用最干净、最清楚的因果关系的形式表现出来，让等式一侧导致另一侧。比如，下面的麦克斯韦四个电磁方程的第一个：

$$\mathrm{div}\,\boldsymbol{E} = 4\pi\rho$$

其中 $\boldsymbol{E}$ 代表电场，ρ 代表电荷密度（也就是在任一空间点有多少电荷），“div”代表微分学里的一种运算，称为“散度”，π 是熟悉的圆周率 3.14159……

这个公式被物理学家普遍读作：“电荷在空间的分布（**因**）总要产生电场在空间的模式（**果**）。”然而，由于某些历史原因，因（电荷分布）按惯例处在这个等式的**右**侧，而果（电场）在**左**侧，这颠倒了通常的动作－结果的顺序。物理学家为什么总是颠倒地写这个等式呢？这很难说，但基本上，这是一个无害的“职业走样”。无论怎样，凭直觉，麦克斯韦的第一方程包含了一个物理学的因果关系，只不过是因在右侧，而果在左侧。事实上，麦克斯韦的四个方程都包含着相似的因果关系，而且它们都是从右向左的因果关系流向。

但是，看麦克斯韦方程还有另外一个方式。再看一看上面的第一方程。这个方程的意思是，如果计算电场的散度，你将得到电荷密度。这样的计算也可以看作一种因果关系或动作－结果关系。在此，一些量被输到计算机器里，机器运转一会儿，最终输出一些新量。这样看，“因”或初始事件（将输入值输入计算设备）总是在左侧，而“果”或后续事件（计算设备输出的数值）总是在右侧。所以，又有了从左向右的因果关系流向。

但是，必须记住这只是一种**数学性**的因果关系，意思是，如果已知空间任何地点的电场，就可以**计算**出电荷密度。然而，正如在上面指出的，这个方程也可以被解读为一种**物理学**意义上的因果关系，意思是如果你把电荷按某种方式安排在空间里，你总可以发现某一特定的电场模式围绕着它们。一句话，电荷**产生**电场。当这样看这个方程，因果关系的流向是从右向左，即从电荷向电场。物理学家正是这样看待这个方程的，无论是有意还是无意。事实上，如果有人说，麦克斯韦第一方程的意思是一个电场在空间散开造成某处一个微小的电荷，物理学家会觉得很荒谬。

这就像说，弥漫在社区的一股恶臭使一只惊恐的臭鼬藏到灌木丛里一样颠倒因果。注意这里使用了一个漫画类比。

总的来说，麦克斯韦方程从右向左读时可以看作表达了**物理学**的因果性，即一个物理原因导致一个结果；当从左向右读这些方程时，它可以被看作表达了**数学**的因果性，即一个计算产生一个结果。而且麦克斯韦方程不是例外。物理学家总是试图摆弄他们的方程，让它们获得这种特性，也就是让因在一侧，果在另一侧。这样做从逻辑角度看当然是没有必要的，但它大大有助于表述的清晰。例如，这里有另外两种表达麦克斯韦第一方程的方法。它们都绝对正确，但会让物理学家挠着脑瓜问："这样写有什么意义？"

$$\mathrm{div}\,\boldsymbol{E}/2-2\pi\rho=0 \qquad \mathrm{div}\,\boldsymbol{E}/4\rho=\pi$$

事实上，这两个方程都将这一定律的关键藏起来了，即一个现象催生另一个现象。

简言之，物理学家和其他人一样，对将方程比作因果关系的朴素类比有所偏爱，且从中获益。

相乘总是意味着变大吗

针对在学校学到的某些概念，有时会有早期的朴素类比与之相对应。这些朴素类比对理解新学的概念很有帮助，但是没有其他熟悉的范畴能够帮助学生进一步深入展开这些概念。出现这种情况时，朴素类比很有可能成为理解这些概念的唯一依靠，并且在学生接受了多年教育之后，仍扮演主要角色。在这种情况下，要想改善这些概念，使它们更加概括、更加灵活，就困难多了。乘法和除法这两个最基本的数学概念正是这种情况。

加减乘除在小学期间讲授，而且到中学时期就都已经完全掌握了，因为许多数学概念都建立在加减乘除之上，它们经常被称作四则基本运算。这些经典的数学概念是我们每一个社会成员的文化传统的一部分。哪个成年人如果宣称他不知道乘除为何物，一定会受到白眼。这些概念从小教起，中学生和大学生都应该非常清楚了。

然而，认为大部分成年人已经掌握了这些运算的印象其实是一个错觉。下面几节将举例说明原因。

现在看一看乘法。在对高年级大学生（这里所说的不是数学专业的高年级大学生）的调查中发现，如果他们被问到“什么是最准确的乘法定义”时，他们通常对下列两个定义中的任何一个表示非常满意：

> 乘法是一个数值的若干次连加。
>
> 乘法是把 b 增加 a 倍，也就是把 b 加 a 次。

很难找到不同意这两个定义的人，几乎也没有人对这两个定义提出改进意见。我们也请高年级大学生提供他们自己的定义。结果同样的定义再次出现。基本的意思是，乘法按照定义就是将一个数反复和自身相加，数着加了多少次，直到结束，尽管他们的措辞不如我们上面给出的定义那么精简。例如：

> 乘法是把一个特定数值反复相加多次。
>
> 乘法是让一个特定数值和自己相加，让加多少次就加多少次。
>
> 乘法是把一个特定数值加到它自身，相加的次数视另一个数值而定。
>
> 乘法是一种运算，在这种运算中，你将一个特定的量多次与自身相加。

在互联网上，类似的定义俯拾即是。一个网站提出：“乘法无非就是加法，其中相加的数都相等。所以我们说乘法就是重复被乘数，重复的次数视乘数的个数而定。”

从历史的角度看这个问题，可以考察一下专业人士提出的类似的定义。例如，在 1821 年，著名法国数学家艾蒂安·贝祖（Étienne Bezout）在《水兵和步兵算数专论》（*Treatise on Arithmetic Intended for Sailors and Footsoldiers*）中写道：“一个数和另一个数相乘就是把第一个数反复相加，第二个数则为相加的次数。”[4]

那么，乘法是重复的加法这个观念难道真的如上面所列的那样无可争辩吗？完全不是！事实上，这个观念是一个远离目标的朴素类比。长远看，它几乎肯定会使任何相信它的人步入歧途。

首先，这个乘法观念规定两个数值之一必须是正整数，因为如果不这样要求，“多少次”就没有意义。将一个数与自身相加 $2\frac{1}{2}$ 次，或者 1/3 次，或者 $\sqrt{2}$ 次，或者 π 次是什么意思？然而，规定乘法运算中的一个因子必须是整数令人生疑，因为谁都知道两个非整数相乘是可以的。事实上，我们在学校里都学过这种运算，而且计算器将输入的任意两个数相乘的时候从来没有犹豫。如果规定两个因子之一必须是整数，“π × π”这个表达式该是什么意思？

隐藏在这个定义背后的下一个障碍是一个普遍信念，认为如果将 b 与其自身相加，反复多次，其结果永远大于 b。我们不仅认为这个结果比 b 大一些，而且，按照定义，应该比 b 大 a 倍。字典和日常会话也附和了这个朴素信念。事实上，“乘”和“乘法”“倍”这些词给人一种增长的印象，而不是缩减的印象（尽管，如第 4 章中指出的那样，当事物缩小时，可以用 grow 说“越来越小”）。所以，可以说兔子繁殖很快，造成群体过密；在好的时候，财富成倍增长，在坏的时候，危险增加，缺乏安全感；等等。[①] 英文的前缀，“multi”（多），也总是让人想到增长，例如，“multinational”（多国家）、“multicolored”（多色）、“multilingual”（多语种）、“multimillionaire”（千万富翁）等。但是这个先入之见一旦遇到所乘的数小于 1 时就要撞墙了，因为，其相乘的结果总是比被乘数小。这个结果与反复相加之和不相容。

除此之外，还有别的麻烦。乘法最为人熟知的性质是交换性，即对于任何数 a 和 b，总是：$a \times b = b \times a$。如果乘法被看成是反复的加法，交换律如何能在两个量 a 和 b 之间成立实在很难说清楚。事实上，这个朴素类比暗含乘法本质上是不对称的意思，因为乘数和被乘数受到了不同的对待。被乘数与自身反复相加，而乘数记录运算的次数。这显然与交换性的形象不符，因为交换性规定两个数扮演完全可以相互交换的角色。由于朴素类比不能彰显乘法的这一关键特性，孩子会对 a 自加 b 次总得到与 b 自加 a 次的结果相同这样一个事实产生困惑，甚至成年人也是如此。当然，可以加入交换律以丰富对乘法的理解，但是把乘法看作反复相加这个朴素类比只能把水搅浑，对自然地理解这个概念没有帮助。

当学生依靠这个朴素类比去解决应用题时，这些次要的绊脚石会演变成严重的障碍。例如，当英国中学生看到这道应用题：“如果 1 加仑（1 加仑 ≈ 4.55 升）汽油

① 这里的动词，繁殖、成倍增长、增大，在英文里都是 multiply。——译者注

是 2.47 英镑，0.26 加仑汽油是多少钱？”只有 44% 的学生认识到这实际是一个乘法问题。剩余的 56% 的学生把它看作一个除法问题，即 2.47 除以 0.26！结果，一道简单的小学水平的乘法题却难倒了大约半数的中学生。

如果把应用题中的数换一下会出现什么情况呢？如果仅把“0.26”换成“5”，再问同一个问题：“如果 1 加仑汽油是 2.47 英镑，5 加仑汽油是多少钱？”这一次，100% 的中学生都做对了。区别在于，第一道题里的朴素类比没有满足将一个数反复相加的形象，因为将一个数与自身相加 0.26 次无法操作。而在修改后的问题里，运用重复相加的朴素类比很正常（2.47 + 2.47 + 2.47 + 2.47 + 2.47）。这两道应用题在参加测试的学生中造成的差异说明这个朴素类比用在第一道题里没有帮助，但用在第二道题中却很合适。

加 3 次和加 50 次大不一样

将上述实验与在巴西做的一组实验相比，可以带来一些启发。巴西的实验对象是十几岁的男孩。这些孩子小学辍学，靠在街上叫卖维持生计。一组男孩被问到下面的简单问题：

> 一个小孩儿要买巧克力。一块巧克力卖 50 雷亚尔（巴西货币单位），小孩儿要买 3 块，他需要付多少钱？

另一组男孩被问了同样的问题，但问题里面的两个数字互换了：

> 一个小孩儿要买巧克力。一块巧克力卖 3 雷亚尔，小孩儿要买 50 块，他需要付多少钱？

对于本书的读者，答案肯定显而易见：两个问题中的小孩儿都要付出 150 雷亚尔，尽管其中一个小孩儿比另一个小孩儿得到的巧克力要少得多（至少在数量上看）。当我们读这两道题时，它们看上去都很简单。情境都是一样的，数字也一样（50 和 3），而且都需要同样的算术运算——乘法。但是，对上述两组在街上叫卖的男孩也一样简单吗？远非如此。

大部分男孩都轻松地回答了第一个问题，而且 75% 的人答对了。与此相反，没有任何一个在街上叫卖的男孩能处理第二个问题。这一区别背后的原因很简单：归根结底是因为依赖反复相加这个朴素类比。要解决第一个问题，只需加 $50+50+50$ 就可以得到 150 雷亚尔。只需加两次，而且步骤很简单。第一步 $50+50=100$，然后是第二步 $100+50=150$。换了次序的问题却完全是另一回事。要算出答案，必须进行一长列反复的加法，即 $3+3+3+\cdots+3+3+3$，需要 50 个 3。我们不难想象，一个小学辍学生是应付不了这个挑战的。

这时候，似乎应该停下来为教育制度唱一首颂歌。教育出来的成年人能够轻而易举地解决小学辍学生无法解决的问题。一眨眼就知道 50×3 等于 3×50，就这么简单。与 0% 的成功率相比，有理由得出结论：学校教育有效地传授了乘法的真谛。然而，事情并非如此简单。

学校教育告诉我们乘法里的两个数可以互换，这没有争议。人们都知道乘法交换律，即 $a\times b=b\times a$，可以不假思索就可以在脑子里将它们互换。然而，能够运用乘法交换律进行运算并不意味着成年人对乘法的理解就一定比小学生深刻许多。事实上，通过一个快速的非正式调查就能知道，除了一些严肃的数学爱好者之外，几乎没人知道为什么是这样。例如，为什么 5×3 等于 3×5。初中生、高中生，甚至大学生通常都说不清为什么乘积的两个数可以互换。既然如此，他们如何解释 5×3 等于 3×5，或者用符号表示：$3+3+3+3+3=5+5+5$ 呢？

大部分人被问到这个问题，都会毫不犹豫地回答，用一个实例验证一下吧，去找一个计算器算一算，用任何一对数都行。有些人会把它当一个定理一样陈述一遍："在乘法中，你有权将两个因子互换。"还有人会大胆地宣称，好像里面有魔法似的："就是这样嘛。""事实如此，尽人皆知。"简言之，对于大多数受过良好教育的成年人来说，既然乘法被当作反复的加法，乘法的交换律似乎就是一种神奇的巧合，没有明确的解释或理由。

上面引述的艾蒂安·贝祖的论著，其中对乘法交换律的解释冗长而晦涩。如果你对乘法的理解来自反复加法的朴素类比，那么，问乘法中因子的顺序为什么可以颠倒就等于问两个不同的反复加法为什么答案相同，而这两种运算却没有明显对称。贝祖试图解决这个矛盾，但他的解释并不是很清楚：

> 只要我们将数看作抽象实体，也就是不考虑依附的单元，那么相乘的两个数哪个是乘数哪个是被乘数就没有区别。例如，3 乘 4 不过就是把 1 的 3 倍重复 4 次。而 4 乘 3 则是把 4 的 3 倍重复一次。显然，1 乘 4 与 4 乘 1 是一回事。你可以将同样的推理用于任何其他数。[5]

大部分成年人都认为 $a \times b$ 永远等于 $b \times a$ 这一定理非常有用，但它是没有解释的巧合，属于经验真实。他们“明白”乘法交换律就像“明白”为什么自行车不会歪倒，或飞机为什么能在天上飞一样：因为他们一生中见过这些东西，时间长了也就不再觉得这些现象有多神秘，也不觉得需要解释。所以，虽然教育让他们掌握了乘法交换律，但没有让他们真正明白其所以然，因而他们继续依赖着初始的朴素类比。

那么除法呢

同样，关于除法也有一个广为流传的朴素类比。它主导着人们的思维，深刻地影响了人们对除法运算的看法。虽然人们普遍认为对受过教育的人来说，除法意思十分清楚，但这只是错觉。

这里有一个简单的“家庭实验”，可以将这一隐藏的朴素类比暴露无遗。它将显示这一朴素类比是多么具体而标准。这个实验没有陷阱，只有几个直截了当的问题。第一个问题是预热：设计一道应用题，一个需要除法运算才能解决的问题。希望这个问题不会给任何读者造成困难。例如，下面是大学生设计的几道除法应用题。

◎ 4 个朋友决定平分 12 块糖。每人应分到几块?

◎ 90 亩地要平分成 6 块。每块地应有多少亩?

◎ 母亲为 5 个孩子买了 20 个苹果。每个孩子应分几个?

◎ 剧院里有 120 个座位，排成 10 行。每行有几个座位?

◎ 班级野餐，一位教师买了 20 个西瓜，放在 4 辆购物车上。每辆车里放几个西瓜?

◎ 12 尺布可以做 4 条裙子。一条裙子需要几尺布?

上列每一道题都涉及某个起始数被分割,分割的结果总是小于那个起始数。比如，第一道题将 12 块糖减少到 3 块，第二道题将 90 亩减少到 15 亩，第三道题将 20 块糖减少到 4 块，等等。

这一现象很有意义，因为它表明，当人们在出除法应用题时，他们想到的关键概念是“变小”。正如乘法是反复的加法的印象加强了乘法必然是**增长**的信念，在除法中，起作用的朴素类比加强了除法是**缩小**的印象。这一关于除法的印象与“分割”一词在日常话语中的用法完全吻合[①]。当说将 X 分割时，想到的是将 X 分成几块，其中每一块显然比 X 本身要小。1988 年版的《韦氏新世界词典》也证实了这一理念。division 的定义是:“均分，分派，分配。”此外，除法的概念还经常与削弱的概念相关。例如，“团结才能直立；分裂只有跌倒”，这个口号表明，一个实体若被分割成小块，结果会比整体弱小。

这是两个小小的挑战中的第一个。第二个挑战也是设计一道除法应用题。但是这一次要增加一个条件：答案必须比起始数大。读者们，各就各位!

你或许已经注意到，这次作业里的微小调整意义重大。例如，上列应用题中没有任何一道能够满足这一条件。估计大部分读者都发现第二个挑战的难度大增。设计一道除法应用题对几乎所有人来说都是轻而易举的，而设计一道除法应用题，并让答案比起始数大却相当不容易。它需要绞尽脑汁地思考，而且对许多人来说，是力所不能及的。将某物分割怎么可能产生一个更大的事物呢?

大学生们对第二个挑战的反应差别非常大。有些学生干脆否定：这个挑战根本不可能。对于这些人来说，根据定义，除法与变大的概念根本不相容。所以，他们没有设计能够满足要求的应用题，而是试图解释为什么这项任务没有意义:

① “分割”和“除法”在英文中是同一个词: division。——译者注

◎ 不可能。除法总是把事物变小。

◎ 当你分割一个初始数值时，结果必然比原来少。所以这不可能。

◎ 除法意味着均分，均分的份额是相等的。所以，每个人得到的那一份都比初始量少。因此，要让得到份额的比最初的份额大，这样的除法应用题不可能成立。

◎ 不可能，因为除法意味着将某物分割成几份。要想得到更多的结果，需要用乘法，而不是除法！

◎ 不可能，因为每当你分割某物，你总是使它减少。

有些学生承认除法确实可以满足题目要求的特性，因为他们记得在学校里学过，某数除以一个介于 0 和 1 之间的数就有这种效果。然而，他们相信，这种形式的数学运算在现实世界中没有对应的情境，所以他们宣称，没有应用题可以满足上述要求。至少他们想不出来。这里是他们的评论：

◎ 我可以说“10/0.5”，答案是 20。但这只是一个计算。你无法设计一个相对应的应用题，因为在现实世界，人们总是把数除以 2、3、4 等。也就是说，总是除以大于 1 的数。

◎ 是的，可以。比如，5/0.2。但是我想不出可以用这个公式表达的现实情境。

◎ 任何时候，当你把某数除以一个小于 1 的数，你就会得到一个更大的数。但是，我想不出在现实世界中这个公式可以怎样用。

◎ 当然，当你除一半时，你得到更多。但是问题是，不可能除以一半。

还有一些学生设计出各种他们认为能够满足上述要求的应用题，但实际上，他们在耍各种小把戏，因为他们设计的问题不能满足要求。例如：

◎ 小蕾有 20 瓶葡萄酒。她以 8 元钱一瓶的价格卖掉了一半。她卖了多少钱?

◎ 小艾有 8 个玻璃球。在一次比赛中，他赢了一倍半。他现在有多少个玻璃球?

尽管存在上述所有这些反对意见，但其实完全有可能设计出让答案大于初始数的除法应用题。有人找到一些很好的例子：

◎ 用 4 斤肉，可以包几个 2 两肉馅一个的包子？

◎ 如果我有 3 天时间准备考试，而且我半天可以读完一本书，考试前我能读完几本书？

◎ 我有 10 元钱，巧克力 1 角钱一块，我能买几块巧克力？

◎ 我有一卷 3 米长的布料，一条围巾用料 3/8 米，我能做几条围巾？

然而，想出和上述 4 个例子类似的应用题却相当困难。在 100 个本科生中，只有大约 25 人想出了类似的应用题，而其他 75 人没有想出来，上面引述的三类失败例子中各占 1/3。所以，从理论上看，一个已经在小学就掌握了的算术运算仍然给成年人甚至大学生带来了许多麻烦。这是不是因为除法应用题学得太早，所以已经被忘记了呢？也不是，因为同样的问题也用来测试了 250 名七年级的学生。之前 3 年，这些学生一直在学习除法，所以这类问题对于他们来说仍历历在目（事实上，除数小于 1 的算术题他们已经学习了至少一整年了）。但是，他们之中超过 3/4 的人都认为不可能设计出答案大于初始数的应用题。在这 250 人当中，只有一人想出了满足挑战条件的应用题。

为什么想出这样的应用题这么难

人们通常认为，如果是日常熟悉的具体场景，思路会清楚一些。但是这个问题表明具体场景并不能保证思维清楚。在上述两个小实验中，大学生设计出的应用题基本使用相同的日常物件，如糖果、书籍、围巾等，而且都安排在相同的场景，如厨房、学校、郊游、购物等。但是，第一个问题几乎所有人都能回答，而第二个问题却很少有人能答得上来。那么是什么概念鸿沟存在于这两个问题之间？

答案是，这两个问题分属于不同的范畴。它们没有依赖同一个朴素类比。具体来说，第一种问题不要求答案大于初始值，针对这种问题想出的应用题都和**均分**相关。上面举的例子是为了给读者显示答案的多样性，但从本质上看，大部分问题都非常普通，都是均分同一种东西，一些日常用品而已，而且是同类参与者，如孩子、兄弟姐妹、朋友。这些例子显然表明，人们不假思索想出的除法应用题几乎总和均分的概念相关，具体说就是将某一个量分成几个等份。最典型的例子是人们来均分可数的物件，如糖果、苹果、玻璃球。此外，“均分”这个词和“均分”的同义词也经常出现在应用题的题干里。但是，也有少数应用题使用了更抽象的均分概念。

在这种情况下，人们必须想象比给某人分发某物更抽象的均分。这种均分或许仍然涉及分发的实体，但接受者可能不是人，比如把饼干分包、把椅子排成行。这种均分也可能涉及不可数的物质，如面粉、水、糖、土地。这些物质被分成了几个相等的份额。这里的均分取的不是狭义的有标记的意思，就像打扑克牌时给玩家发牌那样，一个一个数着往外发。而是使用均分更广义的、无标记的意思，即经过某种测量过程把一个整体分成小块。但是无论是哪一种情况，用的无论是均分的标记意义还是无标记意义，学生针对第一个问题想出的答案都不包括除法的结果大于初始量的情况。这并不奇怪，因为均分的本质就是把某物变小。均分涉及将一个实体分成小于自身的部分，每一位接收者必然得到小于整体的一部分。部分不可能大于它所在的整体。

与此相反，在满足第二个问题的应用题中，是另一个朴素类比在背后起作用。这是一个**衡量**某物的类比，在数学教育中，通常称这类问题涉及“包含除法”。这类除法应用题可以表述为:“b 可以放入 a 多少次？” 这是一个衡量情境。在这种情境下，b 被当作一种测量尺度，用来衡量 a 的大小尺寸。如果 b 的大小介于 0 和 1 之间，那么就会在 a 中有更多个 b，b 的数量就会大于 a 的尺寸。这就意味着除法的结果大于初始值。例如，5/0.25 可以表述为：“1/4 可以放进 5 中多少次？” 答案是 20。20 当然大于 5。这一切说明，如果除法问题是**均分**类的，那么其答案不可能大于起始值。而如果问题是**衡量**类的，其答案可以大于起始值。

事实上，从历史和学术角度看，在处理除法运算时，衡量是比均分更本质的方法。贝祖在 1821 年的论著中对除法的定义非常清楚：“通常，一个数除以另一个数的意思是发现第一个数包含第二个数多少次。”[6] 事实上，与除法相关的术语也反映出了把除法看成衡量过程的观点。读者会记得在小学课本中，除法的结果叫作**商**。（正如贝祖解释的那样："被分割的数是被除数，用来分割的数是除数，告诉我们被除数包含多少次除数的数是商。"）英文的商 quotient 源于拉丁文 quotiens，是 quoties 的变体，意思是"多少"，而 quoties 又源于 quot，意思是点数物件。总之，今天的术语呼应了除法作为衡量的概念，因为"商"代表"多少次"。

贝祖意识到将除法看成衡量不是唯一的看法，但是他希望读者把衡量的观点当作唯一的观点。"除法运算的目标不总是要发现一个数包含另一个数多少次。但是，在进行除法运算时，应该总是把它当作真正的目标。"[7] 这表明，将除法看作以均分为主的观点并不来自数学家，其实数学家通常偏爱把除法看作衡量和点数的观点。与此相反，将除法看作均分的朴素类比不属于数学领域。如上所述，词典通常用日常意义定义 divide，其大体意思是：分成若干部分；分开；切割；分成小组；分类；（数学）用除数分成等份（《韦氏新世界词典》，1988）。

除法在人们头脑里与均分没有差别吗

上述实验结果显示，对大部分人来说，除法是通过均分的朴素类比来理解的。大部分人认为第一个问题非常简单，并想出了和均分有关的应用题。而第二个问题对大多数人来说却困难得多，尽管如果使用衡量类比，它其实很容易处理。孩子们花了多年时间在学校学习除法，到初中结束时，应该掌握了这种基本运算，而成年人则更应该能够理解除法。但实际情况是，所有年龄段的人都在用朴素类比理解除法，把它当作均分而不是其他概念。

对大部分人来说，"除法"这个词不是用来描述他们在学校里学到的概念，而是用来描述他们学前生活的环境，即均分范畴。当**均分**出现在数学环境时，他们就用从学校学来的术语"除法"来描述。换句话说，大部分人认为"除法"不过是一个表示均分概念的专业术语，特别是当需要计算时，仅此而已。在数学课堂上，均分有一个更冠冕堂皇的名字，就像在日常生活中，人们经常用各种特殊词汇表达熟悉的概念，尽管这些特殊词汇并无深意。比如，在剧院，最好用"咏叹调"而不用"歌"。当你混迹在葡萄酒鉴赏家之中时，你很快就会习惯听到"酒香"而不是"酒味"。医生爱用"窒息"而不说"呼吸困难"，说"龋齿"而不说"虫牙"。

总之，虽然我们一厢情愿地相信学校教育会教会关于除法的全部概念，从而能够将**均分**的朴素类比像扔掉拐棍一样抛弃掉。但实际情况是，这副拐棍仍然是我们理解除法的主要方法。它只是伪装成富丽堂皇的数学词汇："除法"。

思维模拟占主动地位

下面这两道应用题都很容易：

> 保罗有27个玻璃球。课间休息时，他赢了一些。现在他有31个。问：他赢了几个？
>
> 保罗在课间休息时，把他的31个玻璃球输掉了27个。问：他现在还剩几个？

这两个问题都可以用同样的运算解决，即31－27。乍一看，解题的思维过程也是一样的。但是把解题的形式运算放在一边，而专注于想象中的形象化过程，就是说，让我们试图在大脑中模拟解题的思维过程。思维发生了什么？

在第一种情境中，通过掰着手指头数一数，或者心算一下，就可以模仿大脑里发生了什么。保罗的玻璃球数从27个开始往上数，到28（"1"），然后到29（"2"），然后到30（"3"），最后到达31（"4"）。答案用了简单的4步。

然而，第二种情境则大不一样。这一次从31开始，必须倒数27步。先数到30（"1"），然后到29（"2"），然后到28（"3"），然后到27（"4"），然后到26（"5"）……经过很长时间之后，才终于到达4（"27"）。

可以看到，这两种应用题虽然可以用同样的形式运算得到答案（31－27），却使用了完全不同的想象或思维模拟的步骤。一种过程只用了简单的4步，而另一种需要27步，而且更糟糕的是，还是倒着数的27步。

这一对比可以想到前面讨论过的类似的情境，就是那些在街上叫卖的十几岁的巴西男孩。50和3的乘积，根据应用题的提问方式不同，可以在大脑里模拟为50＋50＋50，或者3＋3＋3＋3＋3＋…＋3＋3。同样，这里的减法"31－27"也对应于两种完全不同的思维模拟，一个很短，一个很长。现在，比较一下下面这四个应用题：

1. 如果将 200 张一摞的照片分成 50 张一摞，一共会有多少摞?
2. 如果将 200 张一摞的照片分成 50 摞，每一摞有多少张照片?
3. 如果将 200 张一摞的照片分成 4 摞，每一摞有多少张照片?
4. 如果将 200 张一摞的照片分成 4 张一摞，一共会有多少摞?

前两个问题可以用除法“200/50”求得答案。后两个问题可以用除法“200/4”求得答案。两种运算都很明显。但是有些问题会不会比其他的更容易或者更难？我们不是在问除法“200/50”和除法“200/4”相比更容易还是更难。如果是这样，前两个问题会比后两个问题更容易（或更难）。但是事情并非如此简单。这在思维模拟中会显示出来。

先看第一个问题：如果将 200 张一摞的照片分成 50 张一摞，一共会有多少摞？先想象高高的一摞 200 张照片。现在要把它分成小摞，每一摞 50 张照片。为了通过模拟求得答案（而不是通过形式减法运算），拿 50 张与自身相加，直到得到 200。50 加 50 是 100，然后再加 50 是 150，最后再加 50 得到 200。一共 4 个 50 张。这就是答案。

现在，来看第二个问题：如果将 200 张一摞的照片分成 50 摞，每一摞有多少张照片？从形式运算上讲，这个问题也涉及除法“200/50”。有一摞 200 张照片需要分成 50 小摞。必须将某个数加 50 次，但不知道是哪个数。事实上，为了求得答案，不但要做 50 次加法，而且要反复做几次，一边做一边猜测要用哪个数与自身相加！2 + 2 + 2 ……费了半天劲，得到 100，这才发现“2”不对。3 + 3 + 3 ……又一次费了半天力才发现答案不对。4 + 4 + 4……这次，如果加对了，将得到 200。解决这个问题可不是一碟小菜。

所以，虽然前两个问题都可以用同样的除法运算（200/50）求得答案，但是，从大脑思维过程的角度看，第一个问题比第二个问题容易得多。

现在，来看一看第三个问题：如果将 200 张一摞的照片分成 4 摞，每一摞有多少张照片？这里，把一大摞照片分成 4 小摞，每一摞里有多少张照片？这与第二个问题的情境非常相似。需要反复做加法直到 200。但是这一次，只需要将那个未知数加 4 次就可以了。另一方面，必须猜测这个未知数是多少。但是，如果足够聪明，可以不费力气就能猜到"50"。例如，如果还记得在日常生活中 50 + 50 = 100，那么，可以很快得出 50 + 50 + 50 + 50 = 200。这道题就这样迎刃而解。

最后，第四个问题：如果将 200 张一摞的照片分成 4 张一摞，一共会有多少摞？我们知道要进行加数为 4 的反复加法，但问题是：加多少次？我们知道 4 + 4 + 4 +⋯⋯ 4 + 4 + 4 = 200，但是在这个总数中，这个未知数是多少个"4"。这很难，因为在头脑里要跟踪两件事，第一件事是要记住已经加了多少次"4"了。第二，要知道还剩多少。看得出来，模拟第三种情境比模拟第四种情境要容易得多。

总结一下上面的讨论，发现第一题和第三题都比较容易模拟，而第二题和第四题却相当有挑战性。如果回忆一下前面作为**均分**的除法和作为**衡量**的除法，我们发现这些问题中，有两个问题容易模拟。一个是简单的均分问题，即第三题，将 200 张照片分成 4 份；另一个是简单的衡量问题，即第一题，200 张一摞的照片用 50 张一摞的大尺寸衡量。另外两个问题非常难以模拟。一个是困难的均分问题，即第二题，200 张照片分成 50 份；另一个是困难的衡量问题，即第四题，200 张一摞的照片用一个 4 张一摞的小尺寸衡量。

现在换一种方式重述一遍。与除法"200/4"相关的第一个问题容易模拟，即第三题，200 张照片分成 4 份；而另一个与除法"200/4"相关的问题却非常难模拟，即第四题，以 4 张照片一摞为尺度衡量 200 张一摞的照片。同样，与除法"200/50"相关的第一个问题容易模拟，即第一题，用 50 张一摞为尺度衡量 200 张照片；而另一个与除法"200/50"相关的问题却非常难模拟，即第二题，把 200 张照片分成 50 份。

简单总结一下上面讨论的四道应用题。它们在形式上都非常接近，每道题都是关于将一摞照片分成小摞，但是对它们的思维过程却大相径庭，有的是均分，有的是衡量，而且求解难易程度也大不一样：

1. 如果将 200 张一摞的照片分成 50 张一摞，一共会有多少摞?

【200/50，简单衡量问题】

2. 如果将 200 张一摞的照片分成 50 摞，每一摞有多少张照片?

【200/50，困难均分问题】

3. 如果将 200 张一摞的照片分成 4 摞，每一摞有多少张照片?

【200/4，简单均分问题】

4. 如果将 200 张一摞的照片分成 4 张一摞，一共会有多少摞?

【200/4，困难衡量问题】

假设当受试者解题时，他们先把解题步骤在脑子里模拟一遍，而不是直奔算术公式。果真如此，那么第一道和第三道题都应该比较容易，而第二道和第四道题则相对较难。此外，即使知道该使用哪个算式（200/4 或 200/50），他们也无法知道该题是否容易。

这样对待应用题与传统观念大相径庭。传统观念以求解所需的正规算术运算为标准来判断应用题的难易程度。新的视角突出本能的方式，即类比的方式。类比有助于人们用直截了当的方式解题，也就是通过在心里数数的方式。这种视角显示为什么不同的应用题，尽管都貌似平铺直叙，并涉及同样的形式数学运算，但是它们的难易程度却有天壤之别。在前面描述的巴西街头叫卖的男孩在处理乘法问题时表现出来的那些出人意料的情境，现在看来其实广泛适用于不同类型的应用题，也可以应用于其他人群。关键的变量应该是在解题过程中表现出来的思维模拟的难易程度。

发展心理学家雷米 · 布里西奥（Rémi Brissiaud）把上述观点开创性地用在了算术学习领域。他出版的数学课本受到了这些发现的启发，十分有创意，而且教学成果斐然。我们与他合作，研究刚开始学习基本算术运算的七岁儿童是如何理解各种不同的应用题的。研究结果显示，趋向使用思维模拟解决的应用题与趋向使用形式算术运算解决的应用题之间存在显著的差别。在思维模拟不太复杂的情境下，人们总是采用思维模拟解题。这一原则可以用下面的例子来说明：

> 保罗有 10 盒饼干，每盒里面有 4 块饼干。他一共有多少块饼干？
> 保罗有 4 盒饼干，每盒里面有 10 块饼干。他一共有多少块饼干？

第一道题，如果用模拟解题，而不用乘法运算，需要把 4 自加 10 次。在这种情况下，或许可以想象保罗在超市把饼干一盒一盒地从货架上拿下来放进购物车中。整个流程或许是这样的："第一盒（4 块饼干）、第二盒（8 块饼干）、第三盒（12）……第九盒（36）、第十盒（40）。"这个过程需要同时数着多少盒并记着拿了多少块饼干。对于刚开始学加法的孩子来说，把 4 反复加这么多次远非易事。在这种情况下，思维模拟非常困难。与此相对照，第二道题却可以轻而易举地用思维模拟来解决。它只需要加 4 次，而且，这些加法都很容易。事实上，在加的过程中，每一个都与前面的计数相呼应，像这样："第一盒（10 块饼干）、第二盒（20）、第三盒（30），第四盒（40）。"

实验表明，孩子们在解应用题时，如果思维模拟能够招之即来，他们便可以解得很顺利，反之则比较困难。他们不但在学会相关的形式算术运算之前会这样（这不足为奇！），而且在学会之后也是如此（这却出乎意料）。我们观察到，甚至在学会算术运算两年之后，如果思维模拟能提供一个解题的捷径，它还是比用形式计算解决快得多。

在算术运算的难易程度方面，我们的发现与一些公认的观点相悖。例如，人们通常认为减法运算比除法更容易。因此，减法通常在大约 6 岁时教授，而除法还要推迟一到二年之后。然而，实验显示，掌握了减法却从未听说过除法的孩子能够设法解决某些除法问题，即那些可以通过思维模拟解决的问题，甚至比他们解决某些思维模拟不够充分的减法问题还要顺手。这里有一个例子可以说明：

> 吉尔把 40 块饼干平均分给了她的 4 个孩子。每个孩子得到多少块饼干？

这个除法题很容易就被处于上述阶段的孩子解决了。对他们来说，这比下面这道减法题要容易得多：

保尔有 31 个玻璃球。他给了朋友彼得 27 个。他还剩多少个？

这个区别不是因为 40 容易分成 10 + 10 + 10 + 10，因为如果把问题换成：“吉尔有 40 块饼干。她想把它们装在小袋子里。每袋装 4 块。她要装多少袋？”这个问题会比上面的把 40 块饼干平均分给 4 个孩子的问题要难得多，尽管这两道题的答案是一样的（答案是 10）。

实验发现表明，只要可能，孩子们总会选择使用现实场景的类比来解题，而不会通过形式算术运算。如果可以设想出来能绕过形式计算的应用题，那么思维模拟就是孩子们倾向于走的路径。只有无路可选时，也就是说，在思维模拟不足的情况下，孩子们才会使用形式计算：或者由于需要太多步骤，例如把 4 加 10 次；或者由于需要使用的算术超出了孩子所学的范围，例如“4 + 16 = 20”。

语言对朴素类比的影响

在除法的朴素类比中，**均分**比**衡量**占优势。这是不是意味着前者比后者更简单？既然均分的念头如此自然而熟悉，它会一直被当作除法的现成的类比而自动跳入我们的脑海吗？既然**衡量**的念头如此稀缺而陌生，它就不太容易被用作除法的类比吗？这就是**均分**在除法的思维图像中占据大部分地盘的原因吗？

答案是否定的。均分作为除法的朴素类比占绝对优势不是由于它内在的简单性，而仅仅是由于语言的偶然性。在讲英文的大部分人心里，除法与均分被无意识地联系在一起是因为，在英文中“除法”有数学意义也有日常意义，而日常意义的内涵免不了要渗透到技术术语的意义中。结果，作为均分的除法的朴素类比压倒了作为衡量的除法的朴素类比。

假设有一个神秘的数学概念叫“割补术”①。如果有人告诉你，割补术既包含把事物平滑地绑在一起的意思，也包含把事物扯碎的意思，那么，基于你从前对医疗

① 这个概念真存在。英文是“surgery”，也有“手术”的意思。——译者注

手术的熟悉，为了理解这个数学概念，你无意识找到的朴素类比可能更偏向于绑在一起而不是扯碎。关于除法和均分，可以讲一个类似的故事。假设在几百年前，用来表达数学概念除法的英文单词不是division（除法）而是measurement（衡量）。果真如此的话，今天的孩子，当他们第一次听到叫作“衡量”的数学概念时，很可能为这个概念创造出一个非常不同的、占主导地位的朴素类比。这时答案比初始数大的想法，即a/b有时比a大，就丝毫不会让人觉得奇怪或费解了。

总之，说“除法是均分”的朴素类比占优势，并不暗含在认知方面设想衡量比设想均分更困难的意思，即“多少个B能装满A”不比“如果我将A分割成B份，每一份多大”更困难。事实上，存在许多相反的情况。我们已经看到，衡量应用题，诸如“200里面有多少个50”比某些涉及相同数字的均分应用题，诸如“把200块糖平均分给50个孩子”容易得多。

从这个例子和许多其他相似的例子中可以学到，均分作为除法的朴素类比，其优势不是因为它比衡量更容易想象，而是由于“分割”的日常用语意义无意识地渗入“除”的专业术语意义，尽管在许多情境中，衡量才是更恰当的类比。换句话说，在我们心中“150里面有多少个50”（50，又一个50，再一个50，正好150，所以答案是3）这样的题很好做。但是，要意识到刚才做了一道除法题却并不容易，因为做除法题的感觉通常被那个词的日常用语的意思笼罩着，而那个日常用语与衡量某物的意思没有关系。

学校教育未触及心灵的部分

在学校学到的东西会深刻地影响我们如何看待周围的事物吗？学校教会了我们“形式地”思考日常情境吗？这样问的意思是，我们是否学到了一种能力，让我们不受事物具体细节的打扰而心无旁骛地直奔事物的抽象内核。在日常生活中也或多或少地这样做。经常忽略一些事物的具体方面，尽管内心完全能够感知它们。例如，我们知道但忘记储藏室的门曾经是一棵树的一部分，希特勒曾经是一个婴儿，餐桌上的肉不久前是在田野里吃草的动物的身体，等等。尽管我们接受这些事实的真实性，然而却系统性地忽略了它们。因此，可以公正地说，我们确实看不到牛排里的动物，门里的树，元首照片里的婴儿。这不是愚蠢，而是智能。

同理，我们也不注意周围事物的许多特性。谁会将挂在墙上的画当作托盘把用过的碗筷端到厨房，或者当作记事板在上面贴满家庭照片，或者当作小地毯铺在地板上当装饰？然而，在理论上，或者为了应急，想到上述用途或许也是合情合理的。只有在极端愤怒或恐惧的情境中，才会想到拿蜡烛、盘子、花瓶、水杯、塑像、椅子和镜子作潜在的武器。这种“遗忘”是本该如此的。

分类意味着采取某个观点。一旦将周围环境中的某事物归入一个范畴，这一决定往往会把与所选范畴不相干的各种特性的感知屏蔽掉。谁会琢磨饺子里的肉馅来自公羊还是母羊？谁又会在乎皮鞋是左脚的还是右脚的，如果你已经饿得半死要拿来煮了吃掉？简言之，我们总是在不断地进行抽象，因而也就不断将周围事物中数不清的、潜在的可观察的方方面面忽略掉。再重复一遍，这不是愚蠢而是智能。学校是在更加系统地教会我们使用这种“智能遗忘”或“智能忽略”吗，特别是在数学领域？

大部分人在做哪怕是一道非常简单的数学应用题时，也很难忽视其中无关的内容。他们不是从形式的角度去处理应用题，而是受其中一些明显的具体特性的影响。虽然他们最终发现了应用题中的抽象的数学结构，但是这一认识却不能完全压抑从应用题的整体情境中自发产生的初始印象，因为总有许多具体的东西与更加抽象的东西混在一起。我们对数学场景纯形式的感知能力，也就是让我们的思维过程不受应用题里无关的表层特性所感染的能力，是非常有限的。

这里将用对成年人来说最简单的乘法实例来说明这一观点。如前所述，乘法是小学最早教授的算术运算之一。乘法的概念简单明确，很少有人觉得还有什么可以再学的。为了进一步简化问题，在这里只讨论正整数的乘法实例。比较下面三种情况：

一家百货店里面的每一件商品都是 4 元。我买了 3 支铅笔。花了多少钱？

我给 4 个孩子每人买了 3 支铅笔。我一共买了多少支铅笔？

我给 4 个孩子每人买了一支蓝铅笔、一支绿铅笔和一支红铅笔。我一共买了多少支铅笔？

用纯形式的眼光看事物，会立刻过滤掉商店、讲话的人、铅笔、颜色、孩子和钱，而直接处理最根本性的念头："这些题目全都涉及 4 和 3 的乘法。"然后就进行运算。这样看待这些应用题将不会涉及两个因子的对称性问题，因为，如果在纯抽象层次上理解这些题，那它们全都仅仅是乘法题。事实上，看到上面的题，很少有人会琢磨："这是一个'4 × 3'的情况，还是一个'3 × 4'的情况？"相反，我们会想到："3 和 4 相乘"。至少，作为成年人，在处理这些应用题时，这是第一内省印象。但是，在这三道应用题里，除了"3 和 4 相乘"之外，真的什么别的东西都没有感知到吗？解题时，真的看到并做了同样的事吗？现在更仔细地考察一下。

在第一题里，每一件商品都是 4 元，我花 4 元买一支铅笔，然后另一支，然后再一支。这样，我最后花了 4 + 4 + 4 = 3 × 4 = 12 元。

在第二题中，我给孩子买铅笔，给每一个孩子买 3 支。这样，我给第一个孩子买了 3 支，第二个孩子 3 支，第三个孩子 3 支，第四个孩子 3 支。总共，我买了 3 + 3 + 3 + 3 = 4 × 3 = 12 支。

在第三题中，有两种可能的视角。从第一个视角来看，我们关注每一个孩子得到什么，也就是说，与第二题看事物一样。每一个孩子得到 3 支铅笔，这是四个孩子"得到 3"的情况，这意味着 3 + 3 + 3 + 3 = 4 × 3 = 12 支。

从第二个视角来看，我们关注颜色而不是孩子。我买了 4 支蓝铅笔（一个孩子一支）、4 支绿铅笔（一个孩子一支）和 4 支红铅笔（一个孩子一支）。所以，因为有 3 种颜色，我买了 4 + 4 + 4 = 4 × 3 = 12 支。

假如在解这些应用题时，你立刻感知到了其抽象含义，即**乘法**，那么无论问题怎样具体地与现实生活相关，因子的前后顺序都不会对问题有任何影响。与此相反，假如这些应用题是在**反复的加法**的朴素类比过滤之后被潜意识地感知到的，而不是被形式化地理解为**乘法**，那么，朴素类比将指导解题的路径，因而人们得到的答案将受到上述思路的影响。

为了检验这个假设，我们请高年级的小学生和大学生来解这些应用题，但要求他们不使用乘法。结果，几乎每一个人，孩子和大学生都一样，使用了反复的加法。

这并不奇怪。不过，他们选用的加法很大程度上取决于问题是如何表述的。这倒是比较奇怪。

大约90%的受试者用了“4 + 4 + 4”来解第一道题。相同数量的人用了“3 + 3 + 3 + 3”来解第二道题。与铅笔颜色相关的第三道题，大约50%的人用了“3 + 3 + 3 + 3”，这强调了孩子，大约40%的人用了“4 + 4 + 4”，这强调了铅笔的颜色。剩余的10%的人没有表现明显的组合。他们看到的反复的加法是“1 + 1 + 1 + 1 + 1 + 1 + 1 + 1 + 1 + 1 + 1 + 1”。当然，这些被试仍然做出了无意识的组合，或者是“(1 + 1 + 1) + (1 + 1 + 1) + (1 + 1 + 1) + (1 + 1 + 1)”，每一组代表一个孩子，或者是“(1 + 1 + 1 + 1) + (1 + 1 + 1 + 1) + (1 + 1 + 1 + 1)”，每一组代表一种颜色。

这一发现明显证实了我们的预测：看到一道应用题，人们在试图解题时，不但要理解题的形式结构，而且要根据问题的表述方式极力寻找一个反复加法的类比。总的说来，为了解决这些应用题，人们倾向于在心里模拟应用题里描述的场景。

假如不是这样，如果题里描述的场景立刻从“形式的”角度被理解了，也就是说，被试立刻想到了**乘法**的抽象概念，那么由于乘法被明文禁止，所有受试都会使用反复的加法：“4 + 4 + 4。”因为这个公式包含的计算最少，因而也就没有任何理由使用“3 + 3 + 3 + 3”，后边这个公式里有更多加号。

总之，我们的讨论表明，哪怕是在最基本的数学情境中，人们也不能完全忽视所有的表面的、具体的细节而直奔抽象的形式结构。无论怎样，数学情境的具体描写、相似情境的熟悉程度，以及这些情境自然唤起的朴素类比，所有这些都会影响人们的思考。

有时情境替我们思考

这里有一道题，里面没有脑筋急转弯：

> 劳伦斯买了一个美术文具包用了7元，然后又买了一个文件夹，一共用了15元。约翰买了一个文件夹和一个丁字尺。他用的钱比劳伦斯少3元。问：丁字尺多少钱？

当然，你已经得出正确的答案，但这不是这里的关键点。讨论关键点之前，仔细想一想这道题，并且试图找到最合理最有效的解题途径，一步一步列出最短最简单的方法。

通常，人们会想到下列三个步骤：

> 文件夹的价格：15 − 7 = 8 元
> 约翰用的钱：15 − 3 = 12 元
> 丁字尺的价格：12 − 8 = 4 元

这种解法完全正确。但是，现在做一做下面这道题。还是要找到最短的解题路径。

> 劳拉上了 7 年芭蕾课，15 岁那年她停课了。琼也是同一年龄开始上芭蕾课的，但她停课早 3 年。问：琼上了多少年芭蕾课？

在这里，我们同样对最经济的解题方法感兴趣，想知道都需要哪些步骤。所以，请找到并列出解题的最少的步骤。

一种办法就是列出和前面那道题基本一样的步骤：

> 劳拉（也是琼）开始学芭蕾的年龄：15 − 7 = 8 岁
> 琼停课的年龄：15 − 3 = 12 岁
> 琼上芭蕾课的总年数：12 − 8 = 4 年

虽然这个答案完全正确，但是你或许已经想到另外一种解法。如果劳拉和琼同年开始上芭蕾课，而且琼比劳拉早 3 年停课，那么琼比劳拉少上 3 年课，所以她上了 7 − 3 = 4 年（我们已经知道劳拉上了 7 年芭蕾课）。这个途径只需要一步运算！

对大多数人来说，第二道题存在另一种解题途径的事实表明这两道题有本质区别，因为芭蕾课的问题只要一步就做出来了，而买丁字尺的问题却没有类似的捷径。然而，真是这样吗？

在第一道题的环境中使用减法 7 – 3 = 4 是什么意思？当然，这样运算的结果是正确的：4 元。但是，这样做有什么意义？看到这道题的大部分人都倾向于认为这样做没有意义，或者，即使这样做有意义，也要花很长时间才能想清楚为什么有意义，而且费这么多时间不值得。但是，这个情况可以这样想："劳伦斯和约翰都买了丁字尺外加其他一样东西。"这样看问题会引导我们只用一步就得到答案。一个人比另一个人少用 3 元。所以，这两个人用钱的差别完全取决于其他东西。所以，约翰的其他东西（丁字尺）一定比劳伦斯的其他东西（美术文具包）少 3 元：7 – 3 = 4。

比较这两道题的答案时，令我们感到惊奇的是，只有不到 5% 的小学生和不到 5% 的成年人（事实上，受过高等教育的成年人，即大学生和小学老师）找到了解第一道题的一步减法的捷径，而大约 50% 的小学生和 50% 的成年人都立刻找到了解第二道题的一步减法的捷径。所以，虽然这两道应用题都只需要非常简单的减法运算，而且问题都涉及非常具体的环境，但是几乎没有人找到第一道题的一步解题方法，而第二道题的一步解题的方法却很容易被发现。

这一切都意味着什么

同样的一步运算法可以用来解上述两道题。这绝非偶然，因为这两道题表述的情况都可以用下列形式规则来描述。这条规则让人感觉好像是从一本集合论教科书里找来的公理：

> 如果两个集重叠，两集之间大小的区别等于它们非重叠部分大小的区别。

如果将这条规则应用于第一道题，它告诉我们劳伦斯和约翰花的钱的区别一定等于他们买的东西中不重叠部分的区别，即劳伦斯的美术文具包和约翰的丁字尺之间的区别。如果将这条规则应用于第二道题，它告诉我们，既然劳拉和琼有同样长不上课的时间，她们停课年龄的区别一定等于她们上课时间的区别。如果每人都学习并理解了这条形式规则，那么，可以期待这两个问题都会用一步减法来解决。然而，已经看到，预期并没有实现。为什么会是这样呢？

因为这条形式规则不是大部分人思维的组成部分，甚至那些发现了第二题一步解法的人也很可能没意识到这条规则的存在。相反，他们任由问题本身左右他们的思维。如果他们找到了一步解法，那是因为他们被自然而然地引向了答案。在一个人的思维过程中，每一个情境都由该情境唤起的范畴所定义。这样的感知，而不是任何形式规则的应用，才是指导思维的东西。

因此，第二道芭蕾课的题是这样被感知的：如果两件事发生在同一时刻，而其中一件比另一件持续的时间短了 *n* 时间单位，那么，这个事件就比另一个事件提前 *n* 时间单位结束。这种思路对于所有人来说都显而易见，整个句子读起来都像空洞的同义反复。即使如此，还是用稍微不同的方式重新陈述一遍：如果两个事件同时发生，那么，它们持续时间的区别等于它们停止时刻的间隔。人们对时间的感知根深蒂固。让他们对这一基本原则有一种本能的理解：花的时间越少意味着结束得越早，这使他们在回忆第二道题时经常曲解问题的陈述。

具体地说，学生在读到“琼和劳拉同时开始上芭蕾课，但少上了 3 年”之后，要他们凭记忆将这一陈述写下来，他们经常不能正确地复述，而是写成：“琼和劳拉同时开始上芭蕾课，但早 3 年结束。”他们的推理与对情境的感知紧密融合在了一起，致使他们看不到原题。他们没意识到在记忆里，其实已经改写了原句。

事实上，从起始的句子“琼少上 3 年”到最后的句子“琼结束早 3 年”的转换，是将时间长短的区别改成了时间终止点的区别。在结构相同的第一道应用题中，这一转换就像将劳伦斯和约翰花掉的 3 元钱的区别变成美术文具包和丁字尺的区别。然而，在我们的实验中，却没有人在读到“约翰的总花销比劳伦斯的少 3 元”之后，凭记忆把它复述成“丁字尺比美术文具包少 3 元”。

在这里可以看到，人们对时间关系的先入为主的知识（“少 3 年”可以转换为“早 3 年”，反之亦然），使他们只需一步就可以解决与时间相关的应用题。从这个意义上讲，有理由断言，是情境在替受试者“进行思考”。发现一步解题法不是掌握了上述集合论规则的结果。

解决芭蕾问题的学生并没有依靠抽象的形式结构，即上面引述的“公理”，这或许已经十分清楚了。他们在解题时没有必要使用集合论的抽象规则。当他们在思考时，没有把时间间隔想象成集（如果他们真这样想了，每一个集里面将包含无限个无限小的时刻！）。他们也不会将劳拉和琼开始学芭蕾的相同年龄想象成两个集的重叠（用集合论的术语说是“交集”），也不会将两个小女孩上芭蕾课的时间长短想象成两个集不重叠的部分，也不会将两个小女孩停止上课的年龄想象成两个集的大小。事实上，将这个问题用集合论的语言重新表述需要认真开动脑筋，因为集合论不是人们思考问题的自然框架。迅速有效地解题不能说明解题人正确地使用了形式规则（所谓的“公理”）。相反，学生思考的主要过程是用熟悉的时间范畴去感知这一问题的情境。他们完全没有必要将这个情境转换成像集合论这样的陌生而抽象的技术形式。

下面的三个图表明了想象这两个同样结构的应用题的三种方式。图 1 显示了大部分人是如何想象第一道题的。典型的假设是，为了算出丁字尺的价格，你必须从约翰的总花销中减去文件夹的价钱，而总花销本身是另一个减法运算的结果，文件夹的价钱则是从劳伦斯的总花销减去美术文具包得到的。因此，一共需要进行三步减法运算。在这张图里，我们看不到约翰和劳伦斯的总花销的区别与丁字尺和美术文具包的价格的区别是一样的。作为一步解题的先决条件的关键信息不在场，这就决定了解题必须走三步。

图 2 表示大多数人想象第二道题的自然解法。他们开始的想法是，琼和劳拉在同一年龄开始学芭蕾。所以，她们学芭蕾的时间长短的区别等于她们停课时的年龄差别。这个想法在图示中表现得太明显了。这也说明了为什么一步解法很容易被找到。

在此，我们要指出这个图示是建立在框架概念整合的基础之上的。吉尔斯·福康涅和马克·特纳一定会高兴地指出，将两个女孩的生活排在一条时间轴的水平线上。将她们的生活这样排在一条线上意味着将她们的生日摆在时间轴的同一个位置。这样的安排也使她们第一堂课重合。

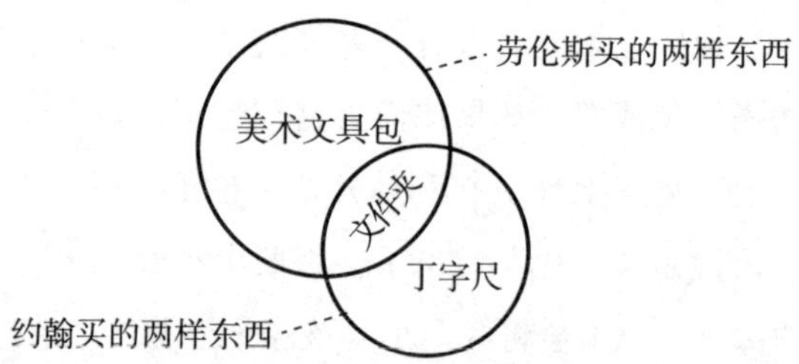

图1　第一道应用题，解题通常需要三步

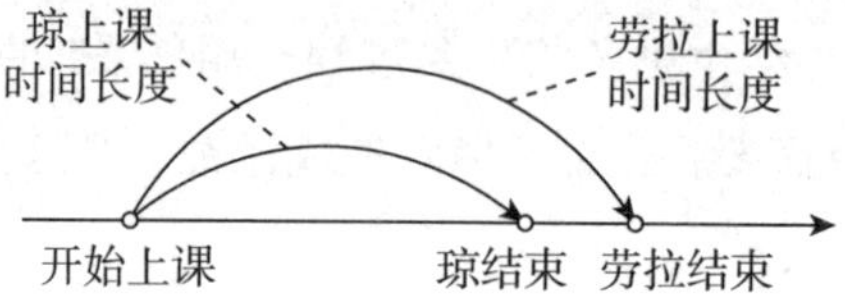

图2　第二道应用题，解题通常只需要一步

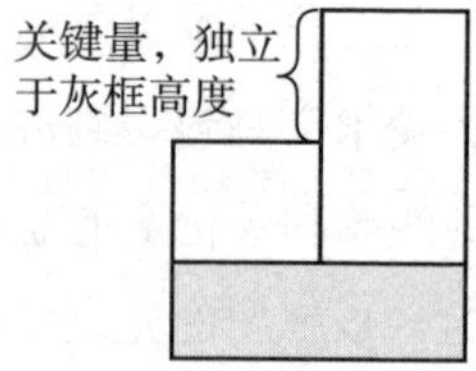

图3　两道应用题共同的深层结构，解题只需要一步

图 1 和图 2 各自表现一个具体问题。这样的图示没有表明这两个问题的共性。只看这两个图，人们会认为它们代表两个性质迥异的问题，而且人们在做过题之后也会这样认为。然而，图 3 却表明这两个问题可以被看成同一个问题。它还表明一步解题法不但可以自然地应用于芭蕾课问题，也同样适用于文具问题。上面的“公理”深奥而难把握，而这个视觉图示用一张图把两个问题组在了一起，表明了二者同构，即它们有相同的底层结构，而且表明，它们只需要一个算术运算就可以解决。

这三个图示表明，人们把应用题视觉化的方式既可能揭示也可能掩盖解题的途径。第三张图比上面两张更抽象，因为它将两个问题统一在了一张图中。但另一方面，两个盒子置于同一个底座之上，这一形象却非常具体。这个共享的底座代表了第一个问题里的文件夹和第二个问题里的起始年龄，这样的形式使在“公理”中看起来晦涩的思想突然变得十分明澈，因为简单而熟悉的日常形象，例如放在一个共享的底座上的盒子，将它充实得有血有肉了。带领年轻学生看到这两个应用题里的“底座”是在传授一个优雅的顿悟。这对未经训练的成年人来说是不可企及的。

因此，人们总要设法避开情境的形式化，总要利用在与周围世界交往的过程中经年累月积累起来的熟悉的范畴。教学人员面临的关键挑战是如何把人们这些惯性思维方式考虑在内。虽然大部分教师知道一个问题怎样“打扮”会深刻影响该问题的难易程度，但是大部分教学人员尚未学会把打扮数学问题的艺术转变成强大的教学工具。实现这个目标将是一个巨大进步，但同时也是一个巨大的挑战。

一个给心理学带来恶劣影响的朴素类比

你是不是觉得把朴素的范畴化，例如乘法是反复的加法，或者除法是均分，当作类比有一定困难？我们汇聚了众多论据，像用篦子一样梳理了许多情境，在苦口婆心地解释之后，或许在你的内心深处仍然有一个细微的声音坚持说：“抱歉，但范畴化和作类比毕竟不是一回事。基于共享的抽象特性，在不相干的两个概念之间架起一座心理桥梁，这样的活动与看见某物并认为它属于某个熟悉的范畴，如**桌子**，这样的思维活动性质差别很大。”

为什么这么多人，或许包括你在内，都有一个发自内心的声音，强烈地抵制我们的观点：在事物之间作类比和把事物归类是同一种活动吗？为什么你的心声在阅读本书的过程中还没有逐渐销声匿迹呢？它为什么没有让你把我们列举的旨在说服你的各种理由听进去呢？

讽刺的答案是，人们难以接受这一命题的原因可以用这个命题本身来解释：坚信类比和分类是两个不同过程的观点源自关于范畴性质的朴素类比。这个声名狼藉的朴素类比长期以来一直在阻碍着类比和分类研究的进展。书中已经提过，现在让我们再引用一次：

> 范畴是盒子，范畴化是将事物放入盒子里。

这就是关于范畴化的日常的朴素观点。现在一起认真想一想这个观点。

如果范畴真是盒子，如果真有可靠而准确的途径把事物归类到盒子里，那么就完全有理由将这两类思维过程区分开。一边是**范畴化**，一个严格而精确的规则系统，令人信赖地把心理事物放入恰当的盒子里；另一边是**作类比**，一个主观而错误百出的技术，在没有内容和容器关系的心理事物之间想象出不可靠的桥梁。

然而，心理学研究表明，正如在本书中反复强调的那样，“范畴化 = 将事物放入它们自然归属的盒子里”，这一信念纯属误导，因为范畴化和作类比完全一样，主观、模糊而不确定。范畴化可能因人而异，可能完全错误或部分错误，可能深受知识、以往经验、偏见、有意识或无意识的目标的影响，可能随地方环境或国际文化的不同而改变。此外，范畴化可以和类比一样抽象，可以是非言语的，可以是明确用言语表达的，也可以是模棱两可的，等等。

事实上，新近的研究已经充分表明了上述观点，范畴即盒子的旧观点通常被称为“范畴的传统观点”。在认知科学领域几乎已经没有人持这种观点。传统观点基本被看作一个发展阶段的产物，有历史意义，但已经被更先进的范畴和范畴化理论所取代。

然而，“范畴即盒子”的朴素类比仍然具有诱惑力，引诱我们成为一个几乎不可抗拒的信念的牺牲品，也就是所遇到的所有物体和情境都有一个它们特有的、专属的范畴，而这一范畴就是它们的内在的真正特性。回忆一下老马买的东西。它在许多范畴之间蹦来跳去，包括**易碎品**、**接灰器**、**蜘蛛窝**和**蝌蚪之家**。尽管如此，它似乎真正只是一样东西，即一只**玻璃杯**。这个标签才是它的真正的内在特性。那个没有说出来的朴素类比，“范畴即盒子”，暗示世界上每一样东西，就像老马的玻璃杯，有一个它自己专属的、恰当的盒子，某物和它的自然的盒子之间的联系为世界上所有人的头脑所共享，而这也就是世界的属性，与思维或心理学没有任何关系。根据这种观点，范畴特性不但存在，且准确而客观。

这些年来，这个阴险的“范畴即盒子”的格言潜藏于许多科学研究之中，进一步强化了作类比和范畴化之间存在着清晰区别的印象。事实上，这种范畴化的观点在认知心理学领域统治了数十载。虽然人们采用了更加复杂的术语来表述这个观点，但它与“范畴即盒子”的格言从本质上看没有任何区别。它用从数理逻辑借来的术语复述上述格言，要成为一个心理范畴的成员，必须拥有一组“充要条件”。某实体要成为某范畴的成员当且仅当它具有所有这些特性。这样，每一个范畴盒子都必须是定义准确的，必须拥有严格而不可渗透的围墙。在这种范畴理论中，没有成员符合程度的余地，亦不考虑加之于范畴成员身上的环境效果。这种错误但普遍存在的理论一直到20世纪70年代心理学家埃莉诺·罗施发表了关于范畴化的一系列具有划时代意义的论文之后才终于被推翻。

那么，在终于从这一格言里解放出来之后，今天的研究人员是怎样看待作类比和范畴化的呢？二者之间的区别何在，人们对此观点一致了吗？听一听顶尖权威是怎样说的吧。托马斯·斯波尔丁（Thomas Spalding）和格雷戈里·墨菲（Gregory Murphy）写道：“范畴让人们把新鲜事物当作熟悉的事物那样对待。”[8] 此外，玛丽·吉克（Mary Gick）和基思·霍利约克说：“类比可以让我们把新事物看成熟悉的事物。”[9] 如果说这两个陈述之间有什么区别，我们看不出来！或者，引述凯瑟琳·克莱门特（Catherine Clement）和德瑞·金特纳（Dedre Gentner）的话：“在一个类比中，熟悉领域被用来理解新的领域，特别是用来预测这一新领域的各种情况。”[10] 而约翰·安德森（John Anderson）则说：“如果确定某物属于某个特定范畴，那么，我们就可以知道该物的许多特征。”[11] 同样，这些有关所谓不同过程的描述听起来完全一样。

这些专家的定义大部分重合。这证实（假如我们需要证实的话）了作类比和范畴化之间存在紧密联系，并为我们的辩护提供了强有力的支持。它们说明，认为作类比和范畴化是两种过程的观念是一种幻觉。但是，如果有人仍然要较真，争辩说如果把作类比和范畴化的定义彻底考察一遍，或许可以发现它们果真是两个过程而不是一个过程。事实上，本书后面有一段对话，将在那里仔细考察这一可能性。希望那段对话不但是本书的结语，还能够彻底终结这个话题。

假如你在读到这里之后仍然不情愿接受我们的观点，请放心，你肯定不是一个人，因为这一领域的专家甚至也经常成为这一朴素类比的幻觉的牺牲品。事实上，就连我们自己，本书的作者，最热心的鼓吹者，也会偶尔跌入一直在警告读者不要掉入的陷阱！是的，我们也不时受骗，因为这个范畴即盒子的幻觉太诱惑人。下面的辩解或许会让亚里士多德的内心深处感到温暖：

> 人类创造朴素类比。
>
> 类比专家是人。
>
> ——————————————
>
> 所以，类比专家创造朴素类比。

任何领域的专家，心理学、数学、物理学，或者任何其他学科的专家与常人一样，他们不属于另外一个不同物种。他们也创造朴素类比，不仅在日常生活中，也在职业生涯中，甚至在他们最拿手的概念中。

简言之，我们同情仍然对范畴化和作类比的性质持怀疑态度的读者。这毕竟是一个反直觉的观点。面对一个颇具欺骗性的朴素类比，他们内心冒出一个声音，不停地对他们轻声耳语："这不对！这不对！"但是，我们仍抱有一线希望，但愿在后面的章节中，还能让一些持怀疑态度的读者回心转意。

无论怎样，说起后面的内容，早该从朴素类比构建的、经常令人困惑的世界移步到类比在科学发现中所起的令人赞许的贡献。然而，即使如此，难道就能远离朴素类比吗？

SUR

AND

ESS

AN

AN

ACES

OGY AS THE FUEL

IRE OF THINKING

NCES

8 惊天动地的类比

具有远见卓识的科学家，大都是运用类比的高手。近距离仔细考察数学和物理两个学科历史上的一些伟大时刻可以发现，类比都始终扮演着关键角色。这些角色有时显而易见，有时深藏不露。正是在类比的引导下，爱因斯坦在 1905 年提出了“光是由粒子组成”这一假说。

类比在精确的数理领域里的高级作用

在第 7 章中，我们看到数学概念的新手每前进一步都要依赖类比。他们总要小心翼翼，尽量避免在抽象世界里摔跟头。我们也看到朴素类比总会长期滞留在脑子里。事实上，朴素的数学类比会在非数学人士的头脑中常驻，终生不走，带他们陷入死胡同，造成困惑和谬误。为了避免这种命运，在接触逐渐变得复杂而抽象的数学概念时，必须不断修正自己的范畴系统。但是，专业数学人士是怎样呢？他们也需要依赖朴素类比以避免摔跟头吗？或许，对数学家职业生涯的想象本身就受了在新手和专家之间做出的朴素类比的影响？

对某些人来说，认为类比思维在数学家的专业活动中能起到任何作用是一种不着边际的想象。毕竟，在所有智能领域中，数学通常是被看作严谨和逻辑的顶峰。一篇数学论文可以看上去像一座用纯逻辑构建的壁垒森严的攻不破的城堡。这个印象可不是空穴来风，因为大部分数学家都希望把自己打扮成这个样子。标准的看法是，在数学里面，直觉、预感、模棱两可和含糊所占据的位置比在其他学科中要少得多。然而，这不过是在数学和其他任何人类活动中同样适用的偏见而已。

用实例解惑

伟大的法国数学家亨利·庞加莱深刻思考过科学创造的性质。关于数学家，他给出了如下评论：

> 谁会认为，他们总是一路向前，一步接一步，却对所要达到的目标没有任何清晰的认识？为了抵达目的，必须对正确路径做出猜测。为此，他们需要一个向导。这个向导主要是类比。[1]

这段关于数学思考的评论一语中的。当然，我们并不指望读者会全盘接受庞加莱的话。为了支撑庞加莱的观点，也为了打消人们对类比在数学中所起作用的疑虑，将在此展示一系列实例。

首先，回到16世纪早期。当时，欧洲数学家正在试图解决形式为“$ax^3 + bx^2 + cx + d = 0$”的三次多项式方程，亦称为三次方程。在此之前的1500年间，人们已经熟知形式为“$ax^2 + bx + c = 0$”的二次方程的解法。这个举世皆知的解的核心是一个平方根，即某一个量（具体说是 $b^2 - 4ac$）的平方根。这个量可以从该二次方程中的3个系数 a、b 和 c 计算而得。当时，对于那些对此类鲜为人知的事情感兴趣的少数人来说，他们会自然而然地想到某种大体一致的东西是否也适用于三次方程。

但是，为什么数学家会接受这样一个含糊而缺乏精确性的思想呢？答案很简单：任何严肃的数学家都会猜测，这两个方程形式如此相似，它们之间必然存在某种隐含的联系，即某种相似或类比。更具体一些，可以预期，解三次方程的一般公式，其核心部分应该包含一个与 $b^2 - 4ac$ 相似的数的立方根，而且这个数应该包含该三次方程的4个系数 a、b、c 和 d。

在这里，这样的类比是不可抗拒的，就像第3章中所描述的“我也是”类比那样不可抗拒。数学家，甚至最杰出的数学家，也是普通人。不需要任何有意识的思维过程，他们自然而然地预期这里存在类比。一方面，任何二次方程的两个解可以通过对由方程的3个系数所确定的数开方获得；另一方面，任何一个三次方程的3个解可以通过对由方程的4个系数所确定的数开立方获得。这二者之间一定存在某种类比。这个“从二向三滑动两次，再从三向四滑动一次”（这个滑动本身就是一个微型类比，其形式为：“4 之于 3 类似于 3 之于 2。”）的小猜测似乎微不足道，但假如没有这类看似无关紧要的、在数学中俯拾即是的概念滑动，任何一点进步都是不可能的。

重温一下三次方程解法的故事。这个故事始于意大利，最初是希皮奥内·德尔费罗（Scipione del Ferro）在博洛尼亚，然后稍晚一些是尼科洛·塔尔塔利亚（Niccolò Tartaglia）在布雷西亚，再后来是杰罗拉莫·卡尔达诺（Gerolamo Cardano）在米兰。德尔费罗首先找到一个部分解，但是他没有公布解法。20 年后，塔尔塔利亚基本上找到了完全一样的部分解。最后，卡尔达诺综合他们的发现，把解法发表在一本名为《大术》（*Ars Magna*）的著作中。奇怪的是，虽然问题有了眉目，可卡尔达诺还是不得不用了 13 章的篇幅才把三次方程的所有“不同”的解法罗列出来！与此相比，如今，整个解法只需要一个公式，一行就能写下，而且可以轻松教会高中生。当初这个公式为什么如此复杂，而现在却没有任何复杂的迹象呢？

问题出在当时的人们不接受负数的存在。负数对今天的人来说不言自明。在 $x^3 + 3x^2 - 7x = 6$ 这个等式中第三项的系数是**负数**即 -7。这一概念是显而易见的，我们早就知道，减去一个数与加上这个数的负数是相等的。可以把这个等式写成 $x^3 + 3x^2 + (-7)x = 6$。对于生活在卡尔达诺 500 年之后的我们来说，这两个等式完全可以互换。建立它们之间相等性的概念滑动微不足道，甚至感觉不到这种滑动。但对于写出三次方程巨著的作者来说，-7 的概念根本不存在。对于他来说，去掉多项式里的减法的唯一合理办法是将这个不合群的项移到等式的另一侧，因而创造出不同但相关的另一个等式，即 $x^3 + 3x^2 = 7x + 6$，让等式里的所有系数都变成**正数**。

结果，为了处理好三次方程的各种不同的解法，卡尔达诺必须移动方程里的各项，让等式里不存在任何减法，最终变成只有加号，也就是只有正数的新等式。结果，这种安排产生了 13 种不同性质的三次方程。在当时的专家眼里，每一个三次方程和其他 12 个都存在本质区别。为了囊括三次方程的通解，卡尔达诺不得不撰写了 13 章，每一章讲解 13 种三次方程之一的繁复解法。因此，卡尔达诺关于三次方程的书《大术》冗长厚重，令人望而却步，但这却并不妨碍它获得正面评论。

从当代人的角度看，卡尔达诺的做法可以比拟为某人发明了13种开罐头的起子，每一种只开一种罐头。同样，卡尔达诺的发明很伟大，但它缺乏一种涵盖一切的构建，可以将表面各异的等式所隐藏的一致性显露无遗。也就是说，三次方程的解缺一把通用的罐头起子。但是，当时的人们没有意识到所有这些不同的方程式实际上是同一个方程式。在当时，这一目标是不可想象的。

卡尔达诺的13种解法看似不同，但实际上它们有惊人的相似之处。这些相似之处，也就是类比，给后来者以启迪，他们尽力将其融会贯通成一个等式。但是，要实现统一，必须延伸、扩充或弯曲概念。在这里，这个概念正是数学中最基本的**数**的概念。卡尔达诺关于三次方程的13种解法的统一取决于一个概念的延伸。这个概念延伸的意义非常重大。有了它，一个卓越的数学家，如卡尔达诺，看到的13种代数计算才可能被融为一体。

显然，人们需要一个新的概念跳跃，把**数**的范畴延伸，让它包括负数，这不是一个简单的过程。从古希腊开始，人们就已经知道一些非常简单的等式没有解，例如，$2x + 6 = 0$。曾经有人考虑过这些等式的解法，但都放弃了，至少在欧洲是如此。卡尔达诺本人知道，一些他称之为“虚拟”数的数可以满足这类等式，但他轻蔑地拒绝接受这种思路。对于他来说，-3的概念不可形象化，是荒谬的，好像某个违反物理学定律的物体一样。这种想法或许可以刺激思考，但必须被看作荒谬的，因为它们在现实世界中无法实现。卡尔达诺因为负数不能和现实世界中任何实体联系在一起，所以称它们为“虚拟的”，并弃之一旁。

但是，他的继承人，特别是博洛尼亚的拉斐尔·邦贝利（Rafael Bombelli），强烈地想要找到卡尔达诺13章里包含的令人困惑的复杂解法中缥缈的一致性。最终，他们接受了**负数**的概念，让它与正数概念平起平坐（或者几乎平等）。这一发展大大简化了三次方程的解，13家因此从容地汇成1家，与13家相关的13个解也融成了1个简洁的解法。

这个故事为前面章节里反复出现的主题提供了一个绝好的例证。它说明人的心智总要改变其范畴，而不仅仅是将这些范畴作为已知拿来使用。智能的增长依赖于概念的延伸。在这个具体的例子中，做出接受负数的决定是出于寻找统一的愿望，结果导出令人满意的简化。从此谁也不愿意再回到从前的状态，不愿再看到一长列的特殊解法。

然而，将负数引入**数**的范畴并没有立即兑现，也不是广为接受的。甚至250年后，符号逻辑发展的中心人物，英国数学家奥古斯塔斯·德摩根（Augustus De Morgan）仍在抵制这一概念。他在1831年的《数学研究与难题》（*On the Study and Difficulties of Mathematics*）一书中写道：

> “8 – 3”容易理解；3可以从8中取出，剩下5。但是“3 – 8”却不可能，因为你必须从3里面拿出比3大的数。这很荒唐。如果“3 – 8”这个式子是某个问题的答案，那或者说明这个问题本身是荒谬的，或者说把它换算成某个等式的方式是荒谬的。[2]

德摩根的论述让我们想到一个7岁的小女孩的一句话。她当时正在参加减法错误的实验。她解释为什么自己在3减8的竖式计算的底部写0的时候说：“如果我手里有3块糖，而我想吃8块，我只能把我有的3块全部吃掉，然后就什么都没剩下了。”虽然相隔几百年，外加年龄和数学能力的巨大差异，本质上，这两位评论者的反应存在共同点。

在该书同一章稍后部分，德摩根提供了一个更具体的例子：

> 一位父亲56岁，他的儿子29岁。问：什么时候父亲的年龄将会比儿子大一倍？

德摩根将这个文字题翻译成等式：$2(29+x)=56+x$，其中x等于问题描述的情况实现所需的年数。然后他求出解，很容易得出x为-2。但是，他认为这个结果很荒谬。“需要-2年”，这是什么意思？“从现在起再过-2年”，是什么意思？绝对没有任何意义，甚至比没有还少！之后，他解释道，本来不应该被“父亲的年龄将会”这几个词设置的陷阱所迷惑。相反，应该把x看作父亲比儿子大一倍之后过去了多少年。这样想，就可以把这个等式写成$2(29-x)=56-x$。答案则是$x=2$，与事实相符，也就是说，父亲的年龄在两年前是儿子年龄的2倍。

只有在这种情况下，德摩根才感到满意，并且承认，“–2年将过去”和“已经过去2年”的意思是相等的。所以，他其实也承认某个数值可以为负，但一段时间却不能为负。这样说来，可以假定德摩根对于出现在纯数学里的负数并没有任何芥蒂，尽管他认为负数不适用于现实世界。然而，稍后，在讨论时，他没有把二次方程看作一个单个的、统一的问题，而是将它分解成了6个不同的方程组，用和卡尔达诺完全一样的方式强调方程中的3个系数都必须是正数！因此，德摩根发现有6个不同的二元方程，而不是一个通用的等式。这一结论是在卡尔达诺之后将近300年时得出的。

德摩根的疑虑暴露了一个事实：概念延伸依赖类比的精神力量的推动和对以统一为基础的美学和谐的追求，这是一个渐进而主观性的过程。对某个领域最有洞见的学者在某些概念延伸面前也会犹豫，而这些延伸对后人来说可能会像羊羔一样天真无邪。

在上一章里讨论过一些朴素类比，这些类比出现在学校的早期教育里，例如乘法是反复的加法，或者除法是均分。朴素类比也会持续影响成年人的思维，包括大学生。在本章中，可以看到，一些名望极高的数学家，例如德摩根，甚至在**数**的概念上也左右摇摆，在接受或禁止负数的问题上举棋不定。对他来说，哪些数可以在计算中出现取决于文字题所描述的情形。

今天，负数的概念似乎是常识，甚至是老生常谈。这说明日常生活的世界和抽象的数学王国是多么紧密地联系在一起。人们将冬天气温降到零下以及地下楼层用负数进行标识，都已经习以为常。看到信用卡账单上用负数表示的数字，你知道，你欠公司的钱为负，也就是说，公司欠你钱。在这类自然环境中遇到负数的孩子对负数的一般概念不会有任何疑惑。就这样，曾经振聋发聩的智能成果变成了常识性不加思考的习惯。

负数出场

拉斐尔·邦贝利在1570年左右终于完全接受了负数存在的现实。但是他又要面对一个更大的谜，一个自从他开始接受这些奇怪的负数起就让他困惑的谜。问题的根源在于解三次方程式：这个解有时需要负数的平方根。邦贝利比任何人都清楚怎么计算带正负号的数的乘法。他毕竟是陈述其规则的第一人。他知道两个负数相乘结果总是正的，正如两个正数相乘为正一样。所以，没有任何一个数（我们今天称之为实数），其平方是负数。简言之，所有平方都是正的（或 0），因此，负数都没有平方根。

一切似乎都正常，但问题是，负数的平方根时常出现在非常普通的三次方程中。例如，很容易证明，在 $x^3-15x=4$ 这个方程式的多个解中，其中一个是 $x=4$ 。在方程解那长长的代数表达式中会出现两次 –121 的平方根，即 $\sqrt{-121}$ 。面对这样一个貌似荒谬的局面，该怎么办？幸好，邦贝利知道，这个令人挠头的代数表达式不知因何等于那个极熟悉、极真实的 4。对于这一点，他确信无疑。

这个问题其实是一个微妙的提示，邦贝利迈出了勇敢的一步，将这个谜一样的平方根照单全收，把它当作任何一个其他数一样，使用标准的代数规则对其进行运算。因为采取了这个全新的态度，他发现，在解的表达式中两次使用了这个怪异的量 $\sqrt{-121}$ ，从而似乎丧失了数学意义，但是，其结果与实数 4 的表现完全一样。具体地说，当他将这个奇怪的表达式带入多项式 x^3-15x 时，也就是说，当他将它乘三次再减 15 次之后，他惊奇地发现：表达式里所有恐怖的平方根 $\sqrt{-121}$ 要么自乘，乘积为 –121，因而失去了令人恐惧的獠牙，要么成对相互抵消，最终只剩下实数 4，与三次方程等号右侧的数正好相等。邦贝利因此意识到，他可以像运算其他任何“真正”的数一样运用 $\sqrt{-121}$ 。这个与更熟悉的数之间的类比使这个新的类似的数多多少少可以被接受。从此，邦贝利开始接受负数的平方根，尽管他丝毫不清楚这些数是什么。

这些奇怪的表达式在许多方面和“正常”的数一样，并不会把人们带入悖论的泥潭，反而会丰富人们对数学世界的理解。反对的声音因而逐渐消隐，数学界也开始向它们敞开大门，逐渐接受，尽管意见尚未完全统一。例如，在 1702 年，莱布尼茨是这样描述笛卡尔称之为“子虚乌有”的那些数的：“在分析奇迹中发现的一个优雅而奇异的错觉，一个理想世界里的异数，几乎是存在和不存在之间的一个两栖动物。”[3] 甚至欧拉，这位因为建立了复数理论的坚实基础而值得颂扬的瑞士天才，在负数的平方根这个问题上也有如下论断："不是无，也不是比无少，这使它们成为子虚乌有，确实是不可能的。"

无论如何，尽管存在伟大或平庸的数学家的各种抗议，在邦贝利的探索之后的数百年间，这些子虚乌有的数缓慢地站住了脚。这一过程在很大程度上归功于人们发现了一种直观的方法，就是把它们看作平面上的点。这种直观让他们看到了相加和相乘的优美的几何图解。这一关键性的发展在福康涅和特纳的著作《我们的思考方式》中有生动的描述。几何直观在数学中非常重要，它赋予某些实体以几何诠释。如果没有几何诠释，这些实体的存在似乎都是反直觉的，甚至是自相矛盾的。如果能够找到一种几何方式让我们看到它们，总会有助于接受抽象的数学实体，因为这样的映射给这些实体一种实在感，使它们更容易被接受。

n 维空间

平方数的概念，其名称出自平面上的一个正方形几何图像。这个图像的四边等长，因此其面积是长的自乘的乘积。同理，一个**立方数**最初被理解为一个实在的立方体体积，即三个相等长度相乘的积。但是，没有人敢超出立方体，至少没有人敢这样去做，因为这样一个量要从一个可观察到的物体获得名字。所以，一则算数运算，如果写成"$5 \times 5 \times 5 \times 5$"一点问题也没有，只要没有人试图给它一个几何解释。这让我们想到前面一章讨论过的以 0 和 1 之间的数作为除数的除法。大部分人都能够从形式上进行运算，但只有极少数的成年人，包括大学生，能清楚地理解除法的真正含义，并想象出这个运算所表现的某个现实世界的情形。当有人提出一个大胆的类比设想，认为 $5 \times 5 \times 5 \times 5$ 的积或许代表什么东西，或许像一个面积或体积那样，但和四维空间相关时，人们都极力反对，感到这有悖于空间的本质，甚至到了 19 世纪初，许多数学家仍然对此表示反对。这也说明，不仅只有儿童或非数学家才会依靠具体的类比理解抽象的数学运算。由于这种算式缺乏空间类比，这造成了**维**的概念不能延伸到三以外。对数学家也是如此。这种状况一直延续到进入 19 世纪后很长时间。

然而，冰一旦被打破，时间不长，*n* 维空间的思想，四、五、六、七维……就被接受了。这个过程受惠于在高维空间成立的定理和在熟悉的低维空间成立的定理之间的紧密类比。事实上，想象四维空间的最佳办法是将自己想象成一个生存在二维空间的可怜人。这个人努力试图形象化一个三维空间。我们很容易在这个人身上找到自己，一个勇敢奋争试图冲出自己局限的人。正像那个比我们受限更大的人，也使用我们作类比的技能去扩展心灵世界。可以这样想："我的局限就像他的局限一样，只是稍微复杂一些！"通过想象那个二维空间的人是如何超越他的局限，我们也试图超越自己的局限。障碍一旦被征服，这个类比的巨大力量就再也不会回到原来的状态。潘多拉的盒子打开了，我们可以轻易地从四维跳到五维、六维，以至无穷。

"什么?！一个有无限维的空间？胡扯！"在 19 世纪末，许多数学家就是这样回应的。然而，现代数学家对于这样的反应只是一笑而置之，因为对他们来说，多维空间的思想似乎是不言自明的。事实上，这只不过是冰山的一角。德国数学家格奥尔格·康托尔（Georg Cantor）的学术研究表明，存在着不只一个无穷，而是多个无穷。这已经是常识。当然存在着无穷个不同的无穷。

包含可数的无穷维的空间被称为"希尔伯特空间"。可数无穷是无穷中最小号的一个，数学家称之为自然数集合的基数，也就是全部整数的集合的基数。对于理论物理学家来说，量子力学就"住"在这个空间里。也就是说，根据现代物理，宇宙就建立在希尔伯特空间的数学之上。与现实世界的联系使无限维空间的概念变得有道理。

但不要忘记，在整数之间也存在着许多其他数，例如，1/2、5/17、3.14159265358979等。20 世纪初期，一些对抽象空间感兴趣的数学家，特别是德国数学家费利克斯·豪斯多夫（Felix Hausdorff），想出各种办法来推广维的概念。他们的研究证实空间的概念可以有 0.73 维，甚至 π 维。这些发现恰好可以用来描述之后波兰裔法国数学家本华·曼德博（Benoît Mandelbrot）称作分形几何物体的维数。

在这一系列的发现之后，人们自然会想到一定存在负数或虚数的维度。但奇怪的是，虽然这个想法很有吸引力，却一直没有人去探索。至少，如果有的话，目前还尚未知晓。但是，现今的数学家特别推崇概念推广，所以这个想法只要让他们知道，一定会有人认真地去探索隐含在这些术语中的所有那些抽象的美丽新世界。

类比如何推出群论

将 i，也就是 –1 的平方根，纳入实数，丰富了实数的内涵，这是向前迈进的一大步。因此而产生的二维世界，即**复平面**，恰巧是“完整的”。所谓完整，指的是任何多项式，其在复平面内的系数总有一组完整的解在该平面内。更准确地说，任何 n 次复系数多项式在复平面内都有不多不少 n 个解，不需要到平面外去寻找漏解。到此阶段，人们或许会认为，数学家终于可以为他们达到了数径终点而额手称庆了，再没有任何需要发现的数了。然而，人类的大脑有建立各种各样的类比的癖好。这一癖好异常强大，它一定要另辟蹊径的。

意大利人在 16 世纪发现了三次方程的解，激起了欧洲数学家寻找三次以上方程类似的解的热情。实际上，杰罗拉莫 · 卡尔达诺本人在洛多维科 · 费拉里（Lodovico Ferrari）的帮助下解开了四次方程。虽然诸如 x^4 这样的表达式没有几何解释，但是 $ax^3 + bx^2 + cx + d = 0$ 与它的稍长一些的近亲 $ax^4 + bx^3 + cx^2 + dx + e = 0$ 之间纯形式上的类似对卡尔达诺的诱惑非常强大，使他无法抗拒，必要解之而后快。时间不长，卡尔达诺和费拉里用和解三次方程类似的方法找到了四次方程的解。但是，在他们发现的解法中隐藏着一些令人好奇的意外。

最令人惊讶的是，公式里竟然没有任何地方能够看到四次方根，尽管自然（但朴素）的类比会让任何人都会想到它。相反，先是一个平方根，在这个平方根符号下面是一个复杂的表达式，其中可以找到另一个平方根。而这个平方根符号下面是另一个复杂的表达式，其中包括一个立方根。最后，这个立方根符号下面是另一个长长的表达式，其中包含另一个平方根。一层套一层，总共有四层根号！有谁能预知会出现这样一个古怪而复杂的嵌套结构？为什么只出现平方根和立方根？为什么没有四次方根？为什么出现四个根号，而不是两个或三个或五个？为什么不是 26 个？为什么这四个根号的顺序是“2 – 2 – 3 – 2”，而不是“2 – 2 – 2 – 3”，为什么不是“3 – 3 – 3 – 2”？这个出现在四次方程的求解公式中的意外而未经解释的根号嵌套结构提示数学家们，n 次方程的通解必定包含某种深层秘密。因此，人们开始了对任意次方程的通解的求索。

尽管在随后的 200 多年间，诸多数学家付出了艰辛的努力，对五次方程的求解都一无所获，更别提高于五次的方程了。但是，终于在接近 18 世纪末的时候，法籍意大利数学家约瑟夫·拉格朗日（Joseph Louis de Lagrange）开始凭直觉思考这一毫无成果的努力背后的微妙原因，尽管他尚不能准确定位其性质。拉格朗日发现 n 次方程的 n 个不同解之间存在着紧密的关系，其紧密程度使这些不完全相同的数在某些方面表现得没有任何差别。像《爱丽丝梦游仙境》里的特伟哥和特伟弟那样，如果将它们互换，似乎观察不到任何差别。这意味着这些数包含一种全新的形式对称。拉格朗日思考，如果一个等式的 n 个解被置换后会发生什么，置换之后再接着另一个置换，再接着另一个，如此下去会发生什么变化。由此，他的研究开启了“替换”理论，为日后的群论播下了种子。而群论则成为现代数学的关键之一。

意大利的保罗·鲁菲尼（Paolo Ruffini）和挪威的尼尔斯·阿贝尔（Niels Henrik Abel）及其他人延伸了拉格朗日最初关于替换的思想。在 1799 年，鲁菲尼公布了一个证明，证明五次方程用根式无解，也就是说用平方根、立方根、四次方根等不能表达出解的方程式。证明一个数学问题无解在当时是绝无先例的。不幸的是，在鲁菲尼的证明中存在几处缺陷，因此，没有几个同行严肃对待他的证明。这种状态一直延续到 30 年之后，直到阿贝尔发表了一个和鲁菲尼结论一样但更全面的证明，然而阿贝尔的证明也不是无懈可击。最终，在 1830 年，法国年轻数学家埃瓦里斯特·伽罗瓦才在这一切之上添上了点睛之笔。他在发表的文章中明确列出了多项式用根式有解或无解的准确条件。

伽罗瓦研究的中心概念是**对称群**，即实体（在此指任一多项式方程的 n 个解）的有限集合中全部排列的集合。在这些排列中包括**互换**，例如，两个实体的相互交换（A ←→B），类似于一个人的面孔在镜子里的映像。排列之中还包括**循环**，例如，A →B →C →A。这个循环经过三步将我们带回到起点，类似于等边三角形旋转了 120 度。任何实体，如果其形状在镜像或旋转中保持不变，那么它就具有某种对称性。伽罗瓦意识到，一个由 n 次方程的全部 n 个解构成的集合组成的抽象“体”所具有的对称性至关重要。在建立这一联系的过程中，伽罗瓦有意识地概括了现实世界的实体对称的思想，并将这一概念扩展到了抽象的代数实体组合里。一个多项式的全部 n 个解的集合的“镜像”和“旋转”所造成的转换可以一个接一个地应用。这给了伽罗瓦提醒，让他想到一系列数学计算也同样可以一个接一个地运行。

这一提醒很快让伽罗瓦找到了指导他探索的中心类比。他先写下了某一具体多项式解的全部不同的排列所产生的“乘法表”，然后开始研究这个表的规律。例如，在最普通的四次方程里，伽罗瓦知道，它的四个解的对称群的组成等同于四个不可区分的个体的所有可能的排列方式（ABCD，ABDC，ACBD，……，DBCA，DCAB，DCBA）。这样的排列有 24 个。所以这个群的乘法表有 24 横排，也有 24 竖列。伽罗瓦推测并证实了多项式方程的秘密在于类似的排列群的乘法表中的隐藏的规律。

群论的历史过于繁复，不可能在此详述。但对于我们来说，重要的是这个思想：群的结构本身发展成了数学研究的一个新的领域。具体地说，伽罗瓦发现，一个群里面经常有小群，或称为“子群”，而且在子群中可以有子子群，等等。他看到宝石内部可以套宝石，一层套一层，可以套若干层。对于一个充满好奇的年轻人来说，这是一场不可思议的盛宴。

数学家一旦理解并接受了伽罗瓦的新思想之后，他们作为一个群体就走上了一条不归路，从此放弃了对实在的、形象实物的研究，例如规则的多面体，转而投入更抽象的实体的研究，例如旋转群（旋转群展现了具象实体的隐藏对称）和后来的置换群（置换群展现了抽象实体的隐藏对称）。正是伽罗瓦，在 1827 年左右，当他只有十几岁时，最早理解了“一个多项式方程的解的置换群的子群中所隐含的嵌套结构”与“该多项式方程可以使用根式解解开的可能性”之间的紧密联系。随着 20 世纪的到来，群开始在物理学的每一个领域出现，像春天草原上盛开的野花，凸显了一个天才人物的先知先觉。而这个天才却在 20 岁时就失去了生命。

域、环、*n* 维纽结

十几岁的伽罗瓦还提出了域论。域是具有两种不同运算的群，一种运算可以类比于熟知的加法，而另一种则可以类比于乘法。把这两种运算连接在一起的关键是分配律：$a \times (b + c) = a \times b + a \times c$。（注意：这里的符号“×”和“+”不代表通常的乘法和加法运算，而代表属于域内实体的类似运算。）由此再一次看到通向新的实体的跳跃（此处的实体是指带有两种操作的事物的集合，而这两种操作可由分配律连接起来），这一跳跃归功于一个和已知实体（普通数）的类比。在所有的域中最熟悉的是实数的无限集。另一个域的例子，比实数无限集小但仍然是无限的，是实数的子集有理数。然而，另外一些人们熟悉的数集，例如整数，不是域，因为如果你试图做除法运算，你将被带到集之外，例如，2/3 不是整数。

出乎预料，完全受美感的驱使，伽罗瓦跨出了一个新的类比飞跃。他观察到，正像他刚刚发现的对称群一样，域中的项不需要有无穷个。有限域也可以存在，例如，从 0 到 6 的整数集就是一个包含 7 个项的域，只要将其中二项 m 和 n 之“和”定义为 $m + n$ 除以 7 之后得到的普通和的余数就可以了。如此，4 + 5 不是 9 而是 2。同理，4 × 5 不是 20 而是 6（这些运算的标准术语是“求和或求积之后模除 7”）。

在任何域内，无论是无限的还是有限的，都可以写下多项式并且探索这些多项式的解。上面讨论过的与“真正的”多项式有联系的所有问题在这个新世界里又一次重新出现。和实数一样，在域内同样可以存在无解的多项式。伽罗瓦在他 17 岁那年，突然产生一个奇妙的灵感，得出一个结论：这样一个无解的域可以通过增添一个或多个“想象”成分加以丰富，就像解决了四次方程式 $x^2 + 1=0$ 的经典的“想象”数 i 那样。

年轻的伽罗瓦的想象为数学研究的新风格敞开了大门。从此，数学家开始奔向更加抽象的路。有人拾起比较熟悉的现象，例如，素数 2、3、5、7、11、13、17、19……的集合，并且试图精确找到其最本质的关键。然后，又有人试图在其他不太熟悉的结构中探索同样的本质。一个很好的例子是“高斯素数”。高斯素数是复数，其形式为 $a + b$i，其中 a 和 b 为普通整数，高斯素数与经典素数有同样的典型特性，即除了自身和 1 之外没有其他除数。研究这类广义素数是当代数学研究中的一支丰富矿脉。

伽罗瓦不幸去世之后不久，数学家发现了一种新的代数结构。这种结构与域类似但不是总能在其中做除法运算。这类称作“环”的新结构，其思路来源于极具诱惑力的，甚至是不可抗拒的类比。这个类比可以表述为：每一个域必须有一个特殊的子集，其作用与传统的有理数领域中的整数所扮演的角色相同。虽然你可以用任一有理数除以另一个有理数而得到第三个有理数，但是这个规则在整数运算中却不适用。5除3的结果不是一个整数。同样，在一个环中，两个任意成分相除并不总是可能。因此，在任一特定的环中，可以想象一个"素数集合"，里面的实体除了自身和1之外，不是环中任何成分相乘的结果。环素元的研究在19世纪后半叶吸引了许多数学家，促使他们定义各种越来越抽象、越来越远离"现实生活"的结构和现象。然而，事态发展证明，许多这些超抽象的现象却在几十年或几百年之后深深地牵涉支配物理世界的规律之中，最终变得和在学校学到的那些熟悉的数学概念一样真实。

群的研究提供了一个很好的例子。伽罗瓦注意到，在特定条件下，一个群可以被它的一个子群"除"，当然，这里说的不是熟悉的除的算数概念，而是指一种抽象得多的类比，用在第4章里使用的术语来说，就是一个除的无标记意义。这一过程促成了"商群"的出现。

为了理解伽罗瓦抽象除法的新概念，可以想象一座有完全一样的100层的摩天大楼。现在，要用其中一层"除"这座摩天大楼，得到的是一个摩天大楼的骨架，一个高高的垂直的结构，不再有100层，仅剩100个点。这个抽象结构就是"商摩天大楼"，是最初的摩天大楼被它的无标志的一层"除"的结果。如果你能够把这个纯化的除法概念从摩天大楼的世界带回到更加抽象的群领域，就会对一个群被其子群"除"的过程有所体会。这个被子群除的过程可以重复下去，直到最终从原群中得到一系列"素因子"。这样，我们就会被带回到那些熟悉的概念，诸如**因式分解**和**素数**，或者至少是它们在更抽象、更严格的环境中的被纯化的本质。

纽结理论自从1736年被欧拉提出后，又经过成千上万的研究者的深化和丰富，为通过类比推向抽象的过程提供了另一个佳例。在某一时刻，**因式分解**被延伸到了纽结领域。（这里实实在在地指一条绳子上的纽结，一个非常具体的概念，只此一次！）它的意思是一个复杂的纽结可以看成是两个比较简单的纽结的"乘积"，以此类推。将复杂纽结简化成比较简单的纽结，这个过程最终会自然而然地引出**素纽结**的概念。然而，这个念头一旦被提出来，马上就被不可避免地概括成难以捉摸的占据着n维空间的纽结。从此，这个概念发展到了几乎无人能想象的地步，只留下少数坚强的人能够在这种高度抽象而令人望而生畏的领域里独行。

我们试图表明，现代数学充斥着不屈不挠的压力，促使人们思考越来越抽象的概念。不幸的是，这种压力的无处不在和强烈程度几乎不可能传递给非数学家。数学抽象的过程基本上就是上面描述的那样：从一个“熟悉”的概念开始（就是说，对于一位资深的数学家来说是熟悉的，但很可能对于一个数学外行来说是完全陌生的），试图提取出其中的精华。然后试图在数学的其他领域里找到某种与你提取的精华一样的东西。通往抽象的另外一种路径是在不同领域里的两个结构中辨认出某种相似性，然后将注意力集中到它们共有的抽象结构之上。这个新的抽象则变成一个可供研究的“具体”概念。这个过程继续下去,直到有人意识到这远非过程的终结。你可以继续将新的概念用上面描述的两种方法之一加以进一步抽象，并以此类推下去。

机械的数学操作：也是类比的果实

在离开数学领域之前，想对数学表达式的标准操作技巧作一番评论。举个例子，卡尔达诺将某项从等式的一侧移到另一侧，移动的过程使该项改变符号。这是今天的小学生在代数课开始时学到的基本策略或技巧。比如，为解决等式 $3x - 7 = x + 3$，我们将变量“x”从等式的右侧移到左侧，同时改变变量的符号。用类似的方法，将 -7 从左侧移到右侧，同时改变其符号。结果，等式变成 $2x = 10$。然后，将两边同时除以 2，最后得到解 $x = 5$。但是，这样一个常规代数运算与作类比之间有什么关系？

关系非常大！这类运算来源于类比，当然是出自创造性范围相对较低的位置，与当看到桌子上摆着一个物件时，脑子里称之为“镇纸”这类感官活动非常类似。一个人要能够识别某个物体并给它指定一个标签，他的记忆必须有足够的组织能力，使他的新经历得以通过类比去唤起语言符号，而这些语言符号长期以来是附着于旧经历的。这类符号似乎是不言而喻的，很容易误认为只需机械地让这些代表各种物体的内在符号自动跳出来。这种错觉的诱惑力很大。

同样的错觉也出现在习以为常的数学运算中。当处于一个全新的数学环境中的时候，会意识到这个环境呼唤我们使用某个存在于记忆中的标准方法去解决。当在日常生活中遇到一个新环境时，会意识到这个新环境正呼唤我们使用某个标准的语言标签或采取某个标准行为。这两种意识是非常相似的。看到等式 $3x-7=x+3$，会意识到它在呼唤我们把其中两项移到等号的另一侧，并改变它们的符号。进而，会意识到结果是 $2x=10$，而这一结果呼唤等号两侧同时被 2 除。这一意识与一个手提箱“呼唤”着被提起来（即第 6 章中定义的“可供性”）或某一环境呼唤用锤子把钉子打入墙内的意识在原则上没有区别。

有各种各样标准化方法可以用来进行代数运算，例如上面提到的那些。实际上，数学中的常规方法在抽象的各个层面俯拾即是。其中包括那些可以顺手拈来的逻辑命题，例如著名的**归谬法**，其基本含义是如果你想证明某命题 X 为真，你可以试着假设 X 的反面为真。如果这一假设导致谬误，更具体地说是自相矛盾，那么 X 必然为真。这种思辨方式是每一个数学家工具箱里标准的、经常使用的工具。同样，在微积分中做积分运算时使用的标准方法之一是“三角代换”。当嗅出某情境似乎有需要代换的可能，就会使用代换。最终这类活动都具有了按图索骥的效果，但这并不能抹杀它们同样是在使用类比。因为当你积累了大量数学经验后，那些不断使用的套路运算都是记在大脑里的。正因为有高效分类的能力，这些数学技术才可以“招之即来”。也就是说，不需要动脑，好像类比不起任何作用似的。但是，这不过是一种错觉而已，正像看到桌子上的镇纸，不用调动作类比，脑子里马上唤起“镇纸”的标签一样。

你下过多少次跳棋、军棋或类似的棋类？可能很多次吧。当然你现在的棋风和过去的风格是一致的。事实上，现在的棋风出自以前的棋风。你知道什么时候该走什么棋，什么时候冒险，什么时候不冒险。虽然这类现实生活中的决定比数学家所做的决定要具体得多，但是这些决定和数学家决定什么时候和什么情境下使用哪一种技术的决定有许多共通之处。探索一种技术可能会浪费许多宝贵的时间和精力，但最终或许会有所收获。值得吗？这完全取决于一个经验丰富的数学家对这一陌生和朦胧的新情境的“嗅觉”是否敏感。有一些微妙的特性只有通过长时间的经验和缓慢积累起来的精练的范畴库存才能感知到。下棋和数学研究同理。

有一天，两个数学研究生在争论一个著名的悬而未决的数论问题。一个人坚持认为素数捉摸不定的分布在这个问题中至关重要；另一个争辩说，素数分布与目前的问题风马牛不相及。实际情况是，这两个研究生谁都无意在这个棘手问题上花费几年时间。所以，他们在究竟什么是问题的本质上相互冲突的观点，不过是空洞的交谈，没有任何实质性的意义。但如果有一天，两人同时决定在这个问题上独立地搏上一搏，那么他们关于这个问题性质的截然对立的直觉将对他们的研究方向产生深远的影响。谁对问题关键的“嗅觉”是对的，谁就将走上一条充满希望的研究之路。那么，是什么赋予了他们这种强有力的、能够带来成功或者导致失败的直觉呢?

数学中类比之间的复杂性有天壤之别。在复杂性范畴的底端是那些我们讨论过的标准的、信手拈来的处方。在顶端，是那些伟大数学家的天才闪念，例如，将**虚数**的概念引入有限域，或者在非常抽象的结构中寻找素数（或素纽结！）。数学有时似乎像摆弄符号的游戏，但是，关键要记住：哪怕是最刻板机械的符号操作也依赖于类比。

总而言之，在数学难易程度的每一段都会涉及作类比，从最平淡的、不假思索的符号变换到最令人目不暇接的、已经高度抽象概念的再概括。在前面各节中，集中探讨了数学中复杂的类比，因为本章的主旨是探讨科学创造和“可发现性”背后的东西。那些平庸的玩弄符号的处方乍一看似乎不需要类比思维，这可以理解，但是造成这一错觉的仅仅是因为人们潜意识地被一种朴素的作类比的旧框框所束缚。这种状况令人啼笑皆非，却是预料之中的事情，因为人们毕竟很难意识到，在日常生活中脑子里唤起字词和短语时需要多少作类比的参与。但是，他们一旦意识到这一点，一切就不言自明了。这种情况也同样适用于数学中的常规技术的使用。

物理学与逻辑思维

现在，把注意力从数学转到物理学。在卡通画中，经常可以看到一个头发蓬乱的物理学家，站在写满公式和各种稀奇古怪的符号的黑板前。这类图像示意，任何物理学家典型的思维过程都涉及根据数学法则进行的符号操作。高中和大学的物理课程也强化这种看法。这些教科书中充斥着各种表现复杂而艰涩的概念的公式，诸如**磁场**、**动能**和**角动量**。当然，所有这些公式都正确，然而，它们同时也误导了我们，因为它们让人以为物理学是一门公理化的学科，从几条基本原理出发，运用最严格的逻辑就可以推导出力学、热力学、电磁学、波动说等分支的全部关键结果。这是公众、知识分子，甚至许多物理学家心目中的物理研究的标准画面，但这终归是一个神话。

尽管许多物理学家撰写的教科书将物理学描绘成一门纯粹的演绎学科，但是也有许多物理学家提出了有力的反证。更有一些最伟大的物理学家试图详细描述他们自己的思路，讲述他们实现自己最重要发现的具体过程。在这些描述中，他们总要讲述类比的故事，这些类比是怎样产生的，是怎样在刚刚发现的、新鲜的、尚未开发的物理现象和旧的、充分探讨过的、被充分理解的物理现象之间建立起联系的。

那么，一位伟大的物理学家和一个平庸的物理学家的区别何在？是因为他们所愿接受的类比的野性和疯狂程度不同吗？一个物理学天才会经过深思熟虑，专门探索天壤之别的概念之间那些古怪而牵强的类比吗？他会故意试图创造宽广得令人难以置信的想象飞跃，仅仅依靠别的物理学家一笑置之的蛛丝马迹，就把人们做梦都想不到有任何关系的概念联系起来吗？反过来，一个平庸的物理学家就是胆怯的人，把自己的研究范围仅仅局限于鼻子底下的有限范围，从来不敢越过雷池一步吗？

这样一个关于天才和庸才的描述虽然有一定的吸引力，但不是我们的观点。天才并不会故意为自己设置高不可攀的目标，试图在某种全新的、光鲜而神秘的现象和某种陈旧的、相隔甚远而似无关联的现象之间建立起听上去桀骜不驯的类比。相反，他们会把精力高度集中于某种令人困惑、值得深切关注的情境。他们会仔细地环顾四周，从各个角度去观察。最终，假如是幸运的，可能会发现一个视角，使他们回想起某个已知的现象，而这个神秘的新现象以某种微妙而富有暗示的方式与那个旧现象之间相通。通过这种聚合过程，一个天才终于看到了这个现象的某个惊人的新本质。这是高层次的感知，这是通过类比去发现。

爱因斯坦，一位作类比的奇才

侯世达多年前曾获得物理学博士学位，并且一直对通向物理学新发现的途径着迷。几年前，他决定作一个关于类比在物理学中作用的报告。在开始准备讲座之前很久，他心血来潮地选定了讲座的题目："类比在物理学中的普遍存在"。所以当他真正开始准备报告时，他感到了极大的解脱，因为他发现，和他预期的一模一样，物理学中的每一个分支都密布着类比。让他感到更加宽慰的是，他发现，在过去三个世纪中，几乎所有的重大发现，其中心都有一个关键的、起决定性作用的类比。这里只列出其中的一小部分：

◎ 引力势：类比于一座山丘 —— 拉格朗日和拉普拉斯，1770
◎ 电势：类比于引力势 —— 泊松，1811
◎ 磁势：类比于电势 —— 麦克斯韦，1855
◎ 四维空间：类比于三维空间 —— 闵可夫斯基，1907
◎ 电子是波：类比于光子是粒子 —— 德布罗意，1924
◎ 量子力学矩阵：类比于傅里叶级数 —— 海森堡，1925
◎ 量子力学波动：类比于经典力学波动 —— 薛定谔，1926
◎ 量子对易：类比于经典力学泊松括号 —— 狄拉克，1927
◎ 关联粒子的"同位旋"：类比于量子自旋态 —— 海森堡，1936
◎ 弱核力：类比于电磁力 —— 费米，1931
◎ 强核力：类比于电磁力 —— 汤川秀树，1934
◎ 矢量玻色子：类比于光子 —— 杨振宁和米尔斯，1954

这样看，几乎最伟大的物理学家，例如牛顿、麦克斯韦、狄拉克、海森堡、费米，以及许多其他人的每一次重大突破，都是一个或几个被其发现者凭直觉"嗅到"了的类比的果实。事实上，侯世达最初选定的报告题目得到了强有力的证实，甚至比他预想的要更加强烈。然而，有意思的是，他一直有意识地躲避爱因斯坦的著作，好像他仍然心存疑虑，担心爱因斯坦这样伟大的天才无须借助于类比就可以完成那些"一般天才"所作的非理性的飞跃；他还担心爱因斯坦完全依赖于纯粹的逻辑思辨就可以达到那些革命性的思想。难道爱因斯坦超常深奥的思维方式会推翻他要作的报告主题吗？这可能吗？

几年过去了，报告人碰巧受邀参加为纪念爱因斯坦 1905 年论文发表百年而举办的庆典。这一年被公认为爱因斯坦的“奇迹之年”，因为在这一年，他发表了五篇无与伦比的论文，给物理学带来一场革命。值此特殊庆典之际，侯世达决定不再犹豫，鼓起虎口拔牙的勇气，认真研究一下爱因斯坦的思路，以期在其中发现至少几个类比的例子。说来也怪，让他大放宽心的是，他发现爱因斯坦的思维过程中布满类比，无异于任何其他物理学家。

然而，有一个区别：初看似乎是两个现象之间不稳定的类比跳跃经常会在数年之后变成两个现象的统一，而这两个现象在此之前一直被看作是完全无关的。两个不同的事物一次又一次被发现实际上是一个。有可能爱因斯坦从一开始就知道他发现的是同一性而不仅仅是一个类比吗？事实上，这不可能。即使具有爱因斯坦的天才能力，也不可能预知他新产生的、认为两个物理现象相关的直觉，也即是他的新类比，会在日后某一天将这两个物理现象完全统一起来。从爱因斯坦的角度看，他只是提出了一个充满希望的类比，其结果将随着时间的推移而逐渐展开。但是，针对爱因斯坦的类比来说，统一的结果出现频率极高，不得不承认这是爱因斯坦的思维风格的一个最显著的特色。与此相比，大部分其他物理学家所发现的类比，虽然能够揭示现象之间富有成果的相似性网络，却不能产生深层次统一的飞跃。

为了把这个想法阐释得更具体一些，这里使用一个蹩脚的类比。假设一个生活在几个世纪前的化学家观察到了煤和钻石之间的一系列相似特性。据此，他提出一个大胆的假设，指出这两个看似完全不同的物质被某种隐藏的类比联系在一起。假如这个化学家日后得知煤和钻石这两个表面上截然不同的形式其实来自同一个化学元素碳，他会多么欣喜若狂啊！

低层次和高层次的爱因斯坦类比

在登上宏伟的爱因斯坦类比列车之前，希望澄清一件事：爱因斯坦并不只在当他需要表达最高级、最神采飞扬的科学想象的时候才作类比。正如每一个普通人一样，爱因斯坦也在许多层次，甚至在建立最微小的心智连接方面，运用类比去感知周围的世界。

爱因斯坦类比的一个相当明显的例子出自他写的一篇回忆录。在晚年，他解释自己为什么在十几岁时没有选择成为一位数学家时说："我发现数学被分割成了众多的专门学科，其中任何一个都可以吸走时间赋予我们的短暂生命。结果，我看到自己处于布里丹之驴的境地，无法决定吃哪一堆草。"[4] 这个形象很有趣，特别是当我们注意到爱因斯坦将自己比作一头饥肠辘辘却无所适从的驴子，被周围可吃的东西搅得彻底失去选择的能力，最终被饿死了。这个类比很不错，事实上，它很有魅力。但是，它不需要爱因斯坦的大脑也能造出来。

在上面这几句话中还隐藏着许多没人注意到的、不起眼的类比。举一个例子：爱因斯坦将数学里面每一个专门领域描绘成有可能"吸走"一个人短暂的一生。任何读者都会毫不费力地想象出这样一个形象：一个人的职业生涯为了把握巨大的知识领域而完全被"吸住"、被"吃掉"或被"吞噬"。几乎可以肯定，爱因斯坦选择这个动词不是深思熟虑字斟句酌的结果，正像我们写作和说话时选择词语一样。还可以在爱因斯坦的文字中找到许多有相似特色的词语。例如，他在下面这个句子里选择的动词"爱上"："我真正开始学拉小提琴是在大约 13 岁那年，主要是因为我爱上了莫扎特的奏鸣曲。"

这里要说的关键是，爱因斯坦的所有词汇选择，无论是在写作、说话或者仅仅在思考时，都是数不清的、细微的、稍纵即逝的类比结出的果实。这一点同样适用于所有的人。每当爱因斯坦看见一只鞋，德文词汇里的"Schuh"（或者在他移居美国之后，英文的"shoe"）出现在他的脑海里时，或者每当他看到一个人漫步街头，"walk"一词出现在他的脑海中的时候，在任何一种类似的情形中，他都是在建立一座类比的桥梁，一座将眼下的感触和储存在他的记忆中的某一结构连接在一起的桥梁，正像你我所做的那样。而他的记忆也由他一生中建立起来的无数个过去的类比所组成。

当然，这类微不足道的爱因斯坦类比与"惊天动地的类比"完全不是一码事。如果宣称这一章主要是关于伟大的爱因斯坦的类比，而却只讨论爱因斯坦的日常琐碎用语，诸如："我的旧鞋在哪儿？""哎，看，我的老朋友哥德尔正在走回家。"果真如此，你们有权认为受骗了。然而，有必要指出，即使是伟大的爱因斯坦的思想，也完全充斥着无关痛痒的日常类比。但是，从现在开始，当说“爱因斯坦类比”时，指的是他那几十个伟大的类比，而不是他的几百万个日常类比。这问题解释清楚之后，就可以直奔主题了。

一个疯狂的“游泳池 / 台球桌”类比产生了光量子

19 世纪快要结束的时候，物理学中有一个最令人费解的问题，就是著名的“黑体谱”。**谱**是一种图，显示一系列波中每一不同波长所带能量占总能量的比例。而一个**黑体**可以理解为一个空腔，腔壁被控制在某一特定温度，腔内充满电磁波，电磁波碰撞到腔壁并反弹回来，在腔内的真空空间四处往复穿梭，就像波纹往复于游泳池表面。电磁波的最熟悉的表现形式是可见光，包括彩虹的全部颜色。但是电磁波的概念也包括紫外线、红外线、X 射线、伽马射线、微波、无线电波等。所以，黑体的本质在于许多波长的电磁波的共存，这些电磁波无休止地从空腔壁反弹回来，就像水波纹从游泳池壁反弹回来一样。

事实上，黑体和游泳池之间的这个类比很有用处。如果你将一个物体，例如，一枚婚戒、一个保龄球、一架钢琴，抛入游泳池，溅起的水会形成波长各异的圆形水波，而且水波会从池壁反弹回来。大体来说，物体越轻，水波越小（幅度或高度，以及波长，二者都小）。物理学家很可能会问：“如果知道抛入水中物体的质量，它产生的水波的主导波长是多少？”以此类推，更复杂一些的问题是：“如果知道抛入物的质量和某一特定波长，该波长的水波溅起的水的总能量是多少？”很容易想到，对于每一个抛入物，池中都会有一个占主导地位的特定波长，而且抛入物几乎不可能激起比之长得多或短得多的波长。一个显示不同波长的能量分布的图示，就构成池面水波的谱。

黑体亦然，只是黑体辐射没有明显的载体，不能像池子里的水那样，在其中上下前后摆动。电磁波在其中穿梭往复的真空没有介质，无论是固体、液体或气体。“真空”一词的定义已经表明了这一点。这些电磁波是像幽灵般的实体，它们由电磁场组成，在时空中振荡，可以使带电粒子移动。在这一点上，电磁波与波动的引力场非常相似；它弥漫于空间之中，它在空间任一点的值的改变取决于某一个“波动方程”，或一组相互交织的方程，具体说是发现于19世纪60年代早期的麦克斯韦方程。

在我们的类比中，黑体的温度与抛入池中物体的大小相对应。抛入物在池水水面产生波纹。黑体壁的温度越高，黑体腔内的电磁能越大，而且，与预期相反，电磁波的主导波长也越短。这似乎是反直觉的，因为它与我们根据游泳池类比所做的猜测相矛盾。毕竟，往水池里抛入一个大沙发会产生波长很长的水波，而一块小石子造成的水波的波长很短。但是，不必担心与水波情况的冲突。当时的物理学家对黑体辐射的这些现象了如指掌。他们通过许多次仔细的实验，也熟知黑体谱的图所显示的钟形曲线。他们只是对图的形状没有一致的解释。

不可否认，在1900年，德国物理学家马克斯·普朗克已经发现了一个漂亮的数学公式。在特定温度下，这个公式可以准确地复现黑体谱通过实验得出的图。但在最初，他没能为这个公式找到理由，好像那就是一只他从帽子里变出来的兔子。然后，经过几个月的执着努力，他指出，我们可以从关于腔壁里的原子的假设推导出他的公式。这个假设很奇怪，而且似乎具有很强的任意性：也就是说，这些原子的振动能只局限于某些特定值，由一个新的自然常数来决定。普朗克将这个常数命名为“h”。后来人们称之为“普朗克常数”。一个原子，不再能够按照所有物理学家所期待的那样以任意的能量振动，其能量只能是一个极小的能量的准确倍数。普朗克把这个极小的能量称为“量子”。能量由这么小的量一份一份组成的想法让物理学家，甚至普朗克本人，都感到非常怪诞。然而，人们普遍承认建立在这个想法上的普朗克公式与实验结果完全吻合。

对于宏观生物如人类来说，壁上的原子不能承载任意量的振动能，这样一个事实根本不会被注意到，因为h的量值微乎其微。事实上，假如h等于零，那么所有可能的能量将都会被允许，因而量子限制也不再成立。然而，依据h等于零的假设计算得出的图完全不像在实验中得到的真实的黑体谱。相反，普朗克用他的微小但不为零的常数计算所得的理论图完全精确地与那个神秘的黑体谱相吻合。这些发现当然存在有希望的前景，但是，对于当时的大部分物理学家来说，普朗克关于腔壁内原子的“激发量子”的理论显得过于任意。由于这个原因，几乎没有人对这一理论持严肃态度，甚至普朗克本人也不太有把握。虽然他把自己带到了量子池塘边，但是他也不愿饮用池塘里的水。

这个发展的间隔为另一位天才的卷入提供了一个难得的好机会。这位天才是一位瑞士专利局的年轻职员，是的，他正是爱因斯坦。爱因斯坦伟大的神来之笔在于他发现了黑体和另一个系统之间的关键对应。这个系统也包括一个由总体温度决定的谱。具体地说，我们在暗示困在容器内的**理想气体**。为什么爱因斯坦做了这个类比，而没有其他人，或者说几乎没有其他人想到呢？为什么他对这个类比深信不疑呢？之后会提出我们的猜测。

有趣的是，直到爱因斯坦的“奇迹之年”，还没有找到完全令人信服的证据证明原子的存在，无论是在固体、液体，还是气体之中。当然，有几位有勇气的科学家，例如奥地利的路德维希·玻尔兹曼和苏格兰的麦克斯韦，已经推测所有气体都是由无数个小粒子组成的。这些小粒子不停地相互碰撞，并且从包裹它们的壁上弹回。基于这个“理想气体”假设，他们成功地推导出了一些公式。这些公式以相当高的准确度与实际观察到的真实气体的行为相吻合。尽管这是一个支持原子假说的强有力的证据，但是许多物理学家、化学家和哲学家仍然对此持怀疑态度。

这里，再举一个有说服力的类比帮助我们解释。这次，是在理想气体和一个无摩擦的台球桌之间。想象台球桌上有数百个小球被一股强力推动开始滚动（这股强力可以是开球时的撞击），并且开始猛烈撞击台球桌壁被弹回或者互相碰撞。如果有人能够告诉我们起始撞击的能量，一旦桌面上呈现一种稳定状态，便可以估算出桌上滚动的小球的主导速度，即最常见的速度。更进一步，我们还可以问这些小球的速度分布是什么。这类问题竟然有准确的答案，这似乎令人吃惊。但实际上是真有。从类比的角度，有一个准确的公式，即“麦克斯韦－玻尔兹曼分布”，已知该气体的温度，设定任何动能的值，它能给出具有该能量的气体分子的百分比。这一曲线的峰值的位置显示该气体分子的主导动能。

爱因斯坦有一种预感，他感觉这两种系统，黑体和理想气体，有深层联系，尽管它们表面上不同。这两种系统都有一个充满能量的容器，除此之外，还有什么能使人相信它们有深层联系呢？把这个问题搬回更熟悉的环境，回到那两个相似的实物：游泳池和台球桌。这样，问题变成了在溅起水花的游泳池内的水波面和台球桌上被突然一击而四散碰撞的几百个小球之间是否存在深层联系。这两种情形都充满无规则运动而且运动都发生在一个水平面上。然而，这些非常肤浅的事实很难叠加在一起形成足够强烈的理由，使人相信它们之间存在一种深层的联系。

所以，对于当时大部分物理学家来说，爱因斯坦关于理想气体（比作沸腾的台球桌）和黑体（比作泳池浮动的水面）之间的类比看上去完全没有道理。那么，为什么爱因斯坦的看法不同？首先，正如他 1905 年的第一篇文章所述，他注意到了一个有趣的数学上的相似之处，把给出能量分布的两个公式连接在了一起。关于黑体谱，爱因斯坦用了德国物理学家威廉·维恩（Wilhelm Wien）发现的一个公式，这个公式早于普朗克发现的更精确的公式。关于理想气体谱，他用的是麦克斯韦和玻尔兹曼的公式。这个相似之处启发了他，使他相信这两个系统在物理学上的相似之处或许远远超越其表面。在此，只能说，爱因斯坦具有鹰一般敏锐的目光。在物理学问题上，他似乎总能点到问题的关键所在。

有一点很精彩：威廉·维恩于 19 世纪 90 年代中期在寻找黑体谱的公式时产生了一个优秀的直觉。他试图利用一个他“嗅出”的类比将黑体谱与麦克斯韦和玻尔兹曼的理想气体谱连接起来。他的直觉和 10 年后爱因斯坦的直觉紧密相关。所以，在爱因斯坦同时考察这两个公式时，重新发现了维恩的类比，这不是一件巧合的事。然而，对于维恩来说，这两个系统之间的类比纯粹是形式上的。他没能从他的类比中得到启发，看出其中更深层的物理学的联系。因此，他没能像爱因斯坦那样对这个问题穷追不舍，深入进去。

爱因斯坦对自己的理想气体和黑体之间的物理学类比，而不仅仅是这两个谱之间的数学公式的类比，充满信心，这里面还有另一个因素。几个月前，他刚刚找到而且深入探讨了另外一个类比，一个在理想气体和另一种物理系统之间的类比，即包含胶体粒子的液体。通过显微镜可以观察到，在这种液体中胶体粒子在不停地、表面看毫无规律地跳动穿行。这个类比使他可以令人信服地证明极其微小、不可见的分子的存在。这些分子在不停地撞击比它们自身大得多的胶体粒子，就像无数小飞虫在灯下乱飞乱撞一样，从而使胶体粒子产生神秘的跳跃，这就是“布朗运动”。

这或许说明，有两股不同的力量作用于爱因斯坦的大脑，即公式的数学相似性和近期的布朗运动的类比，使他坚信黑体和理想气体之间的类比。

总之，以爱因斯坦最新的类比为基点，爱因斯坦做了一系列运算。所有运算都根据热力学的方法，因为他认为热力学是物理学中最深刻、最可靠的一个分支。首先，他计算了两个系统的熵，然后，他把得出的两个熵的公式变换得看上去几乎一模一样。事实上，经过爱因斯坦的巧妙操作，这两个公式最终变得完全相同，除了一个简单指数的代数形式之外。这个很有启发性的操作表明这两个系统的联系要远比威廉·维恩所意识到的深刻得多。

在理想气体熵公式的关键部位出现了字母 N，代表气体中分子的数量。在黑体熵公式的“相同”位置出现的是表达式 $E/h\upsilon$，字母 h 代表普朗克常数，希腊字母 υ 代表电磁波的频率，与其波长总是成反比。就这样，爱因斯坦将两个迥异的物理系统的所有差异压缩到一个细微但显著的对比之中：一个是整数 N，另一个是简单的表达式 $E/h\upsilon$。

但是，这一精准定位的差异有什么含义呢？$E/h\upsilon$ 代表将总能量 E（一个尔格的大数。尔格是一个标准的能量单位）分割成许多极其微小的能量单位，其能量为 $h\upsilon$（一个尔格的很小很小的一部分），这个比例显示多少微小的单位组成了一个较大的单位。由于能量单位被消去（尔格同时出现在分子和分母中），只剩下一个“纯”数，其数值独立于所用的单位。爱因斯坦的类比此时起了一个关键作用，它告诉我们在黑体系统里的值和理想气体中的分子数量 N 的值彼此相扣。将 E 分割成等份，每一份为 $h\upsilon$（E 的一个“衡量单位”，此处与第 7 章使用的用来表示除法的朴素类比的术语相呼应），这对于爱因斯坦来说是一个明白无误的线索，暗示腔内的辐射与气体类似，是由离散粒子构成的。在任何一个特定波长，全部“光点”都携带相同的微小的能量负载。

即使对于发现者本人来说，这一思想都是振聋发聩的，因为对他以及同时代的所有物理学家来说，**电磁辐射**等同于**光**，而且爱因斯坦知道，他的所有同事也知道，100 年前的那场光的**微粒说**和光的**波动说**之间的激烈辩论最终以波动说彻底获胜而告终。此外，自那场辩论以后，特别是有了麦克斯韦的基本方程以后，物理学的许多发现一次又一次地巩固了光作为连续波而不是离散粒子的观点。光是微粒的观点怎么能在被埋葬一百年之后还能还魂呢？然而，借助于一个非常简单的类比，奇迹却实实在在地出现了。

爱因斯坦意识到，他别无他法，只有接受他的类比清楚地提示给他的形象。他得出了这个与已经建立起来的极为坚固的事实背道而驰的令人震惊的假说：黑体腔里的电磁辐射是由微粒组成的，即微小的能量包，类似于理想气体里的 N 个分子。（为了说明爱因斯坦的思想是多么超前，我们要强调在那个时代的物理学中，仍有一些持怀疑态度的顽固分子质疑原子和分子的存在！）这些神秘的“辐射块”的每一个都必须拥有完全一样的能量 $h\upsilon$。而这个能量 $h\upsilon$ 必须是与频率 υ 相关的最小能量。爱因斯坦称之为“光量子”。这些粒子在今天被叫作“光子”。

光量子备受嘲讽而声量子受到欢迎

爱因斯坦在 1905 年大胆提出，光一定是由粒子组成的。在今天，这一观点已经没有任何争议，但在当时却遭到了同行严厉而一致的拒绝。在晚年，他宣称，这个建立在根基最不稳定的类比之上的假设，是他整个职业生涯中最勇敢的思想。他的勇敢招致了同行一系列的嘲讽和敌视，其范围之广、时间之长和力度之强都是他没有预料到的。

在关于光量子的文章的结尾部分，这位年轻的“三级技术专家”（瑞士专利局的最低级别）提出了三种可能的实验方法来证明或否定他的理论，表现了他的聪明和勇气。爱因斯坦这样做是要冒一定风险的，因为他是在把武器交到自己的敌人手里，给了他们消灭自己的潜力。其中特别是第二种，牵涉观察光电效应。光电效应是指当电磁辐射（例如，光）照射到金属表面的时候，一些电子从金属中飞出的现象。这是一个奇怪的小效应，从没有被当作一个物理学的伟大发现。1887 年，德国物理学家海因里希·赫兹（Heinrich Hertz）首次非常粗糙地观测到这一现象。他的一系列实验结论性地表明了电磁波的存在，因而高明地证实了麦克斯韦方程。

爱因斯坦认识到，他的光量子理论将能够准确预测光电效应。特别是，它可以用一个非常简单的方程预测电子的逸出率是入射光波长的函数。这一预测与建立在麦克斯韦广为接受的方程上所做出的预测完全相反。爱因斯坦不可能知道，当时也没有任何其他物理学家能够知道，光电效应的准确测量结果会揭示什么。但是他非常清楚这个实验将是决定性的，而且可能导致一场大辩论，因为如果他的预测被证明是正确的，物理学家将被迫抛弃作为电磁学基础的麦克斯韦方程。在物理学的整个历史进程中，这是最矛盾的时刻，因为赫兹的实验，一方面成功地证实了麦克斯韦方程，另一方面又是微小的异常现象的源泉，而这一异常现在正要摧毁麦克斯韦方程。但是，爱因斯坦在文章结尾部分提出的实验非常难做，要等很多年之后才有了明确的结果。

然而，在 1905 年，没有人对光量子假说有过丝毫关注，因为除了爱因斯坦，他们都对麦克斯韦方程的正确性深信不疑。光是波组成的，就是这样。对此有任何怀疑都是愚蠢的。甚至马克斯·普朗克本人，虽然**振动原子的能量子**是他提出的，但是他却宣称**光量子**的新假说没有道理。（值得一提的是，普朗克在多年前也曾宣布原子假说是没有道理的。但是到了 1905 年，他非常后悔他当时的观点。）面对同行的集体嘲讽，年轻的爱因斯坦对自己想法的信念没有丝毫动摇，也从未气馁。其实，称这些人为“他的同行”有些牵强，因为在 1908 年之前，爱因斯坦只不过是一个业余物理学家，他的正式职业是专利局技术专家。

1907 年，爱因斯坦将他的量子思想又往前推进了一步。他提出了一个新类比。这个类比建立在马克斯·普朗克振动原子的**能量子**和他本人的**光量子**的基础之上，与固体内部的声波有关。从本质上看，爱因斯坦创建了**声量子**的思想，虽然他从未用过这个术语。（今天，组成声波的量子被称为“声子”，与“光子”相对应。声子在凝聚态物理学中起关键作用。）爱因斯坦用新方法描述固体的内部振荡，解决了困扰着固体热容的主要难题。这一次，令人奇怪的是，物理学界虽然还是不接受他的光量子思想，却一致接受了爱因斯坦建立在声量子基础之上的固体热容的解释的正确性。1909 年，荷兰物理学家彼得·德拜（Peter Debye）深化了爱因斯坦的理论，并建立了强大的热容理论。这个理论被物理学家迅速而热情地接受了，尽管他们仍对爱因斯坦的光量子假说持冷淡态度。

后来，爱因斯坦和普朗克建立起了深厚的友谊和相互的尊重。1913 年，普朗克推荐爱因斯坦为普鲁士科学院院士。普鲁士科学院是世界上最有声望的科学组织之一。在他的推荐信中，普朗克对爱因斯坦大加赞扬，但涉及爱因斯坦一直维护的光量子的题目时，普朗克评论说："他的推测有时会偏离靶子，例如，他的光量子学说。对此我们不要过于苛责，因为在最严格的科学中，要想真正创新，有时不冒险是不可能的。"[5]

从1906年到1915年的10年间，美国知名物理学家罗伯特·密立根（Robert Millikan）对光电效应进行了一系列长期且精心设计的实验。从一开始，他就抱着一个信念，认为在这个问题上爱因斯坦的观点毫无价值，因为它与100年来的发现背道而驰。英国的托马斯·杨、法国的奥古斯丁·菲涅耳的实验，特别是1887年德国赫兹的实验都证明光是由波组成的，这一事实排除了光是粒子的可能性。对于他来说，也是对于几乎所有人来说，光同时是粒子和波的观点是无法想象的。尽管如此，密立根的实验竟然完全证明了爱因斯坦的预测。这使密立根深深陷入了内心矛盾。在发表于1917年的著作中，密立根承认他的实验结果完全支持爱因斯坦的革命性预测，但是他坚称"我们必须当心爱因斯坦关于光的'轻率'的想法，因为这些想法没有理论根基"。换句话说，虽然爱因斯坦关于光电效应的推测性解释提供了无懈可击的预测，我们也不应该信任它，因为它不是根据已知的物理学定律严格推导出来的。密立根竟然还在文章中轻率地宣布爱因斯坦本人已经不再相信他自己的关于光的"错误理论"（这纯属密立根没有任何事实根据的凭空捏造）。

更糟糕的是，1921年的诺贝尔物理学奖虽然授予了爱因斯坦，但不是因为他的光量子理论，而是因为"他发现了光电效应的规律"。奇怪的是，颁奖辞只字不提该规律背后的思想，因为诺贝尔奖委员会成员，甚至整个物理学界都没有人相信这些思想！光量子被物理学界的全体成员，甚至包括其中最有冒险精神的成员，一致否认。例如，在次年，伟大的丹麦物理学家、爱因斯坦的崇拜者，尼尔斯·玻尔因他对量子理论的贡献而获得了诺贝尔奖。在他的获奖演说中，尼尔斯·玻尔不屑地把爱因斯坦关于光的粒子特性的构想一笔勾销，称之"对认识辐射的本质无用"。

就这样，爱因斯坦不是因为他关于全部自然现象中最基本、最普及的光的本质的革命思想，而是因为他的一个意义远逊的关于光电效应的小方程式，而获得了他一生中唯一一次诺贝尔奖。这就好像非常挑剔的《米其林指南》在授予阿尔伯特餐厅最高的三星级荣誉时，故意不提大厨一贯上乘的五道菜主食，却只列出餐后咖啡味道很好。

爱因斯坦最大胆的类比终于得以正名

令光量子脱颖而出的转折点出现在1923年。在这一年，美国物理学家阿瑟·霍利·康普顿（Arthur Holly Compton）的实验发现震惊了整个物理学界。他发现，当电磁波接近一个带电粒子，例如原子里的一个电子时，它会向这个粒子转移它的部分动能和动量，但不是按照麦克斯韦方程所预期的那样转移。事实上，康普顿发现，在这种情况下产生的波粒“碰撞”符合两个粒子之间碰撞的数学规则，其中入射波和出射波的能量与爱因斯坦在他1905年发表的关于光量子的论文中所预期的完全符合。这样，光终于成了粒子！

仍然还要再等三年，更抢眼的术语“光子”才被美国化学家吉尔伯特·路易斯（Gilbert Lewis）创造出来。无论如何，在今天，光子的概念，即光的“波包”，已为物理学界的学者所熟知，再没有任何一个物理学家会试图否认其存在了。

就这样，花了将近20年，形成于1905年，出自一个类比的光量子的思想才被物理学家严肃对待，甚至在康普顿效应之后，仍经过了一场激烈的交锋，爱因斯坦的光量子思想才被普遍接受。在今天，奇怪的是，这个故事几乎被遗忘了。事实上，大部分当代物理学家错误地认为爱因斯坦1905年的5篇伟大的论文中的第一篇是专门为了解释“著名的”光电效应而写的，其基础全部是马克斯·普朗克的思想，即黑体壁内的原子只能承载振动能的量子量。但爱因斯坦的论文不是为此而写的。事实上，在1905年，光电效应还是一个新发现，关于它的研究尚未展开，没有足够的数据可供使用以做出准确的解释。所以，在他的文章里，爱因斯坦不是在对一个著名的、记录详细的效应提出一种解释，相反，他是在对一个鲜为人知的效应所表现出的行为做出一个准确的预测，并且以清晰的思路提出如何检验他的预测。这一切在文章的末尾仅仅占据了两页纸的篇幅。爱因斯坦文章的主旨是关于光量子这个基本思想的。这一思想和马克斯·普朗克于 1900 年提出的假设几乎没有共同之处，这一点可以从普朗克对这一思想的强烈抵制看得出来。总之，爱因斯坦的光量子论文主要探索黑体和理想气体之间微妙的类比。一旦瞥见了这一类比，爱因斯坦就完全不顾风险，将自己的全部信念置于其中。他提出的观点让他的同事认为他失去了理智。然而，他耐心等待了将近 20 年，直到康普顿的实验证明了他的观点是正确的。

这一传奇令人不安，但同时也给人以启发。这是一个美丽的明证，表明爱因斯坦具有抓住事物的真实本质的能力，即使他的同事看到的只有无关大局的小事或者只是一片迷雾，看不到明显的地标。

爱因斯坦的概念滑动不可思议

世界上最有名的方程是什么？最有资格参加角逐这一声望的，除了“1 + 1 = 2”，肯定非“$E = mc^2$”莫属。爱因斯坦利用这个著名的公式披露了质量和能量概念之间深奥而意想不到的关系。在本章接下来的几节里，将集中探讨这位三级技术专家如何逐渐深化了他对自己的发现的理解。爱因斯坦用了整整两年，从 1905 年到 1907 年，才认清了隐藏在这 5 个小符号后面意想不到的深刻含义。爱因斯坦头脑中的概念演变是如何发展的？这里面有一个神奇却鲜为人知的故事。

但是，现在必须从头开始，从 $E = mc^2$ 的起源开始。为了做好铺垫，我们需要描述类比范畴的水平延伸和垂直跃升在科学发现中的运作机制。在爱因斯坦的思维中，这两类过程都扮演了关键的角色。它们共同作用，将他推向了不可思议的目的地。

在科学中用类比扩展概念

为了解释类比范畴延伸在科学中的作用，先考虑一下周医生的“无建树之年”。那是 1905 年，周医生当时还不是医生。她是瑞士贝林佐纳市的一家餐馆的三级洗碗工。那一年，很可惜，她没有太多医学发现，而只有一个，而且是一个非常普通的发现。具体地说，周医生在读完一篇关于最近由习医生发明的治疗急性膝疾的一种奇妙但却非常简单的方法之后不久，她突然想到刁医生的方法完全可以用在**肘**疾上。下面是这位三级洗碗工在多年后写下的文字：

> 这样如此简单的治疗方法（指刁医生的发明）竟然可以这样有效地用来治疗人体的一个部位（指膝），却对治疗人体的另一个部位（指肘）完全无效，这在先验上不太可能。

这个解释虽然清楚，但没提肘和膝之间明显的相似之处，而这一点在刁医生的发明中起了关键作用。这一忽略令人遗憾，因为我们会好奇周医生是否认为刁医生治疗膝疾的方法对治疗其他疾病，例如眼、耳、胃、肾等也同样有效。但是，周医生的思维没有向前跨越一步，也表明她并未看到诸如膝与胃或膝与眼之间的相似之处，因此也未能引导她猜测是否可以将刁医生奇妙的治疗方法延伸到其他器官。

一旦看到**膝**的概念可以通过类比向外延伸，扩展成更广泛的**膝加肘**的概念（周医生发现了这一延伸），这一更广泛的范畴就独立存在于头脑中了。这种对概念库的附加过程是通过类比扩展概念的典型方式，我们将这种扩展称为**水平扩展**。

与此相对，在垂直范畴跃升过程中，我们做上移运动，从**膝**的概念上升到更抽象的**关节**的概念。在大部分成年人的头脑中，**关节**的概念包括**膝**和**肘**的概念，而且也包括**踝**、**肩**、**指关节**等。现在，假设卓越的管医生从刁医生治疗膝关节疾病的方法中得到灵感，宣布发现了一个治疗所有不同关节疾病的统一疗法，包括踝、指关节等。在这种情形中看到的是一个**垂直跃升**的例子，是沿着管医生的个人概念库中**膝**和**关节**之间预设的连接向上走的结果。

这类水平范畴延伸和垂直范畴跃升都是自然且不足为奇的，它们是人类思维的基本食粮。但是，这类延伸和跃升有时也是有眼光的、令人叹为观止的。假设石必知医生发现了一种治疗食指疾病的方法，他的同事吴明医生修改了这种方法以治疗无名指疾病。如果人们因为她的“非凡突破”而授予她诺贝尔生理学或医学奖，我们肯定会感到震惊，不是吗？这一“突破”赖以产生的类比太明显了，不值得获得这样高的荣誉。人们会抗议说:“得了吧，两个手指就像豆荚里的两粒豆子一样。”

另一方面，假如焦医生采用了石必知医生的疗法，将它用于治疗脚趾疾病，我们理所当然地会称赞她做出的贡献，承认她比吴明医生的贡献大。但是如果她因此而获得了诺贝尔奖，我们仍然会感到困惑。

最后，假如辛医生灵机一动，大胆地预测食指和人的心脏之间存在某种联系，然后，经过微小修改，把石必知医生的疗法发展成针对冠心病的一种神奇疗法。在这种情形下，当然可以理解为什么诺贝尔委员会决定将诺贝尔生理学或医学奖授予辛医生。

在这种情形下，语言可以扮演一种催化作用。例如，法文词“doigt”（指）和“doigt de pied”（趾，但是字面意义是“脚的指”）先验地表明这两个词指的基本是同样的事物。对于讲法文的人来说，指与趾的类比因此非常简单自然。而对于讲英文的人来说，它们之间的类比就不是那么显而易见。但是，由于非常容易理解的视觉原因，这一类比仍然十分明显。在这两种语言中，没有单一的词来同时表达肘和膝，而且因为肘和膝之间的相似性比指和趾微妙一些，所以将这两个概念联系在一起的可能性不大。另一方面，假如在德文中，“肘”是“Armknie”（臂膝，遗憾的是，这个词并不真实存在），讲德文的人将会比讲英文或法文的人在这两个概念之间建立更多的无意识的交叉。

最后，假如在德文中，由于某种古怪的巧合，人的心脏被叫作“der Brustzeigefinger”，意思是“胸的食指”，而且假如辛医生的母语是德文，那么德文就会为他提供某种直觉性猜测：食指病症的疗法可能也适用于心脏（就是说，适用于胸的食指，至少从讲德文的人的角度出发是这样）。德文中存在这样的复合词的想法并不完全是空穴来风，因为，你可能记得第 2 章中讨论过的，德文的“手套”是“Handschuh”，甚至还有与“Fingerhandschuh”（分指手套）相对应的“Fausthandschuh”（连指手套）。后面这个复合词分解开来就是“拳头鞋”或者“拳头套”的意思，也就是英文的“mitten”。

有时候，概念之间的路径已经事先交到了我们手上，例如：通过特别明显的外表相似，如指与趾的相似；或者通过相关的语言表达，“毛发”便是一个明显的英文例子，因为头发和体毛是用同一个词“hair”来表达的（而在法文中则用两个完全不同的词，即“cheveux”和“poils”，这样就把单一的英文范畴分裂成一对法文范畴）。这时，通过类比，与之相对应的水平范畴延伸将会是顺理成章而且是呼之欲出的。垂直范畴跃升亦是同理。如果一个具体概念和一个更抽象的概念在头脑里已经存在某种联系，那么从一个概念到另一个概念的跃升过程所牵涉的角度转移，例如将膝或肘看作**关节**，就是一个简单而自然的行为。

范畴扩展是狭义相对论的来源

现在回到 $E = mc^2$。任何一个实体都同时隶属于无限个范畴。尽管如此，在日常生活中，经常会产生一种错觉，好像与我们打交道的是只属于一个范畴的实体。一般来说，周围的事物通常让我们感觉是清楚的、无歧义的，似乎只有一种正确的、客观的方式去感知它们。事实上，正是因为有了这种错觉，我们才能生存下去。如果每时每刻，都要考虑所遇到的情形所属的无数个范畴，我们就会被混乱的思维搅得团团转而无法采取任何行动。

能迅速找到并使用标签和定见成规是不可或缺的。反过来，它们也极大地限制了我们。怎样在所有可能的范畴空间里高效率地探索路径而不致花费过多的时间？在日常生活或科学思考的过程中，怎样平衡在特定环境中找到一个大致的范畴和找到一个准确的范畴？在新的环境中，当试图抓住事物本质的时候，怎样知道我们是不是可以满足于脑子里最快想到的、最简单的范畴呢？如何确定在什么环境下应该水平向外扩展，从而创建一个更广泛的范畴，什么环境下应该向上跃升，进而达到一个更高层次的抽象？哪一个方向更明智？

当阅读爱因斯坦本人的作品，或者以科学为主题的他的传记时，我们会清楚地看到，这位伟大的物理学家经常陷入这类困境。事实上，这也是他思维方式最明显的特征。例如，1905 年，在提出狭义相对论时，爱因斯坦在看似最平庸的类比之上创造了一个内容非常丰富的范畴扩展。

在重新考察今天称为“伽利略相对性”的古老的基本原理时，爱因斯坦用貌似最简单的方式扩展了这个原理，指出它不但在**力学**范围内成立，而且在更大的由**力学和电磁学**组成的范围内也成立。力学是物理学最早的分支，它只涉及空间的有形物体的运动，包括速度、加速度、旋转、引力、摩擦、轨道、碰撞、弹簧、钟摆、振动、陀螺等。但是，它不包括光学、电学或磁学，更不包括核力。所有这些物理学分支在伽利略时代尚不为人知。

更准确地说，伽利略相对性原理指出：“假定两个参照系以恒定的相对速度运动，没有任何力学实验可以将二者区分开来。”说得更具体一点：假如你坐在一架飞机里，这架飞机正在以每小时 800 千米的速度在一个固定的高度直线飞行，伽利略的相对性原理指出，你在飞机里做的任何力学实验都无法证明飞机不是一动不动停在机库里。反过来说，如果飞机停在地面，在飞机里做的任何力学实验都无法证明飞机不是在以每小时 800 千米的速度在空中飞行。我们都知道，当在空中高速飞行时，只要飞行速度是恒定的，可以为自己倒一杯水而不必考虑正在运动这一事实，这与完全静止时的感觉一样。同理，在乘坐一辆以固定速度直线行驶的火车时，无论火车的速度是多少，我们的感觉也是一样的。

人们很容易想出一些在飞机或火车上进行的实验，来确定实验结果是否依赖于交通工具的运动状态。这类力学实验可以是往杯子里倒水，在桌子上转陀螺，在车厢顶上安置一个摆动的钟摆，用弹簧吊着秤砣使之上下运动，将冰球在一个无摩擦的表面滑动并相撞，将球从一个倾斜的平面滚下，在头顶放飞氦气球，等等。结果是，这些现象在停止的或平稳行驶中的飞机或火车上看上去和感觉上都完全一样，因而完全证实了伽利略相对性。

那么，在火车和飞机上，光学和电磁学现象会是怎样的呢？在旅行中，我们都经历过开灯关灯，照镜子，看电子数码手表的时间，使用手提电脑或玩电子游戏机，等等。所有这些设备似乎都“照常工作”，和往杯子里倒水一样正常。也就是说，它们在火车和飞机上的表现和坐在家里沙发上观察到的完全一样。所使用的这些设备，包括眼镜、手表、电话、计算机，都是由更简单的东西例如镜片、镜子、棱镜、电池、灯泡、线圈、磁铁、电流等组装而成。支配这类东西的物理学原理属于光学和电磁学。

序幕拉开之后，重新回到爱因斯坦在伯尔尼的奇迹之年。在这一年，当他思考伽利略相对性原理时，爱因斯坦自问：为什么这个似乎非常深奥的原理将自己限制在**力学**实验中？如果仅靠观察钟摆、弹簧或者陀螺无法确定自己是否在运动，那么观察蜡烛、磁铁、镜子或者电路会给我们更好的机会做出同样的判断吗？爱因斯坦觉得并非如此。在他的头脑中，他在试图将伽利略的原理向外扩展，通过类比进行概括，但是是以非常温和的方式进行的。

顺便说一句，我们不是很确定这种类比应该称作水平范畴扩展还是垂直范畴跃升，因为它可以被归入任何一个。一方面，爱因斯坦所做的仅仅是用“任何**力学或电磁学**实验”这个更加概括的词组取代了“任何**力学**实验”。从这个意义上说，这似乎是一个水平扩展，因为它看似只是物理学的一个领域（力学）和另一个领域（电磁学）之间的简单类比。就好像一个学生说：“我下个学期不准备上电磁学的课程了，因为这个学期的力学课对我来说太难了。”

另一方面，也可以说，爱因斯坦用“任何**物理学**实验”这个更抽象的思想取代了“任何**力学**实验”。就是说，他从一个狭窄的概念跃升到一个更宽泛、更概括的概念。这个新概念包含了旧概念。就像那个沮丧的学生说：“我再也不上物理学课了，因为这学期的力学课太重了。”

那么，爱因斯坦本人是怎样看待自己的类比活动的呢？他曾经这样描述过他当时的感受：

> 一个如此具有概括性的原则（指伽利略相对性）在一个现象领域（指力学）具有如此的准确性，却在另一个领域（指电磁学）无效，这在先验上不太可能。[6]

初看，我们可能会倾向于认为这是水平扩展的描述，是以类比延伸为基础，从**力学**到力学和电磁学的**结合**。读者会想起周医生治疗肘疾的新方法正是基于她对膝疾治疗方法的**水平范畴延伸**，从**膝**向外扩展到膝和肘的**结合**，因为膝和肘明显相似。但是，难道不可以把这句话看成是爱因斯坦在宣布他对物理学的统一性先验地深信，也就是说，他愿意打赌：伽利略的原理在物理学所有可以想象的领域都成立，而不仅仅适用于力学领域吗？这另外一种理解爱因斯坦的方式，让我们想起希医生对治疗膝疾的**垂直概括**。他因此改变了视角，从只有**膝**到更抽象的范畴**关节**。总之，在这个例子和许多其他例子中，可以看到在垂直范畴跃升和水平范畴扩展之间并没有明确的分界线。

无论是哪一种类比，无论他的思路是垂直的还是水平的，爱因斯坦对伽利略相对性的扩展到头来深深地动摇了在他之前300年的物理学根基。然而，这一场革命源于对貌似平凡的相似性的关注，也就是在火车或者任何其他参照系里，局限于力学的实验和涉及电磁学的实验之间的相似性。爱因斯坦的直觉告诉他，任何这类区别都是非自然的，因为，归根结底，在任何可以想到的物理学分支里所进行的任何可以想到的实验都属于物理学这棵统一的大树。当然，一个范畴要在什么时候和用什么方式去扩展，这种第六感是所有艺术中最深不可测的谜。

两头发光的手电筒失去了一点点质量

通过类比进行范畴扩展，当应用到伽利略相对性之上时，其结果是非常深刻的，而且促使爱因斯坦构建了丰富的思想网络。对现代科学感兴趣的人来说，该网络中的许多名称都是耳熟能详的，例如，同时的相对性、时间膨胀、运动物体的收缩、速度不可叠加性、孪生子佯谬等。这些思想虽然令人着迷，但不是我们关注的焦点。现在回到 $E = mc^2$ 这个公式。奇怪得很，这个公式在爱因斯坦关于相对论的第一篇文章中根本找不到。这篇发表于1905年夏的30页的论文包含许多其他公式。这些公式都带来了前所未有的革命性的后果，但是这篇论文中没有这个日后成为无可争议的、最具相对论标志性的、短小精练的公式。

对于大多数人来说，无论是专家还是非专家，$E = mc^2$ 这个公式与爱因斯坦的相对论的联系都非常紧密。我们想到相对论而完全不提这个招牌公式，就像想到1927年的纽约洋基棒球队而不提贝比·鲁斯，或者想到公元1100年比萨塔尚未建起之前的比萨城那样不可思议。然而，事实就是这样：他的第一篇关于相对论的文章发表时，爱因斯坦尚未发现那个著名的公式。这要等到几个月之后，他认为他的新发现很有趣，值得为此写第二篇文章。这篇只有两页长的文章发表于当年的11月份，从而勉强地挤进了他的奇迹之年。

严格地讲，这个著名公式也没有出现在这篇文章里，因为爱因斯坦认为用文字而不是用公式来表达他的新发现更合适。然而，这些文字等同于 $E = mc^2$。两年之后，他意识到自己第二篇关于相对论的文章隐藏着一些非常重要的隐含意义。这些含义是他发表那篇文章时没有想到的。所以，在 1907 年，他又发表了第三篇文章，这一次终于将 $E = mc^2$ 这些符号的全部意义讲清楚了。正是这一篇文章吸引了全世界的注意力，因为文章的结论不但违反直觉、在科学上具有深远影响，而且对社会也具有深刻的潜在含义。

现在从 1905 年 11 月的那篇短文开始，按时间顺序讨论这些发展。在这篇文章中，爱因斯坦假设一个物体可以向相反方向，例如向东和向西同时发射两束光。所以，假设这个物体是一个两头各有一个灯泡的手电筒。因为一束光具有能量，而且因为能量在全部物理过程（力学、电磁学过程等）中都完全守恒，两头发光的手电筒必然要失去一些能量，也就是由两束射出的光带走的总能量。从能量的角度看，光的产出是需要付出代价的。所有这一切都是显而易见的。

在这里，爱因斯坦迈出的关键一步是一个几乎不起眼的想法：从另外一个参照系来观察这个两头发光的手电筒，具体地说，是从一个运动中的参照系来观察，例如一列以时速 60 千米行进的火车。假设火车是向西行驶的。根据狭义相对论，坐在火车里的观察者有权利认为自己是静止的并有权宣称手电筒正以每小时 60 千米的速度向东行驶，而且该速度恒定，因为火车是匀速的。对于列车上的观察者来说，这两束光必然产生多普勒效应。

为了照顾不熟悉多普勒效应的读者，有必要暂时偏离主题讲解一下。多普勒效应在包括光波和声波的任何波里都成立。以声波为例，每当救护车向我们驶来，从身边驶过，然后渐渐驶远时，听到的声音会发生变化。在它从身边驶过的那一刹那，它的警笛的音高会突然降低。当然，对于坐在救护车里的人来说，一切保持不变，而对于站在地面上的人来说，则是另一番情景。为什么会产生这个令人惊奇的声音变化呢？

想象一个水塘，你往水塘里扔了一块石子。从石子接触水面并下沉的那个点，圆形的水波开始散开。这时，往水里抛一个软木塞，让它漂浮在水面。不久同心圆的水波就会一个接一个地抵达这个软木塞，使软木塞在水面按照固定的频率上下起伏。这个上下起伏的软木塞就类似于坐在救护车里的人听到警笛时振动的耳鼓。其振动一定有一个固定的频率。

与此相对，再想象一辆玩具快艇驶过这同心圆形水波。快艇直向同心圆的中心，也就是水波的源泉驶去，然后继续向前驶向彼岸。当它向中心驶去时，随着水波的扩散，玩具快艇上下起伏，其频率比软木塞上下起伏的频率要快，因为对于快艇来说，圆形的水波似乎是向着它迎过来；但是一旦它驶过水波的中心（在下沉的石子的正上面），玩具快艇则需要追赶水波，因为这时的水波是离它而去的，所以，快艇遇到水波的频率比以前要低。这意味着它上下起伏不像从前那样快了。这是一个水的多普勒效应：在快艇驶过水波发生源的一刹那，我们能感觉到水波频率会突然下降。

与此类似，在救护车的例子中，当救护车驶过站在街上的人的瞬间，人听到的警笛的频率，即音高会突然降低。多普勒效应通常会说，如果一个观察者向着波源运动或者波源向着观察者运动，那么观察者所感受到的波频将取决于这两个参照系之间的相对速度。当然，把最初的效应从声波扩展到其他类型的波，诸如光波和水塘里的水波，这本身已经是一个非同小可的类比。但这是另外一个故事。简言之，把多普勒效应应用于电磁波在 20 世纪初还是一个相当新颖的思想。伯尔尼的三级专利技术专家不是这一思想的首创者，但他尽可能地利用了它。

事实上，爱因斯坦运用他几个月前刚刚创立的狭义相对论计算了双向手电筒的多普勒效应。他想象自己处在手电筒以固定速度运动的参照系中（换句话说，即火车处于静止状态的参照系）。他进行了相对的多普勒效应的计算，得出了两束光同时掠过时每一束光的能量。将这两束光的能量相加，他得到了手电筒失去的总能量。他用这个能量之和计算出运动中的手电筒在光束发出的瞬间损失了多少动能。这个数字应该正好为 0，因为手电筒一直是以常速运动。但是，它不是 0，而是与 0 相差了一点点。爱因斯坦的多普勒效应的计算结果告诉他，移动中的手电筒通过发射两束光而损失了一些动能。

这一结果非常奇怪。很明显，要产生光，手电筒必须释放一些来自电池的电能，但是它为什么还要损失了一些动能？要知道，动能的标准公式是 $Mv^2/2$，其中大写的 M 代表手电筒的质量，v 代表速度。我们知道手电筒没有丝毫减速。按规定，它正在做匀速运动。回忆一下，在第一个参照系中，它是完全静止的；只有在火车里的观察者才能看到它在运动，因为他们的参照系正在铁轨下滑过。而且，因为他们的参照系正在以绝对恒定的速度滑过，并且手电筒相对于地面是静止的，从火车里的观察者角度看，“运动中”的手电筒永远不会失去或增加一丁点速度。那么，以恒定速度运动的手电筒怎么可能会损失哪怕是一丁点的动能呢？花一点时间思考一下这个小谜，一个答案震撼了世界的小谜。

如果手电筒在释放出携带总能量为 E 的两束光时损失了哪怕是一丁点的动能，那么，刚刚引用的动能公式 $Mv^2/2$ 告诉我们，在释放光的那一刹那，或者是手电筒的质量 M，或者是它的速度 v 必定突然减少了。但是，如前述，火车速度恒定。这也就意味着从火车上看，手电筒也是速度恒定。所以，v 保持不变。因此，我们没有别的选择：唯一可能变小的只有 M，也就是手电筒的质量。根据爱因斯坦对多普勒效应的计算，手电筒损失的微小的质量，用小写的 m 表示，等于 E/c^2。（这里至关重要的是，不要把手电筒的总质量 M 和手电筒发射两束光时损失的小得可以忽略不计的质量 m 混淆。）

能量概念的定义

任何读得懂爱因斯坦相当简单的计算的人都会同意他的结论，即一个发射电磁辐射的物体总要失去一些质量，也就是说，失去一些小得难以想象的质量。这个量取决于辐射带走的能量 E。为什么特别小呢？因为光的能量本身小得可以忽略不计。E 是分数的分子，而分数的分母 c^2 却大得难以想象。它毕竟是光速的平方，也就是说是“299 792 千米每秒”的平方。用两道光束的极其微小的能量除以一个极其庞大的数字，其结果肯定是极小的。

我们是在用质量乘以速度的平方（mc^2），这一事实会让一个非科学家感到吃惊，但并不会让一个物理学家吃惊，因为从伽利略、开普勒和牛顿以来，物理学家已经习惯于这样的思维方式：自然法则可用代数式表示，式中通常会出现直接观察到的数量的幂，最经常出现的是平方和立方。事实上，对于任何学过物理学课程的人来说，一个质量为 M、速度为 v 的运动物体的动能的公式 K.E. $= Mv^2/2$ 并不陌生，也不值得大惊小怪。

现在，回到量 E/c^2。爱因斯坦刚确定这个量与目前的形势有关。根据上面的讨论，这个量令人惊讶之处不是代数式本身。公式表现的无非是能量除以速度的平方，得出的结果必然是质量的单位。令人惊讶的是它的含义。首先，这个 m 代表的是发射能量的物体损失的质量，无论它最初的 M 是多少。其次，m 的大小和 E 之间的关系取决于某个特殊的普适自然常数，即光速。这才是让人讶异的新发现，该公式的代数结构，即能量除以速度的平方，本身没有新意。总之，有新意的是这个公式暗示的含义：能量具有质量。这才是让人措手不及的地方，而不是那个简单的代数式。这个代数式任何人都清楚，正像物理学家 300 年来早已经认识到的那样，能量的单位永远是质量乘以速度的平方。

那么，这个公式告诉了我们什么？好吧，现在试着重构爱因斯坦本人在这个问题上的思考过程，从他发表于 1905 年秋天的第一篇关于这个著名公式的文章开始。在这篇文章中，他仅仅描述了冰山的一角。我们将结束于他发表于 1907 年的补充文章。在那篇文章里，他才最终把冰山展露无遗。

能量和质量

在爱因斯坦 1905 年秋两页纸的文章中，他指出，任何物体以光的形式散发能量都要因此而失去小得难以想象的一点质量。这一结论让物理学家们有些措手不及，但是普通老百姓对此却毫不在意，因为一个物体的质量的微小变化，无论是不是反直觉的，对于社会来说没有任何潜在的用途。暂时回到前面提到的比萨镇和镇上的塔那个漫画类比。当 $E = mc^2$ 出现在第一篇文章中时，就像在 1173 年一座造型典雅的石塔出现在比萨镇中心一样，这是一座和其他塔一样的直立的塔。在那些年月，意大利城里的一座高塔会给该城带来一些威望，但也只是一点点而已。塔虽然是令人印象深刻的结构，但也是屡见不鲜。同样，1905 年秋天的那篇两页纸的文章也没有得到太多关注。

一会儿再回到比萨镇和镇上的塔。先来思考一下，一个发光物丢失的那一丁点质量究竟到哪里去了？它是噗的一声不留痕迹地消失了，还是被离开的光束带走了？我们可能倾向于在光束中寻找失去的质量，因此，会得出结论，认为离去的光有重量。这意味着如果把这束光捕捉到一个内壁装了镜子的盒子里，让光束在盒子里来回反射，然后把盒子放在秤上。这时得到的读数应该比里面没有光的同样的盒子要稍微高一点。但是，这一结论所基于的思想是，如果有一点质量看似消失了，那它一定是去了什么地方。换句话说，离去的光束一定带走了一些质量这个结论是从**物质不灭**的信念得出的。或者换另一种说法，在一切物理过程中，存在着**质量守恒**的定律，正像存在着**能量守恒**的定律一样。（注意，我们用了“正像”这个词语，它表明质量和能量的表现类似。这一类比在后面的讨论中至关重要。）如果有这样一条质量法则，那么，离去的光束显然带走了物体失去的质量。否则，那些质量去了哪里？赃物难道不是被窃贼带走了吗？但是这一点令人困惑，因为头脑里有关光根深蒂固的形象是没有实体的、幽灵般的存在，在某种意义上与物质正好相反。光怎么可能有重量呢？

然而，任何发光过程都不可避免地带来发光物体的质量损失。损失的准确数字可以通过爱因斯坦的著名公式算出来。再一次强调，爱因斯坦把能量和质量联系在一起的第一个发现的核心不是准确的能量损失数值（这个数值由他的数学公式给出），而是本段第一句话的陈述。但这只是第一步，不是这个初始发现，而是随后两年里发现的公式的更深远的意义最终使这个公式变得世人皆知。

巴纳希·霍夫曼对爱因斯坦的特殊解读

物理学家和数学家巴纳希·霍夫曼（Banesh Hoffmann）在 20 世纪 30 年代是爱因斯坦的合作者。他在 1972 年出版了一部值得称道的爱因斯坦传记，书名为《阿尔伯特·爱因斯坦：创造者和叛逆者》（*Albert Einstein: Creator and Rebel*）。这本书的特点是以清晰的笔触描述了这位伟大思想家的思维方式。其中部分章节展现了爱因斯坦是如何运用微妙的类比来逐渐揭示五个符号所表现的发现的本质。相当矛盾的是，这一发现的本质也同时隐藏在这五个符号后面，因为任何一个物理学公式都不是不言自明的，它不能自我解释其含义，它只是默默地出现在书页上。物理学家要自己解读公式的含义，或多层含义，因为任何一个哪怕很小的公式都可能有许多层次的含义。

例如，公式 $E = mc^2$ 经常出现在没有明确上下文的环境里。在这种情况下，字母 E 和 m 是什么意思？指的是什么能量和质量？它们总是处于同一位置、同一时间吗？更具体地说，公式里的等号指的是质量伴随着一定的能量吗，或者是说质量实际就是能量，还是说质量产生能量，或者是指质量出自能量？这个等式是说某些能量能够转化成某些质量，或者是反过来，或者是两种情况都存在？

对于这类问题的答案绝非不言自明的，它们不会自己从纸上跳出来，数学技巧也不是灵丹妙药。即使在今天，知道如何解释这些符号的非科学家也是凤毛麟角，甚至许多物理学家对这些符号的理解也时而不够牢固。实际情况是，这个貌似简单的公式，它的含义是难以捕捉的，甚至它的发现者也要花两年时间思考才能挖掘出它的全部深意。

为了理解爱因斯坦从 1905 年到 1907 年的心路历程，这里从下面这段巴纳希·霍夫曼的话开始。它讲述了爱因斯坦在 1905 年秋天发表的文章里的一个关键点：

> 带着对宇宙统一的直觉，他现在抛出了一个深刻而至关重要的论断：能量以光的形式出现，这“显然毫无特殊之处”。[7]

换句话说，爱因斯坦一旦正式推导出这一反直觉的结果，他完全满意于忽略自己的推导而跃进到结论：它在比他发现这一结果的环境更为一般的环境中也一定成立。特别是，爱因斯坦写道，完全一样的结果一定在任何情形中都成立，即一个物体以任何形式释放能量时，例如热能、动能、声波等的时候都成立。

这是爱因斯坦的经典垂直范畴跃升，从他使用的一个谨慎词“显然”就可以看出来（顺便一提，这个词霍夫曼倒是应该译成“明显”）。虽然爱因斯坦称这一跃升是“显然的”或“明显的”，但这并不能证明他的跃升有道理，因为这是一个非常大胆的概括性跃升，完全没有依靠逻辑或数学思维或代数式。这一跃升完全出自一种物理学的直觉：能量释放的所有过程有如此多的共性，如果某一特定结果已经被严格地证明适用其中一种过程，那么它一定也适用所有同类过程。换句话说，它来自一个类比的信念：在此类情形中，能量释放的所有形式是相等的。所以，爱因斯坦对公式意义的首次扩展表明，当任何物体释放任何形式的能量 E 时，它都要失去微小的质量 E/c^2。

实际上，在此之前，爱因斯坦将他的公式的意义做过一次延伸。那次延伸是一个相对比较小、比较谨慎的跃升，一个涉及概念逆转的跃升。爱因斯坦宣布，每当物体从输入能量吸收一定量 E 时，它会增加一定量的质量 E/c^2。这种思维反转构成了一个非凡的类比：这个物体，非但没有释放能量，反而吸收了一些；非但没有失去质量，反而吸收了一些。换句话说，爱因斯坦认识到，在新发现的现象在时间中向前和向后运动之间没有一个深刻的不同。这样一种概念逆转，看似非常简单，但不会主动出现在你面前，某个人必须把它想象出来。而且，即使是这样一个简单的思维逆转，深刻的思想家，甚至爱因斯坦，有时也会想不到（我们很快就会举出这样一个例子）。但是，眼下这个特殊的概念逆转没有逃过爱因斯坦的思路。

这些关于释放或吸收过程的描述可以被看作这个公式的因果解释。如前所述，在关于这些思想的第一篇文章中，爱因斯坦没有用代数符号写出现今著名的公式。他只是用文字表述了自己的发现。他说："如果一个物体以辐射的形式释放了能量 E，那么该物体的质量则会减少 E/c^2。"这句话描述了一个事件，即一些能量的释放或吸收；这个事件最终导致一个结果，即质量的损失或增加。与前一章讨论过的公式类似，这句话赋予了这个公式一个不对称的解读。在其中，一侧被看成是另一侧的原因，但是相反方向的因果关系却没有被想象出来。

粗略地说，这就是爱因斯坦在 1905 年所理解的 $E = mc^2$ 的意义。这个意义虽然已经非常令人震惊、非常有争议性，但远不及他在 1907 年的最终解释。在他从 1905 年到 1907 年的思考过程中，公式本身并没有产生任何变化，所有的变化都存在于爱因斯坦对公式的五个符号的解释。原则上讲，当年的任何一位物理学家都可以读到爱因斯坦 1905 年的文章，可以花上两年时间去思考，并可以看出它的全部后果。

然而，没有任何一个人想出这些结论。爱因斯坦的思维为何如此与众不同，如此特殊呢？

一类新的反常质量

为了理解爱因斯坦要克服的思维障碍，就必须进入当时的物理学家的思维定式。在 1905 年，原子的存在还没有完全确定。假如原子果真存在，它们的性质也尚不为人知。爱因斯坦几乎肯定相信原子存在，正像他相信固体中原子的振动是热的起因，尽管他也不知道原子是什么样子。不过爱因斯坦，或者同时代的任何一位物理学家，是怎样想象一个发光物体，例如一个手电筒，会失去一部分质量的？这样一个古怪的事件是怎样发生的？

例如，它失去了组成成分的部分原子吗？果真如此，原子到哪里去了；或者，它们突然不再存在；再或者，它的组成成分的部分或全部原子的体积变得比以前小了一丁点儿，而数量保持不变？在这种情况下，单个原子是通过什么机制失去一部分质量的？基本粒子，例如于 1897 年刚刚被英国物理学家约瑟夫·约翰·汤姆森（J. J. Thomson）发现的电子的质量，是不是有可能是可变的而不是固定的？另一方面，如果物体没有失去任何一个原子，而且如果每一个组成成分的原子保持初始质量不变，那么整个物体怎么可能会失去任何质量？这真是一个谜。

当然，所有这些问题都取决于那个时代的物理学家是怎样想象质量的。关于这一点，没有任何疑问：他们看质量和我们凭直觉看质量完全一样，甚至在今天，100 多年以后，仍是如此，即质量是任何有形物体的一种固定特征，诸如钟表、云朵、尘埃、原子，但不适用于无形的概念，诸如叮当声响、潺潺水声、吵闹喧哗、跌跌撞撞，因为这些动词似的现象不过是某种物质的运动方式，是没有重量的。既然质量被看成是有形物质的固定特征，它肯定不会召之即来、挥之即去。事实上，一个物体的质量根本不能改变，除了会有一小部分的脱落或飘散，就像烟卷散发细小的烟粒子那样看不见地飘散而去。但是，即使如此，所有这些微小的看不见的质量的总和仍然与其初始质量相等。这在当时，甚至现在，都是不言自明的。总质量不增不减，它是一个不变量，因此总量是守恒的。

所以，爱因斯坦的新公式将他置于一个尴尬的境地，因为每一个人都非常清楚有形物体和无形现象之间的区别，而这个新公式似乎是说一个有形物体因为失去或获得能量而可能（事实上是必须）失去或得到质量，尽管从表面看能量绝不会是有形物体。新公式要表达的意思可以用一个正在冷却的热物体作例子。这个热物体释放了它自身的一部分热到周围的环境。根据爱因斯坦的新公式，这个物体也必须失去它的一小部分质量。这就意味着某些质量是与热相关的。但是，不要忘记，对于爱因斯坦和那个时代的大部分物理学家来说，"热"是"原子振动"的同义词。这就是说，他被自己的信念推向了一种超现实的思想，即固体内的原子振动对固体的质量有贡献。当然，它的质量主体居于原子本身，被看成是有形物体。

因此，我们被导向了一个二分境地。在质量概念的问题上，在爱因斯坦和那些接受他的结论的人看来：一方面，存在人们熟悉的那一类质量，我们称之为**正常质量**，它等同于"有形物体的质量"这一标准的日常概念。另一方面，存在另一类质量，我们称之为**反常质量**，它等同于爱因斯坦著名公式披露出的反直觉的新概念。爱因斯坦本人在 1907 年做了同样的区分，他用的术语是"'真实'质量"和"'表观'质量"。质量被划分成了两类，虽然出乎意料，却是公式强加给我们的，是不可避免的。一朵云和一块表显然拥有**正常质量**，因为它们都是由**材料**，即原子构成的，而光、声和热却没有正常质量，但它们拥有**反常质量**。当然，云和表也拥有一些反常质量，因为它们包含一定量的热能，而如前所述，热充满了反常质量。

就是说，任何普通有形物体都拥有大量的正常质量和一丁点儿反常质量，而且它们的相对比例会随时间推移产生变化。例如，一个长时间发光的手电筒将逐渐失去它的反常质量，因而变得稍微轻了一点儿。当它耗尽它的反常质量只剩**正常质量**时会发生什么？我们都知道，到这时，手电筒就再不能发射任何电磁辐射，除非换上新电池。它依然拥有大量的正常质量，但这一事实和它发光的特性毫无关系，因为正常和反常质量之间不存在相互转化。也就是说，似乎不能抽取手电筒充盈的正常质量的储存来发光。直接经验也让我们认识到，一个物体只有依赖它非常稀少的反常质量的供给才能释放能量，诸如手电筒的发光。

下面这个寓言故事将有助于更清晰地表述这两类质量之间的区别。简有资金购买大部分生活必需品，但是她有限的银行存款让她不能把钱花在奢侈品上。前段时间，她继承了一座豪宅及其庭院，价值高达数百万美元。但是在她心目中，这类财产和日常花费不属于同一范畴，无论房产的官方价值是多少，她认为住宅不属于可供她消费的流动资金。她把它看成是冻结的固定资产。对于简来说，这两类财产毫无关系，好像有一条严格的心理屏障把这两个概念分割开了。为了购买奢侈品或外出度假，她永远不会想到可以卖掉几亩花园，更不要说卖掉豪宅了。在简的心里，她有限的流动资产可以自由流动，这也是为什么它被称为"流动资产"，但是她的固定资产是完全冻结的，是不可动的。如果需要钱，她绝不会想到后者。但是，有一天，当她的一份高额账单拖欠数月之后，简收到了一封令她担忧的信。信中称几天后她的部分财产将被执法人员强行没收。这时，她的脑子才突然灵光一现……

很容易把这个寓言故事翻译成质量和爱因斯坦发现的概念二分的语言。这个想法很简单：反常质量（等于流动资产）和正常质量（等于冻结资产）之间的不可逾越的屏障其实根本不是不可逾越的。这个屏障是可以跨越的，只要有足够的压力（等于没收资产的威胁）让这一念头在头脑中闪现。

然而，对于 1905 年的爱因斯坦和读过他的有关 $E = mc^2$ 思想的第一篇文章的读者来说，**正常质量**和**反常质量**之间的屏障是绝对不可穿越的。当时的情形怎么可能不是这样呢？举例来说，想象一块大鹅卵石（典型的正常质量的例子），大石内部的热量储存（典型的反常质量的例子）将会随着大石散发红外线辐射为周围环境增温而逐渐减少。但是谁能想到大石本身会一下子突然从宇宙消失得无影无踪，同时放射出非常强烈的光芒？这两种想象是不可同日而语的。不在重压下，谁都不会去拥抱这类猛烈而模糊的情形，谁都不会主动欢迎这类与自身经历严重冲突的概念，更别提与人类的集体智慧相左的思想。

在有样学样的类比问题"abc ⇒abd；xyz ⇒???"中，没有人会马上想到优雅而对称的答案 wyz。他们总会先想 z 后面的字母，因而撞到了屏障上。只有在初始的简单直觉行不通之后，才会开始尝试更激进的想法。简言之，需要巨大的思维压力才能激发激进的概念滑动，而在提供压力的各种来源之中，美学意识不可小觑。

下面是霍夫曼对爱因斯坦这个非常微妙的阶段的思路的记述：

> 在他1905年的论文中，爱因斯坦说所有能量，无论哪一类，都有质量，甚至爱因斯坦本人又花了两年时间才达到了惊人的认识：反过来也必然成立，即所有质量，无论哪一类，必然有能量。他是靠美学原因走到这一步的。
>
> 人为什么要在一个物体已经具有的质量和该物体在释放能量时损失的质量之间做出一种类别性的区分？这样做需要设想两种不同的质量，而当一种已经足够的时候还要设想两种，这样做没有充分的理由。这种区分缺乏艺术性而且在逻辑上很难辩护。所以，全部质量都必然有能量。[8]

这段话很有说服力也有眼力，但也令人好奇，因为它的两半几乎是相互矛盾的。第一段说明很难超越存在两种不同质量的直觉，甚至对于爱因斯坦来说都是如此。第二段为我们提供了一个从内部观察爱因斯坦思路的得天独厚的现场记录，它宣称没有充分的理由相信这两种质量的区分。但是，实际上，这样的信念的产生需要一个非常强烈的理由。恰恰是爱因斯坦本人的公式在曾经是铁板一块的**质量**的概念中创造了裂痕。从这个角度解读，霍夫曼的这段话是对两年来爱因斯坦心路历程的一个完美总结。第一段暗示了爱因斯坦在1905年对一种新质量的初窥，也暴露了他对这种新质量不全面的理解。第二段指出这种不完整的理解在爱因斯坦的思维中引发了强大的张力，迫使他最终对他的初始概念“反常质量”做出一个大胆的、由美学意识驱使的延伸，从而消弭了概念裂痕并重建了概念统一，进而生成了一个全新而和谐的理解状态。一切思维张力由此消除了。

现在要把爱因斯坦的心路历程放在放大镜下考察。如果光、热和声等都拥有质量，哪怕是极微量的质量，这也意味着我们在和一种前人想不到的新的质量打交道。物体在释放能量时要损失一丁点质量，但不损失它的固态的或正常的组成成分。损失的是一种全新的东西，一种不同类的质量。简言之，对于任何理解公式$E = mc^2$的人（里面当然包括发现者本人）来说，有一种强烈的压力迫使他们假设存在两种截然不同类别的质量，一种是熟悉的、正常的，另一种是新的、反常的，后者与能量的输出和输入有关。更具体地说，被光束带走的微量质量来自电池损耗的反常质量。然而，电池里的粒子没有丝毫损毁，它的每一个微粒，原子、分子等都完好无缺。因为电池的质量从未受到光的释放和吸收过程的影响，这导致了这两类质量之间存在严格界限的形象，通俗地讲就是“它们不搭界”。

他的公式指出了（事实上，强力推出了）一个无法穿越的思维障碍。爱因斯坦花了两年的时间才得出结论：这个障碍实际上不存在。如霍夫曼所说，他的“宇宙统一的直觉”最终引导他得出了自然内部的一致性这一激进的思想。也就是说，物理学定律的统一性和简单性要求任何有形物体，即任何正常质量，无论是电子还是炮弹，都应该能够“融汇”进逃逸的光束带走的反常质量，正像潜存于房地产里面的冻结资产可以转化为流动资金一样。

这的确是一个令人震惊的思想，因为它不但意味着固态、巨大的有形物体，真的可以非物质化、消于无形（或者，如果我们将之反转，这类物体还可以从天而降，突如其来地实体化），而且任何变化都必然伴随着巨大能量的瞬间同时出现（或消失）。事实上，正是巨大能量的产生或消失使爱因斯坦公式新显露出的全部意义变得令人震惊，甚至给人一种超现实的感觉。

爱因斯坦的大脑背后隐藏着什么思维机制

在爱因斯坦的头脑中发生了什么，使他经过了两年时间的思考，在没有任何实验证明的情形下，提出了这个最令人迷惑的思想？

完全有理由相信爱因斯坦认为光束离开手电筒时不但携带能量而且携带质量，即二者均从手电筒中被“减掉”了。这意味着反常质量在离开手电筒时并未消于无形，而是从一种形式变成了另一种形式。在两束光产生之前，反常质量储存在手电筒电池里的化学键中。在光束释放之后，反常质量存在于形成光束的电磁波里（如果有人称量内壁装着镜子的盒子，盒子里面捕获到往来反射的光束，他会发现盒子比捕获光束之前稍微重了一丁点）。

反常质量的流动性，即反常质量能够从一种形态滑向另一种形态，不可能不让爱因斯坦想到能量的流动性，因为能量也同样可以从一种形态滑向另一种形态。他会更容易地想到二者的相关性，因为他的公式已经暴露了质量和能量之间意想不到的联系。但即使某一特定类型的反常质量可以轻松滑向另一种反常质量，正常质量却不能变化，这似乎是不言自明的。如上所述，从来没有人看到大石或其他固体物体会突然消弭于光束之中，或者神奇地从光束中弹出来，液体或气体也是如此。有形事物是由可以触摸的材料构成的，属于另类事物，与不可触摸的能量及其“反常质量”不同。这种明显的区分需要在质量概念内部建立严格的、不可跨越的屏障，将它们分成两个不可相互转换的亚种。

和当年的所有物理学家一样，爱因斯坦也深谙能量守恒这一牢固的并且已经被证实的原理，即能量可以改变形式，但不能增加也不能减少。无数次实验已经证明：热（热能）可以转化为宏观物体的运动（动能），例如气缸里的活塞；反之亦然，如摩擦可以加热物体，电池的化学能可以转变成电磁能，等等。当年的科学技术依赖这个基本原理。

爱因斯坦对能量守恒原理深信不疑。现在,他又突然面临另一种类似的守恒原理，即反常质量的守恒。也就是说，反常质量，与能量相似，似乎也可以从一种形式滑入另一种形式，并保持不增不减。例如，如果一块晶体吸收了光辐射，电磁反常质量的一小部分，即一束光，将突然消失，同时，热反常质量的一小部分将突然出现。同理，在发光中情况相反。所以，可以想象，在爱因斯坦的思维中，因为有能量守恒原理和反常质量守恒原理之间的类比，**能量**概念和**反常质量**概念之间的紧密的类比联系也开始出现。

到目前为止，一直没有提到另一类非常重要的能量——**势能**。这个术语是法国物理学家皮埃尔 – 西蒙 · 拉普拉斯（Pierre-Simon de Laplace）于 1799 年提出的。势能或许是最奇特、最反直觉的一种能量形式，因为它完全依赖于物体之间的相对位置。但是，无论奇特与否，势能在能量守恒中扮演了一个关键角色。例如，一个滚下山坡的球获得动能，同时失去势能，因为势能与它的高度成正比。反之亦然，如果球往上滚动，它的速度减缓，因此动能减少，同时势能增加。再举一个弹簧的例子来说明势能在能量守恒中所起的关键作用。处于平衡位置，即没有拉伸也没有压缩时，弹簧没有势能，但是在拉伸或压缩状态下，它产生势能。只要我们将弹簧拉开，并且不让它弹回中性状态，它就保持着势能。在我们松开手的一刹那，它的势能就被转换成了动能。在这个过程的每一刻，能量的总和保持恒定。

所以能量和质量一样，似乎也存在两个非常不同的变体。一方面，存在各种与运动有关的动态形式的能量，诸如热（分子振动）、波、旋转、空间中的运动等。另一方面，存在静止的势能。这种能似乎很不同，因为它与运动无关，只与位置有关。记得前面讲的关于钱财的寓言故事吧？可以将第一类财富比作**流动能**，因为它总是和流动的东西相关；而将第二类财富比作势能，因为它的存在不涉及任何动作，所以可以称之为**冻结能**。

将能量概念分成两类——流动的和冻结的，自然会想到把质量概念分成两类——反常的和正常的（不要忘记，这个划分是爱因斯坦的公式强加的）。这个类比非常清楚，简直到了呼之欲出的地步。虽然它很明显，但是这个类比会导致一个问题，因为在爱因斯坦所处的时代，一百年来，人们已经熟知动态和静止的这两类能量是完全可以相互转换的，否则能量守恒将不成立。而我们一直坚持认为反常的和正常的这两类质量是不可以相互转换的。如果能转换，铁原子、珍珠或鹅卵石就可以突然消失得无影无踪，只要它们身后留下了等量的反常质量，也就是热、声、光等。但是，这从来没有发生过，至少任何思维正常的人自然会这样认为。总之，就质量而言，在这两个类别之间似乎必须有一道密不透风的屏障。而就能量而言，它们之间不应该存在任何屏障。因此，我们含苞待放的质量–能量类比就这样破灭了。真可惜！

但是，这也正是爱因斯坦的“宇宙统一的直觉”起作用的地方。正如巴纳希·霍夫曼所述，如果坚持在反常和正常质量之间设置一道密不透风的屏障，“这样做需要设想两种不同的质量，而当一种已经足够的时候还要设想两种，这样做没有充分的理由。这种区分缺乏艺术性而且在逻辑上很难辩护”。如果相信霍夫曼的话，爱因斯坦在 1907 年一定会对自己说：“我对自然的统一性的坚定信念指引着我得出结论，即一块拥有正常质量的普通物质应该有可能转化为一定数量的反常质量；反之亦然，尽管任何人在任何地方都从没见过这种事。”爱因斯坦被自己的简单性美学激发出来的强烈灵感与简的顿悟很相似。当她面临财产被没收的威胁时，她冲破了一道看不见的钱财屏障，想到了以前不可想象的办法，将冻结财产转换成流动资金。

但是，是什么促使爱因斯坦冲破了看似坚不可破的质量概念中的屏障呢？是哪一位“执法人”在一个晴好的日子前来敲门，给他施加了足够强烈的思想压力？建立在美学基础上的对宇宙统一的希冀，只凭这一点是不够的。因为，如上所述，两类质量之间没有相互转换，这是不言自明的。钟表、石块从来不会蒸发成光束、声波，或者任何东西。它们就待在那里，无动于衷。所有这一切都一清二楚。那么，到底是什么让爱因斯坦看事情不一样了呢？

再回忆一下巴纳希·霍夫曼是怎样总结爱因斯坦在1907年有关质量的心态的。如果用这一章讨论的术语把他的话复述一遍，那么爱因斯坦的基本思路是这样的："正常质量或许应该拥有能量，因为它与反常质量基本是同样的东西。而后者，根据我两年前得出的公式，拥有能量。因此，类比强迫我去概括，所以我得出结论：所有种类的质量都拥有能量。"这个类比显而易见地存在于"它与XX基本是同样的东西"。但是，仍然要问：既然知道人们认为正常质量和反常质量之间存在着巨大差异，爱因斯坦为什么会对这样一个类比充满信心，而且是在没有任何实验证明的情况下设想在每一个看似寻常的物质内部隐藏着巨大的能量储备？事实上，这是难以想象的、无比巨大的能量储备。

爱因斯坦的关键线索很可能是势能，因为，如前所述，势能会让人联想到正常质量。其他的能量形式涉及运动，势能是不动的。同样，反常质量涉及运动，正常质量是不动的。

至此，势能和正常质量之间的类比是有力的。但是，在爱因斯坦心里，这个类比的力度被削弱了，因为能量的所有形态，包括势能，都是可以相互转换的。而对于质量来说，相互转换的概念仅仅适用于墙壁的一侧，把正常的"冻结"质量专门排除在外。这是一个非常困扰人的不对称。但是，正是出于这个原因，它也最具有挑战性！为什么必须有一条不可逾越的屏障，将反常质量和正常质量分隔开，而能量内部类似的屏障却畅通无阻？这正是导致关键性突破的关键性问题。

提出正常的"冻结"的质量也能参与全部质量守恒的流体似的现象，这显然像蒙着眼向前的大胆一跃。这一跃没有任何理由，除了一种深沉的追求统一的美学欲望，以及一个富有启发性的类比的支持，即势能参与总的能量守恒，别无其他。但是，无论这个类比多么富有启发性，这仍然是鲁莽的一跃，因为它迫使你接受一种不着边际的想法：一块物体会凭空消失得踪影全无。这可是前所未有、闻所未闻的事件。

此外，使这一概念变得更加超现实的是，爱因斯坦非常清楚，因为他的公式中的巨大常数 c^2，哪怕最微不足道的正常质量转换为反常质量都会造成巨大得不可想象的能量突然产生，好像生于无形。（尽管这些能量一直都存在，只是隐藏在貌似平常的物质之中，我们看不见而已。这一点与化学势能潜藏在化学键内非常类似。）巨大的能量储存释放出来可以用来发展巨大的能源，更不用说超级武器了。如果有一天这种转化成为现实，世界将彻底改变。

总之，对 $E = mc^2$ 公式的新解相当于大胆地跨入了漫无边际的科幻领域。尽管这个公式里面别无他物，只有一个以美学为基础的直觉类比，然而，爱因斯坦于 1907 年付诸笔端的这个公式确实是一个飞跃，从而打开了通往具有革命性远景的大门。在这里，拥有正常质量的有形物体可以转化成其他的、不可触摸的质量形式，并因此而释放出大量的以势能形态锁在其中的隐藏能量。1907 年是隐喻性的比萨塔开始倾斜的一年，并因其倾斜而开始引起了世界的关注。从那一刻起，“爱因斯坦的相对论”这个很快就变得人人皆知的短语在公众的想象之中开始与公式 $E = mc^2$ 紧密联系在一起了。

然而，在 1907 年，没有丝毫实验证据可以支持爱因斯坦对公式最初意义的延伸。到了多年以后，1928 年，由于相对论和量子力学的微妙结合，英国物理学家狄拉克从理论上提出了**反粒子**的思想，例如，正电子是电子的反粒子。再之后几年，两个处于稳定状态的物质，具体说是电子和正电子，突然而且彻底的相互湮灭的现象在实验中首次被人观察到。这一过程只产生了两个光子（“光子”这个雅致而不可或缺的词终于在 1926 年被吉尔伯特·路易斯造出来了），各自按照光速向相反的方向飞驰而去，波动着并携带着准确的电磁能量。这个能量，除以 c^2 之后，正好等于两个湮灭的粒子的正常质量。换句话说，这个实验结果表明，拥有正常质量的普通物质（在这里是电子和正电子，它们可以被看成是相互湮灭的“纳米卵石”）果真可以突然消失，不复存在，只要它们在同一时间被突然迸发的、拥有完全相同量的反常质量的辐射能所取代。就这样，25 年之后，爱因斯坦完全以类比为基础、以美学为根基的惊险一跃终于迎来了实验证明。

巴纳希·霍夫曼也如此认为，在这个过程中有一点富有启发性：爱因斯坦在

1907 年得出的戏剧性的结论，即质量总包含能量，只不过是他在 1905 年做出的发现的另一面，即能量总包含质量。就好像是，当他写出公式之后，最初只是沿着一个方向去读，将 $m = E/c^2$ 读作："一个量小得不可思议的质量包含在一个标准大小的能量之中。"然后，在两年之后，他最终认识到，这个公式还可以从另一个方向读，将 $E = mc^2$ 读作："一个大得不可思议的能量隐藏在一个标准大小的质量之中。"这表明，即使最勇敢的思想者有时也需要大量时间、高度专注，以及受类比驱动的内心冲突，才可能完成事后发现不过是最初级的概念逆转。

从 1905 年到 1907 年，一个小结

下面对爱因斯坦关于能量和质量的思想大合唱做了一个总结。这些思想最终促成了 1907 年的突破，产生了相比于他在"奇迹之年"写下的公式的含义深刻得多的理解。

从过去时代继承的思想：

◎ 存在能量的两种基本变体：动态能量，由物体的运动和波的摆动产生；静态（或潜在）能量，由物体的相对位置产生。

◎ 能量的两种变体可以相互转换。

◎ 在特定系统中，所有物理过程保持总能量守恒；该系统内的总质量亦守恒。

爱因斯坦在 1905 年产生的想法：

◎ 每当物体发出一束光，它不但会失去一定量的能量 E，而且会失去微量的质量。这一过程可以用公式表示为：$m = E/c^2$。通过类比，如果一束光被某物体吸收，该物体不但会获得一些能量，而且会获得一些质量。这个过程可以用同一个公式表示。

◎ 携带一定能量 E 的光束必须同时携带一定质量 m，这也可以用上面同一个公式表示。

◎ 通过类比猜测：不仅是电磁波拥有质量，任何形式的动态能量都拥有质量。因此，在任何时候，当物体获得（或失去）一定量的动态能量 E 时，该物体也获得（或失去）微量的质量 m。这也可以用上面同一个公式表示。

◎ 通过类比猜测：这条规律对于动态能量和静态能量都适用。
◎ 物体的质量由两种基本变体组成：正常质量，由构成该物体的物质组成；反常质量，由该物体所包含的能量组成。
◎ 因为构成物体的基本粒子在能量释放或吸收的过程中不发生变化，因此该物体的正常质量永远不变。
◎ 物体内的所有能量都拥有反常质量，反之，任何反常质量都包含能量，其准确数量可以由公式 $E = mc^2$ 推出。与此对比，物体的正常质量在质量-能量关系中不起作用。因此，公式 $E = mc^2$ 仅适用于反常质量。

质量–能量类比开始形成：

◎ 质量和能量相似，因为二者均在所有物理过程中守恒。此外，公式 $E = mc^2$ 以简单而自然的方式将特定量的能量与相对应的质量联系在了一起。质量和能量因此成为类比实体。事实上，它们紧密相连。
◎ 静态能量和正常质量之间存在着醒目的相似性，因为二者均与运动无关。同样，动态能量和反常质量之间存在着醒目的相似性，因为二者均与运动有关。这两个相似性构成新的质量–能量类比的心脏。

同时，因缺乏对称而产生内心冲突：

◎ 能量因为不是粒子构成的而拥有反常质量，但是能量没有正常质量。反之亦成立：任何物体的反常质量都有不可见能量，安静地处于存储中等待被释放。但是这种状况不适用于同一物体的正常质量，即正常质量不拥有能量。
◎ 因此，在质量的概念内部存在“内部分隔”，把正常质量和反常质量分开了。由于这一分隔，这两种质量不能相互转化。然而，质量概念的内部分隔把其中的两个变体永远分开，这在能量中没有对应。这个质量-能量的不相称对新产生的连接这两个概念的类比是一个严重打击。

由于一个能够修复“宇宙统一”的假设，内心冲突解除：

◎ 既然没有屏障将不同种类的能量分隔开来，既然有一个很有希望的类比可以把能量和质量联系在一起，那么如果我们真正相信这个类比，质量，就像能量，或许也没有内部屏障将它分开，它的两个变体，也就是正常和反常的质量，或许可以相互转化。

◎ 这个想法，如果是真实的，将意味着正常质量不亚于反常质量，也构成了一个能量库，而且在某种未知的特殊条件下可以转化为反常质量，反之亦然。这将意味着一个物体可以在特殊条件下消弭于无形，只要它的正常质量被立即转化为等量的反常质量。

◎ 一个拥有质量 m 的物体与它“消弭于无形”相关的能量（或者更准确地说，从正常质量到反常质量的转换）可以用公式 $E = mc^2$ 表达。因此，这个能量会大得令人震惊，即使该物体本身可能极其轻微。

显然，这是一个非常微妙的故事。为了把这个故事的众多阶段生动地讲述出来，我们花了很大气力。最具挑战的是找到一对理想的相互对立的英文形容词，用来表述两类质量之间的关键区分。我们尝试过许多可能性，包括，“微粒子的 / 振动的”“永久的 / 非永久的”“不可用的 / 可用的”“固态的 / 液态的”“具体的 / 抽象的”“可触的 / 不可触的”“经典的 / 爱因斯坦的”“硬的 / 软的”“有形的 / 朦胧的”，甚至“块状的 / 摆动的”。我们也考虑过爱因斯坦本人用过的词“真实质量”和“表观质量”，但是，他只用过一次的这对词并不典型。所以，最终我们决定用“正常质量”和“反常质量”。这是一个困难的决定，因为上面试过的每一对词都有其优缺点。每一对都表现了（或来自）一个不同的类比，因而突出了这个谜一般的区分的某些微妙之处，这是其他对立词所不能表现的。

这类难以捉摸的味道可以引导物理学家们凭直觉去探索新的假设。在这个特殊情况下，爱因斯坦被各种各样的类比向不同方向推搡着。这些类比许多都是不可言状的，很可能大部分是无意识的。最终，两年之后，爱因斯坦才把在 1905 年未能想通的问题理顺。回到简的故事，简在重压下，思维突然冲破藩篱，认识到从原则上讲她磐石般的豪宅就像她的银行账户一样，其中的每一小块都可以成为可塑的流动资金。这个故事是一个有力的漫画式类比。它帮助我们用具体生动的文字表述了爱因斯坦 1905 年到 1907 年充满美学的思考过程中的心路历程。

总而言之，存在着不同种类的、可以相互转化的质量，正如存在着不同种类的、可以相互转化的能量。我们因此认识到，质量和能量一样，都是多种多样的，都是永远处于变化状态之中的。质量和能量之间的这个联系是一个令人震惊的类比。它就隐藏在这个最著名的公式的五个符号中。

爱因斯坦类比和物理学范畴

前面，我们提到爱因斯坦类比的特性：它们不但利用现象之间的类似之处，而且在它们之间建立起深远的统一。现在考察一下爱因斯坦是如何发现狭义相对论的。关键的一步是一个貌似平庸的类比，从力学延伸到所有其他物理学的分支。如果将伽利略相对论的原理明摆着放在银盘子上端上来，让你“推广一下这个原理”，估计大部分爱因斯坦时代的物理学家都可以创造出相同的类比，也可以达到爱因斯坦对它的推广的水平（但他们是不是也能认识到它的深远影响则是另一个问题了）。但是，关键问题在于当时的物理学家们并没有思考伽利略相对论原理的局限性，因而错过了一个摆在银盘子上的显而易见的机会。推广伽利略相对论原理的念头要经过精雕细琢才能成型。爱因斯坦看到，这个数百年来既简单又基本的原理，正处于物理学中几个重要问题的十字路口上，迫切地需要推广。与此相反，其他物理学家正集中精力思考电磁学和力学之间的区别是什么，而不是试图探索那个可以将这两个物理学分支统一起来的共同本质。

同样可以这样描述爱因斯坦在 1907 年把两个貌似不同种类的质量联系在一起的类比。有人会反对说，这不是一个类比，因为人们一般认为类比总是部分地接近真理，而对于 $E = mc^2$ 来说，爱因斯坦发现的被我们称之为“反常”和“正常”质量之间的这个连接，事实上是完整而准确的真理，爱因斯坦不过揭示了它们是同一现象的两个方面而已。这种反对意见貌似有理，其实是完全搞错了。

事实是，这个想法源于一个具有试探性而且不稳定的典型类比，是爱因斯坦经过长期耐心的探索而得出的结果，目的是统一两个概念。这一探索在他的极少数几位严肃对待这类问题的同行看来显然非常独特。然而，20 年之后，实验结果表明，这一明显的独特性需要被放弃，取而代之的是一个单一的、更加扩展开的概念。原因是爱因斯坦对宇宙统一性的不可压抑的直觉又一次正中靶心，展示了一个新的、更宽广的、深植于自然的概念。

相对性原理和加速参照系

下面来简单谈谈广义相对论。在它的基础上，爱因斯坦类比再一次出现了。这些类比最初也是被看作受一个特立独行的直觉支配的大胆跨越，如果没有被看成是大胆的臆测的话。然而，后来，当它们被反复证明是正确的，又被以回顾的方式看成是自然的永恒真理，而不再仅仅是某个人针对某个相似性的带有不确定性的主观猜测。

当回顾自己的狭义相对论（起初并不叫作“狭义”，因为在那时，这一理论不是一个更广义理论的一部分）时，最让爱因斯坦感到困扰的是，它仅仅适用于不变的、匀速运动的参照系，也就是没有加速度的参照系。爱因斯坦于 1905 年提出的对伽利略相对性原理的扩展，即后来他命名的狭义相对性原理指出，对于参照系的一些种类，使用内部实验不可能区别它是不是静止的。这类参照系以不变速度运动。但是，内部实验能够区分一些参照系，即加速和恒定速度参照系的不同。这没有任何问题。例如，如果你坐在一节正在迅速加速的车厢里，不能像在厨房里或者在一架匀速飞行的飞机里那样倒一杯水。因为，在坐在车厢里的人看来，倒的水不会垂直落下，而是沿着一条弯曲的弧线落下来。弧线的形状取决于火车加速度的方向和力度。任何坐在车里的人都可以做这个简单的实验。它将明确地显示，火车不是以固定速度在行驶，而是在加速。

爱因斯坦时代的大部分物理学家会说，这一切都说明相对性原理有其局限性。它只适用于恒速运动的参照系，而不可能涵盖所有参照系。但是，爱因斯坦不可能不为对付这个令人沮丧的局面而绞尽脑汁。他感觉他新近扩展的相对性原理应当可以进一步展开，涵盖更多的参照系，而不仅局限于那些不加速的参照系。事实上，他感觉一个真正广义的原理应该可以涵盖所有参照系。爱因斯坦的奇异的信念，置万物运行最不言自明的事实于不顾，根植于一种深刻的、几乎不可理解的直觉。

在爱因斯坦心中，他想象了一个无限的宇宙。这个宇宙除了一个有知觉力的观察者外空无一物。这个观察者认为自己是静止的，因而没有眩晕的感觉，毕竟，当他环顾四周时，他看不到任何东西，只有虚空。另一方面，假如他在这个完全空洞的宇宙中旋转，他会感到眩晕吗？但是，说“某人在完全虚空的宇宙中旋转”，这是什么意思；或者说反过来，假如观察者不在旋转，而是整个宇宙正在围绕着他在旋转，就像旋转木马围着中柱旋转一样，这个观察者会感觉眩晕吗？另外，从理论上看，有可能区分这两种情况吗？它们相同还是不同？这样的思想实验迫使我们思索，有可能确定在这二者之中，即观察者和宇宙之中，哪一个在旋转吗？若要将这两种情况区别开来，似乎需要一个优选参照系，有时称为绝对参照系、上帝参照系，或假想的“以太”参照系。

爱因斯坦早年间一直被这类哲学问题所困扰。在发现了狭义相对论之后，他更是发现绝对参照系的想法非常令人讨厌，因而坚决将其拒绝。爱因斯坦尤其从奥地利哲学家和物理学家恩斯特·马赫（Ernst Mach）的著作中获得了灵感。讽刺的是，马赫是原子的坚定怀疑者。马赫设想出这类假想宇宙并仔细研究了其后果。他的研究让他坚信源于牛顿的绝对运动的思想毫无道理。爱因斯坦希望找到一种方法，可以把加速参照系也融进他的原理。换句话说，他要展示加速度和速度一样，不是绝对的，而是取决于人们选择的参照系。

狭义相对论表明，在一个参照系内的观察者所感知的匀速运动，可以被在选择恰当的其他参照系里的观察者准确地看作完全不动的。爱因斯坦希望把这一思想进一步推广。他希望找到一个类推的原理，一个对全部运动种类都成立的原理，包括加速参照系。他希望，如果对于某特定参照系里的观察者来说，某物体在加速，那么就有可能找到另一个参照系，对于处于这个参照系里的观察者来说，该物体可以是完全静止的。换句话说，他希望一个加速中的观察者所观察到的自然法则将与一个静止的观察者所观察到的自然法则相同。

虽然有着理想化的希望，爱因斯坦深知存在万千现象，包括在加速或减速的火车上倒一杯水，能够让人们区分加速参照系和非加速参照系。他的坚定的直觉遇到了不容忽视的自然现实，二者之间不可调和的冲突促使爱因斯坦将精力全部集中于加速的性质。很少有物理学家会受到内心驱使，提出一些简短而带有本质性的问题，诸如“什么是加速？”或者，更具体一些，“对于一个观察者来说，某物在加速，那么对于所有观察者来说，该物必然也在加速吗？”但是，提出这样的问题正是爱因斯坦典型的思维方式：以无限的坚韧去解决最原初、最具有普遍性的问题。几乎任何其他人都会觉得这类问题没有用处，不值得去思考。

任何人在学习经典力学时，比如爱因斯坦在苏黎世联邦理工学院时，总要涉及加速参照系的视角下的物理学定律的数学形式。从这种概论课上学到的最明显的事实是，对于加速参照系内的任何观察者来说，如果他坚持认为他所在的参照系没有在加速，他必须假定存在一种神秘的“附加力”作用于所有物体之上。没有这种附加力，将无法解释参照系内物体的异常运动。

例如，想象这样一个情形，在公共汽车上的全体乘客，一时兴起，宣布他们时快时慢的汽车从来没有移动，一直处于完全静止的状态。为了解释他们观察到的奇怪现象，例如，从水罐里倒出的水沿着一条弧线而不是直线流下来，此外还有经常猛然向前一拉或向后一推的感觉，他们必须假设一种神秘的附加力有时将他们拖向前、有时推向后。当然，如果承认汽车有时速度加快、有时速度放慢，那么他们就不必借助这种力量。但是，如果拒绝采纳这种观点，附加力就必须包括在他们创造的用来解释他们观察到的现象的物理学定律之内。

这样的力被称为**假想力**或惯性力，它们只表现在加速参照系中。所有假想力都具有一种特殊的数学特性，即，如果这样一种力作用于一个质量为 m 的物体，那么它必须与 m 成比例，不论该参照系如何加速，也不论该物体如何运动，比如一个棒球在汽车里掉落，此时司机突然猛踩刹车。这个与质量保持比例的特性产生了一个有趣的结果：如果有人在一个加速参照系中同时释放几个物体，它们将跟随完全平行的轨道运动。例如，如果一个球、一个铃铛和一个碗被同时释放在一个正在加速的车里，它们在下落时将划出完全相同的弧线。这意味着，如果它们开始下落时是聚集在一起的，那么在下落结尾时它们仍聚集在一起。它们聚集的紧密程度从开始到结束都是一样的。

和他理工学院的同学一样，爱因斯坦也理解这一切。但是，当他们的博士考试结束后，所有的年轻物理学家都巴不得把这些书本知识抛在脑后，因为在加速参照系里的假想力公式都非常复杂。事实上，没有必要在这种参照系内做计算，因为你总是可以先从另一个以常速运动的观察者的角度描述这个情境，然后在那个参照系里做计算。例如，在加速的汽车或火车的情境中，这个观察者可以是一个自行车的匀速骑行者，或者是一个站在街角的步行者。不难看出为什么年轻的物理学家们乐于将所有这些复杂计算抛在身后。然而，每当有人被某个想法迷住，即使埋藏最深的记忆也会突然以几乎神奇的方式跳出来。为了讲述爱因斯坦如何突然激活了自己的记忆，我们必须先说一说引力。

通过类比把相对论运用于引力

在爱因斯坦发现了狭义相对论之后，他一直执着地设法将它与引力结合在一起。对于他来说，正像同时代的任何一位物理学家一样，引力与两个带电粒子之间的电场力存在紧密的类比。一个关键的区别在于引力总是相互吸引的，而对于两个带电的物体，力可以是吸引的也可以是排斥的，这取决于两个物体所带电荷是均为正、均为负，还是一正一负。相同电荷相斥，相异电荷相吸，尽管存在这一差异，两种力之间的类比还是显而易见，难以抗拒。在万有引力中，质量为 m 和 M、被距离 d 分开的两个不动物体之间的力，可以用牛顿的著名公式 $m \times M/d^2$ 来表达。而在电场力中，带电荷 q 和 Q、被距离 d 分开的两个不动物体之间力的强度用 $q \times Q/d^2$ 来表达。这个公式是法国物理学家夏尔 · 库仑（Charles Coulomb）在牛顿之后整整100 年发现的。（我们忽略了乘法系数，因为它们在此无关。）这两个公式，除了前者的质量被后者的电荷取代之外，是相同的。乍一看，它们之间的类比似乎无懈可击。但是，牛顿的公式会导致一个引力的严重问题，让我们用一个极端情况来说明。

假设太阳突然不存在了。这个灾难性的消息需要 8 分钟才能传到地球上，直到这 8 分钟过去之后，天空才会彻底变暗。8 分钟迟滞的原因当然是因为光速的有限性。光速可以用麦克斯韦的电磁学公式直接计算出来。可惜的是，引力和电场力之间贴切的类比没有用到麦克斯韦的公式，它仅涉及牛顿和库仑的定律。与麦克斯韦的公式可比的有关引力的公式尚未出现。当时已知的适用于引力的公式只有牛顿定律，而牛顿定律没有预测引力可以跨越太空传递。所以，“引力速度”不是作为已知公式的结果而出现，而是一个闻所未闻的概念。要说引力具有速度，那简直就像天方夜谭似的。

因此，当时的物理学家很可能会说：“坏消息传到我们这里，没有必要等待 8 分钟，地球母亲会对太阳的消失立即做出反应，毕竟没有任何理由继续跟踪围绕一颗不复存在的、因而不再施加引力的恒星了。地球会像一匹脱缰的马一样，立即获得自由。”另一方面，当时的其他物理学家会为其反面而辩护：检测到遥远的太阳的消失需要时间。这一结论建立在直觉性的信念之上：没有任何事件能够对遥远的物体产生立时效果。

无论怎样，没有实验结果或理论能够支持任何一方。在比太阳灾难性地消失好一点的也更可能的情形中，太阳的质量中心突然移动了一点，这或许是因为某种内部爆炸所致。这时，我们也可以提出完全同样的问题：需要多长时间地球能够“发现”太阳动了？对于这类问题，当年的物理学家也没有答案。简言之，虽然引力在某些方面与电力非常相像，但是在其他方面这两种力之间似乎存在深刻的不同。而且在当时，没有人能够写出全面解释万有引力现象的公式。

从本质上看，问题在于，如果要解释引力强度的变化是怎样在太空传播的，以及这样的“消息”是以有限还是无限的速度从一点传到另一点的，归根结底是要问：“两个移动物体之间万有引力的公式是什么？”这一直是牛顿认真关注的问题。他是提出万有引力的量化理论的第一人，但是，自从牛顿以来这么多年，尚无一人能够解决这个问题。为了解开这个谜，爱因斯坦转向了前面提到的牛顿的静态引力公式和库仑的静态电场力公式之间的类比，并在其中放入一个附加项。这个附加项似乎非常自然，它来自爱因斯坦的狭义相对论。这个新的项非常雅致地扩展了引力和电场力之间的类比，使新的公式得以囊括互相运动的物体。这个很小但非常有吸引力的附加项构成了一个新的、带有麦克斯韦风味的爱因斯坦万有引力理论。现在，引力获得了波一样的行为。新理论的结果之一是引力以有限速度在太空传播。事实上，其速度与光速完全相同。根据爱因斯坦的新理论，地球“知晓”太阳不复存在或突然移动了一点的时刻也正是我们的眼睛看到这个改变的时候。爱因斯坦新的引力理论与狭义相对论吻合得很好。

爱因斯坦类比，一个灰飞烟灭，另一个取而代之

虽然与电磁学相关的类比既自然又有吸引力，但是它的发现者，也是它的最严

厉的批评者，很快就意识到由它导出的万有引力的公式里有一个致命的缺陷：两个物体之间的力不再与它们的质量的积（上面公式里的 $m \times M$）成比例。引力的这一特性已经确立，并且在引力性质中占据中心位置。任何违反这一特性的尝试，都会让爱因斯坦产生本能的反感。因此，他放弃了与第一个类比相关的思考，并开始探索另一个将万有引力和相对论联系在一起的类比。

在他的新的探索中，爱因斯坦不但把注意力集中在万有引力及其最稳定也最有代表性的特点上，即两个物体之间的引力与其中每一个物体的质量都成比例的特性，也关注加速参照系，因为它与静止参照系及常速参照系有本质的不同。事实上，因为他的第一个类比的结果不能遵守引力与质量成比例的特性，引力的这一特性成为他探索新理论的主要关注目标。

正是在这一点上，在苏黎世理工学院课堂上学到的那些和加速参照系有关的旧理论观念跳了出来，特别是关于假想力的记忆开始复苏，因为任何假想力都与它起作用的物体的质量成比例。现在用第一人称回放爱因斯坦的思维过程："嗯…… 引力让我想起假想力……引力的表现很像假想力。引力与假想力类似…… 有可能引力实际上就是假想力吗？"这是一个非比寻常的平稳的思维滑动，从开始的平凡回忆到最后的另一个宇宙统一。

为了更清楚地理解这一思想的含义，让我们来考察一个爱因斯坦本人用来解释他的新类比的加速参照系的经典例子。这一次，不要想象坐在加速的汽车或火车上。让我们跳上一个漂浮在空间中的立方体星际实验室。这个实验室远离任何一颗星星，名副其实地飘浮在不着边际的空间。现在，在这个场景中再加入一个大力火箭。火箭开始用一根固定在立方体实验室一面外墙的缆绳拉动实验室。如果火箭以恒力拉动实验室，这将令实验室产生均匀加速度，因为如牛顿所述，$F = ma$，恒力导致均匀加速度。火箭启动之前，实验室里的人在六面墙内飘浮着。此时没有任何理由要确定哪一面墙是"地板"。然而，当火箭开始拉动的那一刻，六面墙中的一面开始接近实验室内的太空旅行者。他们都会撞上这面墙并保持贴着它，因为实验室的均匀加速度打破了平衡，中断了继续在里面飘浮的可能性。这面墙也因而成为实验室的"地板"。

此外，如果有人在实验室里往空中扔出一支铅笔，铅笔会"落在""地板"上，正如著名的（虽然是虚构的）牛顿的苹果落在他的头上一样。为什么会是这样呢？从实验室外面看，这很明显：地板在以恒定速度移向铅笔，直到二者相撞。与此相反，实验室内的人对火箭一无所知，把自己所在的实验室当作在外空间是完全静止的或者以恒定速度在运动。对他们来说，铅笔落地是因为引力突然莫名其妙地弥漫于实验室内，对里面的人和物发生了作用。当然这个新来的引力在空间里选择了一个特殊的方向，这个方向被称为“下”，而所有事物都朝那个方向落下。

这意味着，如果实验室里有人模仿伽利略从新的“地板”上“站起来”，扔下两个很不一样的物体，诸如一支铅笔和一颗炮弹。这两个物体开始并排“下落”并在同一时刻砸在“地板”上。为什么会是这样呢？再一次，对于在外面的观察者来说，这很明显：这两个物体根本没动。是地板“向上”运动去迎接它们。所以，它当然会在同一时间碰到它们。但是，从在实验室里面的人的角度看，这种现象的出现是因为引力有伽利略观察到的那个关键性质：所有物体都以同样的方式下落，或者说以同样的加速度下落，无论它们的质量是多少。这一性质是伽利略创造性地利用比萨斜塔做实验时首先发现的。

这个实验室内的人感受到的“引力”是典型的假想力，但这里不存在丝毫假想。对于他们来说，这是一个实在的力，存在一个实在的地板、一个实在的屋顶，上和下的区别也是真实的。除非他们违反爱因斯坦思想实验的初衷，设法偷瞥一眼实验室外面，否则这些旅行者没有任何办法区分火箭制造的引力和正常的地球引力，后者是他们从小就熟悉的。这意味着，他们没有任何办法区分他们的实验室是在太空均匀加速还是在地球的引力场中处于静止状态。这两种状况无法区分。

如果感受到了伽利略相对性原理的回音，你没搞错，这正是爱因斯坦所要的。像一个变戏法的高手，他从一个每一个人都觉得很明显的信念开始，即加速参照系和静止参照系容易区分开来，却抵达了一个完全相反的结论，即加速参照系与处于引力场的静止参照系完全无法区分。这是一个多么奇妙的戏法！伽利略一定会对这个将他的两个最伟大的思想结合在一起的智慧欣喜万分。

此外，爱因斯坦发现了一系列不可区分的实验室，这里简单介绍其中的一种。想象在月球表面的一个实验室，这个实验室在某个时刻开始被一个比上文的火箭牵引力稍差的火箭往上拖。由于月球上的引力远比地球上的引力弱，月亮的虚弱的引力和这个力度比较弱的火箭的牵引力加在一起，其结果，对于这个实验室里面的人来说，与上面描述的情况完全一样，他们感到他们现在处于地球的引力场中。显然，我们可以通过调节按钮来控制（1）实验室所在的“真正”的引力场的力度，以及（2）拖着实验室的火箭的牵引力。在任何一种情形中，我们的调节取得的引力体验对于实验室内部的人来说将等同于地球的引力场。人们无法通过任何力学测试来区分这些想象的实验，只要这些测试完全是在实验室内部进行的。

总之，由于经典力学假想力的记忆浮现在大脑之中，爱因斯坦得以给他钟爱的相对论注入新的生命，而且，爱因斯坦在其他物理学家都认为不可救药的情形中取得了成功。

初始的等价原理

爱因斯坦把彻底扩展之后的新相对性原理称为“等价原理”。通过这个术语，他意欲表现在引力和加速度之间存在等价或不可区分性。为了进一步深入探索他那简单而反直觉的假设，爱因斯坦想象出了飘浮在太空的实验室的另一个情形。这一次，实验室不是处于漫无边际、空无一物的太空，而是停悬于地球之上 100 千米，在那里被一个神奇的天使护持着，处于静止状态。实验室内部的人心安理得地使用诸如“地板”“屋顶”“上”“下”等词语，因为地球的引力充斥其中，正像地球引力充斥于地球表面的某个实验室一样。唯一的区别在于，引力在海拔 100 千米的地方比在海平面要稍微弱一些。如果将这一细节忽略不计，实验室内的人可以轻易将自己想象成是在地球上。但是，突然，天使被一个在星际嗡嗡叫的蜜蜂叮了一下，一松手，实验室脱手，开始往地球的方向下落。实验室内的人感觉如何？

从立方体向地球掉落的那一刻开始，里面的所有物体也开始下落。正如伽利略演示的那样，它们都以同样的方式下落（记得他在比萨斜塔上做的实验吧？）。这意味着，任何之前在地板上的物体不再感觉脚踏实地了，它们突然发现自己可以在实验室里自由地飘浮。事实上，对于实验室内的人来说，地板不复存在，也没有屋顶。突然间，“地板”“屋顶”“上”“下”这些词失去了意义。实验室内的人正在体验失重，也就是零引力的感觉。因为实验室里的所有物体都以相同的速度向地球下落，里面的人会产生一种奇异的印象：什么东西都没有在下落。对于他们来说，一切，包括他们自己，都在他们的大屋子里飘浮。

对于爱因斯坦，意识到这一点是他一生中最美好的时刻，因为，当他开始模糊地感觉到它时，一个非常丰富的类比跃入了他的脑海。爱因斯坦已经琢磨了很久电磁学的问题。他熟知，从一个参照系移到另一个参照系，电场和磁场的表面值在整个空间都要改变。例如，一个观察者移动实验室里的一块磁铁，他会在磁铁的附近检测到一个电场，而且磁铁移动得越快，检测到的电场值也会越强烈；反之，如果磁铁保持不动，它就不会产生电场。这个重要的效果被称为“电磁感应”，是英国物理学家迈克尔·法拉第（Michael Faraday）于1831年发现的。现在，想象另一个观察者，他坐着，身体紧紧地绑定在磁铁上，也就是这个观察者处于磁铁的参照系中。按照定义，对于这个人来说，磁铁是完全静止的，所以法拉第的电磁感应定律指出，此刻应当只有磁场存在。换一种方式来说，从这个人的视角看，磁铁没有移动，从而无法通过电磁感应来产生任何电场。所以，可以看到，在电磁学中，仅仅改变视角，也就是参照系，就可以让一个电场全部消失或突然出现。这一点对磁场也成立，尽管尚未讨论这种情况。这个神奇的效应让少年时代的爱因斯坦就已经着迷。

关于电磁感应的记忆弹出后不久，爱因斯坦这样表述了自己的喜悦之情：“在那个时刻，我生命中最幸福的念头出现在了我的脑海之中，即引力场就像移动磁铁激发的电场一样，其存在只是相对的。”在这里，“相对的”意味着它的存在依赖于它所在的参照系。具体来说，至少在其中一个参照系中，它根本不存在。

事实上，落向地球的实验室里面的人正在体验无引力，利用这个新情形，爱因斯坦发现了一种状况，在其中，一个参照系内完全真实的引力场可以通过跳到另一个参照系而被彻底去除。对于一个外在的观察者来说，例如，对于在地球上的人，下落的实验室仍然笼罩于地球的引力场中，这也就是为什么里面的一切都在落向地球。然而，对于里面的人来说，引力场根本不存在，没有东西在下落。

在某种意义上，这一情形是上面讨论的在遥远的外空间被大力火箭拉动的实验室的情形的另一面。里面的人感受得到、观察得到，也测量得到引力场的存在，而外面的观察者则宣称引力场不存在。他们看到的是一个火箭拉着实验室，相对于遥远的星星，越走越快。

爱因斯坦探索并找到了一个更深刻的类比

现在来到了广义相对论故事的决定性时刻。上面描述了爱因斯坦的新原理：加速参照系与处在引力场内的非加速参照系完全无法区分。但是，这样说有些操之过急，因为爱因斯坦最初的原理要比现在局限得多，也就是说，它指出，用力学实验的方法，加速参照系与引力场内的非加速参照系是不可区分的。爱因斯坦非常清楚，引领他得出他的新原理的类比，也是他一生中“最幸福的念头”，只涉及各种想象实验室里的想象力学行为。他思考的情形只涉及诸如**速度**、**加速度**、**旋转**、**引力**、**摩擦**、**轨迹**、**碰撞**、**弹簧**、**钟摆**、**陀螺**、**陀螺仪**等这样一些概念，它们都是经典力学的概念。他没有考虑过在一个加速实验室做电磁实验，例如，使用光束或电场或磁场的实验，会出现什么情况。

这是因为，爱因斯坦明白自己无论在理论上还是实践上，都不具备让他能预测可能发生的情况所需要的知识，这就是为什么爱因斯坦知道自己来到了一个关键的十字路口。他的理论知识，他对各种理想化的物理环境的结果（他的那些著名的“思想实验”）的想象天赋，再加上极聪明的推理，也不允许他再向前迈一步。他达到了一个关键点，在这里他必须再一次迈出勇敢的一步，又是一次完全依赖美学动机的一步，完全建立在坚持宇宙法则的深刻统一的信念基础上的一步，也就是说，他坚持存在简单、普遍、优雅的原理这一不可动摇的信念。

你一定还记得，在1905年爱因斯坦已经巧遇过一次类似的情形：他决定用美学理由，也就是他的物理规律的统一性信念来扩展伽利略的相对性原理。那一次，他用“任何种类的物理学实验”取代了“任何种类的力学实验”。换句话说，他已经造访过了这个思想领域，已经大胆地做出了一个对类比的信仰之跃。那一次，他的直觉获得了巨大成功。所以，在这个类比新情形中，何不“再重复一次”？

爱因斯坦因此将他的原理扩展如下：“无论使用任何种类的物理学实验，都无法把加速参照系和与处于引力场内的非加速参照系区分开来。”这里，再一次指出，从某种角度，用“物理学的”取代“力学的”（换句话说，指出力学和物理学的其他分支之间的类比）是爱因斯坦可以迈出的一个微不足道的一步，因为同样的类比扩展已经在他生命早些时候用过一次，而且非常成功，那时狭义相对论已经被许多实验所证实。但是，从另一个角度看，这也是一个跨入全然未知的世界的非常有胆识的类比飞跃。

让我们再一次聆听巴纳希·霍夫曼关于这一飞跃的描述。正是通过这个飞跃，爱因斯坦从有局限性的等价原理跨入了扩展的等价原理：

> （新的原理）具有艺术统一性：他何必多此一举地为力学效果假设一种相对论，又为其他物理学分支假设另一种不同的相对论呢？[9]

我们再一次看到了一个以类比为基础的概念飞跃。从表面上看，它似乎微不足道而且很初级，但是，从另一个角度看，它又是宏大而辉煌的。所有这一切都出自爱因斯坦的“宇宙统一性的直觉”。它是类比的丰富源泉，几乎永不枯竭。

扩展的等价原理的后果

在此举一个例子，说明爱因斯坦向着真正的广义相对性原理迈出的勇敢的一步所带来的、不在预期之内的结果。爱因斯坦想象，在被火箭拖着穿过遥远的外太空的实验室里面，有一个与实验室“地板”完全平行的手电筒，称之为处于水平方向。手电筒发射了一束光。实验室外的观察者会说，相对于远处的星星，光束正沿着一个固定的方向运动。而在同时，包裹着它的实验室正以逐渐加快的速度“上升”。由于实验室的均匀的“竖直”加速度，实验室内部的观察者必然会看到光束在以固定的水平速度在实验室中穿行时，会以逐渐加快的速度向着地板落下。总而言之，对于他们来说，光束将沿着一条曲线而不是直线运动。当然，这条曲线与水平轨线的差异会很小。即使如此，光束一旦从手电筒沿水平方向发射出来，它的轨线就立即开始向下弯曲。在这个时候，爱因斯坦利用他新创建的扩展的等价原理来解释电磁现象。他的推理如下。

如果一个处于引力场内的非运动参照系与一个加速参照系在任何方面都不可区分，那么，在一个加速参照系内观察到的任何效应也应该能够在固定位置上的实验室内观察到，因为这样一个实验室显然是在引力场内的。所以，扩展的等价原理告诉他，既然在无引力太空中的加速实验室内的一束光沿着曲线运动，那么，对于站在地球上的观察者来说，这束光也必然同样如此运动。

爱因斯坦意识到，这一结论可以让他预测以前从未有人想过的天象。例如，从遥远的星球发来的光束，在经过太阳时，因太阳引力场非常强大，而出现稍许弯曲。但是，由于在此不便详述技术的原因，这一效果只有在日全食的时候才能观察到。当时已经是 1907 年，爱因斯坦请天文观察者观察这个效果。德国天文学家埃尔温·芬利–弗罗因德利希（Erwin Finlay-Freundlich）仔细检查了数百张日全食的照片，以期找到这一微弱效果的证据，但没能找到。事实上，要等 12 年之后，直到 1919 年，这一预测的证据才在日全食期间被以物理学家亚瑟·爱丁顿（Arthur Eddington）为领队的英国团队在南大西洋的两个岛屿上观测到。

爱丁顿团队的实验结果对全球的影响非比寻常。爱因斯坦的预测不但正中靶心，而且整个世界都为之欣喜若狂，因为世界刚刚从第一次世界大战的阴霾中走出，而这是由一个英国团队证实了一个“敌对”科学家的奇妙的预测。事实上，许多人把爱丁顿对爱因斯坦预测的证实看作人类的一个伟大胜利。很快，爱因斯坦无助地看着自己一夜之间摇身一变置身于世界名流。

非欧几何里的旋转木马

在结束这一轮广义相对论的类比旅行之前，将简略地描述一下其中的关键性突破。这一突破彰显了爱因斯坦的引力概念所在的恰当的数学分支。我们刚刚看到，爱因斯坦最初把引力和加速度联系起来的思想实验都和线性加速度有关，二者都是一种参照系沿着固定方向变速运动的情形。但是,加速度存在另一种同样重要的形式，即当一个物体的运动方向发生改变时，速率却不一定改变。最简单也是最典型的例子是一个以每秒固定次数旋转的圆盘。这个圆盘上的每一个点都在加速，因为在每一刻它都在改变运动方向。虽然将等价原理应用于旋转的圆盘的情形远比线性情形难得多，但爱因斯坦没有因此却步。他一定要深究旋转圆盘这个诱人的案例。

这个案例的关键在于长度收缩现象。这是狭义相对论的一个微妙结果。根据狭义相对论，任何物体的长度，在从一个相对于该物体运动的参照系里进行测量时，比该物体处于静止参照系中的长度要短。总的来说，当移动物体的尺寸被不动的观察者测量时，会出现纵向收缩但没有水平收缩。

相反的情形也成立。既然在任何一个参照系中的观察者都有理由认为他们所处的参照系是静止的，而另一个参照系是运动的，那么，他们会将另一个参照系内的物体，而不是他们自己所处的参照系内的物体，看成是纵向收缩的。初看，这似乎是矛盾的，但是爱因斯坦表明这不矛盾。下面的漫画类比有助于解释他是怎样解开这个矛盾的。

中国的孩子可能会说智利的孩子走路头朝下。与此相对，智利的孩子可能会说中国的孩子走路头朝下。孰是孰非？我们知道引力是向着地球中心的，也理解被称为“下”的方向在地球上的各个地方并不总指同一个方向，尽管这个朴素类比似乎是说它是同一个意思。相反，它是相对的，也就是说，“下”取决于观察者所在的位置。用类比的话说，一个物体的长度对于不同的观察者来说竟然是不一样的，它取决于物体和观察者之间的相对速度。这就是为什么两个运动速度不同的观察者观察同一个物体时会得出该物体长度的不同测量结果。但是，长度与下类似，是相对的而不是绝对的。在这两种情形中，朴素类比都是错的。所以，表面的不一致，初看虽然令人困惑，但不构成一个真正的矛盾。

现在，回到旋转的圆盘和广义相对论。当圆盘旋转时，上面的每一个点所做的运动都是圆周的，而不是径向的。换句话说，它一圈一圈地运动，但不是一进一出地运动。狭义相对论告诉我们，有纵向收缩但没有水平收缩，这意味着沿着周长有收缩，但没有沿着半径的收缩。所以，所测量的圆盘周长，从非旋转的角度与在旋转圆盘的参照系内的观察者所做的测量，其长度是不同的。另一方面，对圆盘直径的测量却是和他们一样的。

达到这一结论的过程是缓慢而且困难的，因为它是严重反直觉的。但是爱因斯坦坚信自己的信念，小心翼翼地把它想通了。在这个过程中，他获得了一个奇异的发现：当一个圆盘在旋转时，非旋转的观察者测量其圆周与直径的比例会发现它不等于 π。此外，这个比例还取决于圆盘的转速。旋转得越快，其比例就越偏离 π。

甚至对爱因斯坦本人来说，虽然他对创造反直觉的思想已经习以为常，但依然认为这个效果非常怪异。所以，他和同行们称其为“埃伦费斯特悖论”（以首次指出这一现象的荷兰物理学家的名字命名）。他们投入了大量精力试图解决这个悖论。即使如此，他们仍用了几年时间。爱因斯坦这样描述突然通透时的感觉：

> 在回到苏黎世不久，我第一次对这一理论的数学问题和高斯的曲面理论的数学问题之间的类比产生了决定性的念头。[10]

这里的“这一理论”指的是爱因斯坦初期的引力理论。由于他那命名完美的等价原理，这一理论等同于加速参照系理论。

为了搞清楚他刚刚发现的旋转参照系问题，爱因斯坦再一次求助于 20 年前理工学院学生时代冬眠了许久的记忆。在那时，他上过二维曲面几何的讨论课。在课上他了解到，在由卡尔·弗里德里希·高斯（Karl Friedrich Gauss）和波恩哈德·黎曼（Bernhard Riemann）于 19 世纪发展起来的非欧几何之中，一个圆的周长与它的直径的比例可以任意地不同于 π。为了理解其中的原因，假设地球表面是一个弯曲的二维空间。如果把赤道看作一个圆，那么半径则是任何一条从赤道走向正北一直到达北极点的经线。这样的一条经线，其长度为赤道长度的 1/4，因而，直径则等于赤道的一半。这意味着，对于居住在这个弯曲空间的人来说，赤道的周长与直径的比例等于 2，而不等于 π。

1912 年的某个时刻，这个过去一直深埋于爱因斯坦记忆中的非欧圆定理，不经意地跳了出来，旧的记忆突然被激活，正如几年前假想力的记忆复苏那样。这个非常受欢迎的新连接给了他灵感，让他可以直接借用高斯和黎曼的曲面几何公式，以数学公式的方式表述加速参照系的物理特征；而且可以更进一步，基于等价原理，表述处于引力场的世界的物理特征。

当然，宇宙中的事件不是发生在二维平面，而是在三维空间，而且事件的发生需要时间，这意味着宇宙是四维时空，即三个空间的维度，一个时间的维度。虽然在今天，“四维时空”这个词是人们熟悉的术语，甚至已经是老生常谈，但这个概念，当它第一次被德国数学家赫尔曼·闵可夫斯基（Hermann Minkowski）提出时，是一个奇怪而重大的新启示。闵可夫斯基是爱因斯坦在理工学院时的教授。他注意到伽利略的相对论和爱因斯坦的狭义相对论之间的一个明显类比。这个类比引导他迅速形成了四维时空的思想。讽刺的是，爱因斯坦本人竟错过了这个类比！

爱因斯坦在发展广义相对论的过程中认识到，他需要的是将多年前他在理工学院学到的高斯几何的二维定理（当时，他认为这些定理纯粹是数学的而不是物理的）拿来，用到闵可夫斯基的更抽象的、具有三维空间和一维时间的空间。也就是说，他要在四维时空中“拷贝”多年前在苏黎世他的教授教给他的纯二维空间的思想。这个类比超乎寻常的丰富而新颖，促使他产生了四维的弯曲空间这个超现实概念。这似乎还不够，弯曲的概念现在不再局限于空间，而被扩展到时间的维度。“弯曲的时间”这个思想显然是在挑战人类想象力的极限。

刚刚讲完了一组多产的类比：第一，引力场和加速参照系之间的类比；第二，单一的力学和整体的物理学法则之间的类比（在新环境下重新启用）；第三，旋转参照系和二维非欧几何之间的类比；第四，二维和四维非欧几何之间的类比。所有这些类比为爱因斯坦提供了他梦寐以求的关键性的线索，为他提供了用数学方法处理引力的工具。经过几年时间，他终于能够“驯服”引力，将它带入物理学的数学法则的大家庭。这样得出的广义相对论是爱因斯坦事业中最复杂、最大胆的成就，是他令人震惊的全部发现中的光荣的顶峰。

相交的平行

关于爱因斯坦丰富多产的伟大类比，可以轻松地写一本专著。但本章的目的要谦逊得多，仅仅想举出几个例子，以表明物理学的重大发展不是个别天才孤立的数学推理和公式运算的结果，而是正相反，这些结果源于类比，通过个人的直觉和天赋，在别人只看到差异的地方，他们看到了统一。他们敏锐的直觉引导他们确认表面极端差异的现象背后存在深层一致性。他们相信自己对这些类比联系的初始信念甚至超过他们对前人树起的堂皇的数学堡垒的信任，尽管这样做意味着坚固的、广为接受的、经过深思熟虑的思想有可能被连根拔除，并重新被确立。

我们对爱因斯坦思维方式的刻画，赋予了他与老套的数学天才截然相反的特性。他没有开动超乎寻常的计算和推理机器，像巨型蒸汽压路机那样将遇到的一切障碍碾得粉碎。恰恰相反，我们的讨论里展现的爱因斯坦并不掌握超凡的计算和推理的技能。他的大脑里面也没有储存着一个巨大的、快如闪电的超级计算机。相反，他是受到了不可抗拒的愿望的驱使，去发现深刻的概念相似性和美丽的隐秘类比。事实上，爱因斯坦的主要心理驱动力是对美的探索。他有一个坚定的信念：自然法则充满了最深刻、最神圣的美。

这样的心态似乎应当属于启蒙时代，属于宏伟时代的思想家，诸如达·芬奇、牛顿、帕斯卡和莱布尼茨。有人甚至认为爱因斯坦应该是那个特殊的科学天才部落里的最后一个成员。他们做出惊天动地发现的辉煌时代被今天的过度专业化湮没，变成了历史文物。然而，这远非事实。我们要探索的现象比这种变更要稳固得多。事实上，同样的认知风格是最卓著的科学家的标志，无论他们的学科是什么，也无论他们生活在哪个时代。今天，最有天赋的研究者，无论他们的研究领域多么鲜为人知，多么难以向非专业的听众解释，都同样受到了曾经驱使爱因斯坦内心的火焰的激励，也就是说，受到一种不屈不挠的探索精神的驱使，去揭示现象之间深刻的类比联系。

例如，近来菲尔兹奖得主，法国数学家赛德里克·维拉尼（Cédric Villani）在著作《活的定理》（*The Living Theorem*）一书中为自己的数学风格画了一幅肖像。他的肖像与我们描述的爱因斯坦风格的肖像几乎一笔不差。下面的段落与伟大物理学家的特性有着完美的共鸣：

> 我作为数学家的名声有赖于在数学的不同领域之间发现隐藏的连接。这些连接多么珍贵！它们可以让你在两个不同的领域同时有所发现。这就像打乒乓球，你在球台一侧所找到的每一个发现都可以反弹回去，并在球台另一侧找到相对应的发现。在我成为正教授三年之后，在和我忠实的合作伙伴洛朗·德

思维兰特（Laurent Desvillettes）一起研究时，我找到了一个可能性很小的连接……紧接着那个发现，我提出了亚强制性理论（hypocoercivity）。这一理论建立在另一个类比之上。[11]

在2007年，我产生了某种第六感：存在某种隐藏的和谐，我猜测存在一个深层关系……这个连接好像从天而降。我和格雷瓜尔·勒佩尔（Grégoire Loeper）一起证明了它……每一次，都是对话让我产生了新的想法。我确实从交流中受益！而且我深信先验和谐的存在。毕竟牛顿、开普勒和许多其他人已经为我们指明了道路。世界充满了意想不到的连接。

巴纳希·霍夫曼在他的爱因斯坦传记中表达了非常相似的观点，虽然他的段落带有更浓的神秘色彩：

当我们看到爱因斯坦赖以建立他的（引力）理论的表面基础是多么不牢固时，不得不赞叹引导他创造出这一杰作的直觉。这样的直觉是天才的本质……由于某种直觉的感知，天才以一种模糊的方式从一开始就知道他所要抵达的目标。在未知领域痛苦的旅途中，天才用貌似有理的论据支撑着前行。而这些论据所起的作用不是逻辑意义上的，而是弗洛伊德式的。这些论据不需要合乎逻辑，只要它们对非理性的、有透视力的、潜意识的、真正起支配作用的本能有用处。[12]

霍夫曼的这段文字将科学的进步描绘成完全依靠半神奇、永远不太可能解释清楚的智能过程。读过它的人很可能会得出这样的结论：科学天才，诸如爱因斯坦，是一个深不可测的谜，是笼罩在弗洛伊德无意识里的难以捉摸的深渊。虽然对霍夫曼的信念充满敬意，但是我们的观点没有像这一段表述的那样玄秘。更确切地说，我们试图说明，那种改变物理学面貌的晴天霹雳总是类比，而且经常是“微小”的类比，也就是说，是那些因事后被指明而貌似显而易见的飞跃。

将爱因斯坦思维过程的面纱揭开，就像在本章所做的这样，没有丝毫贬低他的天才或他的发现深度的意思，因为他对“宇宙统一”的终生执着促使他探索奥秘、发现类比，使他最终在深层发现了统一的范畴，而其他顶级科学家在其中看到的只有互不相干的事物。

关于这一点，读一读庞加莱对爱因斯坦的评论会对我们有启发。前面已经引用了庞加莱关于数学家是如何受到类比引导的论述。他在为年轻的爱因斯坦于 1911 年申请教授职位的推荐信中说：

> 爱因斯坦先生是我认识的最有创造头脑的人之一。虽然还年轻，但他已经加入了所在时代顶级科学家的光荣行列。我最推崇的一点是他可以轻松地接受新思想并且能够从中获得所有可能的结果。他并不明显地依赖于传统原理。在面对物理学问题时，他能够迅速想到所有的可能性，这使他能够迅速预测新的现象，而这些新现象，一旦出现新的方法去检验，就有可能被证实。未来将更清楚地显示爱因斯坦先生的价值。任何一所大学，如果能够雇用这位年轻的大师，将为其智慧的决定而青史留名。[13]

约翰·塞巴斯蒂安·巴赫的一位同时代人曾经说过："巴赫在听到一个主题之后，就能够马上想到它的全部结果。"[14] 这听上去非常像庞加莱所高度评价的爱因斯坦的特性。他可以在很短时间内"想到所有可能性"的能力非常接近最高级别人类创造力的中心。

如果考察爱因斯坦抵达扩展的等价原理的路径（这个原理适用于一切物理现象，不只是力学现象），可以看到他在新环境中重新启用了他已经用过一次的类比。具体地说，他在两个不同环境中完成了同样的概念扩展，每一次都是从力学实验的概念开始，以更抽象的物理学实验概念告终。当然，每一个扩展都是因为类比，即垂直的类比跳跃，其中的思想是："物理学和力学类似，但包含的东西要多得多。"（还记得管医生类似的垂直类比跳跃吧？他的想法是："关节和膝关节类似，却是一个更概括的生物学概念。"）爱因斯坦在两个类似的环境中使用了这个类比跳跃：第一次是把伽利略的相对性原理扩展而得到狭义相对论；第二次是把有局限的等价原理扩展而得到广义相对论的基本思想。就这样，爱因斯坦一生中最高深的突破来源于类比飞跃，而这个类比飞跃又是另一个类比飞跃的类比，因而是一个类比之间的类比，或者说是一个元类比。

这让我们想起波兰数学家斯特凡 · 巴纳赫（Stefan Banach）的话，如他的朋友斯塔尼斯拉夫 · 乌拉姆（Stanislaw Ulam）转述的那样："好的数学家在定理和理论之间看到类比，但是最好的数学家在类比之间看到类比。"[15] 沿着同样的思路，爱因斯坦的苏格兰前辈麦克斯韦曾经评论道，他自己不是被不同的物理学原理之间的平行所吸引，而是被平行之间的平行所吸引。这似乎才是抽象的典范。

总而言之，爱因斯坦创造的一生清楚地表明，在巨大的科学之树里感知深刻而抽象的类比，这样做的效果不仅能摇动小树枝或树杈，而且能撼动整个树干。如果有任何东西能让地球颤抖，那就是爱因斯坦发现的类比。

SUR

AND ANA

AND

ESS

ACES

OGY AS THE FUEL

IRE OF THINKING

NCES

结语 范畴化和作类比就是一回事儿，它们是人类认知的核心

凯蒂和安娜是好朋友，但在关于什么是认知核心这一主题上，她们之间产生了矛盾。凯蒂认为范畴化担任着认知内核的角色，并认为范畴化在许多方面都不同于作类比。安娜则认为作类比位于认知的内核，尽管她也赞同凯蒂关于范畴化很重要的观点。讨论结果表明，范畴化和作类比原本就是一回事儿，它们都是人类认知的核心。

范畴化与作类比

本书用一段对话作结束。在对话中，凯蒂和安娜一直在辩论认知的核心是什么。凯蒂认为是范畴化担任着认知内核的角色，她相信范畴化在许多方面和作类比不同。安娜认为作类比位于认知的内核，尽管她同意凯蒂并承认范畴化的重要性。实际上，安娜是在尽最大努力表明作类比和范畴化是同样的东西，她试图逐项指出凯蒂论点中的弱点。

凯蒂认为范畴化与作类比在九个层面上存在明显区别。下面的表格是对她观点的总结。

	范畴化	作类比
频率	不停	偶尔
创新性	常规	创新
可察觉度	无意识	有意识
可控性	自动	自主行为
类似程度	差距不受欢迎	差距受欢迎
行为焦点	实体	关系
抽象度	两个层次之间的跳跃	相同层次间的连接
客观性	客观	主观
可信度	可信	可疑

仔细考察这些潜在的区别，这里的讨论会超越范畴化与作类比是否相同这一议题。讨论涉及的问题包括如何感知世界、如何形成概念、如何理解、如何交流。总之，它彻底展开探讨了思维的本质到底是什么的问题。

但是，两位主角在她们激烈的辩论中，将把这个问题展开得更清楚。所以，不再废话，请她们登场。

叮铃铃……叮铃铃……（电话响起）

凯蒂：你好！是谁呀？

安娜：你好，凯蒂，我是安娜。这么早，希望没有吵醒你。

凯蒂：没有，没有。其实，几分钟前我刚从一个怪梦中醒来。在梦里，我和你在电话里聊得正欢。那不是一个普通的电话，我们俩在激烈争辩！我在电话里讲中文。这怎么可能呢？搞得我一头雾水。我一句中国话都不会说呀！

安娜：真的？我刚经历的和你完全一样！

凯蒂：怪事！完全一样的事？

安娜：这个，有点儿，你明白的。非常像，几乎完全一样。具体说，我也刚从一个怪梦里醒来。我的梦和你的一样，我们在电话里激烈争辩。但是在我的梦里，我们是用俄文辩论。这怎么可能？我对俄文可一点概念都没有。你知道的，我一个俄文单词都不认识！

凯蒂：这样的巧合也太离奇了！一个梦，被两个人同时梦到！这有点儿像童话故事！在你的梦里，我们辩论了什么？

安娜：说实话，我一点儿也想不起来了。这也有道理。我其实根本不知道我在说什么，因为我在讲俄文！在你的梦里，我们在争论什么？

凯蒂：这个，实话说，不得不承认我也一个字都不记得了，因为我在说中文。你知道，我根本不会说中文。真事比虚构还怪，不是吗？

安娜：这个可说不好。不过，梦的确是一个怪现象。心智跳跃非常奇幻。

凯蒂：我同意，人的心智深奥而不可思议。思维是天底下最捉摸不定的现象，虽然我们一直在动脑筋。难道人脑的本质不应该是像水晶一样透明吗？它毕竟是我们在其中畅游的介质。或许正是因为它无处不在，所以才如此模糊不清、不可思议。

安娜：我完全同意。事实上，这正好接上了我这么早给你打电话的原因。最近我一直在思考关于思维的问题，我想了许多，得出了一个惊人的结论：在思维的内核有一种特殊的心智过程。你能猜到是什么吗？

凯蒂：太巧了！我也在琢磨思维。我也在思维的核心找到一个特殊的心智过程。假如我们俩能够独立发现同一个思想，那该多么令人惊奇，多么奇妙！

安娜：可不是嘛，那可是一个大惊喜。那我就直截了当地告诉你我的候选心智过程是什么吧。对我来说，一切思维背后的关键机制是作类比，就是在当前正在经历的事情和之前经历过的事情之间做出某种联系。类比能够召唤我们过去的任何方面。当面对一个新环境时，我们可以把经历过的最相似的经验拿来作比较。一句话，作类比是一切思维的基础机制。

凯蒂：作类比，是吗？这可是一个出乎意料的候选人！我肯定不会推荐这个。我发现在这个问题上，我们的想法走岔了。我也摊开直说了吧。范畴化才是我们心智的秘密。范畴出自我们的经验，是组织心灵的图书馆，是思想的建筑材料。范畴化才是一切思维的魔钥匙。

安娜：是吗？你说范畴化在心智生命中比作类比还重要？告诉我你是怎样看这件事的，凯蒂。

范畴化是永恒的必需，作类比是难得的奢侈

凯蒂：欣然从命！在思维过程中，没有任何事情比把事物和情境归入已知范畴这一活动更普遍、更基础的了。为了简化世界，我们不停地把世间万物

分类，否则，将在不断涌现的新事物大潮面前束手无策。无论怎么说，当下面对的每时每刻都与经历过的有所不同，虽然差别很小。你每一次眨眼、转移目光、呼出吸入、动嘴唇、扇动鼻翼或抬眉毛，你现在的面部表情和你 0.1 秒前的面部表情都有所不同。你的这些微小的动作会改变你看眼前桌子的视角，哪怕是很小的改变。

我们周围的环境时刻在变化，为了不致迷失方向，唯一的办法是把接收到的刺激分类，归入熟悉而可靠的范畴之中，例如桌子，即使从未见过这张具体的桌子。我们周围的一切永远在变，假如不把它们分类，不把它们简化成稳定的有规则的类别，环境就会是一片混沌，一切都是新鲜的和未知的，我们的头脑就会整天晕晕忽忽。

我拥有辨认新事物的能力，例如，一把椅子、一张桌子、一阵清风、一副吃惊的面孔、一个几乎不加掩饰的威胁，这是因为我已经建立起了这些范畴，而且我的范畴库相当大。如果没有这个巨大的库存，我将无法辨认周围世界这些反复出现的特征。所以，是范畴化让我在这个不可预测的世界中生存下来。这就是我的观点，亲爱的安娜。

安娜：你的证据确凿，而且观点很有见地，凯蒂。你清楚地表明了为什么概念和感知是如此紧密相连。其实，这两个概念完全可以互换，虽然对日常用法倾向于将它们区别开来：感知由感官引导，而概念受头脑支配。

凯蒂：这一切都好说，但是我认为，范畴化一定比作类比在排行榜上要高得多。我明白你把类比看得很高。没错，类比值得你高看。但是，仔细想一想，类比是稀有的心智事件，比分类活动少见得多。只有当我们有了创作激情，有了灵感，要让我们的心灵生活爆出火花时，类比才会出现。作类比时，我们是在破坏现状，以一种从未梦想过的方式将两个事物连接在一起。当我们在两个思想、物体或情境之间发现一个崭新的连接，那种梦寐以求的心动是一种令人陶醉的感觉。但是可惜，这种感觉不常有。如果从未创造过类比，心智生活无疑会缺乏一点激情，但是我们的存在却不会因此而受损。

这么说吧，安娜，如果说范畴化是认知的土豆和牛肉，那么作类比则是充满异国情调的香料，可有可无。创造一个充满新意的类比会给我们带来愉悦，这毫无疑问，但是，那是认知的奢侈，人可以不作任何类比而安度一生。

安娜：我一百个赞成你对范畴化的描述，凯蒂。范畴是思维的心脏和呼吸、引擎和燃料、乡间小路和州际高速。只有那些丝毫没有想象力的人才看不到范畴化在认知活动中的普遍性和不可或缺。然而，我认为你误解了作类比，因为作类比和范畴化一样，也是无处不在的。

凯蒂：这个我想不通。作类比是稀罕事，我猴年马月也造不出一个。

安娜：你太低估自己了，朋友。你还记得本书第 7 章里的那些引文吧？那些都是从专家的论著中找来的。有一些讨论范畴化，还有一些描述作类比，然而，那些说法几乎完全一样。具体来说，有的句子说这两种思维过程都是将新奇的事物摆在熟悉的灯光下（“范畴让人们把新鲜事物当熟悉的事物那样对待”[1]，而类比让我们“把新事物看成熟悉的事物”[2]）。能这样做对生存是绝对必需的，不是吗？所以，你看，每当你在陌生的事物中看到熟悉的东西，你就是在作类比。

凯蒂：你是说类比和范畴一样广泛存在吗？我不觉得它们遍地都是。事实上，我很少看到类比。要说服我，你得拿出一些实例，因为对我来说，类比简直是凤毛麟角。

安娜：好吧，凯蒂，想一想生活中最普通的时刻。如果你仔细观察，你会看到类比充斥其中，就像春天草甸上的野花一样。既然类比让我们以旧视新，它们就和把事物分门别类一样普遍。刚才你不是还指出新环境以各种各样的方式区别于先前的环境吗？这时候，要想理解新环境，除了将新环境与我们经历过的事情联系在一起，别无他法。这意味着我们必须创造各种各样的类比。

此外，研究类比在人类思维中的作用的学者也经常指出其无处不在的特性。例如，数学家乔治·波利亚（George Polya）写道："类比贯穿我们的思维，我们的日常会话、我们微不足道的结论、各种艺术表现形式，以及最高层次的科学成就。"[3] 与此类似，理论物理学家罗伯特·奥本海默（Robert Oppenheimer）宣称："面对新鲜事物，我们不可避免地要将它与熟悉的事物和已知的事物进行比较。"[4] 专门从事作类比研究的心理学家也持相同的观点。比如，德瑞·金特纳写道："类比和隐喻充斥于语言和思维。"[5] 基思·霍利约克和保罗·撒加德说："类比在人类思维中无所不在。"[6]

凯蒂：到目前为止，你给我看的都是一些概括性的东西。这些东西有助于思考，但是，我要看一些具体的例子。

安娜：好吧，我来试一试。一个你从来没见过的台阶，怎么走上去？一个你从来没遇到过的门铃，怎么知道如何用？一个你从未见过的门把手，怎么知道怎样扭？一个你从来没用过的淋浴喷头，怎么知道它如何用？此外，一把你从未坐过的椅子呢？怎样拿起你从未触摸过的杂志？你怎么知道怎样翻书页？怎样不费力气就能区别哪些是广告哪些是文章？生活之中到处都是这种初级类比。

凯蒂：所有这些例子都不是类比。它们不过是一些动作，不是思想。

安娜：你能找到行动和思考的边界吗？心理活动在每一个行动的背后。"心理活动"这个词也不过是"思考"的花哨同义词。但是，假如这些例子不能满足你的要求，那就看一看本书第 1 章和第 2 章吧。任何一个单词和短语的选择都源于作类比。还有什么比选择下一个要说的词更无所不在的？然后再读一读第 3 章。

通过类比，一个情境与先前的情境才能联系在一起。每当我们使用一些常用短语，诸如"我也是""下一次""通常来说""这不会再发生""这总发生"，以及许多其他短语，我们依赖的是心照不宣的类比。例如，如果你说"我也是"，你难道不是在说"类似的事情对我也一样"吗？如果你说"下一次"，你说的不正是"只要类似的事情再发生"吗？难道"像这样”的意思不是“类似于此”，只不过说得比较口语化而已？所以，简而言之，没有任何理由认为类比比范畴少。它们就在我们身边，既不是稀罕的奢侈品，也不是高级美味；它们不是认知皇冠上的宝石，它们是包括宝石在内的整个皇冠！

范畴化是常规，作类比是创新

凯蒂：（仍然坚信范畴化和作类比是黑白分明的两种东西）我接受你的论据，安娜。我收回关于类比是稀缺之物的论断。我承认我们在不断作类比，尽管其中大部分都微不足道。我以前从来没想到这些小念头也可以称作“类比”，但是你说服了我。虽然如此，但类比和范畴是两种非常不同的东西。你刚才也默认了这一点，因为你说“认知皇冠上的宝石”。

请让我解释。范畴化要依靠事先存在的心理范畴。比如，你身旁一只喘着粗气、毛茸茸的四蹄物体在街上跑着，我把它划归于狗，它和此前获得的概念之间的联系让我立即想到许多事实，例如，我看到的是一个有生命的实体，它有许多内脏器官，它很可能会咬人并传播狂犬病，它吃肉，喜欢让人带着出去散步，等等。在我确定某物属于这一范畴的那一刻，我就可以毫不费力地取出各种信息。这些信息是我一生积累起来的关于狗的一般信息以及各种不同类别的狗的具体信息。但是，我这样利用所有这些知识没有任何创新性。恰恰相反，这一切都是那么单调无聊。

安娜：这我不反对。说一是一，叫狗是“狗”的确是稀松平常。

凯蒂：就是嘛。每当范畴化时，只是在利用事先获得的知识。我们依靠先前的经验，希望它们会自我重复，但我们不创造任何新东西。虽然范畴化充斥精神生活的每时每刻，但它既非源于灵感，也不给予他人灵感。与此相反，你的“认知皇冠上的宝石”充满新鲜感、创造力、灵感和顿悟，所有这一切都远远超越寡淡的先验知识的应用。从这个意义上讲，类比值得称道，因为它让我们把本来风马牛不相及的事物创造性地联系在了一起，这正是作类比有别于范畴化的地方。我承认我的观察让我感到难过，因为我真心希望范畴化在思维过程中能够扮演一个更崇高的角色。但不管怎么说，这表明范畴化和作类比不是一个母亲的两个孩子，前者属于常规，而后者透着创新。

安娜：我说，凯蒂。我又要和你意见相左。但这一次，我希望能给你鼓鼓气，因为你好像把范畴化看得太低了。我要说明你的这种负面态度没有道理。

凯蒂：真的？那我可求之不得。请讲。

安娜：首先，我希望你能同意：许多类比根本没什么创造性。事实上，我刚给你举了一些例子，比如台阶、门铃、门把手、淋浴喷头、杂志等。我们经常作类比，不假思索，甚至根本注意不到，就像呼吸那样习以为常。你一定同意，许多类比像洗碗水一样索然无味。这表明，范畴化远非寡淡的金牌得主。在这个领域，作类比也是一个强有力的竞争对手。但是，我理解你的意思，你认为二者的区别不在其寡淡，而在其创造性。

凯蒂：是啊。你的这些例子说明，类比也可以很平淡，了无新意。但我的论点不在这里。我是要说，类比可以非常有创造性，至少会偶然放出光彩，而范畴化比较可怜，从来没有创造性。

安娜：类比可以达到创造性顶峰，这一点我们观点一致。事实上，我认为每一个创造性活动都根植于类比。人们打破常规，看到两个不同的事物实际是“一回事”，而这两个事物在所处环境中从来未被看作一样的东西。第4章末尾有一些很好的例子，例如，阿基米德把皇冠和人体看成是“一回事”，因为二者均占有体积。或者认为计算机鼠标和人手在做“同样的事”，因为鼠标可以操纵屏幕后面的虚拟物体。在第8章，我们看到数学和物理学中的伟大发现也根植于类比。法国数学家阿兰·科纳（Alain Connes）宣布：“我们在数学世界中的旅行不同于在现实世界中的旅行。我们旅行的运载工具是类比。”[7] 哲学家尼采曾将智能定义为“隐喻的行进中的军队”[8]。

凯蒂：不错，我听过这些观点。而这恰恰也是我要让你理解的：类比是认知贵族的成员，拥有创新的潜力，而卑微的范畴化，让我们保佑它弱小的心灵吧。既然在引经据典，那就让我引一段法国作家乔治·科特莱恩（Georges Courteline）的话："第一个将女人比作玫瑰的人是诗人；第二个再作同样比喻的人是蠢人。"[9] 这很能说明我的观点！诗人在两种事物之间想出一个新颖的类比，这是一个创新。第二个人不过是把诗人创造的类比拿来，照葫芦画瓢，这是一个模仿活动，没有丝毫创新性可言。

安娜：这句话很有意思。不过，你刚才打断了我。我是要说，范畴化也同样拥有极大的创新潜力。没有任何法律规定它只能完成卑微的任务。上面引用了一位数学家讨论类比的话。现在让我再引另一位数学家讨论范畴化的话。庞加莱把数学描绘成"把同样的名称赋予不同事物的艺术"。[10] 也就是说，这是发现不寻常的微妙的新类别的艺术。所以，范畴化应该抬起头，为自己的巨大的创新能力而骄傲。

凯蒂：你不是在开玩笑吧？

安娜：绝对不是。是什么使一个人、一个想法、一个观点，或一句话成为独创的呢？这显然牵涉一个背离常规的范畴化。例如，我们说某些建筑家、电影导演、小说家或者时装设计师具有独创性，因为他们创造出了具有个性的世界，这意味着他们分门别类的方式方法有别于他们的同时代人。你同意吗？

此外，许多观点都以不落俗套的形式出现。例如，如果我宣布"目前的金融形势一团糟"，我是在把金融形势放进一团糟的范畴。如果我说，"数学是一场游戏""数学是一种语言""数学是一种工具""数学是一门艺术""数学是一种信仰"或者"数学是一种激情"，我所做的不正是将数学归类到游戏、语言、工具、艺术、信仰和激情这些范畴中吗？如果有人宣称我的思想是一条死胡同，或者他们喋喋不休的朋友是一个消火栓，或者电子游戏是一个灾害，或者 60 岁是新的 40 岁，或者新的税法是即将发生的灾难，或者总统的提议不过是一块创可贴，或者错字检查工具是拐杖，或者那个当场被捉奸的著名政客已经成为历史，或者他们的另一辆车是一辆自行车，所有这些难道不是多少具有创意的范畴化吗？

凯蒂：是呀，我一直认为隐喻语言可以非常有创意。

安娜：毫无疑问！所以，如果你承认我刚刚举的这些例子有创意，那么你也就得承认范畴化也可以有创意。所有这一切都说明，和天真的偏见所暗示的不同，不但有大量无趣的类比，还有大量有创意的范畴化。总之，你常规的心理活动和创新的心理活动的二分法不能提供一个区分作类比和范畴化的标准。

范畴化是无意识的，作类比是有意识的

凯蒂：好吧，我承认你有道理：范畴化可以引出新的发现，也可以有创意，并且不仅局限于平淡的分类行为。即使如此，还是不能混淆作类比和范畴化。事实上，我们之间的交流让我进一步认识到了这两种认知活动的不同。它们之间的区别变得更加明显了。我要感谢你给了我这个礼物。我现在清楚地认识到，范畴化因其特性决定了其是一个无意识的过程，而类比是不可避免地由有意识的过程创造的。

安娜：我看不出来你是怎样想到这个假设的。

凯蒂：这样吧，看一个例子。假如我问你原子的结构怎样和太阳系的结构类似的，你的脑海里会出现太阳和原子核的形象，还有行星和电子的形象，然后，任凭你想象的所有这些东西绕着不同的轨道翩然起舞。还有比这更有意识的活动吗？或者让我再给你举一个例子。假如我指出生命像一次旅行，你在心灵深处会看到一个人的出生和死亡犹如旅行的起点和终点；你会看到这个人一生的坎坷和旅途中的艰辛；你甚至会看到绿洲和野花盛开的山谷如同生命中的欢乐时光。所有这一切都会出现在你心智的意识层面。

与此截然相反，每当我为某物分类时，我完全不晓得“下面”在干什么。例如，如果说“桌子”或“椅子”指的是卧室里的物件，或者公寓邻

居发出的噪声让我想到“喧嚣”这个词，或者我能听出你刚说的那个词里面有一个元音“a”，当我做这些事情时，我丝毫不明白我做这些事情时的心理过程是什么，这个过程是完全不透明的。范畴不知道从什么地方蹦出来，每秒钟好几次，它们是怎么来的，为什么来，我一概不知道。你或许会笑话我，安娜，但我是怎么知道自己应该用“笑”这个词来描述你现在的面部表情的呢？要我看，这是一个巨大的谜。我对发生的一切没有任何感知。

安娜：（轻笑着）毫无疑问，我们的直觉倾向于同意你提出的作类比和范畴化之间的区别。但是我的观点是，你再次掉入了一个陷阱，这个陷阱不过是你选择的这些例子的特性造成的。只要再看看一些其他例子，我想你会很快同意有许多无意识的类比，也有许多有意识的范畴。

凯蒂：我持怀疑态度。我找不到任何反例。

安娜：好吧，看看我是不是能帮忙。如果你想找无意识的类比，看第 5 章就可以了。里面的例子多得很。另外，这也是第 7 章的中心思想，专门讨论朴素类比。这两章描述了那么多无意识的类比，我都不知道从哪里开始说起。例如，就说那些段子吧，记忆就像晴天霹雳一样跃入人的头脑；这些人不知道自己是怎么从一件事想到另一件事的。我说的就是这类事情。玛戈冒着雨跑向她的车，结果在路边滑倒了，把胳膊肘划破一大块皮。假设有一天她给我讲了这段经历，让我想起多年前我赶飞机时在冲下台阶时崴了脚踝。这类提醒是怎样发生的，我只能说这两个故事分享同一个概念框架，听玛戈的故事唤醒了自己的故事，而我自己的故事这么多年来一直在我记忆深层够不到的书架上积灰。除此之外，我无可奉告。在这里发生的，除了一个完全无意识的作类比还能是什么？

凯蒂：你的例子很有意思，但是我不能同意你的结论，因为跳出来的记忆完全是一个有意识的记忆。你的确是有意识地回想起了久远的经历，不是吗？所以，你建立的类比不是那么无意识的。

安娜：好吧，对，获取的记忆是有意识的，但是隐含的获取过程却是无意识的，这和范畴化是一样的。我有意识地认出屋里的桌子或一个词里的元音“a”，但我却并不理解导致这一范畴化的思维过程。此外，我正要给你一些其他类比的例子。这些类比如此无意识，让建立这些类比的人自己都感觉不到自己在使用类比，只有仔细的旁观者才能察觉到。这些类比中最典型的是那些在第 7 章讨论过的“朴素类比”。我在这里只提其中的三个：把除法看作均分、把乘法看作重复的加法，以及把等号看作一个过程后面跟着一个结果。所有这些朴素类比都深藏于几乎每一个人的内心，也可能不知不觉地把我们引向错误的结论。但是，心理学家已经设计出了详细的实验，并成功地将这些隐藏极深的类比引出。

凯蒂：你关于类比的观点我可以接受。但是关于范畴化你却大错特错了。你怎么会认为这样一个基本的认知过程会以有意识的方式进行呢？说到这里我就想笑！

安娜：一会儿你就笑不出来了，因为我们当然可以选择性地为各种东西分类。在这种情况下，范畴化的动作就完全变成了有意识的活动。和你前面举的关于原子和太阳系的类比，或者关于人生和旅行的类比例子完全一样，范畴化都是有意识的。

凯蒂：有意识的范畴化对我来说似乎完全不可能。但是我愿意听一听你是怎样为这个难以置信的概念辩护的。

安娜：一点儿也不难以置信。这里有一个例子。冥王星是一颗行星吗？一个国际天文学家高级委员会思考了这个问题，最终决定冥王星不再是行星范畴的一个成员。他们周密的思考，包括剑拔弩张甚至恶语相向的辩论，显然是有意识的范畴化的活动。

凯蒂：停，停，安娜。冥王星的天文学地位只是一个科学事实的问题，不是一个思维过程的问题。我们在讨论思维活动，你可别跑题。

安娜：但是，亲爱的凯蒂，科学家可是最杰出的思想家！如果你觉得这个例子太接近科学，那就来考虑一个庭审的例子。法庭审判的目的是确定被告是有罪还是无罪。这种情况的本质难道不是一个极端的试图确定给被告贴上“有罪”还是“无罪”标签的例子吗？我想你同意有罪和无罪是范畴。

凯蒂：我承认如果你让我举出一个范畴，我更有可能想到一个名词，比如“锤子”，而不会想到形容词，比如“有罪的”。但你是对的。有罪的和无罪的就像锤子一样，都是范畴的一员。

安娜：你说得完全对。我再举几个有意识的范畴化的例子吧。如果一位朋友问我一个我们共同的朋友是否诚实或可靠或慷慨，我会开始回忆他的行为的各种实例，然后我会有意识地把我仔细收集来的这些例子作为范畴化的基础。说得更广泛一些，每当对某物持怀疑态度，这种情况经常发生，我们就会有意识地开始思考，试图确定将该物归入哪一个范畴。例如，如果有人问我，一幅画是不是印象派绘画，或者一部电影是不是恐怖片，或者一首歌是不是爵士乐，或者一个笑话是不是犹太人的笑话，我关于这个话题的思考必定是有意识的尝试，目的是确定哪一个范畴最适合。你明白我的意思吗？

范畴化是自动的，作类比是自主的

凯蒂：安娜，你是一个熟练的辩论搭档。对这个问题我让位，但我离认输还早。你刚刚让我认识到，问题的关键不是有意识的感知，而是控制。我刚才只是没有把我的意思表达清楚。我本该将二者的区别建立在自动还是自主上，因为我感觉范畴化是一个自动的、不自主的过程，而作类比则需要深思熟虑。我的意思是说我无法阻止范畴化的产生，而我完全可以决定是否要作一个类比。我是掌舵的船长，我可以选择作类比，也可以选择不这样做。

安娜：我不懂你的意思。

凯蒂：好吧，我来举一个例子。假如我让你不要去想一张桌子，你无法遵从我的意愿。一提到“桌子”这个词本身就使你想到一张桌子！这个过程是自动的，是不可压抑的，你无法控制。同样，我周围的所有东西所属的范畴都是不召即来就跃入心中的。这是一件好事，因为如果没有这种自动认知的过程，我会变得无所适从，无法理解周围不断变化的一切。范畴是我通往世界的向导，我无法阻止它们被激活。另一方面，我可以很容易就重新思考太阳系和原子之间的类比，甚至认为这个类比是误导，就像我可以否决那个关于越南战争的“多米诺骨牌”类比。在这类情况下，我权衡利弊，决定是否接受或拒绝某一特定类比，决定是否倾向另外一个类比。所以，你看，我受到范畴的支配，它们不知从什么地方不请自来。然而，我完全可以控制我的类比。我是类比的上司。

安娜：这是你一厢情愿吧！事实上，不请自来、不可压抑的类比也一样多。说起不请自来，想一想当怪事发生时，那些久远的类似经验的记忆涌入我们内心的情形。或者想一想本书第 5 章和第 7 章中描述的那些类比。我在心里无法将除法和均分区别开，就像我无法区分不诚实和肮脏一样。为什么在今天没有人会给他们的婴儿起名为“阿道夫”？显然，那是因为人们会不由自主地将这个名字与“希特勒”建立起类比。这是因为类比会对我们施加一个视角，通常无须有所知觉，更不用说有所希冀了。

凯蒂：在这一点上，你肯定是对的。这让我想起我和我的未婚夫最近参加的一场婚礼。看着婚礼仪式的进行，我忍不住想象是我和未婚夫正在结婚。在婚礼进程的每一步，我都把自己看作新娘。这个无法压抑的形象让我忍不住在内心窃笑。我敢肯定我的未婚夫也一样，尽管我们谁都没有跟对方说过一个字。那个思想占据了我思维的大部分空间，就像屋里进来一头大象一样。

安娜：看来你已经清楚地理解了不可压抑的类比这个范畴。这个范畴中还有许多各种各样的例子，多得让人怀疑它们应该是规则而不是例外。再一次回到了这样一个事实：思维其实就是利用熟悉的概念在新的环境中调节自己。我们听到的任何故事都会激活记忆；每一次对话都是由类比构建的，而这些类比又紧随其他类比而来；每一个感知都包含类比，而所有这些类比都为我所用，无须有意地去构建。如果发生了一件特别不寻常的事（例如差点儿误了飞机），那么这件事会让我们想起类似的深藏在心中的不寻常的事。如果发生了一件非常普通的事（例如吃了一碗炸酱面），这件事会被映射到一个心理过程上而被吸收。这个心理过程随着几十、几百，甚至几千个类似事件的相互叠加而逐年递增。然而，在这两种情境中，每一次映射都是一个类比。如果没有这些类比在我们心里无意识地、不可压抑地翻腾，每时每刻都在指导着我们，我们就不可能和所处的环境进行运动。

凯蒂：我承认存在不请自来、不可压抑的类比。但是类比至少有时是在我们的控制之下的。这一事实证明了我的论点，因为与类比不同，范畴化永远不能被控制。就这样！辩论结束！

安娜：但是，范畴化当然可以被控制，亲爱的凯蒂！有些范畴完全在我们的控制之下，比如刚才讨论过的范畴，无罪和有罪，还有行星的范畴。这些范畴不会自动地随时跃入我们心中，而且你可以很容易地质疑或停止怀疑，某一特定实体是不是属于某一特定范畴。这表明这一过程是可以被控制的。例如，假如你看到某人在街上走过，你不会立即想要搞清楚这个人的血型或者他的政治倾向是什么。根据情况，你可以决定是否要这样做。因此，凯蒂，让我再说一次，尽管你的努力可嘉，但是你还是没能让我看到作类比和范畴化之间存在着清晰的分界线。

范畴化青睐相似，作类比偏爱不同

凯蒂：你说得足够了，安娜。你的论点很清楚。但是，让我转向另一个标准。我认为这个标准绝对重要，无可争辩，也就是相似程度。某物越接近一个范畴的中心，为该物分类就越容易。也就是说，当相似程度达到最大时，范畴化最快。你同意吗？就说我的餐桌吧，我称它为“桌子”毫不费力，因为它与我内心桌子的形象有太多的共性。如果你让我看各个范畴的典型成员，例如玻璃杯、椅子、狗、鹰，我为它们分类不会有任何问题。一句话，相似是范畴化的关键。但是作类比则不同。事实上，作类比和范畴化正好相反！一个类比的质量取决于用来比较的情境之间区别有多大。换一种方式说，如果有人发现了两个情境共享的本质，而对于大部分人来说它们之间的差别却非常大，这时候，这个类比力度就很强。作类比的力量源于它能够透过两个情境的表面差异，把它们隐藏在深层的共性显露出来。这才是类比的力量和兴趣之所在。你理解我的想法吗？我的手指终于戳到了区别作类比和范畴化的根本之处！

安娜：太好了！祝贺你，凯蒂！说起手指来，你右手的拇指和左手的拇指相似吗？

凯蒂：当然不，我的拇指看上去都一样。这里没有类比。

安娜：是吗？你还记得第6章里的动手指吗？动你的左手拇指与动你的右手拇指显然是一个很好的类比，这不是表明两个拇指是相似的吗？

凯蒂：你一定是在开玩笑！任何一个有价值的类比都是一座内心的桥梁，将两个看上去非常不同的情境连接在一起。比如，原子和太阳系，或者心脏和水泵，或者人脑和计算机，或者南美洲的国家和一个大家庭。在每一个例子里，两个事物看上去完全不一样，这才是它们成为好类比的原因。与此相反，缺乏相似性会削弱甚至阻碍范畴化。总之，我的意思是两个情境之间区别越大，连接它们的类比就越强，而在范畴化中却正好相反：区别越小，分类越容易。

安娜：哇，凯蒂！你似乎忘记了任何情境都有表层和深层。无论我们谈论的是范畴化还是作类比，关键在于它们的深层是一样的。在范畴化和作类比中，都可以有各种各样表层的不同。我的意思是不但存在各个层次表现类似的范畴化，除此之外，还有许多微妙的范畴化，其中表现出许多不同。

凯蒂：如果存在着许多明显的不同，那么这是如何与范畴内强大的成员相协调的？

安娜：好吧，请告诉我，狮子、长颈鹿、蛇、鲸鱼、章鱼、牛蛙、蜘蛛、蝴蝶、蜈蚣，它们的共性是什么？

凯蒂：显然，它们都是动物。你要说什么？

安娜：我要说的是，它们都属于同一范畴，也就是动物范畴，然而它们却看上去有天壤之别，从表面看，它们之间的区别非常大。所以，你看，一旦开始考察稍微有些综合和抽象的范畴，它们的成员就变得多样了起来，这很正常，而且不是罕见的现象。比如蔬菜、哺乳类动物、衣服、家具和乐器这些范畴，它们每一个都是人们非常熟悉的范畴，但是其中的成员却相差极大。这个你同意吧？这些范畴内的成员没有一个长得像同一个豆荚里的豆子那样。我只是举了几个最明显的例子。

再比如，想一想由短语构成的范畴，诸如“人身攻击”，或者由成语构成的范畴，诸如“张冠李戴”。在这类情境中，任何一个范畴中都可以有无数个优秀的成员，它们表面上可以看起来千差万别。你还记得在第 2 章里“**一朝被蛇咬，十年怕井绳**”这个抽象范畴里列出的成员吗？毫无疑问，这个谚语代表一个真正的范畴，但这个范畴的成员列表显示，里面的情况虽然变化多端，但都有可能用谚语“一朝被蛇咬，十年怕井绳”来表达。

凯蒂：（受到震动，但仍有信心）我不得不说，安娜，你的观点有道理。我承认一些范畴的成员区别相当大。但是，我仍要坚持我的观点，因为我相信对强有力的类比来说，区别是必需的；对强有力的范畴化来说，区别的存在则可有可无。

安娜：得了吧，凯蒂！你真的相信你的两个大拇指不相似，而你的大拇指和大脚趾却有些相似，而且你的大拇指和你的小脚趾更相似？我觉得这是倒向我！让我说得明确点。一些类比非常简单、非常普通，因为它们连接的物体或情境看上去非常相似。正是这样，类比的建立才使我们在这个世界生存下去。请你再想一想前面刚讨论过的陌生的台阶、门铃、门把手等。在生活中，我们不断在新环境和过去经历过的环境之间作类比。

我们并不把更高的价值赋予更遥远的联系。事实上，从记忆中获取的先例越接近新的环境，对建立起来的类比就越有信心。类比的实用规则是“区别越少越好”。而这恰恰是你提出来的范畴化规则。这个规则同样适用于普通的日常类比。无意识的、不可压抑的通俗类比充斥在我们周围。这些类比并不包含任何巨大差异。每当你说“我也是”的时候，你就是在使用类比。

凯蒂：但是，安娜，谁会为建立这样的类比感到骄傲呢？它们那么平常，一点儿意思都没有。

安娜：我同意。但是没有任何规定说每一个有用的类比必须值得骄傲。不可否认，这些平常的类比不会让人感到骄傲；它们与那些高度抽象、微妙、让人叹为观止的类比不可同日而语。但即使如此，它们毫无疑问也同样属于类比。把你我的宠物狗、餐桌、手肘联系在一起的类比，都是完全正常的类比，即使它们不能带给我们深邃的智慧。

既然讨论到了这里，别忘了第 3 章中的类比，它把我的眼睫毛和你的眼睫毛连接在了一起。因为有这个类比，我可以告诉你我是怎样把讨厌的眼睫毛从眼睛里弄出来的（你也把你的弄出来了）。类比的事物之间可以有许多表面的相似之处，也可以有许多表面的差异。考察相似和差异可以确定类比的微妙和深刻程度。深刻的差异经常出现在抽象范畴中，但在具体范畴中却很少见。同样，巨大的差异在深刻类比中是标准，但在普通的日常类比中却很少见。那些简单而不可或缺的类比，就像那些简单而不可或缺的范畴化一样，包含着显而易见的相似，而且不需要多少相异就可以成立。

凯蒂：好吧，算你正确。我明白了范畴化和作类比一样不需要多少差异就完全可以存在。就这样吧，但是，现在我们要面对作类比和范畴化之间的一个关键区别。因为有这个区别，谁也不会将二者混淆了。

安娜：我迫切地希望听到你提出的新区别。

范畴化应用于实体，作类比涉及关系

凯蒂：我很高兴解释给你听。当进行分类时，我们把周围的某个实体与脑子里的某个类别联系在一起；而作类比时，我们是在两个情境的关系中找到它们共有的那些关系。例如，安娜，如果我要给手里握着的物体，一把锤子进行分类，我是把身边的一个东西和我脑子里的一个特有的心理结构，即锤子范畴，联系在一起。这个感知过程包括确定这个东西拥有许多典型的锤子特性。通过这个感知过程，物体与内心范畴相吻合。但是，这个过程不涉及锤子各个部分的关系。

安娜：我忍不住要说，你的观点非常可疑。

凯蒂：请你等我说完，我敢说等我说完了，你就会改变看法。把这个物体归入锤子的范畴不需要知道它的任何关系。另一方面，如果我听到心脏和水泵之间的类比，我的心理过程是在心脏的各个部分中看到一些关系，也在水泵的各个部分中看到一些关系，然后把这些关系重叠起来。这个具体的类比两侧包含这些概念：输出、压力、扩充、压缩等。这个类比令人信服，因为类比一侧的关系与另一侧的关系相吻合。在原子和太阳系的例子里，两侧的关系中包括这些概念：重的实体对较轻的实体施加引力以及围着中央的实体转，等等。类比两侧的这些关系再一次吻合。所以，你看，范畴化并不关注一个情境的组成部分之间的关系，而这些关系在作类比中则起着至关重要的作用。这显然是一个关键区别。你同意吗？

安娜：我理解你的意思是如果某个过程把一个实体和一个心理机构连接在一起，就是范畴化。而某个过程把情境 1 的关系与情境 2 的关系相连，则是作类比。我只能说，这个区别乍看或许挺在理，但和你前面的论点都一样，经不起仔细考察。事实上，你自己举的例子就拆了你自己理论的墙脚。就拿心脏与水泵的类比来说吧。当你把心脏和水泵的特征相重叠时，你一定是在作类比而不是范畴化吗？真的是这么显而易见吗？不错，心脏与水泵相似，但为什么不可以是把心脏归入水泵的范畴呢？

凯蒂：我想你可以，但是如果你这样做，就是在创造一个隐喻。

安娜：是吗？你是在暗示心脏不配作为水泵范畴的成员吗？抱歉，但这个观点实在站不住脚。只需翻开任何一本生物学或者解剖学的教科书，你就会发现白纸黑字写在书上：心脏泵血；心脏是循环系统的泵；等等。实际上，心脏是真正的泵，是你能找到的最标准而典型的泵。只不过心脏是用肌肉和神经造的，而不是用金属和塑料造的。而且人造心脏也是泵，并且是用金属和塑料造的。这很明显。

凯蒂：好吧，但我不知道你要说什么。

安娜：说心脏是水泵恰恰是因为心脏的各个部分以及血液流动的关系与金属泵的部件以及液体流动的关系是相同的。所以，范畴化确实将事物的组成部分之间的关系考虑在内。这可给你的论点泼了冷水。

凯蒂：我明白你关于水泵范畴的论点，安娜。这是因为水泵是一台复杂的设备，上面有许多移动部件。但是我不信这个例子对基本范畴,诸如锤子或盘子，也适用。在这一点上你不会也要说范畴的成员身份取决于关系吧？

安娜：我当然要这样说！一个物件要成为锤子，我们会指望它有一个锤把，人手可以握住，有一个金属锤头，可以（用人手）举起来，高过锤把，然后落下砸在钉子上，把钉子砸进各种物质，例如木头里。所以，我们涉及的至少有锤把、锤头、人手、钉子和一块木头。为了描述这个场景，我们需要指出各种将这些物件连接在一起的关系。这和水泵范畴的例子有什么不同吗？很相同嘛。

凯蒂：也许对锤子来说是正确的，但盘子则不同。盘子之所以为盘子，只要有尺寸、形状和强度就可以了。这些都是盘子的特性，不是部分之间的关系。事实上，盘子根本就没有部分这一说。所以，我的论点被证实了：有些范畴不涉及关系，而所有类比都和关系有关。

安娜：抱歉，你的结论下得太早了，凯蒂。关系不仅存在于某一物体的组成部分之间，关系还可以将某物与其周围的环境联系在一起。因此，一个物体要成为盘子，它必须能够摆在桌子上而不致歪倒，它必须能够盛汤而不漏。此外，它必须能洗、无毒、不掉屑、不能被切碎、不溶于水等。这些让某物成为盘子的关键特性牵涉了许多其他概念，诸如桌子、汤、流质食物、水、肥皂、人类健康、刀、切割、融化等。某物能成为盘子依赖于所有这些东西的关系。所以，任何范畴，无论多么简单，都是一个牵涉世界上各种实体关系的心理结构，为范畴化涉及这些关系。你看，亲爱的凯蒂，你杜撰的区别其实不存在。

凯蒂：让我说什么呢……你是对的，安娜。经过进一步仔细分析，锤子，甚至盘子，也是“关系型的”，不亚于心脏或水泵。除了收回我的二分法建议之外，我没有别的选择。这越来越让我感到沮丧并困惑。但是，幸运的是，我这里还有另一个新的二分法，我敢保证它一定会让你抓瞎。你准备好了吗？

安娜：悉听尊便！

范畴化涉及抽象的两个层次，作类比只涉及一个

凯蒂：在你举的那些例子里，每当涉及类比时，例如原子和太阳系之间，或者心脏和水泵之间，两个实体都处于同一个抽象层次。但是，当你为一件东西分类时，情况则不同，因为，根据定义，任何一个范畴都比该范畴内的成员更抽象。换句话说，和类比的情况不同，在待分类的事物和这些事物即将被归入的范畴之间存在抽象层次的区别。

安娜：让我们看一看具体的例子，好吗？我觉得具体的例子更能说明问题。

凯蒂：当然！假设你现在正坐在椅子上，对吧？那个触手可及的物体是一般椅子范畴的一个特例，而椅子范畴又是更一般的家具范畴的一个特例，就这样一步一步向上推。所以，比较两个普遍性程度相同的事物，例如心脏和水泵，和比较两个普遍性程度不同的事物，例如一把具体的椅子和抽象的椅子范畴，或抽象的椅子范畴和更抽象的家具范畴，这两种比较之间的差别相当大。顺便说一句，当我们开始讨论这个话题时，你小心

翼翼地躲着那个传统的原子和太阳系之间的类比。你很聪明，因为这两个东西都是具体事物，因此是处于相同的抽象层次的。在此，我们面对的不可能是一个范畴化的例子。具体地说，原子不是太阳系，太阳系也不是原子，它们处于同一层次。所以，我总结一下，在类比中，对比的双方处在相同的抽象层次；而在范畴化中，范畴比待分类的事物更抽象。好了，这次我把球踢给你了。我赢这一分已成定局了。

安娜：别这么肯定，凯蒂。我相信自己毫不费力就能够化险为夷。你坚持认为当我们为事物分类时，必然要有一个层次的区分。很抱歉，这是一个简单化的旧观念。事实上，这样看事物的方式直接来自“范畴是盒子”的朴素类比。这个类比认为，我们应该把范畴看成是容器，把环境中的实体看成是装入容器的东西。这个形象反映的观念是把脑子里的范畴看成俄罗斯套娃，一层套一层，连套许多层。例如，奥利是一条狗，狗是犬类，犬类是哺乳动物，哺乳动物是动物，动物是生物，等等。事实上，如果范畴真的是盒子，盒子里面装着盒子的成员，那么你提出的区别或许真有道理。但是只要我们仔细考察一下，你的观点就站不住脚了。

我建议你回去读一读本书第 3 章的结尾部分。在那里，范畴化或作类比（这两个术语你可以任选一个）的心理过程被描绘成在两个结构之间建立起一座心理桥梁。而这两个结构本身也是心理实体。这个过程不但产生于在心脏和水泵（或者更准确地说，在代表心脏和水泵的心理结构）之间建立起连接时，而且产生于将架子上的某个物体归入盘子范畴时。在这两种情况里，我们都是把某物新的心理表现与已经存在的心理结构联系在一起。就像我刚强调的那样，在两个心理结构之间建立联系的过程可以叫作“作类比”，也可以叫作“范畴化”。两个标签任选。

凯蒂：我的天哪，安娜。你是说范畴化和作类比完全是一回事，它们之间没有一丁点儿区别吗？

安娜：很高兴你已经开始跟上我的思路了，凯蒂。下面这个例子或许可以让你更容易接受我的观点。你还记得在第 3 章中那些长得很像的脸吧？看到马克·吐温的脸让我们产生第一个心理结构。随后，看到爱德华·格里格的脸丰富了这最初的结构，使它变得更加复杂。每一次看到一张长相与前一张相近的脸，这个不断演化的心理结构就会进一步丰富。所以，这里没有盒子，只有复杂性不断增加的心理结构。而且随着脸的数量的增加，这个心理结构也开始变得更加抽象。如果退一步，重新审视这类过程，就会发现这里没有代表范畴的盒子，没有成员在里面摆得整整齐齐的盒子，也没有向上跃升的抽象过程，也不存在不同于类比的范畴化的过程。

凯蒂：我还是没有被说服。人的面孔毕竟非常具体，将多副面孔叠加在心里和建立范畴的正常途径几乎不相干，更典型的范畴要比这抽象得多。

安娜：好吧。既然你坚持自己的观点，那我就找一个更抽象的例子来证明我的看法。让我用这个例子试一试。小时候，我们全家去一个游乐场玩。我们登上一条船，船驶过一条河，河两岸是密林，密林里有恐怖动物出没。整个探险让我非常兴奋。但是，当我们下了船后，我父亲告诉我船并没有沿河而下。船底有轮子，轮子走在水下的轨道上。船是沿着固定的路线走的。我这才明白我们的船其实不是船，而是一辆有轨电车。这让我很难过，也很失望，但失望很快也就过去了。多年以后，我已经上了高中，几位朋友劝我参加一场才艺表演。朋友们都是探戈舞好手，而我却一点儿也不会跳。我只好临时抱佛脚，现学。最终我学会了。我们的演出很成功。演出结束后，大家都来向我祝贺，夸我探戈舞跳得好，说我有天赋。但我很清楚自己没有天赋。当我给他们解释我只会这两分钟的探戈舞，而且跳得非常死板时，我突然想起自己在游乐场坐过的那条船，看上去好像在自由自在地沿河而下，但实际上是被限制在了轨道上。我看上去跳得熟练，其实和固定在看不见的轨道上的船是一样的，蒙骗观众而已。

凯蒂：你这个类比很有趣，但你要说明什么？

安娜：你看，你管这个叫类比，我没意见。但是我刚描述的，我的有欺骗性的探戈技术是我儿时的轨道上的假船这个范畴的一个新成员。

凯蒂：哦，我明白你的意思了。我的理解是你在生活中的两个有欺骗性的事件之间作了一个类比，而你的理解是你的有欺骗性的探戈技术对你来说似乎属于你已经知道的一个旧范畴，就是一个看似自由实际受限于隐藏轨道的船的范畴。

安娜：更准确地说，我的理解是作类比等于范畴化，这两个动作是同一件事。

凯蒂：啊哈，合二为一。我承认，这个结论够刺激。我甚至能看到这个例子与脸的例子相对应。轨道上滚动的船在你儿童时期形成了一个范畴，这个经历与看到一张马克·吐温的照片相对应。然后，多年后，你的探戈舞成了这个范畴的第二个成员，这件事又与看到一张爱德华·格里格的照片相对应，因为这第二张照片使最初的范畴变得更广泛也更丰富。现在，你把这个受限的船的范畴传递给了我，我甚至可以想起我自己生活中的一段经历，作为这个范畴的一个好成员。

安娜：愿闻其详。

凯蒂：是这样，有一次坐飞机，我旁边坐着一位从智利来的老者，几乎不会讲英文。也是为了炫耀吧，我这个学了不到一星期西班牙文的人，给他背了两行聂鲁达的诗。这是我一位热爱南美文学的高中同学一个字一个字教我背的，就因为她朗诵给我听时，我被那两行诗美丽的韵律深深打动了。那位智利先生以为我精通他的母语。我想，当他得知我的西班牙文水平只局限在这两行诗时，就好像局限在轨道上的船一样，他一定很失望。你不觉得我的轨道上的西班牙文是你的假船（以及假探戈）范畴的一个好例子吗？

安娜：果然是！我第一个欢迎这个加入我的儿时范畴的新成员，凯蒂。我想你现在明白了吧：任何范畴，不论是抽象的还是具体的，都是由第一次经验建立起来的，然后，经过人的一生，随着不断遇到类似的事件，逐渐扩展。关键是一个最初记忆突然转变成一个范畴，这个过程不存在一个关键时刻。这个过程更像农舍变成村庄，村庄变成乡镇，乡镇变成城市。这个过程没有清晰的界限，不存在某一刻必须把村镇叫作城市，因为变化是渐进的。同理，在最初的记忆和一个范畴的形成之间不存在层级的差别，也没有突如其来的抽象跳跃。最初的记忆建立范畴，就像农舍建立一个潜在的城市一样。我们也许会认为一个范畴和这个范畴的成员之间存在数量的区别，但这只是一种错觉。这种错觉产生于“范畴即盒子”这个朴素类比。

范畴化是客观的，作类比是主观的

凯蒂：看来我得放弃这个区分了，因为你的论点很有说服力。但是，我还没有彻底放弃，安娜！我手里握着一支笔。如果我告诉你这是一支圆珠笔，那么我说的是一个客观事实，这谁都不能反驳。 同样，我看到的书桌上的那张纸和那个回形针，这些范畴都具有绝对的客观性。大象就是大象，苹果就是苹果，巴黎永远是巴黎，绝无第二个。当进行分类时，我们做的是客观的事情。

安娜：不敢苟同。但我认为你有柏拉图站在你的一边。我记得他在《费德罗篇》里主张每个人都有机会观察周围的情境，从最概括的到最具体的情境，然后以一种客观的方式对整个世界做出细致的区分，并将其分门别类。[11] 我对柏拉图的记忆大体不错吧？

凯蒂：绝对正确。我甚至能背诵原文。在对话中，苏格拉底告诉费德罗，人类“有能力将事物按其自然区别分开来，而不会像蹩脚的屠夫那样破坏其任何部分”。比如生物学家正是这样将生物分类的，世界上的各种文化和文明也是这样发展和逐渐形成的，即把世界上的各种情境分门别类，让它们客观地分属于不同的范畴。

安娜：不过，很抱歉，我不得不反驳你的观点（同时也刺一刺你的朋友柏拉图）。和你说的相反，范畴化不是客观的，而是非常主观的。例如，如果我声称“唐纳德是一个捣蛋鬼”，我这样把他分类不是非常主观吗？

凯蒂：我理解你的例子。但是捣蛋鬼是一个非常模糊的范畴。你有意选择了一个不可能再模糊的范畴！我觉得你这样做本身其实就是在捣蛋！

安娜：我？我捣蛋？我从不捣蛋！事实是我举的例子一点儿也不特殊。模糊性也是范畴的一个特性。范畴的模糊性比比皆是，信手拈来。埃德加·爱伦·坡的诗《乌鸦》，一个文学批评家说它是杰作，另一个说是垃圾；一个人认为我可靠，另一个人认为我不靠谱；鸡肝让一个人馋得流口水，让另一个人觉得恶心。这些都表明范畴化是非常主观的，不是吗？我还可以举许多别的例子。我们的朋友弗吉尼亚好看吗？她热情吗？我们的朋友史坦利是艺术家吗？他德文说得流利吗？乔治对弗吉尼亚的调侃的反诘合适吗？弗吉尼亚的衣服配她吗？乔治的哥哥是一个滑头吗？外面下的是小雨还是大雨？远处的是一个丘还是一座山？简的话是侮辱还是玩笑？吉姆是一时冲动吗？他说话直截了当吗？他是一个爱国者还是伪善的人？他是野心勃勃，还是有进取心？还有那些聪明人激辩进步的性质，或者某个东西是不是低级趣味。从这些例子里你看出来范畴化的模糊性和主观性了吗？

凯蒂：看来或许是我没有表达清楚。你明确指出了有些范畴是主观的，但是，这并不影响我的观点的主旨，也就是类比总是主观的。例如，当一件事让你联想到另一件事，这是一个类比。这样的联想完全是主观的，因为联系完全依赖于个人一生积累起来的独特记忆。这你不会不同意吧？

安娜：我当然同意有些类比是主观的。

凯蒂：太好了，我们终于意见一致了，那就让我再说几句。我们可以根据最近大脑里想到的事情，在任何两件事物之间作类比。如果你把注意力集中在某一具体事物，类比会大量涌入你的脑海。在第 5 章里，我们看到着迷于任何事物，比如高尔夫、狗、物理学、电子游戏，任何东西都会激活各种各样的类比，一不小心我们会陷入类比狂热！这种情形甚至不需要着迷的状态也可以发生。事实上，就在昨天，我就遇到这样一件事。一位朋友刚读了一篇科幻故事，他很喜欢。故事的大意是某人从收音机里听到一则新闻：附近镇上的一个女人被一个飙车的人撞死了。不知何故，这则新闻是晚上 7 : 30 分播出的，而车祸却发生在晚上 8 点。你能猜到后面发生的事吗？

安娜：猜不到……

凯蒂：是这样，这个人冲进车库，跳上车，向邻镇疾驶而去。他要赶在车祸发生之前警告遇难者，让她远离公路。就在他开到镇中心广场时，汽车失控，正好翻到那个女人身上，把她撞死了。车祸正好发生在晚上 7 : 59 分。

安娜：令人震惊的故事，情节也很新颖。但你要说什么？

凯蒂：你想一想啊。你的第一个念头很可能是：这个故事前后矛盾。再仔细想一想这个故事的本质是什么，你就会得出这样一个结论：为了避免事故发生所做的努力反而导致了事故的发生。这种事看似很独特。你可以说这是一个想象力丰富的聪明作者杜撰出来的。但是，如果你带上这个故事的有色眼镜看一看周围，就会发现类似的事件比比皆是。

安娜：是吗？你想到许多吗？这倒是很有意思。

凯蒂：对。许多例子，而且毫不费力。它们好像不请自来，我自己都说不清楚为什么。比如，我想起来的第一件事是我很小的时候。有一天桌子上的一个高花瓶看上去很不稳，我想做件好事把它扶正。我伸出手去抓住它，你猜怎么着，我失手碰了桌子，花瓶紧接着从桌子上掉下来摔得粉碎。

安娜：你的故事确实和这个科幻故事有一比：有相同的中心思想，相同的概念骨架。

凯蒂：当然，这正是我想起来这件事的原因，我还有更多呢。第二段记忆是我和一个朋友吵了架。为了挽回吵架的不愉快，我送给她一件礼物。不知什么原因，她很讨厌我的礼物，这件事最终导致我们彻底分手了。然后，我又突然想起你，安娜。很久以前，你为了派对烤了一个很好吃的点心。在最后一分钟，为了让点心的口感更好，你决定再烤焦黄一点。但因为早来的几位客人分了心，点心烤过头了，结果报废了。这件事你不会忘记吧？

安娜：刻骨铭心啊！真让我失望！你说得对，这件事和你想起的事类似。我估计大家都会同意。所以，这不是证明这个类比的客观性吗？

凯蒂：不，不！所有这些类比都完全是主观的。我想起这些故事是因为我想到那个女人被那个司机撞死，而那个司机却是要尽最大努力去救她的命的。如果没人告诉我这个故事，所有这些相关的记忆都不会被激活。它们绝不会从我的记忆里冒出来，当然它们或许会在完全不同的环境里冒出来。所以，你看，作类比是多么主观吧！

安娜：别这么急着下结论。我非常欣赏这个故事让你回想起这么多彩多姿的生活插曲。但是，我们刚才都同意，这些故事有一个共同的概念骨架。这个骨架就是你说的为了避免事故发生所做的努力导致了事故的发生。所有这些故事让每个人看都是类似的，因为很明显它们在本质上都具有这一共性。这就是为什么我们坚持认为作类比并不总是主观的，就像范畴化不总是主观的一样。

凯蒂：好吧，好吧。我明白这个共核很明显。但是，或许这个类比，或者说这个类比家族，是一个特例。或许这不是最好的例子。

安娜：不是。问题不在这里。这样的类比到处都能找到。比如，想一想第 6 章里的类比，用细木棍搅拌咖啡和用标枪当桨划船之间的类比。谁能说这两个情境之间没有共性呢？没人会这样说，因为它们共同的本质显而易见。或者以空气中的声波和水中的水波之间的类比为例，这里的主观性在哪里？还有，平面上的一个点（x，y）和复数 $x + yi$ 之间的类比；或者肺和鳃之间的类比；或者子弹和矢之间的类比；或者你家的桌子和我家的桌子之间的类比。还有比这些类比更客观的吗？

凯蒂：但是我仍然坚持认为作类比有一种极高的主观性在里面，因为听到那个科幻故事之后在我脑子里闪现的记忆绝对是独一无二的，而且完全依赖于我的个人生活经历，包括这些记忆是怎样储存在我的记忆中的。不错，它们和那个科幻故事有相同的概念骨架，但它们只发生在我身上。它们是我的大脑的产物，而且只属于我的大脑。这绝对可以证明作类比的主观性。

安娜：凯蒂，那个科幻故事让你想起的那些怪诞的记忆完全是你自己的，这一点没有人能否认。正像你说的，这些记忆是你的，而且只有你自己有这些记忆。那是你的生活经历的随机巧合，那些事情碰巧发生在了你身上或者你的朋友身上，或者碰巧被你在书里读到或电影里看到了。每当你听到任何故事，类似的情境就会浮现在你的意识之中，而且这肯定与你的个人经历有关。你的经历和对这些经历的记忆方式将决定它们日后在什么时候出现在你的意识中。这清楚地表明范畴化，或者作类比，你叫它什么都无所谓，取决于你对一个情境所采取的角度。正是由于这个原因，范畴化具有深刻的主观性。

凯蒂：你说得令人费解，安娜。我小心翼翼地挑选了一个例子，目的是向你表明类比是主观的。你却把我的例子攫为己有，反过来反驳我的观点，来证明范畴化是主观的！你这玩的是什么把戏？

安娜：我没玩把戏，凯蒂，这不过是清晰思维的结果而已。你的例子是一组故事，而且我们同意这些故事都相互类似，它们共享同一个概念骨架。而且这一组故事都属于同一个范畴。这个范畴的内核和边缘都通过你多姿多彩的例子表述得非常清晰。这个范畴的语言标签“为了避免事故发生所做的努力却导致了事故的发生”精确地表述了这些类似的故事之间的微妙的共性。

凯蒂：我很容易就能够想象这样一个小范畴：救人之人造成被救之人的死亡这样一个小范畴。

安娜：为什么要加一个“小”呢？往这个范畴里加更多的成员不是一件困难的事。例如，你可以想象一个被自己的安全带勒死的人；或者为了让两个敌对国家不开战的努力出了差错，结果导致了可怕的战争的爆发。你还可以想象整容手术没有达到预期的结果却导致面部变形；或者歌唱家由于练习过度而在演出那天的早晨突然失声；或者去污剂在桌布上留下了大片污渍；或者简历上列满了成就和荣誉反而让雇主产生警觉。这样的例子肯定还有许多。这表明这个范畴里的潜在成员可以非常丰富，而且你和我描述的情境可以从不同角度去考察，因而可以成为许多其他范畴里面的成员。例如，那个因练习过度造成失声的歌唱家可以被归入过犹不及的范畴；那个因整容手术导致面部变形的例子可以成为画蛇添足范畴的成员。这样的视角转换也催生了范畴化的变化。简言之，我想我已经展示了范畴化深刻的主观性。

凯蒂：你的意思是我的例子不仅表明了范畴化的主观性，而且说明了作类比的主观性？

安娜：完全正确。正是主观性才使范畴化变得如此有趣。范畴化受许多因素的影响，包括我们碰巧所处的地方、眼下的目标、知识水平、文化差异、情感状态、迷恋程度等。

范畴化是可靠的，作类比是可疑的

凯蒂：说得好！现在我明白了专注于主客观的区别使我的思路出了偏差，尽管偏得不多。现在，在你的帮助下，我终于找到了靶心：作类比和范畴化的真正区别。事实上，这个区别再明显不过了，归根结底是一个确定性和风险性的问题。比较范畴化和作类比的可靠性就像比较白天和黑夜。当我建立一个范畴时，我绝无出错的机会，因为我不过是将周围环境的某一事物与该事物相匹配的范畴连接在一起。这个认知行为没有任何风险。当我认出桌子、椅子、钢琴、曲调等时，我绝对不会海阔天空乱说一气，我感知到什么就是什么，我说一是一，这就是我说的范畴化。分类时，疑虑不会出现在我的雷达屏幕上。然而，作类比总伴随着赌博。你把两个情境凑在一起，希望它们会匹配，但是没有任何保证可以事先证明你的猜测是正确的。作类比时的猜测是不确定性的雷区，是充满风险的赌注，你有可能输个精光。就拿第 6 章里讨论的政治类比做例子吧，指导越南战争进程的那些类比，至少是指导美国一方的那些类比，有些正中靶心，有些却脱靶了，当时没人能够分清良莠。这就是类比的特性。作类比就是把自己的血汗钱当赌注，压在自己非常靠不住的直觉上。这个你怎么说，我的朋友？

安娜：精神可嘉，但谈何容易？首先，如果你相信范畴化总是可靠而确定的，那你就是自欺欺人。我们刚才不是已经达成一致，认为范畴化不是客观的吗？同理，范畴化也经常令人误入歧途，也就是说范畴化也不可靠。

凯蒂：你能举几个例子吗？

安娜：欣然从命。你把盐加到咖啡里，因为你把一种白色粉末当成了另一种。这样，你就成了错误分类的牺牲品。或者你得到了指令让你“在第二个转弯处向左转”，结果你却开上一家住户的车道，而不是马路，这又是一个错误的分类。或者你把剃须膏抹到了头发里，因为你把它当成护发油了；或者你误饮了外用酒精，因为有人把酒精倒进了写着“饮料”标签的瓶子里；或者你兴高采烈地咬了一口辣椒，因为你以为那不过是一个甜椒；或者你把一个花的根茎当成洋葱切了拌到了色拉里；或者你抬头看天错把飞机看成飞鸟；或者你把金星当成了恒星而不是行星。所有这些例子都属于错误分类。此外，想一想那些根据性别、种族或国籍，或者年龄、职业或宗教信仰建立起来的成见，这些都是分类，或是仓促建立起来的，或是不加思考就被人接受的。大部分人都对这些成见信以为真，殊不知这种对别人粗鄙的判断与事实相去甚远。简言之，成见经常是错误分类的源泉。

凯蒂：你的例子很有说服力，安娜。我同意，你刚列出的这些范畴化都是错误的，我也因此承认我自己的错误。一个经常导致错误的认知过程当然不可能总是可靠的！你又赢了一分，安娜。当然，我也不能让你过于沾沾自喜。我还是要指出，在你举的所有这些例子里，那些受骗的人在被现实证明了他们的错误之前，都相信他们的分类是正确的。所以，我们总是相信我们现在的范畴化是正确的，尽管日后可能会意识到我们的错误。由于这个原因，我坚持我的观点：一种确定性的感觉是区分范畴化和作类比的分界线。尽管这种感觉是主观的，而且可能是错误的，但是我们总是确信自己的分类，就像铁板钉钉一样。然而，我们总是，也应该总是，对类比持怀疑态度。

安娜：你表述得真好。但我还是要给你泼点儿冷水。所有范畴都有其不确定的区域，这也同样适用于类比。如果你考察一个范畴，任何一个范畴，一旦你开始追踪它的边界，灰色地带马上开始出现。拿衣服这个范畴来说吧，大衣、外套、裤子、裙子、汗衫都属于这个范畴，这样说你不会有丝毫犹豫，而毯子、手枪和手机显然不是这个衣服范畴的成员。

凯蒂：这些东西属于衣服范畴，我看不出任何不确定性。

安娜：如果你让我说完，你就看出来了。你如果关注这个范畴的边缘地带，你将发现你的安全感开始靠不住了。帽子是衣服吗？皮带或围巾呢？手套或袜子呢？滑雪镜呢？游泳时穿的鸭蹼呢？或者拿家具来说吧，钢琴是家具范畴的成员吗？玩具钢琴呢？衣物篮是家具吗？吊灯呢？玩具衣橱呢？衣架呢？

凯蒂：你举的都是一些极端的例子。我得花点儿时间才能确定它们的归属。

安娜：当然，事物远不是非黑即白！这里的许多例子你肯定要反复斟酌。即使你都搞清楚了，但是当你问朋友时，你保证会收到各种各样的观点，而且每个人都有自己的理由。到那时候，你头都要大了，你甚至会记不得最初是怎样想的。还可以回忆前面举过的例子。例如冥王星是不是行星（关于这个话题，最好还是把思路放开），或者一个被指控的人是有罪还是无罪（事实上，正是因为有这种边缘性的例子才需要律师和法官）。

凯蒂：我不得不承认，我对以前很有把握的问题变得越来越不确定了。我现在承认范畴化中存在不确定性，但是这种不确定性总是处于范畴的边缘地带，而范畴成员大部分位于靠近中心远离边缘的位置，因而是远离拉拉扯扯的疑虑区域的。因此，在范畴化中，不确定性虽然可能，但少之又少。但是，在作类比中，不确定性是常态而不是例外，这一点你还不同意吗？

安娜：唉，恐怕你又一次落入了成见的窠臼。再想一想我举的那些自动的、无意识的、日常生活中的类比。比如容易扭动的门把手，就像你已经用过的成百上千个门把手那样；或者这个法式薯条，又脆又热，和盘子里的其他薯条一样；或者这架电梯，就像其他大楼里类似的电梯一样。所有这一切当然都是类比的例子。你肯定会承认它们都非常确定，你不会有丝毫怀疑吧？

凯蒂：（大笑）我还能说什么？我发现我又一次同意了你的观点，安娜。就像打保龄球一样，你把我的球瓶全部敲掉了，你一击全中，最终，我们完全一致了。

叮铃铃……叮铃铃……（电话响起）

卡蒂亚娜：（迷迷糊糊地）你好……喂……谁呀？

一位男性的声音答道：早上好，卡蒂亚娜！我是杜聂尔。能打通你的电话真让我放心了。我刚刚从一场噩梦中惊醒。如果你有时间，我真想和你聊一聊这个梦。

卡蒂亚娜：你把我吵醒了，你知道吗？不过，不要紧，我已经醒了。这样好些。那你就说一说你的噩梦吧。

杜聂尔：是这样，在梦里，我被分解成了两个人，每个人都极端顽固，两个人大吵一通。一个人被分成两半，这种感觉非常怪异，你明白吗？

卡蒂亚娜：真是一场怪梦！这两个人在争论什么？

杜聂尔：怪极了。虽然他们两个人的思路针尖对麦芒，但是他们却是一对非常要好的朋友。他们俩决定一起写一本书，但他们还没开始呢，其中一个坚决要求书要用法文写，而另一个以同样坚定的语气要求书要用英文写。他们吵得不可开交，但双方都用着最礼貌的语言。

卡蒂亚娜：天哪！这真是一场离奇的噩梦！但是，这部他们要合著的想象中的书，是关于什么内容的？

杜聂尔：哦，你知道的，还不是我的老本行吗？关于作类比和范畴化的统一。这没什么奇怪的。

卡蒂亚娜：我对这个题目可是知根知底。梦再不好，你基本是在扮演你自己。

杜聂尔：是啊，幸亏如此。一个人被一分两半，为了书用什么语言写而争得面红耳赤，这个感觉可不好。我最后终于摆脱了梦境，发现自己还是一个正常人，没有精神分裂，这让我长舒一口气。因此，我要谢谢你，卡蒂亚娜，你让我一吐为快。多亏了你，我现在感觉一身轻。我该回去继续写书了。告诉你，我已经快写完了（我现在正为全书结尾部分的对话润色呢）。因为今天是单日，我用法文写，这是我的习惯，明天我用英文写，就这样单双交替。

卡蒂亚娜：太巧了，我亲爱的哥哥。你相信吗？完全同样的事情也发生在了我的头上。

杜聂尔：真的？快给我说说！我洗耳恭听！

卡蒂亚娜：真的，亲爱的兄长。我做了一个平行的梦，一个相似的梦，一个类似的梦……

杜聂尔：你不是要说你做了一个完全属于同一个范畴的梦吧？

卡蒂亚娜：正是。这正是我要找的词！事先你不可能知道，你的电话把我吵醒了。当时我正做着一个很不舒服的梦。在梦中，和你一样，我也被一分为二，双方吵得不可开交，像两只斗架的小公鸡，尽管“她们”也用着最客气的语言。和你交流这么多年，耳濡目染，我也染上了你的老毛病。一只小公鸡坚持认为作类比是认知的核心，而另一只坚信范畴化才是认知核心。双方斗得互不相让。当然，这全是废话。我现在认识得清清楚楚，但在当时却觉得“她们”争得还挺有道理。

杜聂尔：真滑稽，咱俩半夜被梦魇迷惑，竟然信以为真。这种东西在光天化日之下不过是一派胡言。值得庆幸的是，我们现在都清醒了。老话说得好，结果好，皆大欢喜。那么，在挂断电话之前，让我祝愿你万事如意，我亲爱的妹妹。再见！

卡蒂亚娜：也祝你万事如意，我亲爱的哥哥！再见！

就这样，太阳渐渐升起，经过一夜被一分为二争执不休的噩梦的折磨，卡蒂亚娜起了床，感觉内心一片祥和，圆满，充满平静，因为她终于找回了统一的自我。

引 言 类比，人类认知的核心

1. 看一首著名的俄国诗…… Selvinsky (1920).

2. 一天……我突然产生了一个非常简洁的想法……Poincaré (1908), p. 52.

3. 相似性是难以捉摸的东西……Plato (1977), p. 231a.

4. 移动着的隐喻大军……Nietzsche (1873), p. 46.

5. 人类思想之光，都在清晰明了的词句中……Hobbes (1651), Chapter V, 36.

6. 使用隐喻来表达一个人的观点…… Alberic (1973), pp. 146–147.

7. 一门接受比喻形象的科学……Bachelard (1934), p. 47.

1 词语的召唤

1. 审查制度是隐喻之母……Jorge Luis Borges, quoted in Manea (1992), p. 30.

2. 闲暇是哲学之母……Hobbes (1651), IV, 46.

3. 死是美之母……From the poem "Sunday Morning", in Stevens (1923).

4. 我告诉大家……Robert Pond, "Fun in metals", *John Hopkins Magazine*, April 1987, pp. 60–68, quoted in Murphy (2002), p. 18.

5. 一种方言加上一支军队就是一门语言……Max Weinreich (1945). “The YIVO and the problems of our time”. Lecture delivered at the Annual YIVO (Yiddish Scientific Institute) Conference, New York, 5 January 1945.

2 短语的召唤

1. 两个单字的意思来推理的……文中列举的词有些来自下文的 experimental items: Leh Woon Mok (2009) Word-superiority effect as a function of semantic transparency of Chinese bimorphemic compound words, Language and Cognitive Processes, 24:7–8, 1039–1081.

2. 一只饥肠辘辘的狐狸……Morvan de Bellegarde (1802).

3. 一只饥饿的狐狸正努力要……Phaedrus (1864), Book 4, Fable 3.

4. 下面这个故事告诉我们……Benserade (1678), p. 108.

5. 一只来自诺曼底的狐狸……La Fontaine (1668), Book III, p. 11.

6. 鹅肉被狗吃了之后……Henri Poincaré, as quoted by Roger Apéri in Dieudonné, Loi, and Thom (1982), pp. 58–72.

7. 找不到一个词……Tony Hoagland, *Poetry Magazine*, July-August, 2012.

3 隐秘类比的海洋

1. 房子被烧时要救出的东西……Barsalou (1991).

2. 菲尔普斯就是我的翻版……Mark Spitz, quoted in an article by Drew Van Esselstyn in the *New Jersey Star-Ledger*, 15 August, 2008.

3. 1972 年的时候还没有 50 米游泳比赛……*Ibid.*

4. 卡尔纳克之盖……From *Egypt Sweet* by Kellie O. Gutman (privately issued, 2005), p. 9.

4 抽象过程与内部范畴滑动

1. 他不光是记得树林中的一草一木……Borges (1962), p. 114.

2. 不论是作为一个流亡者，还是一位物理学家……Mark Feeney, in the obituary

"Bomb pioneer Edward Teller dies", in *The Boston Globe* ("Nation" section), 10 September, 2003.

3. 当然了，历史上我们熟知的那位数学巨匠毕达哥拉斯…… Swetz and Kao (1977), p. 7.

5 类比如何"操纵"我们

1. 天才是 1% 的灵感…… Thomas Edison in 1902, as reported in the September 1932 edition of *Harper's Monthly Magazine*.

2. 如果你手中只有一把锤子…… Maslow (1966), p. 5.

3. 很明显…… Jiddu Krishnamurti, "First conversation with Dr. Allen W. Anderson" in San Diego, California, 18 February, 1974.

4.《重新认识你自己》…… Krishnamurti (1969).

5. 处处都是衔接与链条…… James Falen, "Odelet in Praise of Constraints", in Hofstadter (1997), p. 272.

6 我们如何操纵类比

1. 在《思维飞跃》一书中…… Holyoak and Thagard (1995), p. 139.

2. 20 世纪 30 年代是一个综合类比…… Khong (1992), p. 59.

3. 慕尼黑类比…… Khong (1992), p. 184.

4. 最有趣的发现之一就是…… Khong (1992), p. 217.

5. 这些发现会让我们觉得…… Gentner, Rattermann, and Forbus (1993), p. 567.

6. 当我在读俄文写的文章时…… Personal letter from Warren Weaver to Norbert Wiener, quoted in Weaver (1955).

7 朴素类比

1. 整个夏天，无忧无虑…… La Fontaine (1668), Book I, p. 1.

2. 界面的真正问题…… Norman (1990), p. 210.

3. 正如我经常在工作中所做的…… Recorde (1557).

4. 一个数和另一个数相乘…… Bezout (1833), p. 12.

5. 只要我们将数看作抽象实体…… Bezout (1833), p. 21.

6. 一个数除以另一个数…… Bezout (1833), p. 21.

7. 除法运算的目标不总是要发现…… Bezout (1833), p. 21.

8. 范畴让人们把新鲜事物…… Spalding and Murphy (1996), p. 525.

9. 类比可以让我们把新事物看成熟悉的事物…… Gick and Holyoak (1983), p. 1.

10. 在一个类比中，熟悉领域…… Clement and Gentner (1991), p. 89.

11. 如果确定某物属于某个特定范畴…… Anderson (1991), p. 411.

8 惊天动地的类比

1. 谁会认为，他们总是一路向前…… Poincaré (1911), p. 31.

2. “8–3”容易理解…… De Morgan (1831), pp. 103–104.

3. 在分析奇迹中发现…… Leibniz (1702), p. 357.

4. 我发现数学被分割成了众多…… Einstein, cited by Banesh Hoffmann (1972), p. 8.

5. 他的推测有时会偏离靶子…… Planck, quoted in Stehle (1994), p. 152.

6. 一个如此具有概括性的原则…… Einstein (1920), p. 17.

7. 带着对宇宙统一的直觉…… Hoffmann (1972), p. 81.

8. 在他 1905 年的论文中…… Hoffmann (1972), p. 81.

9.（新的原理）具有艺术统一性…… Hoffmann (1972), p. 113.

10. 在回到苏黎世不久…… Einstein, quoted in Stachel (2001), p. 255.

11. 我作为数学家的名声有赖于…… Villani (2012), pp. 146–147.

12. 当我们看到爱因斯坦赖以建立…… Hoffmann (1972), pp. 127–128.

13. 爱因斯坦先生是我认识的最有创造头脑的人之一…… Hoffmann (1972), p. 99.

14. 约翰 · 塞巴斯蒂安 · 巴赫的一位同时代人…… David and Mendel (1966), p. 222.

15. 好的数学家在定理和理论之间看到类比…… Ulam (1976), p. 203.

结　语　范畴化和作类比就是一回事儿，它们是人类认知的核心

1. 范畴让人们把新鲜事物…… Spalding and Murphy (1996), p. 525

2. 而类比让我们“把新事物看成熟悉的事物”…… Gick and Holyoak (1983), p. 1.

3. 类比贯穿我们的思维…… Polya (1957), p. 37.

4. 面对新鲜事物…… Oppenheimer (1956), p. 129.

5. 类比和隐喻充斥于语言和思维…… Gentner and Clement (1988), p. 307.

6. 类比在人类思维中无所不在…… Thagard, Holyoak, Nelson and Gochfeld (1990), p. 259.

7. 我们在数学世界中的旅行…… Alain Connes, in the short film *Mathématiques, un dépaysement soudain*, produced in November of 2011 by Raymond Depardon and Claudine Nougaret at the Fondation Cartier in Paris.

8. 隐喻的行进中的军队…… Nietzsche (1873), p. 46.

9. 第一个将女人比作玫瑰的人是诗人…… Georges Courteline.

10. 庞加莱把数学描绘成…… Poincaré (1908), p. 29.

11. 然后以一种客观的方式对整个世界做出细致的区分…… Plato (1950), 265d–265e.

下面引用的文献中，有一些与本书多个章节相关，因而在参考文献中多次出现。我们在每章开始部分对所列出的专著和文章做了简要评述。

总 论

这部分的参考文献与本书的各个章节都有关联。特别是 Fauconnier 和 Turner 的专著 *The Way We Think*，与本书类似，把概念映射放在认知的中心，并使用丰富多样的实例为关键主题提供佐证。Holyoak 与 Thagard，以及 Gentner、Holyoak 和 Kokinov 编辑的选集已经成为认知科学领域中类比研究的标准参考书。Both Helman 和 Vosniadou 与 Ortony 的选集从不同角度探讨类比，前者注重跨学科的视角，后者聚焦于类比与类似之间的联系。这两部选集已经不算近期的出版物，但其中许多章节至今仍高度相关。Murphy 的专著是关于范畴化的极佳资源。Lakoff 和 Johnson 的研究则大大提高了我们对隐喻在人类思维过程中所起的系统作用的认识。最后，Sander 的著作以及 Hofstadter 和流动类比研究小组的著作为本书铺了路，尽管在风格上，它们属于比较传统的学术著作。

Fauconnier, Gilles and Mark Turner (2002). *The Way We Think: Conceptual Blending and the Mind's Hidden Complexities*. New York: Basic Books.

Gentner, Dedre, Keith J. Holyoak, and Boicho N. Kokinov, editors (2001). *The Analogical Mind: Perspectives from Cognitive Science.* Cambridge, Mass.: MIT Press (Bradford Books).

Helman, David H., editor (1988). *Analogical Reasoning: Perspectives of Artificial Intelligence, Cognitive Science, and Philosophy.* Boston: Kluwer Academic Publishers.

Hofstadter, Douglas and the Fluid Analogies Research Group (1995). *Fluid Concepts and Creative Analogies: Computer Models of the Fundamental Mechanisms of Thought.* New York: Basic Books.

Holyoak, Keith J. and Paul Thagard (1995). *Mental Leaps.* Cambridge, Mass.: MIT Press (Bradford Books).

Lakoff, George and Mark Johnson (1980). *Metaphors We Live by.* Chicago: University of Chicago Press.

Murphy, Gregory L. (2002). *The Big Book of Concepts.* Cambridge, Mass.: MIT Press.

Sander, Emmanuel (2000). *L'Analogie, du naïf au créatif : Analogie et catégorisation.* Paris: L'Harmattan.

Vosniadou, Stella and Andrew Ortony, editors (1989). *Similarity and Analogical Reasoning.* New York: Cambridge University Press.

引　言　类比，人类认知的核心

Alberic of Monte Cassino、Bachelard、Bartha、Bouveresse、Hobbes、Lloyd、Nietzsche 和 Plato 的著作讨论了类比作为一种思维模式的可靠性问题。Danto 和 Lévy、Fiell 和 Fiell 以及 Samaras 具有深远意义的研究，以及 Weinberger 和 Jaspert、Berry、Johnsonare 收集的大量字体字形都展示了范畴令人惊奇的多样性。Anderson 的论文强调范畴化的心理价值，而 Tversky 和 Medin、Goldstone、Gentner 及同事的论文探讨观察了类似的心理过程。

Alberic of Monte Cassino (1973). "The Flowers of Rhetoric". In Joseph M. Miller, Michael H. Prosser, and Thomas W. Benson (eds.), *Readings in Medieval Rhetoric.* Bloomington: Indiana University Press.

Anderson, John R. (1991). "The adaptive nature of human categorization". *Psychological Review*, 98, pp. 409–429.

Bachelard, Gaston (1934). *The Formation of the Scientific Mind: A Contribution to a Psychoanalysis of Objective knowledge*, translated by Mary McAllester Jones. Manchester: Clinamen Press.

Bartha, Paul (2010). *By Parallel Reasoning: The Construction and Evaluation of Analogical Arguments*. New York: Oxford University Press.

Bouveresse, Jacques (1999). *Prodiges et vertiges de l'analogie.* Paris: Raisons d'agir.

Danto, Arthur C. and Jennifer Lévy (1988). *397 Chairs.* New York: Harry N. Abrams.

Fiell, Charlotte and Peter Fiell (1997). *1000 Chairs.* Cologne: Benedikt Taschen Verlag.

Goldstone, Robert L. (1994). "Similarity, interactive activation, and mapping". *Journal of Experimental Psychology: Learning, Memory, and Cognition,* 20, pp. 3–28.

Goldstone, Robert L. and Son, Ji Yun (2005). "Similarity". In Keith J. Holyoak and Robert G. Morrison (eds.), *Cambridge Handbook of Thinking and Reasoning.* New York: Cambridge University Press, pp. 13–36.

Hobbes, Thomas (1651). *Leviathan.* Reissued by Cambridge University Press (New York), 1996.

Hofstadter, Douglas (1985). "Analogies and roles in human and machine thinking". In Douglas Hofstadter, *Metamagical Themas: Questing for the Essence of Mind and Pattern.* New York: Basic Books, pp. 547–603.

Jaspert, W. Pincus, W. Turner Berry, and A. F. Johnson (1983). *The Encyclopaedia of Type Faces.* Poole, Dorset: Blandford Press.

Lloyd, G. E. R. (1966). *Polarity and Analogy: Two Types of Argumentation in Early Greek Thought*. New York: Cambridge University Press.

Medin, Douglas L., Robert L. Goldstone, and Dedre Gentner (1993). "Respects for similarity". *Psychological Review*, 100, pp. 254–278.

Nietzsche, Friedrich (1873). "On Truth and Lies in a Nonmoral Sense". In *The Portable Nietzsche*, translated by Walter Kaufmann, 1976 edition. New York: Viking Press.

Plato (1977). *The Sophist.* In Jacob Klein (ed.), *Plato's Trilogy.* Chicago: University of

Chicago Press.

Plato (2008). *The Republic*, translated by R. E. Allen. New Haven: Yale University Press.

Poincaré, Henri (1908). *Science et méthode.* Paris: Flammarion.

Samaras, Lucas (1970). *Chair Transformation.* New York: Pace.

Selvinsky, Il'ya L. (1920). "К вопросу о русской речи". In Il'ya L. Selvinsky, *Selected Works.* Leningrad: Sovetskii Pisatel' (Biblioteka Poeta, Bol' šaya seriya), 1972.

Sternberg, Robert J. (2005). *Barron's Miller Analogies Test.* Hauppauge, New York: Barron's Educational Series.

Tversky, Amos (1977). "Features of similarity". *Psychological Review*, 84, pp. 327–352.

Weinberger, Norman (1971). *Encyclopedia of Comparative Letterforms for Artists & Designers.* New York: Art Directions.

1 词语的召唤

Carey、Gelman、Gentner、Goldin-Meadows、Keil、Malt、Mandler、Oakes、Pinker、Prinz、Rakison 和 Wolff 的著作是关于概念发展和语言的重要文献。它们与本章全部内容相关。Bruner、Collins、Hull 和 Smoke 为范畴化的传统研究方法提供了解释。而 Barsalou、Glucksberg、Goldstone、Hampton、Lamberts、McCloskey、Medin、Nosofsky、Osherson、Pothos、Richard 和 Smith 及他们的同事代表了当代的研究趋势。这些研究大都缘起于 Wittgenstein 的论文。Boroditsky、Gibbs、Johnson、Lakoff 与 Turner 的研究与本章中关于词语的隐喻用法相关。Duvignau 的论文探讨了儿童的语义近似。Atran 和 Medin 的论文探讨了文化对范畴化的影响。Ma 关于句法类比的论文以及 Huth 及同事的论文探讨了语义空间的神经基础。最后，Kaluzha 的专著是关于英文定冠词和不定冠词所代表的范畴的深度研究。

Aitchison, Jean (1994). *Words in the Mind: An Introduction to the Mental Lexicon* (second edition). Oxford: Blackwell Publishers.

Atran, Scott and Douglas L. Medin (2008). *The Native Mind and the Cultural Construction of Nature.* Cambridge, Mass.: MIT Press.

Barsalou, Lawrence W. (1985). "Ideals, central tendency, and frequency of instantiation as determinants of graded structures in categories". *Journal of Experimental Psychology: Learning, Memory and Cognition*, 11, pp. 629–654.

Barsalou, Lawrence W. and Douglas L. Medin (1986). "Concepts: Static definitions or context-dependent representations?" *Cahiers de psychologie cognitive*, 6, pp. 187–202.

Boroditsky, Lera (2000). "Metaphoric structuring: Understanding time through spatial metaphors". *Cognition*, 75 (1), pp. 1–28.

Bruner, Jerome, Goodnow, Jacqueline J. and Austin, George A. (1956). *A Study of Thinking*. New York: John Wiley and Sons.

Carey, Susan (2009). *The Origin of Concepts*. New York: Oxford University Press.

Collins, Allen M. and M. Ross Quillian (1969). "Retrieval time from semantic memory". *Journal of Verbal Learning and Verbal Behavior*, 8, pp. 240–247.

Duvignau, Karine (2003). "Métaphore verbale et approximation". *Revue d'intelligence artificielle*, special issue 5–6, pp. 869–881.

Duvignau, Karine, Marion Fossard, Bruno Gaume, Marie-Alice Pimenta, and Élie Juliette (2007). "Semantic approximations and flexibility in the dynamic construction and 'deconstruction' of meaning". *Linguagem em Discurso*, 7 (3), pp. 371–389.

Duvignau, Karine and Bruno Gaume (2005). "Linguistic, psycholinguistic and computational approaches to the lexicon: For early verb-learning". *Cognitive Systems*, 6 (1), pp. 255–269.

Garrod, Simon and Anthony Sanford (1977). "Interpreting anaphoric relations: The integration of semantic information while reading". *Journal of Verbal Learning and Verbal Behavior*, 16, pp. 77–79.

Gelman, Susan A. (2005). *The Essential Child: Origins of Essentialism in Everyday Thought*. Oxford: Oxford University Press.

Gentner, Dedre (2003). "Why we're so smart". In Dedre Gentner and Susan Goldin-Meadow (eds.), *Language in Mind: Advances in the Study of Language and Thought*. Cambridge, Mass.: MIT Press, pp. 195–235.

Gentner, Dedre and Susan Goldin-Meadow, editors (2003). *Language in Mind: Advances in the Study of Language and Thought*. Cambridge, Mass.: MIT Press.

Gibbs, Raymond W. (1994). *The Poetics of Mind.* New York: Cambridge University Press.

Hampton, James A. (1979). "Polymorphous concepts in semantic memory". *Journal of Verbal Learning and Verbal Behavior,* 18, pp. 441–461.

Hobbes, Thomas (1651). *Leviathan*, revised student edition. Reissued in 1996 by Cambridge University Press (New York).

Hofstadter, Douglas R. (2001). "Analogy as the Core of Cognition". In Dedre Gentner, Keith J. Holyoak, and Boicho N. Kokinov (eds.), *The Analogical Mind: Perspectives from Cognitive Science.* Cambridge, Mass.: MIT Press (Bradford Books).

Hull, Clark L. (1920). "Quantitative aspects of the evolution of concepts". *Psychological Monographs*, XXVIII (1.123), pp. 1–86.

Huth, Alexander G., Shinji Nishimoto, An T. Vu, and Jack L. Gallant (2012). "A continuous semantic space describes the representation of thousands of object and action categories across the human brain". *Neuron*, 76 (6), pp. 1210–1224.

Kaluzha, Henryk (1976). *The Articles in English.* Warsaw: Panstwowe Wydawnictwo Naukowe.

Keil, Frank C. (1979). *Semantic and Conceptual Development: An Ontological Perspective.* Cambridge. Mass.: Harvard University Press.

Keil, Frank C. (1989). *Concepts, kinds, and Cognitive Development.* Cambridge, Mass.: Harvard University Press.

Lakoff, George (1987). *Women, Fire, and Dangerous Things: What Categories Reveal about the Mind.* Chicago: University of Chicago Press.

Lamberts, Koen and David Shanks (1997). *knowledge, Concepts, and Categories.* Cambridge, Mass.: MIT Press.

Ma, Yulei (2011). *Analogy and Its Use in Grammatical Constructions: A Cognitive–Functional Linguistic Perspective.* Saarbrücken: Verlag Dr. Müller.

Manea, Norman (1992). *Felix Culpa.* New York: Grove Press.

Malt, Barbara and Phillip Wolff (2010). *Words and the Mind: How Words Capture Human Experience.* Oxford: Oxford University Press.

Mandler, Jean M. (2004). *The Foundations of Mind: Origins of Conceptual Thought.*

Oxford: Oxford University Press.

Markman, Ellen M. (1991). *Categorization and Naming in Children: Problems of Induction.* Cambridge, Mass.: MIT Press (Bradford Books).

McCloskey, Michael E. and Sam Glucksberg (1978). "Natural categories: Well defined or fuzzy sets?" *Memory and Cognition*, 6, pp. 462–472.

Medin, Douglas L. and M. M. Schaffer (1978). "A context theory of classification learning". *Psychological Review*, 85, pp. 207–238.

Mervis, Carolyn B., Jack Catlin, and Eleanor Rosch (1976). "Relationships among goodness of example, category norms, and word frequency". *Bull. of the Psychonomic Soc.*, 7, pp. 283–294.

Nosofsky, Robert M. (1986). "Attention, similarity, and the identification—categorization relationship". *Journal of Experimental Psychology: General*, 115, pp. 39–57.

Osherson, Daniel and Edward E. Smith (1981). "On the adequacy of prototype theory as a theory of concepts". *Cognition*, 9, pp. 35–58.

Pinker, Steven (1997). *How the Mind Works.* New York: Norton.

Pinker, Steven (1999). *Words and Rules: The Ingredients of Language.* New York: Basic Books.

Pinker, Steven (2007). *The Stuff of Thought.* New York: Viking.

Poitrenaud, Sébastien, Jean-François Richard, and Tijus, Charles A. (2005). "Properties, categories, and categorisation". *Thinking and Reasoning*, 11, pp. 151–208.

Pothos, Emmanuel M. and Andy J. Wills (2011). *Formal Approaches in Categorisation.* New York: Cambridge University Press.

Prinz, Jesse J. (2002). *Furnishing the Mind: Concepts and their Perceptual Basis*, Cambridge, Mass.: MIT Press.

Rakison, David H. and Lisa M. Oakes (2008). *Early Category and Concept Development.* New York: Oxford University Press.

Rosch, Eleanor (1975). "Cognitive representations of semantic categories". *Journal of Experimental Psychology: General*, 104, pp. 192–233.

Rosch, Eleanor (1976). "Classifications d'objets du monde réel : Origines et représentations dans la cognition". *Bulletin de psychologie,* special issue edited by Stéphane Ehrlich and Endel Tulving, pp. 242–250.

Rosch, Eleanor (1978). "Principles of categorization". In Eleanor Rosch and Barbara Lloyd (eds.),*Cognition and Categorization.* Hillsdale, New Jersey: Lawrence Erlbaum Associates, pp. 27–48.

Rosch, Eleanor and Carolyn B. Mervis (1975). "Family resemblances: Studies in the internal structure of categories". *Cognitive Psychology*, 7, pp. 573–605.

Rosch, Eleanor, Carolyn B. Mervis, Wayne D. Gray, David M. Johnson, and Penny Boyes Braem (1976). "Basic objects in natural categories". *Cognitive Psychology*, 8, pp. 382–439.

Ross, James F. (1981). *Portraying Analogy.* New York: Cambridge University Press.

Smith, Edward E. and Douglas L. Medin (1981). *Categories and Concepts.* Cambridge Mass.: Harvard University Press.

Smoke, Kenneth Ludwig (1932). "An objective study of concept formation". *Psychological Monographs*, XLII (191), pp. 1–46.

Stevens, Wallace (1923). *Harmonium.* New York: Alfred E. Knopf.

Turner, Mark (1987). *Death is the Mother of Beauty: Mind, Metaphor, Criticism.* Chicago: University of Chicago Press.

Wittgenstein, Ludwig (1953). *Philosophical Investigations.* Oxford: Basil Blackwell.

Woo-Kyoung, Ahn, Robert L. Goldstone, Bradley C. Love, Arthur B. Markman and Phillip Wolff (2005). *Categorization Inside and Outside the Laboratory: Essays in Honor of Douglas L. Medin.* Washington, D.C.: American Psychological Association.

2　短语的召唤

Aitchison、Braitenberg、Itkonen、Malt 与 Wolff 和 Pinker 的论著，以及 Gentner 和 Hofstadter 的论文与全章内容相关。Thehumorous volumes by Chiflet 和 Whistle（实际上只是一个人），以及 Glucksberg 和 Langlotz 的论著讨论了习惯用语。Brézin-Rossignol、Schank 和 Visetti 讨论了成语和谚语的范畴。Benserade、La Fontaine、Morvan de Bellegarde 和 Phaedrus 的论著与本章的《狐狸与葡萄》相关。Festinger 的

论著是关于认知不和谐的经典。Carroll 和 Sapir 的专著讨论了萨丕尔 – 沃尔夫假设。Atran 和 Medin 的论著涉及文化引导和思维的方式。Flynn 和 Sternberg 探讨了智能问题。

Aitchison, Jean (1994). *Words in the Mind: An Introduction to the Mental Lexicon* (second edition). Oxford: U.K.: Blackwell Publishers.

Anderson, Poul (1989). "Uncleftish Beholding". *Analog Science Fiction*, 109 (13), pp. 132–135.

Atran, Scott and Douglas L. Medin (2008). *The Native Mind and the Cultural Construction of Nature.* Cambridge, Mass.: MIT Press.

Benserade, Isaac de (1678). *Fables d'Ésope en quatrains dont il y en a une partie au labyrinte de Versailles.* Paris: Sébastien Mabre-Cramoisy.

Braitenberg, Valentino (1996). *Il gusto della lingua: Meccanismi cerebrali e strutture grammaticali*. Merano, Italy : Alpha&Beta.

Brézin-Rossignol, Monique (2008). *Dictionnaire de proverbes* (second edition). Paris: La Maison du dictionnaire.

Carroll, John B., editor (1956). *Language, Thought, and Reality: Selected Writings of Benjamin Lee Whorf.* Cambridge, Mass.: MIT Press.

Chiflet, Jean-Loup (1994). *Sky! My Husband.* Paris: Éditions du Seuil.

Dieudonné, Jean, Maurice Loi, and René Thom (1982). *Penser les mathématiques. Séminaire de philosophie et mathématiques de l'École normale supérieure.* Paris: Éditions du Seuil.

Festinger, Leon (1957). *A Theory of Cognitive Dissonance.* Stanford: Stanford University Press.

Flynn, James R. (1987). "Massive IQ gains in 14 nations: What IQ tests really measure". *Psychological Bulletin*, 101, pp. 171–191.

Flynn, James R. (2009). *What Is Intelligence? Beyond the Flynn Effect.* New York: Cambridge University Press.

Gentner, Dedre (2003). "Why we're so smart". In Dedre Gentner and Susan Goldin-Meadow (eds.), *Language in Mind: Advances in the Study of Language and Thought*, pp.

195–235, Cambridge, Mass.: MIT Press.

Glucksberg, Sam (2001). *Understanding Figurative Language: From Metaphors to Idioms.* New York: Oxford University Press.

Hofstadter, Douglas R. (1995). "Speechstuff and Thoughtstuff: Musings on the Resonances Created by Words and Phrases via the Subliminal Perception of their Buried Parts". In Sture Allén (ed.), *Of Thoughts and Words: The Relation between Language and Mind* (Proceedings of Nobel Symposium 92). London: Imperial College Press.

Hofstadter, Douglas R. (1997). *Le Ton beau de Marot : In Praise of the Music of Language.* New York: Basic Books.

Itkonen, Esa (2005). *Analogy as Structure and Process.* Amsterdam: John Benjamins Publishing Company.

La Fontaine, Jean de (1668). *Fables choisies mises en vers.* Paris: Barbin et Thierry.

Langlotz, Andreas (2006). *Idiomatic Creativity: A Cognitive-Linguistic Model of Idiom-Representation and Idiom-Variation in English.* Amsterdam: John Benjamins.

Malt, Barbara and Phillip Wolff (2010). *Words and the Mind: How Words Capture Human Experience.* New York: Oxford University Press.

Morvan de Bellegarde, Jean-Baptiste (1802). *Les Cinq Fabulistes ou les Trois Cents Fables d'Ésope, de Lockmann, de Philelphe, de Gabrias et d'Avienus.* Paris: Poncelin.

Phaedrus (1864). *Fables de Phèdre*, translated by M. E. Panckoucke. Paris: Garnier Frères.

Pinker, Steven (2007). *The Stuff of Thought: Langage as a Window into Human Nature.* New York: Viking.

Sapir, Edward (1921). *Language: An Introduction to the Study of Speech.* New York: Harcourt, Brace.

Schank, Roger C. (1982). *Dynamic Memory: A Theory of Reminding and Learning in Computers and People.* New York: Cambridge University Press.

Schank, Roger C. (1999). *Dynamic Memory Revisited.* New York: Cambridge University Press.

Sternberg, Robert J. (1994). *Encyclopedia of Human Intelligence.* New York: Macmillan.

Visetti, Yves-Marie and Pierre Cadiot (2006). *Motifs et proverbes. Essai de sémantique proverbiale*. Paris: Presses universitaires de France.

Whistle, John Wolf (2000). *Sky ! Mortimer !* Paris: Mots et compagnie.

3 隐秘类比的海洋

Barsalou 的研究解释并探讨了随意范畴的概念。Schank 的著作探讨了提醒和提醒成因的机制。Bower 的论文探讨了情感在提醒过程中的主导作用。而 Kanerva 的专著，以及 Foundalis、Gentner 及同事，Kahneman 与 Miller 和 Thagard、Holyoak、Nelson 与 Koh 的论著和论文涉及记忆存取背后的机制。Csányi 和 Horowitz 的专著描述了犬类的心理生活及犬类范畴的性质。French 和 Mitchell 的专著，以及 Hofstadter 和 Mitchell 的章节与本章的“我也是”类比相关。

Barsalou, Lawrence W. (1983). “Ad hoc categories”. *Memory and Cognition*, 11, pp. 211–227.

Barsalou, Lawrence W. (1991). “Deriving categories to achieve goals”. In Gordon H. Bower (ed.), *The Psychology of Learning and Motivation*. New York: Academic Press, 27, pp. 1–64.

Bower, Gordon H. (1981). “Mood and memory”. *American Psychologist*, 36 (2), pp. 129–148.

Csányi, Vilmos (2005). *If Dogs Could Talk: Exploring the Canine Mind.* San Francisco: North Point.

Foundalis, Harry (2013). “Unification of clustering, concept formation, categorization, and analogy-making”. Technical Report, Center for Research on Concepts and Cognition, Indiana University, Bloomington.

French, Robert M. (1995). *The Subtlety of Sameness: A Theory and Computer Model of Analogy-Making*. Cambridge. Mass.: MIT Press (Bradford Books).

Gentner, Dedre, Jeffrey Loewenstein, Leigh Thompson, and Kenneth D. Forbus (2009). “Reviving inert knowledge: Analogical abstraction supports relational retrieval of past events”. *Cognitive Science*, 33 (8), pp. 1343–1382.

Hofstadter, Douglas and Melanie Mitchell (1995). “The Copycat project: A model of mental fluidity and analogy-making". In Douglas Hofstadter and the Fluid Analogies Research Group, *Fluid Concepts and Creative Analogies*. New York: Basic Books, pp. 205–267.

Horowitz, Alexandra (2010). *Inside of a Dog*. New York: Scribners.

Kahneman, Daniel and Dale T. Miller (1986). "Norm theory: Comparing reality to its alternatives". *Psychological Review*, 93 (2), pp. 136–153.

Kanerva, Pentti. *Sparse Distributed Memory.* Cambridge, Mass.: MIT Press.

Mitchell, Melanie (1993). *Analogy-Making as Perception.* Cambridge, Mass.: MIT Press.

Schank, Roger C. (1982). *Dynamic Memory: A Theory of Reminding and Learning in Computers and People.* New York: Cambridge University Press.

Schank, Roger C. (1999). *Dynamic Memory Revisited.* New York: Cambridge University Press.

Thagard, Paul, Keith J. Holyoak, Greg Nelson, and David Gochfeld (1990). "Analog retrieval by constraint satisfaction". *Artificial Intelligence*, 46, pp. 259–310.

4 抽象过程与内部范畴滑动

Bowdle 与 Gentner、Geary、Gibbs、Glucksberg、Indurkhya、Jones 与 Estes、Lakoff 与 Turner、Ortony 和 Pinker 的文章主要与本章讨论隐喻的部分相关。Chi、Ericsson、Feltovich、Hoffman、Johnson、Mervis、Ross、Tanaka 和 Taylor 及他们的同事的著作大体与本章关于专业知识的部分相关。Greenberg、Sander（与 Dupuch）和 Politzer 讨论标记现象。Collins 和 Quillian 的论文探讨了关于抽象研究的传统方法，而 Poitrenaud 的专著和 Laurence 与 Margolis 和 Richard 与 Sander 的论文代表了关于这一现象的新近研究。Chrysikou、Duncker、Nersessian、Richard 和 Ward 讨论了抽象和创造性在问题解决过程中的作用。Laurence 和 Margolis 的选集涉及人工制品，而 Casati 令人着迷的研究是关于广义的影子的。

Blessing, Stephen B. and Brian H. Ross (1996). "Content effects in problem categorization and problem solving". *J. of Experimental Psychology: Learning, Memory, and Cognition*, 22, pp. 792–810.

Borges, Jorge Luis (1962). "Funes the Memorious", translated by Anthony Kerrigan. In

Jorge Luis Borges, *Ficciones*. New York: Grove Press, p. 114.

Bowdle, Brian F. and Dedre Gentner (2005). "The career of metaphor". *Psychological Review*, 112 (1), pp. 193–216.

Casati, Roberto (2004). *Shadows: Unlocking Their Secrets, from Plato to Our Time*. London: Vintage.

Chi, Michelene T. H., Paul J. Feltovich, and Robert Glaser (1981). "Categorization and representation of physics problems by experts and novices". *Cognitive Science*, 5, pp. 121–152.

Chi, Michelene T. H., Robert Glaser, and Marshall J. Farr (1988). *The Nature of Expertise*. Hillsdale, New Jersey: Lawrence Erlbaum.

Chrysikou, Evangelia G. (2006). "When shoes become hammers: Goal-derived categorization training enhances problem solving performance". *Journal of Experimental Psychology: Learning, Memory, and Cognition*, 32, pp. 935–942.

Collins, Allen M. and M. Ross Quillian (1969). "Retrieval time from semantic memory". *Journal of Verbal Learning and Verbal Behaviour*, 8, pp. 240–248.

Duncker, Karl (1945). "On problem solving". *Psychological Monographs*, 58, pp. 1–110.

Dupuch, Laurence and Emmanuel Sander (2007). "Apport pour les apprentissages de l'explicitation des relations d'inclusion de classes". *L'Année psychologique*, 107 (4), pp. 565–596.

Ericsson, K. Anders, Neil Charness, Paul J. Feltovich, and Robert R. Hoffman, editors (2006). *Cambridge Handbook of Expertise and Expert Performance*. New York: Cambridge University Press.

Geary, James (2012). *I is an Other: The Secret Life of Metaphor and How It Shapes the Way We See the World*. New York: Harper Perennial.

Gibbs, Raymond W., editor (2008). *Cambridge Handbook of Metaphor and Thought*. New York: Cambridge University Press.

Glucksberg, Sam and Boaz Keysar (1990). "Understanding metaphorical comparisons: Beyond similarity". *Psychological Review*, 97, pp. 3–18.

Glucksberg, Sam, Matthew S. McGlone, and Deanna Manfredi (1997). "Property attribution in metaphor comprehension". *Journal of Memory and Language*, 36, pp. 50–67.

Greenberg, Joseph (1966). *Language Universals, with Special Reference to Feature Hierarchies.* The Hague: Mouton.

Indurkhya, Bipin (1992). *Metaphor and Cognition: An Interactionist Approach.* New York: Springer.

Johnson, Kathy E. and Carolyn B. Mervis (1997). "Effects of varying levels of expertise on the basic level of categorization". *Journal of Experimental Psychology: General*, 126, pp. 248–277.

Jones, Lara and Zachary Estes (2005). "Metaphor comprehension as attributive categorization". *Journal of Memory and Language*, 53, pp. 110–124.

Lakoff, George (1987). *Women, Fire, and Dangerous Things: What Categories Reveal about the Mind.* Chicago: University of Chicago Press.

Lakoff, George and Mark Turner (1989). *More than Cool Reason: A Field Guide to Poetic Metaphor.* Chicago: University of Chicago Press.

Laurence, Stephen and Eric Margolis (2012). "Abstraction and the origin of general ideas". *Philosophers' Imprint*, 12 (19), pp. 1–22.

Margolis, Eric and Stephen Laurence (2007). *Creations of the Mind: Theories of Artifacts and Their Representation.* New York: Oxford University Press.

Nersessian, Nancy J. (2008). *Creating Scientific Concepts.* Cambridge, Mass.: MIT Press.

Ortony, Andrew. (1993). *Metaphor and Thought.* New York: Cambridge University Press, revised edition.

Pinker, Steven (2007). *The Stuff of Thought: Language as a Window into Human Nature.* New York: Viking.

Poitrenaud, Sébastien. (1995). "The PROCOPE semantic network: An alternative to action grammars". *International Journal of Human-Computer Studies*, 42, pp. 31–69.

Poitrenaud, Sébastien. (2001). *Complexité cognitive des interactions homme-machine. Modélisation par la méthode ProCope.* Paris: L'Harmattan.

Politzer, Guy (1991). "L'informativité des énoncés : Contraintes sur le jugement et le raisonnement". *Intellectica*, 11, pp. 111–147.

Richard, Jean-François (2004). *Les Activités mentales. De l'interprétation de l'information à l'action.* Paris: Armand Colin.

Sander, Emmanuel (2006). "Raisonnement et résolution de problèmes". In Serban Ionescu and Alain Blanchet (eds.), *Nouveau cours de psychologie. Psychologie cognitive et bases neurophysiologiques du fonctionnement cognitif* (coordinated by Daniel Gaonac'h). Paris: Presses universitaires de France, pp. 159–190.

Sander, Emmanuel (2008). "En quoi Internet a-t-il changé notre façon de penser ?" In Philippe Cabin and Jean-François Dortier (eds.), *La Communication. État des savoirs.* Auxerre: Éditions Sciences humaines, pp. 363–369.

Sander, Emmanuel and Jean-François Richard (1997). "Analogical transfer as guided by an abstraction process: The case of learning by doing in text editing". *Journal of Experimental Psychology: Learning, Memory, and Cognition*, 23, pp. 1459–1483.

Sander, Emmanuel and Jean-François Richard (1998). "Analogy-making as a categorization and an abstraction process". In Keith J. Holyoak, Dedre Gentner, and Boicho Kokinov (eds.), *Advances in Analogy Research: Integration of Theory and Data from the Cognitive, Computational, and Neural Sciences.* Sofia: New Bulgarian University Series in Cognitive Science, pp. 381–389.

Sander, Emmanuel and Jean-François Richard (2005). "Analogy and transfer: Encoding the problem at the right level of abstraction". *Proceedings of the 27th Annual Conference of the Cognitive Science Society*, Stresa (Italy), pp. 1925–1930.

Swetz, Frank J. and T. I. Kao (1977). *Was Pythagoras Chinese? An Examination of Right Triangle Theory in Ancient China.* University Park: Pennsylvania State University Press.

Tanaka, James W. and Marjorie Taylor (1991). "Object categories and expertise: Is the basic level in the eye of the beholder?" *Cognitive Psychology*, 23, pp. 457–482.

Ward, Thomas B. and Yulia Kolomyts (2010). "Cognition and creativity". In James C. Kaufman and Robert J. Sternberg (eds.), *The Cambridge Handbook of Creativity.* New York: Cambridge University Press, pp. 93–112.

5 类比如何“操纵”我们

Barsalou、Clark、Damasio、Gibbs、Glenberg、Harnad、Johnson、Lakoff、Overton、Pecher 和 Zwaan、Sweetser、Varela、Zhong 及他们同事的作品讨论了具身性在认知过程中的作用。Bartha、Feeney 和 Heit、George、Kahneman 和 Sloman 以及 Holland、Holyoak、Nisbett 和 Thagard 关于综合和归纳的著作与本章有关。Holyoak 及同事、Osherson 和 Smith 的论文也与本章相关。Arnaud、Baars、Cutler、Erard、Fromkin、Hofstadter 和 Moser、Rossi 和 Peter-Defare、Rumelhart 和 Norman 的著作讨论了语误和行为错误及这些现象背后的心理机制。Bassok、Clément、Novick 和 Richard 与 Zamani 探索了无意识假定在解决问题的过程中的作用。Chu、Krishnamurti 和 Serafini 的著作以极具个人色彩的方式探讨了人类想象的限度。

Arnaud, Pierre J. L. (1997). “Les ratés de la dénomination individuelle : Typologie des lapsus par substitution de mots”. In Claude Boisson and Philippe Thoiron (eds.), *Autour de la dénomination.* Lyon: Presses universitaires de Lyon, pp. 307–331.

Baars, Bernard J., editor (1992). *Experimental Slips and Human Error: Exploring the Architecture of Volition.* New York: Plenum.

Barsalou, Lawrence W. (1999). “Perceptual symbol systems”. *Behavioral and Brain Sciences*, 22, pp. 577–609.

Bartha, Paul (2010). *By Parallel Reasoning: The Construction and Evaluation of Analogical Arguments.* New York: Oxford University Press.

Chu, Seo-Young (2010). *Do Metaphors Dream of Literal Sleep? A Science-Fictional Theory of Representation.* Cambridge, Mass.: Harvard University Press.

Clark, Andy (2011). *Supersizing the Mind: Embodiment, Action, and Cognitive Extension.* New York: Oxford University Press.

Clément, Évelyne and Richard, Jean-François (1997). “Knowledge of domain effects in problem representation: The case of tower of Hanoi isomorphs”. *Thinking and Reasoning*, 3 (2), pp. 133– 157.

Cutler, Anne, editor (1982). *Slips of the Tongue and Language Production.* New York: Mouton.

Damasio, Antonio R. (1994). *Descartes' Error: Emotion, Reason, and the Human Brain.* New York: G. P. Putnam's Sons.

Erard, Michael (2007). *Um... Slips, Stumbles, and Verbal Blunders, and What They Mean.* New York: Pantheon Books.

Feeney, Aidan and Evan Heit (2007). *Inductive Reasoning: Experimental, Developmental, and Computational Approaches.* New York: Cambridge University Press.

Fromkin, Victoria A., editor (1980). *Errors in Linguistic Performance: Slips of the Tongue, Ear, Pen, and Hand.* New York: Academic Press.

George, Christian (1997). *Polymorphisme du raisonnement humain.* Paris: PUF.

Gibbs, Raymond W. (2006). *Embodiment and Cognitive Science.* New York: Cambridge University Press.

Glenberg, Arthur M. (1997). "What memory is for: Creating meaning in the service of action". *Behavioral and Brain Sciences*, 20, pp. 1–55.

Goldstone, Robert L., Sam Day, and Ji Yun Son (2010). "Comparison". In Britt Glatzeder, Vinod Goel, and Albrecht von Müller (eds.), *On Thinking* , Vol. II: *Towards a Theory of Thinking*. Berlin: Springer, pp. 103–122.

Goodman, Nelson (1972). *Problems and Projects.* Indianapolis: Bobbs-Merrill.

Harnad, Stevan (1990). "The symbol grounding problem". *Physica D*, 42, pp. 335–346.

Harnad, Stevan (1990). *Categorical Perception: The Groundwork of Cognition*. New York: Cambridge University Press.

Hofstadter, Douglas (1997). *Le Ton beau de Marot : In Praise of the Music of Language.* New York: Basic Books.

Hofstadter, Douglas R. and David J. Moser (1989). "To err is human; To study error-making is cognitive science". *Michigan Quarterly Review*, 28 (2), pp. 185–215.

Holland, John H., Keith J. Holyoak, Richard E. Nisbett, and Paul R. Thagard (1986). *Induction: Processes of Inference, Learning, and Discovery.* Cambridge, Mass.: MIT Press.

Holyoak, Keith J., Hee Seung Lee, and Hongjing Lu (2010). "Analogical and category-based inference: A theoretical integration with Bayesian causal models". *Journal of*

Experimental Psychology: General, 139 (4), pp. 702–727.

Johnson, Mark (1987). *The Body in the Mind: The Bodily Basis of Meaning, Reason, and Imagination.* Chicago: University of Chicago Press.

Johnson, Mark (2007). *The Meaning of the Body: Aesthetics of Human Understanding.* Chicago: University of Chicago Press.

Johnson, Mark (2008). "The meaning of the body". In Willis F. Overton, Ulrich Mueller, and Judith Newman (eds.), *Developmental Perspectives on Embodiment and Consciousness.* Hillsdale, New Jersey: Lawrence Erlbaum, pp. 19–43.

Kahneman, Daniel (2011). *Thinking, Fast and Slow.* New York: Farrar, Straus and Giroux.

Krishnamurti, Jiddu (1969). *Freedom from the known.* New York: Harper & Row.

Lakoff, George and Mark Johnson (1999). *Philosophy in the Flesh: The Embodied Mind and Its Challenge to Western Thought.* New York: Basic Books.

Maslow, Abraham (1966). *The Psychology of Science.* Chapel Hill: Maurice Bassett.

Norman, Donald A. (1981). "Categorization of action slips". *Psychological Review*, 88, pp. 1–15.

Novick, Laura R. and Miriam Bassok. (2005). "Problem solving". In Keith J. Holyoak and Robert G. Morrison (eds.), *Cambridge Handbook of Thinking and Reasoning.* New York: Cambridge University Press, pp. 321–349.

Osherson, Daniel N., Edward E. Smith, Ormond Wilkie, Alejandro López, and Eldar B. Shafir (1990). "Category-based induction". *Psychological Review*, 97, pp. 185–200.

Overton, Willis F., Ulrich Mueller, and Judith Newman, editors (2008). *Developmental Perspectives on Embodiment and Consciousness.* Hillsdale, New Jersey: Lawrence Erlbaum.

Pecher, Diane and Rolf A. Zwaan (2005). *Grounding Cognition: The Role of Perception and Action in Memory, Language, and Thinking.* New York: Cambridge University Press.

Raban, Jonathan (1991). *Hunting Mister Heartbreak.* New York: Harper Collins.

Richard, Jean-François (2004). *Les Activités mentales. De l'interprétation de l'information à l'action.* Paris: Armand Colin.

Richard, Jean-François, Poitrenaud, Sébastien, and Tijus, Charles A. (1993). "Problem solving restructuration: Elimination of implicit constraints". *Cognitive Science*, 17, pp. 497–529.

Richard, Jean-François and Mojdeh Zamani (2003). "A problem-solving model as a tool for analyzing adaptive behavior". In Robert J. Sternberg, Jacques Lautrey, and Todd I. Lubart (eds.), *Models of Intelligence: International Perspective.* Washington, D. C.: American Psychological Association, pp. 213–226.

Rips, Lance J. (1975). "Induction about natural categories". *Journal of Verbal Learning and Verbal Behavior*, 14, pp. 665–681.

Rossi, Mario and Peter-Defare, Évelyne. (1998). *Les Lapsus, ou, Comment notre fourche a langué.* Paris: Presses universitaires de France.

Rumelhart, David E. and Donald Norman (1982). "Simulating a Skilled Typist: A Study of Skilled Cognitive–Motor Perforamnce". *Cognitive Science*, 6 (1), pp. 1–36.

Serafini, Luigi (1981). *Codex Seraphinianus*. Milan: Franco Maria Ricci.

Shiffrin, Richard M. and Walter E. Schneider (1977). "Controlled and automatic human information processing: II. Perceptual learning, automatic attending, and a general theory". *Psychological Review*, 84, pp. 127–190.

Sloman, Steven (2009). *Causal Models: How People Think About the World and Its Alternatives.* New York: Oxford University Press.

Sweetser, Eve (1990). *From Etymology to Pragmatics: The Mind-as-Body Metaphor in Semantic Structure and Semantic Change.* New York: Cambridge University Press.

Varela, Francisco, Evan T. Thompson, and Eleanor Rosch (1991). *The Embodied Mind.* Cambridge, Mass.: MIT Press.

Zhong, Chen-Bo and Katie Liljenquist (2006). "Washing away your sins: Threatened morality and physical cleansing". *Science*, 313, pp. 1451–1452.

Zwaan, Rolf A. and Carol J. Madden (2005). "Embodied sentence comprehension". In Diane Pecher and Rolf A. Zwaan (eds.), *The Grounding of Cognition: The Role of Perception and Action in Memory, Language, and Thinking.* New York: Cambridge University Press.

6 我们如何操纵类比

Bassok、Dunbar、Forbus 和 Gentner（及同事）、Gick、Holyoak、Keane、Novick、Ross、Sander 和 Thagard 的研究关注传统的源和目标范式及其局限性以及外表和内部结构之间的关系。Chalmers、French 和 Hofstadter 也对这个问题的研究做出了贡献。French 和 Mitchell 的论著，以及 Hofstadter 和 Mitchell 的论文描述了 Copycat 微领域和相关的 Tabletop 微领域，以及作类比的计算模型。Falkenhainer、Forbus 和 Gentner 的研究也涉及作类比的计算模型。Coulson、Fauconnier、Fauconnier 和 Sweetser、Fauconnier 和 Turner 从事的一组研究对框架整合和概念整合提供了丰富的视角，并展示了这些现象在人类思维过程中的普遍性。Khong、Record 和 Suganami 讨论了类比在政治领域的应用。Kahneman、Bonneforn 和 Sloman，以及 Holland、Holyoak、Nisbett 和 Thagard 讨论了非演绎推理在认知过程中的重要性。Locke、Booth 和 Weaver，以及 Hofstadter 专注于人机翻译。Grothe 的著作包含了大量类比实例，包括许多漫画类比的例子。

Bassok, Miriam and Keith J. Holyoak (1993). “Pragmatic knowledge and conceptual structure: Determinants of transfer between quantitative domains”. In Douglas K. Detterman and Robert J. Sternberg (eds.), *Transfer on Trial: Intelligence, Cognition, and Instruction*. Norwood, New Jersey: Ablex, pp. 68–98.

Bassok, Miriam and Karen L. Olseth (1995). “Object-based representations: Transfer between cases of continuous and discrete models of change”. *Journal of Experimental Psychology: Learning, Memory, and Cognition*, 21, pp. 1522–1538.

Bassok, Miriam, Ling-ling Wu, and Karen L. Olseth (1995). “Judging a book by its cover: Interpretative effects of content on problem-solving transfer”. *Memory and Cognition*, 23, pp. 354–367.

Bonnefon, Jean-François (2011). *Le Raisonneur et ses modèles : Un changement de paradigme dans la psychologie du raisonnement*. Grenoble: Presses universitaires de Grenoble.

Chalmers, David J., Robert M. French, and Douglas R. Hofstadter (1992). “High-level perception, representation, and analogy: A critique of artificial intelligence methodology". In Douglas Hofstadter and the Fluid Analogies Research Group, *Fluid Concepts and Creative Analogies*. New York: Basic Books, pp. 169–193.

Coulson, Seana (2001). *Semantic Leaps: Frame-Shifting and Conceptual Blending in Meaning Construction*. New York: Cambridge University Press.

Day, Sam and Robert L. Goldstone (2011). "Analogical transfer from a simulated physical system". *Journal of Experimental Psychology: Learning, Memory, and Cognition*, 37, pp. 551–567.

Dunbar, Kevin (2001). "The analogical paradox: Why analogy is so easy in naturalistic settings, yet so difficult in the psychology laboratory". In Dedre Gentner, Keith J. Holyoak, and Boicho N. Kokinov (eds.), *The Analogical Mind*. Cambridge, Mass.: MIT Press, pp. 313–334.

Falkenhainer, Brian, Kenneth D. Forbus, and Dedre Gentner. (1989). "The structure-mapping engine: Algorithm and examples". *Artificial Intelligence*, 41, pp. 1–63.

Fauconnier, Gilles (1984). *Les Espaces mentaux*. Paris: Éditions de Minuit.

Fauconnier, Gilles (1985). *Mental Spaces: Aspects of Meaning Construction in Natural Language*. Cambridge, Mass.: MIT Press (Bradford Books).

Fauconnier, Gilles (1997). *Mappings in Thought and Language*. New York: Cambridge University Press.

Fauconnier, Gilles and Eve Sweetser, editors (1996). *Spaces, Worlds, and Grammar*. Chicago: University of Chicago Press.

Fauconnier, Gilles and Mark Turner (2002). *The Way We Think: Conceptual Blending and the Mind's Hidden Complexities*. New York: Basic Books.

Forbus, Kenneth D., Dedre Gentner, and Keith Law (1995). "MAC/FAC: A model of similarity-based retrieval". *Cognitive Science*, 19, pp. 141–205.

French, Robert M. (1995). *The Subtlety of Sameness: A Theory and Computer Model of Analogy-Making*. Cambridge, Mass.: MIT Press (Bradford Books).

Gentner, Dedre (1989). "The mechanisms of analogical learning". In Stella Vosniadou and Andrew Ortony (eds.), *Similarity and Analogical Reasoning*. New York: Cambridge University Press, pp. 199–241.

Gentner, Dedre, Mary Jo Rattermann, and K. Forbus (1993). "The role of similarity in transfer: Separating retrievability from inferential source". *Cognitive Psychology*, 25, pp. 524–575.

Gentner, Dedre and Cecile Toupin (1986). "Systematicity and surface similarity in the development of analogy". *Cognitive Science*, 10, pp. 277–300.

Gick, Mary L. and Keith J. Holyoak (1980). "Analogical problem solving". *Cognitive Psychology*, 12, pp. 306–355.

Gick, Mary L. and Keith J. Holyoak (1983). "Schema induction and analogical transfer". *Cognitive Psychology,* 15, pp. 1–38.

Grothe, Mardy (2008). *I Never Metaphor I Didn't Like: A Comprehensive Compilation of History's Greatest Analogies, Metaphors, and Similes.* New York: Harper.

Hofstadter, Douglas (1997). *Le Ton beau de Marot : In Praise of the Music of Language.* New York: Basic Books.

Hofstadter, Douglas (2009). *Translator, Trader: An Essay on the Pleasantly Pervasive Paradoxes of Translation.* New York: Basic Books.

Hofstadter, Douglas and Melanie Mitchell (1993). "The Copycat project: A model of mental fluidity and analogy-making". In Douglas Hofstadter and the Fluid Analogies Research Group, *Fluid Concepts and Creative Analogies.* New York: Basic Books, pp. 205–267.

Holland, John H., Keith J. Holyoak, Richard E. Nisbett, and Paul R. Thagard (1986). *Induction: Processes of Inference, Learning, and Discovery.* Cambridge, Mass.: MIT Press.

Keith J. Holyoak (2012). "Analogy and relational reasoning". In Keith J. Holyoak and Robert G. Morrison (eds.), *The Oxford Handbook of Thinking and Reasoning.* New York: Oxford University Press, pp. 234–259.

Keith J. Holyoak and Kyunghee Koh (1987). "Surface and structural similarity in analogical transfer". *Memory and Cognition*, 15, pp. 332–340.

Kahneman, Daniel (2011). *Thinking, Fast and Slow*. New York: Farrar, Straus and Giroux.

Keane, Mark (1997). "What makes an analogy difficult? The effects of order and causal structure on analogical mapping". *Journal of Experimental Psychology: Learning,*

Memory, and Cognition, 23, pp. 946–967.

Khong, Yuen Foong (1992). *Analogies at War.* Princeton: Princeton University Press.

Locke, W. N. and A. D. Booth (eds.) (1955). *Machine Translation of Languages.* Cambridge, Mass.: MIT Press.

Macrae, C. Neil, Charles Stangor, and Miles Hewstone (1996). *Stereotypes and Stereotyping.* New York: The Guilford Press.

Martin, Shirley A. and Miriam Bassok (2005). "Effects of semantic cues on mathematical modeling: Evidence from word-problem solving and equation construction tasks". *Memory and Cognition*, 33 (3), pp. 471–478.

Mitchell, Melanie (1993). *Analogy-Making as Perception.* Cambridge, Mass.: MIT Press.

Novick, Laura R. (1988). "Analogical transfer, problem similarity, and expertise". *Journal of Experimental Psychology: Learning, Memory, and Cognition*, 14, pp. 510–520.

Novick, Laura R. (1995). "Some determinants of successful analogical transfer in the solution of algebra word problems". *Thinking and Reasoning*, 1, pp. 5–30.

Novick, Laura R. and Keith J. Holyoak (1991). "Mathematical problem solving by analogy". *Journal of Experimental Psychology: Learning, Memory, and Cognition*, 17, pp. 398–415.

Record, Jeffrey (1998). *Perils of Reasoning by Historical Analogy: Munich, Vietnam, and American Use of Force since 1945.* Technical Report 4, Center for Strategy and Technology, Air War College, Maxwell Air Force Base.

Ross, Brian H. (1987). "This is like that: The use of earlier problems and the separation of similarity effects". *Journal of Experimental Psychology: Learning, Memory, and Cognition*, 13, pp. 629–639.

Ross, Brian H. (1989). "Distinguishing types of superficial similarities: Different effects on the access and use of earlier problems". *Journal of Experimental Psychology: Learning, Memory, and Cognition*, 15, pp. 456–468.

Sander, Emmanuel (2008). *De l'analogie aux inférences portées par les connaissances.* Habilitation report, University of Paris VIII.

Sloman, Steven (2009). *Causal Models: How People Think About the World and Its*

Alternatives. New York: Oxford University Press.

Suganami, Hidemi (2008). *The Domestic Analogy and World Order Proposals*. New York: Cambridge University Press.

Thagard, Paul, Keith J. Holyoak, Greg Nelson, and David Gochfeld (1990). "Analog retrieval by constraint satisfaction". *Artificial Intelligence*, 46, pp. 259–310.

Weaver, Warren (1955). "Translation". In W. N. Locke and A. D. Booth (eds.), *Machine Translation of Languages*. Cambridge, Mass.: MIT Press, pp. 15–23.

Weaver, Warren (1964). *Alice in Many Tongues*. Madison, Wisconsin: University of Wisconsin Press.

Wharton, Charles M., Keith J. Holyoak, Paul E. Downing, Trent E. Lange, Thomas D. Wickens, and Eric R. Melz (1994). "Below the surface: Analogical similarity and retrieval competition in reminding". *Cognitive Psychology*, 26, pp. 64–101.

7 朴素类比

Carey、Chi、Draaisma、Hatano 和 Inagaki、Keil、Lautrey、Leary、Viennot 和 Tiberghien 的专著与文章讨论了科学领域的朴素类比。Bryant、Clement、English、Fayol、Fischbein、Ginsburg、Hudson、Kieran、Kintsch 和 Greeno、Lakoff 和 Núñez、Linchevski 和 Vinner、Nesher、Nunes、Resnick、Schliemann、Schoenfeld、Silver、Thevenot、Tirosh、Vergnaud 和 Verschaffel 讨论了算术中的朴素类比。Bassok、Brissiaud、Gamo、Richard、Sander 和 Taabane 的研究成果与本章中"有时情境替我们思考"部分的那些心灵模仿和情境相关。Carr、Fauconnier 和 Turner、Norman、Sander（2008）、Serres 和 Tricot 的成果与本章中计算机及相关技术部分有关。Aubusson *et al*、Ausubel、Bastien、Bruner、Mahajan 和 Richard 偏重教育。Anderson、Gentner、Spalding 和 Murphy、Holyoak 和 Thagard（及同事）的文章与本章结尾部分有关。

Anderson, John R. (1991). "The adaptive nature of human categorization". *Psychological Review*, 98, pp. 409–429.

Aubusson, Peter J., Allan G. Harrison, and Stephen M. Ritchie (2005). *Metaphor and*

Analogy in Science Education. New York: Springer.

Ausubel, David P. (1968). *Educational Psychology: A Cognitive View.* New York: Holt, Rinehart, and Winston.

Bastien, Claude (1997). *Les Connaissances de l'enfant à l'adulte. Organisation et mise en œuvre.* Paris: Armand Colin.

Bastien, Claude and Mireille Bastien-Toniazzo (2004). *Apprendre à l'école.* Paris: Armand Colin.

Bassok, Miriam (1996). "Using content to interpret structure: Effects on analogical transfer". *Current Directions in Psychological Science*, 5 (2), pp. 54–58.

Bassok, Miriam (2001). "Semantic alignments in mathematical word problems". In Dedre Gentner, Keith J. Holyoak, and Boicho N. Kokinov (eds.), *The Analogical Mind: Perspectives from Cognitive Science.* Cambridge, Mass.: MIT Press, pp. 401–433.

Bassok, Miriam, Valerie M. Chase, and Shirley A. Martin (1998). "Adding apples and oranges: Alignment of semantic and formal knowledge". *Cognitive Psychology*, 35, pp. 99–134.

Bezout, Étienne (1833). *L'Arithmétique de Bezout, à l'usage de la marine et de l'artillerie.* Paris: L. Tenré.

Bosc-Miné, Christelle and Emmanuel Sander (2007). "Effets du contenu sur la mise en œuvre de l'inférence de complément". *L'Année psychologique*, 107 (3), pp. 61–89.

Brissiaud, Rémi (2002). "Psychologie et didactique : Choisir des problèmes qui favorisent la conceptualisation des opérations arithmétiques". In Jacqueline Bideaud and Henri Lehalle (eds.), *Traité des sciences cognitives. Le développement des activités numériques chez l'enfant.* Paris: Hermès.

Brissiaud, Rémi (2003). *Comment les enfants apprennent à calculer.* Paris: Retz.

Brissiaud, Rémi and Emmanuel Sander (2010). "Arithmetic word problem solving: A situation strategy first framework". *Developmental Science*, 13 (1), pp. 92–107.

Bruner, Jerome (1960). *The Process of Education.* Cambridge, Mass.: Harvard University Press (reissued in 1977).

Carey, Susan (1985). *Conceptual Change in Childhood.* Cambridge, Mass.: MIT Press.

Carr, Nicholas. (2011). *The Shallows: What the Internet Is Doing to Our Brains.* New York: Norton.

Clement, Catherine A. and Dedre Gentner (1991). "Systematicity as a selection constraint in analogical mapping". *Cognitive Science*, 15, pp. 89–132.

Clement, John J. (1982). "Algebra word problem solutions: Thought processes underlying a common misconception". *Journal for Research in Mathematics Education*, 13 (1), pp. 16–30.

Draaisma, Douwe (2001). *Metaphors of Memory: A History of Ideas about the Mind.* New York: Cambridge University Press.

English, Lyn D., editor (1997). *Mathematical Reasoning: Analogies, Metaphors, and Images.* Hillsdale, New Jersey: Lawrence Erlbaum.

Fabre, Jean-Henri (1897). *Souvenirs entomologiques*, Series V. Paris: Delagrave.

Fauconnier, Gilles and Mark Turner (2002). *The Way We Think: Conceptual Blending and the Mind's Hidden Complexities.* New York: Basic Books.

Fayol, Michel (1990). *L'Enfant et le nombre.* Neuchâtel: Delachaux et Niestlé.

Fischbein, Efraim (1987). *Intuition in Science and Mathematics: An Educational Approach.* Dordrecht: D. Reidel.

Fischbein, Efraim (1989). "Tacit models and mathematical reasoning". *For the Learning of Mathematics*, 9, pp. 9–14.

Fischbein, Efraim (1994). "Tacit models". In Dina Tirosh (ed.), *Implicit and Explicit knowledge: An Educational Approach.* Norwood, New Jersey: Ablex Publishing, pp. 97–109.

Fischbein, Efraim, Maria Deri, Maria Nello, and Maria Marino (1985). "The role of implicit models in solving verbal problems in multiplication and division". *Journal for Research in Mathematics Education*, 16, pp. 3–17.

Gamo, Sylvie, Emmanuel Sander, and Jean-François Richard (2010). "Transfer of strategies by semantic recoding in arithmetic problem solving". *Learning and Instruction*, 20, pp. 400–410.

Gamo, Sylvie, Lynda Taabane, and Emmanuel Sander (2011). "Rôle de la nature des variables dans la résolution de problèmes additifs complexes". *L'Année psychologique*, 111, pp. 613–640.

Gick, Mary L. and Keith J. Holyoak (1983). "Schema induction and analogical transfer". *Cognitive Psychology*, 15, pp. 1–38.

Ginsburg, Herbert P. (1977). *Children's Arithmetic.* New York: Van Nostrand.

Hatano, Giyoo and Inagaki, Kayoko (1994). "Young children's naive theory of biology". *Cognition*, 50, pp. 171–188.

Hudson, Tom (1983). "Correspondences and numerical differences between disjoint sets". *Child Development*, 54, pp. 84–90.

Keil, Frank C. (1989). *Concepts, kinds, and Cognitive Development.* Cambridge, Mass.: MIT Press.

Kieran, Carolyn (1981). "Concepts associated with the equality symbol". *Educational Studies in Mathematics*, 12, pp. 317–326.

Kintsch, Walter and James G. Greeno (1985). "Understanding and solving word arithmetic problems". *Psychological Review*, 92, pp. 109–129.

Lakoff, George and Rafael Núñez (2000). *Where Mathematics Comes From: How the Embodied Mind Brings Mathematics into Being.* New York: Basic Books.

Lautrey, Jacques, Sylvianne Rémi-Giraud, Emmanuel Sander, and Andrée Tiberghien (2008). *Les Connaissances naïves.* Paris: Armand Colin.

Leary, David E. (1990). *Metaphors in the History of Psychology.* New York: Cambridge University Press.

Linchevski, Liora and Shlomo Vinner. (1988). "The naive concept of sets in elementary teachers". *Proceedings of the Twelfth International Conference, Psychology of Mathematics Education* (Veszprem, Hungary), vol. II, pp. 471–478.

Mahajan, Sanjoy (2010). *Street-Fighting Mathematics: The Art of Educated Guessing and Opportunistic Problem Solving.* Cambridge, Mass.: MIT Press.

Nesher, Pearla (1982). "Levels of description in the analysis of addition and subtraction word problems". In Thomas P. Carpenter, James M. Moser and Thomas A. Romberg (eds.), *Addition and Subtraction: A Cognitive Perspective.* Hillsdale, NJ: Lawrence

Erlbaum, pp. 25–38.

Norman, Donald A. (1990). "Why the interface doesn't work". In Brenda Laurel (ed.), *The Art of Human-Computer Interface Design.* Reading, Mass.: Addison-Wesley, pp. 209–219.

Norman, Donald A. (1993). *Things that Make Us Smart.* Reading, Mass.: Addison-Wesley.

Novick, Laura R. and Miriam Bassok (2005). "Problem solving". In Keith J. Holyoak and Robert G. Morrison (eds.), *Cambridge Handbook of Thinking and Reasoning.* New York: Cambridge University Press, pp. 321–349.

Nunes, Terezinha and Peter Bryant (1996). *Children Doing Mathematics.* Oxford: Blackwell.

Reiner, Miriam, James D. Slotta, Michelene T. H. Chi, and Lauren B. Resnick (2000). "Naive physics reasoning: A commitment to substance-based conceptions". *Cognition and Instruction*, 18, pp. 1–34.

Resnick, Lauren B. (1982). "Syntax and semantics in learning to subtract". In Thomas P. Carpenter, James M. Moser and Thomas A. Romberg (eds.), *Addition and Subtraction: A Cognitive Perspective.* Hillsdale, New Jersey: Lawrence Erlbaum, pp. 136–155.

Richard, Jean-François and Emmanuel Sander (2000). "Activités d'interprétation et de recherche de solution dans la résolution de problèmes". In Jean-Noël Foulin and Corinne Ponce (eds.), *Les Apprentissages scolaires fondamentaux.* Bordeaux: Éditions CRDP, pp. 91–102.

Riley, Mary S., James G. Greeno, and Joan I. Heller (1983). "Development of children's problem solving ability in arithmetic". In Herbert P. Ginsburg (ed.), *The Development of Mathematical Thinking.* New York: Academic Press.

Sander, Emmanuel (2001). "Solving arithmetic operations: A semantic approach". In *Proceedings of the 23rd Annual Conference of the Cognitive Science Society* (Edinburgh), pp. 915–920.

Sander, Emmanuel (2002). "L'analogie, source de nos apprentissages". *La Recherche*, 353, pp. 40–43.

Sander, Emmanuel (2007a). "Manipuler l'habillage d'un problème pour évaluer les apprentissages". *Bulletin de psychologie*, 60, pp. 119–124.

Sander, Emmanuel (2007b). "Processus cognitifs, analogie et conception/évaluation de sites". In Serban Ionescu and Alain Blanchet (eds.), *Nouveau cours de psychologie. Psychologie sociale et ressources humaines* (coordinated by Marcel Bromberg and Alain Trognon). Paris: Presses universitaires de France, pp. 479–488.

Sander, Emmanuel (2008). "En quoi Internet a-t-il changé notre façon de penser ?" In Philippe Cabin and Jean-François Dortier (eds.), *La Communication. État des savoirs.* Auxerre: Éditions Sciences humaines, pp. 363–369.

Sander, Emmanuel (2011). "Les mécanismes de la pensée dans les apprentissages". In Nicolas Balacheff and Michel Fayol (eds.), *Apprendre et transmettre. Des idées, des savoir-faire, des valeurs.* Paris: Autrement.

Schliemann, Analucia, Claudia Araujo, Maria Angela Cassunde, Suzana Macedo, and Lenice Niceas (1998). "Use of multiplicative commutativity by school children and street sellers". *Journal for Research in Mathematics Education*, 29, pp. 422–435.

Schoenfeld, Alan H. and Douglas J. Herrmann (1982). "Problem perception and knowledge structure in expert and novice mathematical problem solvers". *Journal of Experimental Psychology: Learning, Memory, and Cognition*, 8, pp. 484–494.

Serres, Michel (2012). *Petite Poucette.* Paris: Le Pommier.

Silver, Edward A. (1981). "Recall of mathematical problem information: Solving related problems". *Journal of Research in Mathematical Education*, 12, pp. 54–64.

Spalding, Thomas and Gregory L. Murphy (1996). "Effects of background knowledge on category construction". *Journal of Experimental Psychology: Learning, Memory, and Cognition*, 22, pp. 525–538.

Thagard, Paul, Keith J. Holyoak, Greg Nelson, and David Gochfeld (1990). "Analog retrieval by constraint satisfaction". *Artificial Intelligence*, 46, pp. 259–310.

Thevenot, Catherine, Michel Devidal, Pierre Barrouillet, and Michel Fayol (2007). "Why does placing the question before an arithmetic word problem improve performance? A situation model account". *Quarterly Journal of Experimental Psychology*, 60 (1), pp. 43–56.

Thevenot, Catherine and Jane Oakhill (2005). "The strategic use of alternative representations in arithmetic word problem solving". *Quarterly Journal of Experimental Psychology*, A, 58 (7), pp. 1311–1323.

Tiberghien, Andrée (2003). "Des connaissances naïves au savoir scientifique". In Michèle Kail and Michel Fayol (eds.), *Les Sciences cognitives et l'école. La question des apprentissages*. Paris: PUF.

Tirosh, Dina and Anna O. Graeber (1991). "The influence of problem type and common misconceptions on preservice elementary teachers' thinking about division". *School Science and Mathematics*, 91, pp. 157–163.

Tricot, André (2007). *Apprentissages et documents numériques*. Paris: Belin.

Vergnaud, Gérard (1982). "A classification of cognitive tasks and operations of thought involved in addition and subtraction problems". In Thomas P. Carpenter, James M. Moser and Thomas A. Romberg (eds.), *Addition and Subtraction: A Cognitive Perspective*. Hillsdale, New Jersey: Lawrence Erlbaum, pp. 39–59.

Verschaffel, Lieven, Brian Greer, Wim van Dooren, and Swapna Mukhopadhyay, editors (2009). *Words and Worlds: Modelling Verbal Descriptions of Situations*. Rotterdam: Sense Publications.

Viennot, Laurence (1979). *Le Raisonnement spontané en mécanique élémentaire*. Paris: Herman.

Vosniadou, Stella and William F. Brewer (1992). "Mental models of the earth: A study of conceptual change in childhood". *Cognitive Psychology*, 24, pp. 535–585.

8　惊天动地的类比

Bartha、Changeux 和 Connes、Hesse、Fischbein、Lakoff 和 Núñez、Nersessian、Oppenheimer、Poincaré 和 Polya 的专著从认识论、哲学或心理学的角度探讨了科学发现的过程。这些著作在整体层面与本章相关。De Morgan、Dunham、Kasner 和 Newman、Leibniz、Sawyer、Stewart、Stillwell、Timmermans 和 Ulam 的文章是关于数学思想发展的丰富资源。Born、Holton（以及 Brush）、Miller、Pais、Pullman、Segrè、Stehle 和 Tomonaga 的文章是从整体上记载物理思想史的宝库。Einstein、Hoffmann、

Holton（2000）、Miller、Pais（1982）、Rigden 和 Stachel 的研究聚焦于爱因斯坦的思想发展。Stewart 和 Wechsler 探索了美学在科学发现过程中的作用。作为一位物理学家，Weiner 讲述了类比在他一生中的作用。本章的结尾部分还引用了 David 和 Mendel、Ulam 和 Villani 的作品。

Bartha, Paul (2010). *By Parallel Reasoning: The Construction and Evaluation of Analogical Arguments.* New York: Oxford University Press.

Bernstein, Jeremy (2006). *Secrets of the Old One: Einstein, 1905.* New York: Copernicus Books.

Born, Max (1936). *The Restless Universe.* New York: Harper and Brothers.

Changeux, Jean-Pierre and Alain Connes (1998). *Conversations on Mind, Mathematics, and Matter*. Princeton: Princeton University Press.

David, Hans T. and Arthur Mendel (1966). *The Bach Reader.* New York: W. W. Norton & Company.

De Morgan, Augustus (1831). *On the Study and Difficulties of Mathematics.* Reprinted in 2004 by Kessinger Publishing, Whitefish, Montana.

Dunham, William (1991). *Journey through Genius: The Great Theorems of Mathematics.* New York: Penguin.

Einstein, Albert (1920). *Relativity: The Special and the General Theory.* Reprinted in 1961 by Crown Publishers (New York).

Everitt, C. W. F. (1975). *James Clerk Maxwell, Physicist and Natural Philosopher.* New York : Charles Scribner's Sons.

Fischbein, Efraim. (1987). *Intuition in Science and Mathematics: An Educational Approach.* Dordrecht: D. Reidel.

Hesse, Mary (1966). *Models and Analogies in Science.* South Bend: Notre Dame University Press.

Hoffmann, Banesh (1972). *Albert Einstein: Creator and Rebel.* New York: Viking.

Hoffmann, Banesh (1983). *Relativity and its Roots.* New York: Scientific American Books.

Holton, Gerald (1988). *Thematic Origins of Scientific Thought: kepler to Einstein.*

Cambridge, Mass.: Harvard University Press.

Holton, Gerald (1998). *The Scientific Imagination.* Cambridge, Mass.: Harvard University Press.

Holton, Gerald (2000). *Einstein, History, and Other Passions: The Rebellion against Science at the End of the Twentieth Century.* Cambridge, Mass.: Harvard University Press.

Holton, Gerald and Stephen G. Brush (2001). *Physics, The Human Adventure.* New Brunswick: Rutgers University Press.

Kao, T. I. and Frank J. Swetz (1977). *Was Pythagoras Chinese? An Examination of Right Triangle Theory in Ancient China.* University Park: Pennsylvania State University Press.

Kasner, Edward, and James Newman (1940). *Mathematics and the Imagination.* New York: Simon and Schuster.

Lakoff, George and Rafael Núñez (2000). *Where Mathematics Comes From: How the Embodied Mind Brings Mathematics into Being.* New York: Basic Books.

Leibniz, Gottfried Wilhelm von (1702). "Specimen novum analyseos pro scientia infiniti, circa summas & quadraturas". Reprinted in 1858 by C. I. Gerhardt as *Leibnizens Mathematische Schriften*, Sec. 2, I, No. XXIV. Halle: Verlag H. W. Schmidt.

McAllister, James W. (1996). *Beauty and Revolution in Science.* Ithaca: Cornell University Press.

Miller, Arthur I. (1985). *Frontiers of Physics: 1900–1911.* Boston: Birkhäuser.

Miller, Arthur I. (1986). *Imagery in Scientific Thought: Creating 20th-Century Physics.* Cambridge, Mass.: MIT Press.

Miller, Arthur I. (1997). *Albert Einstein's Special Theory of Relativity: Emergence (1905) and Early Interpretation (1905-1911).* New York: Springer.

Miller, Arthur I. (2000). *Insights of Genius: Imagery and Creativity in Science and Art.* Cambridge, Mass.: MIT Press.

Nersessian, Nancy J. (2008). *Creating Scientific Concepts.* Cambridge, Mass.: MIT Press (Bradford Books).

Oppenheimer, J. Robert (1956). "Analogy in science". *American Psychologist*, 11, pp. 127–135.

Pais, Abraham (1982). *Subtle Is the Lord: The Science and Life of Albert Einstein.* Oxford: Clarendon Press.

Pais, Abraham (1986). *Inward Bound: Of Matter and Forces in the Physical World.* Oxford: Oxford University Press.

Pais, Abraham (1991). *Niels Bohr's Times, in Physics, Philosophy, and Polity.* Oxford: Clarendon Press.

Poincaré, Henri (1908). *Science et méthode.* Paris, Flammarion.

Poincaré, Henri (1911). *La Valeur de la science.* Paris, Flammarion.

Polya, George (1954). *Induction and Analogy in Mathematics.* Princeton: Princeton University Press.

Polya, George (1954). *How to Solve It.* Princeton: Princeton University Press.

Pullman, Bernard (1998). *The Atom in the History of Human Thought.* Oxford: Oxford University Press.

Recorde, Robert (1557). *Whetstone of Witte.* New York: Da Capo Press (reprinted 1969).

Rigden, John S. (2005). *Einstein 1905: The Standard of Greatness.* Cambridge, Mass.: Harvard University Press.

Sawyer, Walter W. (1955). *Prelude to Mathematics.* Baltimore: Penguin Books.

Segrè, Emilio (1980). *From X-Rays to Quarks: Modern Physicists and Their Discoveries.* New York: W. H. Freeman.

Segrè, Emilio (1984). *From Falling Bodies to Radio Waves: Classical Physicists and Their Discoveries.* New York: W. H. Freeman.

Stachel, John (2001). *Einstein from 'B' to 'Z'.* Boston: Birkhäuser.

Stachel, John, editor (2005). *Einstein's Miraculous Year: Five Papers that Changed the Face of Physics.* Princeton: Princeton University Press.

Stehle, Philip (1994). *Order, Chaos, Order: The Transition from Classical to Quantum Physics.* New York: Oxford University Press.

Stewart, Ian (2007). *Why Beauty is Truth: A History of Symmetry.* New York: Basic Books.

Stillwell, John (1989). *Mathematics and its History.* New York: Springer.

Stillwell, John (2001). *The Four Pillars of Geometry.* New York: Springer.

Timmermans, Benoît (2012). *Histoire philosophique de l'algèbre moderne : Les origines de la pensée abstraite.* Paris: Classiques Garnier.

Tomonaga, Sin-itiro (1997). *The Story of Spin.* Chicago: University of Chicago Press.

Ulam, Stanislaw M. (1976). *Adventures of a Mathematician.* New York: Charles Scribner's Sons.

Villani, Cédric (2012). *Théorème vivant.* Paris: Grasset.

Wechsler, Judith, editor (1978). *On Aesthetics in Science.* Cambridge, Mass.: MIT Press.

Weiner, Richard M. (2008). *Analogies in Physics and Life: A Scientific Autobiography.* Singapore: World Scientific.

结　语　范畴化和作类比就是一回事儿，它们是人类认知的核心

Dietrich、French、Hofstadter、Mitchell、Sander 和 Turner 的论著探讨了作类比和范畴化之间的关系和异同。Fischbein、Oppenheimer 和 Polya 的研究展示了作类比在科学领域的普遍性。Murphy 和 Ross 的论文涉及范畴化的结果。Anderson 和 Thomson 探讨了抽象的等级。Barsalou 考察了语境对范畴化可能造成的影响。

Anderson, John R. and Ross Thomson (1989). "Use of analogy in a production system architecture". In Stella Vosniadou and Andrew Ortony (eds.), *Similarity and Analogical Reasoning.* New York: Cambridge University Press, pp. 267–297.

Barsalou, Lawrence W. (1982). "Context-independent and context-dependent information in concepts". *Memory and Cognition*, 10, pp. 82–93.

Dietrich, Eric (2010). "Analogical insight: Toward unifying categorization and analogy". *Cognitive Processing*, 11 (4), pp. 331–345.

Fischbein, Efraim (1987). *Intuition in Science and Mathematics: An Educational Approach.* Dordrecht: D. Reidel.

French, Robert M. (1995). *The Subtlety of Sameness: A Theory and Computer Model of Analogy-Making.* Cambridge, Mass.: MIT Press.

Gentner, Dedre and Catherine Clement (1988). "Evidence for relational selectivity in the interpretation of analogy and metaphor". In G. H. Bower (ed.), *The Psychology of*

Learning and Motivation: Advances in Research and Theory. New York: Academic Press, vol. 22, pp. 307–358.

Gick, Mary L. and Keith J. Holyoak (1983). "Schema induction and analogical transfer". *Cognitive Psychology*, 15, pp. 1–38.

Hofstadter, Douglas (2001). "Analogy as the core of cognition". In Dedre Gentner, Keith J. Holyoak, and Boicho N. Kokinov (eds.), *The Analogical Mind: Perspectives from Cognitive Science*. Cambridge, Mass.: MIT Press, pp. 499–538.

Holyoak, Keith J. and Paul Thagard (1995). *Mental Leaps: Analogy in Creative Thought*. Cambridge, Mass.: MIT Press.

Mitchell, Melanie (1993). *Analogy-Making as Perception: A Computer Model*. Cambridge, Mass.: MIT Press.

Murphy, Gregory L. and Brian H. Ross (1994). "Prediction from uncertain categorizations". *Cognitive Psychology*, 27, pp. 148–193.

Oppenheimer, J. Robert (1956). "Analogy in science". *American Psychologist*, 11, pp. 127–135.

Plato (1950). *Plato's Phaedrus*. Millis, Mass.: Agora Publications (reissued in 2009).

Polya, George (1957). *How to Solve It*. Princeton: Princeton University Press.

Sander, Emmanuel (2003a). "Les analogies spontanées : analogies ou catégorisations ?" In Charles A. Tijus (ed.), *Métaphores et analogies*. Paris: Hermès, pp. 83–114.

Sander, Emmanuel (2003b). "Analogie et catégorisation". *Revue d'intelligence artificielle*, 17 (5–6), pp. 719– 732.

Spalding, Thomas and Gregory L. Murphy (1996). "Effects of background knowledge on category construction". *Journal of Experimental Psychology: Learning, Memory, and Cognition*, 22, pp. 525–538.

Thagard, Paul, Keith J. Holyoak, Greg Nelson, and David Gochfeld (1990). "Analog retrieval by constraint satisfaction". *Artificial Intelligence*, 46, pp. 259–310.

Turner, Mark (1988). "Categories and analogies". In David H. Helman (ed.), *Analogical Reasoning*. Amsterdam: Kluwer Academic Publishers, pp. 3–24.

Wisniewski, Edward J. (1995). “Prior knowledge and functionally relevant features in concept learning”. *Journal of Experimental Psychology: Learning, Memory, and Cognition*, 21, pp. 449–468.

两位作者，两种语言，两段生活。在本书写作期间，许多人以各种方式参与其中，生活也以不可预料的方式展开着。因此，我们有些心里话要讲。

首先应当提到的是我们无限珍重的家庭成员。这对侯世达来说首先就是葆芬，而对桑德尔来说就是塞西尔。她们是我们的缪斯，富于情趣，令人赞叹，爱我们也为我们所深爱。随后是我们的子女和亲人。对于侯世达来说，儿子丹尼和女儿莫妮卡是他的一切。两个孩子都充满幽默、活力、理想和艺术想象力。这些主要是从他们慈爱的母亲卡罗那里继承来的，卡罗多年前与我们永别了。对桑德尔来说，迈克尔充满爱心、感情强烈、急脾气，汤姆敏感、合群、可靠，塔利亚顽皮、机智、有创造力，以及为他们奉献的慈母丹妮拉。近年加入我们家庭的，对侯世达来说，有葆芬的儿子戴维；对桑德尔来说，有塞西尔的儿子阿蒂尔。他们的才情和温和的性格为我们的生活带来乐趣。

侯世达要感谢妹妹 Laura Hofstadter 和妹夫 Len Shar，以及他们智能超群的儿子 Nathaniel 和 Jeremy。 他在妹妹家度过了无数个“愉快的夜晚”。我们在一起打门球、猜字谜，为一些语义的小把戏而笑得前仰后合，享受最美味的食物和最温馨的交谈。与此相对的是桑德尔对家人的感激之情，包括交心的兄长和同事 David，以及 David 的妻子 Véronique 和他们的女儿，青春焕发的 Hannah 和 Gabriela。桑德尔也向他的父母 Jean-Pierre 和 France Sander 致以最真挚的感恩。是他们以最慷慨的方式，从他青年的最早期，呵护他的成长。

侯世达也带着感激之情怀念他去世的父母 Robert 和 Nancy Hofstadter，感谢他们给他的温暖和鼓励。

在这漫长的 7 年多时间里，我们都经历了失去关系紧密的亲友的悲痛。在此，我们愿缅怀他们：在桑德尔一侧，Raphaël Sander、Agnès Sander、Maurice Sander、Esther Sidi、Morgan Rogulski 和 Lucie Cohen；在侯世达一侧，Nancy Hofstadter、Helga Keller、Steve Larson、Valentino Braitenberg 和 Paolo Bozzi。

现在我们理应对 Paragraphe 致意。自本书孕育之始，Paragraphe 实验室就一直是桑德尔在巴黎第三大学从事学术研究的家。实验室主任 Imad Saleh，热情慷慨而不失严谨，他领导的实验室人文和科学价值并存。在 Paragraphe 实验室框架下的 CRAC 研究小组（CRAC 是法文“理解，推理和知识获得”的缩写）是由桑德尔和 Raphaële Miljkovitch 共同管理的。桑德尔珍惜与 Raphaële 的学术交流，并且很高兴能够使用 Raphaële 收集的从她的两个儿子口中说出的大量“奇谈怪论”。CRAC 是一个合作团队。团队的成员代表了发展心理学的许多领域。大家在一起合作愉快，并发展出了深厚的友谊。

因此要深谢 Jean Baratgin（他的研究领域是推理）、Christelle Bosc-Miné（问题解决）、Rémi Brissiaud（发展心理学）、Sandra Bruno（概念发展）、Anne-Sophie Deborde（依附）、Corinne Demarcy（问题解决）、Sabine Guéraud（理解）、Caroline Guérini（心智理论）、Frank Jamet（朴素推理）、Hélène Labat（学习阅读）、Annamaria Lammel（文化心理学）、Jean-Marc Meunier（知识表达）、Sandra Nogry（概念发展）和 Carine Royer（学习阅读）。历届博士研究生的献身精神、新颖开放的思维令他收获良多。他们是无价之宝。我们特别要提到 Valentine Chaillet、Laurence Dupuch、Sylvie Gamo、Khider Hakem、Bruno Martin、Évelyne Mengue、Lynda Taabane 和 Emmanuel Trouche。我们还要在心里铭记 Justine Pélouard，她似锦的学术前程不幸中断。

在 Paragraphe 实验室的其他小组中，我们要特别提到 Anne Bationo、Ghislaine Azemard、Claude Baltz、Françoise Decortis、Hakim Hachour、Madjid Ihadjadene、Pierre Quettier、Alexandra Saemmer、Samuel Szoniecky 和 Khaldoun Zreik，感谢他们和桑德尔的丰富交流。这些年来，他们当中的许多人都成为桑德尔珍贵的朋友。桑

德尔还希望对 Paragraphe 实验室之外的一些同事表示谢意。这些同事虽然不属于同一个实验室，但都在心理学系。他特别要感谢 Marie-Carmen Castillo 和 Roxane Bordes，以及 Aline Frey、Alain Blanchet、Samuel Demarchi、Sophie Frigout、Corinna Kohler、Michèle Montreuil、Tobie Nathan、Michael Pichat、Jean-Luc Picq、Frédéric Rousseau。

侯世达的研究小组 FARG 最初设在安阿伯，后来大部分时间在布鲁明顿。30 多年来，小组成员对于被称为“作类比”这一丰富而难以捕捉的心智现象已经有了长足的研究发现。他们是 Marsha Meredith（她开发了计算机模型 Seek-Whence）、Melanie Mitchell（Copycat）、Robert French（Tabletop）、Gary McGraw（Letter Spirit）、John Rehling（Letter Spirit）、James Marshall（Metacat）、Harry Foundalis（Phaeaco）、Francisco Lara-Dammer（George）、Abhijit Mahabal（SeqSee）、Eric Nichols（Musicat）。后来加入的成员，以他们的研究为基础，站在他们肩膀上，踩着他们的脚印继续研究下去。他们是 Matthew Hurley、Ben Kovitz、William York、David Bender。这些年来与 FARG 成员分享思想的其他人还包括 Daniel Defays（Numbo）、Alex Linhares（Capyblanca）、David Moser（语误和幽默）、Donald Byrd、Gray Clossman、Steve Larson、Hamid Ekbia、David Chalmers、Wang Pei、Peter Suber、Yan Yong、Liu Haoming、Christoph Weidemann、Roy Leban、Liane Gabora、Damien Sullivan。

在 FARG 之外，侯世达的生活因为遍布世界各地的好友和才华横溢的同事而丰富多彩。让我们从法国开始。进入脑海的名字包括 François Vannucci、Jacqueline Henry、Serge Haroche、Daniel Kiechle、Daniel Bougnoux、André Markowicz、Jacques Pitrat、Paul Bourgine、François Récanati、Gilles Cohen、Gilles Esposito-Farèse、Alain Zalmanski、Françoise Strobbe、Jean-Pierre Strobbe、Martine Lemonnier、Anne Bourguignon、Hubert Ceram、Karine Ceram、Liana Gourdjia、Marc Coppey、Geoff Staines、Silvia Busilacchi、Michelle Brûlé、Denis Malbos。现在转向意大利，他在那里总是受到热情的款待。他想到了 Benedetto Scimemi、Luisa Scimemi、Giuseppe Trautteur、Pingo Longo、Giovanni Sambin、Alberto Parmeggiani、Francesco Bianchini、Maurizio Matteuzzi、Alex Passi、Sabrina Ardizzoni、Achille Varzi、Oliviero Stock、Enrico Predazzi、Cristina Peroni、Maurizio Codogno、Enrico Laeng、Paola

Turina、Patrizio Frosini、Ozalp Babaoglu、Irene Enriques、Pietro Perconti、Andrea Padova、Genco。

但是，我们不能忘记居住在北美大陆的朋友和同事。侯世达在此非常衷心地向他们致意（排名不分前后）：Scott Buresh、Greg Huber、Karen Silverstein、Kellie Gutman、Richard Gutman、Caroline Strobbe、Grant Goodrich、Peter Rimbey、Scott Kim、Peter Jones、Steve Jones、Brian Jones、Iranee Zarb、Francis Zarb、David Policansky、Charles Brenner、Inga Karliner、Jon Thaler、Larry Tesler、Colleen Barton、Pentti Kanerva、Eric Hamburg、Michael Goldhaber、Rob Goldstone、Katy Börner、Rich Shiffrin、Jim Sherman、Colin Allen、John Kruschke、Mike Dunn、Breon Mitchell、Dan Friedman、George Springer、Mike Gasser、David Hertz、Willis Barnstone、Sumie Jones、Betsy Stirratt、Marc Hofstadter、Daniel Dennett、John Holland、Bob Axelrod、Dick Nisbett、Ken DeWoskin、Bill Cavnar、Gilles Fauconnier、Mark Turner、Lera Boroditsky、Mark Johnson、Bubal Wolf、Joe Becker、Donald Norman、Bernard Greenberg、Johnny Wink、Jay Curlin、Joseph Sevene、Anton Kuerti、Bill Frucht、Glen Worthey、Marilyn Stone、Jim Falen、Eve Falen、James Plath、Christopher Heinrich、Karen Bentley、Ann Trail、Sue Wunder、Julie Teague、Phoebe Wakhungu、Clark Kimberling、John Rigden、Leon Lederman、Jerry Fisher、Steve Chu、Peter Michelson、Bill Little、Paul Csonka、Sidney Nagel、Don Lichtenberg、Philip Taylor、Simone Brutlag、Doug Brutlag、Sandy Myers、Kristen Motz，最后也是最重要的，Ollie（一只有着金子般毛色的金毛寻回犬）。除此之外，还有分散在世界各地的好友：Francisco Claro、Peter Smith、Robert Boeninger、Cyril Erb、John Ellis、Alexander Rauh、Marina Eskina、Marek Karliner、Hakan Toker、Michel Moutschen。对所有这些人，侯世达脱帽致意。

桑德尔关于思维的理论受到了不少朋友和同事的影响，这些人丰富了他的知识、专业和个人生活。Jean-François Richard 尤为突出，因为他始终如一的守护人角色，他给别人灵感的天赋，以及他超强的创作动力。他在桑德尔心中的位置十分特殊。桑德尔也希望对下列同事给予他深刻的影响表达谢意。他和这些同事相识甚久。他们曾在许多方面给他启迪。他们是：Daniel Andler、Nicolas Balacheff、Jean-Marie Barbier、

Claude Bastien、Luca Bonatti、Jean-François Bonnefon、Valérie Camos、Roberto Casati、Évelyne Clément、Jacques Crépault、Karine Duvignau、Michel Fayol、Jean-Paul Fischer、Bruno Gaume、Jean-Marc Labat、Jacques Lautrey、Ahn Nguyen Xuan、Jean-François Nicaud、Ira Noveck、Pierre Pastré、Sébastien Poitrenaud、Guy Politzer、Pierre Rabardel、Sandrine Rossi、Gérard Sensevy、Catherine Thevenot、Andrée Tiberghien、André Tricot、Jean-Baptiste Van der Henst、Gérard Vergnaud、Lieven Verschaffel、Bruno Villette。从私人角度，桑德尔希望感谢一些老朋友，感谢他们的忠诚和无以言表的珍贵的爱。他们是 Youri Beltchenko、Florence Deluca Boutrois、Patrick Grinspan、Michaël Jasmin、Audrey Norcia、Franck Lelong、Gaëlle Le Moigne、Philippe Pétiard、Caroline Sidi、Nadine Zahoui、Marie-Hélène Zerah。

大西洋两岸的两家出版社一直对我们表现出极高的热情并提供了尽可能的帮助。美国方面，John Sherer 多年来一直对本书充满信心。在他离开 Basic Books 出版社之后，T. J. Kelleher 和 Lara Heimert 继续让热情的火焰保持燃烧。我们也真诚感谢 Nicole Caputo、Andrea Cardenas、Tisse Takagi、Michele Jacob、Cassie Nelson 和 Sue Caulfield，感谢他们对本书英文版问世所做出的巨大贡献。法国方面，Odile Jacob 和 Bernard Gotlieb 给予我们坚定的支持。我们要特别感谢 Jean-Luc Fidel，感谢他细致地阅读了书稿并提出了敏锐的评论。我们还要感谢 Jeanne Pérou、Cécile Andrier-Taverne 和 Claudine Roth-Islert，感谢他们对本书在法国的出版和发行所做的优质服务。

我们要对 David Bender、Steven Willliams 和 Jane Stewart Adams 表示最真挚的感谢，感谢他们对英文文本的认真校对。我们还要感谢 Christelle Bosc-Miné 和 Karine Duvignau 对法文文本的认真校对。我们当然不能忘记 Greg Huber、Tom Seeber 和 D. Alvin Oyzeau，他们对书中的图表（有时还包括事实）进行了各种调整，对我们帮助极大。

不用多说大家也会知道，侯世达的许多朋友成了桑德尔的朋友，桑德尔的许多朋友也成了侯世达的朋友，从而把所有这些范畴的边界都搞模糊了。这种交换是多年来并肩工作的最佳意外收获。有时，我们真的感觉这个过程太长，似乎永无止境。但是，我们终于走到了这一步，正要为本书画上最后一个句号。在这个过程中，关于思维、关于写作、关于语言，我们学到了许多。希望你能够从我们的合作中获得乐趣和灵感。

SURFACES AND ESSENCES 译者后记

翻译不易，翻译侯世达和桑德尔教授的书尤其如此。动手前，侯世达教授就对我们提出要求：“你们不仅是译者，还要把自己想象成第三作者！”对他来讲，翻译是一项创造性的工作，译者绝不是鹦鹉学舌，而是要深入把握原著的精髓，再结合译文读者的文化背景，将其巧妙地传达出来。

忠实于原著，指的不是表面上的词句对应，而是译文字里行间表达的思想应该和原文一致。所以英文谚语往往无法直译，而要寻找适当的中文谚语。比如将“once bitten, twice shy”翻译成“一次被咬，加倍躲避”，就不如“一朝被蛇咬，十年怕井绳”更能引起中文读者的共鸣。再比如，英文版前言里有一段是为了说明英文俗语“try to catch a falling knife”中的“刀”不是真的刀（“试着接住下落的刀”，比喻试图挽救无法挽回的坏局面），那么相应的中文段落则可以讲解俗语“天上掉馅儿饼”中的“馅儿饼”不是真的馅儿饼。虽然两句话表面上看没什么联系，但从本质上讲，它们都把事件抽象成了具体的事物，一个把坏事抽象成了“刀”，另一个则把好事想象成“馅儿饼”。以此类推，关于红酒分类的长篇大论可以译成关于茶的讨论，意大利面可以换成中国读者更熟悉的食物，如豆腐。如此种种，不一而足，而这就基本符合了“移译”的原则。

这样的翻译方式在前几章很常见，有时候甚至会整段重写。比如前言中的轭式搭配就是我们为中译本专门构思、编写出来的，其中关于“play”的段落则是在英文原文基础上的扩展。第 1 章中，“关于‘一点儿’的一点儿讨论”一节完全重写了原文的 Much Ado about Much 一节；我们把原文所讨论的英文范畴 Much 换成了一点儿。在“句法结构中的范畴”和“更难以捉摸的范畴”两节，我们则花大力气把原文中的例子全部换成了中文例子。

第 2 章里的移译也俯拾即是。从复合词（东西、马虎）到缩写（海归、海待），再到成语（对牛弹琴、鸡同鸭讲），再到俗语谚语（小时偷针，长大偷金和小心驶得万年船），都倾注了我们大量的心血。如前所述，我们把第 4 章的红酒和意面换成了中国人更熟悉的茶和豆腐；第 5 章中的英文口误换成了中文口误；第 6 章最后关于机器翻译的部分原本讨论的英法互译，当时恰逢侯世达教授正在翻译杨绛先生的《我们仨》，所以就在这部分讨论了中英互译。

在移译时，我们会先确保理解原文的含义，再想办法找到更贴近中国读者的例子。不过并没有替换掉所有的例子，因为我们希望读者仍然能从书中了解到美国和法国（也包括英文、法文和其他语言）的情况。所以像第 1 章的“枢纽机场”（hub）、第 2 章的“诱饵加替换”（bait-and-switch）就基本直译了。

尽管尽了最大努力，但每个例子的改写都伴随着风险。一千个译者就可能有一千个想法。作者、译者、读者不可能对每一个改写的例子都举双手表示赞同。但是我们希望绝大部分改写能为译本增辉，也希望这些移译的尝试能成为当今机器翻译横行时代的一股清流。

除了原作者，可以说没有人比译者更了解一本书了，同时译者也一定会受到此书潜移默化的影响。自从开始翻译这本书之后，我们在日常生活中不知不觉就会发现有趣的新类比。比如有个朋友讲述了自己家里电路出故障的故事。电工来了之后，发现某个电子元件烧坏了。朋友想花钱买个新的换上，但电工师傅大手一挥，说这个不值什么钱，于是免费换了一个。朋友正高兴不花钱就能修好电路时，电工又发现电路板存在严重问题。最终，换电路板花的钱还超过了朋友的预算。最后她总结说：“看来一处省下的钱，还得花在另一处啊。”译者脑中突然就想到“上帝为你关上一扇门的同时，一定会为你打开一扇窗”这句俗语。虽然表面上看电路故障是“福兮祸所伏”，而关于门窗的俗语是“祸兮福所倚”，但是在当时的情境中，译者不由自主就把这两件事联系起来，形成了类比。

翻译得越深入，越能发现类比以及联想的情况在生活中比比皆是。

本书的分工如下：

◎ 前言，引言，第 1、2、3 章翻译：胡海
◎ 第 4、5、6 章翻译：陈祺
◎ 第 7、8 章，结语翻译：刘健
◎ 全书校对：刘健、米奥兰
◎ 第 8 章专业术语校对：叶靖强

译本的完成离不开许多人的帮助。首先要感谢莫大伟。他和我们耐心地讨论了译本的轭式搭配、口误，并提供了许多绝妙的例子。他多年收集的中文口误让我们获益匪浅。

还要特别感谢印第安纳大学东亚系的米奥兰对全书的校对。倘若没有她细致的校对和润色，此译本一定会失色不少。中文系出身的她以优秀的文字功底让译本更加流畅。她通读了全书译稿，逐句修改，让译文读起来更加符合中文语言习惯，令我们收获良多。她和刘健老师也为统筹全文做了大量工作。此外还要感谢加州大学圣地亚哥分校物理系的叶靖强，他校对了第 8 章译文中的物理专业术语，令译文更加准确。

另外还要感谢我们的家人，他们是本书译本的第一读者，并且不厌其烦地指出其中的不足之处。

本书例子繁多，特别是前 6 章的许多例子涉及语言、文化的方方面面，需要替换成合适的中文例子。在寻找例子时，很多朋友都为我们提供了帮助，我们在此向他们表示真诚的感谢：曹南、郭纾妤、黄嘉辉、黄若泽、缪琳、秦绪强、吴钰燕、席瑞文、张恬、朱梦泽、朱志强。

刘健特别希望对两位合译表示感谢。他们年轻、富有朝气，专业且敬业，是非常令人满意的合作者。刘健还要感谢湛庐文化的简学编辑，他自始至终对翻译过程负责，尽力解答我们提出的所有问题。刘健还要感谢他的兄长，他的兄长在整个翻译过程中倾力相助，答疑解惑。刘健还要感谢在幕后操劳的妻子，她通读了全书，并提出了许多宝贵的修改意见。

在翻译的过程中，我们时时想到侯世达教授早期经典著作《哥德尔、艾舍尔、巴赫——集异璧之大成》的翻译历程，对前辈译者的敬仰激励着我们前进，同时也鞭策我们全心全力，拿出好的译本。希望我们没有让他们失望，也希望读者在读完本书之后对人类的认知有更深入的体会。

胡海　陈祺　刘健

2018 年 8 月于布鲁明顿

未来，属于终身学习者

我们正在亲历前所未有的变革——互联网改变了信息传递的方式，指数级技术快速发展并颠覆商业世界，人工智能正在侵占越来越多的人类领地。

面对这些变化，我们需要问自己：未来需要什么样的人才？

答案是，成为终身学习者。终身学习意味着具备全面的知识结构、强大的逻辑思考能力和敏锐的感知力。这是一套能够在不断变化中随时重建、更新认知体系的能力。阅读，无疑是帮助我们整合这些能力的最佳途径。

在充满不确定性的时代，答案并不总是简单地出现在书本之中。“读万卷书”不仅要亲自阅读、广泛阅读，也需要我们深入探索好书的内部世界，让知识不再局限于书本之中。

湛庐阅读 App：与最聪明的人共同进化

我们现在推出全新的湛庐阅读 App，它将成为您在书本之外，践行终身学习的场所。

- 不用考虑“读什么”。这里汇集了湛庐所有纸质书、电子书、有声书和各种阅读服务。
- 可以学习“怎么读”。我们提供包括课程、精读班和讲书在内的全方位阅读解决方案。
- 谁来领读？您能最先了解到作者、译者、专家等大咖的前沿洞见，他们是高质量思想的源泉。
- 与谁共读？您将加入优秀的读者和终身学习者的行列，他们对阅读和学习具有持久的热情和源源不断的动力。

在湛庐阅读 App 首页，编辑为您精选了经典书目和优质音视频内容，每天早、中、晚更新，满足您不间断的阅读需求。

【特别专题】【主题书单】【人物特写】等原创专栏，提供专业、深度的解读和选书参考，回应社会议题，是您了解湛庐近千位重要作者思想的独家渠道。

在每本图书的详情页，您将通过深度导读栏目【专家视点】【深度访谈】和【书评】读懂、读透一本好书。

通过这个不设限的学习平台，您在任何时间、任何地点都能获得有价值的思想，并通过阅读实现终身学习。我们邀您共建一个与最聪明的人共同进化的社区，使其成为先进思想交汇的聚集地，这正是我们的使命和价值所在。

著作权合同登记号 图字：11-2023-148
SURFACES AND ESSENCES by Douglas Hofstadter and Emmanuel Sander.

图书在版编目（CIP）数据

表象与本质：类比，思考之源和思维之火 /（美）侯世达，（法）桑德尔著；刘健，胡海，陈祺译. — 杭州：浙江科学技术出版社，2023.7（2025.9重印）
ISBN 978-7-5739-0629-8

Ⅰ. ①表… Ⅱ. ①侯… ②桑… ③刘… ④胡… ⑤陈… Ⅲ. ①社会学—文集 Ⅳ. ① C91-53

中国国家版本馆 CIP 数据核字（2023）第 085969 号

书　　名 表象与本质：类比，思考之源和思维之火
著　　者 [美] 侯世达 [法] 桑德尔
译　　者 刘健 胡海 陈祺

出版发行 浙江科学技术出版社
地址：杭州市环城北路 177 号 邮政编码：310006
办公室电话：0571-85176593
销售部电话：0571-85062597
网址：www.zkpress.com
E-mail:zkpress@zkpress.com
印　　刷 唐山富达印务有限公司

开　本	710mm×965mm 1/16	**印　张**	44.25
字　数	715 000		
版　次	2023 年 7 月第 1 版	**印　次**	2025 年 9 月第 2 次印刷
书　号	ISBN 978-7-5739-0629-8	**定　价**	199.90 元

责任编辑 陈　岚　　**责任美编** 金　晖
责任校对 张　宁　　**责任印务** 田　文